MEU CASACO DE GENERAL

LUIZ EDUARDO SOARES

Meu casaco de general

500 dias no front da segurança pública do Rio de Janeiro

COMPANHIA DAS LETRAS

Capa
João Baptista da Costa Aguiar

Preparação
Denise Pegorim
Eliane de Abreu Maturano Santoro

Revisão
Beatriz de Freitas Moreira
Ana Maria Alvares

Dados Internacionais de Catalogação na Publicação (CIP)
(Câmara Brasileira do Livro, SP, Brasil)

Soares, Luiz Eduardo
Meu casaco de general : 500 dias no front da segurança pública no Rio de Janeiro / Luiz Eduardo Soares. — São Paulo : Companhia das Letras, 2000.

ISBN 85-359-0079-9

1. Polícia - Rio de Janeiro (Estado) 2. Segurança pública - Rio de Janeiro (Estado) 3. Soares, Luiz Eduardo 4. Violência - Rio de Janeiro (Estado) I. Título.

00-4700 CDD-363.10098153

Índice para catálogo sistemático:
1. Rio de Janeiro : Estado : Segurança pública : Problemas sociais 363.10098153

[2000]

EDITORA SCHWARCZ LTDA.
Rua Bandeira Paulista 702 cj. 32
04532-002 — São Paulo — SP
Telefone (11) 3846-0801
Fax (11) 3846-0814
www.companhiadasletras.com.br

A meus pais, Marilina e Marcello,
e à memória do coronel PM Carlos Magno Nazareth Cerqueira

Sumário

Apresentação

Este livro é um atestado de teimosia. Em menos de três anos, é o segundo que o antropólogo Luiz Eduardo Soares escreve para mostrar que, em lugares como o Rio de Janeiro, segurança pública se tornou um assunto sério demais para ser abandonado nas mãos da polícia.

A bala, o problema já provou que não será resolvido. Matando e morrendo desmesuradamente como fazem há anos, os policiais brasileiros só conseguem aumentar as estatísticas do crime. E uma sociedade que se fecha em grades ou guarda-costas, blinda automóveis e troca a rua pelo corredor do shopping center garante antes de mais nada a necrose do tecido urbano — primeiro passo no roteiro da escritora americana Jane Jacobs para a criação de ambientes truculentos. Lá se vai quase meio século que ela anunciou a morte das grandes cidades americanas pela arquitetura que confinava a condomínios fechados os ritos da boa vizinhança. Soado o alarme, a classe média reconquistou os centros históricos, o poder público aprendeu que consertando vidraças quebradas remenda as condições de vida em bairros perigosos e Nova York patenteou o modelo da delegacia risonha e franca.

No Brasil, Jane Jacobs não pegou. Aqui, os governos ainda prometem com uma das mãos dar segurança às cidades que com a outra deixam apodrecer. E a oposição espera mudar a sociedade de alto a baixo, antes de dar ao pedestre o direito de usar a calçada e ao motorista a prerrogativa de parar num cruzamento, sem que isso lhes custe a bolsa ou a vida. Por isso, Luiz Eduardo tem que ser persistente. Desde os anos 1980, trata de armar a polícia carioca com o arsenal das ciências sociais. Com isso dá a impressão de contrariar os interesses coletivos. Mas trabalha em fina sintonia com as pesquisas de opinião pública, que há muito tempo conferem à segurança pública índices de avassaladora prioridade no rol dos grandes problemas nacionais.

Parece ojeriza. Enquanto a inflação ocupou lugar semelhante no cotidiano dos brasileiros, as universidades abriram as comportas e vazaram economistas para todos os cantos da administração pública brasileira, todos dispostos a experimentar na prática as soluções propostas ao país pelos laboratórios acadêmicos. Mas com a crise policial poucos professores se meteram até 1994, quando pela primeira vez os candidatos a governador no Rio de Janeiro receberam uma proposta de reforma do aparelho policial, formulada por veteranos da militância esquerdista. Era um projeto coletivo do Viva Rio, uma ONG gerada pela crise de auto-estima dos cariocas.

Foi assim que Luiz Eduardo Soares entrou em cena, para enfrentar a timidez da esquerda em falar de repressão. Tinha todos os títulos de um intelectual vacinado contra qualquer interesse pela matéria. Era ex-comunista, professor de literatura, antropologia, filosofia e sociologia, com um pesado currículo de doutorados, autor de teses sobre religião, luta pela terra na Amazônia, Thomas Hobbes, pensamento político ocidental e cultura. No Viva Rio e no Instituto Superior de Estudos da Religião, tocava com o antropólogo Rubem Cesar Fernandes o centro de estudos sobre violência urbana de onde saiu o primeiro projeto entregue aos candidatos.

Quatro anos ou um mandato depois, o projeto, ampliado, viraria peça de campanha eleitoral, incorporado à plataforma de Anthony Garotinho, um prefeito do interior que saiu de Campos dos Goitacases, quase na fronteira do Rio de Janeiro com o Espírito Santo, para tomar pelo voto o palácio Guanabara, na zona sul carioca. Luiz Eduardo preparou, na ocasião, um receituário completo para consertar a polícia no estado. Foi um livro feito especificamente para a campanha eleitoral de 1998. O governador adotou-o para sempre como seu, fundando a parceria que Luiz Eduardo chama de "essa enrascada". É um eufemismo, como este novo livro demonstra. Foram meses de crises quase diárias, como subsecretário de Segurança, lidando ao mesmo tempo com o motim dos funcionários, a rejeição dos pares na equipe de governo e as contradições de um chefe mimético.

É o material deste segundo livro, escrito depois que Garotinho aderiu aos adversários de Luiz Eduardo na Secretaria de Segurança, demitiu-o através de uma entrevista a um telejornal e o transformou no único exilado político do regime civil. Mas não adianta procurar nas próximas páginas um tratado de vingança. Em Nova York, vivendo como professor visitante da Columbia University e pesquisador do Vera Institute of Justice, ele o escreveu como se estivesse saindo de um desvio de quase dois anos para, longe de Garotinho, recolocar nos trilhos o projeto de mais de duas décadas: provar que a violência carioca — logo, a insegurança pública de qualquer cidade brasileira — tem remédio. Incurável é a vocação dos políticos para errar os remédios que empregam em seu tratamento. Deliberadamente, Luiz Eduardo refez o texto várias vezes, até achar que ele estava devidamente expurgado de adjetivos e ressentimentos. Isto aqui é a história de um escândalo. Mas um escândalo revirado com asséptica limpeza.

Contada nesse tom, a experiência de Luiz Eduardo na polícia do Rio de Janeiro é finalmente exibida numa moldura cortada sob medida para enquadrar um caso muito raro de fracasso: o fracasso consagrador. Recupera a fórmula de faxina no aparelho policial para outros administradores, mostrando que a reforma poderia ter dado certo. O que deu errado foi o governo Garotinho. Ou, pior, a associação indébita de um professor consagrado com um político que aposta a carreira num diminutivo. De um grande nome com um apelido biodegradável.

Garotinho, nascido Anthony Matheus, é refém da alcunha que adotou no início da vida pública, como jovem locutor de rádio. Quarentão, aproxima-se do prazo de obsolescência de sua marca registrada. Como não se pode ser Garotinho para sempre, tem pressa. E a pressa é amiga da sofreguidão. Seu primeiro mandato como prefeito de Campos foi premiado pelos royalties do petróleo que pela primeira vez entravam nos cofres do município, remediando o longo ciclo de pasmaceira atrelada à decadência econômica das usinas campistas de cana-de-açúcar. Com vento das plataformas petrolíferas de alto-mar soprando para a terra, lançou-se imediatamente na raia da sucessão estadual. Em 1994, fenômeno político fabricado no interior, disputou a eleição para governador e perdeu por falta de votos na capital. Quatro anos depois, armado por Luiz Eduardo com o programa de segurança, vital para o carioca, e um aval político, ganhou o passaporte para entrar vitorioso na cidade do Rio de Janeiro.

Descartar Luiz Eduardo alguns meses depois foi menos um erro tático do que uma fatalidade biográfica. Os dois não tinham mesmo sido feitos para funcionar juntos. Mas um atestado da superioridade das convicções do antropólogo sobre a esperteza do governador é que, desfeita a dupla, Luiz Eduardo foi acolhido no mesmo dia pelos programas internacionais de estudos da Fundação Ford, enquanto sua equipe era levada para continuar o trabalho sobre segurança pública na Universidade Candido Mendes. O professor, mesmo no exílio voluntário, está mais perto do que nunca da reforma policial. Mas Garotinho, se quiser voltar ao assunto, estará condenado a ler este livro.

Marcos Sá Corrêa

Agradecimentos

Em primeiro lugar, devo agradecer a Barbara Musumeci Soares, companheira de todos os momentos, nas pesquisas, em casa, no governo e fora do Brasil. E também a meus amigos Antonio Carlos Carballo Blanco, Jacqueline Muniz, Jairo Coutinho, Julita Lemgruber, Newton de Oliveira e Silvia Ramos, pela parceria permanente nesses quinhentos dias em que estivemos no front da segurança pública do Rio de Janeiro. Nossa equipe esteve unida do início ao fim. Este livro é fruto do trabalho coletivo desse grupo, que me orgulho de ter reunido em torno dos valores e projetos que compartilhamos.

Na Subsecretaria de Pesquisa e Cidadania da Secretaria de Segurança Pública, e na Coordenação de Segurança, Justiça, Defesa Civil e Cidadania, foi importante o apoio de Claudia Lacombe, Doriam Borges, Tereza Barbosa Serrano, Wagner Chagas de Menezes, Beth Cobra, Adelmo Gomes, Almir Pereira Jr., Claudio Nascimento, Rosália Lemos, Marisa Gaspary, Iara Ilgenfritz, Ronaldo Rangel, Mario Chadud, Waldir Lobão, Daniel Cerqueira, Claudio Ferraz, Walter Barros, Zaqueu Teixeira, capitão Rodrigo Pimentel, major Paulo Frederico Borges Caldas e dos coronéis PM José Aureliano de Andrade, Luiz Fernando Santos e Luis Antonio Abrantes Coelho, assim como o daqueles que prestaram serviços de segurança ou atuaram como secretárias e motoristas, e o de todos os profissionais que de algum modo colaboraram conosco. Cesar

Guimarães, Renato Lessa, João Trajano Sento-Sé, Leonarda Musumeci, Galeno Ferraz Filho, Regina Novaes, Ricardo Henriques, Roberto Kant de Lima, coronel PM Jorge da Silva, Ignacio Cano e Patrick Larvie, colegas da universidade, ajudaram-nos por generosidade e compromisso ético-político.

Por intermédio de Carlos Alberto D'Oliveira e do coronel Sergio da Cruz, agradeço a todos os policiais civis e militares que acreditaram na nova política de segurança pública e trabalharam para torná-la uma realidade. Seria impossível mencionar, aqui, todos os nomes que gostaria de homenagear.

Rubem Cesar Fernandes foi o amigo de todo dia, o interlocutor refinado e a força inesgotável, criativa, firme ao meu lado, antes, durante e depois da passagem pelo governo. Lembrando seu nome, assim como o de Leilah Landim, Glaucia Oliveira, Lula Vieira, Dayse Ourique, Myrian Barbosa, Paulo Roberto Correia, Átila Roque, Jorge Eduardo Saavedra Durão, Pedro Claudio Cunca Bocayuva, o pastor Ebert Cesar, Rosângela de Castro Abreu, James Cavallaro e os rapazes do grupo Rappa, manifesto minha gratidão às lideranças e aos militantes das ONGs e dos movimentos sociais do Rio de Janeiro. A gratidão estende-se aos profissionais da imprensa, cujo profissionalismo sensível às causas democráticas cumpriu um papel da maior importância nesse período.

Cesar Campos, amigo e coordenador do Grupo Executivo Delegacia Legal, merece uma referência muito especial. Agradeço a solidariedade permanente e o exemplo inspirador da diretora do Arquivo Público do Estado do Rio de Janeiro, Jesse Jane, do ex-secretário do Trabalho Gilberto Palmares e do ex-secretário de Planejamento Jorge Bittar, assim como às suas equipes. Sou grato também a Fernando Peregrino, coordenador de Desenvolvimento Humano do Estado, e a Carlos Minc, deputado estadual pelo PT, amigos de todas as horas, que continuam demonstrando, na prática, a importância da ética na política. Por intermédio de ambos, estendo minha gratidão aos parlamentares, assessores, secretários de Estado, auxiliares, servidores de todos os níveis, membros do governo e dos partidos políticos que confiaram na possibilidade de uma nova política de segurança, como etapa do aprofundamento social da democracia no Brasil.

Gostaria de mencionar, especialmente: Eduardo Martins, Otavio Velho, Iraneth Rodrigues Monteiro, Vanda Martins, Nice Rissone, Jalusa Barcellos, Helio Santos Silva, Tatiana Lins e Silva, Ari Roitman, Italo Moriconi, Alberto Shprejer, Roberto DaMatta, Ricardo Benzaquem de Araújo, Marcelo Jasmin,

Antonio Negrão, José Murilo de Carvalho, Jaime Muniz, Alexandre Polesi, Eduardo Chuai, Mario Del Rey, Val Carvalho, Manoel Severino, João Carlos Vitor Garcia, Sergio Rosa, Luiz Manoel Fernandes, o defensor público do Estado Marcelo Bustamanti, o procurador-geral do Estado, Francesco Conti, o ex-secretário de Ação Social Antonio Pitanga, o ex-subsecretário de Saúde Leôncio Feitosa, e os deputados Luiz Alfredo Salomão, Paulo Pinheiro e Antonio Carlos Biscaia, assim como a vice-governadora, Benedita da Silva, interlocutores competentes e companheiros leais. Jandira Feghali e Edmilson Valentim, do PC do B, foram defensores infatigáveis, no Congresso e na Assembléia Legislativa, respectivamente, da política de segurança que começamos a implementar. Agradeço também, aos deputados Alfredo Sirkis (PV) e Chico Alencar (PT), as tocantes manifestações de solidariedade. Através desses dois nomes, manifesto minha gratidão aos parlamentares que, Brasil afora, expressaram sua solidariedade com pronunciamentos, telegramas e mensagens.

Mencionando os professores Sergen Stefen e Marcos Cavalcanti, manifesto a minha mais sincera gratidão aos colegas da COPPE-UFRJ, que suportaram com estoicismo as reações hostis e injustas à sua generosa e competente participação em nosso processo de reforma da polícia.

O ex-ministro da Justiça José Carlos Dias, seu chefe de gabinete, Denis Mizne, o ex-secretário nacional de Direitos Humanos, hoje ministro da Justiça, José Gregori, a secretária-geral do Ministério, Elizabeth Sussekind, e o ex-secretário nacional de Segurança José Oswaldo Vilhena, foram sensíveis aos nossos projetos de reforma e, pessoalmente, solidários nos bons e maus momentos. Agradeço ao embaixador do Brasil na ONU, Gelson Fonseca, que tornou mais amistosa minha chegada a Nova York. Sou grato também à Polícia Federal, particularmente ao dr. Pedro Berwanger, seu dirigente no Rio, e aos agentes que atuam no aeroporto internacional de Cumbica, em São Paulo. Sou grato também ao ex-cônsul geral dos Estados Unidos no Rio de Janeiro, hoje ministro conselheiro da embaixada, Cristóbal Orozco, assim como a sua auxiliar Lucy Tamlyn e a Joel Velasco, assessor especial do embaixador norte-americano. A Tracy Bets, Gian Calvi e Lucila Martinez, devo a confiança como profissionais e como pessoas sensíveis à complexidade da situação que nossa política de segurança enfrentou.

Devo a alguns colegas e amigos a possibilidade de enfrentar com otimismo as dificuldades que se seguiram à demissão do governo — momentos amenizados pelo companheirismo fraterno de João Moreira Salles, que conquistou meu respeito e minha admiração definitivos. Ao João, entre tantas coisas, devo sugestões preciosas e o principal estímulo para que este livro fosse escrito.

A generosidade fraterna de Peter Fry foi decisiva e pôde sê-lo graças à solidariedade de Elizabeth Leeds, Ondina Fachel Leal, Nigel Brooke e da Fundação Ford, sem cujo *grant* não teria sido possível nenhum plano construtivo para um ano que começara tão mal, muito menos o tempo e a paz para escrever este livro. Sou sinceramente grato a todos os quatro e a Chris Stone, presidente do Vera Institute of Justice, de Nova York, assim como aos demais membros do instituto, pelo carinho com que Barbara e eu fomos acolhidos. A mesma gratidão devo ao amigo Ralph Della Cava, assim como a Susan Burguerman e Douglas Chalmers, vice-diretora e diretor, respectivamente, do Institute of Latin American Studies, da Columbia University, que abriram as portas para nós, sem vacilar, exprimindo o mais genuíno sentimento de internacionalismo acadêmico.

Minha gratidão ao reitor Candido Mendes de Almeida — cuja generosidade surpreende mesmo os que a esperam, por conhecê-lo como professor e amigo —, por tantos gestos e, em particular, pelo que contei no posfácio. Agradeço muito especialmente à querida amiga Maria Isabel Mendes de Almeida e, através do diretor Renato Boschi, a todos os professores e funcionários do IUPERJ, parceiros de tantos anos. Minha gratidão também aos colegas e amigos José Augusto de Souza Rodrigues, Helena Bomeny, Patricia Birman, Luiz Costa Lima, Rebeca Schwarcz, Ricardo Vieiralves e à reitora Nilcéia Freire, da Universidade do Estado do Rio de Janeiro.

Devo também agradecimentos aos colegas do CEBRAP, da Associação Brasileira de Antropologia, do Viva Rio, da Associação Brasileira de Ciência Política, da Associação Nacional de Pós-Graduação em Ciências Sociais, da Anistia Internacional, do Sou da Paz, do ISER, da Fundação Adenauer. Pelo apoio importante, agradeço aos colegas e amigos: Aurélio Carlos Pimenta Faria, Carlos Steil, Gilberto Velho, Jorge Wertheim, Richard Rorty, Brian Owensby, Michelle Mattioli, Billie DeWalt, Barry Ames, Isabel Lustosa, Gustavo Lins Ribeiro, Jessé Souza, José Jorge de Carvalho, Rita Segato, Luís Roberto Cardoso de Oliveira, Lena Lavinas, Vanilda Paiva, Rosilene Alvim, Billa Sorj, Mônica Grin, Yvone Maggie, Yonne Leite, Rosiska de Oliveira, Marcos Sá Corrêa, Marco Antonio Tavares Coelho e Marco Antonio Coelho Filho.

As iniciativas solidárias de Maria Manuela Carneiro da Cunha, Miguel

Darcy de Oliveira, Paulo Sergio Pinheiro e Pedro Moreira Salles foram fundamentais.

Devo um agradecimento especial à senadora Marina Silva, a Jane Villas-Bôas, sua assessora e minha amiga de tantos anos, e aos deputados federais Aloysio Mercadante, José Genoíno e José Dirceu, presidente do Partido dos Trabalhadores.

Desde os anos 70, devia a Marcello Cerqueira, presidente do Instituto dos Advogados Brasileiros, o exemplo talvez incomparável de combinação entre sofisticação acadêmica e prática da política com coragem, eficiência e visão desbravadora. Hoje, devo-lhe o apoio particularmente valioso.

Gildo Marçal Brandão e Simone Coelho acompanharam cada passo com a amizade fraterna incondicional e o diálogo indispensável. Não haveria como exagerar o que lhes devo.

Este livro não existiria sem a paciência, a sensibilidade, a confiança e o profissionalismo do editor Luiz Schwarcz e de suas assessoras Denise Pegorim e Maria Emília Bender.

Não há como demonstrar minha gratidão aos amigos, alunos, ex-alunos, companheiros e colegas, do Brasil e do exterior, que participaram de abaixo-assinados ou que prestaram solidariedade a mim, a Barbara, à minha família e à equipe da antiga Subsecretaria de Pesquisa e Cidadania. Nada pode ser mais gratificante.

Marcelo Bento Soares e Vera Costa Soares, irmão e cunhada, nos acolheram em Iowa City com uma generosidade sem limites e o afeto de sempre, fazendo-nos acreditar que, afinal, o Rio de Janeiro não fica tão longe assim do Midwest norte-americano. A cumplicidade de Simone Osthoff, Steve Sinsley e Fátima Bonaldo foi o complemento afetuoso dessa reinvenção geográfica.

Minhas filhas, Bruna e Paula, não hesitaram em sacrificar o que estavam construindo no Rio para começar de novo, convictas de que cada um de nós estava cumprindo seu dever. Como poderia agradecer a elas a compreensão e o engajamento?

Meus pais, Marilina e Marcello, foram e são os companheiros de jornada que estão sempre fazendo o impossível para que eu me sinta em casa no mundo, de modo que todos os exílios se tornem uma contradição em termos.

L. E. S.
Nova York, setembro de 2000

Nomes e siglas

Equipe da Subsecretaria de Pesquisa e Cidadania da Secretaria de Segurança Pública do estado do Rio de Janeiro, criada em 1º de janeiro de 1999 e sem ocupantes desde 17 de março de 2000: Luiz Eduardo Soares (subsecretário), Antonio Carlos Carballo Blanco, Barbara Musumeci Soares, Claudia Lacombe, Jacqueline Muniz, Julita Lemgruber, Newton de Oliveira, Silvia Ramos.

Anthony Garotinho (PDT). Governador do estado do Rio de Janeiro. Empossado em 1º de janeiro de 1999.

Antonio Carlos Carballo Blanco. Major PM, bacharel em direito e sociologia. Diretor geral de Assuntos Comunitários da Subsecretaria de Pesquisa e Cidadania a partir de 1º de janeiro de 1999. Demitiu-se do governo em 17 de março de 2000.

Barbara Musumeci Soares. Doutora em sociologia. Subsecretária adjunta da Subsecretaria de Pesquisa e Cidadania a partir de 1º de janeiro de 1999. Demitiu-se do governo em 17 de março de 2000.

Benedita da Silva (PT). Vice-governadora do estado do Rio de Janeiro. Empossada em 1º de janeiro de 1999.

Carlos Alberto D'Oliveira. Delegado. Chefe da Polícia Civil de 1º de janeiro de

1999 a 13 de dezembro de 1999, quando foi substituído por Raffik Louzada.

Carlos Alberto Nunes Pinto. Delegado. Subsecretário de Assuntos Especiais da SSP na gestão do coronel Josias Quintal, no período de abril a dezembro de 1999, quando foi substituído por Newton de Oliveira.

Carlos Henrique Vasconcelos, o *Peninha.* Jornalista. Secretário de Comunicação de janeiro a outubro de 1999, depois coordenador setorial de Comunicação do governo Garotinho (desde outubro de 1999).

Carlos Magno Nazareth Cerqueira. Coronel PM. Comandante geral da Polícia Militar nos dois governos Leonel Brizola (1983-86; 1991-94).

Cesar Campos. Administrador. Coordenador do Grupo Executivo Delegacia Legal (desde agosto de 1999).

Claudia Lacombe. Licenciada em história e mestre em computação. Diretora geral de Pesquisa da Subsecretaria de Pesquisa e Cidadania no período de janeiro a julho de 1999, depois assessora de Pesquisa. Demitiu-se do governo em 17 de março de 2000.

Cutrim. Coronel do Exército. Subsecretário de Planejamento Operacional da SSP na gestão do general José Siqueira.

Edmar Ferreira. Coronel PM. Subsecretário administrativo (de abril a dezembro de 1999) da SSP na gestão do coronel Josias Quintal.

Fernando Peregrino. Engenheiro. Superintendente da FAPERJ (Fundação de Amparo à Pesquisa do Estado do Rio de Janeiro) no período de janeiro a outubro de 1999, depois coordenador setorial de Desenvolvimento Humano, responsável pelas secretarias da área social do governo Garotinho (desde outubro de 1999).

Gilberto Palmares. Historiador, líder sindical e vereador pelo PT. Secretário de Trabalho de janeiro de 1999 até abril de 2000, quando o PT rompeu a aliança com o governador Garotinho.

Hélio Luz. Delegado. Chefe da Polícia Civil durante parte do governo Marcello Alencar. Atualmente é deputado estadual pelo PT.

Jacqueline Muniz. Doutora em ciência política. Diretora geral de Assuntos Gerais a partir de 1º de janeiro de 1999, e, a partir de julho, diretora geral de Pesquisa da Subsecretaria de Cidadania e Pesquisa (precedida nessa função por Claudia Lacombe). Demitiu-se do governo em 17 de março de 2000.

Jairo Coutinho. Psiquiatra e líder sindical. Membro da diretoria do Viva Rio; assessorou informalmente a Subsecretaria de Pesquisa e Cidadania de janeiro de 1999 a 17 de março de 2000, e, formalmente, a Coordenação de Segurança, Justiça, Defesa Civil e Cidadania, de outubro de 1999 a 17 de março de 2000.

Jorge Bittar. Engenheiro e deputado federal pelo PT. Secretário de Planejamento de janeiro de 1999 até abril de 2000, quando o PT rompeu a aliança com o governador Garotinho.

José Aureliano de Andrade. Coronel PM. Subsecretário de Planejamento Operacional (de dezembro de 1999 a março de 2000) da SSP na gestão do coronel Josias Quintal; substituiu Marcos Reimão; ocupava antes o cargo de subchefe do Estado-Maior da Polícia Militar.

José Siqueira. General do Exército. Secretário de Segurança do governo Garotinho de 1º de janeiro a 6 de abril de 1999; foi substituído pelo coronel PM Josias Quintal.

Josias Quintal. Coronel PM. Secretário de Segurança do governo Garotinho a partir de 6 de abril de 1999; substituiu o general do Exército José Siqueira.

Julita Lemgruber. Mestre em sociologia. Subsecretária adjunta da Subsecretaria de Pesquisa e Cidadania a partir de 1º de janeiro de 1999; foi nomeada ouvidora da Polícia em 15 de março de 1999. Demitiu-se do governo em 17 de março de 2000.

Luiz Eduardo Soares. Subsecretário de Pesquisa e Cidadania da SSP no período de janeiro de 1999 a março de 2000; mantido como titular da subsecretaria mesmo depois de nomeado coordenador setorial de Segurança, Justiça, Defesa Civil e Cidadania, em outubro de 1999; exonerado do governo em 17 de março de 2000.

Luiz Rogério Magalhães. Engenheiro agrônomo. Secretário de Agricultura de janeiro a outubro de 1999, depois secretário executivo do gabinete do governador Garotinho, atuando como coordenador geral do governo do estado do Rio (desde outubro de 1999).

Marcos Paes. Coronel PM. Comandante do 9º e do 3º Batalhão da Polícia Militar durante o governo Marcello Alencar e comandante do 3º Batalhão nas primeiras semanas do governo Garotinho.

Marcos Reimão. Delegado. Subsecretário de Planejamento Operacional (de abril a dezembro de 1999) da SSP na gestão do coronel Josias Quintal; a partir de dezembro de 1999, tornou-se coordenador das delegacias especializadas; de dezembro de 1999 a março de 2000, foi substituído pelo coronel PM José Aureliano de Andrade.

Mario Covas. Delegado. Inspetor geral da SSP na gestão do general José Siqueira e na primeira etapa da gestão do coronel Josias Quintal, até março de 2000.

Mauro Ventura. Jornalista.

Newton Cerqueira. General do Exército. Secretário de Segurança do estado do Rio durante três dos quatro anos do governo Marcello Alencar (PSDB); assumiu poucos meses depois da posse do governador, em 1995, em substituição ao general Euclimar da Silva, que fora o primeiro secretário; em abril de 1998, quando se desincompatibilizou para lançar-se candidato a deputado federal pelo PSDB, foi sucedido pelo coronel do Exército Noaldo Alves da Silva.

Newton de Oliveira. Mestre em história e técnico em administração educacional. Diretor geral de Ensino da Subsecretaria de Pesquisa e Cidadania de janeiro a dezembro de 1999, quando se tornou subsecretário de Assuntos Especiais da SSP na gestão do coronel Josias Quintal, substituindo Carlos Alberto Nunes Pinto. Demitiu-se do governo em 17 de março de 2000.

Nolasco. Amigo pessoal do general José Siqueira.

Paulo Oliveira (coronel Paulinho). Coronel do Exército. Chefe de gabinete do secretário de Segurança general José Siqueira.

Pellegrino. Coronel do Exército. Assessor parlamentar do secretário de Segurança general José Siqueira.

Porciúncula. Coronel do Exército. Assessor de Planejamento do secretário de Segurança general José Siqueira.

Respício do Espírito Santo. Coronel do Exército. Subsecretário de Assuntos Especiais da SSP na gestão do general José Siqueira.

Romeu Ferreira. Coronel do Exército. Diretor do Centro de Inteligência da Segurança Pública (CISP) na gestão do general José Siqueira.

Ronaldo Braga de Oliveira. Coronel do Exército. Assessor técnico do secretário de Segurança general José Siqueira.

Rubem Cesar Fernandes. Historiador e antropólogo. Coordenador do Viva Rio (movimento criado em 1993, depois formalizado como ONG).

Sergio da Cruz. Coronel PM. Comandante geral da Polícia Militar a partir de

1º de janeiro de 1999. Foi substituído pelo coronel Wilton Ribeiro em junho de 2000.

Silvia Ramos. Mestre em psicologia. Subsecretária adjunta da Subsecretaria de Pesquisa e Cidadania a partir de 1º de janeiro de 1999. Demitiu-se do governo em 17 de março de 2000.

Tito Ryff. Economista. Secretário de Turismo e Desenvolvimento Econômico no governo Garotinho (desde janeiro de 1999).

Villanova. Coronel do Exército. Subsecretário Administrativo da SSP na gestão do general José Siqueira.

Wilton Ribeiro. Coronel PM. Chefe do Estado-Maior da Polícia Militar a partir de 1º de janeiro de 1999. Em junho de 2000, tornou-se o comandante geral da PM.

ABGLT — Associação Brasileira de Gays, Lésbicas e Travestis

ADEPOL — Associação dos Delegados de Polícia

AISP — Área Integrada de Segurança Pública

ADEPEMA — Assembléia Permanente de Entidades de Defesa do Meio Ambiente

ASFOC — Associação dos Funcionários da Fundação Oswaldo Cruz/Fiocruz

ASPLAN — Assessoria de Planejamento da Polícia Civil

BOPE — Batalhão de Operações Especiais

BPM — Batalhão da Polícia Militar

CCDC — Centro Comunitário de Defesa da Cidadania

CEDIM — Conselho Estadual de Defesa da Mulher

Cepia — Cidadania, Estudo, Pesquisa, Informação e Ação

CINAP — Coordenadoria de Inteligência e Apoio Policial

CISP — Centro de Inteligência da Secretaria de Segurança Pública

COPPE-UFRJ — Coordenação de Programas de Pós-Graduação em Engenharia da Universidade Federal do Rio de Janeiro

COPPETEC — Fundação Coordenação de Projetos, Pesquisas e Estudos Tecnológicos (depois denominada POLTEC)

CUPTEC — Centro Unificado de Polícia Técnica

DAS — Divisão Anti-Seqüestro

DD — Disque-Denúncia

DDH — Disque-Defesa Homossexual
DEAM — Delegacia Especializada de Atendimento à Mulher
DEFAE — Divisão Estadual de Fiscalização de Armas e Explosivos
DESIPE — Departamento do Sistema Penitenciário
DPCA — Delegacia de Proteção da Criança e do Adolescente
DPO — Destacamento de Policiamento Ostensivo
DRE — Delegacia de Repressão a Entorpecentes
FAETEC — Fundação de Amparo às Escolas Técnicas
FAPERJ — Fundação de Amparo à Pesquisa do Rio de Janeiro
FEEMA — Fundação Estadual de Engenharia do Meio Ambiente
FIRJAN — Federação das Indústrias do Rio de Janeiro
GAJOP — Gabinete de Assessoria Jurídica às Organizações Populares
GEAT — Grupamento Especial de Ação Tática
GEPAT — Grupamento Especial de Proteção às Áreas Turísticas
GEPE — Grupamento Especial de Proteção aos Estádios
GETAM — Grupamento Especial Tático-Móvel
GPP (Instituto) — Grupo de Planejamento e Pesquisa
IAB — Instituto dos Advogados Brasileiros
IEF — Instituto Estadual de Florestas
ISER — Instituto Superior de Estudos da Religião
ISP — Instituto de Segurança Pública
IUPERJ — Instituto Universitário de Pesquisas do Rio de Janeiro
PPC — Posto de Policiamento Comunitário
Provita — Programa de Apoio e Proteção a Testemunhas, Vítimas e Familiares de Vítimas

Introdução
Diante da barbárie

Era só mais uma dura
resquício de ditadura
mostrando a mentalidade
de quem se sente autoridade
neste tribunal de rua
Marcelo Yuca e o Rappa

O desânimo é grande. Contamina todo mundo. Até mesmo os amigos que acompanharam e apoiaram o trabalho de minha equipe na segurança pública do estado do Rio de Janeiro, de 1º de janeiro de 1999 a 17 de março de 2000. Um deles, depois que fui exonerado do governo e saí do Brasil, me disse: "Não sei se sua história prova que é possível fazer alguma coisa ou que não é possível fazer coisa alguma".

Outro, muito jovem, solidário e, acima de tudo, sincero, me enviou um e-mail que ele supôs consolador, mas que recebi como uma paulada: "Meu amigo, você se livrou de uma boa. Aquilo não tem jeito. Só fechando pra balanço. Quem é que sobra, nas polícias? Sobra alguém? A impressão que a gente tem, olhando de fora, é que não sobra ninguém. Outro dia, fui parado com minha namorada, na Barra da Tijuca. Abaixei o vidro e o soldado meteu o fuzil na minha cara: 'Vai saindo, playboy'. Tentei acalmar o sujeito: 'Está tudo bem; tenho todos os documentos; pode abaixar o fuzil'. E ele: 'Quem é que te deu ordem pra falar, malandro? Encosta aí na parede, vagabundo'. O clima foi ficando pesado e outros soldados se aproximaram. Minha namorada estava muito nervosa e começou a falar alguma coisa. Eu nem ouvi direito o que era. Enquanto o soldado me empurrava com a arma, ordenou que ela se calasse com uma estupidez completamente fora de propósito. Ela começou a chorar e eu continuei tentando tranqüilizar o policial. Ele tinha cheirado muito pó. Fungava e me dizia: 'E eu, malandro? Como é que eu fico? Quanto é que você tem aí, playboy?'. Eu respondi: 'Qualé, meu camarada? Eu tenho todos os documentos, meus e do carro'. Tentei ser simpático, já que não via jeito de enfrentar o sujeito. Ele foi dizendo que acabaria encontrando 'algum bagulho' no meu carro e eu resolvi não arriscar. Quando eles plantam a droga, você sabe como é difícil explicar, depois, na delegacia. Dei o que tinha, que não era muito — uns R$ 50,00. E fui saindo, porque a essa altura a minha namorada já estava à beira de entornar o caldo. Mas isso não foi nada, quer dizer, foi um sufoco, mas todo jovem, no Rio, está sujeito a ser achacado, até os ricos ou remediados, que têm seu carrinho e que eles chamam de playboys. Minha história é uma entre milhares. 'Era só mais uma dura; resquício da ditadura', como canta o Rappa. Mais estranho foi o que aconteceu comigo, uma semana antes. Estava saindo pra comprar cigarro, à noite, e percebi a presença de um carro importado, zero km, aberto e todo arranhado. Caminhei até a avenida principal e avistei uma patrulhinha. Fiz um sinal e contei aos dois policiais o que tinha visto. Indiquei mais ou menos onde o carro estava. Mesmo assim, me pediram para ir com eles. Quando nós chegamos, eles entraram no carro e, sem a menor cerimônia, arrancaram o toca-fitas, abriram o porta-luvas e pegaram uns CDs que estavam lá. Eu devia estar com uma cara muito assombrada, porque um deles falou comigo como um mecânico falaria de um defeito no carro: 'Sabe como é, com esse nosso salário não dá, a gente tem de complementar...'. E se despediu. Eu estava dispensado".

Pouco antes de sair do governo, eu ainda pressionava as corregedorias das polícias para responder, com um mínimo de presteza e rigor, às 1988 denúncias contra crimes policiais encaminhadas pela ouvidora Julita Lemgruber, durante o primeiro ano de funcionamento da Ouvidoria:* chantagens, achaques, roubos, tráfico de drogas e armas, torturas e assassinatos. Nem houve tempo para incluir uma última história tenebrosa: um conhecido, revoltado com os abusos, apesar de íntimo da PM e amigo de muitos policiais, procurou-me para descrever onde, no quartel que ele freqüentava, ocorriam as negociações cotidianas do butim conquistado nas investidas noturnas. Sem pudor, sem disfarces, na presença de quem não participa do escambo, colares de ouro, relógios, pulseiras, toca-fitas são permutados na saleta ao lado do refeitório, logo depois do café da manhã, sobre a mesa quadrada de madeira clara.

Uma parcela desse grupo de comerciantes participa de um outro grupo mais fechado, que tem seu próprio totem, sua simbologia e sua linguagem cifrada. A semiclandestinidade não é levada a sério. Não é preciso. A impunidade estimula o relaxamento. Esse grupo reúne matadores que vendem sua perícia no mercado do extermínio. Uma peculiaridade o distingue: com o tempo e a prática, desenvolveram técnicas eficientes de "desova", isto é, sabem ocultar os cadáveres como ninguém. O recurso mais sofisticado consiste em matar um boi, abrir-lhe o ventre e enxertá-lo com o corpo desmembrado, para que o apodrecimento indiferenciado misture carnes e odores, apagando pistas. A massa informe consumida pelos vermes nas ribanceiras enlameadas, próximas aos matadouros, esconde para sempre os indícios do crime.

Em 26 de março de 1999, Flávia, moradora da favela do Vidigal, de dezenove anos, foi estuprada por quatro policiais do 12º Batalhão, em Niterói. O governador Garotinho me telefonou no dia 31, por volta das treze horas, e pediu que a procurasse e a levasse até ele, para que a ajudássemos de forma bem objetiva e adequada aos interesses e às necessidades dela. O governador já determinara a prisão e a exclusão sumária dos policiais. Pedi a Barbara, minha esposa e subsecretária adjunta, que me acompanhasse. Ela trabalha há anos com violência contra a mulher e saberia, muito melhor do que eu, o que fazer, como falar numa situação assim traumática, como abordar a vítima. Fomos imediatamente para o 23º Batalhão, no Leblon, unidade responsável pela área do Vidigal e que teria meios de nos ajudar a localizar a moça. Não havia propriamente um endereço, apenas uma indicação da região da favela em que

* Ouvidoria é o orgão externo e independente que recebe denúncias e elogios sobre o comportamento dos policiais.

ela morava. Teríamos de procurar. Procurar, nesse caso, significava pedir informações e contar com a boa vontade alheia. Seguimos no carro pessoal do major Carballo, diretor geral de Assuntos Comunitários da Subsecretaria de Pesquisa e Cidadania. Os três fomos escoltados por duas viaturas policiais: um automóvel, à nossa frente, e um camburão repleto de soldados com fuzis e metralhadoras, atrás. Outros dois camburões nos deram apoio, antecipando-se à nossa chegada. Naquela manhã tinha havido um tiroteio sem vítimas no Vidigal. A atmosfera estava carregada, havia que pesar com cuidado a intuição, o bom senso, a responsabilidade. Quando chegamos à base da favela, um vale estreito cercado por elevações íngremes sobre as quais se espremiam casas e barracos, os soldados desceram rápido e nos envolveram, cada qual girando sobre o próprio corpo, apontando armas para cima. Queriam nos oferecer cobertura, com aquele balé macabro de rotações individuais. Pedimos que nos esperassem ali mesmo, nós três subiríamos sozinhos. Foi inútil. Ninguém sabia nada, nem vira nada nem sequer ouvira falar de Flávia.

Retornamos à base e redefinimos a tática. Pedi que a PM deixasse a área e retirasse carros, armas e pessoal, contrariando a disposição cooperativa da tropa. Tirei o paletó, sob o qual os traficantes esperariam encontrar uma arma, e deixei no carro de Carballo junto com o celular, que de longe pode parecer um revólver. Carballo fez o mesmo. Barbara, sem bolsa, não tinha onde esconder uma arma. Visivelmente inofensivos, subimos de novo, e os resultados foram muito melhores. Sabíamos que estávamos sendo vigiados e tínhamos certeza de que, desarmados e sozinhos, estávamos mais protegidos do que cercados de policiais armados até os dentes. Por uma razão simples: o primeiro ataque geralmente é um movimento defensivo e preventivo, ante a suposta iminência da agressão alheia.

Com a ajuda dos moradores do Vidigal, encontramos Flávia numa varanda que se debruçava, larga, sobre o mar aberto, ensolarado e azul. Havia casas sem vista, outras penduradas sobre o vale interno à favela, mas havia outras, como a de Alex, namorado de Flávia, que compensavam a pobreza com a beleza daquela tarde no Rio. Barbara conduziu a conversa, venceu as resistências e hesitações naturais e convenceu Flávia a nos acompanhar. Depois de estar com o governador, nós trataríamos de encontrar para ela uma casa, longe dali, onde ela estivesse a salvo de eventuais chantagens ou vinganças. Flávia se afastaria de sua mãe, mas isso não faria mesmo muita diferença, ela disse. Fazia muito tempo que não se falavam; suas tentativas de reaproximar-se da mãe sempre tinham sido inúteis. Importante era fugir dali. Ela temia que houvesse policiais do 23º BPM amigos dos estupradores presos, ou amigos de amigos, capazes de descobri-la como nós a descobríramos. Esse medo é que a fizera tão arredia no início de nossa conversa. Soubemos disso depois, já no carro em que nos apertávamos para levar conosco, ao governador, Flávia, sua melhor amiga e Alex.

Nas semanas seguintes, estivemos próximos o suficiente para ouvir mais detalhes sobre a violência cometida contra Flávia e para negociar com um hotel a extensão da hospedagem do casal, enquanto aguardávamos a casa prometida pela Secretaria de Habitação, por ordem do governador e mediação da vice-governadora, Benedita da Silva.

Esta é a história de Flávia: três dias antes de nos encontrarmos, policiais pararam o táxi que a conduzia a Niterói com um menino de dez anos. Manipulando o racismo difuso, que é negado mas praticado com tanta freqüência no Brasil, convenceram o motorista de que ela era prostituta e não teria dinheiro para pagar a corrida. Convinha deixá-la ali mesmo, antes que o prejuízo aumentasse. Flávia atendia ao apelo de amiga que fizera um aborto e precisava de ajuda, por isso lhe pedira que fosse à sua casa, em Niterói, propondo pagar-lhe um táxi. Flávia jurou que pagaria a corrida quando chegasse à casa da amiga. Implorou em vão que acreditassem nela. O taxista cedeu à pressão dos policiais e obrigou os dois a sair do carro. Os policiais detiveram Flávia sem nenhuma justificativa e liberaram o menino, para que ele trouxesse dinheiro (5 mil reais) e armas. Levaram a moça para o matagal e a estupraram, todos os quatro, uniformizados, enquanto ameaçavam matá-la. Essas imagens a impediriam de dormir, por muito tempo, e provavelmente marcarão para sempre sua vida. Quando via um policial, Flávia tremia de pavor. Os que ouviram sua história e a conheceram precisaram de muito esforço para evitar o preconceito e a generalização, que é tão comum nas comunidades e se fortaleceu, no Vidigal, depois daquele drama: "Polícia é pior que bandido". A amiga de Flávia dizia: "A gente tem que fugir dos policiais. Eles são perigosos".

Esse foi meu primeiro encontro direto com os efeitos brutais da violência policial, como autoridade da segurança. O primeiro de uma série quase interminável, apesar do pouco tempo em que exerci a função pública. O último aconteceu pouco antes de minha exoneração, em março de 2000. Mais uma vez o governador me telefonou e me pediu que visitasse os pais do menino assassinado na véspera por policiais, na favela da Coréia, em Niterói. Dispôs-se a recebê-los.

Não havia missão mais dolorosa e difícil. Eu esperava agressões e estava preparado para absorvê-las, e compreender suas razões. Tinha de estar. Afinal, era eu o representante do Estado, da segurança pública e, em última instância, das instituições policiais; era o responsável e, em certa medida e segundo determinada perspectiva, mereceria as manifestações. Felizmente, elas nunca vieram, talvez porque os manifestantes potenciais soubessem o que estava acontecendo, quem era quem, quem estava de que lado etc.

Cheguei na Coréia com o comandante do 12º BPM, coronel Holtz, depois de uma subida íngreme que exigia o máximo do carro e ainda nos deixava abaixo da área que visitaríamos. Cumprimos o resto do caminho a pé, os dois e os repórteres que nos acompanhavam. O encontro, nesses casos, é o pior momento. O que dizer para o pai e a mãe de uma criança assassinada pela polícia? Como desculpar-se pela morte? Desculpar-se seria patético. Como reparar a indignidade do insulto, que é como se deveria definir a atitude dos assassinos, que negam as acusações transferindo a culpa para a vítima, acusada de receber os policiais a tiros? Joilson Santana dos Santos era um menino de catorze anos, jamais se envolvera com o tráfico, era reconhecidamente um bom garoto, estudioso e trabalhador. Além disso, as balas atingiram Joilson na axila porque ele obedecera o comando dos policiais, interrompera a brincadeira na porta de casa e erguera os braços. Familiares e amigos assistiram ao crime. Não havia dúvida: as testemunhas confirmavam os exames técnicos e os laudos da necropsia. Restava, mais uma vez, garantir a punição dos culpados, lamentar, compartilhar o luto, demonstrar consternação e reafirmar a disposição para reformar radicalmente a polícia.

A visita ao governador, proposta por ele mesmo, cumpriria um papel simbólico importante. Naquele caso, entretanto, isso não bastava. Seria preciso providenciar novas casas para a família de Joilson, seus parentes e vizinhos — o que foi feito naquela tarde e nos dias subseqüentes. Eles temiam o revanchismo dos policiais.

Como de hábito, uma tragédia puxa outra, entrelaçando as histórias dramáticas em um só novelo. Aproveitando nossa presença, dona Amélia,* a vi-

* O nome, neste caso, é fictício por razões de segurança. Os demais nomes são verdadeiros. Não faria sentido ocultá-los, pois foram tornados públicos pela imprensa.

zinha do lado de cima da rua, fez questão de nos contar, em detalhes, onde os policiais costumavam amarrar suas vítimas, onde jogavam os corpos e como conectavam os fios desencapados — guardados com esmero ao lado da varanda de dona Amélia — na chave de luz de sua casa e na caixa-d'água, para aplicar os choques elétricos nos pobres-diabos. As surras eram aplicadas junto à grande árvore ao lado da casa. A caixa-d'água também servia ao afogamento, técnica muito eficiente de interrogatório que muitos pensavam que tivesse sido abandonada quando a ditadura foi enterrada. Lá estavam os fios, o tronco para o açoite, a caixa-d'água, a chave de luz e as valas, na ribanceira. Dona Amélia apostava que, se houvesse tempo, encontraríamos muitas cápsulas. Ali, os disparos também eram freqüentes.

Naquela tarde, o encontro com o governador foi especialmente doloroso. O pai de Joilson levou um retrato grande e emoldurado, com o rosto puro e sorridente do filho. Depositou o quadro no chão do gabinete, removendo os panos que o protegiam. O rosto do menino ficou ali, em silêncio, aos pés do governador como uma oferenda ambivalente. A cena era perturbadora. Garotinho sabia sempre o que dizer, com sua experiência de político. Mesmo ele, naquele dia, parecia desconcertado. As palavras recitadas mecanicamente perderam a força. A imagem do menino morto e o choro do pai, sua mão esticada firmando a trave superior da moldura, introduziram um abismo entre nós. Que ponte seria possível? A mãe e o tio guardavam silêncio reverente. Dona Amélia, a vizinha, e o presidente da associação de moradores contaram ao governador que aquela não tinha sido uma ação policial isolada e excepcional. Pedi-lhes que repetissem ao governador o que haviam me relatado sobre a habitual violência da polícia e as torturas. O coronel Holtz prometeu investigar, prevenir, punir. Garotinho lançou a ponte bíblica e disse que tudo na vida conspira para o bem: até as tragédias encerram lições e concorrem para o aperfeiçoamento espiritual. Minha intuição dizia que não era apropriado minimizar a dor e propor sua racionalização. Numa situação dessas, mesmo o mais bem-intencionado dos esforços soa artificial e desrespeitoso, no mínimo insensível. Só compreendo, só aceito o silêncio. Às vezes, só o silêncio parece aceitável. No entanto, era preciso dizer alguma coisa. Aproveitei para extrair do governador o compromisso com as casas novas para a família de Joilson, seu tio e dona Amélia, que sabia demais para permanecer na Coréia. Perdoa-se o senso de oportunidade do presidente da associação, que aproveitou para pedir saneamento, calçamento de ruas, área de lazer.

Saí dali me perguntando qual passara a ser o meu papel: eu ainda tinha poder suficiente para realmente controlar as polícias, subordiná-las aos princípios que eram os nossos, meus e do governador, desde a campanha? Tinha a autoridade necessária para implementar nossa política, em todas as suas dimensões? Ou gradualmente, quase imperceptivelmente, estava me tornando um assessor de luxo para tragédias e crises, que entrava em cena depois das mortes, espargindo minha biografia como bálsamo, transmitindo confiança às comunidades, legitimando o governo e as velhas práticas que continuavam em curso na segurança pública? Estava me convertendo num são Jorge de bordel, como escreveram os jornalistas Elio Gaspari e Arnaldo Cesar?

Quando estão em jogo a vida e a morte, agressões menores perdem dramaticidade. Contudo, é perigoso negligenciar as pequenas violências de todo dia em nome das prioridades, porque seus efeitos, quando se acumulam e naturalizam, acabam sendo tão devastadores quanto os crimes mais bárbaros. É o caso das revistas, o procedimento usual que põe os policiais em contato direto e físico com a população, sobretudo com os mais pobres. A quantidade de denúncias sobre revistas desrespeitosas e ilegais é tamanha que supera as possibilidades de processamento adequado. Para ter uma idéia aproximada do que significa a revista violenta e do quanto ela concorre para a desmoralização das instituições policiais, para a difusão da imagem negativa da polícia, para a extensão do medo que afasta a sociedade da polícia, basta imaginar a seguinte cena, recontextualizando-a e situando-a numa rua central de um bairro nobre, diante de prédios sofisticados: o policial empurra o rapaz contra a parede, dá-lhe uns tapas no rosto, vira-o de costas, apalpa-o, abaixa com energia sua calça, deixa-o nu e lhe aplica alguns golpes com o cassetete, antes de ordenar, aos palavrões, que ele desapareça dali, correndo, as calças na mão. Ou esta cena: a senhora caminha com duas sacolas de compras e uma bolsa a tiracolo. O policial pára a senhora, derruba as sacolas de compras, toma para si alguns itens, vira a bolsa para baixo e a sacode, até esvaziá-la. Não encontrando drogas ou armas, chuta os pequenos objetos caídos na rua, o pente, o lenço, o batom, o espelho, a carteira, os grampos. Empurra a senhora aos gritos — "Sai, vagabunda" — e se abate sobre a próxima vítima.

Cenas assim seriam escandalosas em certas áreas das nossas grandes cidades. Ocupariam as manchetes, no dia seguinte, e despertariam o ânimo retórico dos nossos mais veementes editorialistas. O problema é que elas não são peças caricatas de má ficção. Fazem parte do dia-a-dia de centenas de milhares de brasileiros. E a tal ponto são freqüentes que se incorporaram à vida das classes populares como as enchentes, os ônibus superlotados, os salários de fome, a falta de serviços públicos, a arrogância desdenhosa do Estado.

O submundo da corrupção policial tem suas regras. É preciso conhecê-las para combater a corrupção, a brutalidade e o crime nas polícias. Antes de mais nada, é preciso ter sempre presente que há muita gente decente nas polícias. Entre esses, há os que se revoltam com o que vêem seus colegas corruptos fazerem e há os que acabam se acostumando ao que vêem, encontrando explicações para justificar quase tudo. Há também aquela turma de boa índole, que se deixa levar pelo movimento dominante na corporação à sua volta. E há, finalmente, os criminosos, mesmo estes diferenciando-se bastante, de acordo com uma série de variáveis. Nessa zona sombria, que envolve bandidos uniformizados e a rapaziada aproveitável que se deixa perverter, há gradações e distinções enormes. É um erro primário supor que o policial que recebe propinas de motoristas sem documentos seria necessariamente capaz de torturar, ou que aqueles que fazem revistas violentas em senhoras indefesas são sempre matadores em potencial, ou que aqueles que matam são também, forçosamente, estupradores. Essas generalizações seriam tão reducionistas e enganosas quanto aquele velho bordão segundo o qual quem fuma maconha é um cocainômano em potencial e está condenado a viciar-se em heroína. Há, por exemplo, os policiais especializados nos negócios da prostituição, que conhecem bem o métier, avaliam com faro profissional o mercado e investem em saunas, boates e hotéis de alta rotatividade. Muitos atuam no campo da segurança privada, aproveitando-se ilegalmente de sua patente, de sua carteira, de seus privilégios e contatos, subcontratando e explorando seus subordinados nas corporações, abstendo-se das responsabilidades trabalhistas e éticas. Há os que operam com ferros-velhos, desmonte de carros e empresas de recuperação de carros roubados. Outros vendem seus serviços a interessados na execução de desafetos. Outros vivem dos acertos com traficantes, negociando armas, drogas, vida e liberdade. Claro que há vasos comunicantes entre os diferentes tipos de crime e que o trânsito entre uma e outra modalidade varia de pessoa para pessoa, e conforme os contextos. Mas é importante saber distinguir, pois as reações às políticas saneadoras são diferenciadas e as conseqüências da expansão setorial de cada tipo de prática criminosa são diversas, ainda que todos mereçam punições segundo as leis.

Entre as regras do crime, na polícia, destaca-se a racionalidade de uma economia política especial. Quem não compreender esse ponto não será capaz de decifrar, por exemplo, os motivos pelos quais apenas em momentos específicos eclodem manifestações simultâneas nas favelas contra a violência policial. Em primeiro lugar, bandidos, população favelada e policiais lêem os sinais políticos no horizonte. Mudanças aparentemente sutis na cúpula da segurança pública ou no comando das delegacias e dos batalhões próximos são interpretadas e podem induzir mudanças de comportamento dos vários atores que se confrontam na arena dos morros cariocas (o modelo possivelmente serve para outras cidades e estados). As alterações políticas que importam são as que sinalizam redução ou aumento de rigor no controle do comportamento da polícia.

Em segundo lugar, o universo dos confrontos policiais, nas favelas, é um mercado clandestino, regulado pelo custo do "desvio de conduta". Explico: os preços da vida e da liberdade são inflacionados quando fica menos arriscado, para o policial, matar e negociar a liberdade, isto é, quando caem os custos dos chamados "desvios de conduta". É fácil entender: se um policial tem a arma apontada para a cabeça de um traficante, de um suposto traficante ou de um inocente qualquer e pode apertar o gatilho sem que isso lhe traga grandes problemas, por que não o faria? Para não matar e até para devolver o infeliz à liberdade, a tendência é que o policial corrupto exija mais e mais. Ora, a elevação de preços no mercado ilegal da vida e da liberdade perturba a ordem anterior, desestabilizando padrões de relações e estruturas de micropoder local. Os efeitos são: as reações dos marginais aos aumentos "abusivos" dos preços do "acerto"; as reações duras dos policiais, que têm de se impor para fazer valer sua disposição de renegociar os "contratos firmados"; e as revoltas populares, lideradas por aqueles que sabem que as mortes, mesmo vitimando traficantes, não são acidentes nem êxitos policiais, mas extermínio. Portanto, tanto faz se os traficantes estão ou não estão comandando as manifestações. Não está aí o problema. Não é essa a questão, ao contrário do que pensa o senso comum e do que pensam ou fingem pensar as autoridades.

Há, afinal, uma enorme ironia em tudo isso: os "duros" (os americanos consagraram uma expressão: *tough on crime*) tendem a sustentar intervenções violentas, cujo efeito é a liberalização de atos policiais arbitrários, visando à derrocada mais rápida e completa dos bandidos. Contudo, o efeito perverso acaba sendo a inversão das expectativas, pois, como vimos, a inflação dos preços da vida e da liberdade dos criminosos, decorrente da redução do custo do "desvio de conduta" policial, funciona como forte atrativo que termina por induzir muitos policiais a negociar com bandidos, aumentando a taxa de corrupção, cumplicidade e impunidade. Essa é a paradoxal equação das políticas truculentas. Os resultados são conhecidos e comprovam a veracidade do argumento.

O extraordinário é que, provavelmente, nesse mesmo momento, algum soldado arrisca a vida para cumprir seu dever, honrando a farda que veste, apesar do salário baixo, apesar da imagem deteriorada de sua corporação, a despeito da vergonha que os companheiros corruptos lhe causam e da baixa estima, que lhe cava um buraco na alma e dói mais que a miséria, como uma vez me confessou, emocionado, um sargento de coração generoso e espírito nobre.

Mais extraordinário ainda, e mais perturbador, é um outro fato que ameaça toda e qualquer classificação, todo esforço de organização cognitiva e toda ordem moral: alguns policiais dessas turmas que desrespeitam os cidadãos nas revistas, roubam e matam, são os mesmos que, em outros momentos, atuam com disciplina e enfrentam o perigo para salvar um inocente, ou simplesmente para cumprir o seu dever e fruir o prazer incomparável do reconhecimento, da gratidão e do respeito.

O fato é que, por conta dessas contradições e pela magnitude do descontrole, polícia é um tema que interessa a todos, a menos que você tenha mais de quarenta anos, seja branco e rico, e não disfarce sua origem de classe. Mesmo assim, você certamente terá parentes e amigos mais jovens ou será sensível aos dramas que o cercam com uma freqüência assustadora. Pensando bem, mesmo rico e branco, ou melhor, por conta desses atributos, é melhor você se preocupar também, porque a competência policial é decisiva para desmontar as quadrilhas de seqüestradores, assim como o controle sobre a corporação é necessário para evitar que policiais participem de seqüestros. Portanto, sem exceções: polícia é um tema de interesse geral.

Nas comunidades e favelas, quando eu chegava para conversar sobre o comportamento da polícia, reunia com facilidade audiências numerosas. Seria melhor dizer: grupos numerosos de interlocutores, porque ninguém se cala quando esse é o assunto, a não ser que seja por medo. Costumava me perguntar se seria assim fácil mobilizar tanta gente, a qualquer hora, se o tema fosse o desemprego, a educação ou a saúde. Esses também são problemas que sensibilizam e são vividos com dramaticidade. Mas polícia é um tema que carrega uma urgência incomparável. Os que vivemos "no asfalto" talvez tenhamos dificuldade de entender essa obsessão popular. Podemos com esforço imaginar alguns motivos, que tendemos a pensar como extensões dos nossos próprios problemas. Somos capazes de pronunciar uma frase sensata como esta: "Quem mora em favela passa com freqüência por situações de risco". É verdade, mas é muito pouco. Falta emoção a essa frase. Falta compreender em toda a sua escandalosa gravidade o significado da palavra *risco*, nesse caso, e cercá-la dos adjetivos mais contundentes. Quem não mora em favela experimenta a angústia da insegurança e o medo da violência. Quem vive lá sente pavor e desespero. Só quem vive nas comunidades, nos morros, nos bairros populares dominados pelo tráfico e episodicamente invadidos pela polícia, sabe do que é que se está falando quando se diz *risco*. Apesar de vir estudando o problema há mais de dez anos, só me dei conta de quão distante e fraca era minha percepção quando comecei a visitar as favelas com muita freqüência, no início de 1999, e a ter acesso a depoimentos coletivos; no trabalho do pesquisador, dificilmente surgem essas oportunidades grupais e quase ritualizadas.

A série de relatos mais impactante eu ouvi no Jacarezinho. No primeiro semestre de 1999, visitei muitas comunidades, muitas favelas, procurando ampliar a implantação do Programa Mutirão pela Paz, que se caracterizava por uma combinação original: presença de uma polícia respeitosa da lei e dos direitos humanos e intervenção social, com atendimento de demandas populares e investimento governamental em infra-estrutura.* Em abril, vivi uma dessas experiências iluminadoras, raras, dolorosas e vitais, que mudam nossas vidas pela intensidade, pela qualidade. Visitei o Jacarezinho com a vice-governadora Benedita da Silva, coordenadora, à época, da área social do governo, responsável, portanto, pela dimensão social do Mutirão, cujos vínculos com a segurança pública cabia a mim construir. Sentamo-nos à mesa acompanhados de líderes comunitários e do coronel Patricio, então comandante do 3º BPM,

* Alguns trechos deste capítulo recuperam, com poucas modificações, passagens de meu ensaio "A ética e o intelectual no século XXI, ou A arte de cultivar desertos privados", in Buarque, Cristóvão; Freire Costa, Jurandir; Frei Beto; Soares, Luiz Eduardo; Verissimo, Luis Fernando: *O desafio ético*, Rio de Janeiro, Garamond, 2000, organizado por Ari Roitman.

em cuja área se situa o Jacarezinho. Havia mais de duzentas pessoas numa larga sala escura e rústica. A temperatura era amena e a atmosfera, tensa e vibrante. Havia muita ansiedade no ar e uma expectativa positiva, que se traduzia no carinho da recepção. Afinal, não é comum receber a visita de autoridades em épocas não eleitorais. Além disso, recepcionar a vice-governadora na favela é sempre motivo de orgulho e celebração. Bené é um símbolo de grande importância cultural, por sua origem pobre e por sua trajetória política vitoriosa e fiel aos compromissos sociais. O fato decisivo é o vasto reconhecimento e a ampla valorização popular dessa fidelidade e desse sucesso.

Nossas primeiras palavras de saudação interromperam o tumulto de vozes. Agradecemos a presença, a acolhida generosa, as frutas que nos trouxeram e apresentamos as idéias que o Mutirão pela Paz poderia concretizar, se houvesse apoio e participação comunitária. Prometemos uma polícia respeitosa, que mereceria o respeito da comunidade; comprometemo-nos a acompanhar, passo a passo, o cotidiano da nova forma de presença policial, preparados para intervir sempre que necessário, punindo exemplarmente transgressões à lei e aos direitos humanos por parte dos policiais; afirmamos que o desafio não seria fácil, que haveria muitos problemas e contradições, e que o processo envolveria avanços e recuos. Invocamos a solidariedade de todos para não permitir que as dificuldades nos dividissem no futuro, destruindo a crença na possibilidade de construir uma polícia que tratasse o morador do Jacarezinho da mesma forma que o morador da Vieira Souto. Dissemos tudo isso em meio aos flashes das máquinas fotográficas e às luzes das câmeras de TV, pois jornalistas nos acompanhavam, registrando cada passo.

Pedimos que a audiência se pronunciasse, e começou, inesperadamente, nossa viagem ao fundo da noite. Aos poucos, o salão foi devolvido ao rumor ameno que antecedeu os depoimentos. Primeiro, uma mulher, depois outra, seguida de um homem, outro homem, outra mulher. Desdobrou-se uma avalanche de vozes e testemunhos que ganharam, gradualmente, volume e carga emocional, a ponto de provocar o recolhimento dos fotógrafos e repórteres. Fez-se um silêncio de morte. Jornalistas guardaram seus blocos e todos nós nos imobilizamos, em respeito profundo ao que ouvíamos, abalados crescentemente pela dor que a palavra exprimia para, catarticamente, exorcizar. Talvez a memória, materializada pelo reconhecimento público que confere realidade ao passado e valoriza o drama negligenciado, cicatrize feridas.

Tragédias desfiaram-se, uma a uma, com toda a crueza de sua brutalidade original. "No dia tal, do mês tal, do ano tal, na frente da minha casa, diante de mim, meu filho, desarmado e inocente, foi morto pela polícia a sangue-frio..." "No dia tal, meu sobrinho foi torturado, humilhado e assassinado por policiais conhecidos por extorquir trabalhadores e por plantar flagrantes para receber os benefícios da premiação faroeste."* "No dia tal, meu irmão e minha irmã foram mortos por policiais, diante de mim e de meus pais, que nunca mais se recuperaram..." Uma a uma, dezenas de tragédias foram relatadas. Comoveram-nos com seus detalhes bárbaros e covardes, enquanto emudeciam os próprios depoentes, freqüentemente vencidos pela dor, que sufocava a voz e embaralhava a ordem da narrativa. Não houve quem resistisse à força humana dos testemunhos, à sua terrível carga de verdade.

Uma das depoentes sintetizou a natureza do ritual que, inadvertidamente, realizávamos: "Eu acredito nesse governo, acredito no coronel Patricio, que tem sido muito respeitador e até amigo, nessas semanas em que está comandando o 3º BPM. Eu acho até que podemos acreditar que a polícia vai mudar. Mas para que a gente ouça o coronel Patricio, ouça vocês e confie em vocês, é preciso que antes a gente conte tudo o que aconteceu aqui, tudo o que a gente passou, todo o sofrimento desses anos".

Como sugeria Mandela, "verdade e reconciliação". Os gregos, na Antigüidade clássica, consideravam o esquecimento a pior punição, a mais grave das maldições, o pior que se poderia desejar a um ser humano. Aprendi, no Jacarezinho, que a superação da tragédia coletiva depende da celebração pública da memória individual e coletiva dos grupos vitimados pela barbárie do Estado. A reconciliação será possível apenas se aprendermos a suportar a verdade. Eu sabia que havia violência policial. Conhecia detalhes de histórias cruéis. Mas nada se compara ao contato direto com os depoimentos vivos dos que carregam a dor de perdas tão trágicas, revoltantes, injustas, fúteis. Pela força da emoção, compartilham a dor e nos transportam, com realismo, para as cenas dos crimes.

* Esse era o nome popular da controvertida gratificação a policiais que o governador Marcello Alencar (PSDB) implantou no estado do Rio de Janeiro. Incentivo à violência policial travestida de eficiência, a premiação faroeste recompensava atos de "bravura" com gratificações que se incorporavam aos salários, gerando distorções nas hierarquias policiais e estimulando o enfrentamento armado com vítimas fatais, nas favelas.

Outro depoente resumiu sua própria teoria da violência, que parecia traduzir bem o que todos ali pensavam. Em suas palavras, disse que a comunidade é submetida, no cotidiano, a duas formas de opressão: a tirania do tráfico e o despotismo da polícia. Ambos são temidos, causam horror e repugnância, mas o segundo é considerado mais grave, porque não segue nenhuma regra, nenhum código de conduta que permita a elaboração de estratégias de sobrevivência eficientes. O pior poder coator, o poder mais bárbaro, aquele que infunde o terror mais extremo, é o poder imprevisível, sobre cujos procedimentos, reações e intervenções não é possível formular nenhuma antecipação racional.*

Compreende-se facilmente a tese. Digamos que um monstro gigantesco habite nossa rua e o pequeno mundo em que estamos confinados. Se esse leviatã** mantiver hábitos regulares, agindo, portanto, segundo padrões de comportamento previsíveis, acabaremos por aprender a conviver com ele, adaptando-nos a suas idiossincrasias e a suas reações. Aprenderemos, por exemplo, pela experiência reiterada, que nos dias pares só podemos caminhar pelo lado direito da rua. De início, faremos esforço para evitar confusões entre os dias pares e ímpares, confusões que podem custar a vida sob as patas do leviatã. Em alguns anos, estaremos adaptados e acostumados à nova realidade, tendo naturalizado a presença do monstro e internalizado as regras de seus hábitos grotescos. Transmitiremos aos nossos filhos e netos as duras lições e as regras do método de sobrevivência. Em algumas gerações, as regras para caminhar sem riscos na rua serão parte da tradição cultural e freqüentarão o processo de socialização das crianças, desde a mais tenra idade. Décadas e séculos se passarão sem que haja maiores problemas, salvo nos casos acidentais dos bêbados e dos que confundem o calendário.

Considere-se, agora, a hipótese contrária: o leviatã é imprevisível, suas ações não obedecem a nenhuma lógica; suas reações não seguem nenhuma regra. Ele pisará à direita e à esquerda indistintamente, de acordo com seus impulsos e humores fortuitos e contingentes. A vida, na rua, será um caos. Os

* Duvido que o morador do Jacarezinho tenha lido Primo Levi — escritor que sobreviveu aos campos de concentração nazistas e se dedicou a descrever seus horrores —, mas o raciocínio era exatamente o mesmo.

** Leviatã é o nome de um monstro bíblico que se tornou sinônimo do poder absoluto desde que o filósofo inglês Thomas Hobbes explorou essa analogia, no século XVII.

moradores não sairão de suas casas, e, mesmo assim, sofrerão diariamente o horror mais radical, imaginando até a hipótese de que o monstro se destempere a ponto de destruir as casas. Sair à rua significará risco extremo, e cada passo será vivenciado como a aventura derradeira. Impossível saber se alguém chegará vivo, de volta a casa. Inviável tentar proteger-se com cálculos estratégicos e previsões racionais. Nesse contexto, não há como aprender com a experiência, porque ela não se repete.

Em síntese, ambos os cenários suscitam terror, mas é evidente que o segundo é ainda mais sombrio e funesto que o primeiro. Primo Levi e o depoente do Jacarezinho têm razão: a pior tirania é aquela que se pratica como terror absoluto, imprevisível, sem regras e códigos. Compreende-se, então, por que o terror policial é mais temido do que a barbárie do tráfico, quando aquele desdenha de regras e se diverte com a criatividade mórbida *ad hoc*, enquanto este cinge-se a códigos e subordina sua prática despótica a uma ordem inteligível e pública. Mas isso não significa, como também ficou claro no encontro descrito, que a ordem legítima e legal de uma polícia compatível com o estado de direito democrático não seja amplamente desejada e evidentemente preferida à tirania do tráfico.

O último relato foi também o mais comovente. Um homem jovem, alto e forte ergueu-se e pediu licença para narrar a noite que representava a síntese de sua vida, como líder comunitário e testemunha da violência: depois da seqüência de infâmias e mortes que contemplara impotente, buscou refúgio na associação de moradores; prostrado, derrotado pelo desespero, abatido sob a repetição das atrocidades policiais, consciente de que a cidade amanhecia mais uma vez para sua rotina, indiferente ao teatro de horrores experimentado nas comunidades, abraçou-se ao companheiro que se sentara a seu lado, em silêncio, cúmplice na impotência e no desespero, e, juntos, choraram. A quem recorrer? Com que instrumentos resistir? Contar com que mecanismos? De que instituições? Como ser ouvido? Como merecer atenção e exigir que o poder público controlasse sua máquina de morte, tortura e humilhação? O relato trazia o eco distante da impotência, nas lágrimas que evocavam a dor inscrita na memória. O depoimento compartilhava conosco a tragédia das arbitrariedades policiais, alimentadas por uma política de segurança criminosa, em contexto de insulamento político e desamparo.

Onde estávamos nós naqueles dias? O que tornara possível nosso silêncio cúmplice? O que tornara possível tudo aquilo, se estavam em vigor instituições jurídico-políticas democráticas, apoiadas numa legislação inspirada em princípios de cidadania e eqüidade? Mal tivemos tempo de refletir sobre essas questões. Era preciso encerrar o encontro celebrando a confiança no futuro, expressa na presença solidária, naquele ritual catártico, de representantes do poder público e da própria Polícia Militar. As últimas manifestações da audiência foram de esperança na nova política, nos novos compromissos. Saudamos as palavras generosas, cheias de esperança. Era como se a cumplicidade política emergisse naturalmente, como conseqüência daquela redenção coletiva da memória. Mergulhamos tão fundo nos dramas de cada um que nos sentíamos irmanados, num sentido muito mais forte do que a palavra política poderia sugerir.

É difícil processar uma experiência questionadora, desestabilizante. Talvez ainda seja cedo para conclusões, mas algumas convicções impuseram-se rapidamente e passaram a ditar o rumo de minhas ações, sempre que as dúvidas se precipitam. Em primeiro lugar, convenci-me de que o velho chavão sociológico "os dois Brasis" é bem mais que um bordão desgastado, entoado pelo baixo clero acadêmico e pelos porta-vozes caricatos de ideologias peremptas. Há, de fato, dois Brasis, bem debaixo dos nossos narizes, vivendo em dimensões ou universos inteiramente distintos, nem sempre intercomunicáveis. A maior diferença entre eles é que a legalidade democrática só tem plena validade para os que habitam o mundo privilegiado das classes superiores. O maior indicador do abismo que separa a "cidade partida" são o comportamento policial e as reações da mídia à brutalidade policial. Os "de baixo" são freqüentemente invisíveis para os de cima, salvo quando lhes metem medo, produzem incômodo ou passam a representar alguma ameaça, imaginária ou real.

Em segundo lugar, convenci-me de que um tratamento transformador e radicalmente democrático da segurança pública, particularmente do "comportamento policial", é decisivo para a democratização efetiva e completa da sociedade brasileira. Há alguns anos, quando a transição política absorvia todas as nossas preocupações, poucas vozes alertavam para esse fato que, à época, parecia irrelevante. Paulo Sergio Pinheiro, Sergio Adorno e seus colegas do Núcleo de Estudos da Violência, da USP, Alba Zaluar, da UERJ, Antonio Luiz Paixão, da UFMG, Roberto Kant de Lima, da UFF, e alguns poucos estudiosos do tema foram as notáveis exceções. Infelizmente, não sensibilizaram, suficientemente, a opinião pública.

Em terceiro lugar, concluí que a negligência com que as esquerdas quase sempre trataram a segurança pública traduz não apenas alienação, incapacidade e insensibilidade, mas sobretudo a distância cultural e de classe que tradicionalmente as afastou dos grupos sociais que supostamente estariam destinadas a representar.

Por fim, estou persuadido de que uma das principais tarefas para superar esse abismo e reverter esse quadro será conferir à segurança pública, e em particular à questão propriamente policial, a mesma importância que as classes subalternas conferem, não por veleidades idiossincráticas, mas por absoluta necessidade. Assim como foi decisiva a luta contra a tortura, no combate à ditadura, é decisiva, hoje, no início do século XXI, a luta contra o arbítrio policial e contra o despotismo dos traficantes, no esforço de construção de uma sociedade verdadeiramente democrática, com instituições públicas legítimas. Não nos esqueçamos de que o policial uniformizado, na esquina, é a face mais tangível do Estado, para a maioria da população. Lembremo-nos também de que não haverá cidadania plena enquanto partes das cidades estiverem sob domínio de tiranos locais. E jamais percamos de vista que para contestar e reverter, com êxito, o arbítrio policial e o domínio territorial do tráfico, é imprescindível ir além da denúncia e de posturas simplesmente negativas; é preciso propor e implementar políticas alternativas que demonstrem, na prática, a compatibilidade entre eficiência policial e respeito aos direitos humanos.

Essa declaração cheia de esperança soa contraditória com o tom dramático em que descrevo os horrores da violência e com os depoimentos céticos de meus amigos que citei no início. Afinal, diante desse quadro tão triste, em certo sentido desesperador, há motivos que justifiquem expectativas positivas de mudança?

A verdade é que ninguém acredita que o drama da violência no Rio de Janeiro tenha jeito. Ou quase ninguém. Eu participo dessa minoria obstinadamente otimista. Menos por temperamento do que por convicção intelectual. Claro, não chego a acreditar que o Rio se tornará pacífico como Lumiar, Mauá ou São Tomé das Letras. O risco do otimista é ser considerado ingênuo. Há defeitos piores, eu sei. A menos que o ingênuo ocupe uma função importante justamente na área da segurança pública. Nesse caso, a ingenuidade pode conduzir a erros graves de avaliação e tende a provocar mistificações. Em outras palavras, ao se iludir, o ingênuo no poder tende a iludir, gerando falsas expectativas e, portanto, disseminando frustrações. Acontece que uma sociedade frustrada talvez seja pior do que uma sociedade incrédula. Quando uma coletividade não crê, acaba adaptando-se à realidade que lhe parece inevitável. Acomoda-se. O ceticismo é o menor dos males: apenas imobiliza, não gera rancor. É paralisante, porque, além daquela boa dose de humildade que estimula a tolerância, traz uma overdose de conservadorismo. Mas não passa disso. Já a decepção pode ter conseqüências muito piores. Quando uma coletividade se decepciona, torna-se ressentida e passa a governar-se pela amargura, fonte de propostas intolerantes, repletas de ódio. Diante da violência e da criminalidade, um grita "Mata!", outro "Esfola!". Os clamores mudam de estilo mas mantêm o tom e a inspiração ressentida, em todas as classes sociais e categorias profissionais: "pena de morte", "premiação faroeste" para a polícia violenta, "bandido bom é bandido morto", "quem fala em direitos humanos dificulta o trabalho policial" etc.

Aliás, gritos e clamores não faltam, nem opiniões de todo tipo para resolver o problema da violência. Assim como todo brasileiro escala sua seleção imbatível e culpa o técnico pelas derrotas, todo mundo, no Rio de Janeiro, sabe exatamente o que fazer para acabar com a violência — e culpa o governo pelos fracassos. Os cariocas, nos anos 80, dividiam-se entre os que achavam que o problema tinha origem ou religiosa, ou moral ou socioeconômica.* A percepção geral não deve ter mudado muito, apesar dos avanços da nossa cultura cívica ao longo dos anos 90. As terapias correspondem aos diagnósticos, e as soluções propostas pelos cariocas nos anos 80 também variavam: redenção messiânica via disseminação da palavra de Deus; esterilização das mulheres faveladas; edificação de barreiras para impedir a migração; fuzilamentos transmitidos ao vivo pela TV, diretamente do Maracanã; extinção da Justiça e seus trâmites demorados, que deveriam ser substituídos pelo julgamento imediato e pela execução do réu, no próprio local do crime. Já os mais politizados consideravam o problema insolúvel enquanto as causas permanecessem intocadas. As causas seriam o desemprego, a falta de perspectivas de integração no mercado e a exclusão da cidadania. A desestruturação fa-

* Os resultados de pesquisa realizada pelo IBOPE foram analisados por mim e por meu colega Leandro Piquet Carneiro em "Os quatro nomes da violência", ensaio incluído em Soares, L. E. (com colaboradores): *Violência e política no Rio de Janeiro*, Rio de Janeiro, Relume Dumará, 1996, publicado com apoio do ISER.

miliar seria um subproduto da marginalização econômica. Esse diagnóstico vinha acompanhado de um cardápio de recomendações para a economia brasileira e a reorganização mais justa de nossas estruturas sociais: melhor distribuição de renda, emprego para todos, educação de qualidade acessível a todas as crianças e adolescentes etc.

Se a sociedade pensava desse modo, compreende-se que os políticos não pensassem muito diferente. Afinal, uns representam os outros e têm a mesma origem cultural. Compreende-se também a intercambialidade dos vocabulários, dos discursos e dos bordões. Os governantes não fogem à regra: acham que sabem o que fazer e dizem o que o povo quer ouvir. Compram carros novos para as polícias e os apresentam em cerimônias públicas majestosas, com centenas de figurantes, para exercitar sua eloqüência e praticar o natural exibicionismo da política. Que governante não sofre a tentação de reeditar o teatro das multidões de Cecil B. De Mille? Anunciam a contratação de policiais e a compra de armas estrangeiras. Depois, repetem as velhas práticas, com os mesmos métodos, colhendo as mesmas derrotas. Acreditam que alcançarão as mudanças necessárias fazendo mais do mesmo. E chamam de política de segurança as reações fragmentárias às tragédias que se sucedem. Há exceções, sem dúvida, e tem havido alguns avanços, entre tantas contradições e prestidigitações midiáticas. Mas o cenário, em geral, é desolador.

Os conservadores têm o mérito de reconhecer a gravidade da insegurança e de chamar a atenção para o problema, introduzindo-o na agenda pública e atribuindo-lhe estatuto privilegiado na hierarquia das prioridades. Aliás, dar atenção ao problema passou a ser a marca dos conservadores, em todo o mundo democrático. Isso tornou-se tão comum que alguns cientistas políticos consideram essa característica um traço distintivo das plataformas conservadoras, independentemente do conteúdo das propostas. Como se a preocupação, em si mesma, com a segurança — não importando o sentido que assuma em cada contexto, em cada programa de governo, em cada projeto partidário — tivesse passado a constituir um traço permanente da identidade conservadora, por contraste com a negligência das esquerdas pelo tema. Como classificar a preocupação com o tema por um viés de esquerda? Para esses estudiosos, esse híbrido — preocupação com segurança e adesão a valores de esquerda — seria uma espécie de contradição em termos e se auto-anularia, do ponto de vista da lógica classificatória. Claro que esse modelo analítico é pobre e primário. Mas seu reducionismo é sintomático. Expressa, provavelmente, a pobreza e o primarismo dos próprios posicionamentos políticos frente à segurança pública.

Infelizmente, essa preocupação obsessiva dos conservadores com a segurança tem servido mais para estreitar laços políticos com a sociedade, revelando sintonia com suas angústias cotidianas, do que para definir e aplicar políticas eficientes. Deixando de lado a sutileza, eu diria que essa atenção tem servido a propósitos demagógicos e que os conservadores, com freqüência, exploram politicamente o medo. Na prática, ao longo das décadas em que vêm exercendo sua hegemonia, têm se limitado a cercar os bairros populares com uma espécie de cordão sanitário repressivo, lançando a polícia como cães sobre os pobres e protegendo as áreas nobres da cidade.

Essa truculência apenas contribui para a instalação da barbárie em escala ampliada. A situação que herdamos, no Rio e em muitas cidades grandes, constitui o legado desse desatino. A paz, na sociedade brasileira, distribui-se como a comida, a justiça, a moradia, os direitos civis, a educação, a saúde e a liberdade: é privilégio das elites. Ou melhor, era. Há algum tempo tudo mudou. Não porque os conservadores tenham se convertido ao credo democrático. Mas porque não há mais como conter a criminalidade e a violência nos limites que tradicionalmente as circunscreviam. A insegurança se derramou sobre a cidade. O medo é, hoje, um sentimento democrático. Nas condições atuais, a segurança ou existirá para todos ou para ninguém. Não há mais espaço para exclusivismos. No Rio de Janeiro, a política de privilégios impôs-se por décadas, como em todo o país, mas a geografia humana dificultou a aplicação da estratégia do isolamento elitista. A topografia situou as favelas no coração dos bairros nobres. O convívio cotidiano entre as classes fez do Rio uma cidade única. Em São Paulo, é recente o colapso do cordão sanitário. No Rio, não há cidadania sitiada: somos uma só praça de guerra, imensa, belíssima e aterradora. E o jornalista Zuenir Ventura tem razão: somos também a cidade partida. Mas nossa fratura está exposta. Nossa dor comum, não há como ocultá-la dos olhos que formam a opinião. Nem todas as artes da dissimulação vencem a ostensividade do tiroteio. E por mais que os dois mundos permaneçam apartados, asfalto e favela compartilham os efeitos da violência.

E as esquerdas? O que têm dito as esquerdas? Têm dito quase invariavelmente o mesmo que os grupos sociais que se consideram politizados: não há nada a fazer, ou melhor, o que quer que se faça na área específica da segurança, será sempre um engodo, por mais meritórias que sejam as intenções. Enquanto os grandes problemas sociais e econômicos não forem resolvidos, tudo o que se fizer, em matéria de segurança pública, será o mesmo que enxugar gelo. Se o debate fosse puramente acadêmico, não haveria maiores conseqüências, por mais sérios que fossem os equívocos. Mas não é. Se as esquerdas pensam assim, o que farão, o que têm feito quando chegam ao poder? A postura tradicional das esquerdas sendo negativa, diz-nos o que não fazer; é omissa sobre o que fazer. Adotar uma posição negativa, denunciando os erros, ainda que seja insuficiente, funciona quando se está na oposição. Mas é trágico quando se está no poder.

Os militantes dos partidos de esquerda e das organizações não-governamentais costumam cumprir com bravura e dignidade o papel de críticos dos governos e das polícias, denunciando abusos, brutalidade e corrupção policiais, desrespeito aos direitos humanos e aos direitos civis. Todavia, poucos traduzem as posturas negativas em propostas, convertendo a indignação em sugestões práticas sobre alternativas viáveis. Há exceções, como o Viva Rio e o Sou da Paz, que nasceram exatamente para reverter essa tendência. Mas, apesar das notáveis contribuições que já contabilizam, são ainda poucos esses atores criativos e comprometidos com a construção do futuro, que vão além das cobranças e denúncias.

Nesse ponto, é preciso cuidado. Não pode haver lugar, aqui, para mal-entendidos: denunciar é importantíssimo, ajuda a salvar vidas e a sensibilizar a sociedade, preparando-a para admitir e até reivindicar posturas mais inteligentes e civilizadas do poder público. Mas não basta. Já derrotamos a ditadura. Nossa tarefa agora é reinventar a sociedade brasileira. E a responsabilidade é nossa, de todos e de cada um. É inútil esperar o salvador que nos conduza pelo deserto até o paraíso. É perigoso cruzar os braços e torcer para que a história faça seu trabalho evolutivo, corrija espontaneamente nossos defeitos, nos devolva a trilhos civilizados e separe o joio do trigo. A história não é o livre jogo do mercado, não é a mão invisível da natureza, não é uma entidade mágica. A história, afinal de contas, somos nós mesmos e o que nossas parcas virtudes puderem fazer de nossos destinos incertos. Nossa responsabilidade é intransferível. Melhor elaborarmos bem nossas convicções.

Nesse quadro, se é que estou sendo fiel a seus contornos mais significativos, como explicar a falta de investimento nacional na formação de profissionais especializados em segurança pública, capazes de formular e implantar políticas consistentes, à luz da experiência internacional e de acordo com critérios de avaliação razoavelmente objetivos? Que escolas, que universidades preparam esses especialistas? As academias das polícias formam policiais, mesmo assim com as dificuldades conhecidas. Não formam gestores de políticas públicas de segurança, administradores de instituições policiais, planejadores e analistas de desempenho policial. O gerenciamento racional e sensível às necessidades cambiantes de nossa realidade, capaz de mover com elasticidade e eficácia, nos limites da lei e do respeito à cidadania, corporações compostas por dezenas de milhares de policiais, é tarefa dificílima, requer o melhor de nossos mais talentosos gestores e de nossos mais competentes intelectuais. Sei que segurança não é ciência e que devemos evitar a idealização da tecnocracia. Mas nada, nem mesmo a prudência mais virtuosa, justifica a indiferença brasileira à formação de técnicos e gestores especializados. Até porque, fazem parte de qualquer bom currículo lições elementares sobre a importância do respeito à diversidade de pontos de vista. Um conciliábulo de sábios não resolverá nossos problemas. A participação da sociedade será sempre decisiva. Sobretudo nesse campo tão complexo e delicado, em que o objetivo e o subjetivo se superpõem de forma quase inextricável. Além disso, se evitarmos investir na formação de quadros profissionais especializados para nos precaver contra as tentações da tecnocracia, estaremos jogando fora a criança com a água do banho. Manteremos o silêncio obsequioso e fúnebre, assistindo impassíveis à marcha monótona da sociedade brasileira para seu holocausto doméstico. Cada um de nós se confortará, racionalizando a própria perplexidade: "Eu não disse?".

Deveria causar perplexidade a reação à presença, na cúpula da segurança pública, de um antropólogo e cientista político. Inúmeros discursos foram proferidos, na Assembléia Legislativa do Estado do Rio de Janeiro, contra minha participação na cúpula das polícias, desde que assumi a Subsecretaria de Segurança Pública. Não havia, nos pronunciamentos, pelo menos nos primeiros, nenhuma conotação pessoal. O que estava em juízo e constituía alvo do repúdio veemente era a participação de um cientista social num ambiente até então reservado e excludente. No máximo, seria admissível um advogado, um promotor, um desembargador, um juiz. Conservadores e corporativistas faziam coro às resistências, que apenas expressavam um sentimento bastante difundido nos meios policiais e em determinadas camadas da sociedade. O raciocínio era simples e operava por metonímias: segurança se liga a crime; crime é punido pela Justiça e reprimido pela ação militar da polícia, deduzindo-se daí que os especialistas que podem ser incluídos no círculo restrito da segurança pública são aqueles que lidam com as leis ou com as armas. No limite, o ideal, segundo esse raciocínio, seria entregar a responsabilidade pela segurança a um magistrado e a um general. Por isso, meu discurso soava tão perturbador, quando eu insistia, por exemplo, em que nossa maior deficiência era gerencial. Enquanto estive no governo, defendi a importância de uma abordagem multidisciplinar da segurança pública, que envolvesse campos tão diversos como administração, psicologia, sociologia, ciência política, antropologia, economia, serviço social, várias engenharias, computação e comunicações, além das ciências necessárias à polícia técnica e, é claro, das áreas já tradicionalmente valorizadas, como direito, técnicas policiais, estudos militares e artes marciais. É curioso como somos provincianos, em nossos corporativismos estreitos. Consola imaginar que o preço que se paga, hoje, corresponde aos custos inevitáveis de um desbravamento necessário, ainda a ser realizado.

Meu otimismo se fundamenta na convicção de que podemos construir uma terceira via* entre a truculência seletiva da direita e o denuncismo abúlico da esquerda. Acredito na possibilidade de combinar eficiência policial com respeito aos direitos humanos, aos direitos civis e às leis. Mas para isso é preciso definir uma política para a segurança pública, focalizando a especificidade desse desafio, sem negar suas relações com o desemprego e a crise social. Os países que têm vencido a batalha contra o crime e a violência demonstraram que a combinação entre eficiência e respeito é não só possível como necessária, se o que se quer é construir uma ordem democrática e civilizada. Estou convencido de que o problema da segurança pública, em nosso país, em particular em algumas grandes cidades, é tão grave e urgente, que exige de nós a superação de preconceitos ideológicos, pruridos partidários e faccionalismos políticos, para que se forme uma ampla coalizão nacional pela civilização e contra a barbárie, reunindo conservadores, liberais, social-democratas, socialistas e comunistas de diferentes matizes. Todos os que se disponham a

* Devo esta formulação a Marco Antonio Tavares Coelho Filho.

considerar que a imposição das leis por meios legais e legítimos é uma condição inescapável da vida pacífica em coletividade. No Brasil, se as polícias respeitassem as leis e as fizessem respeitar, viveríamos uma verdadeira revolução democratizante e civilizatória, que estenderia a cidadania àqueles que ainda não a experimentaram, porque permanecem submetidos ao despotismo de criminosos e à tirania dos maus policiais.

Este livro é o relato de uma experiência: quinze meses na linha de frente da segurança pública no estado do Rio de Janeiro. É também a descrição da política que formulamos e começamos a implementar. É, acima de tudo, uma defesa das razões que justificam meu otimismo.

A história deste livro começou muito antes do ponto em que inicio o relato. Tem suas origens nos anos 70, quando abandonei a crença de que a violência seria um recurso legítimo para impor a justiça e a liberdade; quando passei a vê-la como uma peste que contamina e degrada tudo o que produz. Salvo nos casos excepcionais de legítima defesa, individual ou coletiva, a violência passou a significar, para mim, a face intolerável e injustificável dos poderes. Daí deduzi as vantagens das instituições políticas democráticas, que celebram um contrato igualitário e autorizam o uso da força apenas em defesa da ordem legítima. Daí também deduzi a valorização das instituições policiais, como protetoras da vida e da liberdade e promotoras do direito de todos a uma vida pacífica, que é, afinal de contas, o significado último da segurança pública num contexto verdadeiramente democrático. A história que vou contar tem essas raízes distantes e algumas fontes mais recentes, em pesquisas que realizei ao longo dos anos 80.

No final dessa década fui co-fundador do Núcleo de Pesquisa do ISER,* onde montei e coordenei uma equipe exclusivamente dedicada a estudos sobre criminalidade e violência urbana, em suas várias dimensões. Em 1993, sempre ao lado de Rubem Cesar Fernandes, colaborei com a gestação do movimento que se converteria no Viva Rio e que Rubem lideraria. O Viva Rio teve, desde a origem, dois méritos até hoje muito raros e inovadores: a amplitu-

* O ISER, Instituto Superior de Estudos da Religião, é uma das mais tradicionais ONGS brasileiras. Foi criado nos anos 70 e, apesar de não se dedicar exclusivamente a pesquisas sobre religiões, foi batizado com esse título, emoldurado pelo adjetivo "superior", para sobreviver com mais desembaraço às censuras e perseguições da ditadura militar. Veio a democracia e o título foi mantido, porque já se associara à história da instituição.

de das alianças que propiciou — o movimento reúne sindicalistas da CUT, empresários, associações comerciais e industriais, esportistas, jornalistas, acadêmicos, líderes comunitários — e a postura propositiva que adotou. Fui redator, com os colegas de minha equipe do ISER, dos boletins diários dos seminários realizados no âmbito do Fórum de Cidadãos, primeira iniciativa do Viva Rio. Fui também o relator do Fórum. Redigi um sumário analítico das conclusões daquelas semanas de trabalho. Esse documento serviu de base para a elaboração de propostas de políticas públicas na área da segurança, encaminhadas pelo Viva Rio a todos os candidatos ao governo do estado do Rio em 1994, entre os quais Anthony Garotinho.

Mas a história que agora importa começou, de fato, quando o deputado Edmilson Valentim me telefonou, no início de 1998, pedindo que eu encontrasse um dos candidatos a governador: Garotinho. A reunião foi agradável e proveitosa. Fiquei impressionado com Garotinho: sua abertura a idéias novas, sua flexibilidade, seu espírito antidogmático, sua sensibilidade para perceber a importância da dimensão subjetiva envolvida na problemática da violência e da criminalidade, sem mencionar a simpatia, a simplicidade e a objetividade. O primeiro encontro se desdobrou em muitos outros e nosso diálogo acabou se traduzindo num convite para que eu escrevesse um livro. Convidei Barbara Musumeci Soares, João Trajano Sento-Sé, Leonarda Musumeci, Silvia Ramos e Antonio Carlos Carballo Blanco para dividir comigo o trabalho. Em três meses, lançamos *Criminalidade e violência no estado do Rio de Janeiro*, pela editora Hamas. Carballo, que já era, à época, major da Polícia Militar, preferiu não co-assinar o livro para evitar problemas, já que havia críticas duras à política de segurança então vigente. Mais de 50 mil cópias foram distribuídas gratuitamente, só na cidade do Rio de Janeiro. O livro tornou-se uma importante ferramenta de campanha, ainda que seu tom escapasse às retóricas partidárias e seus argumentos transcendessem o episódio eleitoral. Nos debates de que participou sobre o tema, eu acompanhava o candidato e o assessorava. Para surpresa de seus adversários, Garotinho não fugiu à discussão da segurança pública. Pelo contrário, com um discurso claro e propositivo, antecipou-se às cobranças dos que viam nele, ou nos partidos de esquerda que o apoiavam, descompromisso com essa área.

A posição que lhe propus e que ele acolheu era simples, politicamente ampla, porque legalista, e comprometida com a eficiência pragmática. Correndo o risco de ser redundante, acho que vale a pena expor suas linhas gerais:

1. É possível reduzir a criminalidade violenta com políticas públicas cc sistentes, independentemente de quais sejam suas causas (é preciso enfrentar as causas, mas isso leva tempo; não podemos cruzar os braços e esperar; e há muito a fazer na área específica da segurança pública).

2. Políticas consistentes envolvem modernização tecnológica e gerencial, moralização das instituições e participação comunitária.

3. Essas políticas públicas devem obedecer ao princípio da compatibilidade entre respeito aos direitos humanos e eficiência policial. Não há contradição entre esses termos, como demonstra a experiência internacional, e quem não pensa assim acaba condenado, seja ao imobilismo, cúmplice involuntário do crime, seja a apoiar a barbárie policial, que só contribui para a degradação das polícias e para o aumento da própria violência.

4. O objetivo de uma política correta e competente de segurança pública é contribuir para o processo civilizatório. A grande ruptura, hoje, no Rio, não separa partidos e ideologias, mas civilização e barbárie. São bem-vindos, portanto, à grande coalização civilizatória, todos os que reconhecem que barbárie gera barbárie e que o papel das polícias é fazer respeitar as leis, respeitando-as.

Esse discurso evitou que Garotinho adotasse uma postura defensiva e mostrou que era possível sensibilizar os eleitores e despertar sua esperança sem recorrer aos velhos bordões demagógicos: os autoritários, que se alimentam do medo, e os diversionistas, que subestimam a segurança pública, vendo-a *exclusivamente* como efeito.

Garotinho venceu as eleições. Era impossível saber quanto a vitória devia às propostas sobre segurança. De todo modo, foi o suficiente para reafirmar em seu espírito a confiança que depositou em mim. Acho que nós nos admirávamos e nos sentíamos, de alguma maneira, apesar da desproporção entre nossas funções — ele, governador; eu, um auxiliar —, parceiros de um empreendimento imenso, que se abria diante de nós como um desafio. Talvez o maior de nossas vidas.

1. O bom-dia

Nos anos 70 eu ouvia Macalé, Torquato, Capinam, Gal e Wally, como todo mundo. Quer dizer, todo mundo que para mim importava e cabia em meu próprio mundo privado. A luta contra a ditadura tinha de ser integral para valer a pena. A vida toda devia ser comprometida, todos os lados da existência. E a estética era parte central do verdadeiro engajamento. Isso, aliás, me custou muitas dores de cabeça, porque eu fazia das tripas coração para conciliar o reformismo da frente ampla, inspirado pelos eurocomunistas que eu admirava, com a radicalidade dos vanguardistas, cujo irrealismo na política irritava meus amigos do Partidão. Por outro lado, meus amigos artistas repudiavam minhas afinidades políticas com os reformistas, cuja estética eu também abominava. O equilíbrio era mais que precário e tornava tudo ainda mais difícil. Jamais me sentia inteiramente confortável. Não me identificava com nenhum grupo, completamente. Mas sabia que meu destino seria conciliar essas pontas, amargando essa ambigüidade. Nada disso teria importância, aqui, se não me ajudasse a contextualizar minhas relações com o general José Siqueira, por quem aprendi a sentir afeto depois de longo e tenebroso inverno. Inverno que começou no verão de 1998, quando tudo o que me ligava aos generais era o ódio à ditadura e a bela canção que não me sai da cabeça: "Com minhas calças vermelhas, meu casaco de general, cheio de anéis, eu vou descendo por todas as ruas e vou tomar aquele velho navio".

O general José Siqueira foi escolhido secretário de Segurança no dia seguinte ao segundo turno das eleições para o governo do estado do Rio de Janeiro, que confirmaram, no domingo, dia 25 de outubro, a vitória antecipada pelas pesquisas. Na segunda-feira, Garotinho ligou à noite para minha casa: "Que tal tomarmos o café da manhã juntos, amanhã? Convida Barbara. Eu gostaria que vocês conhecessem o general José Siqueira". O gesto político era claro: brandir o nome de um general para diferenciar-se de Brizola e mostrar à população que o novo governador, apesar das alianças com a esquerda, teria pulso e enfrentaria o crime. Mesmo sendo do PDT, não repetiria os erros que a opinião pública atribuía aos governos do partido. Por outro lado, era preciso cautela para não ir com muita sede ao pote e matar o doente com uma overdose do remédio. Se isso acontecesse, todo o capital de credibilidade acumulado na campanha seria perdido. Afinal, como nosso livro repetia, era necessário combinar eficiência policial com respeito aos direitos humanos; a firmeza do combate ao crime não poderia ser confundida com brutalidade policial, ou os derrotados estariam vencendo, moralmente, o "terceiro turno". Eu e Barbara começávamos a funcionar como contrapesos na balança político-ideológica, ajudando a construir o equilíbrio que terminaria por ser uma referência constante e, nas mais diversas áreas, o principal norte do novo governo. Ambigüidade e equilíbrio entre pólos opostos, essa foi a regra, desde o início. Nesse caso específico, o ex-governador Marcello Alencar dera o exemplo, compondo a cúpula da segurança com dois personagens opostos: o general Newton Cerqueira, conhecido pela dureza e pela inclinação ideológica conservadora, e o delegado Hélio Luz, um "xerife de esquerda", crítico mordaz das elites e do senso comum, eleito deputado estadual pelo PT nas mesmas eleições que levaram Garotinho ao governo. Enfim, nós também teríamos o ícone da severidade e da força protetora, nós também jogaríamos com a simbologia paternal da segurança, nós teríamos o "nosso general".

As manchetes da terça-feira, 27 de outubro, desabaram sobre minha cabeça como um soco. Eu não podia acreditar no que lia. Ou melhor, no que Barbara, revoltada, lia para mim: "Sou cria do Cerqueira", declarava José Siqueira, o "nosso general", homenageando seu amigo e mestre, o general Newton Cerqueira, o arquiinimigo dos que defendíamos os direitos humanos, o alvo das nossas críticas mais radicais ao longo dos últimos anos e de toda a campanha. José Siqueira elogiava o companheiro de farda e confessava que teria feito o mesmo, caso enfrentasse as mesmas dificuldades: gratificação faroeste, política belicista nas favelas etc. Concluía dizendo que nada disso seria mais necessário, porque o momento era outro. Peguei o *Jornal do Brasil* e *O Globo* para ler com meus próprios olhos. Eram seis e meia da manhã. Tínhamos muito pouco tempo para assimilar o golpe e pensar com um mínimo de cabeça fria sobre o que fazer. Sim, concordamos, tínhamos de ir ao encontro, mas teríamos de ser francos, diretos; a atmosfera ficaria carregadíssima, seria muito desagradável, mas era preciso encarar a situação e nos afastarmos de Garotinho. O que seria especialmente desconfortável e triste, porque Barbara e eu somos refratários a conflitos, gostávamos de Garotinho e havíamos trabalhado muito na campanha, com muita esperança. Barbara explicitava o que eu pensava e não tinha coragem de dizer: "Como vamos encarar nossos amigos? Como fomos acreditar que Garotinho era confiável? Era tudo uma grande farsa? E o livro, agora, está a serviço de quê? Fomos coerentes a vida toda: e agora? Como é que vamos a um café da manhã com alguém que se assume, sem o menor pudor, cria do general Newton Cerqueira?".

Deixei de lado o paletó que separara para a ocasião, quando a imaginara cercada de uma solenidade fraterna e positiva. Afinal, desde o abraço de domingo à noite, na torre do Rio Sul, o QG da campanha, ainda não estivera com Garotinho como governador eleito. Um sonho se realizara e a circunstância sugeria que eu traduzisse minha emoção num paletó. Diante das declarações do "nosso general", abandonei a idéia e meti a primeira camisa que encontrei. O encontro não valia mais que roupas franciscanas. Garotinho saberia ler meu estado de espírito.

As peças custavam a se encaixar: como é que alguém, convidado para ser secretário, vinha a público elogiar o maior adversário do novo governador na área da segurança? Ou era o novo governador que tinha duas caras e permitia uma sinalização assim dúbia? A única referência de que dispunha sobre José Siqueira era um comentário ligeiro de Garotinho, nas últimas semanas da campanha, aludindo à simpatia do general por nosso livro. Essa observação breve fora suficiente para que eu me sentisse à vontade para declarar ao *JB*, na tarde da segunda-feira, sobre o novo secretário: "O importante não é ser ou não ser general. O importante é o que se pensa e a política que se deseja implantar. E tudo indica que o general José Siqueira defende os princípios e valores que Garotinho defendeu na campanha. De outro modo ele não seria escolhido secretário".

Chegamos cedo à avenida Atlântica. Circulávamos a pé o hotel, atentos ao movimento dos carros. Garotinho não costumava se atrasar. O calor já era intenso, àquela hora. Revolvíamos nossa perplexidade, pensando em círculos, retornando sempre às declarações inacreditáveis do general. O carro que trouxe o novo governador eu não conhecia, era uma van escura. Havia um segundo carro e muitos seguranças. Garotinho já se vestia como a autoridade máxima do estado, o que era correto. Já era tempo de aposentar o uniforme de campanha. Seu sorriso largo contrastou com meu constrangimento e tive certeza de que ele se dera conta do que estava por vir.

Subimos em silêncio ao restaurante do hotel, no segundo andar. Espontaneamente simpático, a popularidade fervilhante da vitória abrindo todas as portas, Garotinho recebia as saudações com naturalidade e justificável prazer. Foi difícil encontrarmos a reserva necessária entre as mesas do salão. Eu queria aproveitar o tempo que teríamos antes da chegada do general Siqueira: "Você viu os jornais hoje?". Minha pergunta idiota queria dizer: "E aí, o que é que você me diz disso tudo? É isso mesmo o que você quer? Você vai rasgar o livro?". Para uma pergunta idiota, uma resposta ridícula: "Não, não deu tempo...". O que me pareceu significar alguma coisa como "vou devolver a iniciativa ao campo do interlocutor, ganhar tempo e avaliar o impacto das manchetes". "Nesse caso, vou lhe mostrar", eu disse, abrindo o envelope em que metera os jornais. Exibi sem pudor as primeiras páginas do *Globo* e do *JB*. Ele fingiu surpreender-se, sem grande convicção, mas debruçou-se sobre os jornais por um instante, quando fomos interrompidos pela chegada do general. Em seguida às apresentações, fui direto:

— General, o que o senhor declarou à imprensa contraria tudo o que eu e Barbara pensamos, tudo o que as pessoas com quem nos identificamos pensam e tudo o que nós imaginávamos que Garotinho pensasse, tudo o que defendemos no livro que escrevemos para a campanha. A gratificação faroeste e a política adotada pelo governo que nós derrotamos não se justificam nunca, em hipótese alguma. O general que o senhor elogia é nosso principal adversário e representa o oposto do que nós somos.

O general José Siqueira reagiu de modo surpreendente, com cálida simpatia e humildade. Reconheceu que as declarações eram muito infelizes, que ele não sabia se relacionar de forma apropriada com a mídia, que nada daquilo traduzia o que ele pensava: lera o nosso livro e concordava inteiramente com o que havíamos escrito. Não tivera a intenção de sugerir que a política do general Newton Cerqueira havia sido correta em seu momento, mas sim que ele, José Siqueira, mudara de opinião depois de ter passado pela Secretaria de Segurança de Alagoas: no passado, acreditava que aquele era o caminho; hoje, estava convencido de que o caminho teria de ser outro. Em suma, sem culpar a imprensa, apresentara versão diferente e verossímil sobre suas idéias. Além disso, fora franco e corajoso ao admitir seus próprios erros nas declarações da véspera. Propôs-se a corrigir o que havia dito, assumindo a responsabilidade publicamente.

Surpreendidos, Barbara e eu nos calamos. Garotinho aproveitou o momento de indefinição e propôs:

— Vamos fazer o seguinte: Luiz Eduardo e Barbara, vocês aceitariam participar de uma comissão de transição para definir nossos projetos para a segurança pública, com base no diagnóstico e nos princípios do livro? A comissão poderia ser composta por vocês dois, pelo general José Siqueira e por um representante de cada instituição policial. Quem vocês indicariam para representar a PM?

— Bem, se dependesse de mim — eu disse —, indicaria o coronel Sergio da Cruz, que tem afinidades conosco, com nossas concepções, nos ajudou, indiretamente, no levantamento necessário para a elaboração do livro, é sério e uma espécie de nome natural, pela respeitabilidade e pela carreira sempre destacada.

— Ótimo — disse Garotinho. — Tenho ouvido falar muito bem dele, é o nome que sempre me indicam.

Eu sabia que Garotinho jamais ouvira falar do coronel Cruz, mas fora rápido e hábil para evitar qualquer intervenção do general José Siqueira, dissimulando, por outro lado, o fato de estar aceitando minha sugestão sem maiores consultas, inclusive ao futuro secretário. Sugeria, tacitamente, que aquela seria mesmo sua própria indicação. Isso calaria qualquer crítica. No final do encontro me perguntaria, de modo reservado: como é mesmo o nome do coronel da PM?

— E na Polícia Civil, quem você sugere? — perguntou Garotinho.

— Preciso de tempo para algumas consultas — eu disse. — Mas acho que seria importante contarmos também com alguém que representasse a sociedade civil.

— Em quem você pensaria? — Garotinho indagou.

— O nome óbvio, natural, seria o do Rubem Cesar Fernandes, coordenador do Viva Rio.

— Mas você acha que ele aceitaria?

— Tenho certeza — apostei. — Somos muito amigos e temos todas as afinidades nessa área.

Pedi o celular a Carlos Henrique Vasconcelos, o Peninha, jornalista e futuro secretário de Comunicação, que acompanhava Garotinho aonde quer que ele fosse, desde a campanha. Localizei Rubem, interrompi uma reunião, formulei a proposta. Ele percebeu a importância da oportunidade: afinal, nem toda comissão existe para postergar decisões. Poderíamos dar um sentido prático àquela comissão e comprometer o futuro governo com um programa avançado, sintonizado com os valores que defendíamos e a compreensão que compartilhávamos sobre o problema da segurança.

— Ele aceitou — eu disse.

— Então, vocês topam?

Eu e Barbara aceitamos, pelos mesmos motivos que tinham levado Rubem a não hesitar, sobretudo nesse contexto em que eu podia indicar os nomes.

— Ótimo — disse Garotinho. — As manchetes de amanhã vão reparar as de hoje. Vou anunciar a comissão às três da tarde. Vocês poderiam fazer consultas na Polícia Civil até as três. Eu espero as indicações de vocês. Tudo bem, general?

Garotinho pediu-me que falasse com o coronel Cruz e que preparasse os membros da comissão para um encontro com a imprensa no dia seguinte, na FIRJAN, a Federação das Indústrias do Rio de Janeiro, em cuja sede funcionaria o governo de transição.

Despedimo-nos. Mal houve tempo para o café. Enquanto andávamos para o elevador, Garotinho diminuiu o passo, aproximou-se de mim e sussurrou:

— O representante da Polícia Civil será quem você indicar. Mas vê se me arruma o nome sem falta até as três.

Antes das três eu já havia passado ao futuro secretário de Comunicação o nome do delegado Carlos Alberto D'Oliveira. Como Garotinho previra, os jornais do dia seguinte focalizaram a comissão e apresentaram nossas biografias, nossos perfis etc. Durante dois meses o grupo trabalhou diariamente, reunindo-se por horas a fio para fixar uma agenda e mergulhar em cada item, ouvindo especialistas, policiais, colegas de outros estados e até de outros países, graças ao apoio da FIRJAN, da Fundação Ford, da Universidade Candido Mendes, do Viva Rio e da Comunidade Européia. Convivemos numa atmosfera agradável e informal. Cada um de nós trouxe para o grupo a síntese de seus conhecimentos e de suas experiências.

Nesse período, os principais projetos do governo Garotinho na área da segurança foram esboçados:

• o novo modelo de delegacia e de organização funcional e gerencial da Polícia Civil — a delegacia legal, que eu chamava inicialmente "polícia legal";

• a reforma da polícia técnica;

• as áreas integradas de segurança pública;

• os conselhos comunitários de segurança;

• as novas metodologias de captação, elaboração e divulgação de dados sobre os delitos e a dinâmica da criminalidade;

• a implantação de sistemas de planejamento e avaliação de desempenho;

• o Instituto de Segurança Pública, que concebemos, originalmente, como uma fundação;

• a política específica de proteção às mulheres, contra a violência doméstica;

• as políticas de defesa das minorias, das crianças e dos adolescentes e do meio ambiente;

• as novas unidades da PM: o GEPAT, o GEAT e o GEPE;

• o policiamento comunitário;

• a reforma do processo de recrutamento e qualificação profissional;

• a ocupação social e policial das favelas e comunidades pobres (o Mutirão pela Paz);

• a campanha pelo desarmamento;

• a Ouvidoria;

• o Programa de Proteção às Testemunhas;

• o programa de afastamento provisório para provisão de apoio psicológico aos policiais envolvidos em situações de tensão extrema (que nunca chegaria a ser implementado);

• o novo plano de cargos e salários (que não chegou a se efetivar);

• a Guarda Costeira (nunca implantada);

• e o Conselho Estadual de Segurança (criado pelo governador no segundo dia de seu mandato, mas que não se reúne regularmente desde março de 1999).

Entre vários encontros com o governador eleito, nos meses que antecederam a posse, dois foram especialmente importantes. O primeiro deles ocorreu em meados de dezembro. Depois de uma reunião com os secretários já escolhidos — até então eu sempre fora convidado para essas reuniões e continuei a ser, com uma única exceção, já em março de 2000 —, Garotinho pediu a mim e ao general José Siqueira que permanecêssemos na sala para uma conversa privada. Disse o seguinte: "Minha concepção de segurança pública não é exclusivamente militar. Acho que há uma dimensão militar e outra civil, uma dimensão operacional e outra social. Por isso, general, eu o convidei para ser secretário e gostaria, agora, de convidar o professor Luiz Eduardo para ser o subsecretário". O general José Siqueira disse que achava ótima a idéia, mas que havia três subsecretarias — Assuntos Especiais, Operacional e Administrativa —, o que impediria que eu viesse a me tornar *o* subsecretário, no singular. Eu poderia ser um deles. Garotinho não quis entrar em detalhes, mas seu plano não deixava margem a dúvida: o militar seria o primeiro na hierarquia e o civil seria o segundo. Ambos se complementariam, formando uma unidade capaz de responder, simultaneamente, às demandas por autoridade e por cidadania, por ordem e por respeito aos direitos humanos.

Fui pego de surpresa. Jamais me ocorrera aquela hipótese. Nunca me imaginara membro da cúpula da Secretaria de Segurança, até porque Garotinho jamais aludira àquela possibilidade e indicara uma pessoa com a qual eu não tinha nenhuma afinidade, ainda que o clima de trabalho coletivo fosse cooperativo e amistoso. Pelo contrário, a única menção à hipótese se deu em contexto jocoso, em tom de brincadeira: depois que lançamos o livro, em julho de 1998, Garotinho contou, rindo bastante, que seu principal oponente, Cesar Maia, numa palestra na zona oeste da capital, havia dito, com intenção acusatória, que o secretário de Segurança de um eventual governo do PDT seria um intelectual de esquerda, defensor dos direitos humanos. Cesar citara meu nome, em meio a galhofas desdenhosas, profetizando o caos. E voltaria a fazê-lo, em entrevistas a rádios. Minha intenção era propor a Garotinho a constituição de um grupo de assessoria para projetos especiais e de pesquisa na área da segurança pública.

Perplexo com o convite, agradeci a confiança, que me envaidecia, e pedi tempo para refletir, conversar com Barbara e ouvir os amigos mais próximos. Fui franco: ponderei que uma indicação direta do governador, ainda que perfeitamente legítima, poderia frustrar planos do secretário, que estaria pensando em seus próprios nomes, o que nos deixaria a todos numa situação desconfortável. O general José Siqueira negou que isso significasse um problema, mas insisti na necessidade de uma avaliação criteriosa e prudente e reiterei que precisava de tempo. Quando nos despedíamos, Garotinho mandou um recado para Barbara: gostaria de contar também com a colaboração dela.

Observando minha hesitação ante aquela imposição de meu nome goela abaixo do futuro secretário, o general José Siqueira insistiu em que eu aceitasse:

— Não estamos nos entendendo bem, na comissão de transição? Já não estamos trabalhando juntos? — perguntou.

Quando lhe comuniquei, dias depois, que decidira aceitar o convite, o general me propôs um acordo: como já convidara algumas pessoas de sua confiança para ocupar as três subsecretarias existentes, sugeria a criação de uma quarta, a ser ocupada por mim. Ocorreu-lhe o nome "Subsecretaria de Assuntos Comunitários", fórmula que não me agradou. Eu precisava ter autoridade. Mesmo não desejando inaugurar uma polêmica e tensionar a relação com o general, acreditava que seria muito difícil garantir a execução dos projetos se meu poder se reduzisse a um quarto da autoridade acumulada no segundo escalão da secretaria. Além de estar subordinado ao secretário, eu teria de disputar de igual para igual com outros três subsecretários, cuja identidade com nosso programa de trabalho, com nossos princípios e com nossas metas era uma incógnita.

Tornou-se mais que uma incógnita, um enigma imperscrutável, quando descobri que se tratava de dois coronéis pára-quedistas do Exército e um coronel do Exército que estava ocupando a mesma subsecretaria no governo de Marcello Alencar. Ora, nossa política não seria o extremo oposto da anterior? O chefe de gabinete, aliás, seria outro coronel do Exército. Outros três coronéis do Exército seriam mantidos em suas posições: o chefe do CISP (Centro de Inteligência da Secretaria de Segurança Pública), o chefe do Setor de Comunicações e Informática da secretaria e o chefe da Assessoria de Planejamento. Portanto, a cúpula da segurança seria composta por um general, sete coronéis do Exército e eu — sem contar com o comandante geral da Polícia Militar, um coronel PM, e com o chefe da Polícia Civil, um delegado. Composição um pouco menos equilibrada do que a fórmula civil-militar proposta por Garotinho...

Sentia-me desconfortável também por outro motivo: eu seria um estranho no ninho, por mais que o futuro secretário se dissesse convencido da necessidade de implementar aqueles projetos todos. Eu não estava inteiramente persuadido de que havia, de fato, plena identidade. A adesão aos projetos me soava um pouco artificial, não porque duvidasse da palavra do general José Siqueira, mas porque em dois meses, ninguém, mesmo com boa vontade, abraça e compreende integralmente um pacote renovador — e, de certo ponto de vista, radical — de idéias, valores e planos concretos de ação. Às vezes, tínhamos a impressão, eu e os demais membros da comissão, de que o futuro secretário preparava seus próprios projetos com seu grupo de interlocutores mais próximos e participava da comissão apenas para atender à determinação do governador eleito. Temíamos que, empossado, o general esquecesse os compromissos assumidos no âmbito da comissão e voltasse ao que consideraria a vida real, isto é, às formas e aos métodos convencionais: *politics as usual*. De outro modo, como explicar que o general ainda não tivesse nos apresentado seus futuros colaboradores? Que sentido haveria naquele silêncio, naquela falta de informações, naquela ausência de iniciativa para promover o encontro indispensável entre os formuladores dos projetos, ou seja, nossa comissão, e aqueles que, supostamente — a serem sinceros os compromissos assumidos —, iriam implementá-los?

De todo modo, a despeito das dificuldades que divisava, optei por aceitar o convite do governador e a proposta do novo secretário. Melhor que disputar espaços de poder em abstrato, exigindo posições, seria desenvolver o trabalho na prática e, caso meus temores se confirmassem, procurar demonstrar a necessidade de correções de rumo, em função de observações concretas sobre eventuais impedimentos. Temia ser visto como um teórico, um romântico, cujas ambições de poder estariam a serviço de uma auto-imagem idealizada e não de exigências determinadas pela experiência. Pareceu-me mais eficiente primeiro demonstrar ao governador minha capacidade prática e depois propor a revisão da distribuição de poder, caso fosse mesmo indispensável.

Aceitei, portanto, que fosse submetido ao governador o plano de criação de uma quarta subsecretaria. Apenas sugeri a alteração do nome: em vez de Subsecretaria de Assuntos Comunitários, Subsecretaria de Pesquisa e Cidadania. Como forma de compensar o risco de meu isolamento, fiz questão de incluir, no organograma da Secretaria de Segurança, as funções que competiriam à nova subsecretaria. Para salvaguardar os projetos, submeti-os praticamente todos à minha autoridade, o que, surpreendentemente, foi aceito sem reparos pelo futuro secretário. Essa reação generosa me deixou ainda mais preocupado. Cada vez mais antevia desinteresse pelos projetos. O acordo tão rápido e fácil em torno do novo organograma da secretaria parecia sinalizar o seguinte: as futuras autoridades da área, general José Siqueira e seu estado-maior, pensam-na de forma tradicional, valorizam o que sempre se valorizou — a operação policial pura e simples, sem questioná-la e sem reconhecer a urgência de inscrevê-la em novo contexto institucional, submetendo-a a novas práticas gerenciais, de planejamento e monitoramento. Por isso, o que parecia, a mim e à comissão, o centro do futuro trabalho da secretaria, permanecia invisível aos futuros responsáveis por sua execução.

Ao longo do mês de dezembro, recebi a primeira lição prática sobre o funcionamento da política interna à Polícia Civil. Delegados elegantes, simpáticos, calorosos, insinuantes e envolventes começaram a se aproximar do futuro secretário, oferecendo-lhe almoços, jantares, visitando-o, homenageando-o, saudando-o com reverência. Em pouco tempo, ele se sentia amigo pessoal — ele próprio o dizia — de alguns membros desse grupo, que representa o *status quo* da polícia, reunindo a vivência mais vasta e também um extenso catálogo de vícios tradicionalmente incorporados ao cotidiano da corporação. Os policiais conheciam bem a lógica da cultura brasileira, que Roberto Da Matta sintetizou em seus livros mais conhecidos: quando relações pessoais são estabelecidas, sobrepõem-se aos vínculos formais e institucionais, que acabam obscurecidos e subordinados, e permitem o acesso a todo tipo de benefício. Nesse caso, os policiais usavam a linguagem hierárquica da instituição militar — saudavam a autoridade do general e defendiam a primazia da hierarquia — para saltar sobre as barreiras dos laços profissionais e criar relações pessoais.

O segundo alvo era Carlos Alberto D'Oliveira, visto por parte dos delegados mais antigos como incapacitado para assumir a chefia da Polícia Civil, pois não fora ainda promovido a delegado de primeira classe (são três os níveis na carreira). A indicação dos novos "delegados de primeira" ocorreria em dezembro, e Carlos Alberto estava na lista de promoções. Era um nome natural, pela trajetória e pelos anos de trabalho. Ainda assim, Garotinho pediu empenho pessoal ao governador Marcello Alencar. Esta foi, involuntariamente, a senha para o boicote: a ninguém interessava a promoção de Carlos, salvo aos que apostávamos nos projetos de mudança. Nem mesmo ao futuro secretário, dado que a não-promoção dificultaria muito a nomeação de Carlos Alberto para a chefia, o que reduziria as chances de que alguém ligado primordialmente a mim — e relativamente independente dele — assumisse o poder na Polícia Civil. Carlos não foi promovido. O general José Siqueira preparou-se para fazer o chefe. Articulou apoios na corporação, municiou-se do nome consensual na elite tradicionalista e pediu uma audiência ao governador.

Na última semana de 1998, a poucos dias da posse, fui convocado para uma reunião com Garotinho. Aos poucos, me dei conta do que estava acontecendo: Garotinho desconfiava que o futuro secretário fosse lhe pedir o que ele não desejava conceder. Chamou-me, então, para embaraçar o general, dificultar as negociações e facilitar as evasivas. Estava certo. O general José Siqueira, de fato, queria lhe pedir que desistisse de Carlos Alberto, em nome da hierarquia institucional e do compromisso com os policiais mais antigos. Trazia-lhe como alternativa pacificadora o nome de Raffik Louzada. Garotinho pediu minha opinião. Defendi a indicação de Carlos, em nome da fidelidade a nossos projetos, da lealdade sincera à nossa política e de suas virtudes pessoais. A saída que Garotinho improvisou foi um show de habilidade. Evitou decidir logo depois que dei minha opinião, para que o futuro secretário não se sentisse desprestigiado ou suplantado no duelo. Mudou de assunto. Passou a falar de corrupção em certas áreas da administração e do comércio. Mencionou o nome de um empresário que todos sabíamos corrupto e, finalmente, voltou ao ponto de partida:

— Pois é — disse Garotinho —, esse empresário criticou o nome de Carlos Alberto. Se deixo de nomeá-lo, passo o recibo e lhe envio a mensagem de que sou receptivo à sua intervenção.

Estava aberto o caminho para as mudanças profundas que pretendíamos fazer na Polícia Civil.

Na Polícia Militar, Garotinho confirmou o nome de Sergio da Cruz, para minha alegria. Não havia resistências ao coronel Cruz, senão de alguns amigos de Campos do governador eleito, que defendiam a indicação do coronel Wilton Soares Ribeiro, oficial do antigo estado do Rio, para o Comando Geral — a PM ainda carrega as cicatrizes da fusão entre a Guanabara e o estado do Rio. Esse dado não teria nenhum significado, se entre esses amigos não se incluísse um antigo colaborador de Garotinho na prefeitura de Campos, o coronel PM Josias Quintal, que se tornaria personagem central no drama da segurança pública do Rio.

A parte dos projetos desenvolvidos pela comissão de transição que achei oportuno apresentar, por considerar suficientemente amadurecida, à época, foi plenamente aprovada pelo governador eleito, no encontro que reuniu, em fins de dezembro, toda a equipe de governo já escolhida. Foi um grande alento. Nessa reunião, realizada num hotel fora da capital, Garotinho propôs a mudança do título que eu inventara para o projeto de reforma das delegacias: de "Polícia Legal" para "Delegacia Legal". Ele tinha razão. A mudança foi boa.

Derrotado em nosso primeiro embate, o general José Siqueira ainda depositava esperança nas iniciativas legais e políticas do dr. Vladimir Reale, presidente da ADEPOL (Associação dos Delegados de Polícia). Enquanto Garotinho recusava a proposta de José Siqueira, a ADEPOL já preparava uma liminar contra a posse de Carlos Alberto. Felizmente, também a liminar seria derrotada. Mas o troco não demoraria a chegar. Eu o receberia na primeira reunião da cúpula da secretaria, na segunda-feira, dia 4 de janeiro de 1999.

No dia 29 de dezembro de 1998, vivemos nosso ritual de passagem. Cumprimos a obrigação formal da visita de cortesia às autoridades da Secretaria de Segurança que nos repassariam postos, títulos, responsabilidades e algumas informações práticas sobre o funcionamento da máquina burocrática e a distribuição física das funções administrativas no espaço do prédio. Encontrei o general José Siqueira para subirmos juntos ao gabinete. O futuro secretário viera com seus dois subsecretários pára-quedistas. Fomos apresentados. Talvez tivessem dez anos mais que eu; um deles era magro e muito alto, de expressão severa e crispada; o outro era baixo, magro, de expressão triste e serena. Não falavam muito.

No gabinete, feitas as apresentações de praxe, sentamo-nos para o diálogo, que se converteria em monólogo seco do antigo secretário. Em poucos minutos, não saberia dizer exatamente como, saltando rápido sobre temas burocráticos, o então secretário de Segurança, Noaldo Alves da Silva, coronel do Exército na reserva, passou a dizer o que pensava. Ele substituíra seu amigo e mestre, general Newton Cerqueira, desde abril de 1998, quando este se desincompatibilizara para candidatar-se a deputado federal, e era fiel ao mestre: defendia a política que Garotinho derrotara nas urnas. Talvez aturdido e tomado pela própria exaltação, ou, quem sabe, sobressaltado pelos reflexos emocionais da passagem de comando, o antigo secretário perdeu a medida e o senso de realidade, e transformou a visita de cortesia numa oportunidade de resposta ao conjunto das críticas de que fora alvo, sem mencioná-las. Disse, aproximadamente, o seguinte:

— Essa história de direitos humanos vai trazer o caos de volta. Vocês têm que dar liberdade aos policiais. Vagabundo só entende a linguagem da força. Meu prédio foi assaltado. Pegaram o bandido. Eu fiz questão de meter o cano do meu revólver na boca do marginal pra que ele ficasse sabendo como seria tratado se voltasse ou mandasse algum assecla acertar as contas. Quando aquele outro vagabundo foi morto na porta do Rio Sul, em 1995, escrevi um artigo que a grande imprensa do Rio publicou, defendendo o cabo que executou o marginal. Vocês têm que botar a cara na reta e defender os policiais, para deixar muito claro de que lado vocês estão. Esse pessoal dos direitos humanos defende bandido.

O ar estava irrespirável. Preferi tomar o silêncio de José Siqueira, o nosso general, como delicadeza de visitante ante um anfitrião assim desastrado. Talvez não se tratasse de recuo tático, prenúncio de conciliação com os adversários ou mera omissão por temperamento. Talvez a pachorra de José Siqueira, ouvindo, cabisbaixo, a ladainha de seu antecessor, fosse sinal de têmpera amadurecida pelos anos e de boa educação. Ou fosse recado subliminar para nós três, seus auxiliares: melhor que nos calássemos e não aceitássemos provocações.

Nós não poderíamos errar, não poderíamos fracassar. O que estava em jogo era muito mais que um partido ou outro revezando-se no poder. Era a chance rara de enfrentar a barbárie. Era uma oportunidade histórica de abrir caminho para o processo civilizatório. Não era pouca coisa. Quem desprezasse aquelas funções estranhas, quase bizarras, de uma secretaria penumbrosa, arcaica, pré-diluviana, ocupada por brutamontes e autômatos, destinada a fazer o trabalho sujo, a cuidar do lixo e do resto, não estaria entendendo coisa alguma. Estaria, sim, perdendo o bonde da história brasileira, cujo itinerário — era claro como água — passava necessariamente por aquele sítio monstruoso e estranho. Era a primeira experiência de deglutição cerimonial de sapos.

O que me soava mais intolerável nem era o discurso do antigo secretário; era o fato de aquele senhor ter sido convidado a assumir o cargo máximo da segurança pública num dos principais estados brasileiros, no final do século XX, por um governador que se dizia social-democrata (afinal, Marcello

Alencar e o próprio general Newton Cerqueira são filiados ao PSDB), depois de ter defendido, publicamente, em artigo assinado, o assassinato perpetrado pelo cabo Flávio, em 1995, de um jovem ladrão que, pego em flagrante no Shopping Center Rio Sul, já estava algemado e imobilizado, deitado no chão e cercado por policiais e populares quando o tiro foi disparado em sua cabeça. O assaltante foi executado friamente em frente às câmeras da televisão, que divulgou as imagens da arrogância criminosa de nossa polícia para todo o mundo, reforçando a idéia de que o Rio, de que o Brasil é uma selva. Eu vivia nos Estados Unidos e assisti às cenas pela TV americana, horrorizado. Como era possível que um governador democraticamente eleito por um dos mais importantes estados da Federação, dono de um passado respeitável, titular de créditos humanistas, que defendera presos políticos e se rebelara contra a ditadura, como era possível que Marcello Alencar tivesse entregue a pasta responsável pela aplicação da lei a alguém que defendia abertamente sua transgressão?

Eu tinha a sensação, depois de ouvir a fala do coronel Noaldo Alves da Silva, de que deveria correr a contar a meus amigos e convencer a opinião pública de boa vontade de que aquela guerra definiria nosso futuro como nação, como sociedade. Vivi a convicção emocionada de que todos teriam de enxergar, provar, tocar, sentir a urgência extrema daquela guerra contra a barbárie, dentro e fora da secretaria, dentro e fora das polícias, contra os criminosos dentro e fora das polícias, contra a violência fardada ou não, patrocinada pelo Estado ou pelo tráfico. E mudariam de vida todos, era minha impressão, todos os que se deixassem contagiar por aquele sentimento. Mudariam de vida porque passariam a dedicar o melhor de sua inteligência e de seus talentos às exigências da luta contra a barbárie — luta que começa na reforma radical da polícia, no controle das ações policiais nos bairros pobres e nas favelas.

Depois do encontro, fui conduzido ao espaço que me caberia, a antiga sala da assessoria de imprensa, no final de um longo corredor, no 15º andar do enorme edifício na avenida Presidente Vargas, centro do Rio de Janeiro. Cerca de dezesseis metros quadrados abrigariam minha equipe, eu próprio e sete colegas: as subsecretárias adjuntas Silvia Ramos, Barbara Musumeci Soares e Julita Lemgruber — responsáveis pelos projetos para as minorias, as mulheres e pela ouvidoria, respectivamente — e os diretores gerais Antonio Carlos Carballo Blanco, Newton de Oliveira, Claudia Lacombe e Jacqueline Muniz — responsáveis, respectivamente, pelas relações com as comunidades, pela reforma do ensino e da qualificação profissional, pela reforma no processamento dos dados e pela reforma na captação e elaboração analítica dos dados. Paredes encardidas; luz fluorescente trêmula; carpete manchado e queimado, com as pontas retorcidas; saídas bolorentas, semibloqueadas, do ar-refrigerado central; restos acumulados de jornais apodrecidos; uma foto desbotada do general Newton Cerqueira candidato a deputado, antes da derrota, acenando; a máquina de escrever enferrujada; fichário descascado, repleto de fichas amarelecidas; uma gaveta entupida de cartas enviadas ao secretário de Segurança por organizações internacionais de defesa dos direitos humanos, jamais abertas; três mesas com os tampos roídos; duas cadeiras de madeira e uma estofada com couro negro rasgado; e um telefone. Receberíamos um carro e dois motoristas, e nenhum pessoal de apoio.

O efeito paradoxalmente positivo desse cenário inóspito foi obrigar-nos a não ficar no gabinete. Eu e minha equipe fomos para a rua, desde o primeiro dia. Visitamos batalhões, delegacias, favelas, comunidades populares e associações de moradores dos mais diversos bairros da cidade. Quem nos procurava pedindo uma audiência, recebia nossa visita. E se surpreendia com nossa mobilidade, nossa disponibilidade e nossa abertura para o diálogo. Recebendo 2200 reais líquidos e circulando no calhambeque que me cabia, revezando com os colegas para atender o telefone, só mesmo com muito esforço é que me convenceria a mim mesmo de que era "uma autoridade". Mas acho que não teria sido necessária tamanha lição de humildade para exorcizar as conseqüências desastrosas do narcisismo na política. Preferiria tê-lo exorcizado com mais conforto e mais facilidades, ganhando um pouco mais. Porém, sabendo que os policiais menos graduados recebiam salários aviltantes, sequer me sentia com moral para reivindicar vantagens. Comparativamente, éramos privilegiados, eu e os membros da cúpula da Secretaria de Segurança.

O tom do encontro com o secretário que deixava a pasta não deveria surpreender. Bastava ler nos jornais o que ele dissera a propósito dos fatos que o bairro de Laranjeiras vivera no último fim de semana de 1998. No dia 27 de dezembro, domingo, os traficantes que dominavam os morros do bairro mandaram recados aos comerciantes, donos de restaurantes, padarias e lanchonetes, para que fechassem as portas. Quem desrespeitasse as ordens arcaria com as conseqüências. Apesar do prejuízo e da revolta, todos obedeceram, indignados. O coronel Noaldo desdenhou: "Foram funcionários que avisaram os patrões sobre as tais ameaças. Tem gente que não quer trabalhar, principalmente num domingo" (*O Dia*, 29 de dezembro). Ao *JB*, declarou: "Foi coisa de empregado querendo descansar no domingo" (mesma data). O tenente-coronel que comandava o batalhão da área, como seria de esperar, rezava pela mesma cartilha e adotava a mesma linha de abordagem do problema: "Se os donos não abrem é porque não querem. Basta aparecer um garotinho de dez anos de bicicleta dando um trote neles, mandando fechar o comércio, que todo mundo fecha" (editorial de *O Globo*, mesma data). O tom irônico e negligente sintetizava a postura usual, sempre favorável à polícia, qualquer que fosse sua ação, e inteiramente divorciada dos sentimentos da população, farta do cinismo, da hipocrisia, da desconversa oficial.

A ousadia intolerável dos traficantes era uma resposta ao que ocorrera poucos dias antes no Pereirão, uma favela então dominada pelo tráfico e que se tornaria um símbolo da nova política que iríamos implantar. Policiais mataram três pessoas: Claudio Passos da Rocha, o Portuguesinho, líder do tráfico local, e dois outros rapazes. Um deles chamava-se André Luiz de Oliveira Perpétuo, tinha 21 anos, era ex-soldado do Exército e reconhecido por toda a comunidade como honesto e trabalhador. Os policiais, como de hábito em situações como esta, deixaram uma arma ao lado de seu corpo, para sustentar a tese de que ele estaria armado e resistira à voz de prisão. O enredo é ainda pior do que parece. Portuguesinho soube que policiais estavam achacando moradores, na entrada da favela, e decidiu tratar diretamente do assunto com eles, dado que tinham um acordo que lhe custava caro: ele pagava determinada importância à polícia, que retribuía fazendo vista grossa ao funcionamento da "boca" — de venda de drogas — e comprometendo-se a não achacar os moradores da comunidade. O traficante foi tomar satisfação, já que havia denúncias de que o pacto estaria sendo rompido. Obrigou André Luiz, que nada tinha a ver com os bandidos da polícia ou do tráfico, a dar-lhe uma carona em sua moto. Foi recebido a bala. Com Portuguesinho, morreram um sócio seu e o rapaz inocente que o transportava. A comunidade viu a execução. A comoção foi geral. A família de André desesperou-se. A mãe ficou em estado de choque durante vários dias. De seu gabinete, o coronel secretário prestou a seguinte declaração à imprensa: "Menos um seqüestrador no Rio. Foi um presente de Natal para muita gente" (*JB*, 29 de dezembro, 1998).

A posse do novo governo, no dia 1º de janeiro, era um contra-senso, uma espécie de agressão ao próprio calendário. Não duvido que os legisladores tenham concebido essa agressão ao bom senso por algum tortuoso espírito de vingança: aos vitoriosos, nem as batatas. Muito menos o direito às celebrações do réveillon. A intempestividade marcava a data e sua atmosfera, que mesclava o calor carioca de janeiro com uma chuva incessante. Para nosso orgulho e preocupação dos demais membros da cúpula da Secretaria de Segurança, somente eu e o general, além dos dois chefes das polícias, fomos nomeados, no primeiro dia de governo. Esse quadro se manteria por mais de dois meses, moendo o estômago dos que vislumbravam, na hesitação, sinais agourentos. E sublinhando o sentido dos convites originais do governador: um militar, um civil. Garotinho começava a exercitar as artes da ambigüidade, de que se tornaria mestre.

O governador ia cozinhando em banho-maria o plantel do general José Siqueira. O secretário recebia do governador o assentimento explícito para realizar o plano que desejava, isto é, manter a equipe que auxiliara o governo anterior, restringindo a inovação à minha equipe e aos seus dois fiéis escudeiros pára-quedistas; por outro lado, em vão bisbilhotava ansioso o *Diário Oficial*, dia após dia, em busca da oficialização daquele assentimento. Havia duas ordens de motivos para a ambivalência de Garotinho, nesse caso: por um lado, a aposta no teste da prática — antes da concretização do compromisso, queria avaliar o rendimento da equipe — e a negação de quaisquer veleidades autonomistas e descentralizantes do secretário; por outro lado, a contenção de despesas, ante a iminência da quebra do estado. Um colega da Secretaria de Controle vibrava com o ajuste, proporcionado pelo aperto nas contas do governo nos primeiros dois meses; sem querer decepcioná-lo, tive de lembrar-lhe que só haveria vantagem nessa economia se os salários fossem pagos: minha equipe e os que esperavam nomeação só receberam o primeiro pagamento no quarto mês de trabalho, em abril.

No domingo, dia 3 de janeiro, vivemos um primeiro teste sobre os limites da autonomia nas relações com a mídia. Garotinho anunciara a decisão de centralizar a comunicação do governo. Todos os contatos com a mídia deveriam passar pela Secretaria de Comunicação. Parecia fazer sentido, mas em pouco tempo me convenci de que não era realista. Sem flexibilidade, sem muita agilidade, seria impossível estabelecer uma relação saudável e positiva com a mídia.

Essa flexibilidade depende de iniciativas momentâneas e se manifesta muitas vezes através de relações pessoais. Por mais que seja arriscado e refratário ao controle centralizado — o qual, teoricamente, poderia cumprir com mais precisão as orientações políticas superiores —, não há como escapar à multiplicidade dos pontos de ligação e das iniciativas, caso se deseje o mínimo de dinamismo. Talvez todo governante sonhe com o *Pravda*, uma imprensa domesticada e controlada pela censura e pela cristalização dos mecanismos de captação e divulgação das notícias. Para o *Pravda*, nada melhor que uma secretaria que centralize os fluxos de informação e entregue o pacote bem digerido das notícias, já devidamente embaladas nas mensagens desejadas. Felizmente, estamos muito longe do consenso férreo entre homens de aço, como se diria nos tempos de Stalin. O mercado e o pluralismo exigem o movimento livre de grande quantidade de atores, de ambos os lados: do governo e da mídia. Cada agente de mudança, não importa o escalão em que atue, é portador potencial de informações que sensibilizarão determinadas audiências. Cada vez mais, em nosso mundo midiático, será indispensável que todo agente de governo reconheça, valorize e pratique a dimensão comunicacional de suas funções. Se esses agentes, atuando nos mais diversos níveis, estiverem unidos por um consenso básico, saberão exercer a liberdade do improviso com fidelidade aos princípios e às metas compartilhadas — mais ou menos como fazem os músicos de jazz. Melhor que obrigar todos os membros do governo a vestir a camisa-de-força — até porque isso é inviável —, seria preparar a equipe, formá-la com base na comunhão de valores e projetos. A harmonia, assim, viria naturalmente, sem que se bloqueasse a espontaneidade das iniciativas, fonte da vitalidade, da inteligência e da criatividade na comunicação social. Não há centralismo democrático ou gênio da comunicação que substitua com vantagens as virtudes das intervenções individuais autônomas, quando elas são sensíveis às especificidades dos momentos e sintonizadas com o espírito comum do governo.

Sendo extremamente inteligente, Garotinho parecia intuir a inviabilidade de seu próprio plano centralizador e preferia adotar, mais uma vez, uma postura dúbia, ambígua: proíbe-se a descentralização, mas se aceita, tacitamente, o descumprimento dessa proibição, desde que a transgressão beneficie o governo, provando-se adequada e eficiente. Ou seja, cada um é livre para ousar, mas o erro — se houver erro, isto é, se o efeito do que se fizer for negativo — será punido, não como erro, mas como traição à regra que manda calar. Por erro entende-se repercussão negativa que desgaste o governo; por acerto entende-se o inverso: repercussão positiva que beneficie o governo e melhore sua imagem pública. Portanto, de acordo com esse método ambivalente, uma transgressão pode não sê-lo, dependendo dos resultados verificáveis *a posteriori*. O que é bom para o governo sempre se aproveita e merece ser reinterpretado favoravelmente. Uma espécie de moralidade de resultados. A regra existe, mas é sempre hierarquicamente subordinada à avaliação dos efeitos que seu cumprimento ou descumprimento produzem. Quem preferir o mutismo e o respeito à centralização, receberá a medalha de honra ao mérito pelo bom comportamento, mas tenderá a perecer politicamente e terminará exonerado, por incapaz e abúlico. Quem ousar, sobreviverá se souber fazer o que lhe disseram que não fizesse. O *não*, muitas vezes, significa *sim*, dependendo do contexto; e o *sim*, várias vezes, significa "não lhe direi *não* agora", ou "siga e quebre a cara na parede para que seus despojos políticos possam ser removidos rapidamente".

O primeiro *não* que preferi ouvir como *sim* traduziu-se numa entrevista para *O Globo*, publicada no domingo, dia 3 de janeiro de 1999. O *sim* que o general José Siqueira ouvia do governador expressava a relação ambivalente deste com as escolhas que seu secretário fazia ao montar sua equipe. (Adiante, vou relatar a história de um *sim* e um *não* que queriam dizer o inverso e produziram a primeira grande crise do governo.)

Nessa entrevista, eu dizia que respeito às leis e aos direitos humanos não significava tibieza e era inteiramente compatível com a firmeza necessária no combate ao crime. Enfim, repetia o que havíamos dito ao longo de toda a campanha. Agora, entretanto, o sentido era diferente, pois falava como autoridade. Não era mais o acadêmico que proferia enunciados teóricos; era o subsecretário que apresentava a política de governo. Parecia-nos que a população começava a identificar a originalidade de nossa postura: defendíamos os direitos humanos, mas queríamos enfrentar o crime onde quer que ele estivesse. Não haveria santuários vedados à presença policial, entregues ao domínio do tráfico. A polícia entraria aonde fosse necessário. Afinal, por que só os bairros nobres mereceriam policiamento? Todas as comunidades precisam da presença da polícia e têm direito a ela. Os policiais, por sua vez, têm de respeitar os cidadãos, qualquer que seja sua cor, idade, gênero, área de residência ou classe social. Para fazer cumprir as leis e os direitos humanos, precisávamos de mais policiais, mais bem preparados, mais bem equipados, trabalhando em condições mais dignas. A prevenção e a investigação teriam de ser privilegiadas, para reduzir a impunidade e para que a repressão viesse a ser, um dia, menos importante. Para alcançar essas metas, teríamos de atuar a partir de um tripé: modernização (tecnológica e gerencial), moralização e participação comunitária. Enfatizava a urgência da moralização, sem a qual as polícias não recuperariam a confiança da população. Mencionava a necessidade de implantar instrumentos de indução positiva e mecanismos de controle interno e externo das instituições policiais, destacando a ouvidoria, que tencionávamos criar.

Na página ao lado, com chamada de primeira página, em manchete, Julita Lemgruber dava sua primeira entrevista como futura ouvidora da polícia. Nossos discursos eram convergentes. Eu me orgulhava por ter conseguido convencer uma pessoa de prestígio internacional, como Julita, a aceitar aquele desafio extremo e sem glamour. Julita fora capaz de reduzir drasticamente a tortura e a corrupção no sistema penitenciário fluminense,* que dirigiu entre 1991 e 1994, e se tornara um dos principais expoentes, desde 1995, da luta civilizatória por penas alternativas à privação de liberdade. Havia muitos anos eu a tinha como referência fundamental.

O tom das matérias e o conteúdo de ambas as entrevistas eram bastante positivos. Às três horas da tarde daquele domingo, entrando ao lado do secre-

* É interessante saber como ela fez isso, em suas próprias palavras: "Acho que consegui reduzir drasticamente a violência e de forma muito considerável a corrupção. A violência, porque os presos confiavam em mim, na medida em que eu visitava regularmente as unidades e conversava com eles — consegui que os presos confiassem em mim e em algumas pessoas que trabalhavam diretamente comigo e eles denunciavam mesmo o que acontecia, e as punições de guardas aconteciam. A maior parte dos diretores do DESIPE vai às cadeias quando tem alguma cerimônia e ponto final. Na área da corrupção tudo é sempre mais difícil porque interessa ao guarda e ao preso. Mas, sem dúvida, diminuímos muito a corrupção. Acho que duas medidas foram importantes. 1) Editei uma portaria que regulava a lotação nas unidades penais, estabelecento critérios absolutamente transparentes — algo que jamais havia sido feito antes. Qualquer transferência entre unidades prisionais, sempre oportunidade para muita corrupção, foi, durante minha administração, absolutamente controlada pela vice-direção (fiel a mim) a partir dos tais critérios: unidade X, presos com penas de tanto a tanto; unidade Y, presos de tal ou qual tipo etc. Para você ter uma idéia, durante todo o governo Marcello Alencar (e imagino que continue assim, não tenho certeza), os diretores das unidades, todos guardas, naquele período, trocavam presos entre si, sem qualquer controle da administração central. 2) Instituí uma supervisão noturna — as unidades eram visitadas de surpresa, no meio da noite, para que se verificassem irregularidades. Muito da corrupção come solta à noite". (Comunicação pessoal ao autor, em 13 de agosto de 2000.)

tário de Segurança no gabinete do governador, onde se definiram os detalhes do decreto de criação do Conselho Estadual de Segurança (que seria assinado imediatamente), fui abordado por Carlos Henrique Vasconcelos, o secretário de Comunicação:

— Doutooor... doutooor... — repetia Peninha, variando a voz do agudo ao grave, abrindo as mãos espalmadas e os braços —, não era para você falar sem combinar comigo antes... não pode ser assim...

Enquanto Peninha pronunciava as últimas interjeições, amuado, Garotinho se precipitou em minha direção, cumprimentando-me bem alto para abafar as admoestações de seu colaborador:

— Luiz Eduardo, excelente a entrevista, muito boa, parabéns!

Estavam consignados os termos da lição a que o próprio Peninha se resignaria, desgostoso, mas não sem resistir, não sem lançar-se a uma guerrilha surda e infatigável. O governador elogiou também a escolha de Julita Lemgruber para a ouvidoria — lembrando-me pelo avesso, ao fazê-lo, que o cargo, mesmo aparecendo subordinado a mim no novo organograma da secretaria, era importante o suficiente para que fosse ele o responsável pela indicação. Senti a estocada e percebi que ele tinha razão. Ao mesmo tempo, dei-me conta de que, nesse caso involuntariamente, eu havia sido ousado e tivera sucesso, graças exatamente à ousadia, uma vez que, se submetesse o nome de Julita a consultas, talvez surgissem alternativas menos qualificadas e confiáveis, menos sintonizadas com nossa política. Aliás, eu sabia que havia quem pleiteasse o cargo desde que eu anunciara sua criação, em novembro. E sabia que os pleitos poderiam ser perigosos para qualquer política séria nessa área, pois alguns dos interessados tinham veleidades eleitorais. Não menosprezo a política eleitoral, mas, no caso específico, antevia o pior dos oportunismos.

Às oito horas da manhã do dia 4 de janeiro de 1999, o novo secretário, general José Siqueira, inaugurou um ritual que consumiria quase todas as minhas energias psicológicas durante os três meses seguintes. Tinha nome, o ritual: "bom-dia". Isso mesmo, a reunião fora batizada com esse nome ou apelido. Assim, poder-se-ia enunciar a um dos apóstolos: "Como vimos ontem, no bom-dia...". "Quando foi? No bom-dia de ontem ou no de anteontem?" "Nos vemos amanhã, no bom-dia." "O bom-dia de hoje será rápido." "Obrigado, senhores, foi um ótimo bom-dia. Até amanhã." Quando se ergue a tenda militar sem razão e depois se suspende a tela, deixando o esqueleto à mostra, surpreende-se o horizonte distante e deserto. Não há nada sob o manto marcial, nem a nudez, nem o corpo, nem o mastro que sustenta a cobertura. A tela, o manto, a cobertura esgotam o que há. Fora disso, resta o vazio. Não sei se sou claro. Os militares têm suas armas, seus movimentos, suas maneiras, seu vocabulário, a disciplina dos sentidos e das emoções — como qualquer grupo que compartilha tradições e edifica uma identidade coletiva forte. Aplicam sua cultura ao que fazem, como todo grupo coeso e fechado. Mas se não têm o que fazer e ainda assim aplicam sua cultura, esta se reduz aos caprichos da forma e aos melindres da hierarquia — a tela ergue-se e revela o fundo do quadro vazio. A ossatura fica de pé, sem corpo e sem alma. Não há o que vertebrar. O que eu via e ouvia, nas reuniões das oito, exigia de mim autocontrole estóico e uma espécie de afastamento zen.

Chegar lá era a primeira etapa da via-crúcis: era preciso desviar das mesas, cumprimentando funcionárias e assessores do general, pontuais e irascíveis, por desconfiança, temor reverencial, hábito ou desdém. Depois, impunha-se atravessar a saleta de um dos auxiliares mais próximos do secretário. Só então divisava-se a sala comprida e mal refrigerada, salpicada de telefones e mapas, onde buscávamos nossos lugares à mesa. A saleta do auxiliar, contígua ao gabinete do secretário, merece atenção especial. Quem a cruzasse em uma das três direções possíveis, daria com o painel extraordinário, que faria corar os grandes muralistas mexicanos. A primeira vez, assustei-me: estava desabando, a parede? Como podia ela tombar assim imóvel e sem poeira? A saleta estava em obras? Observando melhor, percebi que talvez algum móvel ou quadro precioso estivesse protegido sob o edredom disforme, dividido por gomos trançados com fibras transversais, despetalados como abóbadas murchas. Dias depois, parando para olhar nos poucos minutos em que a saleta permanecia despovoada, descobri que o tecido possuía uma estrutura decomposta, como um balão desinflado, e que não protegia nem ocultava tesouro algum, apenas pendia do teto, atrás da mesa, feito flâmula gigante de escoteiro. Seria uma instalação sofisticadíssima ou um *ready-made* alusivo a Marcel Duchamps? O véu opaco, de lona, descolorido, variando os tons mortos da palha ao pardo, do cinza ao bege desmaiado, ocupava, fisicamente, quase um terço da sala já esmirrada — visualmente, tomava-a inteira, num gole, sufocando o visitante não-iniciado. Na segunda semana, uma boa alma reparou na minha ansiedade classificatória e me contou: era um pára-quedas em regime semiaberto, semi-ereto, bufante, uma espécie de troféu ou de totem em repouso. Muita gente prende crucifixos atrás das mesas de trabalho, outros põem quadros ou pôsteres, ou fotos, ou amuletos. Aquele subsecretário trazia consigo o símbolo de sua perícia, de seu arrojo e de sua tenacidade. Daria um belo comandante de policiais, completou a boa alma.

Lugares à mesa: a ordem, como a cultura, começa à mesa. Assumindo a cabeceira, com a naturalidade que o cargo autorizava, o general José Siqueira abriu a reunião inaugural com a questão crítica, uma pergunta prévia (para estabelecer a condição transcendental de seu poder, talvez dissesse um filósofo kantiano): "Qual é o lugar de cada um?". Dirigiu a interrogação aos veteranos, aos membros da cúpula que freqüentavam reuniões na mesma sala, nos tempos do general anterior. Pareceu-me absolutamente fantástica aquela pergunta. Ela insinuava que havia não só uma ordem como uma tradição e que, portanto, poder-se-ia considerar aquela ordem como natural, se é que a prática naturaliza o padrão histórico. Esplêndido. Tínhamos história, continuaríamos uma tradição, retomaríamos as distribuições ditadas por estruturas naturais. E o que é natural prescinde de questionamentos, de perguntas. Eis o teorema completo: uma pergunta suspendeu e anulou, por antecipação, todas as outras, num movimento de legitimação sutil e complexo. O general José Siqueira estreava à frente da secretaria demonstrando o refinamento de seu talento. De novo ou desde então, fui eu o problema; afinal, meu cargo era o único que não existia antes. Onde incluir-me, se a série hierárquica com gradações rigorosas era um legado do passado? Além do mais, um forasteiro, um intruso, um civil.

De todo modo, a referência a Kant não foi arbitrária. Havia um kantiano entre nós — e não era eu. Quem citava Kant era o coronel do Exército Romeu Ferreira, graduado em filosofia pela UERJ, homem sereno, elegante, discretíssimo, que estudara Marx para melhor colaborar com o SNI, onde atuara sob o codinome "Dr. Fábio". Citava o sábio de Königsberg em todo texto que distribuía e até mesmo, eventualmente, nas intervenções orais mais longas, quando argüia, com sua voz grave e ponderada, a improcedência dos argumentos monocórdios do dr. Mario Covas, delegado chefe da inspetoria, esgrimindo teses sobre as diferenças entre os serviços de inteligência e as tarefas do investigador. O velho Immanuel jamais sonharia, no século das luzes, virar nota de pé de página nas tertúlias dos nossos bons-dias, no obscuro verão carioca de 1999. As palestras do coronel eram tão distintas, que raramente o secretário se atrevia a interrompê-las.

Distribuídos os assentos segundo a ordem fixada pela secretaria anterior, sentamo-nos nas cadeiras certas, ocupando as posições pertinentes. O espaço agora se ajustava à gradação do poder, cumprindo sua obrigação de espelho da instituição a que servia. Até que não fiquei mal instalado. Coube-me o terceiro lugar, em seguida aos colegas pára-quedistas, mas antes do colega da infantaria, o coronel do Exército Villanova, mantido à frente do setor administrativo, que permanecia na cúpula mas recolhia-se à quarta posição, a última entre os subsecretários. Eu não era o último, portanto, em meu nível.

O secretário abriu a reunião saudando os subordinados com sua habitual cortesia, mas ateve-se às formalidades. O primeiro bom-dia exigia concentração e rigor, tudo sendo novo e cobrando as pequenas angústias que cercam as descobertas sutis e as conquistas infinitesimais: "Senhor Subsecretário de Assuntos Especiais, coronel Respício, com a palavra". Pela ordem, o segundo na hierarquia, de acordo com o organograma da secretaria, beneficiava-se do privilégio de suceder o general, na palavra e no comando. Respício do Espírito Santo falou e ouviu os demais, mantendo cerrado o rosto anguloso. "Senhor Subsecretário Operacional, coronel Cutrim, com a palavra." Com sua voz quase inaudível e a palidez tímida que lhe reforçava o tom distante, José Cutrim mastigou algumas palavras, sucinto. "Senhor Subsecretário de Pesquisa e Cidadania, Professor Luiz Eduardo, com a palavra." Saudei o grupo e pedi ao general que fizesse o obséquio de reservar-me um horário em sua agenda, com a brevidade possível, porque havia já uns dez dias ou mais que não conversávamos sobre detalhes de nossos projetos, e os planos para a delegacia legal — nos quais eu vinha trabalhando com uma equipe grande, que reunia policiais e engenheiros da COPPE-UFRJ — estavam demandando decisões urgentíssimas.

Seria preciso um vocabulário mais rico do que disponho para descrever meu espanto diante da resposta do secretário:

— Todo mundo me traz um projeto diferente para a Polícia Civil, Luiz Eduardo. O que não faltam são projetos. Vamos deixar os projetos e fazer o que podemos fazer. Carlos Alberto, anota aí: procura umas delegacias que estejam precisando de uma reforma. Vamos pintar e melhorar umas duas ou três. E veja se não estão necessitando de uns computadores. Agora, com a palavra o Senhor Subsecretário Administrativo, Coronel Villanova.

Ante a escassez de minha imaginação verbal, registro a emoção superlativa num verbo, sinteticamente: desabei.

A delegacia legal era nosso principal projeto, o mais ambicioso, o mais completo, o mais revolucionário. Havia muita gente trabalhando em tempo integral, acreditando em minha promessa de que este seria um dos principais projetos não só da Secretaria de Segurança, mas de todo o governo. Graças à ajuda fraterna e competente de meu velho amigo Fernando Peregrino, superintendente da FAPERJ, à época, e ex-diretor da COPPE, conseguíramos atrair as melhores cabeças do estado para nos ajudar a redefinir, radicalmente, o modelo de delegacia e de funcionamento da Polícia Civil. Eram quadros de ponta da universidade federal, os especialistas mais capazes, todos entusiasmados e envolvidos até a raiz dos cabelos, dia e noite, para que pudéssemos inaugurar nosso protótipo a tempo de que ele fosse testado durante três meses, e servisse, a prática aprovando-o com os ajustes pertinentes, de modelo para a reforma de todas as demais delegacias do estado. O processo estava em curso, a todo o vapor, com anuência dos membros da comissão de transição, entre os quais o nosso general. Justamente, nosso projeto partia da recusa desta fórmula desgastada: investe-se fragmentariamente aqui e ali, gasta-se muito e não se chega a lugar algum, porque falta planejamento integrado e um programa capaz de articular as reformas nos diversos níveis em que deve ocorrer para se consolidar. A solução tradicional, dos investimentos fragmentários e aleatórios, era inteiramente irracional: em seis meses a pintura encarde, os computadores reduzem-se a máquinas de escrever, escoadouro de café, cinza e poeira, ou se empilham nos almoxarifados, inúteis. Nada muda. A instituição não é nem sequer tocada. Nenhum policial tem de alterar seus hábitos. Ninguém aprende coisa alguma. A relação da população com a polícia não se altera. O medo, o descrédito, o afastamento permanecem os mesmos. O dinheiro é jogado fora e o ciclo tem início, novamente. Distribuir migalhas é uma forma cômoda e perversa de abandonar. Cômoda porque elide a culpa; perversa porque exorciza a irresponsabilidade. Quantas vezes não conversáramos sobre isso na comissão de transição, o general presente e assentindo.

Carlos Alberto sabia disso e estava na linha de frente do projeto, mas anotou o pedido do secretário como uma ordem e calou-se. O mar não estava para peixe, pensou. Melhor calar e obedecer, pois, em seu discurso introdutório, o general José Siqueira não se fizera de rogado e confessara que o chefe da Polícia Civil, ali presente, não representava escolha sua e não deveria estar naquela mesa. Sua nomeação poria a instituição de pernas para o ar, trairia a hierarquia e abriria as portas para a desordem e a sabotagem. O secretário, conforme declarou, preferiria ter seus amigos da ADEPOL a seu lado, representados naquela mesa por um outro nome. Mas a vontade do governador respeita-se:

— Manda quem pode, obedece quem tem juízo — completou.

Carlos, inseguro como qualquer mortal ante o tamanho do desafio e do desconforto, e, como se não bastasse, sensível como poucos, o coração maior do que o ofício recomenda, amargou aquele voto sincero de desgosto do secretário por muito tempo. Trouxe-o consigo, na verdade, até o final.

Não me restava alternativa senão insistir, com humildade, lembrando ao general a aprovação prévia do governador — que mencionara o projeto com destaque, em entrevistas publicadas pelo *Globo* e pelo *Jornal do Brasil*, em 30 de dezembro de 1998 e 3 de janeiro de 1999 —, a incompatibilidade entre o modelo que estávamos gerando e as providências sugeridas, a quantidade de energia mental já traduzida em softwares originais, o estado adiantado de nosso trabalho coletivo de criação. A segunda resposta do secretário fez eco à primeira e deixou claro para mim que se tratava de caso pensado, ao invés de uma postura de momento, irrefletida:

— Esta semana não será possível. Procure o coronel Ronaldo, trate com ele. Ele continuará ocupando o cargo de responsável pela área de informática da secretaria.

Saí dali zonzo, disposto a resistir e decidido a não pedir socorro ao governador antes de esgotar todos os outros recursos. Pedir a Garotinho que interviesse seria uma capitulação e uma confissão de fraqueza e incompetência política, antes que o jogo sequer começasse. Estávamos no primeiro dia útil do novo governo. E eu nem mesmo tinha certeza de que Garotinho apoiaria o projeto, ainda que o tivesse elogiado, quando o apresentei em linhas gerais na reunião com o secretariado, em dezembro, e a despeito do que ele havia dito nas entrevistas. Já conhecia suficientemente o governador para saber distinguir entre sua adesão calorosa a uma idéia e seu comprometimento com a substância de um projeto. Uma coisa era apoiá-lo ouvindo-me defendê-lo com entusiasmo numa circunstância favorável, em que não havia razão para dissenso, em que se aplaudiam as iniciativas alheias porque eram ainda palavras e promessas. Quantos, naquele encontro de secretários fora do Rio, antes da posse, de fato levaram a sério minha afirmação de que antes do final de março inauguraríamos a primeira nova delegacia, inteiramente informatizada, com duzentos softwares originais e pessoal especialmente treinado? Outra coisa muito diferente seria apoiar o projeto diante da reação crítica do general, depois de tê-lo submetido ao constrangimento de uma derrota política no episódio Carlos Alberto. A delegacia legal soava tão inverossímil, que talvez a velha idéia de espargir recursos em meia dúzia de delegacias acabasse soando mais razoável, realista, factível e compensadora. Ainda mais porque seria sempre possível dar a qualquer maquiagem superficial esse título atraente: "Delegacia Legal". A marca, o logotipo, a dimensão marqueteira poderiam, nesse caso, ganhar autonomia, descolar-se da substância do projeto original e virar etiqueta para nomear com algum glamour qualquer outro projeto mais barato, mais simples e politicamente menos arriscado, menos exigente, menos sujeito a resistências. Contra mim ainda pesava o estigma do intelectual, do acadêmico, supostamente o sujeito que vive nas nuvens, paira na estratosfera e, como diriam os políticos, *não opera*. Se buscasse socorro paternal do governador, poderia sair de mãos abanando: sem o apoio ao projeto e sem a sua confiança. Seria o fim, antes do início. Valeria a pena, portanto, correr todos os riscos para resistir. Se eu não conseguisse implantar a delegacia legal, seria melhor renunciar. Nada mais seria possível. Nada que avançasse além da mediocridade acomodada, cúmplice da barbárie: irracionalidade, corrupção, brutalidade. Comecei, então, a agir.

2. Delegacia legal: a guerra sem quartel

A emergência exigia energia, rapidez e a solidariedade dos amigos. A primeira providência foi me informar sobre a pessoa que o secretário determinara que eu procurasse, o coronel do Exército Ronaldo Braga de Oliveira, para saber com quem estaria lidando, dado que não haveria alternativa a não ser procurá-lo, tentar conquistá-lo para o projeto e engajá-lo em nosso esforço. Se fosse sério, competente e de boa vontade, poderia se encantar e se tornaria um aliado. Era. O problema seria a abordagem, naquele contexto, sabendo-o homem do governo anterior, possivelmente identificado com as concepções e os valores então dominantes na Secretaria de Segurança. Além disso, o modo surpreendentemente frio, distante, formal e superior com que o general se dirigira a mim e recusara, no primeiro bom-dia, meu pedido de audiência, depois de dois meses de informalidade amistosa, sinalizava para toda a cúpula o lugar que, a seu juízo, eu deveria ocupar — e o lugar que nossa experiência comum, o trabalho coletivo na comissão de transição, passaria a ocupar. Isso provavelmente influenciaria os futuros contatos com os colegas do bom-dia e amorteceria a receptividade a minhas iniciativas. O secretário estava praticamente zerando o processo, apagando o passado e inaugurando uma nova dinâmica, na qual ele seria o líder incontrastável e a política seria outra: inteiramente diferente daquela definida na comissão e indistinguível da tradição, por assim dizer. Isso tudo ficaria claro no discurso de posse do general Siqueira,* ainda que, instado a se pronunciar sobre a delegacia legal (de que eu falara ao *Globo* na entrevista publicada em 3 de janeiro), o secretário tenha dito que havia, de fato, um projeto de reforma das delegacias e de terceirização do atendimento (a matéria foi publicada no dia 5 pelo *Jornal do Brasil*).

Afortunadamente, as informações sobre Ronaldo Braga de Oliveira eram positivas, em todos os níveis, o que me encheu de confiança: a tática da abordagem poderia ser a mais direta e sincera descrição de meus objetivos e temores, e, de fato, a simples apresentação do projeto, de seus pressupostos e de suas conseqüências previsíveis conquistaria aquele engenheiro talentoso e competente, que, afinal de contas, precisava de uma oportunidade para demonstrar sua capacidade e obter justo reconhecimento.

Fui procurá-lo imediatamente. Expondo meu ponto de vista, disse-lhe quão equivocados haviam sido meus antecessores ao valorizar a guerra suja, desprezando a competência técnica, a inteligência, a colaboração com a ciência, com a universidade, com os institutos de tecnologia. Ele, como outros, pagara o preço daquela inversão de valores e acabara desprestigiado. A tarefa seria estabelecer uma ordem apropriada de valores e prioridades. Conversamos horas a fio, ainda na segunda-feira. Marquei para quarta uma exposição detalhada, no auditório da secretaria. Teria tempo de reunir os companheiros com os quais desenvolvia o projeto e preparar-lhe uma palestra coletiva de primeira linha, com dados, imagens e tópicos detalhados.

Comecei nosso diálogo disposto a impressioná-lo: Coronel, nunca houve uma política de segurança no Rio de Janeiro. Talvez eu pudesse ir mais longe: nunca houve uma política de segurança no Brasil. Não digo isso com arrogância, completei, moderando o entusiasmo. Se nunca houve uma política não foi por falta de competência individual dos gestores, não foi por incapacidade dos profissionais que atuam na área. Quando afirmo que nunca houve uma política, acho que não corro o risco de soar abusado e pedante porque faço questão de incluir-me no alvo da crítica: tampouco eu, tampouco nós temos uma política, no sentido rigoroso do termo. O único mérito de que me orgulho, de que minha equipe se orgulha, é justamente a humildade para reconhecer que essa dificuldade de formular uma política se reproduziria em

* Descrevo em detalhes a posse do general no próximo capítulo.

nosso governo, caso nos faltassem a coragem para admitir a realidade desse desafio e a disposição para enfrentar o problema. Por que, então, não há política de segurança pública?, voltei a perguntar. A resposta é simples, eu disse. Mas, em primeiro lugar, até para que se compreenda a resposta, é preciso separar o joio do trigo: o que se costuma chamar "política de segurança" quase sempre não passa de um conjunto de intervenções policiais, reativas e fragmentárias, determinadas pelas tragédias cotidianas. Intervenções que, por sua vez, são ditadas pela visibilidade pública e pelo varejo das pressões, e eu tenho certeza de que o senhor sabe muito bem do que estou falando.

Senti que tinha sido um bom começo. Aquele ângulo de abordagem tinha a vantagem de ser claro, didático e capaz de prender a atenção de meu interlocutor. Animado com a constatação positiva, tomei fôlego e continuei: Por que é tão difícil mudar a situação dramática da segurança pública no Rio de Janeiro e, ousaria acrescentar, nas grandes cidades brasileiras? Simplesmente, porque não há política ou planejamento sem diagnóstico e não há diagnóstico sem informações qualificadas e consistentes. No campo da segurança pública, faltam informações; portanto, não se podem descrever com precisão as dinâmicas criminais, o que, por sua vez, inviabiliza a elaboração de uma política global, que promova iniciativas preventivas e eficientes. O mais grave é que, sem política, isto é, sem planejamento, falta clareza quanto às metas, o que impede qualquer avaliação rigorosa. Como saber onde e quando se errou, se não há acompanhamento meticuloso dos métodos adotados e das intervenções planejadas? Por outro lado, esse acompanhamento crítico é impossível, na ausência de planejamento. Isso é fatal para qualquer política pública digna desse nome. Afinal, todos erramos. O importante é produzir mecanismos capazes de tornar o erro um instrumento a serviço da correção dos nossos erros, ou seja, a serviço do monitoramento do processo. Somente assim o caos da segurança pública será substituído por um sistema integrado e inteligente, com memória, história e capacidade de aprender com os próprios erros e de se corrigir constantemente.

O final me pareceu um pouco acadêmico demais. Temi que o coronel Ronaldo me achasse muito professoral e se sentisse insultado. Quem era eu para lhe dar lições? Mas acho que os gestos, as expressões do corpo e a sinceridade estampada no rosto contrabalançavam meu estilo excessivamente didático. Pelo menos era essa a hipótese otimista que me vinha à cabeça, enquanto interrompia o fluxo do raciocínio para um gole no café que a secretária do coronel nos trouxera. De certas coisas não há como fugir. Eu havia sido professor nos últimos 25 anos. O uso do cachimbo faz a boca torta.

Isso significa, perguntei, que devamos cruzar os braços ante os crimes diários, à espera de que a construção de um sistema institucional inteligente e integrado nos redima e salve da barbárie cotidiana? Não, de modo algum. Navegar é preciso, assim como construir o barco enquanto navegamos. (A frase é um lugar-comum mas achei que veio a calhar, porque o coronel Ronaldo pareceu embarcar no argumento, balançando a cabeça verticalmente. Eu reparava em cada detalhe porque numa guerra não se pode errar.) O grande desafio está aí, continuei, na produção desse equilíbrio precário e sempre provisório, alcançado pela intervenção simultânea em ambas as frentes: as respostas rápidas no varejo e o investimento estrutural, visando às mudanças de qualidade a médio prazo. Quem optar por uma única frente de trabalho corre o risco de enxugar gelo, caso abandone os investimentos de médio prazo em benefício das respostas imediatas, ou o risco de naufragar antes que os projetos amadureçam e dêem seus frutos no plano concreto, prático, caso abandone a luta diária contra o crime, em nome de soluções futuras.

Eu estava contente com o resultado do primeiro round. A referência indireta ao poeta Fernando Pessoa, através da metáfora marinha, parecia ter causado boa impressão em meu interlocutor, que era evidentemente um homem bem informado, inteligente e culto. Tudo indicava que ele começava a valorizar o que eu dizia: seus movimentos de assentimento, a paciência em me ouvir, a atenção. Todos sabemos que não bastam bons argumentos e uma linguagem convincente, é preciso contar com a boa vontade alheia para persuadir. Ninguém se deixa convencer se mantiver o espírito cerrado. Não há bons argumentos contra uma cabeça trancada por dogmas ou pela mais prosaica antipatia. Todo diálogo traz um elemento de sedução, no sentido amplo da palavra. Há uma dose de afetividade que corre sob as palavras e que às vezes não está nas palavras, mas no jeito que se fala. Eu sentia que estava conseguindo alguma conexão. Isso era decisivo e seria fundamental para o futuro dos projetos.

Prossegui, então, mergulhando nos temas mais técnicos, que eram de grande importância em si mesmos e, além disso, provavelmente, ajudariam a conquistar a confiança intelectual e pessoal do coronel Ronaldo. Quanto à carência de informações, eu disse, alguns dados são impressionantes: desde

1988, sabe-se que, na região Sudeste, entre 75% e 82% dos crimes contra o patrimônio (roubos e furtos), excluídos veículos, não são denunciados às autoridades policiais, isto é, não são registrados nas delegacias — os roubos e furtos de veículos são reportados para que haja o ressarcimento dos seguros. As razões alegadas para a subnotificação* são duas: falta de confiança na capacidade da polícia de recuperar os bens perdidos e prender os culpados, e medo de entrar numa delegacia. Portanto, os dados disponíveis na Polícia Civil sobre roubos e furtos constituem apenas uma pequena parcela dos fatos relevantes. A experiência internacional demonstra que a melhoria dos serviços policiais aumenta a confiança popular e reduz a taxa de subnotificação, ampliando o conhecimento sobre a dinâmica criminal e gerando um círculo virtuoso, uma vez que mais conhecimento propicia melhores resultados nas investigações, o que, por sua vez, aprofunda a confiança. O paradoxo é que a melhora dos serviços policiais implica aumento do número de crimes registrados, o que poderia ser lido, equivocadamente, como crescimento da criminalidade. Outro exemplo de aumento de registros que não corresponde a crescimento da criminalidade, mas ao aprimoramento da segurança pública, é aquele verificado em conexão e em seguida à implementação de políticas especificamente dirigidas à proteção de determinados grupos sociais, como mulheres e minorias étnicas ou sexuais.

A referência à experiência internacional parecia ter exercido forte impressão sobre meu interlocutor, que continuava me concedendo generosas fatias de sua tarde com crescente simpatia. Retomei a defesa da tese: Se os crimes contra o patrimônio são subnotificados, na região Sudeste e na cidade do Rio de Janeiro em particular, dificultando a coleta de informações primárias indispensáveis ao trabalho policial, preventivo e investigativo, os crimes violentos e letais contra a pessoa também são pouco conhecidos. Uma pesquisa concluída em 1994 sobre inquéritos de 1992, relativos a homicídios dolosos na cidade do Rio de Janeiro, revela que apenas 7,8% chegaram a ser aceitos pelo Ministério Público e considerados suficientemente instruídos, isto é, com informações suficientes para que se fundamentasse uma acusação, no prazo médio de dois anos.** Destes, 64% referiam-se a crimes passionais, jus-

* Subnotificação é o nome técnico dessa carência de registros.

** Cf. Luiz Eduardo Soares (com colaboradores), *Violência e política no Rio de Janeiro*, cit.

tamente aqueles de investigação mais fácil, que não envolvem carreira criminal ou organização. Estima-se que esse tipo de crime não ultrapasse 16% do total de homicídios perpetrados na cidade em 1992. Portanto, o mapa do círculo vicioso é lamentavelmente claro: falta investigação, falta confiança, faltam informações. Qualquer intervenção política que vise transformar esse quadro de impunidade, carência e descrédito, deve agir sobre os três tópicos: confiança (o que depende de resultados e de esforços visíveis de moralização institucional); coleta e processamento de informações (o que exige tecnologia e a modernização do aparelho policial); e agilização das investigações (o que requer nova forma de gestão).

Respiramos em torno de mais um café, aproveitando a interrupção provocada por um telefonema para Ronaldo. E voltei à carga: Uma dúvida pertinente questiona todo o argumento: e os policiais? Não conhecem o mundo do crime, as práticas criminais? Se conhecem, por que se está afirmando que não há informações? Os policiais sabem muito, é verdade, sobretudo os mais experientes, tanto os investigadores da Polícia Civil como os policiais militares, responsáveis pelo policiamento ostensivo. Entretanto, o que eles sabem está guardado em suas consciências e em suas memórias individuais. Quer dizer, todo esse patrimônio de conhecimentos está disperso, atomizado, e permanece inacessível aos gestores da segurança pública, em seus vários níveis, salvo em oportunidades muito especiais, quando certas circunstâncias fortuitas propiciam a reunião das peças do quebra-cabeça em uma unidade inteligível. Informação para valer é aquela que funciona como elemento automaticamente disponível, sempre que necessário. Para ilustrar, costumo lembrar um filme B americano, eu disse para retomar um tom mais coloquial, menos formal e pretensioso, e também porque o exemplo me parecia mesmo bem adequado. Um desses filmes sobre tribunal, continuei, que tanto nos atraem: o advogado, personagem principal, recebe uma intimação judicial, determinando a entrega, ao promotor, de determinado documento. A cena é cheia de emoção e suspense: o advogado, à noite, se debruça exausto sobre a mesa, deprimido e já disposto a se render. Ele sabe que a entrega do documento comprometedor implicará a derrota de seu cliente. Nesse momento, sua filha, uma advogada jovem e criativa, tem uma idéia brilhante. O espectador prende a respiração. Próxima cena: um enorme caminhão de mudança estaciona diante do escritório do promotor. Como a intimação não era muito precisa, o advogado se sentiu autorizado a enviar, junto com o documento solicitado, todos os documentos reunidos em seu escritório ao longo de décadas. Resultado: o promotor não teve tempo de encontrar e usar o documento cobiçado. O advogado venceu a batalha derradeira, no tribunal. Moral da história: há duas maneiras de negar uma informação — recusar-se a dá-la ou dar de forma desorganizada e excessiva.

O coronel Ronaldo riu comigo dessa comparação, meio esquisita no contexto em que eu, muito sério, lhe fazia uma descrição razoavelmente rigorosa numa linguagem quase conceitual, ainda que com a animação que o momento e a causa pediam. Sendo um engenheiro experiente e formado em excelentes escolas, ele sabia melhor do que eu o que era uma informação. Mas acolheu com gentil complacência minha tentativa de ensinar o pai-nosso ao vigário. Aliás, quando me dei conta do que estava fazendo, pedi desculpas e sublinhei que aquela não era minha intenção. E, de fato, não era. Mas, de novo, o cachimbo não se fuma impunemente. Meu interlocutor não parecia amolar-se com minhas impropriedades, de modo que tomei fôlego e fui adiante: O documento, no filme, deixou de ser uma informação, justamente porque não esteve acessível, quando necessário, para compor a cadeia do conhecimento, respondendo à pergunta que lhe daria sentido e utilidade, no contexto adequado. O mesmo acontece na segurança pública do estado do Rio de Janeiro (e de outros estados também, com certeza): temos caminhões repletos de dados preciosos (amontoados em armários, prateleiras, no chão ou na memória de profissionais), mas somos, freqüentemente, derrotados pelos criminosos.

Em outras palavras, continuei, sem um sistema organizado de informações automatizadas, estaremos condenados a derrotas sucessivas no combate ao crime, e não reverteremos o quadro de impunidade que tem caracterizado o estado do Rio de Janeiro e nosso país. Nenhuma causa é mais poderosa, na geração da ambiência propícia para a prática criminosa, do que a impunidade. Por outro lado, para que o sistema de informações funcione com eficácia, capacitando policiais e gestores da segurança a se antecipar ao crime e preveni-lo, é preciso que o sistema se articule a um processo de diagnose-planejamento-monitoramento, o que, por sua vez, exige a adoção de um gerenciamento moderno e racional das instituições policiais.

Somente a combinação de todos esses ingredientes, prossegui, poderá reverter a situação caótica, em benefício da edificação de um sistema de segurança pública realmente eficaz, base de apoio e instrumento operacional de uma política consistente: profissionais qualificados; equipamentos adequados; tecnologia moderna; estrutura organizacional adequada à natureza de suas funções; gerenciamento racional, capaz de trabalhar com planejamento, monitoramento e avaliação de desempenho.

Tudo isso, entretanto, seria insuficiente ou inviável, disse com ênfase, se faltassem a participação comunitária e a agilidade para a captação de recursos. Afinal, mesmo os dados mais elementares sobre comportamento criminal dependem do registro das denúncias e, portanto, só existem se a população considerar que vale a pena procurar a polícia, o que só acontecerá se a confiança for restabelecida, se a imagem de autoridade legítima da polícia for restaurada. Foi a partir da consideração de todos esses aspectos que concebemos — durante esses dois meses de funcionamento da comissão de transição e a partir dos estudos preliminares que fizemos ao longo do ano — os principais programas de segurança pública para o governo do estado do Rio: a delegacia legal, as áreas integradas de segurança pública, a reforma da polícia técnica (que em meados do ano evoluiria para o projeto do Centro Unificado de Polícia Técnica), a Fundação para a Segurança Pública (que no final do ano se transformaria em Instituto de Segurança Pública), a ouvidoria, o Programa de Proteção à Testemunha, o Mutirão pela Paz, as novas unidades operacionais da PM e o policiamento comunitário, a reforma do processo de recrutamento, formação e qualificação dos policiais (que inclui a modernização tecnológica das condições de treinamento), as políticas setoriais para as mulheres e as minorias.

Meu interlocutor pareceu concordar com as reflexões que serviram de base à formulação dos programas e projetos. Eu ainda lhe disse: Se tivermos sucesso na implantação dessa bateria de iniciativas, vamos alcançar, pela primeira vez no Rio de Janeiro, um nível de sistematicidade institucional, de racionalidade gerencial e de controle de informações que nos permitirá, finalmente, transitar do mundo voluntarista do improviso, da repetição inercial, da desorganização, da irracionalidade fragmentária ou das intervenções reativas, que é a nossa realidade hoje, para o mundo de uma verdadeira política de segurança, digna desse nome, quaisquer que sejam suas deficiências.

O coronel Ronaldo parecia fortemente sensibilizado, mas contrapôs a meu otimismo uma dose pertinente e apimentada de ceticismo, não por discordar do que ouvia, mas porque já vivera a experiência de tentar fazer alguma coisa inovadora e conhecia na pele o peso do imobilismo corporativo, a intensidade das resistências de todo tipo e a maluquice que é o labirinto burocrático do Estado. Quando afirmei que, se obtivéssemos o sinal verde do general José Siqueira, o grupo de trabalho montado para elaborar o Projeto Delegacia Legal teria condições de inaugurar a delegacia piloto para testar o novo modelo antes do final de março daquele mesmo ano, o coronel Ronaldo reagiu com uma descrença que só não foi mais corrosiva por cordialidade. Começou a listar os obstáculos e relatou sua própria via-crúcis. De todos os projetos que acalentara, contou que realizou poucos, o mais importante sendo a central de comunicações da PM, em que o telefone 190 aciona localizadores e despacha viaturas. Mesmo assim, só Deus saberia com que sacrifícios pessoais conseguira fazer o que fez. Respeitando sua experiência e procurando não subestimar minha própria inexperiência no executivo estadual, tentei convencê-lo da originalidade da situação que vivíamos, com um governador realmente disposto a quebrar lanças para mudar tudo o que precisava ser mudado na segurança pública. Isso não faria toda a diferença? Vontade política não seria a questão-chave?

Aproveitando o crédito que meu interlocutor, vacilante e um pouco a contragosto, me concedia, avancei, finalmente, para o objeto central daquela nossa conversa, antes que os compromissos da agenda do coronel dispersassem sua atenção, que se tornara tão preciosa para mim: A delegacia legal, eu disse, representa muito mais que a mera recuperação física das delegacias; significa uma verdadeira revolução no âmbito da Polícia Civil. O novo modelo deverá orientar a reforma de todas as 121 delegacias distritais do estado, além das especializadas, transformando a estrutura organizacional, o gerenciamento, a dinâmica funcional e a forma de atendimento do público, e suprimindo as carceragens. Chegamos a esse modelo com muito trabalho, ainda que rapidamente, usando a vivência dos policiais que nos ajudaram, observação de outros países e contribuições de técnicos com diferentes especializações.

Começamos, nos primeiros dias de dezembro, por uma auditoria externa das rotinas do trabalho policial nas delegacias. Os resultados foram chocantes: se a polícia fosse uma empresa privada, fecharia as portas em 24 horas, tal a irracionalidade organizacional verificada. A burocracia é tanta que entre a denúncia, o registro da ocorrência e o início da investigação, demora-se, freqüentemente, uma semana ou mais. Os policiais estão impedidos de exercitar sua competência, tamanho é o peso da burocracia, retratado nos 64 livros em que se traduz a operação de uma delegacia fluminense tradicional típica. A delegacia que existe hoje é a expressão mais eloqüente dos aspectos improdutivos e paralisantes de nossa herança ibérica: para que um papel volte a ser um papel dotado de valor, isto é, para que se converta em documento, é preciso submetê-lo ao itinerário barroco de vários endossos e revalidações cartoriais, envolvendo turnos diversos, mobilizando distintos profissionais. Isso tudo transcorre em ambientes fisicamente degradados, insalubres e hostis, extensões estéticas da carceragem — que absorve todos os escassos recursos, quase todo o tempo e a maior parte das preocupações dos delegados. Os policiais e o público sentem-se desrespeitados pelo cenário decadente, que é, no fundo, a tradução sombria da negligência governamental. Nada mais propício à instauração dos ciclos viciosos de todo tipo. Nada menos estimulante da boa performance policial. Como manter elevado o espírito, acesas as energias e valorizada a auto-estima em delegacias depredadas e inteiramente desaparelhadas?

A proposta de solução emergiu naturalmente, continuei: Seria necessário abolir todas as mediações burocráticas e transformar as delegacias em plataformas de atendimento imediato, como as salas de emergência dos bons hospitais. Para colocar em prática o novo modelo, começamos por redefinir as rotinas. Revisadas, criticadas e redefinidas as rotinas, segundo o princípio da economia, concentramo-nos na informatização, programando a substituição de livros e papel por uma rede virtual. Cerca de duzentos softwares originais estão sendo desenvolvidos, e, quando a delegacia piloto for inaugurada, será instalado o Centro de Processamento de Dados, apto a interligar todas as delegacias do estado. A delegacia legal trabalhará com seis livros, apenas, em vez de 64, e pretendemos reduzi-los para um, no futuro próximo.

Enfrentando novamente o risco de ser mal interpretado e parecer professoral, eu disse: A informatização é muito mais do que a troca de máquinas de escrever por computadores; é a instauração de procedimentos ágeis de organização e disponibilização de informações; é também a criação de mecanismos rigorosos de acompanhamento e controle da própria ação policial. Sobretudo, é a condição para o estabelecimento de comunicação permanente entre as unidades policiais e os bancos de dados das instituições que compõem o campo da segurança pública. Em outras palavras, a informatização criativa e ıginal das delegacias, em escala sem precedente na América Latina, permitirá que os gestores da segurança pública, da ponta operacional ao centro supervisor, tenham como saber exatamente quais crimes foram perpetrados, onde, quando e como, em todo o estado. E tenham como saber quem está trabalhando, com que aproveitamento médio, onde, como e com que velocidade. Esse controle gerencial subverte a realidade que encontramos, de uma Polícia Civil inteiramente desorganizada, fragmentada em delegacias que formam um verdadeiro arquipélago, no qual baronatos feudais reproduzem a estrutura insulada que também caracteriza o mundo do tráfico, liberando as equipes para negociações *ad hoc*, irracionais e ilegais de seu regime de trabalho, de seus métodos e da aplicação de seus conhecimentos individualizados.

Prossegui: O programa georreferenciado, por exemplo, oferece, como o senhor sabe bem melhor que eu, um mapa digitalizado do estado no qual são inscritos os dados, de modo que se possa visualizar o deslocamento das manchas criminais, as mudanças na dinâmica do crime, as migrações e metamorfoses que ocorrem como respostas dos criminosos ao combate repressivo. Nomes, vozes, imagens, fotos, informações, suspeitas, estilos de atuação, impressões digitais, um fio de cabelo: esses ingredientes ganham enorme relevância e utilidade, quando interpretados à luz das informações armazenadas em bancos de dados bem estruturados, seja nas delegacias informatizadas e interligadas, seja nos diversos laboratórios de uma polícia técnico-científica renovada e integrada.

Evidentemente, nada disso seria viável se perdurassem as carceragens nas delegacias. Portanto, torna-se imperiosa a extinção das carceragens, com o deslocamento dos presos para casas de custódia, cuja construção, conseqüentemente, passa a ser condição indispensável ao sucesso do Projeto Delegacia Legal. Coronel Ronaldo, eu disse, talvez o senhor também estranhe. Muitos policiais estranharam o título do programa e perguntavam: as outras delegacias são ilegais? De fato, o título não é apenas um nome fantasia, visando a comunicação direta com o público. Realmente, as delegacias com carceragem são ilegais. Carceragem em delegacia constitui uma ilegalidade com a qual, infelizmente, nos habituamos. Como é praxe no Brasil, volta e meia nos deparamos com uma rotina ilegal, com que aprendemos a conviver e que toleramos por inércia. É preciso redescobrir forças e reanimar nossa coragem para resistir à dicotomia legal-real, que, ao longo dos séculos, deprecia nossa auto-imagem. Nós brasileiros nos pensamos como nativos de uma terra em que certas leis "não pegam". Sobretudo aquelas que não interessam aos poderosos ou aos poderes públicos lenientes.

Delegacias com carceragem são ilegais, sim, repeti, e envergonhei-me com o tom de comício que a exposição vinha assumindo, à medida que ia me empolgando e me sentindo mais à vontade. Procurei recuar para um estilo mais tranqüilo: Os técnicos convidados para desenvolver os programas e o sistema foram alguns dos mais qualificados do país: são professores da COPPE, a Coordenação de Programas de Pós-Graduação em Engenharia da Universidade Federal do Rio Janeiro, o maior centro de pós-graduação em engenharia da América Latina, responsável pela formação de mais de 50% dos mestres e doutores no Brasil. Bem, o senhor sabe perfeitamente disso tudo, ponderei. O que falei a seguir, sem deixar de ser sincero, tinha o propósito de assegurar o apoio do coronel Ronaldo, que era, afinal de contas, um técnico de elevada qualificação e, com toda a certeza, se sentiria em casa na universidade.

Acredito e apostei, disse, no estreitamento de relações entre a universidade e a polícia. Estou convencido de que a segurança pública e a polícia merecem o melhor que a inteligência do país possa oferecer. Temos de superar o tempo em que a segurança era pensada como um tema menor, relegado a tratamento truculento e bárbaro. Aprendemos todos, depois de tanto sofrimento e tantas tragédias, que a barbárie só produz barbárie e que, se o Brasil quer entrar de cabeça erguida no século XXI, consolidando a democracia política e aprofundando a justiça social, terá de aderir a métodos civilizados de enfrentamento do crime, para colher, entre os frutos da civilização, a paz e a expansão da cidadania. O mundo já deu inúmeros exemplos de que é possível e necessário conciliar eficiência policial e respeito à lei e aos direitos humanos. Quem trabalhar com a hipótese da contradição entre eficiência e respeito, não conhece as experiências internacionais, ignora as pesquisas empíricas sobre as bases da autoridade e da boa performance policial, e não compreende a gravidade do dilema civilizatório, que ainda é o nosso, no limiar do novo milênio.

Pronto, tinha dado meu recado. O argumento estava completo e redondo, e também um pouquinho inflado com um ou outro adjetivo... O efeito retórico que eu perseguia visava provocar a impressão de uma certa gravidade austera, que serviria de contraste à minha ansiedade. Minha angústia vinha da consciência de que ali se jogava um jogo decisivo, apesar das aparências.

Queria aproveitar todo o tempo que o coronel Ronaldo me oferecia. Como o raciocínio se completara, mas faltavam ainda vários detalhes práticos, retomei a descrição do projeto de forma mais minuciosa: A delegacia legal materializa novas rotinas, orientadas pelo princípio da pronta resposta ao cidadão, e inaugura o modelo inteligente que interliga, virtualmente, unidades policiais e seus respectivos bancos de dados. Introduz também algumas novas funções não-policiais: os ou as recepcionistas — estagiários universitários supervisionados, em cada turno, por um ou uma profissional — e o administrador ou administradora — recrutada e treinada na universidade. Enquanto os recepcionistas estarão dedicados exclusivamente a atender o público, função para a qual receberão treinamento especializado, a administradora ou o administrador cuidará dos equipamentos e da manutenção do prédio, como um síndico. O resultado será a melhoria da qualidade do atendimento e dos serviços de manutenção, combinada à liberação de todo o tempo de trabalho dos policiais para o cumprimento das atividades-fim. A nova delegacia será também uma plataforma de integração interinstitucional, pois incluirá espaços para a Defensoria Pública, o Ministério Público, a Polícia Militar, assistentes sociais e o Juizado Especial Criminal. A presença do JEC representará um avanço significativo, pois mais de 60% das ocorrências policiais inscrevem-se na esfera de abrangência da Lei 9099, referente aos delitos de pequeno potencial ofensivo, justamente aqueles passíveis de solução no âmbito dos juizados especiais.

Agora tinha a sensação de ter mencionado tudo o que era importante. Meu interlocutor, aprovando as idéias e já se mostrando como um parceiro potencial, o que me enchia de alegria e entusiasmo, referiu-se às dificuldades de preparar os policiais para as novas estruturas, os novos mecanismos, as novas rotinas e os novos métodos de trabalho. Concordei com ele, mas lembrei que o problema do treinamento para as novas funções abriria espaço para que sacudíssemos a Polícia Civil com uma torrente de cursos, seminários e programas de capacitação, cujos currículos não precisariam restringir-se aos temas técnicos.

— Mesmo assim... — ele hesitou —, mesmo assim...

Antecipando a extensão de suas preocupações, mais do que justas, expus o seguinte raciocínio: Essa questão é, de fato, estratégica. Foi muito discutida na comissão de transição. Minha posição, também nesse caso, é um pouco heterodoxa. Vamos falar claro, coronel. Vamos focalizar as resistências. Sei que há muitas dúvidas sobre o que fazer para "mudar a cabeça" daquele contingente de policiais refratários aos princípios compatíveis com o estado de direito democrático. Já ouvi indagações do tipo: "De que adianta uma delegacia nova, moderna, com policiais de cabeça velha, atrasada?". Primeiro, é preciso que se diga que a vontade de mudar práticas e imagens institucionais, antes de ser da sociedade e dos gestores da política pública de segurança, é dos próprios policiais bem-intencionados, que desejam e merecem o reconhecimento e o respeito de todos. Quanto ao que fazer para "mudar a cabeça" do contingente refratário à democracia, à transparência e à modernização, a melhor resposta é: nada. Seria romântico e ilusório considerar possível transformar espírito, valores e cultura em poucos anos. O que, sim, se pode e deve fazer é mudar comportamentos.

Isso é necessário e perfeitamente viável. Para isso existem instituições e seus mecanismos, seja indutores positivos, seja coercitivos. A principal iniciativa nesse campo será a criação da Ouvidoria da Polícia, órgão independente que exercerá o controle externo. Mas, paralelamente, é claro que teremos de investir na reforma do ensino, em ambas as polícias, buscando, na medida do possível, integrá-lo ao sistema universitário. Será necessário também estimular os comportamentos positivos, através de premiações por desempenho, ao contrário do que se fazia no governo anterior, em que se premiavam os chamados atos de bravura, alimentando a indústria do tiroteio e da brutalidade policial. Sem prejuízo desses esforços, consideramos imprescindível, na comissão de transição, contar com a própria revisão das rotinas para a prevenção dos "desvios de conduta". Ou seja, a nova delegacia determinará novas posturas e exigirá adaptação de comportamentos. Como dizia Pascal, "ajoelha-te e acreditarás". A nova estrutura de funções, apoiando as novas rotinas, tenderá a induzir comportamentos compatíveis com expectativas positivas. A adaptação começará por um curso intensivo, que vai durar um mês e capacitará as equipes para as novas delegacias — o tempo total de implantação do programa em todo o estado nós estamos estimando que será de dois anos. Uma vez selecionado e aprovado no curso introdutório, o policial ingressa na nova delegacia e, automaticamente, se inscreve num curso permanente, que lhe valerá uma bolsa de estudos, se possível de valor no mínimo igual ao seu salário.

O coronel Ronaldo parecia satisfeito com minhas observações céticas sobre a possibilidade de mudar "cabeças". Continuei: A propósito de Pascal e suas lições, vale recordar, eu disse, o "mistério" do metrô do Rio de Janeiro, que constitui um exemplo a seguir. As pessoas costumam afirmar que o carioca é mal-educado, tem hábitos quase selvagens, usa a rua como lixeira, fala alto, diz palavrões, cospe no chão. Exageros à parte, o fato é que tudo muda quando o carioca mergulha nas escadas que levam às estações do metrô: abaixa o tom da voz, só joga papéis no lixo, evita atitudes mal-educadas muito ostensivas, enfim, imita o "cidadão de primeiro mundo", ou melhor, copia a idealização que faz do que seria esse supercidadão. Com isso, não estou sugerindo que os cariocas passem a viver no subsolo para alcançar a utopia coletiva, mas que observemos com cuidado esse fenômeno, para extrair as conseqüências mais relevantes. A principal delas talvez seja a seguinte: não é preciso esperar um século para que a civilização amadureça; o futuro pode estar à espreita, na esquina; a civilização e a barbárie estão inscritas em nós, como potenciais que se atualizam de acordo com os cenários sociais em que vivemos. As delegacias podem ser cenários degradantes da auto-estima do policial e do público, ou ambientes propícios à valorização de atitudes positivas, de parte a parte. A estética é parte constitutiva da política e tem efeitos muito mais concretos do que os céticos supõem. A estética, nesse sentido, é indissociável de uma idéia positiva de ordem, em que liberdade e respeito se combinam e se estimulam mutuamente.

O que não pude relatar ao meu interlocutor, naquele início escaldante de janeiro, porque não poderia prever o futuro, foi o que se passou na véspera da inauguração da primeira delegacia legal, três meses depois: uma senhora visitou as obras, com duas crianças. Ante o olhar deslumbrado do menino, ela lhe disse com emoção: "Meu filho, um dia seu pai vai trabalhar num lugar assim, numa delegacia igual a essa". Isso diz tudo. Como não pude acrescentar esse episódio, que me parece tão singelo quanto extraordinário e comovente, encerrei meu encontro com o coronel Ronaldo, deixando com ele a imagem mais forte que me ocorreu: Coronel, preciso do senhor. Temos uma chance talvez única de acionar uma dinâmica de mudanças sem paralelo, em nosso estado e talvez no Brasil, num contexto em que haverá lugar para a realização dos seus sonhos de modernização tecnológica e dos meus sonhos de modernização gerencial. Conto com o senhor. E gostaria que o senhor, mais do que apoiar, se integrasse ao projeto como coordenador de tecnologia de comunicação.

Despedi-me, agradecendo a paciência e o interesse e acertando a hora da apresentação que nosso grupo de trabalho já vinha preparando para o dia seguinte.

A apresentação coletiva foi um sucesso. Por felicidade, o principal responsável pela área de sistemas do Projeto Delegacia Legal, professor Luiz Felipe Magalhães de Moraes, que implantou a internet no Brasil e é um dos melhores especialistas brasileiros, estudara no IME (Instituto Militar de Matemática e Engenharia) e fora aluno sênior, e já destacado, quando Ronaldo ingressara na escola. O reencontro trouxe uma carga de humanidade que cimentou o pacto.

Paralelamente eu procurara um amigo querido e jornalista de muito prestígio, à época um de meus raros contatos pessoais na imprensa, Mauro Ventura. Propus-lhe um acordo: eu lhe daria em primeira mão e com exclusividade as informações completas sobre o Projeto Delegacia Legal, que provavelmente se converteria em um dos carros-chefe do governo; em contrapartida, Mauro garantiria que a matéria fosse publicada até a segunda-feira seguinte, com destaque, chamada de primeira página, e começasse assim: "Hoje (ou *na próxima semana*, conforme a data da publicação) será submetido ao secretário de Segurança e ao governador o Projeto Delegacia Legal". Essas palavras evitariam que eu viesse a ser acusado de estar atropelando a hierarquia e desrespeitando o general José Siqueira e o próprio Garotinho. Por outro lado, ambos provavelmente pensariam que se a imprensa cobre um projeto que ainda será submetido a instâncias superiores e que, portanto, ainda não está definitivamente aprovado, é porque ele tem méritos e merece atenção. A matéria serviria como demonstração não só das qualidades intrínsecas do novo modelo de delegacia como de seu potencial político, de seu impacto provável na opinião pública. Mauro aceitou a proposta porque estava convencido dos méritos da delegacia legal e porque considerava a notícia valiosa do ponto de vista jornalístico. Mobilizei o grupo de trabalho que criara com Fernando Peregrino, ainda em dezembro, para que produzíssemos as informações necessárias à matéria, inclusive os detalhes do design, da planta, da arquitetura etc. Foi uma corrida enlouquecida contra o tempo. Se o general José Siqueira consolidasse sua solução fragmentadora, pulverizando os recursos, talvez tudo estivesse perdido, até porque o caminho adotado marcaria a opinião pública, a polícia e comprometeria o próprio governo, dificultando revisões imediatas e tão radicais. Em poucos dias, reunimo-nos com Mauro em minha casa, à noite, para uma entrevista com todo o grupo.

Na segunda-feira seguinte, dia 11 de janeiro de 1999, a matéria foi publicada conforme combináramos. O título na primeira página: "Centro terá a primeira delegacia do futuro". A matéria de página inteira descrevia o projeto em detalhes, respeitando o acordo sobre o enunciado de abertura, e exibia o croqui elegante da delegacia legal desenhado por Fernanda Metello, nossa jovem e brilhante arquiteta, em contraste com a foto de uma delegacia caindo aos pedaços. O *Jornal do Brasil* beneficiou-se com o furo, e eu acabei praticamente impondo ao secretário a tal audiência postergada, que de fato se realizou naquela tarde, não sem que providências complementares pressionassem nesse sentido.

Na noite do dia anterior, domingo, visitei o coronel Ronaldo em sua casa. Na saída, pedi-lhe um favor especial: eu não iria ao bom-dia daquela segunda e gostaria que ele, em nosso nome, solicitasse uma audiência com o secretário, para aquela mesma tarde. Expus-lhe a gravidade da questão do tempo, falei-lhe um pouco sobre as reações que certamente viriam dos setores mais atrasados da Polícia Civil e dos corruptos, quando soubessem que policiais e professores universitários estavam unidos pela reforma da instituição. Não cheguei a mencionar os riscos que representavam para a delegacia legal as ligações do secretário com delegados conservadores, nem aqueles que adviriam do interesse que o general com toda a certeza teria em esvaziar Carlos Alberto D'Oliveira, um dos autores do projeto. Achei prudente também omitir que o *Jornal do Brasil* falaria da nova delegacia naquela segunda-feira — mas fiz questão de pedir a Mauro que sublinhasse a importância do coronel Ronaldo na implantação do projeto. Se eu fosse ao bom-dia, poderia defrontar-me com reações negativas do grupo à matéria, o que precipitaria o debate do tema e anularia o plano da audiência, para a qual havíamos preparado uma apresentação ainda mais completa e atraente, com todo o grupo presente, inclusive Ronaldo, agora na qualidade de consultor especial do projeto para assuntos de tecnologia da comunicação. Não poderia correr o risco de antecipar o debate e enfrentá-lo em terreno minado, no campo do adversário, em desvantagem numérica, política e moral. Mas nada disso mencionei a Ronaldo, na visita de domingo.

Uma sombra adicional tornava a situação ainda mais inquietante e os próximos dias menos previsíveis: o *JB* publicara naquele mesmo domingo, dia 10, uma entrevista com o secretário em que se captavam sinais perigosamente ambíguos. Por um lado, falava em reforma de delegacias, informatização e polícia cidadã, capaz de respeitar igualmente o morador da zona sul e o "pé-descalço". Por outro lado, recuperava o tom daquele infeliz 26 de outubro de 1998, que se traduziria nas manchetes fatídicas do dia 27: "Sou cria do Cerqueira" etc. O *Jornal do Brasil* do dia 10 de janeiro estampava as seguintes declarações do general José Siqueira: "O espírito da promoção por bravura era o melhor possível [...] Só que já teve o seu tempo. [...] Diria que a Secretaria de Segurança Pública, dentro da filosofia de segurança do governo anterior, fez um bom trabalho". Para bom entendedor...

O coronel Ronaldo cumpriu nosso acordo e, no bom-dia da segunda-feira, pediu ao secretário um lugar prioritário em sua agenda. A audiência foi concedida. Realizou-se à tarde, com pompa e circunstância, e com os efeitos especiais da parafernália eletrônica focalizando cada detalhe do projeto. Fizera questão de ensaiar com o grupo nosso "jogral". Falaríamos eu, Marcos Cavalcanti, Julio da Hora, Fernando Peregrino, Fernanda Metello, Luiz Carlos Fabião, Geraldo Roberto Peixoto, Damião de Oliveira, coronel Ronaldo, Luiz Felipe Magalhães de Moraes e os delegados Valter Barros e Claudio Ferraz, cujas contribuições vinham sendo da maior importância na elaboração do projeto. Os representantes da Polícia Civil no grupo de trabalho enfatizaram o caráter histórico das mudanças que o novo modelo realizaria e, indiretamente, provocaria. De tal modo organizamos a palestra coletiva e a participação ativa mas monossilábica de Carlos Alberto, que dificilmente o secretário conseguiria objetar sem deixar a nu o caráter político de sua oposição ao projeto.

O general José Siqueira estava visivelmente desconfortável. Certamente, não contava com aquela seqüência de acontecimentos, não se preparara para a eventualidade de um diálogo amplo, profundo, meticuloso e qualificado sobre o conteúdo do projeto, dava sinais de não gostar do rumo que aquilo estava tomando e daqueles métodos estranhos à caserna, mas dificilmente criticáveis: como reclamar de quem põe o governo nas manchetes, de forma consistente e positiva, sem trair a hierarquia? As iniciativas que tomei estavam fora de seu controle, como haviam estado minha nomeação para a subsecretaria e a indicação dos nomes dos chefes das polícias. Entretanto, não havia, até aquele momento, como condenar minha autonomia, na forma e na substância. Concluída a exposição, calamo-nos para ouvir o secretário, alma solitária no auditório:

— Como vamos pagar isso? Não temos um tostão na conta da secretaria. Isso deve ser caríssimo. Não vamos ter condições.

General, eu disse, transfira esse problema para o governador. O problema não é do senhor, general. Se o senhor não tem recursos, não pode fazer. Se o governador quiser que o senhor faça, assumirá as conseqüências e lhe dará os recursos necessários. Aliás, eles existem, graças à idéia do governador de vincular o DETRAN à Secretaria de Segurança. Além do mais, o projeto não será caro. Melhor ainda: será um fator de racionalização como nunca tivemos. Na verdade, representará uma grande economia, a médio prazo. Passe o problema ao governador, general. Se ele quiser o projeto, que pague por ele. Esse problema não é do senhor.

— Está bem — respondeu depois de uma pausa. — Nesse caso, vou telefonar para o governador.

Descemos todos do 16º para o 15º andar. O secretário foi telefonar de seu gabinete; nosso grupo reuniu-se numa sala de espera, o coração na mão. O chefe de gabinete, coronel Paulinho, cuja simpatia impunha o diminutivo, do qual ele fazia questão, veio me chamar: "Luiz Eduardo, o governador quer falar com você". Garotinho estava feliz, aprovava o projeto e queria que eu e o grupo de trabalho o apresentássemos ao dr. Iglésias, presidente do BID, no dia seguinte, no palácio Guanabara. Começariam assim, naquela terça-feira, as negociações que terminariam por nos conceder — muitas reuniões depois — a autorização para aplicarmos 10 milhões de dólares do projeto Baixada Viva (depois, Nova Baixada) em delegacias legais, inclusive especializadas para mulheres, na Baixada Fluminense. Após assistir à nossa apresentação no Salão Verde, Garotinho selou, pessoalmente, seu compromisso comigo:

— Pode tocar; toca pau. Mas rápido. Têm que ser rápido.

Garotinho é um político de raros talentos, como todos sabem, e de uma sensibilidade prodigiosa. Gosta de tudo rápido, "para ontem". E toca de ouvido. Mas, por isso mesmo, é volúvel. Todos conhecem as virtudes e os vícios do voluntarismo e o preço da impetuosidade, cujas vantagens, entretanto, não devem ser subestimadas. Como precaução contra oscilações do temperamento político do governador e forma de proteger o projeto, tornando-o menos vulnerável à ciclotimia de Garotinho e aos efeitos imprevisíveis de uma variável errática qualquer, como alguma conversa sedutora, ao pé do ouvido, com um adversário do projeto, providenciamos um fato de impacto: uma visita sua, pública, acompanhada pela imprensa, ao local em que construiríamos a primeira delegacia de novo tipo, por ocasião do início das obras.

No dia 26 de janeiro Garotinho estava no centro da cidade, próximo ao local da futura DP Legal. Fora dar posse à nova diretoria do CEDIM (Conselho Estadual de Defesa da Mulher), presidida por Ligia Doutel de Andrade, que aliás se tornaria uma aliada importante de nossos projetos para as mulheres. Perguntei ao governador se aceitaria fazer a visita quando saísse daquela cerimônia. Ele aceitou. Restavam uns trinta minutos para montar o espetáculo, dado que a idéia, minha e de Fernando Peregrino, surgira ali. Liguei para os colegas que cuidavam da engenharia e perguntei quando começaria a demolição das paredes. Naquela dia, disseram, mas à tarde. Pois bem, respondi, vamos dar um jeito de antecipar o início, porque Garotinho já está a caminho e nós não podemos perder a oportunidade. Era preciso convocar ao menos um dos pedreiros para que o primeiro golpe se desse na presença do governador e da mídia. Quem estivesse disponível representaria a equipe da obra. Faríamos com que aquele gesto fosse apenas simbólico, sendo inviável mudar os planos assim, em meia hora, e iniciar para valer a demolição antes do horário previsto. Um pedreiro eles encontrariam. Pelo menos um, com a destreza suficiente para a primeira marretada.

Avisei os repórteres que estavam no CEDIM sobre a novidade na agenda do governador. Eles difundiriam a notícia e nós teríamos a cobertura completa da visita. Liguei para Carlos Alberto e lhe pedi que levasse toda a cúpula da Polícia Civil para o local das obras, imediatamente. Acompanhei Garotinho em seu carro, conversando com tranqüilidade, tentando não demonstrar a enorme aflição que me consumia: haveria tempo? O grupo teria tempo de chegar? Levaria o pedreiro? Haveria quem nos recebesse? A mídia teria de chegar, mas depois dos anfitriões, claro. Era impossível programar a sincronicidade para garantir o sucesso da visita. Sabemos que nessas situações o êxito muitas vezes é vizinho do desastre. A vitória está por um fio, vacila no ar e se realiza a um palmo da derrota. Visto do futuro, tudo parece se encaixar com perfeita lógica e sincronia, quando o resultado é positivo. Mas nenhum lance de dados abolirá o acaso; nenhum sucesso eliminará a incerteza que acompanha o processo de sua realização. Quando estamos mergulhados no processo, não sabemos, não podemos ter certeza; por mais que tenhamos confiança no que fazemos, não há garantias de que nossas expectativas estejam corretas. Não há profetas na vida prática. Há somente intérpretes que examinam e procuram analisar as chances relativas de cada perspectiva conflitante sobre o futuro imediato, isto é, sobre o que nossos atos vão originar quando se combinarem com as ações de todos os demais agentes que atuam na mesma arena que nós, no mesmo momento histórico. Políticos são os portadores dessas perspectivas. De maneira geral, seu papel é fingir que sabem qual será o resultado da aplicação de suas próprias perspectivas. Na verdade, não sabem. Não sabemos. Ninguém sabe. E, no entanto, é preciso agir coletivamente. É preciso fazer política, quer dizer, operar cooperativamente e conflitivamente na cidade, no espaço público. É preciso. Crer com segurança no futuro muitas vezes também é preciso, até para que a profecia se realize a si própria, alimentada pela convicção como sua fonte de energia. Não há ciência mais complicada e arte mais difícil do que o ofício de agir em coletividade, quer dizer, em cooperação e também em conflito, moldando o futuro da comunidade.

Naquele dia, a operação foi bem-sucedida e os fins desejados foram alcançados. A delegacia legal tornou-se quase uma realidade tangível. No dia 27, *O Globo* anunciava: "Rio terá novo tipo de delegacia em março". O *Jornal do Brasil* destacava: "Nova delegacia não terá mais carceragem: Garotinho visita obras da primeira delegacia do futuro, informatizada e sem cárcere".

Dois meses depois, no dia 29 de março de 1999, a primeira delegacia legal foi inaugurada, na seqüência de um esforço extraordinário que desconheceu Carnaval, feriados e fins de semana. O fato tornaria o projeto irreversível, salvo se ocorressem graves acidentes de percurso. Quem ficaria contra? Até os grupos mais conservadores da Polícia Civil abaixaram o volume das críticas a nós, ao Carlos Alberto, ao projeto, alguns delegados tradicionalistas elogiaram meu discurso na inauguração e foram adiadas as ações na Justiça contra a nomeação de um delegado "de segunda" para a chefia da Polícia Civil. Contudo, assim como na física há o postulado segundo o qual a cada ação corresponde uma reação igual e contrária, no mundo da Polícia Civil pode-se dizer que a cada ação de mudança corresponde uma reação de ímpeto no mínimo equivalente à força do empreendimento reformista. É claro que, mesmo acuadas, as forças conservadoras do corporativismo, bem e mal-intencionadas, postergariam seu movimento, mas não renunciariam a reagir àquela iniciativa sem paralelo. É de sua natureza reagir e conjurar qualquer mudança.

Entre 28 de janeiro, quando foram publicadas as matérias sobre a visita de Garotinho, e o dia da inauguração de nossa experiência piloto, em 29 de março, foi necessário dar outras marteladas, desenhar softwares de outro tipo e derrubar outras paredes. Em suma, foi preciso dar nó em pingo d'água para evitar que órgãos do próprio governo, departamentos diversos e burocratas bem e mal-intencionados impedissem a realização do projeto. Portanto, antes da polícia, foi o Estado mesmo que se indispôs contra a inovação, pelos mais diferentes meios e modos, pois ninguém queria ficar de fora depois de Garotinho ter dado o sinal de que o projeto era para valer e ocuparia uma posição estratégica em seu governo. Ocorre que os que desejavam tornar-se parceiros não aceitavam engajar-se sem tomar para si a liderança do processo, cada qual por uma razão particular. Muita conversa, almoços e jantares, telefonemas, noites insones, propostas de parcerias futuras, foram necessários para abrir caminho à implantação da delegacia modelo, que vinha veloz, tocada pela energia da equipe, e pedia passagem.

O governador cumpriu um papel decisivo, apoiando e apostando todas as fichas no projeto. Conforme ele mesmo me confidenciaria depois, o momento mais importante, que conquistou definitivamente sua confiança, foi a vistoria das obras, realizada no dia 12 de março, um sábado. Fizemos uma demonstração de alguns dos novos programas de computador, em meio ao espaço em construção, que já começava a apresentar aspectos de sua forma final. Mostramos ao governador e aos repórteres como era essencial a nova concepção do espaço, que criava um ambiente inteiramente transparente, devassado, aberto à observação externa, sem paredes e cantos obscuros, sem salas para tortura ou negociações escusas. Naquele dia, Garotinho pôde atestar a realidade do que parecia inverossímil. A mídia também começou a se convencer de que o que ela própria anunciava para o futuro próximo já era tangível, concreto, verdadeiro.

A batalha para fazer emplacar a delegacia legal dá bem a medida do que foram aqueles dias e do que seriam os meses todos em que estive no front da segurança pública no estado do Rio de Janeiro. Como eu dizia à minha equipe desde o primeiro dia, e jamais deixaria de repetir, mesmo quando as condições pareciam sugerir a reversão do quadro de incertezas e ambigüidades: devemos supor que só teremos estas 24 horas, nem um minuto a mais, e que temos de dar tudo o que pudermos dar de nós, hoje, agora, já, e cumprir todos os objetivos enquanto temos oxigênio político — e ele pode esgotar-se nas próximas 24 horas. Só nos resta o dia de hoje; é nele que temos de pensar e agir, exatamente como nos ensinam os Alcoólicos Anônimos. Pensemos cada 24 horas. O problema de parar de beber só pode colocar-se nestas 24 horas, dizem os AA. O alcoólatra deve dizer: não beberei nestas 24 horas. O compromisso é para hoje, vale hoje e, amanhã, poderá ser renovado para o dia de amanhã. Nenhum plano que nos envolva pessoalmente pode exceder as 24 horas em curso, é esse o tempo em que podemos agir. O mesmo valia para nossa permanência no governo e na secretaria. Claro, isso não se confunde com ausência de planejamento. Pelo contrário, sem planejamento é impossível saber em que direção seguir hoje, nestas 24 horas que abrigam minha presença e acolhem meus atos. Mas o planejamento não pode servir de álibi para o adiamento da ação. A incerteza extrema, gerada pela ambivalência estrutural do governo — que era reforçada pela natureza instável da segurança pública, por sua permeabilidade aos movimentos sutis da opinião pública e da política —, produziu as seguintes conclusões, de que tomamos consciência desde o primeiro dia: deveríamos calçar as sandálias da humildade, de que falava Nelson Rodrigues; jamais poderíamos pensar nossa participação como um funcionário ou um político eleito pensariam. Não tínhamos mandato, não contávamos com apoio sistemático e orgânico de nenhum partido, nenhum de nós era funcionário de carreira da secretaria (com uma única exceção), dependíamos totalmente da confiança e da disposição subjetiva do governador, fonte exclusiva de nossa autoridade, pelo menos até que alguma legitimidade e credibilidade fossem conquistadas na sociedade. Mas isso levaria muito tempo e também seria incerto. Não faria sentido concebermo-nos a nós mesmos como uma equipe que teria à sua disposição quatro anos para trabalhar, vencer obstáculos, amadurecer e acumular resultados. Não teríamos nem uma semana garantida.

Citando o jornalista argentino Horácio Verbinsky, Newton Carlos escreveu no *Jornal do Brasil*, em 11 de janeiro, sobre mim e Julita Lemgruber e nossos projetos de reforma das polícias: "Quando alguém promete esse tipo de coisa, o melhor é agir rápido, antes que seja devorado". Maquiavel disse o mesmo, com outras palavras: "O mal deve ser feito de uma só vez; o bem, aos poucos" — entendendo-se por "mal" aquilo que provoca a resistência dos que são atingidos pelas mudanças. O pulo do gato estaria em combinar essa consciência radical da precariedade extrema de nossa situação com a calma necessária à implementação de programas complexos e com o compromisso de agir sempre a partir da racionalidade do planejamento, da coerência dos projetos.

Essa avaliação que sempre fizemos na equipe não se confunde com inclinação ao açodamento. Nós também jamais deixamos de estar alertas para os malefícios da precipitação. O tempo é a variável mais preciosa nos processos de mudança. A lentidão provocada pelo medo de errar e de ousar pode pôr tudo a perder, oferecendo às forças que resistem às reformas a oportunidade para que se organizem e obstem o avanço do processo, aliando-se a parceiros oportunistas e aos equivocados. Por outro lado, a precipitação destrói aquilo que se deseja construir, porque: a) ao saltar a etapa da formação de coalisões ou cumpri-la de modo atropelado, lança gregos e troianos à oposição, isolando os agentes da mudança; e b) ao produzir o resultado sem que ele tenha sido fruto do necessário amadurecimento, sua qualidade intrínseca deporá contra sua legitimidade e terminará por invalidá-lo.

O *timing* da inauguração da primeira delegacia legal é um bom exemplo do que pensávamos: ocorreu em tempo recorde, o que foi indispensável para fixar o modelo e impor, politicamente, todos os programas e projetos que constituíam suas pré-condições e seus corolários, tornando a nova delegacia e a nova estrutura institucional da Polícia Civil viáveis e eficientes. Por outro lado, não houve precipitação, na medida em que o tempo da técnica não foi atropelado, em nenhuma esfera. De tal modo que pudemos ter a melhor qualidade na reforma física do prédio, nos mecanismos policiais adotados e nas soluções tecnológicas aplicadas. Por outro lado, não se tratava de iniciativa isolada. Seguimos um plano, que começou com um diagnóstico, como deve ser. A primeira delegacia legal funcionaria, como de fato funcionou, como a oportunidade para testes e aperfeiçoamentos, na perspectiva da generalização do modelo que ela realiza. Uma vez enfrentados os três meses de teste, iniciaríamos a implantação do projeto em todo o estado, ampliando rapidamente a quantidade de policiais submetidos à requalificação. Não havia tempo a perder.

3. O pêndulo político e a terceira via

A posse do general foi um capítulo à parte naqueles dias tumultuados de janeiro, que dariam o tom a toda a jornada subseqüente. Fomos ao auditório vigiado pelas câmeras do CISP — Centro de Inteligência da Secretaria de Segurança Pública —, no 16º andar, para a cerimônia. A experiência mostrou que eu estava certo ao não convidar amigos e parentes, e ao sugerir enfaticamente que os colegas de minha equipe fizessem o mesmo. Eu previa um espetáculo dantesco. A realidade provou que eu estava pessimista. Não chegou a ser dantesco, mas foi triste, no mínimo lamentável. Só falaram o secretário que assumia a pasta e o governador. Garotinho evitou o desastre e fez um bom discurso, equilibrando o resultado final. O general José Siqueira não estava inspirado. Seu improviso começou num anticlímax, fazendo todo mundo rir involuntariamente:

— Excelentíssimo Senhor Governador, autoridades presentes, meus auxiliares, amigos, senhoras e senhores [pausa]: fui assaltado pela dúvida!...

Digamos que talvez esse não fosse o verbo mais oportuno para a abertura do pronunciamento de um secretário de Segurança no momento ritualizado de sua posse. Felizmente, a imprensa andava tão generosa que deixou passar a gafe sem alarde, como deixaria passar quase despercebida, um ano depois, a proposta do sucessor de José Siqueira, num encontro do governo perto de Resende, no interior do estado do Rio, quando se discutia a frase-marca para a Secretaria de Justiça no ano 2000: o coronel Josias Quintal, depois de pedir a palavra e ajeitar-se na cadeira, dirigiria ao plenário a sugestão que supostamente encerraria o debate. Disse, pois, como quem exibe o ovo de Colombo:

— A marca da Secretaria de Justiça eu proponho que seja: *Prisão para todos.*

Um engraçadinho gritou do fundo da sala:

— Pra nós também?

Surpreso com a gargalhada geral do auditório, o secretário se defendeu:

— A frase é democrática.

Passaram. Nenhuma dessas frases dos dois secretários merece figurar na história do período. Por isso, sigo para destacar o que importa no discurso de posse do general: a forma como descreveu o que faria a secretaria e qual seria meu papel. Em síntese, apresentando cada subsecretário, todos perfilados no palco, ao lado da mesa, garantiu que tudo permaneceria como dantes no quartel de Abrantes:

— Faremos o trabalho que sempre se fez e o professor Luiz Eduardo vai ser aquele verniz, com sua nova subsecretaria, aquela coloração que tingirá com o tom da novidade o que fizermos. Mas a prática, a substância não muda. Vamos combater o crime da mesma maneira e com o mesmo denodo, a mesma determinação etc. etc.

Mais uma vez, a imprensa passou batida e não percebeu a mina explosiva plantada no terreno pantanoso de nossas relações. Não percebeu a dessintonia entre o que dissemos durante o período de transição, nas entrevistas coletivas que nossa comissão concedia, e o que agora se afirmava. Não percebeu a gravidade daquela definição: o "verniz", que seríamos eu e minha equipe, apenas tingiria com novas cores o *status quo.* Em outras palavras, eu seria o "garoto-propaganda" da secretaria, a qual, por sua vez, estaria liberada para continuar sem política, fazendo apenas o que já fazia ou, eventualmente, mais do mesmo — e, se fosse assim, o deputado estadual Hélio Luz, ex-chefe de polícia, teria razão, porque foi exatamente isso o que ele havia dito, em uma de suas críticas mais duras. O pior é que não se tratava de um tropeço do general José Siqueira, um mau momento. Era assim mesmo que nos via, tanto que insistiu na definição, voltando a enunciá-la em diversas circunstâncias públicas.

Garotinho estava inspirado e exorcizou, com sua vitalidade e sua fé, as dúvidas e as definições autofágicas do novo secretário:

— General, esse não é o momento para dúvidas. Nós temos de confiar e transmitir confiança à população. Até porque há boas razões para ter fé e esperança...

E foi por aí, muito bem, aliás. Novamente a imprensa não detectou ou, pelo menos, não assinalou, nas matérias sobre a posse, publicadas em 5 de janeiro, a breve admoestação, o primeiro sinal de desagrado do governador com sua própria escolha. Para salvar-me da condenação a "verniz", Garotinho foi buscar uma saída lá no fundo do balaio de suas habilidades de político jeitoso:

— Luiz Eduardo, eu quero que você vá aos batalhões, às delegacias, falar aos policiais, apresentar-lhes nosso programa de trabalho, conquistá-los para nossa política.

Pronto, eu estava salvo. Garotinho colheu-me da penteadeira, onde eu fora reduzido a "coloração", e me lançou de volta ao mundo real, devolveu-me ao coração da matéria mesma da segurança pública. Simultaneamente, conferiu-me autoridade para visitar os policiais e falar-lhes em nome do governo e da secretaria. Por fim, mas não menos importante, apresentou-me ao auditório e ao próprio secretário como conhecedor privilegiado (tacitamente, quase insinuou: formulador) da política de segurança que executaríamos, o que, por sua vez, significava que havia uma política e que, tendo de ser comunicada à tropa, não era ainda conhecida, ou seja, não era a simples continuidade do que se fazia. Todos esses recados Garotinho os passou com sutileza, mas de forma incisiva. Vibrei com aquele passaporte para a ação, e mergulharia na tarefa de falar aos policiais, invertendo a praxe bolorenta do atavismo burocrático: em vez de chamá-los até a subsecretaria, montei uma agenda de visitas aos batalhões com minha equipe. A Polícia Civil exigiria outras abordagens.

Em menos de dois meses, eu e os colegas da Subsecretaria de Pesquisa e Cidadania tínhamos visitado os batalhões de Botafogo, Olaria, Rocha Miranda, Centro, Copacabana, o de Polícia Montada, no bairro de Campo Grande, além do Quartel-General da Polícia Militar, onde falei para boa parte da oficialidade do estado. Mas a primeira visita, a primeira palestra de apresentação da política de segurança do novo governo foi no Centro de Formação de Praças, onde falamos para os oficiais do BOPE, o Batalhão de Operações Especiais, que ficaria encarregado do treinamento dos Grupamentos Especiais de Ação Tática, os GEATS. Nossa escolha visava prestigiar tanto o BOPE como essas novas unidades, que desempenhariam função importante em nosso esquema.

Os GEATS nasceram numa tarde de novembro de 1998, na terceira semana de reuniões da comissão de transição. Perguntei ao coronel Sergio da Cruz quantos policiais, em média, se envolviam em confrontos armados com traficantes, por dia. Ele disse que não dispunha desse dado. Indaguei se seriam mais de trinta. Ele disse que achava que não, talvez fossem menos. Nesse caso, coronel, eu disse, sendo os confrontos armados nosso problema mais grave e urgente, pois constituem a fonte principal da morte de policiais e civis, inocentes ou não, além de apresentarem resultado quase nulo do ponto de vista da provisão de segurança, por que não concentramos as operações mais exigentes, difíceis e arriscadas no batalhão especialmente capacitado para esses confrontos, mais bem treinado, mais bem equipado, em melhores condições psicológicas, menos sujeito à corrupção e à indisciplina, contra o qual há menos denúncias, que infunde mais respeito e reduz as reações? Referia-me ao BOPE.

O futuro comandante geral concordou com essas ponderações e considerou interessante a proposta. Acrescentou, inclusive, um argumento que se tornaria peça constante em meus discursos e, logo depois, nos discursos do governador: "A repressão qualificada é a mais eficiente e a mais inofensiva". Tinha plena razão o coronel Cruz, que não por acaso era considerado o oficial mais bem preparado da Polícia Militar; extraía conclusões com autonomia e criatividade e tornou-se um verdadeiro parceiro na elaboração dos principais projetos: compreendeu rapidamente os princípios que nos guiavam, que aliás eram também os seus.

"Repressão qualificada" traduzia para a linguagem técnica o espírito de minha proposta. Viria a se tornar um mote estratégico para todos nós. Claro, uma tropa mais bem armada, mais forte, mais bem treinada e disciplinada, produziria efeitos dissuasórios e alcançaria seus objetivos com relativamente menos efeitos indesejáveis, isto é, ferindo menos, matando menos, ferindo-se menos e morrendo menos, respeitando com mais rigor as regras do jogo legal e democrático. É um engano o que supõe o senso comum, quando associa tropas mais fortes e bem equipadas a um grau mais elevado de violência. O contrário é que é verdadeiro, e a prova é o cotidiano carioca, em que morre tanta gente de todos os lados, há tantos erros, balas perdidas, incursões irresponsáveis, ações policiais inconseqüentes e levianas, para não falar nas execuções, nas chantagens, na brutalidade e nos acordos corruptos. A incompetência e a fragilidade das cadeias de comando, o despreparo e a falta de condições materiais apropriadas são aliados do desvio moral e do desequilíbrio psicológico.

Vamos, então, investir no BOPE, propus com entusiasmo, pedindo a aprovação dos demais membros da comissão, especialmente do general José Siqueira. Por que não multiplicamos o efetivo do BOPE e descentralizamos sua presença? Poderíamos ter unidades em Niterói e São Gonçalo, na Baixada Fluminense e na zona oeste, além da unidade tradicional, o Regimento Caetano de Farias, no centro do Rio. Isso daria mobilidade e permitiria que o BOPE atuasse em todas ou, pelo menos, na maior parte das situações críticas, ampliando nossas chances de sucesso e transmitindo mais confiança à população.

O coronel Cruz introduziu outra variável: seria preciso um plano de transição. Sugeriu dois dias depois, com base em alguns estudos, que fossem criados grupamentos, um em cada batalhão da PM, sobretudo nas áreas mais problemáticas. Esses grupamentos, de trinta policiais cada, seriam submetidos a treinamentos intensivos de uma semana, no BOPE. Os focos seriam: armamento e tiro (22 horas) e técnicas de patrulhamento e abordagem (16 horas). Desse modo, enquanto não pudéssemos dispor de unidades descentralizadas do BOPE, com espaço, recursos e efetivo suficientes, investiríamos na capacitação desses grupos, aos quais caberiam as tarefas de "repressão qualificada" em situações críticas, em suas respectivas áreas de atuação. O coronel Cruz propôs o nome Grupamento Especial de Ação Tática, GEAT, aceito imediatamente e por unanimidade.

Logo que assumimos o governo, conversei com o então comandante do BOPE, coronel Penteado, que considerou complicada a idéia de descentralização territorial do BOPE com aumento de efetivo. Seus argumentos eram fortes e me convenceram a adiar a transformação dessa idéia em projeto, depois de ouvir, evidentemente, o coronel Sergio da Cruz, cuja autoridade sempre procurei respeitar de todos os modos, indo ao Quartel-General mais do que convidando o comandante geral a ir à subsecretaria, consultando-o sobre cada passo de nossos programas e projetos, mesmo nas áreas mais distantes de suas responsabilidades cotidianas, citando-o, sempre que pertinente, nas cerimônias, nas entrevistas e nos textos, compartilhando dúvidas e esperanças.

Penteado assinalou as conseqüências negativas da dispersão espacial para o sentido de unidade vivenciado pelo batalhão. Sua auto-imagem coletiva dependia fortemente do espírito de comunhão, que derivava, por sua vez, dos rituais de agregação e da simbologia solidarista, cultivada nos exercícios e encontros regulares. O convívio era a base de tudo isso. Não era o caso de desmanchar uma das raras conquistas da PM, essa identidade forte e positiva do BOPE, que tornava o grupo temido pelos bandidos e respeitado pela população. A sociedade reconhecia seus méritos e o diferenciava da média dos policiais, associados, no imaginário popular, a cumplicidades e violências de todo tipo. Recuei, mesmo achando que talvez houvesse uma pitada de egoísmo nas preocupações de Penteado, já que a descentralização que eu propunha implicaria também a multiplicação dos centros de poder e, por conseqüência, o enfraquecimento de sua autoridade. Mas isso era irrelevante, ante a consistência do raciocínio do coronel, por todos nós tido como um homem honrado.

A desistência de investir na descentralização do BOPE, pelo menos num primeiro momento, não significava renúncia ao nosso objetivo, que continuaria sendo a "repressão qualificada". Sempre que a prevenção falhasse e a repressão fosse necessária, que ela fosse qualificada, isto é, competente, firme porém cuidadosa, sensível aos limites impostos pelas leis. Se nossa prática obedecesse a essa norma, os direitos humanos e civis estariam automaticamente preservados. A inversão era óbvia, *a posteriori*, mas de imensa importância. Refiro-me à inversão das concepções vulgares tradicionais, em cujos termos a repressão, para ser prudente e respeitosa dos direitos e das leis, deve ser operada por tropas fracas, como se o paralelismo entre fins e meios aqui se aplicasse. Insistimos na tese oposta: é preciso que os policiais se organizem em grupamentos fortemente armados, equipados e treinados, para que os resultados sejam tão brandos quanto possível, assim como adequados à combinação entre força, inteligência, espírito de medida, equilíbrio, observação dos direitos e busca dos resultados legalmente autorizados. O armamento, para ser forte, tem de ser apropriado para o uso nas circunstâncias em que será empregado. Ou a força será contraproducente, convertendo-se em fraqueza.

Com o objetivo de divulgar esse princípio, valorizar o BOPE, os GEATS, o processo de capacitação que tencionávamos dinamizar com máxima energia, e com o propósito de sublinhar nossa afinidade com o Comando Geral da corporação, eu e a equipe começamos o périplo de exposições de nossa política com a apresentação na Escola de Formação de Praças, em Sulacap, zona oeste da capital, abrindo o primeiro curso de preparação dos GEATS, em 18 de janeiro de 1999. Diante do coronel Cruz, do chefe do Estado-Maior, coronel

Wilton Soares Ribeiro, de seu sub-chefe, coronel José Aureliano de Andrade, defensor da modernização da Polícia Militar e entusiasta do policiamento comunitário, do coronel Penteado, de diretores das várias escolas da corporação, de diversos comandantes de batalhões e de um auditório repleto de oficiais, praças, soldados, cabos e sargentos, apresentei, pela primeira vez, alguns argumentos que me pareciam capazes de sensibilizar toda a audiência, independentemente da patente.

Disse, em outras palavras, mais ou menos o seguinte: O processo político democrático que sucedeu o regime autoritário, a partir das primeiras eleições para os governos estaduais, impôs um movimento pendular à segurança pública no estado do Rio de Janeiro. Em 1982, a vitória de Leonel Brizola significou a suspensão da famigerada política do "pé-na-porta", que durante a ditadura caracterizava o comportamento policial nos bairros pobres e nas favelas. O "pé-na-porta" não foi substituído por uma política alternativa; foi simplesmente suspenso. Houve esforços de modernização e moralização das corporações policiais, sobretudo na Polícia Militar, graças à liderança aberta, honesta e inteligente de seu comandante geral, coronel Carlos Magno Nazareth Cerqueira. No entanto, o governo do PDT acreditava que a criminalidade e a violência eram sintomas dos males sociais e econômicos que afligiam a sociedade brasileira. E o sintoma não merece atenção. Muito menos o investimento de recursos públicos. Importante era a educação, para reverter as estruturas que provocam, direta ou indiretamente, os crimes. O primeiro governo Brizola foi fiel a suas convicções e se concentrou na execução do projeto de Darcy Ribeiro, os CIEPS (Centros Integrados de Educação Popular). Destaque-se a intervenção pioneira da antropóloga Alba Zaluar, que já criticava, na primeira metade dos anos 80, esse reducionismo antiquado, que as esquerdas teimavam em repetir, como se fora um atavismo: atribuir o crime à pobreza, de forma mecânica e simplista, sem levar em conta as mediações culturais, entre outras, ofende os pobres e não explica por que a maioria da população pobre não comete crimes.* O que não quer dizer, evidentemente, que não haja relações entre a exclusão da cidadania, a falta de perspectivas de integração social

* Alba Zaluar, *A máquina e a revolta*, São Paulo, Brasiliense, 1986.

e econômica, por um lado, e o crescimento da criminalidade, sobretudo entre a juventude, por outro.*

Em 1986, o governador Moreira Franco foi eleito prometendo acabar com a violência em seis meses. O novo governo restabeleceu a prática do "pé-na-porta", apostando suas fichas no endurecimento contra o crime e criticando as preocupações humanistas de Brizola, cujo absenteísmo na área da segurança pública fora associado à defesa dos direitos humanos. Desmoralizavam-se, assim, de um só golpe, a doutrina dos direitos humanos e o humanismo, atribuindo-se-lhes a culpa pela ineficiência policial. Em 1990, quando Moreira Franco devolveu o governo a Leonel Brizola, a criminalidade havia dado o maior salto da história do estado do Rio de Janeiro, disparando a dinâmica macabra que a imprensa passou a denominar "escalada da violência". Pior que os números eram as condições de degradação a que foram submetidas as instituições policiais, comprometidas com grupos de extermínio na Baixada Fluminense e desestimuladas a se renovar. Nos morros, a situação se deteriorou com grande velocidade, especialmente a partir de 1988, quando se realizou, no submundo, o casamento em larga escala entre as duas dinâmicas criminais mais perversas que o Brasil já conheceu: o tráfico de armas e o tráfico de drogas.

O segundo governo Brizola ficou estigmatizado como a origem do nosso caos urbano. Como toda simplificação, esse entendimento também deve ser corrigido à luz de interpretações menos parciais. Em 1990, Brizola se reelegeu confirmando a disposição de eliminar a truculência policial. Reduziu os homicídios na Baixada Fluminense, mas não conseguiu senão conter e estabilizar a violência letal no estado do Rio. Teve o mérito de cercar-se de profissionais cuja biografia atestava compromissos com mudanças civilizatórias na área da segurança pública, como Nilo Batista e o coronel Nazareth Cerqueira. Mesmo assim, não investiu os recursos necessários para que essas mudanças pudessem, de fato, ganhar corpo e ultrapassar os limites das intervenções tópicas ou dos projetos localizados. Houve ótimas intenções e várias idéias boas, algumas gestadas no primeiro governo Brizola, como o policiamento comunitário, iniciado experimentalmente em alguns bairros, um programa anties-

* É preciso distinguir pobreza e exclusão, tendo sempre presente a influência devastadora que a ambivalência de nossa cultura exerce sobre os jovens: de um lado, diz que somos todos iguais; de outro, afirma que somos essencialmente hierarquizados, tornando possível a pergunta que Roberto DaMatta interpretou com maestria: "Você sabe com quem está falando?".

tresse e a elevação do grau de exigência nos recrutamentos. Houve avanços parciais, em particular no âmbito da qualificação profissional, mas faltou um programa intregrado suficientemente ambicioso para enfrentar as dificuldades, que eram crescentes e assumiram proporções inéditas, em 1993, com os massacres da Candelária e de Vigário Geral.

O saldo, na memória da sociedade, acabou sendo fortemente negativo. Creio que a consolidação desse diagnóstico deveu-se menos à realidade da dinâmica criminal — que alcançara patamar gravíssimo, é verdade, porém não superior ao que se observara ao final do governo Moreira Franco — do que à hiperpolitização da violência, que transformou a criminalidade na variável eleitoral decisiva e, portanto, no principal telhado de vidro do governo, que a mídia soube explorar com meticulosidade de voyeur. O que se colheu, na primeira metade dos anos 90, durante o segundo governo Brizola, já estava plantado na segunda metade dos anos 80. Entretanto, por razões políticas, foi Brizola, não Moreira Franco, quem ficou associado à desordem. O final melancólico desse capítulo da nossa história recente foi marcado pela intervenção do Exército, em outubro de 1994, aplaudida pela maioria da população, mas desastrada.*

Com o novo governo voltou a política dura, dessa vez personificada pelo general Newton Cerqueira, que, em comum com o coronel PM, tinha somente o sobrenome. Houve um período inicial de hesitação, em que o governo do PSDB experimentou um caminho intermediário, entregando a Secretaria de Segurança ao bem-intencionado general Euclimar da Silva. Ante a falta de respostas imediatas, as pressões por endurecimento impuseram a solução que terminaria por vincular o governo Marcello Alencar à maior escalada da violência policial da história do estado do Rio de Janeiro. Houve também melhorias expressivas, que resultaram, sobretudo, na inflexão da curva ascendente de seqüestros e homicídios. Mas o governo Marcello Alencar se notabilizaria pelo escândalo da premiação faroeste. Foi também o período mais sombrio para a PM, que sofreu um número incomparável de baixas. Mas o tráfico de armas e drogas continuou a prosperar, a despeito das perdas. Só mudou o ritmo da rotatividade da mão-de-obra.

* Durante a intervenção do Exército, houve o maior aumento de homicídios dolosos de que se tem notícia na história do estado do Rio. Consulte-se, a respeito: L. E. Soares (com colaboradores), *Violência e política no Rio de Janeiro*, cit.

Não incluí nessa palestra ou nas exposições seguintes, para evitar polêmicas políticas inúteis ou a personalização do debate, mas devo assinalar aqui, para ser inteiramente franco e honesto, que, a meu juízo, outro fato marcante desse período foi a atuação do delegado Hélio Luz na chefia da Polícia Civil. Ele foi o mais controvertido, mas certamente o mais competente e criativo que a corporação conheceu nas últimas décadas. Respeitado pela seriedade profissional e pela honestidade, Luz não chegou a implantar ou mesmo propor um programa de reorganização institucional, mas contribuiu para a renovação dos quadros médios e superiores da polícia, colocando em postos de responsabilidade profissionais jovens, entusiasmados com o trabalho e ainda sem vícios — e um desses jovens talentosos e corretos beneficiados pela ousadia de Luz foi justamente Carlos Alberto D'Oliveira, que assumiria a chefia durante os primeiros onze meses do governo Garotinho.

Os resultados vieram, apesar de Hélio Luz ter permanecido pouco mais de um ano à frente da Polícia Civil. Houve muitas prisões importantes, os seqüestros foram controlados, quadrilhas perigosas foram desarticuladas e foi realizada, em Acari, a mais bem-sucedida ocupação policial de uma favela, até então. O apoio da comunidade foi o melhor indicador do sucesso. A liderança de Hélio Luz ultrapassou a esfera corporativa e ele conquistou, em 1998, um mandato de deputado estadual pelo PT. É até hoje difícil compreender, entretanto, seu entrosamento cooperativo e amistoso com o general Newton Cerqueira e sua "política". Sua passagem pela chefia da Polícia Civil teve, sobretudo, o grande mérito de mostrar que são possíveis mudanças e que a ousadia do comando produz efeitos significativos. Do meu ponto de vista, Hélio Luz não pôde avançar mais porque manteve alianças com segmentos da polícia bastante problemáticos. Talvez não tenha tido alternativas, dada a provável falta de apoio superior para avanços mais consistentes.

Retomo a reconstituição da palestra no ponto em que a interrompi: A tomar-se como referência o movimento pendular, eu disse à platéia de policiais, seria previsível que as eleições de 1998 devolvessem o poder ao PDT. O candidato do partido, Anthony Garotinho, era muito popular no interior do estado, graças ao êxito de seus dois mandatos como prefeito de Campos e à audiência de seus programas de rádio. O grande desafio seria reduzir a vantagem do candidato do PFL, Cesar Maia (hoje PTB, ex-PDT e ex-PMDB), na capital, onde o desgaste político do segundo governo Brizola se traduzia em forte rejeição ao PDT. A tática de Cesar Maia também era previsível: associar a imagem de Garotinho à de Brizola, ligando ambos à violência, justamente o ponto mais vulnerável do segundo mandato do PDT, aos olhos da sociedade carioca. Supondo que seu adversário faria tudo para evitar o tema da violência e da criminalidade, Cesar Maia começou sua campanha focalizando-o com agressividade. Surpreendendo a expectativa geral, Garotinho não fugiu ao tema. Pelo contrário, preparou-se para enfrentar o principal adversário exatamente nesse terreno e antecipou-se à cobrança alheia, diferenciando-se, na prática, de Brizola e de seu absenteísmo. Mais que enfrentar o debate, Garotinho chamou para si a matéria. A tese central de sua campanha foi a possibilidade e a necessidade de compatibilização entre o respeito aos direitos humanos e a eficiência policial. Não se tratava apenas da afirmação de um desejo ou de um valor, mas do resultado de considerações sobre a experiência internacional e sobre a criminalidade no estado do Rio, ao longo da última década.

Eleito, o governador Garotinho tornou-se o primeiro protagonista da terceira via na segurança pública. Uma via distinta do absenteísmo da esquerda, cujo desempenho vinha se mostrando melhor nas denúncias do que na construção de alternativas realistas, e diferente do velho terrorismo cultuado pela direita, que joga com o medo da população e se realiza como ponta-de-lança da barbárie, nas favelas. Sua vitória tornou possível a primeira experiência de suspensão do movimento pendular.

Contudo, o novo caminho somente se concretizará se puder tornar irreversível um programa consistente, avesso ao "pé-na-porta", porém eficiente. Para que a irreversibilidade seja alcançada, será preciso antes conquistar o apoio da opinião pública. Caso contrário, os próximos governantes anularão os avanços anteriores para dar início às suas próprias políticas. E para que se obtenha o apoio popular, é necessário apresentar resultados palpáveis, que demonstrem, na prática, a possibilidade e as vantagens dessa combinação única, em nossa história, entre respeito à lei e eficiência. Só assim, com resultados, com o apoio da sociedade e a conquista da irreversibilidade de uma política racional e integrada, fundada no planejamento e na avaliação sistemática, só assim poderemos evoluir, aperfeiçoar-nos, progressivamente, e conferir à Polícia Militar a merecida autonomia, relativamente às oscilações conjunturais da política.

Ainda acrescentei um último argumento, antes de passar à segunda parte da exposição. Disse o seguinte: O movimento pendular cri[illegible] tituições policiais, sobretudo para a Polícia Militar, uma situa[illegible]vel: em primeiro lugar, lança sobre ela, nos governos posterior[illegible] pela obediência às determinações dos governos anteriores, torn[illegible]pre culpada, pelos erros e pelos acertos; em segundo lugar, a osci[illegible]impede que ela se organize em torno de princípios claros, permanentes, públicos e debatidos com a sociedade civil. Em decorrência dessa impossibilidade, a corporação acaba condenada a voltar-se para dentro de si mesma na busca de algum eixo firme e constante, em torno do qual possa estruturar sua identidade, sua linguagem, seus valores. Isso está acontecendo e tem levado a PM a reforçar o corporativismo, a fechar-se mais ao mundo externo, razão mesma de sua existência. O regimento disciplinar, peça pré-diluviana, retrato da mentalidade arcaica, é um reflexo desse fechamento e dessa auto-referência obscurantista. Prova disso é o fato de o regimento ser mais rigoroso com as faltas cometidas dentro do batalhão, contra os superiores ou contra as normas, os horários, a aparência, os cuidados com o uniforme, do que com os desvios de conduta praticados contra a população nas ruas.

Claro, não falei do regimento disciplinar exatamente assim, com essas mesmas palavras, logo na primeira visita, nem falaria exatamente assim nas palestras daqueles primeiros meses de governo. Sabia quão fortes eram as resistências dos oficiais superiores à simples menção do tema, sempre omitido como um verdadeiro tabu, e evidentemente não convinha acender polêmicas num momento em que precisava de apoio e unidade. Por outro lado, não deixava de tocar no assunto, delicadamente, chamando a atenção para o fato de que não poderíamos evitá-lo, se desejávamos modernizar a instituição e se pretendíamos cobrar dos policiais respeito aos cidadãos, nas ruas. Como exigir respeito, se não os respeitamos, se eles e elas não se sentem devidamente respeitados em sua própria instituição? Seguindo essa linha de raciocínio, sugeria que buscássemos meios de reformar o regimento, sem trocar o obscurantismo medieval pela anarquia. Ao contrário, era nosso dever zelar pela disciplina que vertebrava a Polícia Militar e a mantinha de pé, funcionando, operando, apesar dos pesares. O primeiro passo deveria ser acabar com o tabu. Falar do assunto. Incluí-lo na agenda. E apressar-nos a elaborar um regimento alternativo, moderno e infenso a arbitrariedades, antes que essa questão se tornasse bandeira dos demagogos e oportunistas, que se aproveitam de todas as ıances para difundir sua mentalidade corporativista e não têm o mínimo compromisso com uma política de segurança séria. No dia 13 de maio, pedi ao coronel reformado Jorge da Silva, interlocutor de longa data, e ao major reformado Paulo Ramos, deputado estadual pelo PDT e conhecido defensor da modernização do regimento, que colaborassem, ouvindo os representantes das várias patentes e esboçando as mudanças que lhes parecessem prioritárias e aceitáveis por todos. Infelizmente, o trabalho prometido nunca foi feito. Voltei ao tema inúmeras vezes, mas só descobri o que me parecia ser o caminho para a solução em janeiro de 2000, aproveitando a oportunidade que a implantação do Instituto de Segurança oferecia. Solicitei a representantes dos policiais militares e civis que elaborassem esboços de reformas de seus respectivos regimentos — muito duro na PM, muito frouxo na Polícia Civil. Pretendia negociar as mudanças durante o ano 2000.

Na primeira visita a um batalhão, assim como nas outras, a segunda parte da palestra foi dedicada ao conhecido modelo do "gradiente de uso da força", instrumento elementar de treinamento policial. Meu companheiro de equipe, major da PM, advogado e sociólogo Antonio Carlos Carballo Blanco, entrava em cena para lembrar aos colegas: primeiro, a menos que haja evidentes obstáculos, deve-se tentar o comando verbal; havendo resistência, é legítimo recorrer à força, cujas expressões ampliam-se na exata medida da resistência encontrada e dos riscos envolvidos para o agente da lei. No limite, o policial pode e deve recorrer ao uso da arma, cujo efeito letal será legítimo e perfeitamente coerente com o respeito às leis, aos direitos humanos e civis, quando a resistência à sua ação representar ameaça à sua própria vida, esgotados todos os demais recursos de persuasão e coerção física. O princípio da legítima defesa é compatível com os direitos humanos, assim como a função coercitiva legal e legítima. Se o profissional da segurança pública for bem treinado na aplicação do gradiente do uso da força, agirá em conformidade com a lei e os direitos humanos, e cumprirá com competência sua missão.

Isso que para muitos é óbvio, soava chocante e surpreendente para grande parte dos policiais, sobretudo os que ocupavam as posições hierárquicas inferiores, por mais que nos cursos de formação já tivessem ouvido falar do gradiente de uso da força. A conclusão era simples e perturbadora: quem defende os direitos humanos não quer que os policiais cruzem os braços, quer que eles sejam competentes, isto é, usem a força conforme as necessidades, trabalhando em conformidade com as leis, em circunstâncias que exijam a ação policial. As noções de competência e respeito quase se sobrepõem, nesse contexto, o que demonstra a correção do princípio. Em sua intervenção, Antonio Carlos contava casos, dava exemplos e recorria a representações gráficas para facilitar o entendimento.

Nesse primeiro encontro e nos demais, dois outros colegas da equipe — Jacqueline Muniz, antropóloga e cientista política, estudiosa há anos da PM, e Newton de Oliveira, historiador e especialista em educação — sucederam Antonio Carlos para propor uma reflexão coletiva quase lúdica, cujo impacto era visível: indagavam se alguém concordaria com os enunciados da Declaração Universal dos Direitos Humanos, caso eles fossem invertidos, trocando-se o sim pelo não e vice-versa. Os enunciados invertidos eram projetados na parede ou numa tela, sem que se dissesse que aquelas frases eram o avesso da Declaração. É claro que ninguém aceitava aquelas afirmações absurdas. Ao final, Jacqueline desfazia o mistério: "Os senhores e as senhoras acabam de concordar, por unanimidade, com a Declaração Universal dos Direitos Humanos, pois, ao recusarem sua negação, aderiram às suas teses". Explicava: "Se os senhores e as senhoras discordam que os seres humanos nascem desiguais, sem direito à liberdade e à justiça, a tratamento igual etc., é porque concordam que os seres humanos nascem iguais, têm direito à liberdade e à justiça, a tratamento igual etc. Esses são os famosos 'direitos humanos' de que todos ouviram falar", Jacqueline concluía. "Quem agora se dirá contrário a eles?", deixava a pergunta no ar.

Newton, com seu estilo sedutor de mestre-de-cerimônias e com sua experiência de bom professor, do alto de seus quase dois metros de altura, encerrava nosso show mambembe, nossa Caravana Rolidei, como carinhosamente chamávamos essa jornada pelos batalhões, contando uma piada: o rato costumava esnobar o gato, que era gordo, pesadão e nunca chegava a tempo, nas correrias desabaladas pela casa. Um dia, o rato bobeou e quase foi pego pelo gato. Entrou arisco em sua casinha, quase sem fôlego. Enquanto se recuperava do susto, começou a ouvir o cachorro se aproximando, latindo, ameaçando o gato com aqueles seus latidos cada vez mais ferozes. O gato miava de volta, humilde e resignado, tentando proteger-se, subordinar-se, mas o cachorro não tinha piedade, não lhe dava trégua, avançava, com seus latidos aterradores. O rato se divertia com o desespero do gato e vibrou quando ouviu o gato fugir, soluçando, expulso de casa pelo poderoso cachorro, o amigão de sempre do rato. Refeito e feliz, o rato saiu descontraído da toca para comemorar o triunfo do cachorro, quando foi surpreendido pelo gato e, finalmente, pego. Zonzo, apavorado e sem entender o que se passava, o rato perguntou, perplexo, antes de ser traçado: "Mas e o cachorro? Onde está o cachorro?". O gato, antes de saborear a guloseima apetitosa, cobiçada havia tanto tempo, revelou seu segredo: "Companheiro, nesse mundo globalizado, quem não fala pelo menos duas línguas não sobrevive".

A mensagem que desejávamos transmitir era simples: a polícia tem de falar os dois idiomas, fazendo-os compatíveis entre si. O idioma dos direitos humanos e o idioma profissional, da técnica policial. Com um só, não se sobrevive...

Nas palestras que fazia para policiais civis, o que ocorria sobretudo no âmbito dos cursos de formação para as delegacias legais, eu costumava dizer aos policiais: Vocês acham que oferecemos um serviço de qualidade aos nossos clientes? Qual a qualidade de nossos produtos? Os produtos que geramos são o atendimento ao público, a investigação bem-sucedida, a redução da impunidade, a reconquista da confiança da sociedade, o reerguimento da imagem institucional. Podemos melhorar a qualidade dos produtos? Qual a importância da satisfação dos consumidores, dos clientes, na provisão de segurança, que é nossa responsabilidade? Quando há um erro, devemos ocultá-lo? Justificá-lo? Ou assumi-lo, reconhecendo a verdade que todos admitem? Quando protegemos os policiais dizendo que tudo está sempre certo, que as acusações são calúnias, mesmo quando não são, estamos ajudando a preservar a imagem da instituição ou empurrando-a para o precipício? Vamos refletir sobre um exemplo imaginário: o que seria mais grave para uma empresa como a Coca-Cola, um incêndio que consumisse várias fábricas ou a descoberta de um rato numa garrafa? Um rato em uma única garrafa, entre milhões, uma única vez, em um país obscuro, seria mais desastroso para a Coca-Cola do que todos os incêndios somados. Por quê? Os próprios policiais chegavam à conclusão de que o rato seria mais grave porque afetaria a confiança na marca Coca-Cola e isso teria um efeito devastador no consumo do produto, em todo o mundo.

Discutindo desse modo indireto a temática dos direitos humanos, substituindo algumas palavras-chave, falando em cliente e consumidor, produto e serviço, imagem e empresa, obtínhamos resultados surpreendentemente positivos. Moral da história: como todo mundo, os policiais também querem ser modernos e sonham com uma instituição que lhes restitua a auto-estima. E a maioria é perfeitamente capaz de compreender a necessidade dos controles interno e externo, a importância da ouvidoria e do rigor no combate à corrupção, inclusive a conveniência de atitudes governamentais transparentes, fortemente anticorporativistas, porque percebeu que varrer o lixo para debaixo do tapete não funciona mais, sobretudo hoje, quando "o rei está nu": a sociedade quer uma polícia diferente. Em suma, a maioria está preparada para aceitar atitudes novas por parte das autoridades da área da segurança pública e já admite que, independentemente do pendor ético ou moral de cada um, há um sentido pragmático, de grande interesse público e institucional, na política de enfrentamento explícito da corrupção policial, em todas as suas manifestações.

Por mais interessantes que fossem as palestras que fazíamos — e nós realmente nos esforçávamos por prender a atenção, usar a linguagem apropriada, falar com emoção, não deixar o ritmo se quebrar, e mostrar a sinceridade do nosso envolvimento —, sabíamos que o mais importante não era o conteúdo, era nossa visita, nossa presença naqueles espaços que nunca recebiam autoridades a não ser nas festividades e nas cerimônias formais, em que se teatralizam exatamente as distâncias hierárquicas, não a proximidade, não o diálogo, não a disposição de ouvir os que nunca têm oportunidade de falar: os policiais. Nós os ouvíamos. Isso era memorável — para eles e para nós. Algumas vezes era frustrante também, e chocava. Outras vezes, era comovente. Nunca era indiferente. Por vezes, nos batalhões, era perturbador, sobretudo para quem é civil e custa a se acostumar com a linguagem corporal da hierarquia e das patentes.

Nas primeiras vezes em que fui recebido por policiais militares perfilados, eretos, hieráticos, batendo continência, não sabia como retribuir aquela profusão de sinais. Quando, nos primeiros tempos, o encontro era solitário e o gesto me pegava de surpresa, até porque não o concebia — por exemplo, quando o comandante geral me cumprimentava com a gentileza e a fidalguia de uma continência —, eu tinha de me conter para não reagir mimetizando o interlocutor, fazendo eu mesmo o que ele fazia, devolvendo-lhe a continência, o que ele só poderia tomar como ironia inteiramente imprópria, ainda que fosse, em mim, uma espécie de reação mecânica, impensada, uma quase incontrolável reciprocidade a que meu corpo se precipitava com a naturalidade dos gestos inconscientes. Menos mau, ainda que constrangedor, era a mão estendida no ar, demonstrando ostensivamente minha inaptidão de neófito, enquanto, diante de mim, o militar fazia a mão direita, crispada, percorrer a trajetória circular, até a face lateral da cabeça e de volta à lateral do tronco. Trajetória que me parecia longuíssima, porque correspondia ao tempo em que eu exibia, envergonhado mas corajoso, minha inépcia de civil inexperiente: a mão ridícula, à vista de todos, mantinha meu braço estendido, adiante do corpo, à espera do retorno da mão do militar que me cumprimentava. Pior é a saudação a que me habituei, um leve abanar da mão direita ao entrar de carro em algum batalhão. Percebi que meu aceno aos policiais que prestavam continência, mais e mais se parecia com a continência que eu via. Não é preciso ser Jacques Tati para se meter em tais trapalhadas e rir de si próprio.

Mas não fui só eu que meti os pés pelas mãos, nem essas confusões são atributos exclusivamente masculinos. Barbara, como subsecretária adjunta, viveu uma cena ainda mais constrangedora. Semanas vestindo roupas elegantes, para atender a necessidades de agenda, acordou disposta a passar um dia confortável e optou pela simplicidade franciscana. Seu estilo naquele dia era calça jeans e camiseta. Quase pôs um tênis. Chegando à Sulacap, desceu do carro desatenta, ainda lendo os jornais e alguns documentos. Quando reparou, estava no centro de um enorme pátio, palco de uma cerimônia sofisticada, uma das mais requintadas festividades da Polícia Militar. Olhou ao redor e viu uma grande quantidade de pessoas: familiares e padrinhos dos novos policiais que se formavam naquela manhã. No palanque, as autoridades já se preparavam para o início do ritual: ternos, gravatas, vestidos longos e fardas cobertas de medalhas e galhardões. Quando a viu, o coronel Sergio da Cruz dirigiu-se a ela, para recepcioná-la oficialmente. Enquanto andava rumo ao palanque e, portanto, em direção ao anfitrião que vinha cumprimentá-la, deu-se conta do equívoco, da gafe, teve vontade de desaparecer, evaporar, enterrar-se sob os próprios pés. Atônita, perplexa, atormentada pelos fantasmas de todas as culpas e pelo sol daquele verão tardio e inclemente, percebeu que as câmeras das TVs também apontavam em sua direção. Não teve tempo de se recompor mentalmente. Viu-se diante do comandante geral, que, com sua farda de gala, prestou-lhe continência no centro do pátio, sob os olhos vigilantes da pequena multidão. Saudou-o, firme, com outra continência, bateu o braço direito na lateral do corpo e seguiu marchando, quase marchando, quase fugindo, querendo sumir, desaparecer, tomada por um sopro gelado na espinha.

Além e aquém dos mal-entendidos, havia o diálogo que verdadeiramente importava: entre os policiais, o subsecretário e os demais membros da subsecretaria. Em todos os encontros, o fato de irmos aos batalhões e de ouvir o que eles tinham a nos dizer era destacado e saudado pelos policiais como uma novidade valiosa. As duas atitudes os surpreendiam e contrabalançavam as reações negativas que o poder sempre provoca nos que se sentem desprestigiados, quando não esquecidos. É assim que os policiais de patente mais baixa se sentem. E isso também se aplica aos policiais civis. Sentem-se abandonados e explorados. Outra circunstância que me beneficiava era o fato de ser recém-chegado ao poder. De ter o direito, portanto, de reivindicar um crédito de confiança, por mais que experiências passadas tivessem abalado, naqueles homens e mulheres, a capacidade de acreditar.

Os bons policiais vivem um drama que não deveria ser subestimado. Ganham pouquíssimo para arriscar a vida, com freqüência moram longe do trabalho, têm de esconder a identidade profissional, pois onde moram isso pode lhes custar a vida. Além disso, envergonham-se dela, tal o grau de deterioração da imagem pública da instituição a que servem. Humilhados, negligenciados, condenados a um cotidiano muitas vezes modestíssimo, algumas vezes miserável, os policiais só são lembrados quando faltam, quando erram; cada dificuldade revelada, cada falha observada implica mais cobrança, mais pressão. Não admira que tudo isso, preso na garganta anos a fio, exploda na primeira oportunidade, dentro de casa, com a família, no Maracanã, numa briga de vizinhos, numa disputa de trânsito, na prisão de um criminoso ou na visita de um subsecretário. Que oportunidade melhor do que essa, a visita de um subsecretário? De início, as palavras são tímidas, como que a apalpar o terreno. Os primeiros a falar tremem, balbuciam, desculpam-se pela ousadia, olham, a cada frase, seus superiores, buscando aprovação e licença. Ante a receptividade positiva, as palavras crescem de volume e ganham peso, conteúdo, gravidade. Libertam-se até dos cuidados com a opinião dos oficiais. E quando estes falam, desligam-se das censuras do comandante. Aos poucos, as mãos levantadas multiplicam-se, pontilhando o salão. Logo a participação é torrencial. O tom predominante é de lamento, reivindicação e crítica não do que dissemos na palestra, mas da situação salarial, das condições de trabalho e da tirania do regimento disciplinar.

Naqueles meses iniciais, cabia dizer que o Estado estava quase quebrado, que seria necessário antes de tudo pôr a casa em ordem, mas que os pleitos mereciam providências urgentes, assim que a situação tornasse viável qualquer melhoria. Quanto ao regimento, também cumpria dizer a verdade: era preciso reformá-lo. Acredito, não é demais insistir, que isso seja necessário e que deva ser feito com presteza. A reforma das polícias não terá êxito se as medidas não vierem acompanhadas de um salto salarial significativo e de mudanças profundas nos regimentos disciplinares, tornando-os, na Polícia Civil, mais rigoroso, e na Polícia Militar, menos arbitrário e cerceador da liberdade — enquanto persistir essa dualidade institucional.

4. "Não serás defensivo, jamais"

Em condições normais eu não concordaria. Porém, naquelas circunstâncias, o que fazer? Estávamos no dia 1º de fevereiro. O governador me telefonou e pediu que eu aceitasse o convite. Me ligariam em seguida. Ligaram. Eu tinha vinte minutos para atravessar a cidade. Era uma missão. Honrosa, é verdade, mas muito exigente. Menos pelo desafio intrínseco a toda entrevista, sobretudo ao vivo, especialmente para um telejornal da Rede Globo, visto por milhões de telespectadores, e mais pela corrida desabalada. Não fora o motorista um sargento chamado Jesus, não teria conseguido chegar a tempo. Como cruzar a cidade, do centro ao mirante do Leblon, na avenida Niemeyer, em vinte minutos, justamente na hora do rush? Jesus era um craque no volante, velocíssimo, sem perder a ternura pelo código de trânsito, jamais. A pobre repórter quase teve uma síncope nervosa no celular, quando lhe disse, a menos de cinco minutos do início do *RJ-TV*, segunda edição, que ainda estava na lagoa Rodrigo de Freitas. A Globo gostava daquele cenário: a beleza luminosa do Rio-cartão-postal, ao fundo, e a bateria de perguntas ácidas sobre a sujeira da cidade, a imundície humana, na voz suave de locutoras jovens, lindas, com jeito ingênuo e virginal. Quando Jesus virou à direita, já na avenida Vieira Souto, meteu-se como pôde entre os carros. Nós tínhamos um minuto. Em contagem regressiva, eu procurava me concentrar no que deveria dizer, mantendo o outro hemisfério do cérebro antenado no tempo, na distância, no desespero da moça à minha espera. Fui o último a ligar: "Estou chegando. Já estou vendo o caminhão gerador da Globo. Pode ir abrindo. Vou chegar a tempo". O carro parou na pista e eu saí desabalado. Os funcionários da emissora me acenavam. Joguei-me diante das câmeras para minha primeira entrevista ao vivo, respirando fundo antes de ouvir a pergunta. Se eu tivesse cabelo, todos perceberiam meu desalinho completo. Essa é uma das vantagens, talvez a única, da calvície: disfarça o atropelo e o improviso, quando se é convidado a atravessar a cidade em vinte minutos na hora do rush para entrar ao vivo num telejornal. "Estamos aqui com o subsecretário de Segurança, Luiz Eduardo Soares. Diante de tudo isso que está acontecendo, tiroteio na orla, assassinato em Ipanema, o que é que a secretaria vai fazer?"

À noite, eu já sabia que a repercussão da entrevista tinha sido boa. Garotinho tinha gostado e queria que eu falasse mais. No dia seguinte, me ligou cumprimentando e sugerindo que eu desse mais entrevistas e visitasse as redações para explicar aos editores nossa política. Conversávamos pelo telefone diariamente; com freqüência, várias vezes por dia. Aquele não fora o primeiro cumprimento do governador por entrevistas a jornais, rádios e TVs. Mas fora o primeiro reconhecimento explícito de que eu estava à altura de suas expectativas, mesmo quando o desafio era um "ao vivo" em telejornal de grande audiência.

Já entre os colegas do bom-dia, a repercussão tinha sido péssima. Como é que eu podia falar em nome da secretaria? Quem me autorizara? Por que admitira ser apresentado como "*o* subsecretário", como se só houvesse um? Mas não me entendam mal: ninguém trouxe o desconforto à baila. Ninguém me criticou ou cobrou explicações. As reações eram sussurradas e as críticas ganhavam outros adjetivos, outro colorido, outro... verniz, na medida em que não se tornavam públicas, corriam clandestinas, de boca em boca. Eu apenas senti o mal-estar.

No bom-dia, a atmosfera estava pesada. Como dizia um amigo: podia-se cortar o ar às colheradas. Percebendo que as conseqüências poderiam ser graves e que as reações negativas eram mais do que razoáveis e compreensíveis, decidi eu mesmo desfazer o tabu e mencionar o tema: o governador me pedira, ou melhor, determinara que eu desse a entrevista. E desejava que desse outras. Eu apenas cumprira suas ordens. Quanto a ser *um* ou *o* subsecretário, disse que por mais que deixasse claro o título de minha posição, a imprensa, por economia, simplificava e omitia os qualificativos. Por isso, nas matérias eu virava "*o* subsecretário de Segurança", no singular. Não havia má intenção ou qualquer interesse meu velado. Na medida em que os demais subsecretários agissem e começassem a se comunicar, o equívoco automaticamente se desfaria. Bem, essa última frase eu não disse; não dessa maneira, é claro. Não seria cortês.

Em certo sentido, o que eu estava sugerindo era que os insatisfeitos se queixassem ao bispo, isto é, ao governador. Tinha a consciência em paz porque sabia que não contava, ali, no bom-dia, com companheiros de viagem, parceiros, cúmplices, aliados leais aos princípios e às metas, às políticas cuja defesa me conduzira ao governo. Sabia que jogávamos em times diferentes e opostos. Isso ficou claro desde o primeiro dia. Portanto, tratava-se de uma guerra surda de sobrevivência, na disputa, não por cargos e poder, mas pela hegemonia no governo, para que a política que havíamos anunciado na campanha e no período de transição pudesse realmente vir a ser implantada. Se não fosse assim, eu mesmo me indisporia contra aquela situação esdrúxula, que as oposições já começavam a explorar para jogar o secretário contra mim. Os adversários já diziam à imprensa e no plenário da Assembléia Legislativa que o secretário de fato era eu.

Se não fosse assim, se não houvesse profunda animosidade política no interior da cúpula da Secretaria de Segurança, eu mesmo teria proposto uma ampla negociação com todas as cartas sobre a mesa, na presença do governador, para que alcançássemos, juntos — secretário, subsecretários e diretores —, um consenso em torno de regras claras de convivência. Evidente que o general José Siqueira tinha razão para estar insatisfeito. Não só comigo, nem principalmente comigo, mas com o governador. Afinal, qual era o limite da autoridade do secretário? Que poder, de fato, o governador estava conferindo ao subsecretário de Pesquisa e Cidadania? Como se estabeleciam as fronteiras e se distribuíam as responsabilidades? O que valia? A hierarquia das secretarias ou as ligações transversais de Garotinho com seus amigos, ou seus parceiros, nas secretarias? Garotinho continuaria a apontar a direção política pela via indireta do estímulo à participação pública de alguns membros de seu governo?

Continuaria transgredindo e desautorizando a estrutura interna à secretaria, atropelando o poder do secretário de Segurança, desgastando sua imagem? O governador continuaria a agir daquele modo indireto, oblíquo, arbitrariamente, no varejo, apostando no que dava certo, colhendo os êxitos e preservando os que sobressaíam, deslocando os demais para a penumbra, até esvaziá-los e fritá-los, até caírem de maduros, ou de podres, como se estivéssemos numa selva darwinista? Seria essa a lei do governo Garotinho, a guerra de todos contra todos para que a seleção natural apontasse os fortes, os quais seriam recolhidos e preservados pelo governador até que a próxima refrega prosseguisse o trabalho de filtragem e expurgo?

Naquelas primeiras semanas, não podia me queixar de falta de apoio do governador. Por um lado, Garotinho me lançava às feras, aceitando que o general José Siqueira mantivesse praticamente todo o staff do governo anterior na cúpula da Segurança, nos cargos de confiança mais estratégicos, fazendo-me, portanto, conviver com os adversários políticos. Por outro lado, me alimentava com estímulos, atenções e deferências, como a um cão de guarda postado à porta do general. E ia apostando em meu fortalecimento político, como demonstrava o convite para que eu representasse a secretaria no jornal da Globo.

Para oferecer um relato fiel de nossos encontros matinais diários, depois daquele ritual de passagem das oito horas da manhã do dia 4 de janeiro, eu deveria saltar os detalhes e mencionar a necessidade que tive — depois que as primeiras escaramuças já nos haviam tornado, digamos, menos apartados pelas formalidades — de explicitar aos colegas da cúpula da Secretaria de Segurança, nos bons-dias, minhas origens comunistas, minha filiação à frente democrática que derrotou a ditadura e minhas ligações ideológicas com o governo eleito, que se compunha à esquerda do espectro político, através da coalizão do PDT com o PT, o PC do B, o PSB, o PV, o PPS e o PCB. Tentava fazer isso com delicadeza, sutilmente; mesmo assim devo confessar um certo prazer sádico, meio obsceno, de pronunciar heresias, ostentando naturalidade: "co-mu-nis-ta", "es-quer-da". Lembrava aos meus colegas, vez por outra, em que governo estávamos, para fazê-los sentirem-se mais intrusos no governo do que eu me sentia na secretaria. E para sugerir-lhes que abrandassem o tom galhofeiro com que tratavam meus amigos que militavam na defesa dos direitos humanos. Recorri a esse estratagema enquanto pude, para interromper as galhofas, mas também para compensar as lamúrias pela "perda de autoridade", pela "libertinagem que corroía a família em função do fim da censura", pelo "fim precoce do regime militar". Soube, pouco depois, que os colegas pára-quedistas haviam integrado o staff da campanha do general Newton Cruz, nas eleições de 1994 para o governo do estado. Não conseguia entender o que faziam em nosso governo. Não saberiam onde estavam? Ou era eu que não sabia? Considerava, à época, uma impostura, um acinte, aquela invasão da direita que se aboletava sem cerimônia em nossa casa, em nosso governo.

Hoje percebo que o absurdo estava em termos um governo supostamente progressista que admitia aquele convívio e o provocava, pois ninguém impusera aquele time ao governador. O general José Siqueira apenas propunha, recomendava, indicava, pedia. Não tinha poder para exigir e impor. Que papel era o meu, afinal de contas? De que poder dispunha na secretaria, sendo um entre quatrocentos funcionários, quase todos policiais, a enorme maioria militar? O que estava a fazer ali, toda manhã às oito, alerta e tenso, se jamais, em momento algum, nem sequer colocaram-se na agenda nossos projetos, nosso programa de governo, nossa política de segurança? Éramos, no início, o general, sete coronéis do Exército, eu, o inspetor geral e, uma vez por semana, os chefes das polícias. Avaliando insuficiente aquela proporção, o secretário logo trouxe mais um coronel do Exército para enriquecer nossos bons-dias. Sentia-se desamparado nas relações com a Assembléia; precisava de assessoria especializada. Passaram a ser oito, portanto, os coronéis. Nas terças-feiras, nove.

O bom-dia variava em duração, mas a fórmula permaneceu inalterada durante toda a gestão do general José Siqueira. O secretário abria a reunião e passava a palavra aos subsecretários, seguindo a ordem hierárquica. Eu era o terceiro, como já relatei. Essa posição foi arbitrada pelo próprio secretário, uma vez que, não constando do organograma convencional, a rigor minha subsecretaria poderia ser colocada em qualquer lugar da escala de poder. O coronel Respício, subsecretário de Assuntos Especiais, era o primeiro, sempre monossilábico. O coronel Cutrim, subsecretário de Planejamento Operacional, apresentava os números de homicídios, coletados junto ao Instituto Médico-Legal. Na minha vez, eu mencionava alguns pontos que me pareciam especialmente relevantes e incontroversos de minha agenda — com atenção para o adjetivo *incontroverso*, de modo a evitar intervenções que, naquele espaço, inevitavelmente se transformavam em verdadeiro massacre ideológico, deixando-me sempre com a impressão de que teria de começar de novo a campanha eleitoral e retomar nossa política desde os seus fundamentos mais básicos. O subsecretário coronel Villanova, quando falava, era muito objetivo na apresentação dos problemas administrativos; nos três primeiros meses a observação mais freqüente, mais repetida, era: ainda estamos sem dinheiro; ainda não foram publicadas pelo *Diário Oficial* as nomeações dos componentes da cúpula da secretaria — com as já referidas exceções: o secretário e eu, nomeados no primeiro dia de governo. Em seguida, falavam os coronéis Romeu e Ronaldo, os mais eloqüentes. Sucediam-nos os coronéis Porciúncula e Paulinho, e o delegado Covas, inspetor geral.

Encerrava-se aí a rodada e a palavra voltava ao secretário. O percurso completo durava, em média, entre uma hora e meia e duas horas. Quando foi instituída a assessoria parlamentar, ao coronel responsável era concedida a palavra, antes que o círculo se fechasse. Nas terças-feiras, os chefes das polícias participavam. Tinham direito à fala, logo depois do último subsecretário. Pelo coronel Porciúncula eu tinha um apreço particular. Era autor de romances que ele mesmo editava e parecia possuir uma sensibilidade singular, embotada naquele contexto.

Uma curiosidade minha era a inteligência. Como funcionaria esse serviço que se orgulhava tanto de sua identidade, marcada pelo contraste com a investigação policial? O coronel Romeu trabalhara no SNI durante a ditadura. Era um homem preparado e experiente. Quis vê-lo em ação para conhecer de perto alguns aspectos da inteligência que ainda eram obscuros para mim. Ficava, por isso mesmo, muito atento a todos os detalhes. Quando a palavra lhe era concedida, no bom-dia, ele abria uma pasta que trazia sempre consigo. Cada página estampava o xerox ou o recorte de um artigo ou de uma notícia dos jornais do dia. Mas é claro que não se tratava simplesmente de um *clipping*, com papel e cola, que seria mais do que obsoleto na era da informação eletrônica, quando os jornais já estão disponíveis na web a partir de meia-noite, e os recortes sujos, destacados a tesoura, poderiam com vantagens ser substituídos por seleções virtuais, distribuídas via internet. Não se tratava de um *clipping*. Romeu lia os trechos sublinhados com entonações carregadas de sentido e ainda acrescentava seus comentários. Estava ali o diferencial de qualidade.

Desde o primeiro dia, ficou claro que ninguém tinha dúvidas sobre o que fazer. Dirigir a secretaria parecia a meus companheiros de bom-dia alguma coisa como andar de bicicleta, dirigir um carro ou, melhor, conduzir um trem. Não havia nenhuma hesitação quanto ao caminho e ao destino. Bastava, portanto, pedalar ou acelerar e passar as marchas. A estrada era óbvia, indiscutível, natural: assim como cumpre ao bombeiro hidráulico tapar os buracos do encanamento quando a água começa a vazar, assim como cabe ao pintor pintar as paredes quando surgem manchas, cabia à Secretaria de Segurança e às polícias prender os bandidos que agredissem a ordem pública. Para que complicar? Sobretudo nas sextas-feiras — que ele saudava, com seu jeito brincalhão, como o dia nacional da cerveja —, o general José Siqueira costumava dizer:

— Secretaria que funciona bem é aquela que não dá trabalho ao secretário.

A visão era essa mesmo: a Secretaria de Segurança e as instituições policiais são máquinas hidráulicas gigantescas que devem funcionar azeitadas, seguindo comandos mecânicos, acionados por dinâmicas circulares e repetitivas. Se algo não vai bem é porque houve alguma falha na máquina: ela não girou ou seu movimento repetitivo foi interrompido em algum ponto. Caso as deficiências persistam, a razão só pode ser a insuficiência da potência da máquina para lidar com a demanda crescente. É necessário, então, mudar algumas peças e a instalação elétrica para que a máquina funcione com mais força, suportando a carga suplementar e a nova pressão que o maior volume de energia exerce sobre a velocidade do movimento de suas roldanas. Em outras palavras, se algo vai mal, faz-se mais do mesmo. A única mudança admitida é a da quantidade do que se faz. Por isso o secretário dizia, desde a posse, que eu seria o verniz, a tintura diferente, enquanto a máquina permaneceria inalterada, "fazendo tudo o que sempre fez". Não surpreende que os bons-dias fossem o que eram: registros burocráticos, frios, distantes, imprecisos, do giro cotidiano da máquina.

O que mantinha meu ânimo era o fato paradoxal de que, se nossa política de segurança, nossos programas e projetos inexistiam nos bons-dias, os bons-dias inexistiam na política, vale dizer, na vida real, nas ruas, nas instituições policiais e, sobretudo, na mídia e na opinião pública.

O conteúdo daquela primeira entrevista ao vivo para um telejornal da Rede Globo colocava em prática os mandamentos que estabelecemos, coletivamente, em nossa equipe. Na relação com a mídia, nossa bíblia determinava quatro princípios.

Primeiro: é preciso dizer a verdade, com transparência, mesmo que isso signifique a admissão de erros do governo, mesmo que isso represente uma autocrítica.

Segundo: não devemos jamais, em hipótese alguma, adotar uma postura defensiva, ao contrário do que quase sempre fizeram nossos antecessores quando confrontados com os dramas de todo dia, com a ineficiência das polícias ou com seus próprios limites operacionais. Jamais deveríamos dizer: "Alguém foi assassinado, *mas*...". Não importa o que venha depois do "*mas*": um número, uma explicação, a exibição de uma curva descendente da criminalidade, a comparação com a semana anterior, o ano anterior ou outro estado da Federação, ou a abominável desqualificação da vítima, por ser criminoso ou por qualquer outro motivo. Jamais deveríamos explicar uma tragédia. Tragédias são tragédias. Não se explicam, nem se justificam. O que se explica e justifica é a dinâmica da criminalidade, cientificamente examinada ao longo do tempo, no mapa do cruzamento estatístico de variáveis diversas. Não é disso que se trata quando alguém morre violentamente e a sociedade quer ouvir o pronunciamento de uma autoridade. Ninguém quer saber de números, cálculos, estatísticas, curvas, padrões ou análises. O momento é outro, a linguagem é outra e exige outra postura das autoridades. Exige uma postura audaciosa e aberta, humana, capaz de alguma grandeza, uma postura decididamente não-defensiva. Mortes são incomensuráveis. Cada ser humano é único e insubstituível. Nada mais estúpido, insensível e agressivo para os familiares em luto ou para a sociedade enlutada do que uma justificação para a morte, uma tentativa de minimização ou um esforço de autojustificação da autoridade ou da polícia. Melhor participar do luto, render-se à dolorosa evidência da morte e da derrota sofrida pela segurança naquele episódio. Melhor respeitar a dor e compartilhá-la. Nenhuma palavra explicativa ou justificativa consola. Apenas o gesto consola, mesmo que esse gesto seja uma palavra, mas nesse caso terá de ser uma palavra de humildade e reconhecimento da verdade, que não subestime a magnitude do sofrimento. O consolo é parte da cura coletiva, parte da reconquista da segurança perdida.

Terceiro: é necessário construir uma agenda positiva, correspondente à implantação de uma política de segurança, e antecipar-se, com ela, à rotina das tragédias, desvinculando sempre as posturas e os discursos: o que antecipa, constrói e é positivo, de um lado; o que se rende à dor e compartilha o luto, de outro.

Quarto: é indispensável vincular, sempre, as intervenções tópicas à unidade integradora de um sistema, ou, em outras palavras, apresentar, com insistência e didatismo, cada ação como parte de uma política, evitando a dispersão confusa das iniciativas isoladas, sobretudo dos empreendimentos reativos, típicos da velha tradição de nossas agências de segurança, que se acostumaram a correr atrás do leite derramado e apagar incêndios. Desse modo, as ações praticadas pelas instituições policiais e demais agências de segurança pública serão percebidas como mutuamente relacionadas. Na medida em que se tornar visível e compreensível a articulação entre as ações, estará demonstrada a existência de um caminho, de um objetivo para o qual convergem os vários esforços e que infunde sentido e racionalidade a todos eles, estimulando a formação de expectativas positivas e alimentando a esperança. Ações fragmentárias apenas transmitem a sensação de tumulto, desordem, improviso voluntarista, exibicionismo marqueteiro e enganador, impotência, inoperância, caos e, portanto, insegurança. Quanto mais febris forem essas ações, quanto mais dinamismo procurarem transmitir, mais desarticuladas as iniciativas parecerão e menos protegida se sentirá a sociedade. A impressão que prevalecerá será a de autoridades batendo cabeça, perdidas. Portanto, não basta ter uma política digna desse nome; é preciso saber comunicá-la à sociedade, o que somente se consegue fazer se cada passo for didaticamente apresentado como etapa de um caminho, cuja descrição não se deve cansar de repetir.

Não tenho dúvida de que, se realizamos, eu e a equipe, algumas coisas que mereçam atenção, nesses quinhentos e poucos dias em que estivemos trabalhando no governo do estado do Rio, entre elas está — ocupando uma posição central — o novo modelo que concebemos e aplicamos de relacionamento com a mídia e, portanto, com a opinião pública.

Garotinho empregou bem o modelo, apesar de algumas hesitações e recuos. Modelo sobre o qual, aliás, conversamos bastante, em diversas oportunidades, ainda que de forma assistemática. Nossas intuições confluíam. Por isso mesmo, tendíamos a agir de modo naturalmente convergente e muitas vezes o fazíamos sem nos falar. Contudo, ousaria acrescentar que o governador não levou até o fim esses mandamentos. Nenhum deles. E nossas divergências se manifestaram, e depois se tornaram mais profundas, na medida em que não apenas discordávamos dos meios que deveriam conduzir aos resultados que ambos desejávamos, como passamos a ter opiniões diferentes e mesmo opostas sobre como o governo, na área da segurança, deveria se relacionar com a mídia.

Minha posição e a de minha equipe, nesse ponto, está longe de ser incontroversa, mesmo entre os que compartilham conosco a visão de fundo sobre segurança pública. Um amigo de longa data, coronel da Polícia Militar, intelectual sofisticado, parceiro de análises críticas e esperanças, aconselhou-me, assim que assumi a subsecretaria, a driblar a mídia, escudando-me nos delegados e comandantes de batalhões. Em sua opinião, eu deveria transmitir-lhes a responsabilidade de falar ao grande público sobre os problemas que ocorressem em suas respectivas jurisdições. Somente quando houvesse alguma conquista ou quando se completasse alguma realização, eu deveria aparecer. Nesse caso, minha imagem e a do governo se associariam a fatos positivos e haveria o que faturar politicamente. Enquanto as notícias fossem negativas, deveria me manter distante e protegido, numa espécie de semiclandestinidade oficial. Que os delegados e coronéis fossem lançados aos leões. Que respondessem pelas ocorrências criminais. Que se explicassem. A carga das cobranças se desviaria de mim e seria projetada contra os escalões inferiores. Se eu mostrasse o rosto, apanharia sem parar e rapidamente me desgastaria.

Outro que discordava de nosso entendimento do problema e de nossa postura era o secretário de Comunicação, depois coordenador setorial de Comunicação, Carlos Henrique Vasconcelos, o Peninha, que se tornaria um dos nossos principais adversários no governo, a despeito das nossas boas relações pessoais e do respeito mútuo. Peninha considerava um grande erro político "fazer o jogo da mídia e manter a segurança (ou a insegurança) em foco".

Sabemos que, para a mídia, não há alternativa: a rotina dos dramas e o permanente interesse popular obrigam a manutenção do foco sobre a criminalidade e a violência. Mas o governo, segundo o secretário de Comunicação, tem alternativas e deveria concentrar seus esforços de comunicação no desvio das atenções para itens de alguma agenda positiva, ligados a outro setor do governo, a outras secretarias. Quanto mais *low profile* nos mantivéssemos na área da segurança, melhor. Até a campanha pelo desarmamento era vista com má vontade, receio e desconfiança, por sua tendência a chamar a atenção para a problemática da violência. As autoridades da segurança seriam tão mais eficientes, do ponto de vista político, quanto menos fossem conhecidas e presentes na mídia. Assim como no futebol: o melhor juiz é o que passa despercebido.

Não é preciso ser um grande profissional de comunicação ou expert em marketing político para concordar com a tese de que a secretaria de segurança ideal seria a menos visível, num contexto em que o problema da violência tampouco seria considerado importante. Claro, a saúde prescinde de médicos; o jogo limpo, "na bola", prescinde de juízes; uma sociedade pacífica prescinde de policiais, a não ser numa dimensão preventiva, mas esse é outro caso. Portanto, do ponto de vista ideal, só há vantagens com a saída de cena da violência, dos policiais e das autoridades da segurança pública. Entretanto, nosso mundo não funciona assim. Nossa realidade não é essa. A situação ideal está muito distante. O que temos, no estado do Rio, são milhares de homicídios por ano, vários por dia, balas perdidas e confrontos armados; são milhares de roubos e furtos, milhares de agressões graves dos mais diversos tipos. Temos a barbárie policial, a corrupção que liga policiais a criminosos e o domínio territorial do tráfico, tiranizando comunidades inteiras. E temos uma imprensa livre, meios de comunicação de massa livres, ativos, dinâmicos, motivados pela concorrência e pela crescente complexidade de um mercado em movimento, que tem imposto exigências cada vez maiores aos profissionais e às empresas. Não estamos submetidos ao partido único, à censura e à imprensa oficial. Não vivemos no país do *Pravda*.

Como evitar o coquetel explosivo que mistura liberdades democráticas, insegurança coletiva em escala dramática, competência jornalística e desgaste político? Será natural e, de todo modo, inevitável, no estado de direito, que a violência seja um dos focos obsessivos da mídia e da opinião pública. E é evidente que isso implicará desgaste político. O que fazer, então? Denunciar a mídia por cumplicidade com os crimes que ela noticia? Sugerir interesses políticos escusos por trás da divulgação da violência? Todos sabemos que há opositores inescrupulosos do governo, que torcem pelas desgraças porque elas desgastam o adversário. Porém, isso não significa que a mídia focalize a violência *porque* isso satisfaz os adversários. Como culpar a mídia por focalizar a violência se as tragédias retratadas são reais? Ainda que os políticos oportunistas vibrem com as tragédias e se alimentem como abutres das desgraças alheias, não são eles nem os veículos de comunicação que cometem os crimes ou inventam a violência. O melhor a fazer é parar de usar a mídia como bode expiatório das intermináveis reuniões de governo — partes das quais funcionam como verdadeiros muros da lamentação — e fazer dela uma aliada. Mas isso não se faz em almoços com os donos das empresas de comunicação, nem comprando espaços para propaganda oficial. A verdadeira aliança, aquela que efetivamente produz resultados, é a que se dá entre a postura, os gestos, as palavras, o comportamento público das autoridades da área de segurança do governo e a linguagem dos meios de comunicação. Se as autoridades souberem compreender essa linguagem, se aprenderem a falar a língua em que se forma a sensibilidade do público, se entenderem a função que desempenham no imaginário coletivo, haverá condições para uma aliança profunda, aquela que liga sensibilidades, percepções e valores e torna efetiva a transmissão de conteúdos.

Em minha opinião, não compete ao governo optar entre manter ou desviar o foco da mídia sobre a violência. O foco existirá de qualquer maneira, qualquer que seja a vontade dos governantes e por mais brilhantes que sejam os membros do governo na criação de focos alternativos. Afinal, mesmo havendo outros alvos de atenção, a violência continuará cobrando sua cota diária de imagens, comentários e matérias, enquanto sua magnitude for a que ainda experimentamos no estado do Rio. Ora, se a violência estará em foco, qualquer que seja nossa capacidade de desviar atenções, não seria melhor enfrentá-la sem subterfúgios, antecipando-nos à rotina das tragédias com uma agenda positiva, sim, mas da própria área da segurança pública (sem mudar de assunto, portanto...), e respondendo às cobranças diárias de acordo com os princípios que expus acima (com transparência; jamais sendo defensivo; vinculando cada intervenção à unidade integradora de uma política global)? Creio que sim. Os companheiros de minha equipe também acreditavam que sim. Achávamos que agindo assim, seguindo esses princípios, a mídia se tornaria um grande aliado. E a tratávamos como tal. Não era preciso recorrer a grandes estratagemas ou tramar conspirações. Acreditávamos que não seria preciso ceder às tentações da paranóia para conquistá-la e, por seu intermédio, à opinião pública.

O que eu disse ao *RJ-TV*, segunda edição, do dia 1º de fevereiro de 1999, sintetizava decisões tomadas pela comissão de transição sobre a orla marítima: "Está sendo treinada para começar a trabalhar antes do Carnaval, uma nova unidade da PM, o GEPAT (Grupamento Especial de Proteção às Áreas Turísticas), que atuará no litoral, ao longo das praias, desde o aeroporto Santos Dumont, passando pelo Aterro, até o Leblon e depois a Barra e São Conrado, cobrindo também a lagoa Rodrigo de Freitas, o Corcovado e outras regiões turísticas da capital. Os policiais terão o apoio de carros e motos novos, que já estão sendo comprados, e utilizarão rádios, para garantir a coordenação eficiente. Além dessa proteção adicional para a orla, já começamos a preparar equipes da PM para o policiamento comunitário, que cobrirá o centro dos bairros. Nos morros, nas comunidades pobres e nas favelas, vamos adotar um novo método de intervenção, que denominamos 'Mutirão pela Paz', cuja originalidade será a combinação da ocupação policial supervisionada, respeitosa dos cidadãos, com o investimento social, numa parceria da Secretaria de Segurança com várias secretarias sociais do governo do estado, coordenadas pela vice-governadora, Benedita da Silva".

A comissão de transição decidira investir na criação de novas unidades da Polícia Militar e na capacitação de policiais para o policiamento comunitário. Além dos GEATS e do GEPAT, aos quais já me referi, resolvemos recriar o GEPE, o Grupamento Especial de Proteção aos Estádios, dissolvido pelo governo anterior, que o considerava inútil. Estávamos convencidos, os membros da comissão, de que a extinção do GEPE fora um dos fatores que contribuíram para o recrudescimento da violência no Maracanã e nos estádios de maneira geral, assustando os torcedores, que desapareceram. O campeonato estadual quase faliu. Os clubes definharam. Pesquisas revelavam que o sumiço dos torcedores era conseqüência, segundo mais de 65% dos entrevistados, do medo da violência. O futebol tem uma importância enorme para o Rio, em todos os níveis, do cultural ao econômico. O retorno do GEPE, associado ao investimento governamental no Maracanã, produziu resultados visíveis e imediatos. O campeonato estadual alcançou, em 1999, média de público superior às obtidas nos campeonatos europeus.

O que falei no telejornal daquela segunda-feira não feria, na substância, nenhuma orientação institucional ou política, pois o conteúdo da entrevista estava perfeitamente de acordo com decisões já consolidadas, à época da comissão de transição, e não houvera mudanças posteriores. Tanto isso é verdade que a PM estava investindo suas energias no cumprimento daquelas metas. Fui, portanto, inteiramente fiel ao decidido, já em vias de implementação.

O problema, entretanto, como se percebe, não era esse. O problema era o fato de eu assumir o papel de porta-voz da secretaria, falando em nome da política em vigor. Fazê-lo pela Globo, falando para milhões, e não ser demitido ou pelo menos advertido pelo governador, sinalizava para os atores políticos que eu o fizera com o aval de Garotinho. Em sendo assim, contava com seu apoio para falar pela secretaria e pela política de segurança do governo. Ou seja, contava com seu respaldo para falar em seu nome. Essa dedução, automaticamente produzida pela comunidade política, me conferia legitimidade e força, com as quais operei nossos programas e projetos, a despeito dos obstáculos que os bons-dias impunham, tentavam impor e prenunciavam. No ambiente da secretaria, quanto mais eu falava à mídia, instado pelo governador, mais ameaçador parecia me tornar, mais temido e, portanto, mais odiado. Na medida em que conseguia sensibilizar a opinião pública, procurava ampliar espaços e antecipar-me a eventuais recuos do secretário: aproveitava as oportunidades para reiterar os princípios de nossa política e para anunciar nossos programas e projetos, aqueles já aprovados pela comissão de transição e pelo governo. Assim, comprometia a secretaria com os valores, o discurso, a política, a postura, os gestos, o espírito que trazíamos desde a campanha e que enriquecemos aos poucos. Quanto mais credibilidade eu conquistava na mídia, menos liberdade deixava ao general José Siqueira para movimentar-se em outras direções, como ele parecia disposto a fazer, a considerar-se o bom-dia inaugural e vários outros que se seguiram, com enredos assemelhados.

As tensões internas à secretaria, que experimentei desde o primeiro bom-dia, em 4 de janeiro, e que começaram a transbordar no dia 1º de fevereiro, com a entrevista ao telejornal da Rede Globo, vinham se agravando ao longo de todo o primeiro mês de governo. Em 18 de janeiro, uma segunda-feira, o *Jornal do Brasil* e *O Dia* publicaram páginas que eram nitroglicerina pura. Na semana anterior, o Rio de Janeiro tinha sido sacudido por um crime covarde, o assassinato do maestro Armando Prazeres, um homem íntegro e pacífico, muito admirado e querido. Eu ficara duplamente abalado: na qualidade de amigo da ex-esposa da vítima e como dirigente da Secretaria de Segurança. Acompanhei de perto o caso, e seu desfecho me deixou arrasado. Ainda não sentira de modo tão intenso e perturbador a responsabilidade do cargo. No domingo, dia 17, fui ao sepultamento. Antes, telefonei ao secretário para comunicar-lhe que iria por razões pessoais, mas que poderia representá-lo, se ele quisesse. Não o encontrando, conversei com o coronel Paulinho, seu chefe de gabinete.

Na despedida do maestro, fui procurado pela imprensa que cobria a cerimônia, e permaneci fiel, simultaneamente, a meus sentimentos e aos princípios que, a meu ver, deviam orientar as relações de uma autoridade da segurança com a mídia. Disse que o bairro, Laranjeiras, onde Armando Prazeres fora seqüestrado, "vem sendo um palco de tragédias" (*O Dia*). Essa frase foi destacada em manchete. Afirmei que "uma das prioridades do governo é a implantação de um sistema que integre todos os órgãos da polícia". Completei, com franqueza: "Queremos evitar casos como o dele, em que a falta de comunicação entre o Instituto Médico-Legal e as delegacias aumenta o sofrimento da família" (*O Dia*). Os jornais contrastaram essas declarações com a postura do secretário. O *JB* estampou uma foto minha no enterro, triste como eu de fato estava, ao lado de uma outra que registrava o almoço, na Barra, do general José Siqueira com a socialite Vera Loyola: "Segurança é problema emergente", sublinha a manchete irônica. O título lateral dizia: "Bairro não alarma general".

A matéria de *O Dia*, assinada por três repórteres, põe o dedo na ferida, já na abertura: "O assassinato do maestro Armando Prazeres, 64 anos, cujo corpo foi enterrado ontem à tarde no cemitério do Caju, mostrou que o secretário e o subsecretário de Segurança Pública têm opiniões divergentes sobre a violência em Laranjeiras. Enquanto o general José Siqueira Silva, que participava de um almoço com a socialite Vera Loyola, dizia que a 'situação do bairro não é nada alarmante como a imprensa afirma', o subsecretário Luiz Eduardo Soares, durante o velório do maestro, reconhecia que o lugar 'vem sendo um palco de tragédias'. Luiz Eduardo afirmou que o bairro terá prioridade na implantação do policiamento comunitário. As cerca de trezentas pessoas que compareceram ao enterro concordaram com a declaração do subsecretário". A manchete maior da página focalizava a agenda positiva, que eu introduzira nas entrevistas, sem insinuar minimização do sofrimento: "Laranjeiras ganha policiamento comunitário da PM até março".

Compartilhar o luto, não minimizar as razões da dor e a magnitude do drama humano, reconhecer as falhas e indicar caminhos futuros positivos, abrindo uma brecha para a esperança, sem cair na armadilha de explicar a tragédia: foi o que acredito ter feito, sendo, por outro lado, inteiramente sincero. Além de sincero, não menti ao referir-me à decisão de implantar com rapidez, em Laranjeiras, o policiamento comunitário, antiga reivindicação dos bairros da capital. A promessa foi cumprida. Por outro lado, não se tratava de solução improvisada, retirada do bolso do colete e dissociada da política mais ampla. Pelo contrário, inscrevia-se em nossos planos e vinha sendo discutida com as associações de moradores. Integrava-se, portanto, numa unidade mais abrangente, racional e sistemática, que transmitia ao público, e com boas razões, a força de uma forma coerente, de uma *Gestalt*.

De sua parte, apesar das boas intenções, o secretário, no meu modo de entender, repetiu os erros tradicionais, desrespeitando a dor e minimizando a morte, ao tomá-la como apenas mais um caso, conversível em cifras, números e tendências. Considerou que estaria ajudando a reerguer o sentimento coletivo de segurança, prestando declarações pretensamente positivas, que negavam motivo para toda aquela atenção que se dava ao assassinato do maestro. As palavras do general soaram mal, agredindo a sensibilidade do público: "A situação de Laranjeiras não é nada alarmante. Em outros bairros morrem pessoas com mais freqüência. O problema é que aconteceram duas mortes de pessoas conhecidas em pouco mais de seis meses [referia-se também a outro assassinato, ocorrido no segundo semestre de 1998]" (*JB*). A emenda foi pior que o soneto, quando o secretário completou o raciocínio: "Ontem mesmo, fui ao enterro de um oficial que morreu em serviço e nem sequer tinha alguém lá para noticiar. Mas com a morte desse maestro só hoje de manhã recebi dezenas de telefonemas de jornalistas" (*JB*). Sem querer, o secretário desqualificou a comoção provocada por uma tragédia. Sua intenção não era essa. Seu desejo era chamar atenção para a desigualdade dos tratamentos conferidos pela mídia a dois dramas equivalentes, em sua dimensão humana. Sua tentativa era valorizar a dor da família do oficial e mostrar-se solidário com essa dor. Mas o resultado foi negativo: não conseguiu valorizar o que queria e conquistou a antipatia de todos os que se solidarizavam com a família de Armando Prazeres, ou seja, de todos os leitores de *O Dia* e do *Jornal do Brasil*. Nem por isso melhorou a impressão geral sobre a segurança pública em Laranjeiras ou na cidade. E não apontou caminhos, não investiu na esperança. Sua postura transmitiu sentimentos negativos e, além do mais, fora de lugar. Não creio que exagere se disser que esse exemplo triste deixa claro que a melhor opção para o governo não era e não é a repetição dos erros do passado, que implicaram, para as instituições da segurança pública, perda de credibilidade e isolamento.

O general José Siqueira não era irascível e duro como o general Newton Cerqueira, nem defendia as mesmas teses, mas a estrutura de seu comportamento era similar à do antecessor, pois sua compreensão da segurança pública não diferia muito das visões predominantes no governo anterior. O general José Siqueira e eu tínhamos, naquele momento, entendimentos diferentes da complexidade da segurança, como fenômeno multidimensional, objetivo e subjetivo. Inaugurando um novo padrão de comportamento governamental, muito próximo do modelo que eu defendia, Garotinho recebeu a visita da família do maestro Armando Prazeres, manifestou seu respeito pela dor dos parentes da vítima e se comprometeu a descobrir e punir o criminoso — o que, de fato, viria a acontecer.

Antes da entrevista ao *RJ-TV*, no dia 1º, outro episódio concorreu para elevar a temperatura dos conflitos na Secretaria de Segurança. A última semana de janeiro foi preenchida por dois temas principais: por um lado, a violência das gangues de jovens de classe média, que haviam assassinado o estudante Frederico Guimarães, em novembro de 1998, e permaneciam impunes, continuando a provocar tumultos e agressões na praia e, sobretudo, em casa noturnas; por outro lado, a morte de Isidro Bottino, de 67 anos, vítima de latrocínio em sua banca de jornal, em plena rua Visconde de Pirajá, em Ipanema, bairro nobre do Rio. Apesar de diferentes, as duas dinâmicas criminais confluíam, provocando medo e indignação na cidade. Quando Isidro foi morto, a sociedade civil, que já estava mobilizada e vinha sendo convocada para uma passeata pela paz (que ocorreria no domingo, dia 31), sentiu-se ainda mais profundamente abalada.

Envolvi-me na organização da passeata, para tentar evitar que ela se transformasse na primeira crítica pública ao novo governo do estado. Não tinha a pretensão de manipular as manifestações da sociedade. Não era isso. Simplesmente, sabia que, naquele caso, os líderes do movimento não tinham nenhuma intenção de nos hostilizar. Pelo contrário, eram nossos aliados. Portanto, não estaria traindo o desejo dos organizadores se me unisse a eles para somar esforços e colaborasse para que tudo transcorresse como eles mesmos queriam; o desejo deles coincidia com o nosso e nos interessava que não houvesse manipulações inesperadas. O objetivo comum principal era chamar a atenção da sociedade para a importância do envolvimento de jovens de classe média com práticas criminosas, o que correspondia a pedir-lhes que refletissem sobre suas próprias responsabilidades. Não acreditava que fosse correto lavar as mãos. Afinal, o Estado é, por definição, o provedor da segurança pública. Mas achava da maior relevância que as elites, os bairros ricos, as camadas médias começassem a assumir suas próprias parcelas de responsabilidade. A passeata poderia ajudar, difundindo essa mensagem e valorizando a paz como bandeira positiva dos próprios jovens. No dia em que a paz for vista pelos jovens como "caretice" e a violência for considerada "maneira", estaremos perdidos.

Paralelamente à participação nos preparativos da passeata, eu me reunira com todas as associações de moradores dos bairros da zona sul e me comprometera com seus líderes a investir todos os esforços na aplicação urgente de nosso programa de policiamento comunitário. Para que esse programa se cumprisse, seria preciso detalhar o planejamento operacional, rever a distribuição dos contingentes e pôr em marcha um processo consistente porém ágil de requalificação profissional de policiais militares. Infelizmente, o resultado, no primeiro ano, ficou aquém do que eu esperava. De todo modo, avançamos. Apesar de 16 mil policiais terem sido submetidos a cursos e esforços concentrados de treinamento, ao longo do ano de 1999, somente 3500 foram capacitados na metodologia específica do policiamento comunitário, que requer carga horária pesada em seminários teóricos e práticos sobre mediação de conflitos e temas afins. Por isso, e por conta de resistências muito evidentes, a despeito de meu empenho, do apoio que a iniciativa sempre mereceu da parte do comandante geral e da dedicação infatigável do major Carballo, frustramos, em parte, as expectativas, que eram muito fortes, para nossa alegria, nos bairros da zona sul.

O conhecimento e a popularidade da metodologia comunitária de policiamento mostraram-se surpreendentes. Claro, a aprovação da sociedade não era fruto de estudos comparativos internacionais, ainda que pudesse sê-lo, pois o sucesso do método foi incontestável nos Estados Unidos, no Canadá e na Europa, mesmo em áreas muito violentas, como comprova o exemplo de Washington. Devia-se ao sucesso de experiências recentes, que haviam sido iniciadas na primeira metade dos anos 90 pelo saudoso coronel Nazareth Cerqueira (na Ilha do Governador, na Urca, em Laranjeiras, na Tijuca e em Copacabana), e interrompidas pouco tempo depois, quando o general Newton Cerqueira assumiu a Secretaria de Segurança, em 1995.

O policiamento comunitário tem efeitos importantes para a segurança pública e também desempenha um papel relevante na reforma da polícia, pois transforma a PM internamente. As razões são simples: o policial que atua nas ruas tem suas responsabilidades e sua autonomia ampliadas, tornando-se gradualmente um agente no sentido pleno do termo, tomando decisões, avaliando situações, interagindo com a comunidade, ganhando identidade e visibilidade onde trabalha. Se ele ou ela não conquistar a confiança da população a que serve, não será eficiente. Por isso, a conquista da confiança é parte constitutiva do trabalho, o que reverte em ganhos para a corporação, pois a imagem positiva se desloca e tende a alcançar toda a instituição. Tudo isso fortalece o ator individual e corresponde, na prática, à descentralização do poder na Polícia Militar. Por outro lado, para que o policiamento comunitário não se perca na fragmentação anárquica, a descentralização que provoca deve ser compensada por um investimento vigoroso na supervisão. Ocorre que supervisão para valer não se confunde com mera ritualização da hierarquia; requer empenho dos sargentos ou mesmo dos oficiais superiores no debate dos conteúdos específicos dos problemas locais. Se isso ocorre como determina o modelo, a instituição policial se renova, envolvendo diferentes patentes nas discussões substantivas e no esforço cooperativo de buscar soluções apropriadas a cada caso. A polícia passa a operar, desde o nível microscópico das ruas e das esquinas, segundo uma estrutura metodológica que envolve coleta de informações, análise de casos, diagnóstico do potencial de conflitos e de riscos, preparação de intervenções coletivas, planejamento das operações e posterior avaliação de resultados para correção permanente do processo. Enquanto essa dinâmica vivifica as estruturas tradicionais, alterando seu funcionamento e as adaptando às necessidades de um mundo complexo e heterogêneo como as nossas cidades, a interação dos policiais com os moradores, nas ruas, nas praças, nas associações de bairro, no comércio local, nas bancas de jornal, nas escolas e nas igrejas, além de mudar os próprios policiais e valorizá-los, de revolucionar a imagem da polícia, enriquece de modo extraordinário o potencial de atuação preventiva dos agentes.

Vibrei quando me dei conta de que não seria preciso fazer nenhuma campanha a favor do policiamento comunitário. A população já estava preparada, as entidades representativas já estavam amadurecidas e sabiam muito bem o que queriam. Os encontros com as associações de moradores dos bairros de classe média puderam ser bastante objetivos, graças ao consenso que logo se estabeleceu entre a vontade do governo, expressa em nossa política de segurança, que previa forte investimento no policiamento comunitário, e as demandas que eram formuladas. O problema passou a ser: quando se dará a implantação? Onde? Com que equipes de policiais? Os bairros, por bons motivos, disputavam entre si a prioridade. Meu sonho era resolver os problemas mais graves do tráfico armado, nas favelas, para poder levar o policiamento comunitário às áreas mais pobres da cidade. Mas isso demandaria mais tempo e exigiria o fim da tirania do tráfico, isto é, de seu controle territorial, pois a metodologia comunitária não se aplica aos contextos em que há domínio armado dos criminosos.

O tema das gangues, núcleo das preocupações que motivaram a organização da passeata do domingo, dia 31 de janeiro, exigiu reuniões com empresários da noite, donos das casas noturnas que haviam se tornado palcos prioritários dos espetáculos de arrogância, ameaças e violências que as hordas juvenis impunham aos circunstantes, exibindo seu musculoso narcisismo, mal disfarçando a insegurança e a fragilidade emocional. Rubem Cesar Fernandes, coordenador do Viva Rio, foi o mediador e, como sempre, o interlocutor e parceiro privilegiado. Iam comigo a subchefe da Polícia Civil, a dra. Martha Rocha, quando não o próprio chefe, dr. Carlos Alberto D'Oliveira. Em poucas horas de conversa, percebíamos como pode ser fácil melhorar o rendimento dos serviços de segurança, se há entendimento e articulação. Às vezes, medidas muito simples podem produzir grandes efeitos, se forem adequadas à peculiaridade do problema, naquele momento específico. Por exemplo: os empresários sabem onde, quando e como as drogas são vendidas, tomam suas próprias providências para tentar impedir o ingresso de armas nas casas noturnas, nem sempre com sucesso, e evitam dar queixa à polícia, a menos em casos muito graves, pois temem que eles ganhem visibilidade na imprensa e afugentem os freqüentadores; por outro lado, reclamam da ausência das polícias Civil e Militar, de sua demora em atender aos chamados e do mau atendimento que prestam. Combinando-se o conhecimento prático dos empresários e sua disposição de colaborar — a despeito dos riscos de propaganda negativa — com algumas iniciativas coordenadas por ambas as polícias, boa parte das dificuldades se resolvem, facilmente. Víamos, portanto, todos nós, que a palavra "participação", tantas vezes idealizada, tantas vezes mal empregada, pronunciada sem conteúdo ou com sentido demagógico, corresponde, de fato, a uma realidade pragmática da maior importância, que pode fazer toda a diferença na segurança pública.

Imerso em reuniões, contatos, articulações e iniciativas, em setores os mais diversos do campo da segurança pública, eu me sentia aquele artista de circo que faz vários pratos girarem ao mesmo tempo, sobre a ponta de mastros muito finos: quando um prato perde velocidade e começa a oscilar, é preciso voltar correndo e fazê-lo girar com força; e quando se dá atenção a um prato quase caindo, na extremidade oposta do palco um outro gira lento demais e já está prestes a despencar. Percebia que eu e a equipe da subsecretaria seríamos impotentes para levar adiante todos os programas e projetos contidos em nossa política. Se não contássemos com o apoio decidido da máquina da secretaria, a solidariedade dos chefes das polícias seria insuficiente, por mais que fosse importante. Por isso, os conflitos com o secretário me abalavam muito. Ficava feliz quando conseguia fazer nossa política caminhar, apesar das resistências, mas não desejava o aprofundamento das tensões e a geração de uma crise, porque sabia que do lado de lá da crise estava o abismo. Certo ou errado, eu e meus companheiros de equipe sabíamos que éramos o elo mais fraco e estávamos convencidos de que, se houvesse um acirramento das contradições, seríamos derrotados pelo general. Por outro lado, se o general caísse, acreditávamos que cairíamos também, pois nenhum novo secretário nos aceitaria como herança. De nossa parte, só concordaríamos em permanecer com o compromisso de que nossa política continuaria sendo implementada, o que, nesse caso, nos faria autores da política que o novo secretário implantaria — e isso faria desse novo personagem um ator em certo sentido menor, politicamente, e em alguma medida subordinado a nós. Quem aceitaria essas condições, digamos, limitadoras, para não dizer humilhantes?

Por mais que dedicássemos a parte livre dos fins de semana, quando havia, a reuniões internas, geralmente prospectivas, porque sabíamos que o essencial de nossa política estava na confecção da agenda positiva, eu e meus colegas da subsecretaria sentíamos falta de mais reflexão sobre cada passo e, com freqüência, pedíamos apoio uns aos outros para o enfrentamento de alguns novos desafios, que nos surpreendiam. Nesse caso, tentávamos reservar o jantar, tarde da noite, para a conversa entre nós. Nem sempre havia tempo ou sobrava energia. Por isso, havia problemas para os quais não chegávamos a preparar uma solução amadurecida e coletiva.

Um deles ocorreu no dia 28 de janeiro. Garotinho me pediu que conversasse com os delegados e comandantes de batalhões que atuavam nos bairros da zona sul mais visados naquela semana, fosse para prepará-los para a passeata de domingo, pedindo sua presença e lhes explicando as razões que justificariam nossa participação, fosse para tentar unificar-lhes o discurso e o método de ação, frente aos últimos problemas. O pedido do governador coincidia com minha vontade, pois eu também estava preocupado com a multiplicidade de discursos e posturas, por vezes contraditórios, e sentia que faltavam medidas em sintonia com nossa política global, voltadas para as problemáticas emergentes naquela área da cidade. Por isso, senti-me perfeitamente tranqüilo e não atentei para o fato de que estava mexendo em pólvora. Escapou-me a gravidade de minha própria iniciativa, ainda que ela estivesse atendendo à solicitação do governador, quando convoquei os delegados e os coronéis. Obsessivamente preocupado com a autoridade dos chefes das polícias, conversei com eles e lhes pedi que fossem os intermediários de meu convite, para evitar mal-entendidos ou arranhões nas respectivas cadeias de comando. Olhei corretamente para baixo. Mas esqueci de olhar para cima. Ou melhor, não olhei para cima com o cuidado necessário. Resultado: em vez de montar uma operação bem articulada, precipitei, sem querer, a ocorrência de uma cena patética. Explico: limitei-me a comunicar ao secretário, através do chefe de gabinete, que naquela tarde estaria recebendo os delegados e comandantes em minha precaríssima saleta. Indaguei se não seria conveniente levá-los ao secretário, em seguida. A resposta veio depois. Era afirmativa.

Claro que um subsecretário, como autoridade superior aos chefes das polícias, pode convocar policiais como e quando achar conveniente. Não se tratava, entretanto, de uma questão regimental. O quadro era delicado e tenso porque envolvia, na prática, a explicitação e o agravamento de duas contradições: a primeira e mais evidente, entre a liderança formal do secretário e minha liderança informal, fortalecida pelo estímulo do governador e pelo reconhecimento público de minhas iniciativas; a segunda e mais funda, ainda que menos perceptível, entre nossa política de segurança, anunciada na campanha, consolidada durante os meses da transição, e a responsabilidade operacional, formalmente atribuída a outro subsecretário, distante de nosso discurso, de nossos valores e de nosso modo de compreender as questões pertinentes à segurança.

Recebi os convidados, realizei a reunião, discuti o que estava na pauta e os conduzi ao gabinete do general José Siqueira. Pego relativamente de surpresa, o secretário não estava numa tarde particularmente feliz, sobretudo depois da chegada dos repórteres. Perdeu-se em evasivas e não foi capaz de articular propostas tópicas, muito menos de integrá-las ao corpo inclusivo de nossa política. Na imprensa do dia seguinte e na opinião daqueles policiais, segundo me disseram, valiam as propostas que eu encaminhara, o resto fora retórica oca. A balança continuou desequilibrando-se, esvaziando a liderança do general. Eu acabara, involuntariamente, dando mais uma volta no parafuso, adensando ainda mais a tensão que ia tornando a atmosfera da secretaria irrespirável. Não sei até que ponto a contribuição do governador para o acirramento do conflito, nesse caso, foi involuntária. De todo modo, foi, novamente, decisiva.

O domingo prometia sol e festa. A passeata pela paz provavelmente não seria grande, mas apontaria bons caminhos, marcaria a inauguração de um período de parcerias entre o Estado e a sociedade civil, depois de anos de turras e trombadas, e confirmaria a nova postura da Secretaria de Segurança, o "novo verniz", para usar a expressão do general José Siqueira. Pouco antes de seu início, um assalto a um bar na avenida Atlântica, em Copacabana, se desdobrou em perseguição policial ao longo de toda a orla, até o Leblon, onde os ladrões foram presos. Até aí, nada de muito grave, não fora o fato de que a perseguição envolvera tiroteio, em meio às centenas de pessoas que se divertiam na pista fechada ao trânsito e nos calçadões: crianças, mães com carrinhos de bebê, famílias inteiras, idosos, adolescentes. O *Jornal do Brasil* de segunda-feira, dia 1º de fevereiro, não fez por menos: "Domingo de pavor no Leblon". *O Globo* foi mais equilibrado e incluiu na manchete os efeitos da passeata, que, bem ou mal, cumpriu sua agenda depois do bangue-bangue: "Guerra e paz na orla do Rio". As fotos não deixavam dúvida: o litoral da cidade, cantado em prosa e verso nas propagandas turísticas e nas canções dos poetas cariocas, degradara-se num faroeste absurdo. Mães jogavam-se sobre os filhos para protegê-los; senhores idosos deitavam-se no asfalto; crianças fugiam em desespero.

O episódio nos custou semanas de polêmica e provocou mais um cisma, dessa vez não só na cúpula da secretaria. Já na terça-feira, dia 2 de fevereiro, os jornais focalizavam a controvérsia sobre o comportamento dos policiais, na perseguição aos bandidos. Na véspera, *O Globo* destacara os elogios do general José Siqueira e do governador aos "policiais militares que trocaram tiros na orla". No dia seguinte, o *Jornal do Brasil* enfocava a divergência — Garotinho, arisco, rapidamente moldou-se à tendência dominante na opinião pública: "Governador desautoriza secretário". Na primeira página, sublinhava em manchete: "Garotinho reprova tiros da PM na orla". No fim do mês, em 25 de fevereiro, o *JB* mantinha o assunto em pauta, citando meu reconhecimento de que "a Polícia Militar está insuficientemente treinada" e listando oito casos recentes em que policiais haviam trocado tiros com criminosos em áreas populosas da cidade. No dia seguinte, em editorial, o *Jornal do Brasil* referia-se positivamente à minha declaração sobre a Nota de Instrução 0.10, de 1985, relativa a tiros e uso adequado da arma. Eu dissera que, apesar de apresentada aos recrutas nos cursos de formação, a Nota 0.10 era esquecida, na prática, por falta de treinamento. Critiquei o uso indiscriminado da arma pela polícia, em ambientes públicos, quando representasse risco de vida para inocentes. E assinalei que os erros cometidos naquela perseguição dominical, na orla, deveriam nos servir de ilustração sobre o que ocorre com freqüência nas favelas, quando a polícia entra atirando. Em nenhuma circunstância justifica-se submeter inocentes a risco de vida. Se não estamos em guerra civil é exatamente porque não é legítimo, de nenhum ponto de vista, sacrificar inocentes. As agências públicas de segurança devem agir contra os criminosos com a finalidade de proteger todos os cidadãos, sejam eles moradores das comunidades mais pobres ou da avenida Vieira Souto, endereço luxuoso da capital. Esbocei essa frase na campanha e Garotinho a usa com regularidade desde então — para minha alegria. O secretário também a repetiu várias vezes, em sua gestão. Pois bem, aquele era um bom exemplo do que não se deve desejar, do que a polícia não deve fazer, mesmo que seus propósitos sejam os melhores e mesmo que os resultados sejam positivos, como foram os obtidos no dia 31 de janeiro, dia da passeata: os ladrões foram presos e ninguém se feriu.

Ao contrário do que pareceu a muitos, minha crítica não significava um confronto com a corporação. Minha posição fora discutida com o comandante geral da PM antes de ser divulgada, como quase sempre ocorria. O próprio coronel Sergio da Cruz me falara da Nota de Instrução e do esquecimento a que vinha sendo relegada pelos policiais, por falta de treinamento apropriado. Mesmo enfrentando a antipatia de muitos, eu vocalizava, em geral, posições consensuais entre os oficiais, ao menos nos círculos progressistas, ligados ao comandante. Começava assim, aos poucos, a lançar pontes entre a sociedade e a PM, fortalecendo a liderança reformista do comandante geral e a vontade interna de mudança, tendo como alavancas a opinião pública e o apoio político do governo. Ares renovadores sopravam nas brechas do corporativismo.

O general José Siqueira e seu grupo não cruzaram os braços. Compreendendo a gravidade da situação, a distância crescente que os separava do governador e o desgaste a que estava exposta a liderança do secretário, decidiram retomar a iniciativa e reverter a dinâmica do processo político que estava em curso. Convocaram todos os delegados e coronéis para uma reunião no auditório da Federação das Indústrias, a FIRJAN, na manhã da terça-feira, dia 9 de fevereiro. Evitaram o tema nos bons-dias, mantendo-me à margem do que estava acontecendo nos bastidores do poder. Convocaram-me na véspera. Na FIRJAN, fui convidado para ocupar um lugar de pouco destaque à mesa, correspondente à posição que me fora designada nos bons-dias. Esse era o primeiro sinal para o auditório: ali estava, diante de todos os policiais que ocupavam cargos superiores, o desenho da hierarquia que se desejava comunicar e fixar, didaticamente. Mas o recado principal seria dado pelo enredo do ritual, que se esgotava na palestra do secretário, a qual não admitia perguntas, muito menos réplicas. A conclusão do discurso do general coincidia com o encerramento da cerimônia. Era esse o recado. Não era preciso ser bom entendedor para captá-lo.

Contudo, o tiro saiu pela culatra. Em vez de ler, a personalidade flexível e o estilo ameno do general o levaram a optar pelo improviso, ainda que circunscrito por anotações, dispostas nas várias páginas que abria e fechava, no púlpito de onde falava. O improviso pode ser ardiloso. O secretário mal escondia o nervosismo, e as palavras, ainda que fluentes, talvez lhe pesassem na alma e na língua. Um abismo parecia separá-lo do continente de nossa política, por mais que se esforçasse em mapeá-lo. É como se ele estivesse tentando descrever uma tourada com a linguagem dos geômetras ou como se estivesse falando de sexo com o vocabulário dos teólogos. Havia um descompasso na matriz de seu discurso que o fazia soar artificial. O secretário tentava ser professoral e erudito, quando teria sido mais eficiente se fosse espontâneo. O problema é que, para ser espontâneo e convincente, teria de saber exatamente o que queria dizer para aquele auditório, naquele momento. Mas não havia propriamente o que dizer. Havia apenas uma cena que deveria ser eloqüente em si mesma, reforçando o poder do secretário. O erro estava aí. Se a cena é que importava, a palavra deveria ter ficado à sombra da forma, isto é, subordinada à cena. Mas não foi o que aconteceu. Entregando-se ao prazer saboroso da oratória, o general perdeu-se nos vôos livres do verbo e devolveu a cena ao segundo plano. Todas as atenções concentraram-se em suas palavras. Todas as atenções fitaram seu rosto e entregaram-se à sua voz. A escadinha de subsecretários perdeu-se no palco, ofuscada pela profusão de imagens e adjetivos com que se expunha, cheio de satisfação, o secretário. Rendendo-se aos devaneios da própria imaginação, permitiu-se a comparação que poria tudo a perder:

— Vejam — ele disse —, a sociedade reclama da violência. Mas nós progredimos muito. A situação já esteve muito pior. No começo da história humana, como relata a Bíblia, Caim matou Abel. Eram irmãos e eram solitários. Portanto, houve um tempo em que a taxa de homicídios chegou a 50%. Hoje, estamos bem melhor. Mesmo sendo altas, as taxas são bem mais razoáveis.

Solidarizei-me com o general na pilhéria e não contive uma risada sonora, achando que ele merecia o apoio pelo bom humor, apesar de tudo, ressalvando a qualidade duvidosa do chiste. Recolhi rápido a gargalhada, dobrei-a num sorriso breve e recompus a máscara severa, como convinha. Mesmo assim não pude evitar o vexame de ter sido o único e de ter interpretado pelo avesso as intenções do general, mais fielmente apreendidas pela platéia, que manteve o silêncio reverente, ante a expressão circunspecta com que o secretário pontuou o exercício bíblico-estatístico. Confesso que, no momento em que ouvi a referência aos 50%, tive certeza de que o general estava brincando. Não estava. Meu riso empático virou-se contra mim e contra o secretário, azedando ainda mais nossa relação. Meu consolo foi constatar que a imprensa também estranhara aquela abordagem do crime de Caim, tanto que não teve piedade e castigou o general com ironias muito pouco cristãs. O grande teatro da reafirmação do poder acabou encolhido sob as alusões impertinentes da aula magna. Os mandamentos da segurança que o secretário expôs naquela manhã de fevereiro, e para os quais ele antevia sucesso de pública e crítica, se esmirraram, fustigados pela causticidade da mídia.

O troco viria dois dias depois. Não fui convidado para a apresentação pública no Aterro do Flamengo, com a presença do governador, dos novos carros adquiridos para a PM, apesar de ter participado ativamente não apenas das decisões, como da viabilização da compra. Mais que isso, apesar de ter contribuído para o novo "visual" das "viaturas". O primeiro ato se dera poucas semanas antes: Garotinho me telefonou revoltado com a demora na compra dos automóveis. Perguntou o que estava acontecendo. Prometi verificar. Chequei e me dei conta de que os embaraços eram pura burocracia e falta de diálogo entre os envolvidos. Fui pessoalmente com o comandante geral ao gabinete do presidente do DETRAN, que proviria os recursos. Eduardo Chuai ligou na nossa frente para o governador, confirmando o entendimento, e o processo fluiu veloz daí em diante. O segundo ato se dera na sexta-feira, dia 5 de fevereiro. Garotinho me ligou de Porto Alegre, já no final da tarde:

— Luiz Eduardo, se os carros começarem a circular como vieram da fábrica, quem saberá que foram comprados por nós? Vão se misturar com os outros e se perder. É preciso inventar um sinal que marque nossa identidade.

Corri ao escritório do publicitário que fizera a campanha de Garotinho, Hayle Gadelha. Ele tinha o mérito de ser, além de muito competente, uma figura simpaticíssima, sempre de alto-astral. Quando se está num aperto, nada melhor do que ser acolhido com essas duas virtudes. Nós dois concebemos a frase: "Em Defesa da Paz", que sintetizava minha proposta, "pela paz", com a proposta dele, "em defesa da vida". Sua equipe trabalharia duro durante os próximos dias para pintar os carros novos com a frase que lhes daria a nossa marca. Foram dias de chuva, o que tornou tudo mais difícil e mais, digamos, emocionante. Depois de toda aquela batalha, receber a marginalização como recompensa não era muito agradável. Soube da cerimônia, graças à atenção do coronel Cruz, e resolvi ir, mesmo sem ter lugar no pequeno palanque. No caminho, liguei para o presidente do DETRAN, injusta e igualmente esquecido. O dr. Chuai conseguiu chegar a tempo. Do palanque, o coronel Cruz acenava para mim, me convidando a subir. Preferi a discrição. Em seu discurso, Garotinho saudou minha presença e não se referiu aos demais subsecretários, e assim, à sua maneira, recompôs o palanque. Não houve trégua nas disputas internas à secretaria, portanto, nem naquele momento de celebração.

Era preciso fazer alguma coisa urgentemente para dissolver os nós e desanuviar o ambiente; a escalada de conflitos estava produzindo um grau insuportável de tensão. Até o convívio nos bons-dias já estava se tornando impraticável. Se, no início, as referências agressivas aos militantes dos direitos humanos eram atos falhos, gafes, impropriedades que produziam desconforto generalizado e pedidos de desculpas, na virada do primeiro mês de governo já se tornavam provocações abertas. A distância dos bons-dias em relação aos projetos do governo na área da segurança era tal que ninguém sequer sabia direito o que seriam as delegacias legais. Nos primeiros dias, isso não importava, mas quando a imprensa assimilou a novidade e o governador passou a concentrar seus discursos no novo tipo de delegacia, a ignorância tornou-se patética e converteu-se em razão de constrangimento. A maioria não perguntava nem mostrava curiosidade; muitos ironizavam o nome, desqualificavam o excesso de atenções e fingiam desinteresse; alguns, mais sensatos, pediam esclarecimentos. A presença do coronel Ronaldo Braga, o assessor técnico, facilitava, porque permitia que as perguntas não fossem dirigidas a mim. Definitivamente, não era razoável prosseguir daquele jeito, fechando os olhos para o acúmulo de nuvens que prenunciavam a tempestade. Afinal, éramos nós que morreríamos afogados, levando conosco a política com a qual sonhávamos.

Decidi, então, pela primeira vez, procurar o governador para uma conversa franca sobre a situação delicada por que passava a secretaria. Achei uma brecha na agenda de Garotinho, num domingo. Encontramo-nos no palácio Laranjeiras, residência oficial. Enquanto esperava, na ante-sala, conversei com o secretário de Comunicação. Era a primeira oportunidade que tínhamos, desde o início do governo. Foi também a primeira vez que Peninha expôs sua visão sobre as relações entre as autoridades da área de segurança e a mídia. Criticou meu alto grau de exposição na mídia, o que me deixaria, segundo ele, extremamente vulnerável, no primeiro tropeço. Disse que eu não devia me iludir, que essa visibilidade por enquanto era positiva porque minha imagem era boa, mas logo poderia se tornar negativa. Bastaria uma falha qualquer ou um problema mais sério na área da segurança e eu seria jogado aos leões. Considerou natural o interesse da mídia pelo meu trabalho, pois os profissionais de comunicação gostam de ser tratados com cordialidade e precisam de fontes que saibam falar com clareza, sem engasgar. Mas que eu não me iludisse com os que pareciam ser meus amigos, advertiu. O secretário de Comunicação sugeriu que eu me recolhesse e saísse de cena, não só para me proteger, mas também para evitar atritos com o general.

Peninha tinha razão quando dizia que o grau de exposição era alto, mas eu discordava quanto aos efeitos de minha visibilidade pública. Mesmo perigosa, eu a considerava necessária, fosse em proveito da imagem da nova Secretaria de Segurança, fosse para que se iniciasse a construção do novo modelo de relacionamento da secretaria com a opinião pública e a mídia — fundamentado nos princípios da transparência não defensiva, da integração sistêmica e da autonomia da agenda positiva —, fosse para a consolidação dos projetos que, de outro modo, seriam engavetados ou mesmo boicotados. Como explicar-lhe? Tentei, mas as reações de Peninha a essas ponderações me deixavam com a impressão de que, na visão dele, eu inventava dificuldades e teorias para justificar o fortalecimento pessoal.

Naqueles dois meses iniciais, fiquei bastante exposto por conta do interesse que os novos projetos vinham despertando: a delegacia legal, os Mutirões pela Paz, os centros de referência contra a homofobia, contra o racismo e o de proteção do meio ambiente, a ouvidoria, o Programa de Proteção às Testemunhas, às políticas contra a violência doméstica e de proteção às mulheres, o policiamento comunitário, a reforma da polícia técnica, os movimentos embrionários do que viria a ser a campanha de desarmamento, os GEATS, o retorno do GEPE, a inauguração do GEPAT, os cursos de qualificação de policiais, a primeira apresentação da metodologia de trabalho por áreas integradas de segurança pública, a participação da sociedade através dos conselhos comunitários e de encontros setoriais voltados para temas específicos, como as gangues, a violência de jovens de classe média etc. Parecia-me mais do que natural o interesse da mídia por uma agenda que, afinal, era nova, formulada a partir de práticas interativas e participativas, com metodologias e linguagens originais, e que sinalizava a instauração de novos valores, novos modelos e concepções. Eu era o suporte da agenda, e por isso me tornara personagem. Além disso, cada tema tinha seus próprios personagens: Julita Lemgruber era a ouvidora; Silvia Ramos dirigia os centros; Barbara Soares liderava as políticas de gênero; o major Carballo e Jairo Coutinho me ajudavam nos Mutirões; Newton de Oliveira puxava as iniciativas educacionais; Jacqueline Muniz e Claudia Lacombe começavam a reorganizar os dados; a equipe da COPPE, Claudio Ferraz e Walter Barros estruturavam tecnicamente a delegacia legal; Tania Dammer, Jorge Luiz e José Carlos Fragoso organizavam a proteção às testemunhas; os oficiais da PM formavam as novas unidades da corporação; Rubem Cesar comandava os preparativos da campanha pelo desarmamento, e assim sucessivamente. Se antes eu havia atuado na formulação dos programas, agora passara a ser apenas o articulador, e a tarefa era manter os projetos em comunicação e integrados. E isso já era o bastante porque, acarretando participação em diversos fronts, intensificava minha presença na mídia. Por outro lado, vale insistir, eu explorava essa presença em benefício dos programas e projetos que enfrentavam maiores resistências, para tentar vencê-las enquanto tinha fôlego político. Fôlego que derivava justamente da exposição que desagradava a Peninha.

Na conversa com Garotinho, tomei a iniciativa de mencionar a sugestão do secretário de Comunicação, sem comentá-la, deixando o governador, portanto, inteiramente à vontade. Para minha surpresa, Garotinho discordou de Peninha e me autorizou a continuar agindo como vinha fazendo:

— Você e o general falam para audiências diferentes e cumprem papéis complementares. Os dois têm que falar. Você deve continuar falando e aparecendo, como vem fazendo, porque a receptividade tem sido boa. O general agrada outro tipo de público, que é muito importante também. Essas diferenças são positivas.

Quanto às tensões que estavam provocando, eu não tinha por que me preocupar. Devia continuar o trabalho, que estava indo bem. Manter o ritmo e a direção. Ele cuidaria do resto. Prometeu conversar com o general para baixar a temperatura e explicar minha função na secretaria e junto à opinião pública. Saí com Peninha, que me disse mais ou menos o seguinte:

— Se você quiser continuar, continua. Garotinho te deu carta branca. Agora, eu já te disse o que acho. A decisão é sua e o risco também é seu.

Eu não hesitei, seja porque concordava com Garotinho, seja porque confiava em que ele tranqüilizaria o general e aplacaria os sentimentos negativos que se formavam contra mim na equipe do secretário. Saí otimista. Talvez otimista demais.

5. Giovana Baby visita o 5º Batalhão

O rapaz é simpático e boa-pinta. Parece interessado. Mas não impõe a própria presença. Sabe ser agradável e gosta de mostrar que teve berço. Só se senta à mesa se for convidado. Conhece as regras do jogo. Por isso mesmo, é fácil encontrar outro solitário que o convide para um drinque. Amolda-se às expectativas do interlocutor, que logo reconhecerá nele uma alma gêmea e o convidará para uma esticada em casa. No momento oportuno, ele encontrará um modo de colocar o comprimido no copo do anfitrião e esperar pelo efeito. A pílula provoca um sono muito profundo. A pessoa pode dormir doze ou 24 horas. Quando acordar, será muito tarde. Lamentará a perda de seus objetos pessoais mais valiosos, de seu dinheiro, seus talões de cheques, seus cartões de crédito. E viverá o enorme constrangimento de contar, na delegacia, a um investigador mal-encarado, suarento e grosso, com a camisa aberta, correntes douradas no pescoço e a TV ligada ao fundo, que foi mais uma vítima do golpe "boa noite, Cinderela". O policial vai parar de bater os dedos no teclado da máquina de escrever enferrujada, vai suspender os olhos do papel e dirigi-los à vítima; vai mantê-los assim por algum tempo, como quem examina um produto, enquanto desloca o palito com a língua de um canto para o outro da boca: "Quer dizer que a boneca foi sacaneada?".

O insulto, com essas e outras palavras, era comum, no Rio de Janeiro.

Depois de sofrer um crime, o calvário não se esgotava antes do último sacrifício: a visita à delegacia. Um cidadão de bem, cumpridor de suas obrigações, que paga seus impostos em dia e merece todo o respeito de sua comunidade, é objeto de um ato violento. Procura a agência pública responsável, a Polícia Civil, porque gostaria de reaver o que foi roubado, ainda que saiba que a recuperação é improbabilíssima, e acima de tudo porque precisa precaver-se contra o eventual uso ilícito de seus documentos. Na instituição policial é recebido com deboche e suspeição. A homossexualidade, mais do que estigma, na polícia do Rio era considerada uma espécie de confissão velada de cumplicidade.

É verdade. Nem todos os policiais cabiam no estereótipo. Nem todos eram grosseiros e preconceituosos. Nem todos praticavam a discriminação. Havia muita gente boa, com o coração generoso e a cabeça aberta. Mas a quantidade de vezes que gays, lésbicas e travestis sofreram agressões físicas e morais, de policiais civis e militares fluminenses, havia sido tão grande, que a impressão que se tinha era que o respeito era a exceção. A regra era a homofobia, nas suas mais variadas manifestações: as gracinhas aparentemente inócuas, as impropriedades, o atendimento indelicado, o tratamento jocoso que fere a auto-estima, o safanão, a ameaça, a surra, a humilhação, o estupro, a prisão arbitrária, a tortura, o assassinato. As denúncias nem sequer encontravam canais institucionais pertinentes, pois o tema jamais fora tomado a sério.

A conseqüência mais elementar era dupla: por um lado, as polícias não davam maior atenção à especificidade das violências praticadas contra as minorias sexuais; por outro, as vítimas faziam o possível e o impossível para evitar o contato com as instituições policiais, das quais guardavam a pior das impressões — o que, por sua vez, impedia as polícias de agir com eficiência e preventivamente, pois, como sabemos, sem informações não há diagnóstico, planejamento, estratégias, nem avaliações.

Essa imagem negativa era projetada sobre todos os profissionais das polícias, independentemente de seus comportamentos. A generalização gerava preconceitos. O cenário para o conflito estava montado e a tendência era seu crescimento exponencial. Por mais que um número considerável de policiais rompesse, na prática, os estereótipos e traísse as expectativas negativas, os espíritos já estavam armados e os intermináveis relatos da barbárie, já fixados no imaginário coletivo da comunidade agredida, continuariam bloqueando a percepção das eventuais virtudes e das possíveis mudanças.

Quando o governo Garotinho tomou posse, a discriminação homofóbica, nas polícias e fora delas, ainda parecia ser um tema novo, coberto por certa aura de medo e repulsa, cercado de cuidados por todos os lados, como sói acontecer com os tabus. Por isso mesmo, evitei propô-lo à comissão de transição. Esse é o tipo de tema que pode romper qualquer unidade política. Mas estava claro, desde o início, para mim, para Barbara e Rubem Cesar, que o combate à homofobia era estratégico e urgente. Quando convidei Silvia Ramos para o cargo de subsecretária adjunta da Subsecretaria de Pesquisa e Cidadania, tinha em mente sua enorme sensibilidade para essa problemática. Eu havia escrito vários ensaios sobre a resistência da cultura política brasileira a lidar com o racismo, a homofobia e a misoginia, e começava a preparar, com Barbara, um livro sobre o assunto, quando Garotinho me propôs a subsecretaria. Silvia sempre fora uma entusiasta de minha abordagem crítica e, como eu e Barbara, sentia-se um peixe fora d'água no jeito brasileiro, conciliador e irônico, de lidar com os preconceitos. Achávamos que nem sempre é positivo o modo como geralmente, no Brasil, brincamos com esses problemas. Muitas vezes a brincadeira não é inocente e respeitosa das diferenças. Muitas vezes ela serve para exorcizar e diluir o que não se deseja enfrentar. Não é preciso ser carrancudo e mal-humorado, nem puritano e autoritário, para reconhecer muitas virtudes na preocupação norte-americana com o "politicamente correto", tão amaldiçoado no Brasil, talvez por não se ter sido capaz de enxergar além das caricaturas, talvez por se ignorar a história e o significado das lutas das minorias pelos direitos civis nos Estados Unidos.

Estávamos convencidos de que a luta contra a homofobia seria uma espécie de síntese do nosso programa de reforma das polícias e até mesmo, em sentido mais amplo, da nossa política de segurança — sem desmerecer a centralidade do combate ao racismo, que para nós também deveria receber atenção prioritária. Por isso, seria preciso agir com rapidez, convocando para as primeiras semanas de nossa gestão, ainda em janeiro de 1999, um grande encontro, na Secretaria de Segurança, com as entidades representativas das minorias sexuais — sem exclusões, tabus, vetos ou limitações. Todos seriam bem-vindos e teriam direito à palavra: gays, lésbicas e travestis.

Lembro um diálogo ilustrativo do que tínhamos em mente. Um policial amigo nosso, progressista, culto e politizado, não compreendia bem nossa ênfase naquela questão, nem a insistência em usar aquela palavra complicada, estranha, feia e meio pedante: "homofobia".* Não bastaria sugerir-lhe a leitura dos belos textos de Jurandir Freire Costa sobre o tema. Era necessário ser mais direto e usar argumentos bastante vinculados à prática. Acho que fui persuasivo. Por isso, vale a pena recuperar o raciocínio que lhe expus, no calor da hora. Disse-lhe mais ou menos o seguinte: os policiais bem-intencionados, que ultrapassaram o provincianismo e o dogmatismo da formação tradicional, sabem perfeitamente que é correto e necessário respeitar todos os cidadãos. Como o sexo voluntário e privado entre adultos não é crime, como as inclinações sexuais não constituem crime, os policiais cosmopolitas e educados reconhecem que é seu dever respeitar as minorias sexuais, do mesmo modo que é seu dever respeitar todo e qualquer cidadão de bem, não importando classe social, gênero, idade, local de residência e cor da pele. Certo?, perguntei a meu amigo. Até ali ele me acompanhava, sem dificuldade. Continuei: Sendo assim, os policiais de bom senso não teriam por que discordar de nossas recomendações contra práticas homofóbicas, e receberiam, talvez com surpresa, mas com tolerância, a introdução desse tema nos currículos de seus cursos. Se ficássemos nisso, estaríamos todos de acordo, isto é, todos os que compartilhamos uma visão contemporânea e democrática do que seja a vida em sociedade.

O ponto que marca nossa diferença, em relação a esse consenso mais fácil, é o seguinte: em vez de passar a mensagem de que gostaríamos de ter polícias que fossem tão civilizadas que chegassem a respeitar adequadamente as minorias sexuais, acho que devemos passar a mensagem de que o respeito às minorias sexuais fará de nossas polícias instituições melhores e até capazes de se comportar civilizadamente e agir com eficiência moderna. Em vez de o respeito ser uma das conseqüências da reforma das polícias, passa a ser instrumento da mudança e condição da reforma. Meu amigo não via diferença, o que me levou a usar dois exemplos: Veja, eu disse, o caso da bicicleta e da língua. Como é que se aprende a andar de bicicleta? Estudando teoria da gravidade ou engenharia mecânica? Não, nós todos concordamos que só praticando é que se aprende a andar de bicicleta. O caso da língua é similar. Claro que

* Homofobia quer dizer medo ou repulsa aos homossexuais e à homossexualidade. Tornou-se uma expressão politicamente significativa, quando os movimentos homossexuais passaram a empregá-la. A origem grega da palavra lhe proporcionou uso internacional.

será preciso aprender algumas regras, mas é a prática que nos fará falar uma língua, não a teoria. Não se trata de aprender a gramática e deduzir, das regras, a prática da língua, como se extrai o produto de um cálculo ou de uma operação lógica. Pois bem, é isso o que quero dizer: se enfatizarmos a importância do respeito às diferenças — e o respeito às minorias sexuais é um ótimo símbolo do respeito às diferenças — a ponto de levarmos os policiais e as próprias instituições, em suas instâncias superiores, a considerar que não estarão praticando o verdadeiro trabalho de polícia se não agirem em conformidade com esse respeito, teremos embutido, definitivamente, esse respeito — todo o respeito à cidadania — na cultura e na prática policiais. Enquanto tratarmos a homofobia como uma questão suplementar, um plus, um detalhe, em relação ao qual a polícia pode agir bem ou mal sem perder sua condição de boa polícia (nesse último caso, poderia ser uma boa polícia porém incompleta, imperfeita, que precisaria se aperfeiçoar), não avançaremos o suficiente e não faremos as mudanças realmente necessárias. É preciso que todos, a sociedade e os policiais, compreendam que a instituição policial é, ou melhor, deve ser uma agência da democracia a serviço do processo civilizatório, cuja missão é proteger a vida e a liberdade, para cujo exercício são indispensáveis as leis, formuladas por mecanismos legítimos — isto é, são indispensáveis as limitações recíprocas que tornam a liberdade de cada um conciliável com a liberdade de todos. Quando falamos de liberdade, estamos falando de direito a experimentar e viver diferenças. Estamos nos referindo, portanto, ao respeito às diferenças. Conseqüentemente, a polícia, a boa polícia, a polícia desejável e útil à democracia, em uma perspectiva civilizatória, é aquela que serve à causa do convívio pacífico com as diferenças, é aquela que protege as diferenças.

Meu amigo ponderou: "Está certo. Estou entendendo aonde você quer chegar. Mas não consigo compreender uma passagem em seu raciocínio: por que tomar a homofobia como símbolo máximo das diferenças? Por que não focalizar, por exemplo, o racismo ou as diferenças entre as classes sociais?". Poderia ser o racismo, eu disse. Será também o racismo. Nós vamos investir pesado também no combate ao racismo. Poderia ser a diferença socioeconômica. Claro. Você tem razão. E não por acaso nossa política está fundada na universalização dos serviços de segurança, que teriam de atender a todos, ricos e pobres, moradores das favelas ou das zonas nobres da cidade. Acontece que a diferença de orientação sexual é aquela que melhor representa a diferença no seu sentido mais forte e mais radical, aquele que decorre da liberdade individual e não tem a ver com circunstâncias involuntárias, como o destino, a história, a natureza ou as injustiças econômicas. A sugestão de "respeitar o pobre" poderia ser interpretada como compaixão: "Coitada, essa pessoa é pobre. Provavelmente, não tem culpa de ser pobre. Não vamos tratá-la mal porque estaríamos sendo injustos. Essa pessoa precisa de nossa compreensão e solidariedade. Precisa de nossa ajuda". Um racista poderia formular um raciocínio parecido, paternalista e discriminatório, que justificasse a recomendação de que a polícia trate os negros com respeito, sem que estivesse em questão o próprio racismo policial. Poderia dizer algo tão estúpido e abominável como: "Ela não tem culpa de ser negra".

Esse tipo de apropriação perversa do respeito democrático não seria possível ou, pelo menos, seria muito menos provável com as minorias sexuais, pois o único recurso naturalizador da diferença, que seria o discurso biologicista (do tipo: a homossexualidade é uma doença ou uma determinação natural), é negado, no discurso e na prática, pela militância gay, na medida em que ela ostenta com orgulho seu modo de ser e exibe sua identidade como escolha e construção coletiva. Por isso, a luta contra a homofobia talvez seja o símbolo mais radical, mais perturbador e mais eficaz do respeito às diferenças no campo das realizações da liberdade humana. Meu amigo concordou. Acho que foi sincero. Desde então, fiquei com a impressão de que o argumento era convincente. De toda maneira, não seria preciso enunciá-lo. Bastaria pô-lo em funcionamento. Os debates, as propostas e as eventuais resistências surgiriam e teriam de ser superadas no processo. Nós também estávamos começando a aprender a andar de bicicleta.

É claro que havia muito mais, naquela nossa preocupação com a homofobia. Sabíamos que os símbolos do poder são muito sexualizados, sobretudo nas polícias e particularmente entre os militares. Acreditávamos também que nosso problema mais grave — o tráfico armado de drogas nas favelas — tinha mais relação com a escassez de recursos simbólicos para a construção positiva das identidades dos meninos do que com a escassez de recursos materiais para sua sobrevivência física. Ou seja, a fome que leva ao crime é a fome de ser alguém visto, reconhecido e respeitado, e não a fome propriamente dita. Em outras palavras, mais grave que a miséria é a exclusão social. A fome física pode conduzir ao desespero e até a atos extremos, mas dificilmente leva uma pessoa à imersão no mundo do crime (quando este não se apresenta como um modo alternativo de vida, mas um modo de lançar-se à morte precoce e violenta), a não ser com a mediação da revolta, que, associada à falta de perspectivas de identificação positiva, transforma-se em ódio duplo, contra si próprio (vazio de valor) e contra o mundo (no qual não há espaço para uma integração que valorize positivamente o portador do ódio).

O tráfico seduz a garotada oferecendo-lhe recursos simbólicos compensatórios de sua invisibilidade social. O principal deles é a arma. Quando um menino pobre e negro passa por nós, nas calçadas, nem sequer o notamos. Se nos pede ajuda, muitas vezes recebe expressões de enfado, indiferença ou até repugnância. Sua experiência pública mais marcante é a da invisibilidade. É como se ele não tivesse corpo, presença, opacidade social, é como se não tivesse valor e não ocupasse lugar no espaço. Nossa indiferença ou nosso gesto de desconforto, ou mesmo de nojo, é carregado de sentido e transmite ao menino a mensagem mais violenta que lhe poderia ser enviada: ele não é nada, não vale nada, não merece ocupar um minuto da atenção e da preocupação das pessoas que passam, cada qual fixada em sua própria vida e seus interesses. O menino e a menina pobres que vagam nas ruas, em busca de algo que nem eles sabem muito bem o que seja (talvez porque nunca tenham tido), morrem todo dia um pouco, vítimas dos pequenos assassinatos simbólicos cotidianos de que somos cúmplices. Todos nós, afinal, temos mais o que fazer, pensamos. Para isso pagamos impostos. Para resolver esses problemas é que existem os governos. Onde estão os governos? Nós temos mais o que fazer. A garotada pobre, muitas vezes sem apoio familiar forte e permanente e quase sempre desprovida do sentimento de pertencimento a uma sociedade que lhe dá lugar, reconhecimento, afeto, perspectivas de futuro e sonhos nos quais possa engatar seus desejos e seu imaginário, colherá nas ruas sua ração diária de invisibilidade. Sobre que base erguer a auto-estima, então?

A solução que improvisam, mais os meninos do que as meninas, é a construção pelo avesso de si próprios, apoiando a auto-estima, o sentimento positivo do próprio valor, no reconhecimento negativo que obtêm dos outros quando lhes provocam medo. É só pelo medo que essa garotada perdida, sem rumo e sem esperança, anulada pela indiferença generalizada, consegue a migalha reconfortante de nossa atenção. Através da imposição do medo, os meninos tornam-se visíveis, ganham corpo e opacidade social, ou, como talvez dissessem os filósofos: "densidade ontológica". Os mais perversamente afortunados ganham nome e chegam a conquistar notoriedade, que será, entretanto, tão fugaz quanto suas vidas de glórias degeneradas. Lançam-se à morte para alcançar pelo mal o que o bem lhes negou: um fiapo de humanidade. A arma será o principal instrumento dessa construção invertida de si; será a carteira de identidade na qual os rejeitados e excluídos encontrarão a única descrição verossímil de si próprios. A arma será o espelho possível.

Nós procuramos agir contra a arma, não só na esfera da prática policial, estimulando a apreensão do armamento dos criminosos (que atingiu números recordes em 1999), mas também na esfera legal e, sobretudo, na esfera do imaginário coletivo, sabotando sua valorização simbólica. A campanha pelo desarmamento e a campanha contra a homofobia, dentro e fora das polícias, representavam para nós, portanto, duas faces da mesma moeda. Explico: na medida em que tornávamos pública a preparação dos policiais para o respeito aos homossexuais e às minorias sexuais, estávamos desestabilizando alguns vínculos simbólicos estratégicos — mais especificamente, a estrutura associativa inconsciente que organiza a imagem das polícias, sobretudo da Polícia Militar: arma-virilidade-poder fálico-exclusão das diferenças como condição da masculinidade. Por outro lado, com a crítica moral e simbólica da arma que a campanha pelo desarmamento encetou, procuramos devolver a arma a seu lugar puramente instrumental, a serviço de funções profissionais muito específicas e sempre associada a valores negativos quando extraída do contexto profissional (mesmo aí, era ligada a circunstâncias defensivas, da lei e da vida). O núcleo simbólico falocêntrico perdia seus elos estreitos com a violência, elos articulados pela força expressiva das armas, e se abria para conexões positivas alternativas, com outros valores, entre os quais a paz e a liberdade para a diferença. Diferença acolhida pelo poder — legitimada, portanto —, que se podia vivenciar, então, como forma de poder ou instrumento de autoconstrução positiva. Novos jogos, novas linguagens podiam circular, nas mais diversas áreas da sociedade. Estávamos mexendo em ideologias plantadas fundo no inconsciente e lançávamos pontes de comunicação com aqueles que permaneciam invisíveis socialmente.

Lutando contra a homofobia, dentro e fora das polícias, achávamos que daríamos impulso às suas transformações e que emitiríamos sinais, num plano invisível, aos que estavam vivendo a suprema humilhação da invisibilidade social, dos mais diversos modos e nos mais diferentes locais. Sinais que deveriam transportar uma mensagem muito simples de esperança: as diferenças podem não ser abismos intransponíveis; pontes são possíveis; o silêncio, a incomunicabilidade, a invisibilidade não se rompem só com o medo e com a reiteração do velho jogo fálico em que o poder aparece encarnado na arma e é representado pela violência. A cidade pode não estar partida para sempre, irreversivelmente. Portanto, do nosso ponto de vista, o respeito às diferenças, afirmando-se no espaço em que sua manifestação parece mais radical, porque se realiza como manifestação de liberdade, poderia também significar o início de um rearranjo político-cultural cujos efeitos talvez se fizessem sentir até mesmo no mundo do crime, afetando, particularmente, a dinâmica psicológica dos meninos envolvidos com o tráfico de drogas. Queríamos disputar, com o tráfico e suas armas, o desejo e o imaginário da juventude excluída. Não tínhamos ilusões. Sabíamos que isso não se faria somente com uma nova política de segurança, nem mesmo com uma nova polícia. Isso exigiria imensos investimentos econômicos em políticas sociais. Isso exigiria que nosso país começasse a mudar. Mas nada nos impedia de começar a puxar uma das pontas do processo.

Tudo isso pode parecer um pouco romântico. E de fato seria romântico, se não estivesse incluído num conjunto bem mais vasto de programas e projetos, que configuravam uma política bastante realista e pragmática, ainda que ousada. Se nossa política não tivesse os pés no chão, não poderia ter ousado com seriedade, mantendo o compromisso de cumprir metas. Enquanto, ainda em janeiro de 1999, construíamos a primeira delegacia legal, implantávamos três novas unidades na PM (GEPAT, GEPE e GEAT, esta última organizada em cada um dos 36 batalhões do estado), criávamos a ouvidoria e o Programa de Proteção às Testemunhas, levávamos os Mutirões aos morros e esboçávamos o plano da campanha pelo desarmamento, reordenávamos o sistema de qualificação profissional e tecíamos as redes de combate à violência doméstica —, enquanto fazíamos tudo isso, convocávamos as entidades representativas das minorias sexuais para uma cruzada contra a homofobia. É nesse contexto de iniciativas e contra esse pano de fundo que se deve compreender o sentido específico da luta contra a discriminação das minorias sexuais. Isolada, ela pareceria um empreendimento quixotesco de intelectuais bem-intencionados, quase vazio e patético, fadado ao fracasso, em meio ao caos e à ineficiência.

O caso norte-americano é bastante interessante e pode nos servir de modelo, pois as características culturais, ainda que distintas, apresentam muitas similitudes com as nossas. O fenômeno da emergência de movimentos neonazistas nos Estados Unidos, ou de versões mais fracas porém igualmente perigosas, como os nacionalistas auto-organizados em milícias armadas, tem relações estreitas com o simbolismo masculino das armas e com o sucesso dos movimentos feministas, que alteraram a posição das mulheres, na sociedade e na família. As milícias se autojustificam proclamando-se defensoras da nação e de seus valores mais caros, que estariam ameaçados por três principais fatores: a feminização do poder; as limitações à liberdade individual e nacional, prenunciadas na tendência ao crescente controle do acesso privado às armas, e a aliança clandestina entre o governo dos Estados Unidos, o governo da China e a ONU, cujo objetivo seria impor o comunismo ao mundo.

Deixando de lado considerações sobre os aspectos patológicos dessas fantasias e das reações violentas que suscitam, é importante observar o núcleo das associações primárias que organizam a paranóia coletiva das milícias: o aumento do poder das mulheres realiza-se em relação diretamente proporcional à diminuição do acesso às armas. O avanço feminino corresponde à perda das armas, vale dizer, é vivido por esses homens que lideram as milícias como perda do controle e do poder. Os psicanalistas me perdoem a invasão impertinente de seu campo, mas preciso formular a equação em linguagem freudiana: os homens da extrema-direita norte-americana têm experimentado o avanço democrático, representado pelo fortalecimento social das mulheres, como risco simbólico de castração. As armas, nessa estrutura político-moral, são atributos masculinos e ícones óbvios da masculinidade. A masculinidade é aí entendida de forma doentia, isto é, só se sustenta se for amparada por uma dicotomia de poder (superior-inferior; possuidor-possuído; detentor da arma-desprovido da arma), que envolve hierarquia e exclusão.

Transferindo esse cenário para o Brasil, poderemos pensar a analogia entre os milicianos e os traficantes. As diferenças são enormes. Mas a semelhança pode ser significativa. Ela diz respeito à centralidade do lugar da arma na economia psicológica geradora da auto-imagem masculina e da auto-estima. Nossa campanha de desarmamento ajudaria muito se, além de reduzir a imagem pública das armas a instrumentos profissionais e defensivos das instituições policiais, contribuísse para romper, no imaginário social, os vínculos positivos, encantatórios e sexualizados entre arma e virilidade. O poder derivado da arma deveria receber a marca negativa. Se isso acontecesse ao menos em parte, as armas perderiam uma parcela de sua força evocatória do poder que atrai e seduz, e esse poder se restringiria a simples instrumentalização, destituindo-se de todo glamour. Dessa maneira, estaríamos contribuindo, indiretamente, para subtrair das armas a função compensatória que adquiriu para a garotada que adere ao tráfico. Ficaria mais difícil para o menino invisível conquistar visibilidade pela imposição do medo, através da arma, porque esta seria vista como recurso covarde dos fracos que se escondem. Claro, não tínhamos a pretensão de vencer um casamento milenar, entre armas e masculinidade, que comemora suas bodas e se renova todo dia nas TVS e nos cinemas. Uma campanha não derrota o mercado. Não se trata disso. Contudo, assim como a indústria do tabaco está acuada e o jogo reverteu-se, nos Estados Unidos, em favor da vida e contra as mitologias que estavam a serviço de um ramo de negócios, nada impede que os vínculos simbólicos das armas sejam rompidos, e que um dia, não custa sonhar, os negócios mundiais bilionários com as armas sofram os mesmos reveses que a indústria tabagista está sofrendo hoje. O tamanho do problema deve nos manter com os pés no chão e nos fazer evitar o irrealismo, mas não creio que deva nos paralisar. Todas as vitórias importantes contra os problemas maiores começaram em algum ponto, com um primeiro passo, pequeno, mínimo, infinitesimal — nem por isso menos decisivo.

Para a ruptura do casamento simbólico entre armas e masculinidade, imantado pelo glamour do poder, nosso movimento anti-homofóbico deveria somar-se à campanha pelo desarmamento, sem que se confundissem os canais. Era preciso guardar as diferenças, que se estendiam do ritmo do processo ao vocabulário de cada mobilização, dos meios empregados aos parceiros privilegiados. Mas também era importante ter em mente as articulações e as convergências, para não perder as chances de fazer com que ambas as dinâmicas se beneficiassem de apoio recíproco.

No dia 2 de fevereiro de 1999, realizamos a reunião que fundou o Centro de Referência contra a Discriminação das Minorias Sexuais. Não era nosso primeiro encontro com representantes das minorias, mas foi o primeiro a atrair tanta gente. Convidamos todas as entidades atuantes no estado de que tivemos notícia até aquela data, solicitando a cada convidado que estendesse o convite a quem considerasse pertinente. Da portaria do prédio, os seguranças queriam saber se aquelas pessoas estavam mesmo autorizadas a subir. A presença dos travestis era mais mobilizante do que a de gays e lésbicas. "Professor", perguntavam os seguranças, "o senhor tem certeza?" Eu e Silvia Ramos abrimos a reunião e expusemos nossas intenções. Estavam presentes representantes de ONGs não diretamente ligadas às minorias sexuais, como o Viva Rio, o ISER, organizações de defesa das prostitutas e de prevenção da AIDS, assim como o deputado estadual pelo PT Carlos Minc, um dos nossos parceiros de todos os momentos e autor do título "Centro de Referência", que eu antes pensara em denominar "Unidade da Cidadania". Presenças especialmente importantes para nós eram os representantes das polícias Civil e Militar.

Comecei propondo que elaborássemos, coletivamente, uma agenda dos problemas: que tipos de violência eram mais graves e comuns? Onde e quando ocorriam? A polícia era parte do problema? Por quê? Como agiam os policiais, em relação a cada um daqueles exemplos de crimes e práticas violentas que estávamos listando? Identificamos os problemas e os hierarquizamos, para dispormos de uma escala de prioridades. Passamos, então, à segunda parte da tarefa: o que deveria ser feito para evitar a ocorrência de todos aqueles crimes? Como as polícias poderiam atuar para prevenir? Quando não fosse possível prevenir, como deveriam intervir para restaurar a ordem e reduzir as chances de impunidade? O que deveria ser feito para que os policiais mudassem suas atitudes, já que a violência policial se incluía no inventário dos problemas? A participação da platéia foi intensa e o consenso veio fácil. Em cerca de duas horas, já tínhamos, em linhas gerais, o mapa dos problemas que afetavam gays, lésbicas e travestis na capital do estado, em Niterói e nas cidades da Baixada Fluminense. Não é difícil fazer o inventário dos problemas, quando se conta com a participação da comunidade que vive todos eles, em seu cotidiano. Por outro lado, não é muito complicado pensar soluções, quando os problemas são apresentados com muitos detalhes concretos. Se sabemos em que ruas e em que horários tendem a acontecer as agressões, em que bares e casas noturnas costumam ocorrer os golpes — como o "boa noite, Cinderela" —, se o enredo do golpe é conhecido, pois vem sendo repetido ao longo do tempo, é fácil estabelecer o plano para o policiamento preventivo necessário, assim como é simples aplicar uma campanha de esclarecimento sobre os golpes mais comuns, em parceria com as próprias entidades que defendem os interesses das minorias sexuais. Por outro lado, se os policiais não estão se comportando de modo adequado e se podemos ouvir, diretamente daqueles que são vítimas de suas incompreensões ou de suas práticas violentas, o relato de fatos que sejam ilustrativos dos procedimentos ilegais ou impertinentes, a correção se torna muito mais fácil. Portanto, a participação comunitária mostrava-se útil em muitos sentidos diferentes.

Depois de identificar os problemas para compor uma agenda mínima consensual, depois de hierarquizar coletivamente as prioridades e em seguida à definição das providências apropriadas para o enfrentamento de cada problema, era preciso organizar um grupo representativo do conjunto das entidades presentes ao encontro para acompanhar e avaliar os resultados das novas medidas que implantaríamos — e para nos ajudar a corrigir os rumos dali em diante. Pedimos então que a platéia decidisse critérios e nomes. Não havia limitações rígidas, mas todos concordaram que seria mais difícil trabalhar com agilidade se o grupo fosse muito grande. Alguns nomes foram apontados pelo auditório. Propusemos, então, a participação desses representantes no espaço que queríamos criar naquele momento, ao qual daríamos a denominação sugerida por Carlos Minc, Centro de Referência, e que consistiria em um fórum permanente, para que o diálogo que estava tendo início naquele auditório prosseguisse, se institucionalizasse e se inscrevesse na Secretaria de Segurança, aprofundando nossos vínculos.

Chamei a atenção da audiência para o fato de que a linha direta que estávamos criando teria mão dupla: assim como estaríamos sempre alertas para usar a nossa autoridade em defesa de quem fosse ameaçado ou se tornasse vítima de violência, também usaríamos aquele fórum para pedir colaboração aos grupos, no caso de precisarmos negociar algum acordo com travestis, michês e prostitutas cujo comportamento, em determinados horários e locais da cidade, viesse a ferir a sensibilidade moral de outros cidadãos. A tolerância teria de ser uma prática recíproca, se quiséssemos vencer a batalha pelo respeito às diferenças. Isso, aliás, veio a acontecer algumas vezes, pouco depois daquele encontro. Já no dia 23 de março, por exemplo, Silvia Ramos, em nome do centro de referência, promoveu uma conversa franca entre travestis, lideranças do mundo gay, ONGS e o comandante do batalhão de Copacabana, coronel Belo. Depois de um início tenso, no qual personagens estranhos à PM sentavam-se, pela primeira vez, na sala do comandante de um batalhão, e o faziam para criticar uma operação policial — o "arrastão" promovido no bairro contra os travestis, com a intenção de apreender drogas —, a reunião foi assumindo um curso positivo e se encerrou com a celebração de um acordo entre as partes, que propunha normas para evitar novos vexames públicos para os travestis, mas lhes transferia responsabilidades quanto à forma de exposição do corpo no calçadão da avenida Atlântica. Havia uma consciência difusa de que todos saíram ganhando com o encontro, a começar pela segurança pública e incluindo personagens da noite e a própria PM, que passaria a ser mais eficaz e ainda receberia o reconhecimento de setores da sociedade que sempre a viram de forma exclusivamente negativa.

Um segundo campo de responsabilidades do centro de referência teria a ver com formação e requalificação profissional dos policiais, civis e militares. Informei à audiência, na seqüência da reunião que inaugurava o centro de referência, que nós aproveitaríamos todas as oportunidades para introduzir os temas de interesse do centro em seminários, aulas, debates e cursos que viessem a ser promovidos nas polícias. Como nossa intenção era promover o maior número possível de cursos e eventos dirigidos à capacitação dos policiais, seriam muitas as oportunidades de tematização da homofobia e do significado humano, legal e democrático de rejeitá-la. Já estavam se iniciando, por exemplo, o curso de formação de policiais civis para a delegacia legal e o Telecurso 2000, que a Fundação Roberto Marinho, a FIESP e o Viva Rio, com o apoio do Ministério do Trabalho, patrocinavam na PM, com enorme sucesso. Aliás, um sucesso emocionante: tivemos quase dois mil candidatos e só pudemos aceitar cerca de seiscentos policiais. O Telecurso permite que se faça, em onze meses, o segundo grau, abrindo espaço equivalente a cem horas para aulas técnicas, voltadas para a área de especialização profissional do estudante. Ao final de 1999, os resultados ficaram muito acima da média nacional, comprovando o êxito da iniciativa e o valor extraordinário desses profissionais, cuja dedicação parece superar até os limites físicos. Isso foi e será para nós um motivo de orgulho e esperança, sinalizando possibilidades futuras extremamente positivas. Quando lamentamos o grau de degradação moral das instituições policiais, não podemos esquecer que, em seu interior, há milhares de trabalhadores honestos, sérios, que não medem esforços para se aperfeiçoar e que podem constituir a fonte da renovação.

Naquele dia de fevereiro, o sucesso do Telecurso e do curso preparatório para a delegacia legal era apenas uma aposta. O Telecurso só seria inaugurado, com pompa e circunstância, no dia 1º de março. De todo modo, ambos nos ofereceriam oportunidades excelentes para os debates que nos importavam naquela reunião. Tomaríamos algumas das cem horas profissionalizantes do Telecurso e um dia de aulas ou seminários do curso para a nova delegacia. O ideal seria contar com a participação direta de membros das entidades que fundavam conosco o Centro de Referência contra a Discriminação das Minorias Sexuais. Haveria, certamente, professores, nos quadros de sócios das entidades. Alguns deles poderiam voluntariar-se para visitar conosco os batalhões e as delegacias e dar essas aulas ou animar os seminários. Desse modo, ganharíamos todos. O Estado não gastaria um centavo. As entidades interviriam no processo, como sempre haviam desejado ou talvez sequer sonhado que um dia fosse possível. Fariam circular seus valores e os colocariam em discussão justamente com as agências de segurança pública, que ocupam uma posição estratégica para o bem-estar das comunidades discriminadas. Finalmente, os policiais também se beneficiariam, pois receberiam mais que aulas meramente teóricas e abstratas. Teriam a chance de conhecer pessoas que não se envergonham de ser o que são. Pelo contrário, orgulham-se da identidade que ostentam e o fazem defendendo valores caros à cidadania e à tradição legalista e democrática. O simples contato humano carregaria mais ensinamentos do que qualquer discurso. E isso cumpriria funções educativas e liberalizantes para os dois lados, pois os policiais também são vítimas de preconceitos.

As entidades prontificaram-se a fornecer professores. Começava ali um processo comovente de derrubada de tabus. As visitas que lideranças das minorias fizeram aos batalhões e às delegacias marcaram profundamente a trajetória das próprias entidades, que passaram a ver com outros olhos os policiais, antes temidos ou odiados, sempre a distância. Os policiais revelaram-se indivíduos, seres humanos, trabalhadores com dificuldades que são as de todos nós, com limitações, medos e sofrimentos. Os líderes que deram as aulas, pela simples presença respeitosa e respeitável, transmitiram aos policiais um pouco da humanidade daqueles grupos freqüentemente hostilizados, ridicularizados, humilhados e estigmatizados. Zuenir Ventura me deu a honra de observar a primeira aula sobre homossexualidade oferecida nas dependências da Polícia Civil do estado do Rio de Janeiro, em 1º de março, proferida por Claudio Nascimento, um dos principais líderes da comunidade gay, cuja contribuição foi decisiva para o sucesso do nosso centro de referência. Segundo amigos do movimento gay, essa teria sido a primeira aula do tipo no Brasil — quiçá na América Latina. Zuenir escreveu com uma esperança repleta de generosidade sobre nossa aventura de ousar sensibilizar "corações e mentes", para mudar, na prática cotidiana, as nossas polícias. Nenhum de nós se iludia e imaginava que os policiais sairiam dali transformados. A vida não é assim. Tudo é muitíssimo mais complicado. Mas, certamente, seus comportamentos exteriores teriam de começar a mudar, pois as regras do jogo passavam a ser diferentes. Em síntese, o que eu estava lhes dizendo era o seguinte: vale o que manda a lei e os cidadãos merecem respeito, para que os agentes da lei e a própria lei sejam respeitados como devem ser.

De fora para dentro, do comportamento para os valores e daí para a subjetividade, quem sabe, ao longo dos anos alguma alquimia talvez viesse a mobilizar os espíritos, alterando disposições mentais e valores havia décadas implantados. De todo modo, mesmo que nenhuma subjetividade policial jamais se sensibilizasse com os dramas humanos das minorias e jamais incorporasse o significado do respeito verdadeiro às diferenças, mesmo assim, o que importava e importa, o que era e é decisivo, e, de qualquer maneira, o que se insere na alçada do gestor de políticas públicas, na alçada de um subsecretário de Segurança, é a mudança de comportamento, porque é isso que as pessoas sentem na pele e é isso que faz diferença na prática imediata. O resto é trabalho para a cultura, a estética e os mecanismos educativos dos mais diversos tipos, acionados pelo processo civilizatório. O resto ultrapassa o domínio da autoridade e responsabilidade do subsecretário, mas permanece na alçada das entidades da sociedade civil, que não podem descansar.

A primeira aula promovida pelo Centro de Referência contra a Discriminação de Minorias Sexuais na PM ocorreu no dia 9 de junho, no auditório do Quartel-General, para uma platéia de cerca de 180 policiais. Também foi proferida por Claudio Nascimento e se repetiria durante vinte semanas, atingindo um universo de 3500 policiais militares. Silvia anotou em seu diário de campo: "A massa fardada se forma em sentido quando o presidente da ABGLT (Associação Brasileira de Gays, Lésbicas e Travestis) entra. A cena impressiona. A Globo filma o evento".

A dinâmica das aulas e dos debates, introduzidos nos currículos dos cursos oferecidos na PM e na Polícia Civil, constituiu também uma das principais oportunidades para que representantes dos movimentos anti-racistas visitassem as instituições policiais e começassem a romper barreiras, que eram, afinal de contas, inteiramente incoerentes, dada a significativa presença de negros nas polícias. No dia 23 de junho de 1999, 23 professores do Movimento Negro deram aula sobre racismo em vinte batalhões da PM, simultaneamente. Essa foi a data inicial, que se tornou um marco para nós.

Com a criação do centro de referência, a organização de uma pauta comum de trabalho, a elaboração de mapas de riscos e agendas de problemas, a definição de medidas tópicas, a convocação de grupos externos de assessoria permanente, que nos ajudassem a avaliar os resultados e corrigir os erros, com a convocação das lideranças para meter a mão na massa conosco e visitar as instituições policiais, conversar com os policiais, preparar aulas e publicações, estruturar campanhas de mobilização e esclarecimento, sempre segundo os princípios do respeito às diferenças e de defesa da paz, com esse conjunto de iniciativas nós estávamos convencidos de que aproximávamos as instituições policiais de setores da sociedade que sempre haviam estado distantes e eram radicalmente críticos. A aproximação interessava a ambos os lados, melhorava a imagem das polícias, rompia tabus, humanizava os grupos estigmatizados, valorizava-os e os atraía para missões cooperativas, em nome da segurança, entendida como a garantia da vida e da liberdade de todos, com respeito às leis e às instituições legítimas de nossa frágil democracia. Ganhavam as instituições democráticas. E tudo isso custava apenas dedicação, alguma dose de ousadia, muita conversa e confiança. Nenhum centavo, repito, foi gasto pelo Estado, em toda essa mobilização. Nas conversas internas de nossa equipe, o centro de referência passou a representar o potencial ainda inexplorado, para a segurança pública, não só da participação comunitária, mas sobretudo da imaginação. A partir daí, passamos a dedicar tempo, nos fins de semana, tanto ao estudo de dados e informações que exigiam análise técnica quanto ao *brainstorming*, a tempestade cerebral, um exercício coletivo prazeroso e fascinante, em que todos têm a liberdade de dar asas à imaginação. Tínhamos suficiente confiança em nosso realismo pragmático para nos permitir a aventura da imaginação coletiva. Se o que escrevi acima levar alguém a associar a política, especialmente o campo árido, duro, espinhoso da política pública, à experiência da estética e da criação, eu não me surpreenderia e até mesmo me identificaria com essa leitura. Essa dimensão livre, criativa, lúdica e divertida de uma tarefa tão lúgubre, pesada, difícil e sofrida, como a gestão da segurança, realmente existe, se quisermos que ela exista. Se lhe dermos vida e espaço para florescer, extrairemos de sua existência benefícios de todo tipo. Mas para que isso seja possível de forma positiva e produtiva, deve se realizar sempre coletivamente, com uma equipe afinada e experiente, na qual haja confiança mútua irrestrita, e sem prejuízo da produção e do controle do conhecimento, que é base para toda operação racional, inclusive a implementação dos projetos. Só é possível divagar com liberdade e criatividade se tivermos os dois pés bem plantados no chão e se conhecermos bem não só a realidade com a qual lidamos, mas a nós mesmos, para não nos auto-iludirmos.

Uma das primeiras atividades do Centro de Referência contra a Discriminação das Minorias Sexuais foi a intervenção contra os espancamentos de homossexuais praticados por lutadores de jiu-jítsu. Mobilizamos as polícias, convocamos donos de academias e iniciamos uma campanha pelo respeito às diferenças, evocando a própria dignidade tradicional das artes marciais. Preparamos policiais para atuar nas ruas em que se concentram casas noturnas freqüentadas por homossexuais. Discutimos os problemas com os policiais e a importância de eles se apresentarem como protetores e não como agentes hostis. O mais impactante foi o Carnaval. Praticamente não houve violência homofóbica e muitos telegramas nos agradeceram aquela rara oportunidade de uma grande festa em paz. Graças à orientação dos representantes das entidades que se reuniam com Silvia Ramos regularmente, nosso centro de referência traçou o mapa do carnaval gay, que serviu de guia para o patrulhamento da PM. Uma cena cômica e bastante expressiva das convenções que estávamos mudando foi relatada pelo comandante geral, coronel Cruz. Ele acabara de pedir a seu auxiliar que transmitisse a todos os batalhões envolvidos o fax com o mapa do carnaval gay. Deu-se conta do mal-entendido que poderia provocar e correu para impedir que o fax fosse enviado. Recuperou o documento e, à mão, em letras garrafais, assinalou: a ordem é para dar proteção aos gays nesses locais — e não para reprimi-los.

Talvez nada que eu diga se compare à força expressiva de um breve relato de Silvia Ramos, redigido sem maiores pretensões para seu diário de campo. Estão aí os sentimentos e as idéias, sintetizados. Idéias e sentimentos que eram os nossos e que circulavam entre todos os que se envolveram no processo. Até hoje, mais de um ano depois do encontro — uma pequena reunião talvez irrelevante para a história da segurança pública do Rio de Janeiro — ainda sinto, ao copiá-las, a mesma emoção que eu sei que Silvia sentia ao escrever essas palavras, e intuo que está aqui uma das chaves para abrir as portas mais altas e pesadas, que parecem irremediavelmente fechadas para qualquer mudança:

> *27 de abril — Reunião com travestis no 5º BPM* (Harmonia), com o coronel Sérgio Martins. O mais emocionante encontro entre minorias e polícia. O 5º BPM tem uma construção muito antiga, do tipo *panopticon*. Quando chego no carro oficial percebo que cinco mulheres me esperam do lado de fora do batalhão. Salto do carro na porta e as convido para entrar comigo. Conforme vamos entrando, eu na frente, elas atrás, numa espécie de fila indiana, percebo que os PMs que se encontram no pátio interno, inclusive no andar superior da construção que se fecha sobre nós, vão ficando imóveis enquanto olham boquiabertos a fila inusitada, como numa brincadeira infantil de "estátua". As moças, vestidas em suas melhores versões *tailleur* e outros vestidos finos, combinam um misto curioso, próprio dos travestis, de receio com altivez. A subida das escadas, até a sala de reuniões do comandante, precedida da tensão de uma reunião sempre exigida e nunca realizada, ficou gravada de forma sonora, com o *toc, toc, toc, toc* contínuo dos saltos superaltos dos travestis batendo nas longas escadarias de madeira. O encontro, no andar superior da construção, foi comovente e ritualizado. Giovana Baby falou firme, mas com a voz embargada, do significado daquele momento, finalmente entrar no Harmonia, pela porta da frente, convidada, o batalhão da PM dos travestis mais pobres, que comanda as áreas da Central e praça Mauá, historicamente extorquidos e humilhados pela polícia. O comandante, tanto ou mais emocionado, disse que elas eram bem-vindas e que dali para frente se abria um diálogo permanente, que elas poderiam voltar sempre que fosse preciso e falar diretamente com ele, que nenhuma ilegalidade contra travestis seria cometida pelo 5º BPM com a conivência dele. Um detalhe chamou atenção sobre o significado do encontro para o batalhão e os possíveis efeitos da visita performática. Fazia muito calor, eram quatro horas da tarde, na região do porto do Rio. Um soldado entra na sala equilibrando uma bandeja com copos de água gelada e xícaras de cafezinho.

O tilintar nervoso das louças denuncia o assombro dos jovens policiais. Os travestis, como se não deixassem passar nenhum detalhe da visita, olho no olho de cada policial, tomam a água e o café com gosto e certeza.

Em 4 de maio, Silvia e o Grupo 28 de Junho, que defende os homossexuais da Baixada Fluminense, visitaram o 20º Batalhão, onde foram recebidos pelo comandante, coronel D'Ambrosio, o delegado da Metropol IX, o delegado coordenador da Baixada, o inspetor chefe do Policiamento e Fiscalização da Polícia Rodoviária Federal e o inspetor chefe do Policiamento da Rodovia Presidente Dutra. Discutiram os problemas históricos de travestis na Dutra, que envolvem muitas mortes. Definiram-se medidas práticas e abriram-se os canais de comunicação. A simples existência do centro de referência, o mero reconhecimento oficial de que havia um fórum permanente devotado às minorias sexuais, infundia legitimidade a questões e a atores até então ignorados. E propiciava reuniões cujos efeitos práticos eram sensíveis.

No dia 1º de julho de 1999, inauguramos o Disque-Defesa Homossexual (DDH), em parceria com catorze entidades que defendem as minorias sexuais, com o ISER, o Balcão de Direitos do Viva Rio, com o Escritório Modelo de Assessoria Jurídica da Universidade Candido Mendes, com psicólogos e psicanalistas que ofereciam atendimentos através de um banco de horas, e com o gabinete do deputado estadual Carlos Minc, do PT. Tratava-se de um serviço de atendimento telefônico, que funcionava na Secretaria de Segurança e era operado por membros das entidades associadas ao projeto. As queixas ou denúncias eram imediatamente repassadas para os setores policiais, com os quais já havíamos articulado um sistema de comunicação e de trabalho cooperativo. Quando se tratava de perguntas, as informações eram prestadas segundo orientações consensualmente definidas pelos organizadores. Nos primeiros oito meses de funcionamento, o DDH recebeu 270 ligações, das quais 193 relatavam violências sofridas por gays, lésbicas e travestis, 65 solicitavam informações.*

* 74% das denúncias foram apresentadas pelas próprias vítimas. 20% dos casos referiam-se a discriminação, 15% a agressão física, 13% a ameaça, 13% a extorsão e 7% a assassinato. A maior parte dos telefonemas veio da capital, 22% da zona sul e 21% da zona norte. Mas houve uma quantidade significativa da zona oeste, 19%, da Baixada Fluminense, 12%, e de Niterói e São Gonçalo, 9%. A maioria dos usuários eram rapazes jovens e com escolaridade acima da média da população.

Com o tempo e a difusão de notícias sobre o serviço, a tendência da procura era aumentar. O DDH servia não apenas para atender vítimas da violência e orientar os que a temiam, como também para estreitar as relações entre a secretaria e a sociedade civil organizada. Auxiliava também as polícias, contribuindo com seu trabalho e alterando favoravelmente sua imagem. Ajudava ainda a disseminar novas concepções sobre segurança, como um bem democrático que interessa a todos os cidadãos e é indissociável da liberdade, da tolerância e do respeito às diferenças.

No primeiro relatório parcial do DDH, há um seção especialmente elucidativa da riqueza potencial do centro de referência e do próprio serviço de atendimento telefônico:

> *Alguns Casos Especiais — As outras funções do DDH*
> Abaixo estão descritas quatro situações especiais, mostrando que o DDH tem desempenhado e pode vir a desempenhar várias funções, além do atendimento direto ou telefônico dos usuários. O DDH vem apresentando um potencial de mobilização de instrumentos que geram segurança maior do que o inicialmente imaginado.
>
> *Mau atendimento dá cadeia*
> A Ouvidoria da Polícia recebeu a denúncia (intermediada pelo Centro de Referência contra a Discriminação das Minorias Sexuais, mais especificamente pelo grupo que estruturava o DDH) de uma pessoa que se apresentou como gay e denunciou que havia sido mal atendido por dois PMs, na noite anterior, no Aterro do Flamengo (os policiais não encaminharam o usuário e seu amigo, após serem vítimas da agressão de um desconhecido, à Delegacia de Polícia e ainda os ofenderam dizendo que aquilo era "coisa de viado"). A vítima tinha os dados necessários para identificar os policiais (dia, hora e local do fato, e ainda anotara o número da viatura). Além disso, a vítima concordou em reconhecer os policiais, o que foi providenciado pela Ouvidoria no dia seguinte à denúncia. Em menos de uma semana o caso foi analisado pela Corregedoria da PM, que puniu os dois sargentos com dez dias de prisão.
> Enquanto estavam presos no batalhão, os policias receberam "aulas" sobre direitos dos homossexuais, foram à Secretaria de Segurança, conhe-

ceram o trabalho do Centro de Referência, reuniram-se com a vítima e com representantes de entidades homossexuais. A divulgação dessa punição exemplar produziu grande impacto entre policiais militares, muitos passaram a entender que uma nova política de defesa de direitos humanos estava em vigor. Na ocasião, o próprio Comandante do Batalhão disse à imprensa, em reunião no Centro de Referência: "Há alguns anos, homossexuais eram recolhidos e obrigados a limpar o quartel; hoje o policial tem que entender que se tratar mal, seja quem for, vai pra cadeia".

Um telefone para ajudar as investigações

Em 18 de julho foi assassinado, em Queimados, Baixada Fluminense, o professor de dança João Paulo da Silva Ferreira, de 36 anos. João Paulo era dono de uma academia de dança no bairro, pessoa conhecida e querida. No dia do enterro, militantes do Grupo 28 de Junho fizeram um discurso contra a impunidade e divulgaram o telefone do DDH. Essa nova estratégia de elucidação do crime foi divulgada pela imprensa. O DDH passou a receber importantes informações de pessoas que não queriam ir à polícia, mas queriam ajudar a descobrir o assassino. Os voluntários do DDH passaram a manter os policias responsáveis pelo caso, na 55ª DP, informados das ligações. Isso ajudou as investigações e estimulou a polícia, que vem dando prioridade ao caso. O assassino já está identificado e a polícia aguarda o indiciamento, pelo Ministério Público.

A polícia pede ajuda ao DDH

Em 11 de julho, policiais da 5ª DP (Delegacia Legal), chefiados pela dra. Elizabeth Cayres, renderam em flagrante um golpista de "Boa Noite, Cinderela", quando tentava usar o cartão de crédito de uma vítima. Uma vez preso, a autoridade policial instaurou o inquérito e precisava reunir mais informações sobre o criminoso para conseguir que a prisão preventiva fosse decretada pelo Ministério Público. A delegacia enviou fotos do criminoso, que foram distribuídas pelas entidades homossexuais por bares e boates gays. Dessa forma, o DDH aprendeu que pode fazer a mão inversa, ajudando a polícia a localizar vítimas de um criminoso.

PM prende golpista na Rodoviária

Desde o início do ano, o Grupo 28 de Junho alertava que várias pessoas estavam sendo vítimas de criminosos que davam "batidas policiais" no banheiro da Rodoviária de Nova Iguaçu. Em agosto, preservando o espírito cooperativo do Centro de Referência e desdobrando iniciativas do Centro, o grupo foi visitar o comandante do 20º BPM e solicitou patrulhamento na área. Na mesma noite, policiais do serviço reservado da PM flagraram o criminoso enquanto fazia a falsa batida no banheiro. O bandido recebeu voz de prisão, tentou fugir, recebeu um ferimento leve e foi preso na 52ª DP, onde foi reconhecido por vítimas levadas por militantes do grupo.

No dia 2 de março, um mês depois da criação do primeiro centro de referência, fundamos o segundo, contra a discriminação racial. Estiveram presentes aproximadamente setenta pessoas, entre elas o então titular da Secretaria de Estado dos Direitos Humanos, o ex-senador Abdias do Nascimento. Em seu discurso ele nos disse, com emoção e nos emocionando a todos, que nos seus oitenta anos de vida já participara de centenas, talvez milhares de reuniões dedicadas à causa anti-racista — mas aquela era a primeira vez que uma reunião desse tipo se realizava nas dependências de uma Secretaria de Segurança e por iniciativa dessa secretaria. Compreendemos o sentido histórico da iniciativa e também quão atrasadas estavam as instituições da segurança pública, relativamente aos temas da cidadania. Os próprios policiais negros são muitas vezes vítimas do racismo, dentro e fora das polícias — sobretudo fora. Por outro lado, com freqüência assumem a posição paradoxal de algozes de seus irmãos negros. Contávamos com a história da PM, nesse aspecto extremamente democrática. Como chamava a atenção meu colega Livio Sansoni, sociólogo e professor da Universidade do Estado do Rio de Janeiro, talvez a PM seja a instituição tradicional brasileira que mais tenha propiciado a afluência dos negros a posições superiores na hierarquia e a postos de comando. Precisávamos tirar proveito dessa história notável e valorizá-la, para valorizar a própria instituição em sua face mais positiva e estimular a adesão dos policiais militares à nossa pauta anti-racista, que envolvia a identificação dos principais problemas, a escolha das prioridades, a definição de medidas práticas de ação policial, a constituição de um grupo permanente de avaliação, que supervisionasse a aplicação das medidas, e, finalmente, a indicação de professores voluntários para falar aos policiais em todas as oportunidades que encontrássemos.

Seguimos, portanto, a mesma metodologia que aplicamos na constituição do centro contra a homofobia. E faríamos o mesmo na criação do Centro de Referência contra Crimes Ambientais, em 23 de abril de 1999, da qual participaram quarenta entidades comprometidas com a causa, e do Centro de Referência da Criança e do Adolescente, em 26 de agosto do mesmo ano, de que tomaram parte cerca de trinta entidades, além de juízes, promotores e policiais. Embora todos os centros tenham sido criados com o mesmo método e tenham se organizado do mesmo modo — como fóruns abertos e permanentes para intercâmbio e iniciativas conjuntas do Estado com a sociedade civil, e como mecanismos de orientação do trabalho policial, avaliação de seus resultados e requalificação profissional dos policiais —, cada um deles teve seu próprio itinerário, seus próprios altos e baixos, suas dificuldades, seus limites e seus êxitos.

Em parte, a história peculiar de cada centro retratou as características da sociedade civil organizada fluminense que atua naquele campo. Por isso, não é de estranhar que o Centro de Proteção Ambiental tenha avançado muito, inclusive em ações práticas de policiamento, pois os ambientalistas atingiram um razoável grau de consenso e organicidade. Nesse caso, edificamos sobre uma plataforma sólida, pois já havia integração e colaboração entre as entidades, o Batalhão Florestal e a Delegacia Móvel de Meio Ambiente. Cabia-nos fortalecer a rede já existente, representada sobretudo pela APEDEMA (Assembléia Permanente de Entidades de Defesa do Meio Ambiente), obter recursos e ajudar a estender as relações cooperativas às prefeituras dos 91 municípios fluminenses, à Secretaria Estadual do Meio Ambiente, à FEEMA, ao IEF (Instituto Estadual de Florestas) e à Capitania dos Portos. Tampouco deve surpreender o fato de que o centro para cuja criação foi necessário o maior esforço na precisão de objetivos e na articulação política tenha sido o último, voltado para a proteção das crianças e dos adolescentes. Afinal, nesse campo se concentrava o maior número de ONGs e a mais complexa e vasta experiência acumulada, de que dava testemunho o Conselho Estadual de Defesa da Criança e do Adolescente.

O sucesso do DDH inspirou a criação, em fevereiro de 2000, do Disque-Defesa contra o Racismo, no âmbito do Centro de Referência Nazareth Cerqueira contra o Racismo, como passou a ser chamado, em homenagem à memória do coronel Carlos Magno Nazareth Cerqueira, o comandante negro da Polícia Militar assassinado por um policial, em outubro de 1999.

A principal realização do centro voltado para a infância e a adolescência foi a instalação de dois Núcleos de Defesa da Criança Vítima da Violência, um deles na Delegacia de Proteção da Criança e do Adolescente (DPCA), na cidade do Rio de Janeiro, e outro na DPCA da Baixada Fluminense, também criada por iniciativa do centro. Os núcleos e a nova delegacia nasceram das idéias e do esforço incansável do juiz Siro Darlan, associado à dedicação de Silvia Ramos. A DPCA era obrigada a abrigar no mesmo espaço físico vítimas e perpetradores, o que trazia problemas graves. O núcleo permitiria a necessária separação entre experiências, trajetórias e posturas. Na Baixada, a nova delegacia facilitaria a intervenção policial protetora, fazendo cumprir o Estatuto da Criança e do Adolescente, que muitos criticam sem ler e sem saber, portanto, que boa parte das críticas têm como alvo práticas que, paradoxalmente, desobedecem às determinações do Estatuto.

Nos quinze meses em que estivemos no governo, cada centro de referência foi caminhando em seu ritmo particular, Silvia à frente, coordenando todos eles, apoiada por Almir Pereira Jr. e Rosália Lemos. Foram inúmeras as conversas e cerca de 150 os encontros. Diversos foram realizados em delegacias e batalhões, e vários no espaço da subsecretaria, que cresceu, aos poucos. Muito trabalho foi investido nesses temas, tradicionalmente marginalizados pelas agências da segurança pública. Os quatro centros de referência têm baixa institucionalidade. São mais espaços de trocas e de comunicação entre as autoridades da segurança pública, as polícias e as entidades da sociedade civil, do que mecanismos funcionais regidos por alguma rotina. Por isso, são fortes e fracos. Fortes porque abertos à invenção e à participação ilimitada, atraentes, estimulantes, capazes de traduzir em ação policial, com agilidade, consensos entre pessoas que jamais sonharam em ser recebidas, o que dirá ouvidas a sério para decisões. Fracos porque dependentes exclusivamente da vontade de indivíduos; ou seja, de seus compromissos pessoais com a continuidade do trabalho, o que deixa tudo muito incerto e torna toda essa construção muito precária. Resolvemos pagar o preço da precariedade, para ampliar a participação e manter os fóruns vivos e dinâmicos. O risco é que tenhamos atentado pouco para o futuro, quando já não estaríamos lá, zelando para que a chama não se apagasse.

6. A noite do general

A tensão na secretaria era constante, desde o primeiro bom-dia. E cresceu, numa escalada. O general José Siqueira não era recebido pelo governador, as nomeações de seus subsecretários não eram publicadas no *Diário Oficial*, deputados conservadores faziam discursos contra mim, quase diariamente, apostando na intriga. O ambiente para a intriga se ampliava, na medida em que a visibilidade dos projetos era interpretada como indício de uma duplicidade de liderança na secretaria. Os projetos que eu dirigia ou que estavam, direta ou indiretamente, ligados à minha subsecretaria, conquistavam espaços generosos na mídia: os Mutirões pela Paz, nas favelas, os centros de referência, a ouvidoria, a delegacia legal, o policiamento comunitário, o GEPAT, o GEPE, os GEATS, a valorização do BOPE, o Telecurso 2000 para policiais militares, a política contra a violência doméstica, a campanha pelo desarmamento e as áreas integradas de segurança, que o governador valorizava especialmente. Para cada área, teríamos um Conselho Comunitário de Segurança. Os primeiros — em Acari, na Maré, na Ilha do Governador, em Copacabana, em Laranjeiras, na Urca e em Botafogo — já estavam sendo constituídos, graças ao interesse da própria sociedade e ao entusiasmo de muitos policiais. As áreas eram consideradas tão importantes pelo governador, que a primeira reunião do Conselho Estadual de Segurança, com sua presença e a participação de todas as autoridades vinculadas à segurança, das mais diversas instituições, acabou girando em torno da palestra que apresentei com Jacqueline Muniz sobre o que seriam e como funcionariam as áreas integradas.

Tentando evitar concentração ainda maior de responsabilidades e poder na minha subsecretaria, o general José Siqueira cometeu dois equívocos que lhe custaram muito caro: entregou a seus amigos dois projetos que eu e meu grupo concebêramos. A missão de implantar o projeto das áreas e a tarefa de reorganizar a captação, o processamento e a difusão de dados sobre criminalidade foram transferidas a outros subsecretários. Sendo projetos essenciais e estando intimamente ligados à minha subsecretaria, segundo o próprio organograma que negociáramos, repassá-los a outros membros da secretaria correspondia a uma intervenção nitidamente política, isto é, destinada a reforçar sua autoridade e o prestígio de seu grupo. Conseqüentemente, isso significava que o secretário chamava a si a responsabilidade pela rapidez da implantação e pela qualidade do que viria a ser implementado. Como seu grupo mal conhecia os projetos e não tinha nenhuma tradição de estudos sobre aquelas questões, não era difícil antecipar o resultado. Ficou evidente, em pouco tempo, a impropriedade da decisão. Preferi aguardar seus efeitos, pacientemente, em vez de questioná-la, correndo o risco de passar ao general e ao governador a impressão de que desejava controlar tudo. Não se tratava de prepotência minha. Era simplesmente o reconhecimento de uma evidência: como seria possível aplicar projetos sem conhecê-los e sem pedir ajuda aos seus autores? Mas nossos colegas de secretaria nem sempre estavam dispostos a reconhecer nossa autoria, pois a paternidade dos projetos implicaria autoridade sobre eles e autoridade significa poder. Era exatamente o poder que eles queriam tirar de minha subsecretaria.

O secretário acabou vítima dos efeitos de sua decisão: no Carnaval, não conseguiu impedir que chegassem a Garotinho informações incompletas sobre a diminuição de homicídios, o que fez o governador passar o vexame de ver-se obrigado a recuar, publicamente, poucos dias depois de ter cantado vitória. A situação era particularmente delicada, porque, por razões políticas, Garotinho resolvera usar aqueles números favoráveis para provocar uma competição entre Rio e São Paulo, em torno dos resultados das respectivas políticas de segurança. Voltar atrás significava mais do que simplesmente admitir um erro numérico. O embaraço foi enorme, a despeito da destreza midiática do governador. Até aquele momento, os números se produziam a passo de cágado, eram imprecisos e ainda mais vulneráveis à manipulação do que hoje, como ficará claro no capítulo dedicado ao tema.

O segundo desgaste foi provocado pelos sucessivos atrasos em desenhar um mapa unificador de competências territoriais das polícias, tarefa preliminar para a implantação das áreas integradas de segurança. É evidente que havia dificuldades. O resultado não saía e não sairia nunca, enquanto estivesse entregue a quem não tinha a menor idéia do que fosse o CompStat, modelo americano inspirador do projeto, sobre o qual escreverei adiante. Desde a campanha, troquei idéias com Garotinho a propósito da importância estratégica do planejamento, sob a forma de um controle informatizado, georreferenciado, que racionalizasse a distribuição das responsabilidades operacionais das polícias. Sempre concordamos a esse respeito. Durante a transição, reiteramos o compromisso de implantar a nova sistemática. Repassar o comando da implantação a quem não tinha intimidade com essas questões contribuía para criar problemas e desvalorizar os subordinados que, supostamente, seriam privilegiados pela manobra. As repetidas pressões do governador, seus telefonemas impacientes ao general, cobrando a implantação urgente das áreas, produziram mais arestas nas relações já estremecidas.

No início de março, chegou a vez da Secretaria de Segurança submeter-se a um seminário de revisão de seus projetos, identificação das prioridades e definição de um cronograma. A Secretaria de Planejamento, capitaneada por Jorge Bittar (secretário de Estado e deputado federal pelo PT), conduzia esses seminários, reunindo-se com os grupos dirigentes das diversas secretarias. Fiquei preocupado quando fui convocado para o encontro. Imaginei o pior cenário. O general José Siqueira, acompanhado pelos oito coronéis do Exército que o assessoravam, teria, finalmente, a oportunidade de ouro, a chance que lhe faltara na comissão de transição para, "democraticamente", passar o trator e atropelar os projetos, um a um. Ou seja, redefini-los e submetê-los a novas orientações, que lhes alterariam a substância. Transmiti meus temores a Bittar. Reabrir todo o processo naquele ponto, quando os projetos já estavam elaborados mas ainda não consolidados, poderia implicar a derrocada de nossa política. A equipe de Bittar era solidária comigo, pois compreendia o que estava em jogo. Mas não havia muito a fazer. Todas as secretarias deveriam passar por aqueles debates. Não faria sentido abrir uma exceção para a Segurança.

Qual seria a justificativa? O jeito foi enfrentar o desafio e correr os riscos. Preparei bem meu grupo, que compareceu em peso. Para nossa surpresa, o secretário não valorizou o momento e autorizou a ausência dos titulares das subsecretarias mais importantes. Praticamente, só o segundo escalão da secretaria foi ao encontro, além de minha equipe. Dominamos todas as etapas do processo e evitamos quaisquer manipulações. Na discussão final sobre as prioridades, vencemos pelo cansaço e pela unidade. Não havia um outro grupo unido, apenas vozes isoladas. E, aparentemente, ninguém ligado ao general estava disposto a estender noite adentro aquela interminável reunião para produzir um consenso alternativo ao nosso e disputar conosco a hegemonia. Estávamos com apetite para virar a noite, se necessário. Por outro lado, o secretário não procurou o confronto. Não era seu estilo.

O único embate mais duro se deu em torno do policiamento comunitário, porque o representante da PM naquele encontro, o chefe do Estado-Maior, coronel Wilton Ribeiro, parecia que estava fora de sintonia com o comando de sua corporação. Suas visões eram inteiramente contrárias às idéias que os próprios oficiais da Polícia Militar defendiam desde o início dos anos 90, quando, sob a liderança do coronel Carlos Magno Nazareth Cerqueira, começaram a travar contato com a experiência internacional do policiamento comunitário. Coronel Wilton soava afinado com a visão bélica e manifestava opiniões que se situavam na contramão do que eu e o governador defendíamos desde a campanha. Se a equipe de minha subsecretaria não estivesse muito unida, preparada e disposta a disputar ponto a ponto, teríamos sofrido um retrocesso que bloquearia parte de nossos principais planos para a Polícia Militar. Surpreendentemente, a resistência às mudanças não veio da cúpula da secretaria, como temíamos, mas da PM, que era nossa aliada, afinal de contas. Jamais me passara pela cabeça que o coronel Cruz mandaria seu desafeto representá-lo. O coronel Wilton perdera a disputa pelo Comando Geral e recebera, do novo comandante, a direção do Estado-Maior, naquele velho espírito conciliatório, bem brasileiro.

O resultado do seminário de planejamento foi o contrário do que eu temia. Nossos projetos saíram confirmados e fortalecidos. O tom abúlico do general, quase indiferente às discussões, atento ao relógio, procurando resolver tudo rapidamente para encerrar de vez o longo expediente daquela sexta-feira, deixou-me com a pulga atrás da orelha. Naquele dia, me senti desorientado ao tentar compreender o general, como ocorrera algumas outras vezes. Não conseguia encontrar uma interpretação que explicasse a ambigüidade, as ações contraditórias, ora apoiando meu discurso e saudando os projetos, ora buscando esvaziá-los. Se me via como aliado, por que os obstáculos, os golpes, a distância, a falta de diálogo franco? Se me via como inimigo, por que o apoio ou a indiferença, em contextos propícios a intervenções corretivas? De um lado, cordialidade; de outro, resistência e animosidade, que se expressavam até mesmo através da negligência aos meus pedidos de mais espaço e melhores condições materiais de trabalho. Eu e meus colegas da Subsecretaria de Pesquisa e Cidadania continuávamos empilhados no mesmo cubículo do primeiro dia e permaneceríamos ali até o dia 12 de abril: sem espaço, sem móveis, sem computadores, sem fax, sem acesso à internet, sem material de escritório, com um só telefone fixo, sem pessoal de apoio, em condições impróprias para trabalhar ou receber qualquer convidado. É preciso recuar no tempo para explicar em mais detalhes as razões de minha perplexidade com as atitudes do general.

Em dezembro de 1998, Garotinho prometera realizar encontros coletivos mensais com secretários e os principais auxiliares. Seriam, em certo sentido, a continuação dos seminários de planejamento. Não funcionou. A promessa não foi cumprida. Mas houve, sim, um primeiro encontro, em 31 de janeiro de 1999, no auditório do prédio anexo ao palácio Guanabara. Calculo que mais de trezentas pessoas tenham comparecido. À mesa, conduzindo os trabalhos, Garotinho; ao seu lado, a primeira-dama e a vice-governadora, Benedita da Silva. Na platéia, os primeiros escalões de todas as secretarias, os presidentes e diretores das empresas do Estado, e outros assessores do governo. Não havia jornalistas presentes. Mesmo assim, é de surpreender que o que se passou naquela tarde de domingo não tenha vazado para a imprensa, considerando-se a quantidade de pessoas presentes e a gravidade do que aconteceu. As secretarias e as empresas estatais haviam recebido ordens para elaborar um breve relatório sobre o que fora realizado, o que se estava realizando, quais as metas para o ano e quais os principais obstáculos enfrentados até aquele momento. A idéia era muito boa, mas era inviável colocá-la em prática em cinco minutos. Esse foi o tempo destinado a cada secretário e presidente de empresa, cinco minutos. O governador decidiu, em plena reunião, que cada um teria cinco minutos. De duas, uma: ou se respeitava o tempo, prejudicando-se a exposição, que teria de ser reduzida a generalidades vazias; ou se respeitava o conteúdo da exposição, desrespeitando-se o tempo e prejudicando a seqüência do encontro. Quando o orador optava pela segunda forma de desrespeito, estendendo-se além do tempo concedido, Garotinho o apressava e ameaçava cortar-lhe a palavra. A péssima organização do evento fez com que se perdesse uma grande oportunidade de aperfeiçoar o trabalho coletivo do governo. A reunião foi muito longa e inútil. Bem, inútil do ponto de vista do planejamento e da organização administrativa. Não do ponto de vista político. Conhecendo-se a inteligência do governador, é fácil deduzir que a bagunça não havia sido provocada por acaso. Ele queria dar uma lição com dupla utilidade: constranger, publicamente, aqueles que ele achava que mereciam admoestação, e enviar a todos um sinal de alerta sobre o que poderia acontecer com quem cometesse erros.

Garotinho abriu o encontro dizendo o que esperava dos secretários. Queria muita ação, trabalho, dinamismo. Não admitia que seus principais auxiliares abandonassem seus postos às cinco ou seis da tarde, como se fossem burocratas cumprindo expedientes rotineiros. Claro, o governador tinha razão, mas eu me senti um pouco desconfortável, não porque me identificasse com os burocratas — afinal, nosso expediente vinha sendo de dezoito horas, incluindo fins de semana —, mas porque achava que aquele não era o local apropriado para aquele tipo de recomendação. A forma também me desagradava. Assim como um secretário não deve agir como um burocrata, um governador não deve se comportar como um bedel de escola, um fiscal de trânsito ou um diretor de internato. Mas a cena estava apenas começando. Concluída a introdução, com reprimendas e piadas, chegou a hora da convocação dos secretários. A suposição de todos nós era que cada um que fosse convocado teria cinco minutos para apresentar seu resumo das metas, realizações em curso e obstáculos. Não imagináramos uma sabatina escolar, muito menos uma descompostura pública.

Garotinho chamou o primeiro: "Secretário de Segurança. Onde está o general José Siqueira?". O general pôs-se de pé, em posição de sentido, no meio do auditório superlotado. Garotinho cobrou com aspereza o horário, a dedicação, a iniciativa e lançou-se num enredo comprido e muito engraçado sobre a incompetência policial. Contou que, num de seus passeios noturnos, ligou para o telefone de emergência da PM, porque queria saber a razão da ausência de policiais em Ipanema. Ante as dificuldades de obter uma justificativa plausível, identificou-se e foi repelido com grosseria. Garotinho relatou tudo isso com humor, sem poupar o general dos detalhes teatrais, imitando vozes, repetindo interjeições etc. O auditório vinha abaixo. A resposta corporal do secretário — o rosto petrificado, o dorso ereto, os braços rígidos contra as laterais do corpo — gerou um contraponto militar, e portanto severo, à postura de Garotinho, que era duro e cáustico, porém informal e juvenil. Essa informalidade, no entanto, lhe dava ainda mais liberdade para jogar com as palavras, fazer pilhérias e ironizar seu subordinado, produzindo uma cena de tamanha humilhação, que o constrangimento foi apagando, aos poucos, as gargalhadas. No início, foram elas que fizeram arder a vaidade do governador e o estimularam a prosseguir, com sadismo redobrado. No final, o ar se tornara irrespirável. "Pode sentar, general." Foi assim que terminou o massacre. Eu estava sentado longe do secretário e de seu séquito e não sabia onde enfiar a cabeça, morto de vergonha pelos dois, vítima e algoz. Depois da reunião, o chefe do Gabinete Militar, coronel Josias Quintal, alertou Garotinho para os riscos de uma crise. De fato, o general José Siqueira estava propenso a renunciar. O governador o chamou de volta ao palácio e desculpou-se, privadamente. Para redimir-se, presenteou o secretário com a nomeação de seus auxiliares. Mas a ferida estava aberta. Por mais criticáveis que tivessem sido algumas atitudes do general, ele não merecia aquele tratamento. Ninguém mereceria. Por uma questão de humanidade.

Não demorou muito a surgir o motivo do conflito mais grave que me opôs ao secretário e produziu abalos irreversíveis na Secretaria de Segurança. Antes da posse de Garotinho, o general José Siqueira lhe pedira autorização para manter os comandantes dos batalhões da Polícia Militar até o Carnaval, evitando os riscos que as mudanças, num período tradicionalmente tumultuado, poderiam provocar. A todos pareceu razoável a preocupação do secretário. Eu e o coronel Cruz passamos o primeiro mês ansiosos pelas trocas de comando, sem as quais dificilmente uma nova política se implanta. Considerávamos decisiva a participação dos comandantes dos batalhões na reorientação da segurança pública. Boa parte dos novos rumos, das novas atitudes, depende da liderança dos coronéis e tenentes-coronéis que mandam nos policiais que estão nas ruas e controlam as operações rotineiras. Por outro lado, o novo comandante geral precisava montar sua equipe para consolidar sua liderança sobre a corporação. Por tudo isso, o adiamento das trocas, em certa medida, adiava o início do novo governo na área da segurança e frustrava a esperança sobretudo dos mais pobres, dos moradores da periferia e das favelas, depois de quatro anos de confrontos, com tantas arbitrariedades e mortes de inocentes. Não era nada bom amortecer as expectativas favoráveis, neutralizar o clima tão propício a mudanças. Mas o general tinha suas razões e nós as respeitávamos. Mesmo assim, contávamos os dias para começar a arrumar a casa.

Alcançáramos esse consenso até que eclodiu mais um escândalo no 3º BPM, o primeiro de nossa gestão: o serviço reservado da PM, investigando denúncias anônimas, encontrou, num posto de policiamento sob responsabilidade do 3º BPM, na favela do Jacarezinho, drogas, armas ilegais, balança para pesar drogas e material para embalagem. Esse batalhão era comandado pelo coronel mais visado pelas denúncias das entidades de defesa dos direitos humanos e mais identificado com a política do governo anterior, entre todos os seus pares: Marcos Paes. Não por acaso, esse oficial era um dos principais adversários do coronel Cruz. Portanto, parecia mais do que justificada sua imediata substituição, antes mesmo do prazo solicitado pelo general para que se realizassem as mudanças. Uma exceção não seria suficiente para desestabilizar a segurança pública no Carnaval. O coronel Cruz pediu ao general que o liberasse para agir. Não foi atendido. Voltou a solicitar autorização, dadas as características muito peculiares daquele caso, até mesmo dos pontos de vista político e simbólico. O secretário não consentiu. O comandante geral insistiu. Dessa vez o general José Siqueira concordou, mas pediu tempo, alguns dias. Passados os dias, o coronel Cruz o consultou: o secretário precisava de mais algum tempo. Resolvi procurá-lo. Fomos juntos conversar com o secretário, eu e o coronel Cruz. Expliquei como era delicada a situação, como era forte e antiga a rejeição ao nome do coronel Paes, por parte das entidades às quais eu me sentia ligado, quão visado ele fora ao longo da campanha, por nossas críticas, e como o quadro se tornara insustentável com o último escândalo. O general José Siqueira prometeu autorizar a troca de comando no 3º BPM, em alguns dias. Eu falava diariamente com o coronel Cruz; o tempo passava e a autorização do secretário não vinha. Liguei para Garotinho e lhe fiz um breve relato do que estava ocorrendo. Ele imediatamente concordou com a troca. Mais ainda, me garantiu que o coronel Cruz estava autorizado por ele, diretamente, para proceder à substituição. Dispôs-se a falar com o general e encerrar a novela. Preferimos, eu e o coronel Cruz, adiar mais um pouco a troca para que o secretário não se sentisse desrespeitado, apesar de termos a autorização do próprio governador. Seria melhor esperar mais um pouco. Garotinho conversaria com o general e tudo se faria sem desgastes e conflitos. Os dias se passavam e não vinha o sinal do secretário. Voltei a ligar para Garotinho. Ele me garantiu que já falara com o general e se mostrou surpreso e indignado com aquela protelação do secretário. Determinou que fizéssemos logo o que tinha de ser feito. Passei a autorização enfaticamente reiterada do governador ao coronel Cruz, que decidiu agir. Telefonou ao general e lhe disse que procederia à troca em poucos dias. O general José Siqueira não se opôs, mas pediu-lhe mais uma semana, apenas uma semana. O coronel Cruz aceitou e cumpriu o acordo, na semana seguinte.

Um rumor correu os corredores da secretaria, alcançou o Quartel-General da PM e, por intermédio do coronel Cruz, chegou até mim: dizia-se, à boca pequena, que o secretário estaria planejando levar o coronel Marcos Paes para a direção do setor de contra-inteligência do CISP. Contra-inteligência é a área responsável pela vigilância das próprias polícias. Ou seja, segundo o que se dizia, o general estaria disposto a promover o coronel que o governador, eu e o comandante geral da PM queríamos destituir. E promover para uma posição estratégica, que o tornaria a sombra do coronel Cruz, uma espécie de contra-comandante geral, se usasse o cargo de forma perversa e politicamente orientada. Os rumores eram insistentes e se comprovaram verdadeiros. Era essa, de fato, a intenção do secretário: trazer o coronel Paes para a secretaria, para o CISP, para um posto-chave, para a contra-inteligência. Primeiro, fiquei perplexo. Depois, revoltado. O coronel Cruz sentiu-se pessoalmente atingido e politicamente hostilizado pelo secretário. Resolveu, com meu apoio, procurá-lo para uma conversa franca, enquanto eu ligaria novamente para Garotinho. O coronel Cruz disse ao general José Siqueira que um eventual convite ao coronel Paes para assumir aquela posição iniciaria uma guerra surda entre as duas instituições, o CISP e a PM, com conseqüências imprevisíveis. Relatou ao secretário que tinha certeza de que o coronel Paes se dedicaria a atacar o comandante geral da PM e não descansaria enquanto não o derrubasse. Explicou por que estava convicto de que o coronel Paes instrumentalizaria o CISP para travar um confronto político. Expôs as razões de seus temores, exibindo um dossiê sobre o grupo que acompanharia o coronel Paes, caso ele viesse a dirigir a contra-inteligência. O general calou-se. Li esse dossiê e fiquei chocado. Não havia a mínima hipótese de que eu aceitasse permanecer no governo se aquela equipe assumisse posições de poder na secretaria. Tranqüilizei o coronel Cruz, deixando isso bem claro. Procurei transmitir minha indignação com a maior ênfase possível ao governador, sem lhe dizer até onde estava disposto a ir para impedir aquela promoção — porque, se eu dissesse, Garotinho não poderia atender-me sob pena de inverter a relação de poder e tornar-se meu refém. Não se tratava de um punhado de nomes sendo transferidos para alguns cargos obscuros. Tratava-se de uma movimentação política gravíssima, em que se jogava o futuro do comando da Polícia Militar e a viabilidade de nossa política. Garotinho compartilhou minha indignação. Prometeu telefonar imediatamente ao secretário e dissuadi-lo daquela idéia infeliz.

O que também me deixava pasmo era a inércia, que parecia refletir algum cinismo, não saberia dizer exatamente da parte de quem: se o secretário considerava mentiroso o dossiê, teria de levar o caso ao governador e propor a imediata destituição do responsável pela farsa, o comandante geral da PM; se considerava o dossiê pertinente e verossímil, teria de arquivar a promoção de Paes definitivamente, tomar providências imediatas contra as pessoas acusadas no dossiê e exonerar o diretor do CISP, por convidar o grupo. Aceitar o dossiê, manter o comandante geral e continuar investindo na promoção de Paes e de seu grupo, aliando-se ao diretor do CISP, essa combinação é que me parecia inteiramente contraditória e incompreensível. A menos que o plano do general fosse mesmo destituir o comandante geral, mas segundo o velho método brasileiro da fritura lenta e gradual, aquecida nesse caso pela guerrilha das denúncias que a contra-inteligência do CISP disseminaria, já então sob a gestão Marcos Paes.

Paralelamente, ocorreram outros fatos relevantes na montagem gradual do quebra-cabeça. Quando os jornais publicaram a notícia da descoberta de armas e drogas no posto do 3º BPM, o coronel Romeu Ferreira, diretor do CISP, leu a notícia no bom-dia, como lia boa parte das notícias ligadas à segurança. Mas acrescentou uma interpretação muito peculiar. Disse que, provavelmente, aquela descoberta era uma manobra do serviço reservado da PM para atingir e "queimar" o comandante do 3º BPM, coronel Marcos Paes, a serviço dos que temiam a ascensão daquele oficial "extraordinário", cuja reputação "excedia" a de todos os pares, tornando-o candidato natural aos postos superiores na corporação e na secretaria. Com outras palavras, foi isso o que Romeu afirmou, desqualificando a notícia, as evidências encontradas e as providências adotadas, oficialmente, pela Polícia Militar. As provas teriam sido "plantadas". Fiquei perplexo, porque, a ser tomada a sério aquela denúncia, o serviço reservado da PM teria de ser imediatamente colocado sob investigação e suspenso de suas funções. Mas isso não foi sugerido, nem sequer mencionado como hipótese. Ninguém pareceu extrair conseqüências de uma denúncia daquela gravidade, nem o próprio Romeu, e o secretário deu continuidade à reunião como se nada tivesse acontecido. Ora, bolas, nada era para ser tomado a sério? Não estávamos dirigindo a segurança pública do estado? As polícias não eram responsabilidade nossa, inclusive os serviços reservados? Poderíamos simplesmente seguir adiante, como se aquilo não nos dissesse respeito? Eu me calei. Achei a situação de tal modo surrealista, que duvidei de mim mesmo. Será que algum dado fundamental estava me escapando?

Nos dias seguintes, a defesa do coronel Paes por parte do coronel Romeu tornou-se mais veemente. Primeiro, através de elogios entusiásticos, no bom-dia, à matéria que *O Dia* havia publicado sobre Marcos Paes. Depois, através da crítica colérica ao artigo de Elizabeth Sussekind, no jornal *O Globo*, que era uma espécie de contraponto à matéria de *O Dia*.

Em 17 de janeiro, *O Dia* deu espaço à redefinição pública da imagem de Paes: "O supercoronel desabafa: 'sou cumpridor de ordens'; oficial com fama de matador ensaia para os 'novos tempos'". Sua declaração prova que a matéria da repórter Paula Máiran, desde o título, fora fiel ao espírito que o coronel procurava transmitir: "'No governo anterior', diz ele, 'a ordem era partir para o embate. E eu sou um fiel cumpridor de ordens. Se agora a prioridade não é o embate, mas a inteligência, não será difícil obedecer à nova regra'". Adiante, Marcos Paes elogia o novo comandante geral: "'O coronel da Cruz é homem inteligente, versátil e que sabe comandar. Sempre foi o primeiro da turma; uma escolha perfeita entre cinqüenta coronéis da PM. O perfil dele corresponde exatamente ao do governo atual'" (*O Dia*, 17 de janeiro, 1999).

No dia seguinte, Elizabeth Sussekind, então do Viva Rio, e que logo depois assumiria a secretaria geral do Ministério da Justiça, publicou no jornal *O Globo* um artigo sob o título "Queremos surpresas!". O artigo diz o seguinte: "Como afirmou o atual secretário de Segurança do Estado, não chega a ser surpresa a notícia do flagrante de drogas e armas ilegais num posto policial, envolvendo treze policiais. A surpresa fica por conta da denúncia ter sido acolhida, encaminhada ao Serviço Reservado da PM, e este ter feito a prisão dos delinqüentes armados. Não estamos acostumados a ver a Polícia policiando seu próprio contingente". Depois de comparações que valorizam a nova postura, a autora escreve o seguinte: "A pesquisa do ISER (conduzida por Ignacio Cano) demonstrou que, na área geográfica sob seu comando, o 'coronel Marcos Paes conseguiu quintuplicar o número de mortos em ações do batalhão e duplicar o índice de letalidade (relação entre mortos e feridos)'. Pois não é que este mesmo comandante acaba de enviar ao corregedor geral da PM uma 'justificativa' para a presença de armas ilegais, entre as quais uma granada, no estabelecimento policial da favela do Jacarezinho, sob sua responsabilidade? Quanto à presença de pacotes de cocaína, maconha e material para embalagem e pesagem, já não soube responder" (*O Globo*, 18 de janeiro, 1999).

A revolta do coronel Romeu, no bom-dia, contra esse artigo só foi comparável a seu entusiasmo pela matéria da véspera. Dali em diante, os elogios ao coronel Paes tornaram-se freqüentes e explícitos. No primeiro mês de nosso governo, o coronel Romeu me parecia uma pessoa perfeitamente capaz de afinar-se com o trabalho que eu desejava ver conduzido pela secretaria. Extremamente polido, gentil, inteligente, eu o tinha e a seu CISP, nas primeiras semanas, como verdadeiras ilhas de excelência no mar de desorganização e irracionalidade das polícias e da secretaria. Aos poucos, fui recebendo informações preocupantes. Romeu fora do SNI durante a ditadura. Isso pode ou não marcar definitivamente uma pessoa. Acredito, sinceramente, na possibilidade da transformação. Quem serviu à ditadura pode converter-se a valores democráticos e alterar seu quadro de referência moral. Acontece. Mas comecei a desconfiar que Romeu não se modificara tão radicalmente como seria necessário, para se tornar aliado de um governo como o nosso pretendia ser. Quando se travava nos bastidores a disputa pela troca do comando do 3º BPM, eu e o coronel Cruz soubemos, através de informante plantado pela PM no CISP, que era Romeu quem estava por trás da hesitação do general e, posteriormente, de sua disposição de promover o coronel Paes. Isso mostrava que ele agia como nosso adversário. Por mais amigo que fosse de Paes, Romeu não tinha dúvida de que levá-lo para o CISP significava não só resgatá-lo do provável ostracismo, mas armá-lo para atacar o Comando Geral da PM. Segundo o informante da PM, o próprio Paes já cantava vitória, em encontros sigilosos no

CISP, antes de se consumar sua nomeação para a direção da contra-inteligência. Avisava que não demoraria a preparar um dossiê explosivo contra Sergio da Cruz. Muitos policiais diziam que investigar superiores era uma prática não de todo original, em alguns meios.

Bem, de fato, ainda que não seja ético, pode ser útil, em momentos de dificuldade, saber quais são os calcanhares-de-aquiles do governador, dos secretários, dos políticos e dos empresários. Eu mesmo tivera a prova: o informante da PM no CISP passara a notícia, já nos primeiros dias de janeiro de 1999, de que o CISP estava trabalhando a informação de que determinada pessoa ligada ao general seria vulnerável a abordagens, digamos, críticas. Eu e o coronel Cruz entendemos que se esboçava ali o primeiro passo para uma eventual futura chantagem, fosse ou não essa a intenção de quem levantava as suspeitas. Soube, depois, quando a disputa em torno do caso Marcos Paes já se tornara explícita, que minha vida estava sendo investigada. Não seria de todo absurdo imaginar que talvez o próprio CISP, que confirmara a existência de grampo em meu telefone logo depois que fui indicado para a comissão de transição, agora estivesse recorrendo à sua competência nessa área tão delicada para acompanhar meus movimentos. Aliás, num acerto de contas poucas semanas depois, o coronel Romeu acusou-me de propor ao jornalista Mauro Ventura a publicação de uma nota crítica ao general, afirmando que eu não deveria nem tentar refutar a acusação, pois ele tinha provas incontestáveis. Fiquei pensando o que seriam provas incontestáveis.

Mauro Ventura, em sua coluna para o *Jornal do Brasil* de sábado, 27 de fevereiro de 1999, foi o primeiro que trouxe à tona o nervo do conflito. O título maior da coluna era: "As provocações do general de Garotinho". O texto era claro e forte: "Resolvida a crise na Secretaria de Cultura, o governador Anthony Garotinho vai ter que se preocupar agora com outra área, muito mais delicada. Ele precisa definir que política de Segurança Pública quer para o Rio de Janeiro. De um lado, enche a boca ao falar de polícia cidadã, direitos humanos e policiamento comunitário. De outro, permite que um subordinado seu, o secretário de Segurança José Siqueira Silva, preste homenagens públicas ao coronel Marcos Paes. Os amigos de Paes gostam de defini-lo como um militar eficiente, adversário dos traficantes e inimigo do mal. As ONGs nacionais e estrangeiras pensam diferente e acusam Paes de ser responsável por execuções indiscriminadas nas favelas do Rio. O polêmico coronel tinha sido exonerado do comando do 3º Batalhão e empurrado para um cargo burocrático. Pois José Siqueira prestigiou a passagem de comando do Batalhão, ao lado do general Newton Cerqueira, e ainda promoveu Paes, levando-o para o Centro de Inteligência de Segurança Pública. Na aparência, o gesto de José Siqueira significa pôr Paes na geladeira. Na prática, será bem diferente. Resta saber até quando Garotinho vai resistir às provocações do general e adiar uma crise que já está pintando na Segurança Pública do estado" (*JB*, 27 de fevereiro, 1999).

A nota de Mauro referia-se a um episódio ocorrido no dia 19 de fevereiro, uma sexta-feira. E, realmente, fui eu que chamei sua atenção para o fato, num telefonema. Portanto, se há "provas incontestáveis" de minha participação naquela nota de Mauro, só pode ser uma fita com a gravação clandestina e ilegal de nossa conversa telefônica.

Pela primeira vez, um secretário prestigiava uma troca de comando de batalhão na Polícia Militar. Sendo 36 os batalhões, compreende-se que o bom senso recomende que os secretários se abstenham de comparecer, ou serão obrigados a estar presentes a todas as cerimônias do mesmo tipo, sob pena de desprestigiar alguns. Porém, o general José Siqueira rompeu a praxe e fez questão de ir pessoalmente àquela troca de comando. Tratava-se do 3º BPM e a presença do secretário estava carregada de significado político. José Siqueira homenageava Paes com sua presença, transformando a destituição em anúncio tácito de sua promoção para o novo cargo, no CISP. Para multiplicar os efeitos de seu comparecimento, o secretário fez-se acompanhar de todos os subsecretários, com exceção de mim. Precavido, suspendeu o bom-dia daquela sexta-feira, sem aviso prévio. Finalmente, para não deixar dúvidas quanto ao sentido daquele ato, levou consigo o general Cerqueira, seu antecessor na secretaria e arquiinimigo da política que o governo Garotinho prometia implantar. Apenas o jornal *Extra* registrou o fato, no dia 20, numa foto histórica, em que Paes e Cerqueira aparecem ao lado da cúpula da secretaria. Não havia mais dúvida. Nosso general preparava-se para a guerra.

O mais extraordinário, para mim e para o coronel Cruz, era a falta de resposta do general às ordens do governador. Depois do relato que lhe fiz sobre as intenções do secretário de levar Paes para o CISP, que Garotinho também considerou absurdas e prometeu desautorizar, houve outros telefonemas. Nos falávamos praticamente todos os dias. Os assuntos eram vários, mas eu sempre voltava ao tema, querendo saber se ele já falara com o general, como eu deveria proceder etc. Ele me garantia que já falara, já determinara o abandono daquela idéia despropositada e me tranqüilizava. Mas eu e Cruz não víamos os efeitos práticos daquelas palavras do governador. Nossa ansiedade aumentava e atingiu o limite quando soubemos do comparecimento do secretário à troca de comando no 3º BPM. O general comunicou ao coronel Cruz sua disposição de comparecer com o ex-secretário menos de uma hora antes da cerimônia. Cruz decidiu não ir e lembrou-lhe que uma decisão como aquela era grave e, do ponto de vista formal, feria os regimentos, pois só poderia se dar mediante a reorganização da própria cerimônia. Escudando-se nessa impropriedade formal, desculpou-se e não foi. Liguei imediatamente para Garotinho. Eu estava realmente mobilizado por aquele gesto e transmiti minha emoção ao governador. Ele me disse:

— Você está brincando! Eu não acredito! O general foi e levou o general Cerqueira? Não posso acreditar. Eu vou falar com ele agora e acabar de uma vez com isso.

Diante da emoção de Garotinho, da ênfase com que pronunciou as palavras, da perplexidade e da revolta que manifestou, não tive dúvida de que aquele era um assunto encerrado. Relaxei, tranqüilizei minha equipe e o coronel Cruz. Finalmente. Aquela batalha estava vencida.

Dois filmes vêm sempre à mente quando penso em meus quinhentos dias no front da segurança pública do Rio de Janeiro: *Atração fatal* e *O bebê de Rosemary*. No primeiro, a personagem perversa e violenta de Glenn Close morre estrangulada e submerge numa banheira, depois de uma luta terrível com o herói. Quando o herói respira aliviado e relaxa, a mulher salta de volta à vida, lá do fundo d'água, assustando a platéia, que compartilhava o sentimento de conforto do herói, tão duramente conquistado. Alguns casos, nesses quinhentos dias, me lembravam Glenn Close saltando de volta à vida, depois de vencida e morta. Aparentemente, vencida e morta. *O bebê de Rosemary* é um filme muito mais inteligente e interessante, da boa safra de Roman Polanski. Mia Farrow faz o papel de uma jovem esposa ingênua, que serve, sem saber, aos propósitos do marido e de sua seita demoníaca, os quais precisam de um corpo feminino para o diabo fecundar. Todas as pessoas com quem a mulher se relaciona estão comprometidas com a oferenda macabra. Só o médico é independente, compreensivo e solidário. Ela só tem a ele. Está completamente sozinha. No momento culminante da trama, ao refugiar-se no abrigo que ele lhe oferece, descobre, tarde demais, que ele faz parte do grupo diabólico. Por que menciono *O bebê de Rosemary*, se saberá adiante. Por ora, no caso que relato, o que eu vivi foi parecido com o que a platéia sente quando Glenn Close salta de volta à vida, do fundo d'água. Ela não havia sido derrotada, não estava morta. A promoção de Paes não estava revogada. O caso não estava encerrado, apesar das palavras tão claras e definitivas de Garotinho.

No dia 14 de março, saímos da rotina. Com todos os amigos da Subsecretaria de Pesquisa e Cidadania, nos reunimos para um almoço de aniversário que não tinha podido acontecer no dia certo. Naquela manhã, para me poupar do bom-dia, Newton de Oliveira me substituiu. Brindamos, pedimos um bacalhau e Newton nos contou, desolado, que alguém me criticara, no bom-dia, por eu estar me envolvendo com assuntos referentes a policiamento comunitário, tema atinente à PM e ao responsável pelo setor operacional da secretaria: teria sido mais uma derrapagem para fora de minha esfera de autoridade. Ouvi, engoli em seco, dobrei o guardanapo, esqueci a fome, desculpei-me com os amigos, pedi que comemorassem por mim e saí. No caminho, liguei para o coronel Paulinho, chefe de gabinete do general. Disse que precisava de uma audiência urgente com o secretário. Era uma emergência. Meu sangue ferveu e percebi que chegáramos ao limite. Não era possível continuar fingindo que não estava acontecendo nada, indo aos bons-dias, ouvindo comentários impróprios, críticas veladas, indiretas e, em minha ausência, cobranças inaceitáveis. Passei em minha sala, tirei da gaveta a cópia do organograma da secretaria, abri na página referente à Subsecretaria de Pesquisa e Cidadania. Lá estava, com todas as letras, a atribuição da responsabilidade pelo programa de policiamento comunitário.

Cheguei ao gabinete do secretário com as palavras entaladas na garganta. Pedi que acionasse a luz vermelha, que proíbe interrupções. Estávamos apenas os três, eu, Paulinho e o secretário. Disse o seguinte: General, vou me abrir com o senhor e falar com toda a franqueza. Sei que o senhor é um homem aberto ao diálogo, uma pessoa afável e sempre disposta a conversar. Já nos conhecemos há cinco meses. Não é muito, mas é o bastante para sabermos algumas coisas essenciais um do outro. Assim como eu sei que o senhor é sensível ao diálogo, o senhor já me conhece o suficiente para saber que eu também sou. O senhor sabe que não sou intolerante, intransigente, nem revanchista. Acho que é mais do que tempo de falarmos francamente e chegar a um acordo entre nós. Desejo e preciso que o senhor se mantenha estável e forte na secretaria, porque só assim haverá uma chance verdadeira para os projetos que sonho ver implantados. Não tenho ilusões. Se o senhor cair, eu caio junto e, conosco, despencam os projetos. Estou certo de que eu não sobreviveria a uma eventual queda sua, general, por uma razão muito simples: que outra pessoa aceitaria um convite do governador para ser secretário de Segurança, se esse convite viesse condicionado, isto é, se junto do cargo viesse uma carga pesada, um contrabando — um subsecretário com mobilidade, visibilidade, espírito independente, que é autor ou co-autor dos principais projetos da secretaria? Quem aceitaria uma secretaria cujos projetos já estivessem definidos? Quem aceitaria um posto de tamanha responsabilidade para ser tutelado? Tenho certeza, general, de que qualquer um que fosse convidado para substituí-lo se recusaria a me manter, a não ser em condições draconianas, que me limitariam de forma inaceitável os movimentos. Por outro lado, se houvesse um desentendimento entre nós grave a ponto de justificar a troca do secretário, a mesma razão exigiria a troca do subsecretário. Portanto, general, independentemente de nossas relações pessoais, que já foram melhores do que são hoje e poderiam voltar a ser como eram, gostaria que o senhor compreendesse que não é de meu interesse entrar em choque com o senhor. Isso acabaria sendo desastroso para todos nós, para o governo e para os projetos. Imagino que não lhe passe pela cabeça a hipótese de que eu cobice o seu posto. Se alguma vez isso lhe ocorreu, peço-lhe que afaste definitivamente essa suposição. Não há tal hipótese, general. Não foi à toa que o governador convocou um general para cuidar da segurança. A população quer se sentir protegida por uma figura paterna, que transmita autoridade e força. A opinião pública não admitiria que um cientista social, ligado às entidades de defesa dos direitos humanos, fosse guindado a uma posição dessa importância. Ainda que a opinião pública admitisse, tenho certeza de que o governador não gostaria de arriscar. Por outro lado, general, tomo a liberdade de lhe dizer, com toda a franqueza, que seus auxiliares não estão afinados com nossos projetos, não compreendem minhas funções e me hostilizam porque supõem que eu represente um risco para sua autoridade. Tenho dado entrevistas, falado à imprensa, me movimentado com liberdade porque o governador me autorizou. Ele considera positivo para os projetos, para a secretaria e para o governo. No modo de ver do governador, eu e o senhor sensibilizamos auditórios diferentes e complementares. Como o senhor há de se lembrar, nosso acordo previa que eu ficasse com os projetos que são exatamente os que tenho tocado. Jamais interferi em setores que não fossem os meus, segundo o próprio organograma. As reuniões com delegados e comandantes têm tido sempre finalidades específicas, ligadas aos projetos que conduzo. Finalmente, devo lhe confessar que a gota d'água veio hoje, com as críticas que me foram dirigidas no bom-dia, por eu estar tomando a frente do programa de policiamento comunitário. Se o senhor não se lembra, essa atribuição me foi concedida pelo organograma que definimos juntos, general, em novembro e dezembro do ano passado. Eu trouxe uma cópia para lhe mostrar. Mas se o senhor tiver mudado de idéia e achar que seria melhor transferir essa atribuição para outra pessoa, muito bem. Respeito sua decisão. Só não é justo culpar-me por cumprir as tarefas que me cabem. E o policiamento comunitário é uma delas, até que o senhor diga o contrário. Mas, nesse caso, eu esperaria que o senhor me comunicasse primeiro e justificasse sua decisão. Veja bem, general, não me propus a agir nessa área por um capricho. No início dos anos 90, fui aos Estados Unidos acompanhar algumas experiências bem-sucedidas com a nova metodologia. Entrevistei chefes de polícia e participei de incursões policiais, como observador. Conversei com policiais que fazem o trabalho de rua e vi o policiamento comunitário em funcionamento no Harlem, em Nova York, e no 6º Distrito de Washington, que era o mais violento do país naquela época. Assessorei o coronel Nazareth Cerqueira na aplicação do policiamento comunitário, quando ele era comandante geral da PM. Participei de pesquisas de avaliação de algumas experiências cariocas com a nova metodologia. Por isso é que incluí, no livro de campanha, com a anuência de Garotinho, é claro, a promessa de implantação do policiamento comunitário. Por isso é que me propus a conduzir o programa e supervisioná-lo, quando organizamos a distribuição de atribuições das subsecretarias. Portanto, general, é improcedente a crítica dessa manhã. Gostaria que o senhor fosse franco comigo e dissesse o que pensa, onde acha que tenho errado, como poderíamos chegar a um acordo que acabasse com as desconfianças mútuas e as tensões. Mas para isso, general, seria necessário que o senhor conversasse com seus auxiliares mais próximos e lhes explicasse em que governo estamos, quais são os projetos que decidimos implementar e que papel eu desempenho na secretaria. O fato que teria de ficar bem claro, general, é que o governador deu ao senhor a secretaria e a mim a subsecretaria, e nos disse: "Minha concepção não é apenas militar, é também civil. Deve haver um equilíbrio e uma complementaridade". O senhor se lembra? Sendo assim, nunca houve dúvida sobre quem manda, quem é o primeiro. O senhor é o secretário, é o primeiro, é a autoridade máxima. Entretanto, acho que seria conveniente que todos soubessem, por seu intermédio, que, por desejo do governador, eu sou o segundo na hierarquia, independentemente dos nomes de nossas subsecretarias. Se nós dois trabalharmos juntos, nos entendermos, superarmos os conflitos pelo diálogo aberto, atingirmos o consenso que está ao alcance da mão, todos ganharemos e o governo se beneficiará. Já que seus auxiliares só entendem a linguagem da hierarquia, talvez a solução seja explicitar meu verdadeiro lugar na hierarquia. Finalmente, general, precisamos resolver de uma vez por todas essa situação do coronel Marcos Paes e do grupo que o acompanha.

Para minha surpresa, o general José Siqueira voltou a ser a pessoa que eu conhecera no governo de transição. Simpático, espirituoso, afável e flexível. Disse que concordava comigo, que devíamos estar unidos e que era fácil recuperarmos a unidade, pois o único obstáculo ele poderia remover tranqüilamente, sem traumas: a incompreensão de seus colegas de farda, de seus amigos e subordinados, que resistiam a aceitar a realidade de que a secretaria não era a caserna, de que a política tampouco era a caserna e de que a segurança pública era um campo muito mais complexo do que supunham; um campo que exigia visões mais amplas e iniciativas muito distantes daquelas conhecidas e praticadas pelos militares. Foi interrompido pelo coronel Paulinho, que endossou suas palavras e completou:

— Pensei que você fosse comentar a recusa do Respício a integrar a mesa de debates na Assembléia, pelo fato de você ter sido convidado a dar a palestra, sendo referido como subsecretário, sem qualificativos.

De fato, o coronel Respício fizera questão de declarar, no bom-dia, que não iria ao tal debate por conta da impropriedade formal na apresentação de meu nome. Paulinho estava revoltado com aquela atitude do colega e já o reprovara, privadamente, segundo nos confidenciou. Eu neguei que aquela atitude tivesse sido a razão de minha iniciativa, ainda que a considerasse inteiramente despropositada. Eu a enfiara na lista das posturas idiossincráticas da turma do general e não lhe dera maior importância. Paulinho insistiu: achava um absurdo o modo como me tratavam. Sabia o quanto eu estava trabalhando, me dedicando e produzindo para a secretaria, em seu conjunto. Lamentava que, além de não ser apoiado, ainda pagasse um preço pelos resultados que produzia. Concluiu com um desabafo:

— Eu já te disse, Siqueira, já te avisei para não ficar ouvindo as pessoas com o coração desarmado. Tem gente que está apostando na divisão entre vocês.

O general prometeu pôr um ponto final nas hostilidades, nas farpas cotidianas, nas ambigüidades. Comprometeu-se a resolver meu problema de espaço e de infra-estrutura material, que mencionei de passagem. Disse que chamaria seus amigos para uma conversa privada fora da secretaria e, quando tudo estivesse esclarecido, convocaria uma reunião ampla, para restabelecer a ordem justa e a boa convivência. Não mencionou Marcos Paes, mas eu entendi que se abrira um caminho para a solução. O avanço tinha sido tão maior do que eu esperava, que não valia a pena, naquele momento, insistir em algum ponto específico.

Saí feliz, tranqüilo e realizado. Mesmo atrasado, foi o melhor presente de aniversário que poderia receber: a pacificação da secretaria. A partir daquele dia, o terreno estaria desimpedido para a implementação de nossos projetos. Comemorei com os amigos, esquecido de Glenn Close. Querendo exorcizar a hipótese Glenn Close.

Os dias se passavam sem notícia da freada de arrumação, a prometida reunião fora da secretaria para lavagem da roupa suja. Já acontecera? Não acontecera? Ninguém me disse nada, nem eu ousei perguntar. Nos bons-dias, o clima era o mesmo. Nada parecia ter mudado. Deduzi que a reunião estava sendo protelada. Não conseguia imaginar a razão. Nesse meio tempo, Paulinho abordou-me com um convite muito especial: queria que eu e Barbara nos juntássemos a ele, ao general e às respectivas esposas para um jantar íntimo, num hotel em Copacabana. Era seu aniversário e, como de hábito, ele comemoraria com um pequeno número de amigos, entre os quais me incluía. Apesar da amabilidade da proposta e até do exagero da gentileza, o convite trazia uma segunda intenção bastante nítida e pragmática: oferecia-me uma oportunidade de costurar minhas relações com o secretário, ainda enigmáticas e preocupantes, a despeito de meu esforço de aproximação do dia 14. Em certo sentido, era uma retribuição à minha iniciativa. O jantar acabaria sendo muito agradável e teria, inclusive, proporcionado alguma chance para uma boa conversa com o general, não fora a presença de um militar da reserva muito loquaz, articulado, simpático e sedutor, que resolveu aproveitar todos os minutos daquelas poucas horas para convencer-me de que a direita e a esquerda deveriam unir-se em armas contra o entreguismo antipatriótico e antinacional do presidente Fernando Henrique Cardoso. O amigo de Paulinho lamentava seus erros e os erros da direita, a qual não teria entendido, durante a ditadura, o espírito patriótico dos esquerdistas. Esse engano, em sua visão, teria custado algumas vidas e acarretado alguns excessos contra os aliados naturais dos militares, que seríamos nós, digo, eu, a esquerda. Tudo deveria ser esquecido. O futuro da pátria destroçada, vilipendiada, vendida, prostituída pelo neoliberalismo exigia que passássemos uma borracha no passado e nos reuníssemos em torno de um novo projeto de nação, sob um governo forte, que nasceria da união dos que outrora se trataram como inimigos. O plano soava tão assustador que, mesmo não me identificando com o presidente e me opondo fortemente ao neoliberalismo, eu não hesitaria em pegar em armas em defesa da Constituição democrática de 1988, contra a nova patriotada autoritária daquele gentil jacobino. Se a idéia era me sensibilizar para um acordo com meus colegas militares da secretaria, o tiro saiu pela culatra. Como um bom eurocomunista, eu aprendera as virtudes da institucionalidade democrática muito antes que meu interlocutor tivesse redescoberto o valor do stalinismo e me sentia devidamente vacinado contra aventuras golpistas.

Poucos dias depois, era a vez do secretário. Fomos convidados a comemorar o aniversário do general, numa churrascaria na Barra da Tijuca. À mesa, ladeando o secretário, estavam dois governadores, Garotinho e Brizola. Não era pouca coisa. A cena impressionava. Mantive-me discreto e distante, numa mesa lateral, ouvindo outra abordagem pedagógica, dessa vez por parte de um auxiliar do general que se destacava pela erudição e pelo refinamento da inteligência. Tentou demonstrar que não me restava alternativa à rendição. Eu deveria parar de resistir e entregar-me à hegemonia conservadora da secretaria. Isso determinaria a redefinição de meu papel e dos projetos, mas me beneficiaria com muitas vantagens políticas. Citou autores clássicos e disparou uma bateria de argumentos, enquanto o peso do álcool não se abateu sobre a lucidez do raciocínio, apagando, uma a uma, as luzes em que brilhava. Ouvi horas a fio, sem contestar, até que meu interlocutor, abatido e batido por meu silêncio, a língua pastosa resistindo à fluência da retórica, foi retirado da mesa pela esposa. O salão se esvaziava quando consegui livrar-me de meu interlocutor. Não tive mais dificuldade para chegar à mesa de honra e cumprimentar o aniversariante.

Voltei para casa convicto de que o general desistira da prometida freada de arrumação. E de que havia duas linhas de oposição aos nossos projetos de reforma das polícias, de modernização gerencial e tecnológica, de moralização e de participação comunitária. Projetos que atingiam muitos interesses, como ficará claro ao longo dos capítulos. Uma linha poderia ser chamada ideológica, ainda que estivesse ligada a interesses ameaçados; a outra, seria melhor chamá-la selvagem, ainda que houvesse nela também interesses e ideologia. A linha ideológica de oposição reunia o próprio secretário, seus companheiros de secretaria, o diretor do CISP, coronel Romeu, os integrantes da Secretaria de Segurança do governo anterior — tanto a maioria que permaneceu, como os dois ou três que saíram —, inclusive o ex-secretário, general Newton Cerqueira, o coronel Marcos Paes e os setores "duros" de ambas as polícias, vários deputados estaduais do PFL, PSDB, PTB, PPB e PMDB, inclusive alguns do PDT, partido de Garotinho.

Esse bloco conservador tinha candidatos: para a chefia da Polícia Civil, o dr. Raffik Louzada, e, para o comando da PM, coronel Wilton Ribeiro. Raffik fora o nome indicado pelo general José Siqueira, no encontro que tivera com Garotinho e comigo em dezembro. O nome de Raffik nascera da articulação de delegados tradicionais, patrocinada pela Associação dos Delegados de Polícia, de cujo presidente José Siqueira tornara-se amigo pessoal, graças a dois meses de intensas, recorrentes e sedutoras manifestações de apreço. Políticos conservadores e alguns outros nem tão conservadores, a considerar-se a sigla partidária que os abrigava, pressionaram o governador, visitando-o em grupo e telefonando, para que ele aceitasse o nome que sugeriam. Ribeiro, oficial do antigo estado do Rio, era o nome preferido pelos componentes da "República do Chuvisco", a equipe de colaboradores e amigos do governador que o acompanhava desde Campos — chuvisco é um doce popular nessa cidade do norte fluminense que Garotinho governou duas vezes. O secretário chefe do Gabinete Militar, coronel Josias Quintal, membro honorário da "República", me abordara na reunião do governo antes da posse, em dezembro de 1998, para chamar minha atenção para as virtudes "excessivamente intelectuais e pouco operacionais" do coronel Cruz, em contraste com a "competência prática" do coronel Wilton.

Meses depois, fiquei sabendo que esse também era o nome preferido pelo general José Siqueira. Portanto, não era mera coincidência que o coronel Wilton tivesse se indisposto contra o policiamento comunitário, na reunião de planejamento da secretaria, e que o tema voltasse à baila no bom-dia, com o mesmo propósito: bloquear o projeto, cuja aplicação completa transformaria radicalmente a cultura corporativa da PM e modificaria sua estrutura organizativa, condenando alguns oficiais tradicionalistas à opção: adaptar-se, modernizando sua mentalidade e sua prática, ou retirar-se para a reserva. Tampouco era coincidência a resistência do general José Siqueira em descartar Paes. Manter Marcos Paes no poder, dando-lhe acesso ao aparato do CISP para acuar o comandante geral da PM, coronel Sergio da Cruz, fazia parte do plano de fortalecimento do bloco conservador, cuja finalidade era provocar a queda de Cruz e sua substituição por Wilton Ribeiro. O grupo de Marcos Paes incluía setores da PM e a chamada "comunidade de informações", uma tribo que permanece unida, na semiclandestinidade em que opera, e que reúne o pessoal egresso do SNI e do DOI-CODI, do qual fizera parte também o então secretário chefe do Gabinete Militar, coronel PM Josias Quintal. O bloco conservador considerava muito mais fácil livrar-se de Carlos Alberto D'Oliveira, pois o fato de não ser delegado de primeira lhe abria o flanco para questionamentos de toda ordem e funcionava como justificativa pretensamente legalista à desobediência que, vez por outra, era ensaiada na Polícia Civil.

Vendo que a oposição se organizava, ouvindo o relato de parlamentares amigos sobre a escalada de críticas veementes que eu sofria na Assembléia ("Quem manda na secretaria é um policiólogo ligado às ONGs de direitos humanos, o general é pura fachada", provocavam os deputados conservadores, a fim de me constranger e criar espaço para que o general se afirmasse me hostilizando e "enquadrando") e sabendo que as pressões sobre o governador eram constantes, só me restavam três caminhos, que eu sabia que deveria trilhar simultaneamente: 1) manter os projetos visíveis, através da mídia, explicando sua importância, para que eles conquistassem o apoio da sociedade e se tornassem irreversíveis; 2) formar um bloco progressista, favorável aos projetos, no governo, nas polícias, na Assembléia, nas instituições da sociedade civil; 3) preservar o apoio do governador, mostrando-lhe, dia a dia, a relevância dos projetos e seus efeitos a médio e longo prazos (assinalando os benefícios de curto prazo). Claro que esse terceiro ponto era o decisivo, pois todo o meu poder para levar adiante os projetos repousava na vontade do governador. Todavia, ele não dava um passo sem consultar as pesquisas de opinião, como um crente consulta a Bíblia e um místico lê os búzios ou os astros. Portanto, em boa medida, o apoio a mim e aos projetos dependia do suporte que conquistassem na opinião pública. Quando os assessores do general interpretavam, como soube que fizeram, minha superexposição à mídia como vaidade, perdiam o essencial. A batalha central se travava no campo da opinião pública. Para derrotar nossos projetos eles teriam de formular outros melhores e demonstrar essa superioridade à sociedade. Enganavam-se quando pensavam que nossa disputa se resumia a uma briga de bastidores, solucionável com as velhas armas das intrigas palacianas. Nossa luta era política, mas se realizava na sociedade pós-moderna do fim de século, dominada pelas linguagens da comunicação de massa. Garotinho sabia disso muito bem. Quem acredita que reconhecer a preeminência da mídia e da opinião pública significa necessariamente render-se à demagogia dos factóides* e ao populismo barato, está redondamente equivocado e, sinto dizer, perdeu o bonde da história. Não descobri essa realidade lendo os manuais chiques sobre a pós-modernidade, que, aliás, são muito interessantes. Aprendi essa lição nos anos 70, quando militava no PCB: os companheiros mais velhos, sábios e experientes costumavam nos ensinar que "a luta interna se vence na sociedade".

De toda a minha equipe, Antonio Carlos Carballo Blanco, Newton de Oliveira e Jairo Coutinho, este ligado à nossa subsecretaria por mera afinidade afetiva e político-ideológica, foram os que mais tiveram possibilidade de dedicar-se às três tarefas que definimos como prioritárias, porque seriam as condições indispensáveis para que os projetos pudessem continuar a ser implementados. Saímos a campo e multiplicamos nossas atividades, jogando toda nossa energia, toda a garra, toda a paixão na defesa dos projetos, atravessando os três caminhos — com idas e vindas, aos tropeços. Enquanto nossos adversários grampeavam telefones e difundiam contra-informações, nós apres-

* Factóide é o nome que Cesar Maia, o ex-prefeito da cidade do Rio de Janeiro reeleito nas eleições de 2000, costumava dar, em seu primeiro mandato, aos fatos que não tinham sentido nem importância, mas ganhavam significado e notoriedade da mídia. Um factóide típico, protagonizado pelo ex-prefeito quando exercia seu mandato, foi seu pedido de sorvete em um açougue. Não fazia sentido nem tinha nenhuma relevância, mas ganhou destaque nos jornais e serviu a seus planos. Cesar Maia desejava tornar-se mais popular e precisava dar maior visibilidade à sua imagem — que ele queria construir propositalmente surpreendente e estranha.

sávamos a implantação dos projetos e visitávamos ONGs, entidades empresariais, sindicatos, instituições universitárias e redações de jornal, tentando demonstrar as virtudes de nossos projetos para a segurança pública do estado. Conquistar a sociedade para os projetos, difundir uma nova concepção da segurança pública e de suas necessidades mais urgentes, mostrar que era possível fazer alguma coisa e obter resultados palpáveis, ainda que não do dia para a noite, exigia de nós um esforço suplementar. Era preciso, do meu ponto de vista, além do que já estávamos fazendo, começar a sair do Rio, visitar outros estados, particularmente São Paulo, conversar com os empresários e os trabalhadores paulistas, na capital, no ABC, porque a sociedade fluminense e, mais especificamente, a sociedade carioca são muito sensíveis à opinião nacional, que, por sua vez, não se forma sem que se ouça a voz de São Paulo. Por isso, a cada quinze dias pelo menos, passei a cumprir uma agenda carregada em São Paulo, que meus amigos Jairo Coutinho, Gildo Marçal Brandão e Alexandre Polesi ajudavam a montar.

A segunda linha de oposição era selvagem. Organizava-se à sombra das instituições e usava métodos criminosos. Tinha o objetivo de desestabilizar nossa política de segurança, mas estava disposta a derrubar o que estivesse pela frente, inclusive o secretário e sua equipe, para impedir a reforma das polícias. Não acredito, hoje, e jamais me passou pela cabeça que meus adversários ideológicos na cúpula da Secretaria de Segurança tivessem qualquer relação ou aprovassem as práticas violentas desse grupo que denominei selvagem. Isso não quer dizer, entretanto, que não houvesse comunhão de interesses em determinado nível, pois ambos os grupos, ambas as redes de relações tinham o mesmo inimigo: nossos projetos e a política de segurança do governo Garotinho. O grupo selvagem ficaria satisfeito e cessaria suas investidas se eu, Cruz e Carlos Alberto caíssemos e os projetos fossem interrompidos.

Soube da existência do grupo pelo coronel Cruz, que, por sua vez, recebera as informações do serviço reservado da PM, que infiltrara um agente no grupamento terrorista. Esse grupo seria composto por policiais civis e militares que se reuniam no centro da cidade do Rio de Janeiro para planejar atos terroristas e avaliar as ações já realizadas. Segundo as informações classificadas, atingir-me seria a meta número um. Consideravam, inicialmente, intervenções terroristas que provocassem pânico e disseminassem a sensação de insegurança, para que a opinião pública impusesse ao governador mudanças de rumo na política de segurança pública e troca de comando. Mas não descartavam a hipótese de ataques físicos contra mim. Pelo menos, era a interpretação que pudemos fazer, com base nas informações que chegavam ao comandante geral. Alguns assassinatos estranhos ocorridos na cidade se explicariam se acreditássemos no que esses policiais diziam uns aos outros, nas reuniões a que o informante teve acesso. Desconfiávamos que havia muita bravata, mas nossa obrigação era levar a sério as confissões e ameaças. O coronel Cruz autorizou o reforço de minha segurança pessoal e a de minha família. Desde o período da transição, quando eu e Barbara fomos indicados para participar da comissão de segurança, enfrentávamos problemas com os telefones, volta e meia grampeados, volta e meia servindo a ligações ameaçadoras, em que palavrões e xingamentos se completavam com alguma promessa mórbida. Aprendemos a não dar maior importância a isso. Quando disse a um amigo, por telefone, que estava instalando um bina (aparelho que identifica as chamadas recebidas), as ameaças cessaram, o que nos fez crer que havia uma curiosa promiscuidade entre os que grampeavam e os que ameaçavam. Possivelmente, eram os mesmos. Claro que o risco aumentou, diante das notícias sobre as atividades terroristas de um grupo de criminosos fantasiados de policiais. Levei a informação ao governador e ao secretário, e pedi a Carlos Alberto que pusesse os melhores investigadores da Polícia Civil no rastro do grupo.

Logo percebi que havia dificuldades muito maiores do que eu pensava para que se procedesse a uma investigação isenta. O resultado parcial, e nunca houve mais que isso, indicava que os tais homens envolvidos na articulação criminosa eram dados a bravatas e não deviam ser levados a sério. Não representavam risco para os cidadãos, as autoridades ou para a ordem pública. "Cão que ladra não morde", me disseram, encerrando o caso, provisoriamente, porque nunca aceitei o arquivamento definitivo. Havia muitos dados incoerentes e muitas informações por checar. Os assassinatos pelos quais reclamavam autoria, nos encontros clandestinos, jamais foram esclarecidos. Eu não sabia se, no meio do caminho, a rede ideológica não teria cruzado seus fios com a rede selvagem, produzindo algum curto-circuito e algum acordo sujo por baixo do pano, do tipo: "Vocês não voltam a praticar atos violentos e nós engavetamos as suspeitas". Imagino plausível até mesmo uma proposta vergonhosa como: "Unam-se a nós, porque nossos métodos são mais eficientes para a realização das finalidades que nos são comuns".

Na tarde do dia 23 de março de 1999, no palácio Guanabara, lançamos a campanha pelo desarmamento, "Rio, abaixe essa arma!". Antes da cerimônia, participei de uma reunião com empresários, donos de casas noturnas, no restaurante Gato Pardo. Rubem Cesar Fernandes e o Viva Rio eram parceiros prioritários, nos dois casos. Levei à reunião com os empresários o chefe e a vice-chefe da Polícia Civil, Carlos Alberto D'Oliveira e Martha Rocha, e um representante do Estado-Maior da PM. O diálogo entre diferentes setores da sociedade e as polícias se aprofundava e começava a produzir resultados bastante concretos. Depois da reunião foi-nos oferecido um almoço, durante o qual eu e Rubem nos dispusemos a dar uma entrevista coletiva sobre nossos planos, em parceria, para reduzir a violência da classe média, nos bairros da zona sul e nas casas noturnas, e também sobre a campanha pelo desarmamento. Os jornais cariocas, *JB*, *O Globo*, *O Dia* e *Extra*, do dia 24, quarta-feira, destacaram o lançamento da campanha e nossa reunião com empresários.

A repórter de *O Dia*, Ana Cristina Miguez, foi a única que percebeu onde estava a mina prestes a explodir. "Arapongas com os dias contados" foi o título de sua matéria, que daria início ao fim daquele período político. O subtítulo apontava para o contexto em que se dera a entrevista, na qual se apoiava a matéria: "Prioridade da Polícia Civil será tráfico de arma". O contexto era o lançamento da campanha pelo desarmamento. Esta é a íntegra do texto que precipitou a crise: "Os arapongas do ex-governador Marcello Alencar — policiais encarregados de passar informações privilegiadas para o Palácio Guanabara — podem estar com os dias contados. Ao anunciar, ontem, a criação do Centro de Inteligência da Polícia Civil, o subsecretário de Pesquisa e Cidadania da Secretaria de Segurança Pública, Luiz Eduardo Soares, classificou de 'nebuloso' o trabalho do Centro de Inteligência de Segurança Pública (CISP). 'O CISP, onde há 84 pessoas trabalhando, precisa passar por avaliação porque não está atuando nem na investigação de grandes questões nem de questões mais comuns', criticou Soares, acrescentando que a decisão de extinguir ou não o CISP será do governador. Luiz Eduardo Soares explicou que o Centro de Inteligência da Polícia Civil vai concentrar suas investigações, inicialmente, no tráfico nacional e internacional de armas. O centro de inteligência, que será chefiado pelo delegado Cláudio Ferraz, será diretamente ligado ao chefe da Polícia Civil. A Coordenadoria de Inteligência e Apoio Policial (CINAP), que concentra policiais civis de elite, deverá ficar subordinada ao novo centro, para onde também poderão ser remanejados policiais civis que trabalham no CISP" (*O Dia*, 24 de março, 1999).

Quando li a matéria que Ana Miguez escreveu, não me dei conta da magnitude do estrago que minhas declarações provocariam nas relações já abaladas com meus colegas de secretaria. Não pude ir ao bom-dia naquela manhã. Newton novamente me representou, e pintou um quadro preocupante. O volume das emoções despertadas era maior do que a extensão de minha crítica. Afinal, não seria razoável que todas as instituições estatais fossem submetidas a avaliações periódicas? Dizer que as práticas são "nebulosas" pode significar muito ou pouco, dependendo do que as nuvens encobrem. Se não há o que temer, o que esconder, o adjetivo pode ser refutado facilmente e sem grandes dramas. O fato é que o general estava convocando uma reunião extra no final da tarde. Era o sintoma do agravamento da crise e prenúncio de tempestades. Eu e minha equipe achávamos que já era tempo de superar os embates, as ambigüidades, as tensões: teríamos ou não condições de trabalho? Ganharíamos ou não espaço e um mínimo de infra-estrutura? Marcos Paes seria ou não nomeado para o CISP? O secretário estava ou não solidário com os projetos, vale dizer, com nossa política de segurança? Investiria ou não na estabilidade dos chefes das polícias? Conversaria ou não com sua equipe sobre minhas funções? Imporia ou não à sua equipe uma postura razoavelmente cordata e cooperativa em relação à minha subsecretaria? As declarações que Ana Miguez publicara, sublinhando, com a sagacidade de profissional experiente, os aspectos mais polêmicos do que eu dissera, ainda que não tivessem sido proferidas com essa intenção, acabariam ajudando a precipitar uma mudança de qualidade do conflito político que vivíamos na secretaria. Avaliamos que isso era bem-vindo. Pior do que estava, não poderia ficar. Era o momento de avançar. Mesmo que a intensificação do conflito viesse a precipitar uma crise que nos devorasse, tínhamos de correr os riscos.

Pedi a toda a equipe que me acompanhasse. Mais cadeiras foram necessárias. O gabinete estava cheio. A tensão esticava os nervos. O secretário abriu a reunião, afirmando que muitos fatos estavam lhe desagradando e que havia erros de parte a parte:

— Luiz Eduardo tem ultrapassado sua esfera de autoridade; Respício e Cutrim têm respondido a essas transgressões de forma pouco apropriada.

Já era hora de corrigirmos os erros. Finalmente, cabia indagar se eu de fato dissera o que o jornal *O Dia* atribuíra a mim:

— Provavelmente, Luiz Eduardo foi mal interpretado — completou.

Passou a palavra a Respício, que insistiu no diagnóstico crítico do general, no que dizia respeito a mim. Se eu me comportasse como deveria, ele não teria por que agir como estava agindo. Cutrim reiterou as acusações. Chegou minha vez: "General, vou tomar a liberdade de repetir tudo o que lhe disse no dia 14 de março, quando o procurei para uma conversa franca. O senhor concordou comigo, não fez reparos ao que eu disse e prometeu promover uma reunião com sua equipe, fora da secretaria, para explicar alguns pontos que não haviam sido entendidos adequadamente. Pelo visto, o senhor não fez a tal reunião. É uma pena, porque ela poderia ter evitado os problemas que estamos enfrentando agora e já poderia ter antecipado os resultados que o senhor espera alcançar na reunião de hoje". Daí em diante, repeti o que dissera no dia 14. Antes de encerrar, voltei ao problema do CISP: "General, o senhor me pergunta se eu realmente disse o que *O Dia* publicou. Disse. A repórter foi fiel. Acho que todas as instituições do Estado e da secretaria devem ser submetidas a avaliações regulares. E só posso considerar nebulosas as atividades de um órgão que aplica uma política de pessoal tão peculiar como a que tem caracterizado o CISP ultimamente".

O coronel Romeu foi o último a falar: não aceitava, não admitia minhas críticas, em nenhuma de suas dimensões. E me considerava desleal e falso, por eu ter elogiado o CISP, em janeiro, e agora ter passado a criticá-lo. Encerrou com uma calorosa defesa do coronel Marcos Paes e de seu grupo. A eloqüência de Romeu e sua aspereza elevaram a temperatura do confronto ao limite do suportável. O general José Siqueira resolveu interromper a reunião, considerando que nada havia a acrescentar e que ninguém se mostrara disposto a ceder. Fechou o encontro, declarando que iria imediatamente ao palácio, submeter o problema ao arbítrio do governador.

Deixei o gabinete atravessando a sala do coronel Respício, passagem necessária para as ante-salas e o corredor. Ele me aguardava na porta. Queria me dizer que não era contrário à política do governo. Eu o interrompi: "Você não está entendendo nada, absolutamente nada", disse. E me retirei sem esperar sua resposta. Tinha dado uns três ou quatro passos quando ouvi os gritos: "Moleque, você é um moleque. Moleque". Voltei a cabeça para trás e me deparei com Respício projetado em minha direção, contido por Antonio Carlos, Newton e um delegado, assessor do secretário. Braços erguidos, vermelho, não parava de gritar: "Moleque, moleque". Estanquei alguns segundos, olhando-o fixamente, balancei a cabeça e fui embora. Foi a última vez que pisei na secretaria durante a gestão Respício.

Soube que o general esteve no palácio Guanabara. Preferi não tomar iniciativa. O governador saberia formular sua própria interpretação, qualquer que fosse a versão que o secretário lhe apresentasse. E saberia como me achar, se quisesse conversar comigo. Eu tinha plena confiança no discernimento de Garotinho. Achava que ele já me conhecia o suficiente para avaliar o que ouvisse. O primeiro efeito de meu silêncio veio naquela mesma noite. O secretário chefe do Gabinete Militar, coronel Josias Quintal, telefonou para minha casa e deixou um recado com Barbara:

— Diga ao Eduardo que estou com ele, que ele está certo e que ele é muito bom.

Barbara me jurou que não exagerava, que era esse mesmo o recado. Até hoje sustenta que não ouviu mal. Gostei muito da solidariedade e liguei de volta ao coronel Josias, agradecendo. Ele se dispôs a me ajudar. Visitei-o, em seu gabinete, alguns dias depois.

No dia seguinte ao choque com Respício, fui convidado pelo governador a participar de uma reunião de secretários. Aquele convite tinha um sentido muito especial. Sinalizava sua disposição de me prestigiar. Era visível o constrangimento do general. Cumprimentamo-nos formalmente e nos sentamos em lados opostos do Salão Verde. A pauta da reunião girava em torno da racionalização de gastos e funções, o que vinha a calhar, pois uma reforma poderia ser o momento ideal para a exoneração dos personagens indesejáveis, sem maiores traumas políticos. Depois da reunião, conversei com Garotinho, que se referiu com bom humor à discussão:

— Quer dizer que você deu uma enquadrada naquela turma do general?

Disse-lhe que a situação estava muito difícil e que o caso Marcos Paes e seu grupo ainda não estava resolvido, apesar de ele já ter dado tantas ordens ao general. Garotinho mencionou o nome de Romeu sem que eu o fizesse, demonstrando saber quais eram suas posições, política e ideologicamente. Prometeu determinar uma solução imediata para o caso que me preocupava e confidenciou que pretendia substituir o diretor do CISP, até por conta de seus laços profundos com o governo anterior. Disse que tinha informações de que os telefones do palácio haviam sido grampeados e que havia uma orientação política no sentido de que se procurassem brechas para atacar seu governo.

No sábado, depois de participar de seu programa de rádio, às sete da manhã, no qual fui falar sobre a campanha pelo desarmamento, acompanhei-o no carro até o palácio Laranjeiras. Garotinho me pediu paciência e disse que não podíamos lutar em todos os fronts simultaneamente. Eu teria de me resignar a engolir alguns sapos por algum tempo, mas, em compensação, ele providenciaria a mudança no CISP e o encerramento do caso Marcos Paes. Voltou a insistir nessa solução parcial na segunda-feira, dia 29 de março, depois da inauguração da primeira delegacia legal. Lembrou-me que a futura reforma do Estado, que previa a redução de subsecretarias, ofereceria o contexto ideal para as mudanças necessárias.

Na sexta-feira, dia 26, *O Globo* e o *Extra* publicaram minha promessa de levar o Mutirão pela Paz à favela em Botafogo que os jornais chamam Dona Marta e os moradores denominam Santa Marta.* Isso aconteceria a partir de segunda-feira. O *Jornal do Brasil* proclama em manchete: "Noite violenta em Laranjeiras — Guerra entre tráfico do Morro Dona Marta e PMs deixa um morto, ruas no escuro, moradores com medo e faz governo ocupar área" (*JB*, 26 de março). Essas notícias aprofundaram as feridas na secretaria. Enxergando aí uma boa oportunidade de me desautorizar e deixar claro para a opinião pública que quem mandava era ele, o secretário resolveu opor-se à ocupação policial do Santa Marta e ao Mutirão pela Paz naquela comunidade.

Empenhado numa investida rápida que lhe reforçasse o poder e me isolasse, fez uma segunda tentativa de reunir oficiais e delegados para afirmar sua liderança. A primeira acabara frustrada pela menção desastrada ao crime bíblico de Caim, como demonstração de que as coisas já estiveram bem piores do que as vivemos, atualmente, no Rio — houve um tempo, disse o general, em que 50% da população, isto é, Abel, eram vítimas de homicídio doloso. As citações bíblicas deram o tom na primeira palestra, a ponto de o secretário chamar de "dez mandamentos" o decálogo que deveria guiar os passos das polícias em sua gestão. Os dez mandamentos da secretaria terminaram desqualificados pela ironia da mídia. O general José Siqueira tentaria outra vez na sexta-feira, dia 26 de março, quando reuniu toda a cúpula da secretaria e das

* Os moradores não aceitam o nome "Dona Marta"; preferem "Santa Marta". Mas os jornais insistem no "Dona". Como antropólogo e cidadão, acho mais correto respeitar a preferência dos moradores.

polícias para ouvir seu pronunciamento, que dessa vez evitou metáforas bíblicas, a menos que consideremos a citação indireta de Noé e sua arca. Bem, o fato é que a segunda tentativa foi muito mais desastrosa do que a primeira. Não fui convidado dessa vez, e só tomei conhecimento do que se passou pelo relato dos amigos e pelos efeitos devastadores na imprensa.

Dia 27 de março, jornal *Extra*: "Secretário de segurança admite tolerar a contravenção". E na manchete: "General quer pacto com o bicho". Diz a matéria: "O secretário de Segurança, general José Siqueira, surpreendeu ontem ao propor um acordo com os bicheiros. O jogo passaria a ser tolerado, desde que os contraventores 'não se envolvessem com tráfico de drogas, armas, prostituição ou corrompessem a polícia'. Ele contou que quando foi Secretário de Segurança em Alagoas fez um pacto com o bicheiro do estado. O governador Garotinho disse, durante a campanha, que pretendia estatizar o jogo". Na segunda edição daquele mesmo sábado, o *Extra* proclama: "Secretário propõe uma trégua ao jogo do bicho". Na manchete menor, publica o seguinte: "Apesar de ilegal, a contravenção não será reprimida. Segundo o general, polícia tem coisas mais importantes para fazer". Sob a foto do secretário, ladeado pelos chefes das polícias, outra manchete: "Dona Marta não vai ser ocupado". O secretário diz que o tiroteio da noite de quarta e madrugada de quinta, que levou pânico aos moradores de Botafogo e Laranjeiras, e provocou blecaute em certa área, "não justifica uma ocupação policial ou social do Morro Dona Marta, em Botafogo".

Sobre a ocupação, o general declarou: "Não tenho conhecimento de problemas tão graves que demandem uma ocupação policial no Dona Marta, como aconteceu no Pereirão e na Maré. O Dona Marta tem problemas, mas só vamos ocupá-lo se os bandidos começarem uma guerra. Mas não é o caso, agora". No dia 26, o *Jornal do Brasil* publicara o seguinte: "No início da noite, o subsecretário de Segurança, Respício do Espírito Santo, confirmou que o governador autorizou a ocupação da favela pelo Batalhão de Choque da PM. 'É uma determinação do governador e a ocupação do Morro Dona Marta está marcada para amanhã (hoje)', anunciou" (*JB*, dia 26 de março). No dia 27, sábado, o *Jornal do Brasil* volta a citar a mesma fonte, que confirma a ocupação mas não a data, por dificuldades de planejamento da operação (*JB*, 27 de março). No mesmo dia, *O Globo* publica a seguinte manchete: "Secretário de Segurança diz que não haverá ocupação no Morro Dona Marta". O subtítulo:

"Para general, tiroteio com PMs não justifica operação policial nem ação social" (*O Globo*, 27 de março); no corpo da matéria, há o seguinte trecho: "Segundo o general, o morro não está incluído nem mesmo na ocupação social programada para abril, ao contrário do que havia anunciado anteontem o subsecretário de Pesquisa e Cidadania, Luiz Eduardo Soares".

Em *O Dia* (27 de março), há menção à divergência entre as declarações minhas e as do secretário, sobre a ocupação do Santa Marta, e ao fato de que não compareci à reunião do secretário com a cúpula da secretaria e das polícias, convocada para um balanço dos três primeiros meses de gestão — na qual o secretário cometera a imprudência de recomendar transigência com os bicheiros. Há também referência à "discussão" que eu tivera, na quarta-feira, com o subsecretário Respício do Espírito Santo, em torno do CISP; segundo o jornal, eu teria proposto sua extinção. O jornal conclui afirmando que o secretário posicionou-se contra minha proposta. O mesmo jornal publica duas notas, ainda no dia 27, sobre a crise: "Pancadaria 1: Se acontecer alguma coisa de anormal no Pereirão, o episódio deve ser debitado às escaramuças que comem soltas na cúpula da Secretaria de Segurança Pública. A coisa está feia. Tanto que a principal realização de Garotinho no setor — a pacificação da favela de Laranjeiras — corre riscos de sabotagem. Por via das dúvidas, o BOPE foi colocado de prontidão". Embaixo, outra nota: "Pancadaria 2: O governador Anthony Garotinho ainda não decidiu o que fará com esta crise. Só na semana que vem saberemos se ele vai manter Luiz Eduardo Soares na subsecretaria ou se fica com o coronel Romeu Ferreira, no comando do CISP. Um deles será defenestrado" (*O Dia*, 27 de março).

A escolha do general foi malfeita. Por sua importância para a cidade, por sua localização, por sua história, a favela Santa Marta constituía uma etapa lógica do desdobramento do Mutirão pela Paz. O tiroteio da semana anterior trouxe o medo de volta a dois bairros que haviam sofrido bastante e que começavam a reconhecer nossos esforços e a valorizar os primeiros resultados que alcançávamos: Laranjeiras e Botafogo. Por outro lado, a comunidade de Santa Marta merecia uma vida decente e a paz que perdera. De resto, era uma comunidade bastante politizada e razoavelmente organizada. Finalmente, o secretário esqueceu-se de considerar que o próprio governador aprovara minha proposta, o comandante geral da PM era favorável, a sociedade gostava da idéia e seu subsecretário Respício já declarara, publicamente, que cumpriria as ordens de Garotinho. Só um péssimo assessoramento e uma desatenção às características mais elementares da conjuntura explicariam aquela escolha do general: chamar a atenção da opinião pública para uma queda-de-braço comigo em torno de uma disputa já resolvida, uma vez que já definida pela posição do governador. Conversei muito com o coronel Cruz a respeito do que deveríamos fazer. Ele tentara convencer o secretário, em vão. Eu não tinha como fazer-me ouvir pelo general naquele momento. Sugeri que Cruz aproveitasse as declarações de Respício e as usasse como alavanca para conseguir o consentimento da secretaria para a ocupação. O comandante geral telefonou para o subsecretário de Planejamento Operacional, coronel Cutrim, e pressionou-o, em nome do posicionamento público de Respício e do próprio governador. O clima era de tal forma favorável à ocupação, que Cutrim acabou cedendo, em cima da hora, para evitar a desmoralização e a perda completa de controle. Percebeu que a ocupação aconteceria de qualquer maneira. Desde o sábado, dia 27, eu obtivera a autorização de Garotinho para a ação independente do coronel Cruz.

No domingo, 28 de março, *O Dia* publica uma longa entrevista comigo sobre escola para filhos de policiais, com grande destaque. A matéria inclui-se na guerrilha que travávamos na secretaria. O jornal *Extra* antecipa a inauguração da delegacia legal com fotos comparativas, valorizando a beleza, o conforto e o estilo moderno, que replicam esteticamente a informatização e a revolução das rotinas. O *Jornal do Brasil* publica a manchete: "Rio inaugura a 'Delegacia do futuro'" (*JB*, 28 de março). No jornal *O Dia*, uma matéria enaltece o desarmamento, descrevendo o círculo vicioso das armas. Na mesma data, *O Globo* publica um artigo que começava a focalizar a ouvidoria, desde sua instalação.

Observe-se, portanto, o quadro que se montava: o general retirava-se, voluntariamente, para o gueto, defendendo um acordo ilegal com a contravenção e chocando-se com a opinião pública e a posição do governador no caso Santa Marta. A Subsecretaria de Pesquisa e Cidadania inaugurava a delegacia legal, apresentava os primeiros resultados do trabalho inovador da ouvidoria, discutia educação para filhos de policiais, organizava Conselhos Comunitários de Segurança, realizava reuniões nos bairros, dialogava com associações de moradores sobre o policiamento comunitário e implantava embriões dos Mutirões pela Paz. Essa listagem restringe-se ao que a mídia destacava e a um período de tempo bastante curto, correspondente à fase de intensificação do conflito.

Eu me dava conta da ampla vantagem política de minha posição naquele momento, mas continuava convicto de que seria preciso levar o general às cordas, impor-lhe um recuo expressivo, obter concessões importantes, mas salvá-lo da derrocada, mantendo-o no poder, ou todo o nosso esforço, todos os nossos projetos iriam por água abaixo. Portanto, era necessário atingir um equilíbrio muito difícil e arriscado com o general. Teria de continuar agindo, ocupando espaços, tornando os projetos conhecidos, armando uma rede de apoios na sociedade, nas polícias e no meio político, mantendo a sintonia fina com Garotinho, mas não deveria hostilizar o secretário ou enfraquecê-lo além do ponto em que a restauração de seu poder em novas bases fosse possível. Tudo parecia bem pensado. Entretanto, como diria Garrincha, "faltava combinar com os adversários", o que cheguei a tentar, sem sucesso.

O plano só funcionaria se o general preferisse compor-se comigo a cair, o que me parecia perfeitamente plausível, pelo respeito pessoal que sempre lhe devotei e pela consideração à sua autoridade que jamais deixei de demonstrar. Ou seja, um eventual recuo, se bem conduzido, bem negociado e bem apresentado à opinião pública, não implicaria desmoralização ou enfraquecimento. Parecia racional que o secretário optasse pelo recuo e pela repactuação, a menos que não pudesse fazer isso. De minha parte, eu estava disposto a todos os sacrifícios necessários para viabilizar o recuo honrado do general. Claro que, hoje, quando escrevo a palavra "plano", tudo soa muito racional e ponderado. Não é bem assim que se passam as coisas quando se está imerso numa batalha campal, os tiros cruzando o espaço para todos os lados, os incêndios se multiplicando, os focos de combate estreitando as opções em alta velocidade. Nesses momentos, pesam as vozes experientes dos amigos e contam sobretudo as intuições, a inventividade e a sensibilidade para o potencial contido em cada ato e cada palavra. Haverá, inevitavelmente, muitos erros. Quem errar menos, vence.

No dia 29 de março, segunda-feira, o jornal *O Dia* publica a seguinte nota: "CISP pode ter novo diretor; governador diz que não se importa se Romeu Ferreira deixar o cargo: O CISP pode ganhar um novo diretor a qualquer momento. 'Se o Romeu deixar a direção do CISP será normal', afirmou ontem em Campos o governador Anthony Garotinho, referindo-se ao subsecretário [*sic*] Romeu Antonio Ferreira, diretor do CISP. 'A saída dele já é até esperada, visto que ele é remanescente do governo passado e eu não posso mantê-lo indefinidamente num cargo de confiança', completou o governador. Os desentendimentos entre o diretor do CISP e o subsecretário de Cidadania, Luiz Eduardo Soares, estopim da possível saída de Romeu, foram considerados pelo governador como coisas de rotina. 'Os dois discordaram a respeito da ocupação do Morro Dona Marta. Isso é normal entre pessoas que trabalham juntas e têm opiniões diferentes', disse". Esse era o estilo Garotinho de despistar.

Na terça-feira, dia 30 de março, a temperatura da crise subiu, sobretudo no jornal *O Dia*, que acompanhava o processo desde o início, e para o qual contribuiu (não o culpo, pelo contrário). A foto era alegre e destacava o aperto de mão entre mim e Garotinho, ambos felizes, com a inauguração da delegacia legal, cumprindo o prazo prometido. Mas a manchete focalizava os problemas: "Crise na Segurança do Rio". Outra notícia era especialmente relevante, até do ponto de vista do desdobramento da crise e não somente para a segurança pública do estado: "Começa a ocupação do morro Dona Marta; o próximo passo é o Mutirão pela Paz". A notícia descreve a ocupação realizada por oitenta policiais do BOPE, na véspera, domingo, como tranqüila. Respício reafirma o que ele e eu disséramos e nega a declaração do general: "Resolvemos ocupar o Dona Marta porque, na última semana, houve intensos tiroteios no local. Esse primeiro trabalho servirá para sanear a favela" (*O Dia*, 30 de março). Outra manchete na mesma página: "Coronel Romeu Antonio dá sua versão". Romeu fala, em carta ao jornal, de meu "revanchismo" contra Marcos Paes e diz que eu fora interpelado, em reunião de cúpula, sobre meu verdadeiro lugar na hierarquia e sobre minhas "constantes interferências em assuntos que não [me] competiam". Outra nota de *O Dia*, ainda em 30 de março, diz o seguinte: "Racha na Polícia faz coronel do CISP se demitir: Depois de ler em *O Dia* que o governador Garotinho considerava normal sua saída do Centro de Inteligência e Segurança Pública, Antonio [*sic*] Romeu Ferreira pediu demissão". Ainda em *O Dia*, Arnaldo Cesar abre sua influente coluna, Informe, com a seguinte nota, sob o título "Queda-de-braço": "A saída do coronel Romeu Ferreira do CISP pode trazer novas dores de cabeça a Garotinho. Ele é um homem ligado ao Exército. Mais especificamente ao Comando Militar do Leste, que não está gostando nem um pouco dessa confusão. [...] Profissional disciplinado, ele pouco se envolvia em política. Por isso, acolheu em sua repartição policiais polêmicos como o coronel da PM Marcos Paes. Aí residem todos os motivos para o seu embate com o subsecretário de Segurança Pública, Luiz Eduardo Soares, que não admite, na cúpula da polícia, pessoas envolvidas com práticas de violência. Na sua saída, o coronel Romeu Ferreira pode deixar um rastro de denúncias. Seus homens estavam trabalhando num alentado dossiê sobre envolvimento de altas figuras do atual governo com o bicho. Se isso vier à tona, essa crise vai durar um bom tempo" (*O Dia*, 30 de março). O *Jornal do Brasil* do dia 30 anuncia a ocupação, com sessenta homens, do morro Dona Marta. Numa notinha, *O Globo* anuncia que "coronel deixará o CISP", referindo-se a nosso desentendimento em torno da extinção do órgão, que eu estaria propondo.

Uma matéria no *Globo* do dia 31 de março, quarta-feira, cobre a visita que fizemos, eu e Rubem Cesar Fernandes, ao cardeal dom Eugênio Salles, para pedir a adesão da Igreja Católica à campanha pelo desarmamento. A mobilização em torno da campanha irritava alguns auxiliares do general, que se referiam à iniciativa, nos bons-dias, como uma grande hipocrisia. De modo que o sucesso da campanha, o apoio da mídia e da opinião pública e o envolvimento pessoal de Garotinho geravam reações paradoxalmente negativas. Quando o general era chamado a pronunciar-se publicamente, acabava, por convicção ou conveniência, confrontando seu grupo, o que tornava o constrangimento um sentimento generalizado na secretaria.

Aproveitando a generosidade do coronel Josias, fui visitá-lo no Gabinete Militar do palácio Guanabara. Aquela era uma semana curta, véspera dos feriados da Páscoa. Procurei-o à noite e conversamos bastante. Ele não sabia por que o general não agia, a despeito dos conselhos de Paulinho. O chefe de gabinete do general telefonara a Josias para lhe dizer que estava fazendo o possível para convencer o secretário a livrar-se dos auxiliares que só lhe traziam problemas. Se o general fizesse isso, estaria dando uma demonstração de boa vontade, desculpando-se pelo ataque de seu amigo destemperado e limpando o terreno para uma reaproximação em novos termos comigo. Se Garotinho me prestigiara com o convite para a reunião de secretários e com o convite para participar de seu programa de rádio, se provocara a demissão de Romeu através de declarações prestadas ao jornal *O Dia*, que outro sinal o secretário de Segurança esperava sobre a posição do governador? Por outro lado, aquela poderia ser uma guerra prolongada, porque Garotinho emitia sinais claros, porém inconclusivos, e se mantinha discreto e reservado nas atitudes, abstendo-se de aconselhar diretamente o secretário, de dizer-lhe claramente o que fazer. Essa ambigüidade do governador recobria toda a cena com uma sombra preocupante e enigmática. A mim ele tampouco dizia muito: me pedia paciência, dizia que era preciso enfrentar uma briga de cada vez, que aos poucos chegaríamos aonde desejávamos — sem explicitar exatamente aonde é que ele gostaria de chegar. Por que o general não despachava Marcos Paes e sua turma? Por que me prometera acertar os ponteiros com sua equipe e não cumprira a promessa? Por que concordara comigo, em nossa conversa privada, e mudara de posição na reunião de cúpula? Será que estaria sofrendo pressões por parte do CISP, que o submetera a investigações logo no início de sua gestão, invertendo a hierarquia talvez, justamente, para subjugá-lo? Será que estaria sendo persuadido por sua equipe e pelo general Cerqueira a não ceder, não recuar, sob pena de desmoralizar-se e perder o poder para mim, mesmo mantendo-se na posição de secretário? Será que estaria avaliando que a correlação de forças lhe era favorável naquele momento e poderia não ser depois, e por isso teria radicalizado e precipitado o confronto comigo? O que o faria pensar que a correlação de forças lhe era favorável?

O coronel Josias também não sabia as respostas, mas me deu um conselho importante, que eu jamais esqueceria e que minha experiência confirmou: sugeriu que eu não esperasse a intervenção de Garotinho. Com outras palavras, Josias disse, essencialmente, o seguinte:

— Caso ele continue agindo como fazia quando era prefeito de Campos, a intervenção só virá depois que se esgotem as baterias de ambos os lados em confronto, depois que a mídia já tenha tomado partido, no último segundo do último round. Não espere ser poupado. Ele vai testar você e o general, vai medir os respectivos poderes de fogo, vai querer conhecer a resistência de cada um, vai comparar os apoios, vai querer saber para onde aponta a vontade da opinião pública. Só depois vai intervir. Portanto, isso pode demorar muito.

A observação cética de Josias me impressionou e assustou. Não era coerente com a imagem que eu tinha de Garotinho, por mais que tivesse consciência de que ele fora campeão de xadrez e soubesse que ele gostava de calcular cada movimento como um estrategista. Será que a frieza iria tão longe assim? E os princípios, as relações pessoais de confiança mútua e lealdade, nossas crenças comuns nos valores e nos projetos? Minha ansiedade crescia com o tempo, porque eu deixara de freqüentar a secretaria desde o episódio lamentável com Respício. Nas semanas anteriores, eu já deixara de tratar pelo telefone qualquer assunto relevante e já desistira de fazer reuniões de equipe em nossa sala no prédio da secretaria. Nosso informante no CISP nos advertira para o risco de que nossos movimentos viessem a ser monitorados. Os telefones já estariam devidamente grampeados. Recomendei aos companheiros de minha subsecretaria que deixassem as conversas importantes para os encontros fora da secretaria. Claro, isso não poderia durar indefinidamente, sob pena de afetar nosso desempenho na implantação dos próprios projetos. O relato que o coronel Josias me fizera a propósito do padrão Garotinho de resolução de conflitos, que eu denominaria mais tarde "modelo darwinista", aumentou minha ansiedade. Josias acrescentou outro item delicado. Disse que Garotinho estava preocupado com possíveis reações do Comando Militar do Leste ao afastamento do coronel Romeu e a uma eventual ruptura com o general.

— Não esqueça que ele quer ser presidente — concluiu.

Eu logo aprenderia que todos os outros objetivos são secundários e se subordinam a esse.

Algumas semanas antes eu procurara plantar no espírito do governador, através de Peninha, uma semente para um futuro hipotético: se, por alguma eventualidade, eu disse ao secretário de Comunicação, Garotinho tiver de considerar a hipótese da substituição do general, minha recomendação seria que ele contemplasse a possibilidade de nomear o coronel Cruz como secretário de Segurança. Ele está afinado conosco, conhece, foi co-autor de muitos de nossos projetos, autor de alguns, identifica-se com nossa política e nosso grupo, é sério, inteligente, experiente, bem preparado, prudente e sua liderança não é contestada. Garotinho estaria inovando, pois seria a primeira vez que um policial dirigiria a segurança. Por outro lado, eu e minha equipe poderíamos continuar nosso trabalho. Peninha registrou. Passou a Garotinho a idéia. Quando a crise se intensificou, Garotinho aproveitou um momento a sós com Rubem Cesar, por ocasião do debate de questões relativas a projetos turísticos para o estado, e lhe confidenciou, sabendo que estava me enviando um recado:

— Na primeira oportunidade, vou trocar o general pelo coronel Cruz.

Se não fossem tão ambíguos os sinais e comportamentos de Garotinho, eu teria ficado tranqüilo, esperando a poeira baixar para o coronel Cruz assumir e começarmos, finalmente, a trabalhar em paz na secretaria. Ou melhor, teria estado tranqüilo durante algum tempo, até o momento em que descobriria que a solução Cruz não era viável. Isso ocorreu quando consultei Carlos Alberto e ouvi, para minha perplexidade, que se um oficial da PM fosse nomeado secretário de Segurança, a Polícia Civil pegaria em armas.

Naquela mesma semana, atendi ao pedido de um amigo do general, que disse ter urgência em falar comigo. Fui encontrá-lo numa sala contígua ao gabinete de Carlos Alberto, na chefia da Polícia Civil. Eu sabia que o sr. Nolasco era quase parente do secretário, tal a intensidade e longevidade dos laços afetivos. Eram compadres. Nolasco fora subordinado do general no Exército, em Campinas, e tinha relações com o irmão de Garotinho, em Campos. Tornara-se empresário e atuava como um articulador político do general. Tinha relações fortes com parlamentares do PMDB, do PFL, do PTB e do PPB. Atuava exatamente na área política de onde provinham os ataques contra mim. Foi extremamente sincero, objetivo e amistoso: o processo que levara à nomeação do general fora longo e difícil. Ele não estava disposto a ver todo o trabalho perdido, quando seria tão simples reverter algumas decisões e corrigir os erros. Ainda há tempo, ele disse, desde que o general aja com rapidez. O plano, ele fazia questão que eu soubesse, era eleger o general deputado federal, em 2002. Queria saber se eu estaria disposto a negociar um acordo com o general, para evitar riscos de uma desestabilização. Ele me oferecia, em nome do general, a segunda posição isolada na secretaria, a exoneração de toda a cúpula da secretaria, a participação, com direito a veto, na indicação dos novos nomes, e a direção de todos os projetos que me interessasse liderar. De minha parte, eu deveria apoiar o general na secretaria e ajudar a firmá-lo no poder. Eu não teria nenhum compromisso eleitoral com o secretário. Respondi também com sinceridade, relatando a Nolasco o que tinha dito ao general e a Paulinho no dia 14 de março. Não acreditava na possibilidade de levar adiante a implantação da política de segurança que defendia se o general caísse. Expliquei-lhe as razões, repetindo os argumentos que apresentara ao secretário. Concluí reafirmando minha disposição de fazer tudo o que estivesse a meu alcance para colaborar, caso a vontade do general fosse realmente a de mudar de atitude, passar a tratar-me como o aliado que eu desejava ser, livrar-se de seus auxiliares e montar um grupo que merecesse também minha confiança. Nolasco vibrou com minha reação e me garantiu um retorno ainda naquele dia, no máximo no dia seguinte. Só voltamos a nos falar muito depois, quando o destino já nos lançara diante de situações inteiramente novas. O general José Siqueira recusou o plano de Nolasco.

Na quinta-feira, dia 1º de abril, *O Globo* publica excelente matéria sobre o Mutirão pela Paz, assinada por José Luiz Vilhena: "Choque de ordem no Dona Marta; em 4 dias de ocupação, PM interrompe venda de drogas e abre caminho para ações sociais". O *Jornal do Brasil* avisa que estarei na quadra da escola de samba do "Dona Marta" para conversar com os moradores (1º de abril). *O Globo* diz o mesmo na primeira página, informando que eu subiria a favela com o secretário de Justiça, Sergio Zveiter (*O Globo*, mesma data). Na véspera, 31 de março, *O Dia* publicara a seguinte manchete "Para Luiz Eduardo, saída de Paes é certa: O subsecretário de Pesquisa e Cidadania, Luiz Eduardo Soares, foi contundente ao comentar sobre a saída do coronel Marcos Paes do CISP: 'Esse assunto já está bem encaminhado'. Ontem, ele afirmara que o serviço de inteligência da polícia não pode contar com alguém que é acusado de violar os direitos humanos e que não inspira confiabilidade por isso. [...] Perguntado sobre sua posição na PM no governo Garotinho, que poderia ficar incômoda devido à troca de acusações, Marcos Paes disse que 'o próprio governador' o queria no CISP" (*O Dia*, 31 de março).

Assim como o artigo de Ana Cristina Miguez citando minhas críticas ao CISP, em *O Dia*, fora o início da crise, minha entrevista publicada pelo *Globo* na Sexta-Feira da Paixão, dia 2 de abril, precipitaria o capítulo final. A manchete e a primeira parte da entrevista perdiam o mais importante e deslocavam a atenção dos leitores para o secundário: "'Eles são poucos e vão ser presos'; subsecretário de segurança garante que polícia já tem como fechar o cerco aos *pitboys*". No terço inferior da página, sob a entrevista comigo, havia uma matéria sobre a violência dos jovens, com foto de um ex-lutador de jiu-jítsu. Luiz Carlos Cascon é um excelente jornalista e costuma enxergar longe, à frente. Nesse caso, no entanto, dado o grande interesse provocado pela problemática das gangues de jovens de classe média desordeiros e brigões, acabou escolhendo sublinhar o que se mostraria secundário, de acordo com a própria reavaliação do *Globo*, que publicaria uma matéria explosiva no dia seguinte. Na segunda parte da entrevista, Cascon me pergunta: "O senhor diria que a demissão do chefe do Centro de Inteligência de Segurança Pública (CISP), Romeu Antonio Ferreira, pode ser interpretada como crise na Secretaria de Segurança?". Eu respondo: "Trata-se na verdade de uma crise de ajuste. Um momento natural de um processo. Por que essa mudança não se deu logo que assumimos a secretaria? Porque é uma área muito delicada, muito sensível. E o próprio general nos orientou nesse sentido. Mas, no desenrolar do processo, esse momento acaba acontecendo. A luz vermelha acendeu no caso do CISP quando o coronel Marcos Paes foi levado para o serviço de inteligência. As ações do coronel são tidas como violentas por entidades de defesa dos direitos humanos. Pode até ser que as acusações sejam falsas, mas enquanto existir essa dúvida, ele não pode participar do governo em cargo importante. Sua nomeação teve duas interpretações: ou o CISP não estava sintonizado com a política de segurança traçada pelo governador Anthony Garotinho, ou o coronel Romeu Ferreira tentou com isso criar uma crise. É democrático que todas as instituições do governo sejam avaliadas". Eu sabia que o responsável pela nomeação de Paes era o secretário, ainda que fosse verdade que a sugestão tivesse vindo de Romeu. Segue-se a pergunta: "Qual o futuro do CISP?". E minha resposta: "Espero que quando for nomeado, o novo diretor faça uma avaliação. A minha idéia, se o CISP estiver capacitado para funcionar muito bem, é incorporá-lo a uma central de inteligência da Polícia Civil. A instituição encarregada de investigar é a Polícia Civil. Pelo que tenho visto, o trabalho do atual CISP é tão sigiloso que nem o secretário sabe. O que eles estavam fazendo era grampear telefones das pessoas do governo". A entrevista terminava com minha avaliação dos primeiros três meses de governo na área da segurança.

No mesmo dia 2 de abril, *O Globo* cobria a visita que fizemos ao Santa Marta, o secretário de Justiça, a vice-governadora e eu. Antes da visita, dei entrevista ao vivo ao *RJ-TV*, sobrevoando a favela, tal era o interesse que o Mutirão despertava na sociedade e, conseqüentemente, na mídia. Fomos discutir o Mutirão pela Paz com a comunidade e nos colocar à disposição para receber qualquer crítica aos procedimentos policiais. *O Dia*, que dera "nota 10" ao Mutirão na Vila Pereira da Silva, voltava a nos prestar o mesmo reconhecimento: "Nota 10 para a PM, que ocupou o Dona Marta, obrigando os traficantes de drogas a suspender suas atividades" (2 de abril).

No dia seguinte, sábado, véspera da Páscoa, *O Globo* recuperou para a manchete de primeira página o que ficara em segundo plano na entrevista: "Grampeados telefones do governo do estado". A página 8 é dividida ao meio; a parte inferior é dedicada à delegacia legal e a uma entrevista com nossa arquiteta, Fernanda Metello; a metade superior repete a manchete da primeira página, com o subtítulo: "Subsecretário de Segurança troca números, evita usar celular e pede auditoria a Garotinho". Na sexta-feira, a repórter do *Globo*, Angelina Nunes, me telefonara:

— Professor, me diga uma coisa. Eu estou errada ou o senhor fez uma declaração muito grave na entrevista que publicamos hoje? Uma declaração sobre telefones grampeados e possíveis ações antigovernamentais de um órgão do próprio governo. É isso mesmo? O senhor confirma? Isso não é gravíssimo? Eu já chequei com outras fontes, em off, que confirmaram o que o senhor disse.

Com aquela bomba que começara a estourar na primeira página do *Globo*, eu já me preparara para pagar o preço ou para, finalmente, começar a relaxar e a trabalhar tranqüilo. Esperava exoneração imediata ou uma reversão completa do quadro a meu favor. Tudo dependeria da avaliação que Garotinho faria da conjuntura política. Minha iniciativa não obstaria a hipótese de meu afastamento do governo. Eu poderia cair. Mas para mim era indubitável que a queda seria preferível àquele pântano de ambigüidades. O que eu estava bloqueando, ao trazer a público parte do que se passava nos bastidores, era a continuidade das indefinições e da ambigüidade: apesar dos sinais de solidariedade e das promessas de Garotinho, Marcos Paes já estava trabalhando no CISP; a despeito da saída de Romeu, a equipe do general permanecia intocada; e o futuro estava fadado a me reservar, portanto, renovadas tentativas de boicote, com a finalidade de impedir que eu continuasse dirigindo os projetos que competiam à minha subsecretaria, segundo o organograma negociado na transição; e minha equipe permaneceria sendo tratada a pão e água. Eu tinha convicção de que *O Globo* de sábado, dia 3 de abril, poria um ponto final a isso. Qual seria meu destino, era impossível prever. Mas não demorou muito para que eu começasse a desconfiar. Peninha, o secretário de Comunicação, me telefonou cedo. Barbara atendeu e me passou: "É o Peninha e parece que está uma fera". Ouvindo isso, fui eu que virei bicho. O sangue ferveu, como raras vezes acontece comigo, e eu não deixei meu interlocutor falar:

— Se você está me ligando para me dizer que eu devo me comportar, que devo manter em sigilo o que pode ser negativo para o governo, que eu não deveria ter dito o que disse sem consultá-lo, se é isso o que você quer me dizer, saiba que não vou aceitar ouvir isso. Pode desistir e dizer ao Garotinho que eu entrego meu cargo, que me cansei de ficar carregando tudo nas costas e ouvindo promessas falsas e protelações, que não admito mais ser tratado desse jeito, com desconversa. Não agüento mais todos esses jogos e toda essa ambigüidade. Eu estou fazendo papel de palhaço e colocando minha vida e a de minha família em risco à toa. Para mim chega. Que Garotinho decida o que é que ele quer afinal.

Peninha tentou me acalmar:

— Não é nada disso, calma, está tudo bem. Eu só lhe peço que não desligue o celular porque Garotinho vai te ligar a qualquer momento, OK?

Demorou muito até que Garotinho ligasse. Já era noite. Estava muito amável e afetuoso:

— Luiz Eduardo, eu pensei muito hoje, refleti bastante, e cheguei à conclusão de que você está certo. O melhor a fazer nesse tipo de situação é agir com transparência, trazer tudo à tona, não esconder nada. A visibilidade é a melhor proteção contra os ataques pessoais e contra as eventuais agressões políticas ao governo, desse pessoal que só sabe conspirar. Acho que seria conveniente um de nós dar uma entrevista coletiva para deixar tudo bem claro. O que você acha? Você acha que seria melhor eu dar a entrevista ou você?

Sugeri que ele desse a coletiva. Ficaríamos em contato, ele disse. Tudo iria se resolver bem. Pouco depois, Peninha ligou:

— Garotinho quer dar a entrevista coletiva com você. Será amanhã, no palácio Laranjeiras, ao meio-dia. Seria bom você chegar às onze.

O dia seguinte era Domingo de Páscoa, aniversário de Barbara. Por isso, tínhamos nos permitido sair do Rio e visitar um casal amigo. O descanso não durou muito.

Domingo, 4 de abril. *O Globo* destaca, com chamada de primeira página: "Governador faz varredura e manda apurar grampo; CISP estaria preparando dossiê contra membros do primeiro escalão da área de segurança do governo". No segundo clichê, a matéria ganha mais espaço e inclui um box com o título: "Um cientista político e dois coronéis" (referindo-se a mim, Romeu Ferreira e Marcos Paes). A *Folha de S.Paulo* publica artigo na mesma linha: "Governo do Rio apura grampo em secretaria". O *Estado de S. Paulo*: "Subsecretário denuncia grampo em seus telefones". *O Dia* traz a seguinte manchete: "Medo de grampo faz Garotinho deixar celular". O *JB* fugiu ao diapasão e avançou por senda paralela: "Ex-chefe do CISP aponta ligação bicho-PM; Romeu Ferreira, que pediu demissão do cargo, atribui sua saída às investigações sobre corrupção entre oficiais da Polícia Militar". Segundo o *Jornal do Brasil*, "a saída de Romeu Ferreira do CISP é a ponta de uma disputa de poder pelo comando da política de segurança pública". O jornal reporta-se à "reunião tensa" da quarta-feira anterior.

Os jornais de segunda-feira, dia 5 de abril, focalizam a crise. A manchete de primeira página do *JB* é "Rio vê chantagem na Polícia; Garotinho diz que cúpula da Secretaria de Segurança não cederá a pressões de maus policiais". Ainda na primeira página: "O governador Anthony Garotinho admitiu que há uma guerra surda pela direção da política de segurança no estado e que o comandante geral da PM e o chefe da Polícia Civil estão sofrendo pressões de maus policiais. 'Há uma tentativa de acuar o governo na sua política de fazer a faxina nas polícias', disse. O governador apoiou o subsecretário Luiz Eduardo Soares, que denunciou ameaças de morte e grampos em seus telefones, e disse que não é de agora o envolvimento da PM com o jogo do bicho". O governador declarou, prossegue a matéria, "demonstrando apoio a [...] Luiz Eduardo Soares [...]: o subsecretário está sofrendo pressões porque identificam nele uma pessoa que está afinada com a política do governo" (*JB*, 5 de abril).

O *Extra* de segunda, dia 5, também destaca a entrevista coletiva. *O Globo*, com chamada de primeira página, dá o seguinte título à matéria: "Garotinho mudará todo o comando do CISP e anuncia faxina nas polícias civil e militar; governador revela que o subsecretário de Segurança foi até ameaçado de morte" (5 de abril, segunda-feira). Garotinho se referia aos telefonemas ameaçadores que volta e meia eu recebia, aos quais só prestávamos atenção nas crises. Nessa mesma edição, em espaço contíguo à matéria principal, o jornal publica uma entrevista com o coronel Romeu, na qual ele confirma a origem da crise, "a ida do coronel Marcos Paes e do major Samaha em março para o CISP. O subsecretário me questionou sobre a necessidade desses oficiais. Estranhei isso, já que o próprio governador Garotinho foi quem autorizou a ida do coronel para o CISP" (5 de abril). Sobre o trabalho que Paes estaria desenvolvendo, Romeu é claro: "Ele é o chefe da contra-inteligência, ou seja: investiga a própria polícia". O entrevistado reitera, com mais detalhes, o que o *JB* publicara: "Esses dois oficiais disseram em meu gabinete" que tinham informações comprometedoras sobre comandantes de batalhões, ligados ao comandante geral. Os oficiais manteriam vínculos com o jogo do bicho.

Também na primeira página, *O Dia* proclama: "Garotinho garante: ameaças não vão mudar 'faxina' na segurança". A chamada para a matéria resume: "Governador convocou coletiva ontem para afirmar que as tentativas de intimidação ao subsecretário de Segurança, Luiz Eduardo Soares, não atrapalharão o combate à violência e à corrupção. Para ele, as ameaças de morte estão vindo de policiais insatisfeitos com sua política para o setor. Hoje, Garotinho terá uma reunião com a cúpula da polícia para anunciar o nome do novo diretor do CISP" (*O Dia*, 5 de abril). O subtítulo da matéria é: "Chefe da Polícia Civil e comandante da PM são novos alvos de 'armações'".

Na noite de segunda-feira, dia 5, Barbara e eu jantamos com Rubem Cesar e Mauro Ventura. Era quase uma despedida do governo. Os dois amigos haviam acompanhado a evolução dos problemas, passo a passo. Nada mais próprio do que compartilharmos com eles aquela que talvez fosse a última noite de uma etapa importante de nossa vida. Minha avaliação era pessimista. Como não antevia soluções internas e não acreditava que uma solução externa pudesse incorporar minha subsecretaria, e como a irredutibilidade do general e minha radicalização nos levaram a um impasse, eu achava que Garotinho anunciaria mudanças completas no dia seguinte. Diria que tinha grande apreço por mim e pelo general e que estava solidário comigo nos riscos a que havia me exposto e nos projetos que conduzia, mas que não podia aceitar que seus subordinados se digladiassem publicamente. Em nome do restabelecimento da ordem e da hierarquia, o processo seria zerado. Comigo cairiam Cruz e Carlos Alberto. Quem viesse traria seus próprios nomes. Se a intenção fosse recuar, compor com os setores atrasados que resistiam às reformas, conciliar com a República do Chuvisco, os nomes seriam Raffik Louzada e Wilton Ribeiro. A única peça que faltava no quebra-cabeça era o nome do secretário. Quem poderia ser? Eu não soubera de nenhuma movimentação. Se a intenção de Garotinho não fosse me exonerar, por que não teria se aberto comigo, quando havíamos estado juntos por tanto tempo no palácio, domingo? Por que não teria me ouvido e falado sobre o que pretendia fazer? O único sinal, a convocação de uma reunião comigo e com o general, às treze horas de terça-feira, dia 6, indicava a intenção de manter-nos aos dois, mas essa hipótese me parecia cada vez menos viável. Barbara, Rubem e Mauro me lembravam da entrevista coletiva da véspera, para a qual Garotinho me convidara. Por que teria me prestigiado com aquele convite, se pretendia me tirar do governo? De fato, era um bom ponto. O quadro era difícil e confuso. Nada parecia inteiramente plausível.

Na manhã seguinte, não agendei compromissos. Ficaria em casa me preparando para o encontro das treze horas no palácio. Barbara acordou-me com os jornais e uma frase de que não me esqueceria mais: "De hoje não passa. Ou caímos nós, ou cai o general, ou caem todos. Mas hoje sai uma decisão. E não poderá mais ser a manutenção de todo mundo. Pelo menos, temos um consolo: acabou a era da ambigüidade". As notícias daquela terça-feira nos condenavam ao conflito irreversível. Uma reconciliação àquela altura nos desmoralizaria. Já tínhamos ido muito longe para recuar.

Manchete do *Jornal do Brasil*: "Política divide Polícia". O texto: "A crise na área de Segurança do Rio é 'política', afirma o secretário de Segurança, general José Siqueira, que ontem acusou o subsecretário, Luiz Eduardo Soares, de ter iniciado o conflito ao anunciar publicamente que o CISP — organismo de inteligência da polícia — estava 'com os dias contados'. Soares reafirmou sua disposição de acabar com o CISP e disse ao *JB* que o organismo 'é inspirado na ditadura'. Contrariado, o general Siqueira avisou que a saída do coronel Romeu Ferreira, diretor do CISP, 'não estancou a crise' e que 'outras pessoas podem sair'" (*JB*, 6 de abril).

Uma página inteira é dedicada ao conflito. Divide-se em duas partes, cada metade com uma foto, como se minha foto e a do general estivessem discutindo: "Crise chega à cúpula da Segurança; governador Anthony Garotinho convoca para hoje reunião para tentar acabar com conflito entre principais nomes do setor". Um box com o título "Divisão de Poder" desenha o organograma da disputa: duas árvores com nossos aliados. Ao meu lado, segundo o jornal, estariam apenas os chefes das polícias. Toda a cúpula da secretaria estaria com o general. Os repórteres Marcelo Carneiro, Marcelo Moreira e Mona Bittencourt tinham toda a razão. Sob o box, há uma pequena entrevista comigo, sob o título: "CISP é inspirado na ditadura" (*JB*, 6 de abril).

A matéria inclui a declaração de guerra do general: "[o secretário] demonstrou que está disposto à queda-de-braço, ao afirmar, ontem à tarde, que o coronel Marcos Paes — o pivô da crise — permaneceria no CISP". Uma autoridade com trânsito na cúpula da secretaria prestou o seguinte depoimento ao *JB*: "Na verdade, a briga é entre os dois. O Siqueira não escolheu o chefe da Polícia Civil, o comandante da PM e nem o presidente do DETRAN, os três órgãos mais importantes sob o comando da Secretaria de Segurança Pública. O chefe da Polícia Civil e o comandante da PM foram indicações do Luiz Eduardo, que ainda foi designado subsecretário de Segurança. Quando quer discutir política de segurança pública, o governador só conversa com o Luiz Eduardo" (*JB*, mesma data).

Arnaldo Cesar, no jornal *O Dia*, dava nota 10 "para Garotinho, que está enfrentando com firmeza os 'antigos esquemas' na área da Segurança Pública". *O Dia* publica também ampla cobertura da reunião que eu havia promovido no morro Santa Marta. À crise, o jornal dedica apenas meia página, ainda que com destaque, trazendo como título uma declaração do general: "CISP não fez o grampo telefônico". Segundo Luiz Fernando Gomes e Ruth de Aquino, jornalistas que assinam a matéria, o secretário elogiou entusiasticamente Romeu e Paes. O primeiro "pelo trabalho de inteligência e Paes, por ser disciplinado: 'Ele matou bandido porque era a orientação do governo anterior. Poderia mudar agora, seguindo a orientação do novo governador'". Mas o secretário guardou muitos elogios para o governador e alguns para mim: "O professor é quem faz a diferença na política de segurança do atual governo e partilho totalmente com ele o objetivo de fazer da polícia do Rio de Janeiro uma polícia cidadã". A matéria termina, surpreendente: "[...] o general não tem dúvidas de que, se o governador tiver de escolher entre Luiz Eduardo e o resto da cúpula da secretaria — exceto o comandante da PM e o chefe da Polícia Civil, indicados por Luiz Eduardo —, ficará com o subsecretário. No 'resto da cúpula', o general se inclui" (*O Dia*, 6 de abril).

Enquanto *O Globo* parecia neutro e o *Jornal do Brasil* me dava a impressão de pender para o meu lado, sobretudo no editorial daquele mesmo dia, "Limpeza ética", que clamava pelo aprofundamento do combate ao crime no interior das polícias e pedia que o governador levasse sua intenção de mudança até o fim, *O Dia* tomou partido contra mim (contradizendo a nota 10 que Arnaldo Cesar dera às atitudes de Garotinho). Em matéria incluída na metade da página que leva a assinatura dos jornalistas referidos acima, Gomes e Aquino, sob o título "A rede de intrigas nos bastidores", diz-se que: "Nos bastidores [...], Luiz Eduardo tem repetido mais do que nunca o nome de Siqueira. E de forma nada amistosa. Depois de implodir o comando do CISP, e de selar o destino do coronel Marcos Paes — já com os dois pés fora do governo —, o subsecretário continua a articular. Antes do feriadão da Semana Santa, reuniu em casa um grupo de delegados e coronéis da PM em torno de uma mesa em que o prato principal era a saída do secretário José Siqueira. Exatamente isso: o subsecretário já se referia ao secretário, seu chefe direto, como uma carta fora do baralho" (*O Dia*, 6 de abril).

O editorial do jornal *O Dia* batia na mesma tecla desde o título, "Chega de criancices", que desqualificava a disputa, reduzindo-a a choques pessoais: "A questão da violência no Rio de Janeiro é muito grave. Não é possível que os responsáveis pela segurança se percam em atos de vedetismo e em questões inócuas. O esforço e o tempo do governador e de seus secretários e subsecretários da área deveriam estar concentrados no combate aos bandidos". O editorial prossegue dizendo que os resultados obtidos no Pereirão e no "Dona Marta" são bons, mas que é cedo "para se cantar vitória". Há muitos morros dominados pelo tráfico e muito trabalho pela frente. Continua: "O que acontece nos bastidores da Secretaria de Segurança não contribui em nada. De um lado, um coronel PM com um passado marcado pela violência ocupa um cargo importante no Centro de Informações e acaba sendo o pivô de uma briga no alto escalão. E o que dizer de um subsecretário que reúne, em sua casa, delegados e comandantes da PM para criar uma linha alternativa de poder dentro da secretaria? O governador tem que fazer valer sua autoridade e acabar com esse jogo de bastidores [...]. Alguém tem que disciplinar os servidores brigões e forçá-los a agir somente em defesa do interesse público" (*O Dia*, 6 de abril).

Depois de ler esse editorial, conhecendo a profunda afinidade entre o proprietário de *O Dia* e Garotinho, deduzi que minha interpretação pessimista da véspera estava rigorosamente certa. *O Dia* havia preparado a cena para a retirada dos dois "servidores brigões": José Siqueira e eu.

Apesar do editorial, *O Dia* publica, na mesma terça-feira, 6 de abril, matéria de página inteira sob o título: "Pelotão do Terror". A longa reportagem, que parecia ter sido encomendada por mim e justamente ao jornal que me criticava, começa devastadora: "A atuação da Polícia Militar no Jacarezinho, nos últimos anos, foi tão truculenta que os moradores da favela apelidaram o 3º BPM (Méier), batalhão responsável pela área, de *pelotão do terror*. As denúncias contra os policiais variam dos insultos às execuções. A arrogância era tanta que o coronel Marcos Paes tentou impor um toque de recolher na favela: queria que os bares fechassem às 22 horas e que entre 15h e 19h as crianças não brincassem nas ruas [...]. A repressão indiscriminada, no entanto, provou que a política de violência não dá resultado. De acordo com a própria polícia, a favela do Jacarezinho se transformou no principal quartel-general do tráfico fluminense, justamente no período em que era policiada pela turma de Marcos Paes". A reportagem apresenta um breve inventário da brutalidade policial. Breve porém suficiente para deixar perplexo qualquer leitor atento que o compare com o editorial. Como chamar de "criancices" e reduzir a gravidade da situação aos caprichos de uma briga pessoal, a um choque de vaidades, como se não estivesse em jogo exatamente o terror de que fala o artigo?

O Globo focaliza as investigações: "CISP investiga oficial da PM por enriquecimento ilícito". A matéria de Angelina Nunes retoma as acusações de Romeu, de que as investigações é que o teriam derrubado, e conclui: "Apesar de o governador Garotinho ter anunciado que todos os ocupantes de cargos de chefia do CISP seriam trocados, a mudança não foi feita pelo secretário de Segurança. O general José Siqueira disse que todos continuam em seus lugares, inclusive o coronel Marcos Paes, apontado como o pivô da crise entre o subsecretário Luiz Eduardo e o ex-diretor do CISP, Romeu Ferreira, que pediu demissão semana passada" (*O Globo*, 6 de abril). O *Extra* não dá grande destaque à crise, apesar de noticiá-la paralelamente à cobertura de minha visita ao Santa Marta.

Eu costumava insistir no fato de que não poderíamos correr o risco de perder os bons profissionais e o que houvesse de bom trabalho e boa experiência acumulados no CISP. Daí minha vontade de que se fizesse uma criteriosa avaliação. Tema, aliás, de alcance bem maior, pois é o que se deveria fazer em todo o setor da segurança e em ambas as polícias, a começar pela própria secretaria, que, a meu juízo, poderia ser enxugada sem problemas.

Na mesma edição do *JB*, Luciana Cabral publica a matéria "PM criticada no Dona Marta", que começa reconhecendo a originalidade da nova postura: "Numa atitude inédita, o subsecretário de Segurança Pública, Luiz Eduardo Soares, levou ontem ao Morro Dona Marta, em Botafogo (Zona Sul), os comandantes das tropas que ocupam a favela há uma semana. Sentados ao lado dos líderes comunitários da favela, o comandante-geral da PM, coronel Sergio da Cruz, e os comandantes do Batalhão de Operações Especiais (BOPE), coronel Penteado, e do 2º BPM (Botafogo), Edson Eurico, ouviram duras críticas dos moradores sobre as atitudes dos policiais nas escadarias e becos do morro". A repórter diz que pedi um voto de confiança: "O subsecretário de Segurança explicou às dezenas de pessoas que encheram a quadra da escola de samba Unidos do Dona Marta que este era um dos motivos da reunião. 'Se eu não acreditasse que isso pudesse mudar, não estaria aqui', afirmou" (*JB*, 6 de abril).

A partir das oito e meia, começaram a chegar amigos, colegas da subsecretaria e muitos dos companheiros de governo que trabalhavam cooperativamente com minha equipe, como Jairo Coutinho, Fernando Peregrino, Cesar Campos e Sergio Rosa. Vinham trazer sua solidariedade e compartilhar aqueles momentos de enorme tensão. Eu estava intrigado com a divulgação simultânea, em diferentes jornais, de uma mentira que me indignara. Eu jamais reunira delegados e comandantes em casa. Nenhum coronel jamais fora à minha casa. Nem mesmo o coronel Cruz, um grande aliado. Entre os delegados, somente Carlos Alberto freqüentava minha casa, mas fazia isso regularmente, desde o início do governo. Era evidente que aquilo fora plantado pelos adversários. Não sabia quais deles. Seriam os ideológicos ou os selvagens? Ou as diferenças já começavam a se diluir?

Por volta das dez, Garotinho me telefonou. Todos emudeceram para acompanhar minhas expressões. Essas foram, aproximadamente, suas palavras:

— Luiz Eduardo, eu queria te dizer que decidi tirar o general. Eu ainda pensava que talvez fosse possível resolver a crise sem traumas, apesar das declarações do general nos jornais de hoje, mas o Respício deu uma entrevista à Cidinha Campos na Rádio Tupi, agora há pouco, que tornou insustentável a situação do general e de toda a equipe dele. Ele disse que não me devia satisfação, que só devia lealdade ao general e foi por aí. Um desastre completo. Pedi ao Josias para assumir interinamente a secretaria. Espero que você compreenda e me desculpe, mas me parece o mais acertado a fazer. Eu queria que você viesse para cá imediatamente e chamasse o Cruz e o Carlos Alberto.

Foi uma explosão de alegria, na sala cheia de amigos. O Josias, claro, ótimo, como é que eu não havia pensado nessa hipótese? Maravilha. É um sujeito gentil, estava solidário conosco, iríamos nos entender muito bem. Ele, de fato, por seu perfil, por suas ligações históricas com Garotinho, talvez fosse a única pessoa de fora da Secretaria de Segurança que poderia aceitar trabalhar comigo e dar continuidade aos projetos. Acabou o sofrimento, o boicote, a tensão insuportável. Uma frase que me intrigou, no telefonema de Garotinho, foi o pedido de desculpas. Ele queria que eu compreendesse o quê? Que o desculpasse pelo quê? Certamente, não se referia à demora em decidir aquela parada, demora que me condenou ao sol e à chuva por tanto tempo e quase me derrota. Não era a isso que se referia. Será que ele imaginava que eu esperava substituir o general? Só poderia ser essa a razão do pedido de desculpas. Ninguém encontrou melhor interpretação. Outro ponto da conversa que me preocupou foi a idéia da interinidade. Isso me parecia tremendamente infeliz. Um cargo dessa importância, cercado de tamanha responsabilidade e tão difícil, exige que lhe seja atribuída toda a autoridade possível. A interinidade equivaleria a uma absurda declaração de fragilidade. Além do mais, abriria a temporada de disputa política pelo cargo, que passaria a ser leiloado e submetido a toda sorte de sabotagem. Saí de casa disposto a convencer Garotinho a mudar de idéia e anunciar o novo nome como definitivo, mesmo que mantivesse, no íntimo, a idéia da provisoriedade daquela solução. Não foi necessário. Ele não voltou a falar em interinidade. Minha ansiedade maior era relativa à reação da Polícia Civil. Apesar de considerá-lo totalmente irracional e quase incompreensível, sei quão feroz pode ser o corporativismo da Civil. Uma prova disso tinha sido a reação de Carlos Alberto, quando lhe apresentei a hipótese de o coronel Cruz assumir a secretaria. Tanto que descartei a idéia e imaginei que o governador também o faria assim que efetuasse as primeiras consultas. Mas se o governador recolocava a hipótese, agora através do nome de outro coronel PM, muito bem, iríamos à luta para fazê-la emplacar.

Quarta-feira, 7 de abril de 1999. Os jornais destacam, em manchetes, a troca de guarda: "Crise leva PM a substituir o Exército na segurança do Rio; novo secretário anuncia que terá tolerância zero com os maus policiais" (*O Globo*). "Garotinho tira Siqueira e quer 'limpar' polícia" (*JB*). "Garotinho chama coronel PM para 'limpar' a polícia"(*O Dia*). O título da matéria interna: "Garotinho demite general". As manchetes menores resumem a pauta do jornal e, de certa forma, de toda a imprensa daquele dia: "A crise"; "Luiz Eduardo, o homem forte"; "General demitido é o último a saber"; "Coronel genro de bicheiro é afastado [do comando do 6º BPM]"; "A força da República do Chuvisco [referindo ao grupo de Campos, do qual faz parte o novo secretário]" (*O Dia*). "Policial que sair da linha vai ser demitido sem apelação; coronel PM assume a segurança e diz que mexerá no vespeiro", o *Extra* publica na primeira página; na página interna, a manchete é: "'A faxina não vai parar'; novo secretário garante que meta é acabar com banditismo na Polícia". Os jornais paulistas cobriram as mudanças com sobriedade.

Os editoriais do *Jornal do Brasil* e do *Globo* são positivos, tacitamente apoiando a mudança. Impressionante, o editorial de *O Dia*, "Hora de agir": se, na véspera, a contradição entre os conteúdos poderia passar despercebida aos leitores menos atentos, porque o editorial estava espacialmente distante da reportagem sobre a violência do 3º BPM, nessa quarta-feira a contradição era introjetada para o espaço do próprio editorial. O texto começa desqualificando os motivos da crise, que chama de "picuinhas sem sentido", como na véspera chamara de "criancices". Mas logo depois diz o seguinte: "Para entender o que a sociedade carioca pretende na área de segurança, basta dar uma olhada na radiografia do Jacarezinho que *O Dia* vem publicando. [...] O batalhão da PM que garante a segurança e a paz aos 60 mil cidadãos que vivem nesse local é conhecido como o *Pelotão do Terror*". O editorial termina elogiando nossas iniciativas no Pereirão e no "Dona Marta", e pedindo mais investimentos sociais nas favelas e áreas pobres. Durma-se com um barulho desses. Minha luta para que atentássemos para casos como o do "Pelotão do Terror" era "criancice", "vaidade", "picuinha sem sentido"... A batalha desesperada para evitar que o comandante do "Pelotão do Terror" assumisse o controle indireto da PM, tornando-se o poderoso chefe da contra-inteligência, era "criancice" e "picuinha".

Ainda na quarta-feira, dia 7 de abril, *O Dia* publicou duas notas sobre a segurança. A primeira traz o título "Intrigalhada" e insiste na informação de que tinha havido uma reunião com dirigentes das polícias em minha casa, para desestabilizar o secretário ou criar uma linha de poder paralela. A nota diz que o comandante geral da PM e o novo secretário mantêm ótimas relações entre si: "Os dois estavam presentes na casa do subsecretário, Luiz Eduardo Soares, na semana passada, quando foram acertadas as mudanças na área de Segurança". Na nota "Moleza", *O Dia* faz uma maldade com o ex-secretário: "O general José Siqueira fez o que bem entendeu na Secretaria de Segurança. O que mais irritou o governador Anthony Garotinho era o hábito do seu secretário de tirar uma sesta depois do almoço e de deixar o expediente religiosamente às 18:00". O *Jornal do Brasil* divulga a mesma nota no mesmo dia, sob o título "Na mira": "O general José Siqueira, ex-secretário de Segurança do estado do Rio de Janeiro, entrou na lista do governador Anthony Garotinho antes mesmo dos desencontros públicos da sua equipe. Desconfiado que o serviço ali andava frouxo, Garotinho deu uma incerta e telefonou para a secretaria depois das seis. O general não estava. Ele e seus confusos subordinados praticamente cumpriam o mesmo horário do quartel". A coincidência me fez supor que o palácio tenha trabalhado para desmoralizar o ex-secretário, precavendo-se contra eventuais críticas do general ao governo e, sobretudo, à descortesia do governador, por ter lhe comunicado a exoneração através de telefonema do chefe do Gabinete Civil. Se essa não foi a razão da coincidência das notas, poderia ter sido — o estilo é parecido. E a preocupação se justificava, pois o ex-secretário, chamado à Assembléia pelo deputado José Guilherme Sivuca, fez um discurso duro, conforme o *Jornal do Brasil* destacaria em manchete no dia 9 de abril: "General diz que Garotinho o tratou como 'moleque': O general José Siqueira atacou duramente o governador Anthony Garotinho ao falar, ontem, das causas que o levaram a sair da Secretaria de Segurança do Rio. Para ele, a crise surgiu pelo excesso de poder do subsecretário Luiz Eduardo Soares, a quem se referiu como 'guru' do governador. Indignado por ter sido demitido por telefone, ele disse que a 'maturidade política do governador não lhe permite ainda perceber que molecagem se faz com moleques e canalhices com canalhas. Homens de bem devem ser tratados com ética e respeito'". No dia 14, o *JB* publicaria trechos do depoimento do general José Siqueira à Comissão de Segurança da Assembléia Legislativa. Além de atacar o governador, o ex-secretário dirige a mim uma crítica que acabaria sendo, a médio prazo, muito mais destrutiva do que qualquer agressão: "O dr. Luiz Eduardo é o mentor intelectual e a própria eminência parda do atual governo. Ele é, de fato, não somente o secretário de Segurança, mas o secretário do governo". *O Globo* divulgaria, na mesma data, a seguinte declaração do general: "O governador não tem coragem de nomear Luiz Eduardo secretário de Segurança. Precisa ter um testa-de-ferro, como secretário de direito, para que seu guru possa, com mais desenvoltura, exercer suas funções".

A queda do general e o colapso do esquema tradicional de poder no CISP provocaram muitas reações. No dia 19 de março, o Comando Militar do Leste condecorou o coronel Marcos Paes, numa espécie de desagravo político. O coronel Romeu foi convidado a trabalhar para o governo federal.

Naqueles dias, recebi um recado preocupante: Garotinho não sabia o que estava fazendo ao intervir no CISP. Não tinha idéia de onde estava se metendo. A comunidade de informações o faria pagar muito caro, no futuro. Quanto a mim, eu não perderia por esperar. Não seria subsecretário a vida toda.

Quando deixasse o cargo, morreria num assalto, que é a coisa mais fácil de ocorrer no Rio de Janeiro. Uma morte ingênua, simples e rápida, como tantas outras. Meu destino estava selado. Eu podia viajar, me esconder, mas um dia voltaria e a pena seria aplicada.

No dia 8 de abril, quinta-feira, o *Jornal do Brasil* publicou entrevista de página inteira comigo: "General caiu por não mudar equipe", dizia a manchete na primeira página. Eu afirmava, na entrevista, que a política não seria modificada, apenas ganharia mais agilidade. Sobre o general, dizia o seguinte: "O general Siqueira é um homem da maior integridade, tenho o maior respeito por ele [...]. O que acho que aconteceu é que ele é uma pessoa [...] muito [...] muito afetuosa. E [...] resolveu esperar um tempo para fazer as mudanças na Secretaria de Segurança, para evitar precipitações. O que aconteceu é que ele manteve quase toda a secretaria anterior [...]. Passado o tempo em que ele disse que faria os ajustes e cortes, acabou não fazendo" (*JB*, 8 de abril).

O Globo, na mesma data: "Ontem, o governador Anthony Garotinho anunciou a exoneração do coronel da Polícia Militar Marcos Paes do cargo de chefe do setor de contra-informação do Centro de Inteligência de Segurança Pública (CISP). Garotinho disse que a presença de Paes — cujas passagens por batalhões foram marcadas por uma atuação violenta — no órgão de informação da Secretaria de Segurança feria o princípio de respeito à população". Ao lado, o jornal publica uma breve matéria em que Marcos Paes é apresentado como policial "polêmico" e "ligado à comunidade de informação do DOI-CODI", sob o título: "Oficial virou sinônimo de violência" (*O Globo*, 8 de abril).

Encerrou-se, assim, o período do general José Siqueira à frente da Secretaria de Segurança do estado do Rio. Minhas palavras ao *JB*, depois da queda do general, talvez soem falsas e artificiais, até mesmo hipócritas. Mas não eram. Eu realmente estava convencido de que a resistência do general a sacrificar seus amigos em benefício de sua própria trajetória política é que determinara sua derrota. Por mais que tenha jogado duro comigo e me dado algumas rasteiras, nunca foi desonesto ou violento. Estou certo de que ele não teve a ver com os grampos e que mesmo a armação que se articulava contra o comandante geral da PM, como forma de dinamitar a política que eu defendia, passava por ele apenas na medida em que o instrumentalizava. Não era, por assim dizer, obra sua. Abrigar Marcos Paes, creio que fazia parte de seu espírito de camaradagem com os companheiros de armas, que o influenciaram todo o tempo e de um modo extremamente negativo, do meu ponto de vista.

Manter-se inflexível comigo talvez tenha sido uma decorrência das pressões que sofria dos amigos. Como uma pessoa essencialmente afetuosa, acho que ele operava muito mais guiado por seu coração do que pelo cálculo. E o coração seguia a voz dos amigos. Por isso, talvez, tenha tomado tantas decisões erradas. O que eu disse ao *Jornal do Brasil*, portanto, era absolutamente sincero. Até hoje sustento o que declarei naquela entrevista. Hoje, com muito mais razão, pelos motivos que passo a expor.

Na semana seguinte à queda do general, ligou-me Nolasco, o compadre de José Siqueira. Desolado, desculpou-se por não ter sido capaz de convencer o general, elogiou minha postura, agradeceu e disse que estava furioso com aqueles que levaram o general a recusar o acordo que ele costurara comigo. Seu único consolo era a certeza de que um dia o general Siqueira reconheceria que ele, Nolasco, tinha razão e veria com outros olhos tudo o que havia acontecido. A mim também passaria a ver com outros olhos.

Muitos meses depois, recebi outro telefonema de Nolasco:

— O senhor se lembra de mim, professor?

Claro que eu lembrava. Pois bem, como ele previra, nada como o tempo para equilibrar percepções. O general José Siqueira gostaria de estar comigo. Nolasco queria saber se eu aceitaria um encontro com o ex-secretário.

— Evidente, seu Nolasco, eu jamais me recuso ao diálogo. Por favor, diga ao general que estou à disposição para conversar com ele, onde e quando ele preferir.

Marcamos um jantar, que foi agradável. Falamos do presente, mas evitamos o passado.

Algumas semanas depois, Nolasco voltou a ligar. Disse que o general gostaria de conversar novamente comigo. Novamente atendi ao pedido do ex-secretário. Fui encontrá-los no escritório do general. Dessa vez, ousamos tocar nas feridas. Nolasco, que participava dos encontros, sempre ao lado do general, preparou o ambiente com inusitada solenidade. Queria fazer-me uma consulta, mas, antes, desejava que eu soubesse o quanto ambos me prezavam e o quanto tinham apreciado o respeito que eu sempre demonstrara pelo general, mesmo nos momentos mais duros de nosso confronto. Disse-lhes que aquela manifestação deles era muito importante para mim. Nolasco sentou-se na poltrona à esquerda do general, dirigiu-lhe um olhar interrogativo, como que aguardando um sinal. Eu não sabia o que estava acontecendo. Olhava para um e para outro, curioso. Finalmente, Nolasco avançou até a ponta da poltrona, pôs as mãos nos joelhos, olhou fixamente para mim e perguntou:

— O senhor aceitaria participar de uma chapa com o general, em 2002, concorrendo para a Câmara Federal, enquanto o general disputaria uma vaga na Assembléia Legislativa?

Fiquei sem graça, mas não resisti e acabei rindo daquela ironia do destino. Agradeci a honra do convite, mas disse que não tinha pretensões políticas. Eles fizeram algumas ponderações, insistiram, mas logo perceberam que seria inútil prosseguir. Para manter o clima leve e positivo, ainda brinquei:

— Quer dizer que não é só o coronel Josias que quer ser prefeito de Pádua e deputado estadual? O senhor também quer ser político, general? Será que esse é o destino de todo secretário de Segurança?

Abandonamos, então, o futuro e voltamos ao passado:

— Luiz Eduardo, você sabe quem me fez levar o Marcos Paes para o CISP? — o general José Siqueira perguntou.

— Imagino que tenham sido o coronel Romeu e o general Cerqueira — respondi.

— Não, meu caro. Foi o governador. Garotinho achou que se eu levasse o Marcos Paes para a secretaria, poderia tê-lo perto de mim, sob controle, com a vantagem de evitar atritos em várias áreas sensíveis. O CISP seria um bom lugar, já que os vínculos de Paes eram com Romeu e com a comunidade de informações. Garotinho aprovou a escolha do CISP. Fui ao palácio conversar sobre isso e falei outras vezes com ele por telefone sobre as reações que você vinha manifestando e sobre as resistências do Cruz, mas ele sempre me autorizava a seguir em frente, sem me preocupar. Ele cuidaria do resto.

Eu me segurei na cadeira. De repente, era como se estivesse virando personagem do filme de Polanski, *O bebê de Rosemary*, em que o médico solidário e amigo revela-se cúmplice da trama maquiavélica. Num misto de interrogação e expressão espontânea do que me passava pela cabeça, eu disse:

— Será então que foi por isso que Garotinho não mencionou o caso Marcos Paes, quando justificou publicamente sua exoneração? Então não era verdade o que ele me dizia? Ele nunca lhe deu ordens expressas para não levar Marcos Paes para o CISP e nunca o advertiu por ter comparecido à troca de comando no 3º BPM?

— Nunca — respondeu o general.

7. Fala, Mangueira

A posse do novo secretário de Segurança, coronel Josias Quintal, iniciou um período de consolidação de nossos projetos. Tranqüilos, sentindo que contávamos com o apreço e o apoio do secretário, eu e meus colegas da subsecretaria pudemos, finalmente, nos dedicar ao trabalho sem temer problemas internos. Fazíamos isso com liberdade e com uma alegria que só conhece quem aprendeu a valorizar o ambiente cooperativo, por ter experimentado os custos de sua ausência. Os espaços se abriam para nós, dentro e fora do governo. Um episódio, logo no início da gestão do coronel Josias, se tornaria uma espécie de símbolo de nossa postura e marco de nossa política.

O sol de outono ecoava nos metais da Polícia Militar. A cerimônia abrigava todas as músicas: vozes, hinos, celulares, murmúrios dos representantes da comunidade, palavras emocionadas dos homenageados, um burburinho de senhoras, leques, flores, desembargadores e síndicos. O pátio do batalhão de Copacabana fervia, na manhã da sexta-feira, 14 de maio de 1999. Quase hierático, eu me perfilava ao lado do coronel Josias, resistindo bravamente e até me surpreendendo com o sentimento de familiaridade que me permitia admirar a impressionante capacidade de comunicação do coronel Fernando Belo, que parecia mesmo ser o policial democrático e inteligente do futuro. Os prédios espiavam, abrindo as janelas sobre nós com o tédio voyeur dos vizinhos.

— Luiz, onde você está?

— Estou numa cerimônia no 19º Batalhão — sussurrei, usando a mão em concha. — Algumas pessoas do bairro estão sendo homenageadas. Você sabe, é fundamental para a PM melhorar as relações com a sociedade...

— Eu só queria dizer que tem alguma coisa estranha, aparentemente bastante séria, na Mangueira. Não deu pra saber o que é. O trânsito está sendo desviado. Parece grave. Procura saber. Estou no carro, dirigindo. Não dá pra falar. Até já.

Agradeci ao Jairo, desliguei o celular e sugeri ao secretário que se informasse. Enquanto seu ajudante-de-ordens procurava descobrir o que estava acontecendo, meu celular voltou a vibrar: o governador me pedia que seguisse imediatamente para a Mangueira, a favela mais tradicional do Rio e uma das comunidades mais organizadas. Alguma coisa havia, ele ainda não sabia exatamente o quê. Disse-me que fosse para lá com o comandante geral da PM — por sorte, o coronel Sergio da Cruz estava a meu lado — e pediu que passasse o telefone para o secretário. Desculpei-me pela escapada e cumprimentei, com gestos, o anfitrião e os que estavam próximos. Puxei o comandante geral pelo braço. A intimidade perdoava-se: era difícil ouvir qualquer coisa sob os metais agudos da PM, quando os guerreiros enchem o peito de orgulho para entoar o hino da corporação, um misto de toada pontuada de bordões e *habanera* paraguaia que termina num surpreendente uníssono: *Urra!*

— Coronel Cruz, alguma coisa grave na Mangueira. O governador me pediu que corra para lá e leve o senhor.

O carro mais próximo era o dele. Aliás, mais apropriado, mais bem equipado. O secretário saiu conosco mas não pôde nos acompanhar. Um helicóptero o esperava para uma visita ao interior do estado. O trajeto de Copacabana até a Mangueira pode ser longo, quando o trânsito não ajuda e a cabeça gira sem eixo. Não sabia para o que me preparar. Jamais me defrontara com situações tensas envolvendo muita gente, muito menos uma comunidade inteira. O rádio da corporação e o outro, AM comercial, antecipavam, fragmentariamente, o quadro que encontraríamos a seguir. Em tons dramáticos, o locutor anunciou a rebelião popular: os moradores do morro da Mangueira desceram e tomaram as ruas, em protesto contra o suposto assassinato de um garoto de catorze anos por policiais civis, naquela manhã. Cruzavam-se informações desencontradas sobre queima de automóveis e manifestações violentas.

O centro de comunicações da PM avisava que policiais do batalhão responsável pela área, apoiados pelo Batalhão de Choque, já estavam postados diante da comunidade insurreta, prontos para o confronto e a liberação das ruas para o tráfego. Troquei algumas interjeições com o comandante geral. Apesar de nossa relativa intimidade, me senti só. O que fazer? Curiosamente, graças a um remoto e vago lampejo de bom senso, em vez de encher a cabeça de idéias, planos e métodos, permiti que ela se esvaziasse. Assisti à movimentação do motorista e do segurança, à minha frente, e observei o Rio passar pela janela: Botafogo, Laranjeiras, o túnel Santa Bárbara, a avenida Presidente Vargas. As vozes dos rádios, o tom superlativo dos comentários, a velocidade da paisagem contrastavam com o vazio subjetivo que me permitia uma espécie de torpor, de imobilidade quase absoluta. Esqueci a pergunta sobre o que fazer.

O carro parou atrás da fileira dupla de policiais, preparados para o combate. Cerca de duzentos metros adiante, a comunidade se amontoava e cobria toda a rua, apontando braços, pernas, pedras e pedaços de pau para os policiais. Parecia uma dança bélica no espelho, o ensaio de um balé guerreiro. Ouvia-se um murmúrio surdo, triste, hostil. Saímos do carro e trocamos algumas palavras com o comandante da operação. Pedi-lhe que mantivesse a tropa estacionada e não avançasse, avisei que ia conversar com a comunidade. O coronel Cruz decidiu me acompanhar. Caminhamos lado a lado algumas dezenas de metros. Intuí que talvez fosse mais prudente seguir sozinho. Pedi-lhe que retornasse dali, ficasse com a tropa e garantisse que o comando não se precipitaria. Continuei em direção à massa. A distância era curta, mas o tempo parecia suspenso. Provavelmente, me engano quando lembro de um silêncio pesado e prolongado. À minha esquerda, a silhueta distante dos prédios mais altos da Universidade do Estado do Rio de Janeiro, atrás da Vila Olímpica, orgulho da comunidade. À direita, o legendário morro da Mangueira. Muita gente se postava na franja inferior da favela. À medida que me aproximava, centenas de moradores da Mangueira ganhavam rostos de gente, subtraídos da massa informe, da mancha incandescente na rua. Sol a pino.

O calor me fez pensar em tirar o paletó sem deixar de andar. Simplesmente, tirar o paletó enquanto caminhava. A intuição me dizia que nada deveria interromper o ritmo tranqüilo mas firme com que eu me aproximava da multidão. O caos estava logo ali, à espreita, à altura de um movimento sutil, ao alcance de uma voz, à margem dos corpos imóveis, à mão de qualquer um.

Entretanto, todos nos encontrávamos, na ponte que se formava enquanto eu caminhava. As extremidades e seus pólos — a tropa armada para a guerra e a massa preparada para o enfrentamento — esticavam a corda invisível. Não, definitivamente, não valia a pena tirar o paletó. Melhor obedecer à disciplina que o momento recomendava: cada qual com suas armas e seu uniforme de campanha. Manteria o paletó até o fim. Há que respeitar as liturgias, mas antes é preciso identificar o que faz diferença, o que é significativo, o que está em jogo, quais são as peças do ritual e quais poderiam ser suas regras. Impunha-se, claro, o paletó e todo o rigor. A grande surpresa foi descobrir a ordem que se escondia sob a aparência informe da massa. Primeiro vieram as crianças e os adolescentes: empurrando-se à minha volta sem me tocar, gritavam histórias de horror e humilhação cujos enredos obscuros se superpunham numa cadência revolta. O choro convulsivo dos meninos, das meninas, dos rapazes com os pêlos ralos no rosto, acompanhava a mesma história de brutalidade policial, de cinismo, hipocrisias e absoluto desprezo por parte do Estado: mortes, torturas, extorsões e chantagens tinham nomes e endereços distintos e haviam ocorrido em dias, meses e anos diferentes, mas eram variações sobre o mesmo tema. A morte daquela manhã tinha sido a gota d'água. Alex dos Santos, desarmado, fora executado por policiais civis, ao lado de casa. O menino era mais um na contabilidade mórbida que acumulava cadáveres havia décadas. O desespero dos parentes e vizinhos se confundia com a indignação de toda a comunidade, que não suportava mais aquela polícia, aquele tratamento reiterado por parte do Estado, aquelas declarações oficiais repetidas: "Vamos apurar com rigor, doa a quem doer... mas, no caso, tudo indica que houve confronto com marginais e que, por fatalidade, uma bala perdida, provavelmente da arma de um bandido, atingiu um inocente". Ou: "Morreu mais um traficante no morro; a polícia conseguiu fazer seu trabalho e livrar a sociedade de outro vagabundo perigoso". Os gritos expressavam ódio e impotência.

Eu ouvia e olhava, assombrado, por mais que soubesse de tudo aquilo havia tanto tempo. Ouvia sem pressa e procurava captar, tão extensamente quanto necessário, tudo o que me fosse relatado e os sentimentos que me fossem oferecidos. Depois dos meninos, vieram as mulheres. Cercaram-me afastando os garotos, que se agarravam a elas, insistindo em completar seu relato, aos berros, soluçando. Mas a seqüência impôs-se, reafirmando uma ordem imperceptível para quem estivesse fora. Foi a vez das mulheres. Os grupos se sucediam, sobrepondo narrativas dramáticas diversas ao relato preciso do assassinato daquela manhã, chorando todas as perdas que a morte de Alex renovava e sintetizava.

Os homens não gritavam nem choravam, mas repetiam o relato com a revolta que beira o desespero: um garoto de catorze anos fora assassinado por policiais civis. Eles não aceitariam mais aquilo: não suportavam mais. Lembravam-se, como as mulheres e as crianças, de muitas outras dores, muitos outros crimes policiais impunes, tanta promessa política vã, tanta mentira e descompromisso, tanto cinismo e hipocrisia. Dessa vez, não tolerariam a impunidade, a indiferença e a humilhação. Ouvi o testemunho do assassinato repetir-se sempre da mesma maneira, desde as primeiras intervenções dos meninos. E escutei, sob todas as demais denúncias de fatos passados, sempre a declaração de impotência. Compreendi que aquela morte era inseparável de toda uma história de terror, desprezo e estigmatização. A multidão compartilhava uma história e era organizada, à sua maneira.

Quase não me movia, apenas deslizava o olhar entre os interlocutores e o chão, em sinal de respeito. Ouvi em silêncio, até que todos perceberam que eu não fora ali falar e que ouvir era uma tarefa exigente e valiosa, que não por acaso estava sendo realizada por uma autoridade superior às polícias e diretamente ligada ao governador. A forma de ouvir era em si mesma importante e significativa: não chamei os líderes para uma reunião no gabinete, na delegacia ou no batalhão; ouvi todos os que se dispuseram a falar, pelo tempo que desejaram dispor para os respectivos relatos, e o fiz na rua, no meio da multidão, sozinho e desarmado. Depois de tanto tempo ouvindo, calado, homens, mulheres e meninos, comecei a falar sem elevar a voz. Os líderes gritaram "Silêncio!" e, com as mãos, auxiliados pelos que nos circundavam, determinaram que todos se calassem para que eu pudesse ser ouvido — é fácil ser ouvido, depois de ouvir. Repeti o início de minha intervenção, que se perdera em meio aos primeiros pedidos de silêncio: "O que vocês me contaram é uma barbaridade; vocês têm sofrido não apenas atos criminosos, mas desrespeito. Para provar que agora vai ser diferente, que nosso governo não é como os outros, vou receber todos os que quiserem depor na 5ª DP, na Delegacia Legal, e o próprio chefe da Polícia Civil, dr. Carlos Alberto D'Oliveira, vai estar presente, e eu mesmo vou acompanhar os depoimentos, para que todos se sintam seguros e dêem seus testemunhos sem medo e sem risco. Vamos combinar o seguinte: vou determinar que a Polícia Militar se retire; vocês vão liberar a rua, pacificamente; eu vou convocar o chefe da Polícia Civil e vou me dirigir imediatamente para a 5ª DP, e vou ficar esperando vocês. Está bem assim? Dessa vez os culpados vão pagar, não vai haver impunidade e vocês não serão mais desrespeitados". Os que haviam se apresentado a mim como líderes da comunidade demonstravam grande preocupação com a presença da PM, estacionada duzentos metros adiante em postura guerreira. Insistiram na ameaça que aquela presença representava e voltei a lhes garantir que, se eles saíssem da rua, pacificamente, eu me responsabilizaria por retirar a PM.

Meus interlocutores assentiram e já começavam a dar ordens de recuo e liberação da rua quando o improvável ocorreu. Dois policiais à paisana, sobre uma pequena elevação na divisória das pistas da avenida tomada, filmando ostensivamente a cinqüenta metros de onde nos concentráramos para dialogar, foram avistados pela massa. Aos berros, braços erguidos, homens, mulheres e meninos atiraram-se sobre os olheiros com apetite mortal: "Policiais... são policiais... estão filmando a gente pra depois saber quem está denunciando e nos matar!". Em uma fração de segundo, desapareci completamente. Fui esquecido no meio da rua. A multidão se projetou sobre os dois pobres idiotas, que dispararam em direção à tropa 150 metros adiante. A estupidez daqueles dois rapazes ou de seus superiores pôs por terra o acordo que acabara de ser acertado. Corri na direção do fluxo e procurei me antecipar. Achava que conquistara o mínimo da confiança necessária para impedir o massacre dos rapazes, que fatalmente seria seguido pelo ataque da tropa. O resultado seria mais uma tragédia, de proporções ainda maiores. Os pobres-diabos alcançaram a fronteira traçada pelos automóveis da polícia e se jogaram atrás dos carros estacionados, que viraram barricadas, protegendo-os das pedras e tijolos que voavam sobre minha cabeça e estilhaçavam vidros e faróis. A tropa reagia, apontando suas armas contra a multidão que avançava. Postei-me entre os dois grupos e ergui os braços, o direito pedindo à tropa que não abrisse fogo, o esquerdo pedindo à massa que suspendesse o ataque e recuasse. Gritei com os dois exércitos. O coronel que comandava a operação me olhava inquieto, hesitante, e consultava o comandante geral com os olhos e um movimento sutil de cabeça, para ter certeza de que aquele civil tinha mesmo autoridade para dar ordens e determinar procedimentos operacionais aos militares. Para meu alívio, o comandante geral, além de meu amigo, tinha a cabeça no lugar e compreendeu que, apesar de arriscada, aquela tentativa era a única saída para evitar um banho de sangue. Por falar em cabeça, pensei em proteger a minha da chuva de pedras, mas intuí que não havia escolha: ou comandava, ou me protegia. Mostrar-me invulnerável e confiante no comando que supostamente exerceria, mesmo irrealista, não era insensato, dada a gravidade do que estava em jogo. Minha única chance, talvez a única chance de todos nós, policiais e membros da comunidade da Mangueira, era o cumprimento de minha profecia onipotente: agi como se fosse invulnerável e como se estivesse acima daquela batalha campal para que ambas as partes em conflito me concedessem esse lugar e acatassem meu comando. O mais prudente a fazer, no caso, era aceitar a imprudência como destino e transformá-la em virtude. Pensei no simbolismo da confiança mútua. Quando exibia destemor, demonstrava a confiança que, por outro lado, cobrava de meus interlocutores, por palavras e gestos, pedindo-lhes calma e volta à razão, fim das hostilidades e recuo. A tropa da PM guardou suas armas e voltou a adotar a postura original, enquanto os moradores da favela retornavam a suas posições anteriores, conduzidos por seus líderes, que atenderam a meu pedido.

Novamente, duzentos metros dividiam os dois lados da cidade partida, diria Zuenir Ventura. Como o confronto parcial ocorrera próximo à área em que a PM se postara, voltei a ficar quase duzentos metros afastado da multidão, pois esperei que ela recuasse para recomeçar o périplo, saltando paus e pedras espalhados pelo chão e uma granada que não chegou a explodir. Repeti a caminhada, dessa vez convencido de que sabia exatamente o que fazer: confirmar o acordo previamente celebrado, que fora traído pelos dois idiotas e sua câmera. Quase despachei minha revolta íntima com aquela estupidez e cheguei a sorrir, ao lembrar dos filmes americanos e seus policiais sofisticados, com microcâmeras embutidas nos óculos. Imaginei James Bond carregando uma câmera de cinco quilos nos ombros para realizar suas investigações secretas e senti o peso das tarefas maiores do que eu, enquanto refazia o percurso rumo à multidão.

Voltei a ser acolhido pelos líderes. Não era o momento para lamentar a estupidez *low-tech* dos policiais, sua insensibilidade absurda, nem a violência compreensível mas autodestrutiva da comunidade. Tratava-se de recuperar o tempo perdido e retomar o pacto anteriormente proposto e aceito. Renovamos nossa disposição comum previamente acertada e passamos à preparação prática dos passos seguintes. O perigo maior parecia superado e os repórteres puderam chegar até o lugar em que eu estava. Não sei de onde vieram e onde haviam estado até então. Pelas fotos que os jornais de sábado exibiriam, estavam por toda parte. Essas eram câmeras e microfones bem-vindos, até porque a comunidade podia usá-los para amplificar sua voz. Relatei os termos de nosso acordo, já considerando o desafio vencido, sem imaginar o que ainda teria pela frente, ou melhor, por cima: um helicóptero.

Isso mesmo, um helicóptero da Polícia Civil surgiu sobre nós sabe-se lá de onde, subitamente, ousando sobrevôos rasantes sobre a multidão e ostentando uma metralhadora apontada para baixo, para nós, para a massa humana. Até então, eu pensava que compreendera o sofrimento popular. Estava errado. Naquele momento, tive uma idéia do que significa estar sob a mira arrogante da polícia. O helicóptero deslocava-se com uma espécie de ironia exibicionista, apontando a metralhadora para a multidão, sem nenhuma razão, sem nenhuma justificativa técnico-operacional, dadas as circunstâncias. O sangue me subiu à cabeça. Não sei do que seria capaz, naquele momento, se estivesse armado e fosse um membro da comunidade da Mangueira. A multidão vibrava seu ódio, lançando berros e braços ao ar. Desprendi o celular da cintura, liguei para o chefe da Polícia Civil, do meio da massa, e gritei a meu amigo: "Carlos, Carlos, estou diante da Mangueira, a rua está tomada de gente, fiz um acordo e a situação estava sob controle, os ânimos serenados... Por favor, dê uma ordem para que esse helicóptero se retire daqui, agora. E tem mais, Carlos, eu quero a punição desse policial que nos mantém sob a mira da metralhadora". Gritei, pois Carlos não me ouvia, o que tornou pública a conversa, involuntariamente. Quem estava à minha volta aplaudiu. Um minuto depois, o helicóptero arrancou de volta ao ninho. Nesse momento, ficou claro quem estava no comando. O pacto, enfim, cumpriu-se: a multidão refluiu, a rua esvaziou-se e a PM se recolheu.

Enquanto acompanhava a retirada da PM, ao lado do comandante geral, conversei com o governador. Ele me ligara ao longo do episódio. Quando caminhava em direção à multidão, pela segunda vez, só tive tempo de dizer que estava tudo sob controle e tudo terminaria bem, em breve. Nas duas outras vezes, pude transmitir notícias melhores e definitivas: ambos os exércitos guardavam suas armas.

Fui direto para a 5ª DP, nossa delegacia modelo. No caminho, telefonei ao chefe de polícia e lhe pedi que me encontrasse imediatamente, para prepararmos a recepção dos depoentes. Não poderíamos correr o risco de trair a confiança que conquistáramos a tão duras penas. As testemunhas teriam de se sentir acolhidas, respeitadas e protegidas, em vez de acuadas, humilhadas e perseguidas. Somente a demonstração prática de minha sinceridade poderia infundir substância e durabilidade ao pacto, o que traria conseqüências positivas para as relações entre as comunidades das favelas e as instituições policiais em todo o estado. Todos estavam de olho na Mangueira. Aquele drama exerceria um papel pedagógico da maior importância, no processo de recuperação da credibilidade e da confiança popular nas polícias. Antevia, como desdobramento, efeitos positivos ainda mais amplos: assim como a corrupção e a violência policiais degradam as instituições públicas e subtraem legitimidade da institucionalidade política democrática, a reversão de expectativas restituiria respeito e legitimidade. Os formadores de opinião, as classes médias e as elites discutem muito a democracia, seus limites, a necessidade de sua consolidação e aprofundamento através da extensão dos benefícios da cidadania aos que permanecem excluídos, mas tendem a desprezar a polícia. Como se "polícia" não fosse tema nobre, digno de atenção, como são a economia, a política ou as relações internacionais. Bobagem.

Naquele momento não cheguei a perceber que, mesmo necessária, minha iniciativa e meu método de condução do episódio poderiam produzir efeitos perversos, servindo de inspiração para cópias menos bem-intencionadas, como ficaria claro no dia seguinte. As mensagens que enviamos à sociedade, a partir de atos públicos em condições dramáticas, são filtradas por mil e um interesses distintos e apropriadas por inúmeros códigos morais diferentes e opostos. Inútil tentar controlar e dirigir esse processo, mas é indispensável que o objetivo central seja bastante enfatizado para que se fixe no imaginário coletivo.

Carlos Alberto chegou em seguida, nervosíssimo. As pressões que sofria já eram intensas. Mas não cedeu, ficou firme, esteve sempre firme a meu lado, ainda que me alertasse, constantemente, para os riscos da precipitação: não poderíamos prejulgar os policiais que haviam matado Alex e condená-los sem investigação e julgamento. Se atropelássemos a legalidade contra os policiais acusados, reproduziríamos a arbitrariedade que tanto nos repugnava, que tanto criticávamos. Estive atento desde o início para o risco da arbitrariedade de mão invertida, mas precisava evitar que esse cuidado me levasse a agir como quase todas as autoridades da área de segurança, varrendo o lixo para debaixo do tapete, eximindo as corporações policiais de culpa, condenando as vítimas. Qualquer ato ganha sentido em contexto e cada contexto carrega a marca de uma história. Quando a história é unívoca e repetitiva, quando as acusações oficiais atingem sempre o mesmo lado por décadas, vale a pena correr riscos para romper o círculo vicioso e suspender a dinâmica das expectativas populares negativas. O equilíbrio é delicado e instável, e deve ser perseguido. Arbitrariedades devem ser evitadas, é o que eu dizia ao Carlos: "Mas, meu amigo, não vamos permitir que a cautela nos paralise ou iniba a exibição de nossa cara: temos compromisso com a transparência, a justiça, o fim da impunidade, os direitos humanos e a eficiência policial assentada na inteligência".

Pouco depois começaram a chegar os líderes da Mangueira, acompanhados por Mário Del Rey, então chefe de gabinete da Secretaria de Controle e Gestão Financeira. Mário é conhecedor profundo do universo das favelas cariocas e sincero parceiro político das comunidades. Conquistou, desde aquele dia, minha admiração e estima. Atuou, a partir daquele momento, como meu fiador. A Mangueira o respeitava. Com Mário presente, tudo ficou mais fácil, inclusive a negociação que a seguir se impôs, porque as testemunhas se recusaram a ir à delegacia, mesmo nas condições especiais que eu lhes oferecera. Minha nova proposta acabou rapidamente aceita. Eu e o chefe de polícia iríamos à favela, inaugurando uma entidade que batizei, naquele momento, "Unidade Móvel da Delegacia". Na política de segurança, é fundamental nomear o gesto inovador para que ele revele sua originalidade e, sobretudo, mostre sua coerência. Sem a referência à unidade, que o nome realiza, as partes de uma política perdem sentido; deixam de ser partes de um todo, desmembrando-se em improvisos fragmentários.

Discutimos sobre os espaços possíveis, na Mangueira, para tomar os depoimentos com tranqüilidade. Surgiu a idéia da Vila Olímpica. De fato, era perfeito: ao lado da favela e isolada o suficiente para transmitir segurança aos policiais que viriam conosco — a partir de um certo momento, o problema inverteu-se: tive de convencer os policiais de que seria seguro colher os depoimentos *in loco*.

Carlos reuniu alguns auxiliares e seguimos rumo à Vila Olímpica, onde passamos a tarde ouvindo depoentes, conversando com moradores e recebendo a imprensa, que acompanhava todos os nossos passos. Falei com o governador algumas vezes ao longo da tarde. Estávamos em sintonia fina, o que me deixava tranqüilo e me animava. E me orgulhava também: era eu quem tinha razão e não meus amigos sectários do PT que diziam cobras e lagartos do governador. Garotinho seria um exemplo, eu pensava, consolidaria um novo paradigma na segurança pública, não só por implementar projetos modernizantes, que introduziam tecnologia e métodos de planejamento inovadores, mas, sobretudo, por adotar uma postura verdadeiramente diferente, baseada no reconhecimento desse imperativo tão elementar, tão simples e, no entanto, decisivo: é preciso inverter a dinâmica usual da interação entre a sociedade civil e o Estado, e passar a ouvir as comunidades, ouvir as pessoas. *Ouvir* é a palavra-chave. Ouvir para valer, com respeito profundo, procurando compreender o que está sendo dito.

Chegamos por volta das três horas, três e meia, mas só começamos a tomar os depoimentos às quatro ou um pouco depois, porque foi necessário encontrar uma sala adequada e prepará-la. Ouvidos todos os que compareceram, suspendemos os trabalhos daquele dia, bem depois das nove da noite, avisando que voltaríamos na manhã seguinte. Mais que isso: insistindo com a liderança em que todos os que pudessem nos ajudar com informações deveriam ser convencidos a falar conosco.

A sensação do dever cumprido era compensadora, mas não matava a fome. Eram dez da noite e eu queria almoçar. Precisava desesperadamente tirar a gravata, tomar um banho e deitar. "Jesus, vamos pra casa." O sargento Jesus era o motorista daquela sexta-feira longa, interminável. Quando o celular tocou, cheguei a me surpreender. A bateria estava quase no fim. Não esperava que ainda funcionasse. Era o comandante geral da PM.

— E aí, coronel Cruz? Tudo bem?

— Não, professor. — (Ele nunca deixaria de me chamar "professor".) — Infelizmente, está tudo muito mal. Tivemos outro caso trágico agora há pouco, no morro da Coroa. Um menino de quinze anos foi morto por um policial. Dessa vez, professor, um policial militar. Aparentemente, houve um confronto, o menino estava armado e era traficante. Pelo menos é o que dizem os policiais. Acho que é verdade, porque eles se apresentaram espontaneamente à delegacia e entregaram uma *glock*, que estaria com o menino. O senhor sabe que eles jamais sacrificariam uma *glock*, se fosse deles, porque é uma arma muito cara e muito cobiçada. Portanto, professor, tudo indica que a versão seja verdadeira. De todo modo, a confusão na favela está grande e a liderança da comunidade está indo para o 1º Batalhão.

Abaixei a cabeça o mais que pude, voltei a levantá-la, respirei fundo e prometi ao comandante geral que iria para o 1º Batalhão imediatamente. Pensei que talvez não tivesse força mental para enfrentar outra tragédia, sem me recuperar. Mas não havia espaço para hesitações ou recuos. Jesus virou à esquerda, evitando o viaduto, e nos dirigimos ao quartel Caetano de Faria, no centro da cidade, que abriga o BOPE, o Batalhão de Choque e o 1º BPM. Saltei do carro antes do batalhão, porque havia, na calçada, um grupo de pessoas que talvez fossem os moradores do morro da Coroa e familiares ou amigos da vítima. Eram. Depois de me identificar, perguntei o que faziam na porta do batalhão. Aguardavam autorização para entrar. Convidei-os a me acompanhar. Os policiais não me reconheceram e eu acabei compartilhando a situação constrangedora do grupo, por alguns minutos, até que as ordens do coronel viessem com as desculpas de praxe. O comandante Romer Silveira desceu para nos receber. Sentamos em círculo num dos salões do prédio, construído em fins do século XIX, com madeira e ferro importados da Alemanha.

Os familiares de Rodrigo Marques da Silva choravam muito. Ele tinha quinze anos, era ótimo aluno, querido por todos, carinhoso, educado e quieto. Jamais tocara numa arma e nunca se envolvera com drogas. A presidente da associação de moradores da comunidade da Coroa, Clátia Regina Vieira, fez o relato que a emoção proibia aos parentes: por volta das cinco e meia daquela tarde, Rodrigo estava reunido com amigos, conversando sobre o campeonato de futebol que se realizaria no dia seguinte, sábado. Eles tinham comprado taças e medalhas, e organizavam, orgulhosos, o material para o grande dia, tão esperado. Ouviram tiros e correram para suas casas. Como de hábito, a PM subiu o morro atirando, apesar das promessas de que não faria mais isso e, sobretudo, de que se evitariam os confrontos em horários que coincidissem com entrada e saída das escolas, evitando riscos para os estudantes. Naquela tarde, não houve confronto, não houve tiros além daqueles disparados pelos seis policiais que subiram o morro. Rodrigo foi baleado pelas costas, enquanto corria para casa. Desesperada, a mãe lançou-se sobre o menino agonizante, mas foi repelida por um policial com um chute no peito. O corpo foi arrastado pelos policiais favela abaixo, como um bicho. A tia de Rodrigo declarou no dia seguinte: "Os policiais entram aqui atirando. É sempre assim. Invadem as nossas casas, roubam. Dessa vez, eles estavam vindo pegar dinheiro dos traficantes" (*JB*, 16 de maio).

Repeti a fórmula que improvisara na Mangueira: primeiro, ouvi com espírito desarmado e com toda a paciência que a tragédia exigia e que a comunidade merecia, que a família merecia. Em seguida, determinei o recolhimento imediato dos seis policiais às atividades internas, enquanto tentaria obter a ordem de prisão, caso se confirmasse a versão que os familiares da vítima e os representantes da comunidade nos reportavam; prometi mobilizar uma unidade móvel da 6ª DP já na manhã seguinte, para ouvir as testemunhas no morro da Coroa, na sede da associação de moradores. Eu estaria presente com a ouvidora da polícia, Julita Lemgruber, e o delegado titular, dr. Juber Baesso. O fato de os policiais militares terem agido rápido, precavendo-se contra as acusações, retardaria as providências mais drásticas e definitivas contra eles. Formalmente, havia, até aquele momento, apenas uma arma e uma mochila com drogas, que teriam sido apreendidas com o "traficante morto em confronto", além do depoimento do policial que baleara Rodrigo, em "legítima defesa", e que voluntariamente se apresentara à DP para registrar sua versão.

Às sete da manhã de sábado, Garotinho abriu seu programa na Rádio Tupi falando sobre o assassinato de Alex dos Santos, na Mangueira, por policiais civis. Fui entrevistado. Em *Fala, governador*, Garotinho volta a seus tempos de radialista e parece fazê-lo com grande prazer. Dirige-se à modesta dona-de-casa da Baixada Fluminense, aos trabalhadores mais humildes, aos aposentados, com a informalidade, a emoção e a simpatia que o tornaram um ídolo popular. Descreveu o crime da Mangueira como o faria um líder comunitário, sem papas na língua, chamando o assassinato pelo nome e reconhecendo os indícios de culpa dos policiais civis. Por iniciativa de Garotinho, mencionamos a arrogância do helicóptero, o que rendeu ainda mais críticas nossas a procedimentos da polícia até então considerados naturais, pelo hábito. No ar, Garotinho me perguntou onde eu estaria naquela manhã. Disse-lhe que estava a caminho da Mangueira, com Carlos Alberto e Martha Rocha, para dar continuidade à tomada de depoimentos. Numa de suas tiradas brilhantes e ousadas, num desses gestos inspirados pelo momento e que caracterizam o que ele tem de melhor (mas que às vezes acabam sendo sua perdição), anunciou: "Eu vou encontrar você lá na Mangueira, quando acabar o programa. Vamos juntos visitar os moradores. Eu quero pedir desculpas à comunidade". O anúncio funcionou como uma senha. Vários auxiliares do governador que ouviam o programa se dirigiram à Mangueira. Alguns por motivações sinceras e em nome de uma solidariedade verdadeira, como Fernando Lopes, secretário de Controle.

A visita de Garotinho confirmou o rumo que eu adotara na véspera, reiterando o compromisso de nossa política com o fim da impunidade policial, o fim da brutalidade institucionalizada e o fim do protecionismo hipócrita que o corporativismo policial costuma impor aos governos, por intermédio de ameaças e chantagens. O endosso ostensivo do governador fortaleceu minhas iniciativas e me devolveu a convicção de que Garotinho estava firme no caminho certo. Essa convicção havia sido abalada pelas hesitações do governador no episódio CISP (eu ainda não conhecia a versão do general José Siqueira, com quem só me reencontraria muitos meses depois e que voltaria a abalar com muito mais força minha confiança em Garotinho). Naquele sábado, acreditava na correção do diagnóstico do mestre Jairo Coutinho: "Garotinho não esgotou seu ímpeto reformista; ainda há muito espaço para a nova política avançar".

Na quarta-feira seguinte, ocorreria o principal evento político para o governo Garotinho desde a vitória eleitoral. Pelo menos, era essa a minha avaliação. Conversando com Garotinho, ele disse que concordava com essa interpretação. Ao menos para nós dois, portanto, o artigo de Elio Gaspari, publicado no jornal *O Globo* e na *Folha de S.Paulo*, fora o acontecimento politicamente mais marcante daqueles primeiros meses de governo. O artigo tinha um título forte (e bem mangueirense): "Na subida do morro, um governador". Gaspari é um crítico independente, agudo, sofisticado, irônico, informadíssimo e, por isso mesmo, temido. Temido e respeitado, e obrigatoriamente lido por todo mundo que forma opinião no país. Haveria fonte mais importante e isenta? Assinadas por ele, essas palavras eram formidáveis:

> O governador do Rio de Janeiro, Anthony Garotinho, produziu a cena mais bonita da política brasileira nos últimos tempos. Subiu o morro da Mangueira e foi pedir desculpas à comunidade pelo assassinato de um garoto de catorze anos. Percorreu as trilhas pelas quais o menino, desarmado e ferido num braço, tentou fugir de policiais que foram ao morro

> para achacar traficantes [...]. Garotinho subiu o morro da Mangueira numa época em que os ministros, por conforto ou por medo da plebe, fazem o percurso Rio—São Paulo em jatinhos da FAB [...]. Pode-se dizer que Garotinho praticou um lance de oportunismo e demagogia. Será? Quem acha que um governador subindo morro é um demagogo deve reconhecer lisamente que um ministro da Fazenda almoçando com empresários (e conferindo o rótulo do vinho branco) é um plutogogo. Mesmo que seja para nada, um corteja a patuléia, o outro, o andar de cima [...]. Um governante capaz de pedir desculpas é tudo o que o Brasil precisa. Até porque a arrogância neurastênica do tucanato é coisa relativamente nova [...]. O governador do Rio de Janeiro lembra o besouro, que voa por teimoso, pois sua anatomia é um desafio às leis da aerodinâmica. Chama-se Garotinho, criou-se no orfanato do engenheiro Leonel Brizola e tem *personal stylist* (FFH também). É assim, mas tem 39 anos, e voa. É muito mais saudável torcer pelos resultados da subida de Garotinho ao andar de baixo do que pelo último almoço do presidente do Banco Central com o andar de cima. Garotinho é uma novidade [...]. O que há de novo, e bom, em Garotinho é a sua disposição de subir um morro e pedir desculpas ao povo. Esse tipo de comportamento horripila o tucanato. Trata-se de uma espécie política que se formou na condenação do populismo e, uma vez no poder, deu-se à demofobia (*O Globo*, 19 de maio, 1999).

Sempre se poderia dizer que estou invertendo a ordem dos fatores; que o evento mais importante foi a visita à Mangueira. O artigo teria cumprido um papel coadjuvante, reconhecendo a relevância e a originalidade do ato de Garotinho. Discordo e reitero: do meu ponto de vista, do nosso, o artigo de Gaspari é que iluminou, de um ângulo construtivo, generoso e inteligente, o gesto do governador, atribuindo-lhe os valores com os quais seria definitivamente acolhido pela consciência pública e lhe conferindo a inteligibilidade necessária para uma completa e adequada decodificação. Gaspari carimbou Garotinho com o rótulo da novidade e do compromisso popular sério, legitimando-o ante uma audiência nacional refratária a experimentos populistas, que observava Garotinho com muita reserva. Para mim, não houve alegria comparável àquele reconhecimento. Em 1998, durante a campanha, escrevi aos amigos uma carta que correu de mão em mão e pela internet, discutindo o que eu denominava "o veto estético" das camadas médias cariocas ao candidato da coalizão popular. Não cheguei à imagem do besouro, mas estive próximo. Persuadi muitos amigos e amigos de amigos com o argumento do "veto estético". Mas sabia que as resistências a Garotinho, na capital do estado e entre os formadores de opinião, mesmo suspensas para o voto, continuariam presentes, prontas para vir à tona assim que uma oportunidade se apresentasse.

A tarde de sábado foi dedicada à comunidade da Coroa. Cumpri meu compromisso com a família e com os líderes locais. Subi o morro com Jairo, Julita, o dr. Baesso e um escrevente. As centenas de metros entre a rua onde deixei o carro e a sede da associação foram atravessadas com angústia. As pessoas pareciam me olhar com um misto de incredulidade, desconfiança, hostilidade, reconhecimento e gratidão. Todos pareciam tão exaltados que eu temia um fósforo aceso. Me sentia imerso num barril de pólvora. Entrar na sala escura e ampla da sede da associação foi um dos momentos mais difíceis de minha vida. Lá estavam pai e mãe, cercados de amigos e parentes, fotos de Rodrigo, flores, muitas flores, cartões carinhosos dirigidos à mãe pelo filho assassinado e vários cadernos escolares repletos de notas 10, um verdadeiro monumento erguido à dor. Fui cercado por muita gente que repetia, em escala reduzida, o coro da Mangueira: as vozes contavam, em ritmos diferentes, a história de Rodrigo, desde a organização do campeonato de futebol com os amigos à infâmia da arma, à calúnia da mochila com drogas, à insanidade quase impronunciável do chute no peito da mãe, à monstruosidade do crime. Dirigi-me aos pais, sem saber o que fazer. Não sabia o que dizer. Tudo o que me ocorria parecia-me insuficiente, fraco, previsível e artificial. O mais sincero era o silêncio e a exibição da minha falta de jeito. Eu me sentia, eu era, em alguma medida, responsável. Por outro lado, me sentia profundamente identificado com o sofrimento daquela família e mal suportava olhar as fotos de Rodrigo. Por onde ia, o pai carregava a carteira de identidade do filho, mostrando a todos a pequena foto, emoldurada pelas quatro margens que talvez significassem a separação entre o mundo das coisas certas e o submundo das coisas erradas. Ostentava a foto de Rodrigo dentro das margens da carteira, como quem exibe a anatomia do orgulho paterno.

Em silêncio cumprimentei mãe e pai, tios, avô, primo e prima, e a fila de amigos. Desci escadas que levavam a uma sala mais recolhida. Era bem apropriada para o que meus amigos policiais chamavam "a oitiva". Começamos a ouvir as testemunhas. Eram mais de dez. Todas repetiam a mesma história, completando-se com coerência. Em pouco tempo, parecia óbvio o desenlace que os laudos periciais logo indicariam. A comunidade dizia a verdade. O deputado estadual Chico Alencar, do PT, viria a se tornar um aliado fundamental da comunidade e um batalhador incansável para evitar que cumplicidades criminosas e compadrios corporativos desfizessem o trabalho policial de restabelecimento da verdade iniciado naquele sábado triste, lá no morro da Coroa.

Desci o morro quando o delegado já estava próximo de concluir a tomada de depoimento das primeiras e mais importantes testemunhas. O sepultamento ocorreria naquela tarde e o trabalho seria interrompido de qualquer forma, porque toda a comunidade pretendia participar da despedida de Rodrigo. O cemitério fica próximo ao morro. Nas pistas vizinhas, que conduzem ao túnel Santa Bárbara, uma das principais vias de ligação entre o centro da cidade e a zona sul, havia cavaletes bloqueando o trânsito. Os primeiros carros começavam a frear. Os cavaletes tinham sido colocados naquele momento, mas os responsáveis não estavam à vista. Saí do carro e retirei os cavaletes com a ajuda de alguns membros da comunidade, que compreenderam, pelo que disseram, minhas motivações e o sentido da provocação que estava em marcha. Conversei bastante com alguns líderes antes de deixar a área e transmitir à PM a impressão de que os ânimos já estavam serenados e de que nossos procedimentos haviam sido suficientes para demonstrar uma disposição inusitada do governo de fazer justiça.

Poucas horas depois, soube que ônibus haviam sido queimados dentro do túnel e nas imediações do cemitério, produzindo um cenário dantesco que os fotógrafos captaram para os jornais de domingo. "Pânico e depredação no Santa Bárbara; protesto de moradores do morro da Coroa acaba em tumulto dentro e fora do túnel", era a manchete de primeira página do *Globo* de 16 de maio. Eu fizera uma avaliação errada sobre o poder dos líderes, tomando, por inexperiência e precipitação, o caso da Mangueira como paradigma. Depois de tantos anos estudando antropologia e ciência política, já deveria ter aprendido que as relações de autoridade entre líderes e sociedades locais variam conforme o contexto, o momento e um vasto conjunto de circunstâncias. Escapou-me também aquilo que só *a posteriori* se revelaria óbvio: os traficantes não toleram a melhora das relações entre as polícias, a Secretaria de Segurança, o governo e a comunidade que desejam dominar; precisam do abismo que separa a polícia do povo; alimentam-se da revolta popular contra as instituições públicas, particularmente as polícias; apostam na irreversibilidade do ódio que a sociedade pobre devota aos representantes da ordem legal. Cavam seu espaço, nesse abismo. A depredação que ocorreu depois do sepultamento de Rodrigo talvez tenha sido uma resposta à minha visita à comunidade e aos laços que estávamos tecendo, e apenas secundariamente uma manifestação contra a violência policial. A família de Rodrigo se posicionara contra a baderna, as lideranças legítimas da comunidade também foram contrárias, mas não tiveram força para conter os traficantes. Foram eles que patrocinaram e promoveram a arruaça.

Senti que aquele episódio poderia impor a mim, a meu grupo, à nossa política, uma tremenda derrota, na medida em que se pudesse explorar o quebra-quebra a favor da tese de que nossas preocupações com cidadania e direitos humanos enfraqueceriam as polícias e fortaleceriam os criminosos, abrindo-lhes o terreno para ações cada vez mais ousadas, numa espécie de espiral de emulações e mimetismos perversos. Por isso, não hesitei em aceitar o convite da TV Globo para participar ao vivo do *RJ-2ª Edição* daquele sábado. No Arpoador, no fim da tarde do dia 15 de maio, disse mais ou menos o seguinte para os telespectadores do jornal local da Globo: "Com a mesma firmeza que combatemos a violência policial, repudiamos e combateremos a violência das comunidades. Ambas as formas de violência são inaceitáveis. E não vamos cair na armadilha de abandonar uma frente para cuidar da outra. Estaremos presentes em ambas as frentes de luta contra a violência. Nada deterá a reforma das polícias e nada conterá nossa disposição de vencer o tráfico, o crime e seu domínio territorial nas favelas do Rio". Poucos minutos depois, Garotinho daria declarações não apenas com o mesmo sentido, mas usando as mesmas palavras. Nunca soube se foi coincidência ou não. De todo modo, a identidade de manifestações, a percepção idêntica do *timing*, tudo isso mostrava como estávamos sintonizados, um com o outro e ambos com nossa política de segurança. O fato de eu ter sido o primeiro a formular a necessidade do duplo combate me livrou de mal-entendidos que poderiam me isolar politicamente e condenar ao gueto meu discurso, minhas práticas e nossa política.

De qualquer modo, Garotinho fez questão de sublinhar a disposição repressiva com a mesma ênfase com que exibiu sua solidariedade às comunidades, subindo o morro para pedir desculpas: já na segunda-feira, dia 17 de maio, promoveu uma reunião no Quartel-General da PM com dezenas de comandantes e oficiais, além da cúpula da Secretaria de Segurança. No dia seguinte, o *Jornal do Brasil* destacaria o encontro com a seguinte manchete: "Garotinho pede rigor à PM nas manifestações" (*JB*, 18 de maio, 1999). No *Globo*, a manchete era: "Garotinho: polícia demorou a agir para conter manifestação no Santa Bárbara" (mesma data). No QG, para minha perplexidade, o governador parecia diferente do Garotinho que tinha subido a Mangueira. O tom, os gestos, a retórica, os adjetivos, tudo remetia a uma postura que não era a sua, não era a nossa. Foi um momento extremamente constrangedor. Eu achava que deveríamos afirmar a unidade de nossa política — unidade conceitual, prática e moral — que envolvia a recusa a toda forma de violência ilegal, por parte da polícia ou de moradores das favelas. Não entendia por que Garotinho preferia oscilar pendularmente entre dois estilos diferentes, como se buscasse o equilíbrio pela performance de personagens opostos em dias sucessivos, o governador durão corrigindo o governador bonachão — e vice-versa. No sábado, o doce pacificador; na segunda-feira, o enfezado e autoritário defensor da ordem. Claro que não há contradição entre punir a violência da polícia e reprimir a violência dos favelados: são dois lados da mesma moeda, como afirmei tantas vezes naqueles dias. O que me parecia estranho e inquietante, desnecessário e contraproducente, era a variação teatral na construção da *persona* pública do governador. Em outras palavras, o ritual de reafirmação de autoridade e de compromisso com lei e ordem, da segunda-feira, parecia muito mais um recuo do que uma reafirmação do segundo lado da mesma moeda do sábado. Um recuo talvez provocado pelos ecos que já começavam a chegar ao palácio, ecos das resistências dos policiais corporativistas ao gesto que Garotinho ousara no sábado. Os repórteres tiveram a mesma impressão que eu e me fuzilaram com perguntas: "É um recuo do governo? Uma virada? Mudança de rota? Deslocamento de poder do senhor para o secretário?".

Havia a possibilidade de minha impressão estar errada. Afinal, do ponto de vista exclusivamente lógico, as palavras enunciadas pelo governador no QG não contradiziam, na substância, o discurso que eu e ele vínhamos fazendo. Portanto, não havia mentira, nem eu fora desonesto ao afirmar que não, que Garotinho apenas enfatizara o outro lado da mesma moeda, mas que a moeda era a mesma e só existia graças à unidade entre suas duas faces: nossa dupla recusa à violência, viesse de cima ou de baixo, da polícia ou da favela. As duas faces não eram as "duas caras" da hipocrisia e do oportunismo, eram as duas dimensões intrínsecas à nossa política. Foi o que disse, em outras palavras. Ao mesmo tempo, refutei as insinuações de que haveria conflitos e disputas entre mim e o secretário. E estava sendo absolutamente sincero. O pequeno editorial do jornal *O Globo*, "Uma frente só", era uma preciosidade que provavelmente terá ajudado Garotinho a compreender o que eu lhe dizia: "O subsecretário de Segurança do estado, Luiz Eduardo Soares, tomou a atitude elogiável de subir o morro da Coroa para ouvir os moradores e prometeu aos parentes do jovem Rodrigo, morto numa ação policial na favela, que vai apurar o caso e punir os policiais culpados. Enquanto isso, o governador Anthony Garotinho anunciava que vai agir com toda a energia no combate aos narcotraficantes — ao que tudo indica, os verdadeiros organizadores da violenta manifestação no túnel Santa Bárbara. À primeira vista, o governo estadual parece estar assim abrindo duas frentes de combate na área da segurança pública. Na realidade, é a mesma frente. Reprimir a ação de bandidos e de maus policiais é agir contra sócios no crime, que quase sempre só se enfrentam nas disputas comuns entre marginais" (*O Globo*, 18 de maio, 1999).

Mesmo tendo havido recuo em vez de complementação, como eu teria preferido, o fato é que havia também algo de positivo na visita de Garotinho ao QG. Pela primeira vez, um governador se dirigia aos policiais dispondo-se a ouvir suas opiniões. O coronel Fernando Belo reconheceu a importância daquele gesto democrático e o destacou no diálogo coletivo que se seguiu ao discurso de Garotinho.

Na segunda-feira, dia 17 de maio, no início da tarde, antes da reunião com o governador no QG, fui procurado em minha sala pelo delegado Marcos Reimão, subsecretário de Planejamento Operacional. Sem se importar com a presença de Silvia Ramos, ele disse que havia estado no hospital aquela manhã, porque sua pressão disparara, o que nunca lhe acontecera antes. Via-se que não estava exagerando. Contou que havia passado a noite em claro, fazendo um esforço enorme para conter "um pessoal" (alguns policiais de suas relações) que ameaçava subir uns morros, matar uns dez ou doze garotos e botar na minha porta e na porta do governador. Disse que eu e Garotinho estávamos brincando com fogo e que não era admissível que nós (eu e o governador) reconhecêssemos publicamente erros de policiais: quer punir, pune... não tem problema..., concluiu, o que não pode é dizer que policiais erraram, que policiais cometeram um crime, isso não pode, isso o pessoal não aceita de jeito nenhum.

Respondi ao dr. Marcos Reimão que aquele ponto era matéria de princípio, para mim e para o governador, para nossa política, enfim, e que eu só aceitara ser subsecretário de Segurança porque nossa atitude seria diferente daquela que caracterizara a postura de nossos antecessores: nós não mais ocultaríamos os crimes policiais; em benefício até mesmo dos bons policiais e da recuperação da credibilidade das instituições policiais, não mais varreríamos o lixo para debaixo do tapete. Completei afirmando que mentiras e hipocrisia não iludiam mais ninguém e que a população só voltaria a confiar na polícia quando se convencesse de que nós seríamos sempre sinceros, verdadeiros e transparentes. Insisti, reiterando minha convicção de que se iludem os que crêem que a mentira protege a instituição e evita desgastes para sua imagem. "Estou convencido", enfatizei, "de que a exposição franca dos erros é a única atitude correta, não só do ponto de vista ético, mas até mesmo do ponto de vista pragmático, porque a sinceridade tende a conferir confiabilidade aos gestores das políticas públicas e, conseqüentemente, às instituições vinculadas a elas. Sendo assim, quando dissermos que corruptos são apenas a minoria, que a maioria dos policiais é composta por profissionais honestos e dignos, a população tenderá a acreditar."

Reimão ainda me repreendeu pelas críticas ao policial que apontava a arma para a multidão, do helicóptero. Disse que eu estava errado e que o policial estava "tecnicamente certo", que é assim que se faz. Discordei, "tecnicamente". Aquele procedimento só faria sentido, foi o que eu disse, numa aproximação aérea de focos de risco ou alvos bélicos, em situação de combate militar, jamais sobrevoando uma multidão de civis, entre eles centenas de crianças, idosos e mulheres, que dialogavam com uma autoridade governamental. Lá na Mangueira, sexta-feira, simplesmente não fazia sentido nenhum, não cumpria função nenhuma, além do lamentável e desastrado papel intimidatório. Evitamos a seqüência do debate porque nossas divergências já eram suficientes e porque percebi que o ponto da discórdia não era o helicóptero nem o procedimento do policial que apontava a arma para baixo, girando o cano de um lado para o outro, simulando um fuzilamento indiscriminado da massa humana. O ponto da desavença era o significado daquelas pessoas na rua, conversando comigo.

Telefonei naquela noite para Garotinho e marquei um encontro. Contei-lhe o que ocorrera: "Você precisa ficar sabendo de tudo para saber com quem está lidando". Disse-lhe que, se eu fosse o secretário, pediria ao dr. Reimão que reunisse o "pessoal" a que ele se referia e determinaria a prisão imediata de todo o grupo, por ameaça à ordem pública e chantagem às autoridades. Sugeri que déssemos uma resposta firme. Garotinho concordou. Ficamos de conversar sobre o assunto mais adiante, o que acabou não acontecendo. Falei também ao secretário, que enfrentara naqueles dias, segundo me confidenciou, uma reunião bastante difícil com o próprio subsecretário de Planejamento Operacional e alguns delegados, na qual Reimão teria ameaçado se demitir, mas teria sido dissuadido de fazê-lo. Portanto, em vez do confronto que eu preconizava, o que houve foi recuo e conciliação.

Depois desse episódio, Reimão voltou ao tema algumas vezes, aludindo, sem que ficassem muito claras suas intenções, a uma suposta "greve branca" da Polícia Civil: a polícia está parada, professor. Seu alvo parecia ser o então chefe da Polícia Civil, Carlos Alberto D'Oliveira, desgastado nos setores corporativistas por sua fidelidade à nossa política de segurança. A mesma alusão eu ouvi de alguns outros policiais. Tomei-a mais como pressão do que como relato objetivo do que se passava.

Estava claro que tínhamos um problema bem mais complicado do que a insubordinação de alguns policiais às linhas de ação determinadas pelo chefe de polícia. Havia uma resistência organizada à própria política que começávamos a implantar. Ela se situava na cúpula da secretaria. E era representada por um delegado competente, indicado para uma subsecretaria pelo próprio secretário.

O fato é que os princípios de nossa ação estavam claros, mas estávamos longe de saber o que fazer para solucionar certas questões específicas porém fundamentais. Como conter a brutalidade policial? Como combater o domínio territorial do tráfico nas favelas e nos bairros populares? Como proporcionar um policiamento respeitoso e eficiente nas comunidades? Como combinar a presença policial com investimentos sociais? De que forma garantir essa presença, com o contingente policial de que dispúnhamos? O Mutirão pela Paz demonstrara que havia luz no fim do túnel, além do brilho dos ônibus em chamas. Mas como transformar o Mutirão numa política permanente e orgânica? Como estendê-lo a todas as áreas carentes e abandonadas? Essas perguntas me atormentavam, tiravam meu sono e também eram a preocupação obsessiva de minha equipe da Subsecretaria de Pesquisa e Cidadania. Eram também a preocupação constante de Garotinho. Propus o desafio à minha equipe: o êxito de toda a nossa política dependeria de nossa capacidade de inventar e implantar programas capazes de responder a essas perguntas.

8. A tirania do tráfico

Minha ansiedade era a mesma de Garotinho e dos colegas que compunham a Subsecretaria de Pesquisa e Cidadania. O que fazer nas favelas, em larga escala, já que o Mutirão pela Paz pode funcionar bem apenas em pequena escala?* Como reformar as polícias? As duas perguntas se complementam, porque é impossível combater o tráfico sem uma polícia confiável, que respeite os moradores e não aceite acordos com criminosos. Por outro lado, a mudança da polícia era a condição indispensável para a implementação de qualquer política de segurança consistente. Era necessário muito mais que uma reforma. Era preciso começar de novo. Como fazer isso? Numa tarde de domingo, em meados de abril de 1999, em meu apartamento, eu, Antonio Carlos, Jairo e Carlos Alberto praticávamos nosso habitual *brainstorming*, quando Carlos citou o exemplo da Scotland Yard, que criara a New Scotland Yard, no início do século, para livrar-se dos estigmas e dos maus funcionários. Lacei no ar a idéia de Carlos: que tal copiarmos o exemplo? Que tal criarmos a Nova Polícia Civil? Copiar não é pecado e não devemos ter vergonha de admitir isso. É uma questão de humildade e bom senso. Não precisamos reinventar a roda, nem faria sentido perder tempo tentando. O que é necessário, nesse caso e em

* A menos que houvesse um grande investimento por parte do Estado ou que o projeto fosse redefinido, conforme ficará claro adiante.

todos os outros, é adaptar criativamente os bons exemplos, as experiências bem-sucedidas às nossas circunstâncias. Passamos a abrir e fechar a idéia, dobrá-la e esticá-la, recortá-la e redesenhá-la de muitas maneiras. A vibração é gratificante, quando se tem a sensação de que há algo significativo sendo gestado, de que nenhum cansaço nos vence. Nada melhor do que a criação que nasce da confiança mútua, da liberdade da imaginação, de compromissos pragmáticos que filtram as especulações e da adesão comum a valores, que funcionam como uma força gravitacional, induzindo o consenso. Fomos até bem tarde naquela noite, e nas seguintes. Dividimos tarefas, pesquisamos o caso inglês, incorporamos ao nosso esforço Jacqueline Muniz, colega da subsecretaria, e submetemos as primeiras versões do esboço do plano a outros colegas.

Um movimento decisivo naquele processo coletivo de criação foi a lembrança de outra idéia embrionária, que Rubem Cesar concebera e eu desenvolvera ainda à época da comissão de transição, e sobre a qual escrevi um artigo para *O Globo*, publicado em 21 de novembro de 1998, com o título "Agenda para uma política de segurança": a criação de uma sociedade sem fins lucrativos ou uma fundação, que seria gerida com máxima transparência, destinada a captar recursos para a polícia, favorecendo o treinamento e aumentando os ganhos diretos e indiretos dos policiais. Eu e Rubem conhecíamos a Police Foundation, sediada em Washington, e seu presidente, mr. Williams, um policial aposentado que Fernando Peregrino e eu convidáramos para uma visita à Polícia Militar, em 1994. A experiência dos primeiros meses de governo, de janeiro a abril de 1999, já fora suficiente para demonstrar como seria útil uma fundação nos moldes que imagináramos. Quantas vezes, nesse período, entidades empresariais e associações de moradores de áreas ricas da cidade não se dispuseram a fazer doações para as polícias, mas enfrentaram os obstáculos de uma legislação absurda, que engessa as instituições e só permite a doação de equipamentos. Era urgente descobrir um meio que fizesse fluir os recursos entre os que querem dar e os que precisam receber, resguardando o universalismo dos serviços policiais, é claro — caso contrário, as doações se converteriam em privatização. É preciso receber as doações, mas submetê-las a uma distribuição que beneficie toda a população, não apenas os bairros em que vivem os mecenas. A fundação permitiria também a captação de recursos nacionais e internacionais junto a bancos de fomento, desde o BNDES até o Banco Mundial e o BID, e instituições de apoio ao aperfeiçoamento institucional e ao desenvolvimento social dos países periféricos, como a Fundação Ford.

Pois bem, combinando a idéia da fundação com a inspiração britânica da Scotland Yard, chegamos a um primeiro desenho do projeto da Nova Polícia Civil. Os policiais civis seriam submetidos a um novo processo de seleção, tendo em vista seu aproveitamento nas novas delegacias legais. Os critérios seriam profissionais, ético-legais e psicológicos. Quem apresentasse deficiências no primeiro item, teria tantas chances quantas fossem necessárias para receber um treinamento suplementar e capacitar-se para a admissão. Além disso, os aprovados seriam requalificados, já no âmbito da nova delegacia, e receberiam bolsas de estudo, duplicando seus ganhos mensais. As bolsas apresentam vantagens e desvantagens. Mas as vantagens são superiores: oneram muito menos os cofres do Estado, porque são isentas dos chamados custos sociais (impostos etc.) e permitem concessões restritas a grupos determinados, ao contrário do que ocorre com os aumentos salariais, que têm de ser aplicados a toda a categoria profissional (o que infelizmente seria inviável, naquele momento); além disso, as bolsas se ajustam bem a períodos probatórios, pois podem ser retiradas de acordo com a avaliação do desempenho dos bolsistas; finalmente, valorizam o aprendizado e o estudo.

Quem apresentasse deficiências relativas aos aspectos ético-legais seria impedido de ingressar no corpo funcional da Nova Polícia Civil e receberia o encaminhamento compatível com a natureza e a gravidade do problema, desde a prisão até a demissão, passando pela remoção para um setor estritamente burocrático, no qual esse funcionário indesejável aguardaria a aposentadoria (essa hipótese seria aplicada somente em último caso, se houvesse boas razões para que a pessoa fosse privada do acesso à carteira policial e à arma, mas não houvesse meios legais para nenhuma medida mais drástica). Os policiais que apresentassem problemas psicológicos sérios receberiam a atenção terapêutica adequada.

A fundação contrataria os policiais em suas horas extras, para que atendessem a necessidades suplementares da polícia e prestassem serviços privados, segundo certas regras. Poderia atuar como gestora de uma cooperativa de policiais (a ser criada) para participação no mercado da segurança privada durante o tempo de folga, garantindo competência e profissionalismo, beneficiando a sociedade e os policiais, a partir do princípio de que a segurança privada deve ser parceira da segurança pública, no contexto de um sistema integrado de segurança, desde que se submeta a normas estritas e fiscalização periódica. Por exemplo: até hoje, várias secretarias de Estado contratam serviços de empresas de segurança privada. Por que não substituí-las pela fundação, que daria forma à cooperativa de policiais? Os preços seriam menores, porque não haveria lucro. Eliminado o lucro e mantida apenas uma pequena taxa de administração, mesmo praticando preços abaixo do mercado os policiais receberiam muito mais — e trabalhariam protegidos por equipamentos apropriados, por seguros de saúde que a corporação proveria e por todas as vantagens que as leis trabalhistas proporcionam. O Estado ganharia e seus servidores se beneficiariam. A qualidade do trabalho oferecido só poderia ser superior, dado que seria entregue a quem foi preparado para lidar profissionalmente com segurança. Hoje, boa parte dos policiais tem um segundo emprego — um "bico" em segurança privada — que, por ilegal, não lhes oferece garantias ou proteção, nem mesmo os direitos trabalhistas mais elementares.

Em suma, teríamos o seguinte resultado, se aplicássemos com rigor o projeto da Nova Polícia Civil, associado à criação da Fundação da Polícia e, evidentemente, ao Programa Delegacia Legal: as 121 delegacias distritais do estado reformadas e transformadas em delegacias legais, regidas por novas regras de funcionamento, novas rotinas, inteiramente informatizadas, interligadas por redes internas e integradas a sistemas virtuais, sem carceragem, com administradores e atendentes universitários, assistentes sociais, ligações diretas com o Ministério Público, a Defensoria Pública e Juizados Especiais, ocupadas por policiais selecionados segundo critérios rigorosos, mais bem pagos (de início, graças à concessão da bolsa), requalificados, operando em ambientes respeitosos de sua dignidade profissional e da dignidade dos cidadãos atendidos, subordinados a padrões unificados de trabalho e de avaliação sistemática. Além disso, a polícia e os policiais teriam acesso a mais recursos e se beneficiariam de uma nova imagem pública, que lhes restituiria a confiança da sociedade e a auto-estima. E não seria só isso.

Esse resultado seria apenas uma das dimensões de um programa bem mais amplo, que só pode ser compreendido e avaliado em seu conjunto. Por exemplo, um dos softwares da delegacia legal é a cartografia digitalizada (um programa georreferenciado, como dizem os técnicos): um mapa do estado no qual se inscrevem todos os dados relativos à criminalidade, cujo movimento no tempo e no espaço se tornam assim visíveis e facilmente analisáveis. Hoje essa metodologia é razoavelmente trivial, mas representa uma novidade revolucionária para nossas velhas delegacias, perdidas na idade da pedra e das trevas. Como planejar estratégias preventivas sem esse recurso? Pois bem, o uso desse recurso tecnológico e da metodologia de análise criminal está na base do funcionamento de um outro programa fundamental de nossa política de segurança: as áreas integradas de segurança pública. Portanto, os elos conectam um projeto a outro, um programa a outro, estabelecendo uma rede consistente. Nada, isoladamente, faz diferença. Mas o conjunto faz.

O tema da fundação remete ao problema do segundo emprego dos policiais, que é uma encrenca. Quando me questionavam a respeito, eu respondia: o ideal seria a dedicação exclusiva à polícia. Mas, para exigir essa exclusividade, teríamos de oferecer salário decente. Como, infelizmente, ainda estamos distantes disso, o menor dos males seria legalizar o segundo emprego. Sendo uma realidade generalizada, o melhor é legalizar e regulamentar, para que se possa fiscalizar e evitar a situação atual, que é o pior dos mundos. Fazemos vista grossa, fingimos que não vemos o segundo emprego. E não há alternativa à nossa hipocrisia, porque seria insensato e ilegítimo, ainda que legal, punir os policiais que lutam pela sobrevivência com um trabalho honesto. O paradoxo é que, com isso, todos perdemos. As autoridades superiores das polícias e da Secretaria de Segurança se desmoralizam e desmoralizam o respeito às leis, fingindo que não vêem a prática de uma ilegalidade por parte de seus subordinados. Em solidariedade aos policiais, compreendendo a extensão de seus dramas pessoais, evitamos tocar num ninho de cobra — as empresas de segurança privada —, porque sabemos que uma fiscalização séria vai nos levar aos policiais que atuam em situação irregular. Por outro lado, ao renunciar à fiscalização — que é atribuição da Polícia Federal, mas que poderíamos assumir por convênio, como ocorreu no passado recente —, abdicamos de combater uma fonte importante de criminalidade, em que se mistura todo tipo de ilegalidade, do tráfico de armas aos roubos e furtos de veículos. Não combatemos o que existe de ilícito na segurança privada e perdemos a oportunidade de potencializar sua utilidade pública indireta, que dependeria de um controle rigoroso por parte do poder público, do treinamento dos profissionais, da supervisão de suas operações, da troca de informações e do estabelecimento de redes de comunicação ágeis com as polícias. Por isso, enquanto o Estado não puder pagar salários decentes, a única saída é a legalização e a regulamentação do segundo emprego, como primeiro passo para a fiscalização permanente e a organização da segurança privada, em benefício da criação de um sistema integrado de segurança, que renderia frutos para todos.

Preparamos um sumário do projeto da Nova Polícia Civil, numa brochura simples mas bem cuidada, e eu o apresentei numa reunião com Garotinho, o coronel Josias, o coronel Cruz e Carlos Alberto, no palácio Guanabara, em maio de 1999. Os olhos de Garotinho brilharam. Percebi imediatamente que ele captara o potencial da idéia. Mas o coronel Josias reagiu negativamente, quase ríspido, visivelmente irritado. Para reduzir o constrangimento, Garotinho recuou e disse que pensaria com calma na proposta e que voltaríamos ao assunto na reunião seguinte. Alguns dias depois, por telefone, Garotinho me disse que gostara muito da idéia e que aprovara 95% do projeto. Acho que, no fundo, aprovara 100%, como o futuro iria demonstrar. Os 5% foram uma homenagem ao secretário.

Passaram-se vários meses até que o governador se decidisse a implantar o projeto, ainda que o mencionássemos de vez em quando. Finalmente, em outubro, Garotinho resolveu colocar o plano em prática, mas observou que seria preferível incluir a PM no projeto desde o início. A idéia original previa a extensão do projeto para a PM apenas num momento posterior, quando o sucesso da primeira etapa e a consolidação de nossas bases de apoio na Polícia Civil (que esse sucesso garantiria) nos ajudassem a alavancar as mudanças na Polícia Militar, promovendo a integração de ambas as forças no âmbito da fundação. Garotinho convocou o procurador-geral do Estado, dr. Francesco Conti, e lhe passou a incumbência de encontrar os meios legais. A inclusão da PM precipitaria a radicalização do processo. Mas, afinal, se era o próprio governador que preferia assim, ótimo. Isso significava que contaríamos com seu apoio irrestrito para vencer as resistências. Ele tinha de estar preparado para o enfrentamento, já que se dispunha a propor à Assembléia, de uma vez, um projeto de lei referente a ambas as instituições policiais.

Fiquei muito satisfeito com aquela solução, e o dr. Conti não decepcionou. Em pouco tempo e com muita competência, trabalhando duro com sua equipe, encontrou um caminho capaz de usar as brechas constitucionais em favor da integração entre as polícias — a Constituição Federal proíbe a fusão entre as instituições policiais, por isso os reformistas sempre lutamos pela desconstitucionalização dessa temática, para que cada estado tenha liberdade de escolher seu próprio modelo de organização. Mas estávamos errados, eu, Garotinho e meus colegas co-autores do projeto original. Não poderia ser uma fundação. A saída era um órgão de administração indireta, uma autarquia, um instituto (de Segurança Pública — ISP). Legalmente, um instituto estaria autorizado a assinar, com o Estado, um "contrato de gestão". Nesse caso, a gestão da segurança pública. O dr. Conti formulou a equação decisiva: "Os policiais continuarão *lotados* nas polícias Civil e Militar, conforme determina a Constituição, mas *exercerão* suas funções no âmbito do instituto". As palavras mágicas eram "lotação", "exercício" e "contrato de gestão". O Rio de Janeiro deve ao dr. Conti e à sua equipe o remédio legal mais engenhoso para o congelamento provocado pela Constituição. Sugeri que chamássemos "Nova Polícia" aquelas unidades, agências, grupamentos e profissionais que viessem a ser lotados nas divisões do instituto, cujos títulos eu propusera que fossem "Departamento de Polícia Judiciária" e "Departamento de Polícia Ostensiva". De modo que a Nova Polícia não seria uma terceira força, cuja criação é ilegal; seriam as polícias Civil e Militar operando de forma integrada, no âmbito do instituto.

Adaptando ao novo contexto o projeto original da Nova Polícia Civil e da fundação, propus o seguinte: a transferência dos policiais das polícias (formalmente, a expressão correta seria: transferência do exercício das funções dos policiais) para o instituto se efetivaria, repetindo a fórmula, mediante exames rigorosos de seleção, conduzidos por comissões supracorporativas e orientados por regras claras, que especificassem exigências profissionais, ético-legais e psicológicas. Esses exames equivaleriam a um filtro que nos permitiria, realmente, começar de novo a escolher os policiais que desejamos ver atuando na segurança de nosso estado, sem prejudicar os bons profissionais. A experiência da ouvidoria ao longo de 1999, a luta incansável e inglória de Julita Lemgruber, já demonstrara a impossibilidade de realizar qualquer mudança significativa através das corregedorias das polícias e da inspetoria geral da secretaria. Portanto, precisaríamos da resseleção completa dos policiais e de uma nova corregedoria para a Nova Polícia, capaz de evitar os vícios corporativistas e burocráticos. Por isso, teria de ser, por sugestão da própria ouvidora, *unificada* e *supracorporativa*, dirigida por um juiz aposentado, por exemplo. Essa era a segunda sugestão, logo incorporada pelo dr. Conti ao texto do projeto de lei que o governador encaminharia à Assembléia. A terceira idéia que propus também foi extraída do projeto original: que os novos recrutamentos já se fizessem através do instituto — e não mais limitando a admissão de mulheres, pois a presença feminina talvez viesse a ser o fator determinante para a mudança radical de qualidade, profissional e ética — e que o treinamento dos novos policiais, assim como os cursos de requalificação para os veteranos, fossem oferecidos pelo instituto de forma integrada, isto é: o módulo básico seria unificado, valendo portanto para ambos os departamentos do instituto, e os módulos avançados seriam diferenciados, de acordo com as especializações. O instituto também cumpriria a função de integrar a direção do trabalho policial, reduzindo a irracionalidade de nossa esquizofrenia: só no Brasil e em pouquíssimos países uma instituição (a Polícia Militar) patrulha as ruas e faz o trabalho preventivo (e o repressivo, quando necessário), enquanto outra (a Polícia Civil) faz o trabalho investigativo, sem dialogar com a primeira e freqüentemente competindo com ela. Os Estados Unidos têm mais de 18 mil polícias, que são municipalizadas. Mas todas elas cumprem o ciclo completo do trabalho policial. O problema não é o número de forças policiais; o problema é a divisão do ciclo.

Mais uma vez, fica muito claro como as peças se encaixam, como os projetos se comunicam entre si, formando uma estrutura. O instituto desempenharia um papel de grande importância, mas teria pés de barro se não dispuséssemos das delegacias legais e das áreas integradas de segurança pública, que são a ancoragem prática da cooperação interinstitucional. Cooperação que o instituto complementa e para a qual oferece alguns dos meios elementares, desde a formação dos policiais até os recursos integrados de comunicação.

Outras três sugestões teriam uma história tortuosa: propus que o diretor do departamento de Polícia Judiciária do instituto fosse o chefe da Polícia Civil, que o diretor do departamento de Polícia Ostensiva fosse o comandante da Polícia Militar e que o presidente do instituto fosse o secretário de Segurança. Para mim, essas três idéias são como o ovo de Colombo, óbvias depois que as enunciamos. Antes de serem formuladas, não eram tão evidentes assim e sua ausência já começava a fazer estragos. Claro, à medida que os policiais vão sendo transferidos, o instituto vai crescendo e se fortalecendo, e as polícias vão se esvaziando e perdendo poder. Não é preciso ser expert em administração, psicologia ou política para imaginar quão explosivo pode chegar a ser esse processo, que os cientistas políticos denominam "soma zero" (cada aumento de poder corresponde a diminuição na outra ponta, em proporções equivalentes). Por mais espírito público que tivessem, os chefes das polícias seriam impelidos a resistir à implantação do instituto, até por uma questão de sobrevivência política. Qualquer universitário que tenha feito política estudantil aprende muito cedo que não se deve impor a alguém condições tais que obriguem a pessoa a tornar-se nossa inimiga, mesmo contra seu desejo. É preciso deixar sempre uma porta aberta para que o adversário possa recuar e até se retirar dignamente de cena, ou sua única saída será avançar ferozmente contra nós. A posição do secretário também se fragilizaria muito, se não acumulasse o cargo de presidente do instituto. Propus muito cedo essa solução — logo aceita por todos —, até para me proteger da suspeita de que meu empenho na implantação do projeto ocultasse o desejo secreto de tornar-me presidente do ISP. E eu não estava paranóico: na Assembléia Legislativa, nas polícias e na secretaria, havia, de fato, quem pensasse que era esse o sentido oculto do plano. O que eu queria era que o projeto desse certo, e para isso era preciso não só retirar de cena eventuais ambições ou a suposição de que elas existiam, como criar condições que envolvessem e comprometessem o secretário e os chefes das polícias — o próprio Carlos Alberto, co-autor do projeto original, às vezes hesitava, tais eram as pressões que sofria.

Assinalei que a história dessas três propostas óbvias foi tortuosa porque duas delas não foram incorporadas à lei, que tampouco as vetou. A Assembléia aprovou a criação do Instituto de Segurança Pública em dezembro de 1999, mas com algumas mudanças, entre elas a liberdade para que a indicação dos diretores recaísse sobre qualquer oficial superior ou delegado qualificado. Essa brecha levou o secretário a caminhar em sentido contrário às minhas sugestões, evitando indicar os chefes das polícias. Parecia-me, em janeiro de 2000, apenas um equívoco ingênuo do coronel Josias, uma imprudência. Hoje, revendo o processo com algum distanciamento, acho que o ingênuo era eu e que a imprudência era voluntária e perfeitamente consciente, com propósitos que tinham origem lá atrás, na primeira reunião em que apresentei a proposta em sua versão original, em maio de 1999. O secretário jamais se identificara com o projeto.

A história da criação do Instituto de Segurança Pública correu paralela ao processo de gestação coletiva de outro projeto, que considero tão importante quanto o ISP, a delegacia legal, a ouvidoria, os centros de referência, o policiamento comunitário e outros de que ainda vou falar, como o CUPTEC, as áreas integradas de segurança, a política de defesa da mulher: refiro-me aos batalhões comunitários.

Assim como não há política séria de segurança pública sem reforma profunda das polícias, tampouco há propriamente uma política, no sentido forte do termo, sem uma proposta realista de solução para o drama das favelas. Reformando as polícias e controlando o comportamento dos policiais, resolve-se metade dos problemas de segurança das comunidades faveladas e dos bairros pobres — toda aquela parte que resulta da corrupção, da cumplicidade com o crime e da brutalidade dos policiais. Mas resta a outra metade: a tirania do tráfico. Não basta livrar as comunidades do despotismo da polícia. É urgente livrá-las da tirania dos traficantes. Precisamos da polícia para isso. Portanto, em primeiro lugar é necessário reformá-la. De todo modo, persiste a interrogação: o que fazer com as favelas? O que fazer para derrotar o tráfico?

O tráfico de armas e o tráfico de drogas, quando interligados, constituem as dinâmicas criminais mais perversas em curso na sociedade brasileira. No Rio de Janeiro, segundo depoimentos de líderes comunitários e de policiais experientes, elas se encontraram e se articularam, de forma orgânica, em 1988, o que as fortaleceu mutuamente. São perversas pelas seguintes razões:

1. *Provocam um assustador número de mortes.* Segundo pesquisa que coordenei em 1994, dos homicídios dolosos que ocorreram em 1992 na cidade do Rio de Janeiro, cerca de 65% apresentavam alguma vinculação, direta ou indireta, com o tráfico de drogas. Não havendo por que acreditar que 1992 tenha sido um ano atípico e na falta de outras pesquisas sobre o mesmo tema, podemos estimar que, na década de 90, o tráfico tenha produzido, na capital do estado, cerca de 20 mil vítimas, a maior parte homens, jovens, pobres e não-brancos. O número escandaloso de mortes violentas é diretamente proporcional à desorganização do tráfico, porque elas ocorrem sobretudo em função das disputas entre os grupos pelo controle territorial. Resultam, portanto, da fragmentação que até hoje caracteriza o mundo do crime no Rio de Janeiro. Se houvesse organização, a situação talvez fosse ainda pior, o grau de

comprometimento criminoso do Estado talvez fosse mais grave, ainda que provavelmente tivéssemos menos confrontos armados e menos mortes.

2. *Desorganizam a vida associativa e política das comunidades.* O domínio criminoso nas favelas manifesta-se no controle, direto ou indireto, sobre as organizações cívicas locais. Mesmo que as entidades comunitárias preservem sua autonomia, precisam da autorização do tráfico para funcionar e realizar qualquer empreendimento que mobilize a participação social, especialmente se essa participação envolver visitantes de fora da favela. Portanto, nas áreas dominadas pelo tráfico, a independência das entidades associativas, quando existe, é limitada. É praticamente impossível garantir a sobrevivência de qualquer associação local sem que haja algum grau de promiscuidade, cujos efeitos invariáveis são a humilhação e o monitoramento das lideranças cívicas e políticas locais.

3. *Impõem um regime despótico às favelas e bairros populares.* O caráter territorial desse domínio se caracteriza pela subordinação de toda a comunidade às regras ditadas pelos criminosos: certas cores de camisa são proibidas; determinadas áreas são vetadas à passagem, mesmo dos moradores; toques de recolher regem horários de saída e entrada das casas e da própria favela; telefones públicos são propositadamente avariados ou rigorosamente vigiados, para evitar denúncias e contatos com a polícia; horários de funcionamento do comércio local são regulamentados; conflitos domésticos ou entre vizinhos são mediados, julgados e administrados pelos barões locais do tráfico, que se responsabilizam, inclusive, pela aplicação das penas. As punições variam do "susto", com ameaças e surras, à execução sumária, passando por tortura pública, sessões de humilhação ou expulsão da favela. Tudo para evitar o envolvimento policial. Muitas vezes, a parte ofendida, geralmente a mulher, é consultada sobre qual seria a sentença mais apropriada. Os moradores são obrigados a franquear suas residências para uso como esconderijo dos traficantes ou depósito de armas e drogas. Qualquer suspeita de que o morador tenha denunciado algum criminoso à polícia pode condená-lo à morte. A tirania do tráfico é tão opressiva que a ocupação policial do morro, quando é respeitosa e promete ser permanente, é celebrada pela comunidade como uma verdadeira libertação. Já ouvi moradores emocionados falando da alegria de poder abrir

as janelas à noite e sentar na soleira da porta para conversar com os vizinhos. Um prazer banal se transforma na fruição extravagante de um privilégio. O controle territorial dos bandidos subtrai as zonas de pobreza urbana do Estado nacional e cria um arquipélago de áreas independentes, uma espécie de baronato feudal clandestino, porém visível, que o estado de direito não alcança, onde não vigoram as instituições democráticas, a Constituição, a lei.

4. *Recrutam força de trabalho infantil e adolescente para descartá-la pela via previsível mas incontornável da morte prematura.* Um efeito não previsto e indesejável do Estatuto da Criança e do Adolescente tem sido a valorização dos menores de dezoito anos no mundo do crime, dada sua inimputabilidade penal. Os meninos transportam drogas e armas para os adultos e são aproveitados sempre que possível, nas missões em que há sérios riscos de prisão. Desse modo, os maiores de dezoito anos se protegem, manipulando as fantasias dos meninos com a simbologia fálica das armas e a mística do poder. Armados, os meninos encantam as meninas e vivem a ilusão da onipotência. Tudo isso dura pouco. Os meninos morrem cedo. Mas a ilusão do poder é eterna enquanto dura. Não é difícil entender o fascínio que o tráfico, as armas e o mundo do crime exercem. Basta imaginar o que significa para um menino pobre e em geral negro a experiência da invisibilidade social, do preconceito e da violência racista. Nas ruas da cidade, quando não são ignorados como se fossem transparentes, causam repugnância, pois são vistos como uma peste suja e contagiosa. Como disse ao apresentar os centros de referência, graças às armas eles de um dia para outro ganham visibilidade e conquistam o respeito alheio, ainda que pelo meio perverso da auto-afirmação através da ameaça e do medo. Trata-se de um processo de construção pelo avesso de uma imagem positiva de si mesmo. Quem atribui o envolvimento com o crime a necessidades econômicas freqüentemente esquece o papel que a cultura, os valores, as normas sociais e os símbolos desempenham. A auto-estima é tão importante para a sobrevivência humana quanto um prato de comida.

5. *Disseminam valores belicistas contrários ao universalismo democrático e cidadão.* O tráfico de drogas e armas, estabelecido como despotismo territorial, desenvolveu uma subcultura de gueto, refratária aos valores universalistas e ao princípio da eqüidade, que dão sentido ao conceito de cidadania. É

como se houvesse uma regressão ao estágio medieval de desenvolvimento das regras de sociabilidade. Quando o mundo europeu se dividia em baronatos feudais, a lógica da força determinava as alianças e as guerras entre os senhores dos vários territórios, sempre cobiçados e sujeitos a disputas militares. Os homens morriam muito jovens, viviam menos que as mulheres, mas a sociedade os compensava, reservando-lhes o monopólio do poder, que era masculino. Se não eram camponeses ou sacerdotes, seu destino era morrer na guerra e viver para a guerra. Os valores que predominavam eram aqueles apropriados ao contexto: coragem e lealdade. O guerreiro, sendo corajoso, podia aspirar à glória; sendo leal, merecia se tornar um homem honrado. A exaustão desse modelo fragmentado e explosivo de organização social levou à centralização política: os senhores renunciaram a seus exércitos privados e admitiram obedecer ao poder central, que se tornaria o esboço do Estado moderno. O que perdiam em força recuperavam em estabilidade.

O sociólogo alemão Norbert Elias contou essa história pela primeira vez: a concentração de força no Estado mudou radicalmente a vida dos homens, seus valores e suas personalidades. A sociedade continuaria sendo predominantemente masculina, mas os valores cultuados abandonaram a obsessão pelo campo de batalha e seus dilemas. Em vez de coragem e lealdade, afirmaram-se novos valores e disposições subjetivas, como o respeito pelas regras de sociabilidade; a racionalidade estrategicamente orientada, que habilita seu portador a manipular relações, administrar expectativas e coordenar ações coletivas; e a acuidade interpretativa, que capacita quem a desenvolve a divisar intenções ocultas sob a máscara das palavras e a dissimulação dos gestos. Com o nascimento do Estado moderno, o universo da guerra cede lugar ao mundo da política, da administração e da psicologia. Mundo muito mais receptivo à idéia greco-judaico-cristã de igualdade dos seres humanos, como indivíduos igualmente referidos e subordinados a Deus, na versão religiosa, ou às Leis da Cidade, na versão laica. E muito mais sensível à idéia de que a história é fruto da agência humana, de seu engenho e sua arte, de sua virtude em apropriar-se das condições que o destino ou a natureza lhe impõem. O indivíduo surge como o novo protagonista, o ser da pólis, o cidadão, o arquiteto das redes interpessoais e o artífice dos empreendimentos coletivos. Surgem no horizonte os valores modernos da revolução burguesa, retomados da tradição filosófica e religiosa ocidental: o universalismo igualitário e a cidadania democrática.

Nas favelas do Rio, o início do século XXI coincide com o predomínio regressivo dos valores da guerra feudalizada: a hegemonia masculina afirma-se, paralelamente, à supremacia da coragem e da lealdade, sempre restritas às artes da guerra e ao âmbito hierarquizado e excludente do grupo de referência, o que corresponde à afirmação de um quadro explosivo de faccionalismo fratricida.

6. *Destroem estruturas familiares* e a dinâmica da reprodução cultural, ao inverter, artificialmente, relações de autoridade intergeracionais, convertendo-as em laços de poder militarizado. A hierarquia social que amparava a sociabilidade popular foi substituída, compulsoriamente, pela verticalidade autoritária do grupo armado, cujo sentido se esgota na estratégia predatória. Todos os que conhecem as favelas cariocas sabem quão freqüentes são os choques entre as duas formas de autoridade: aquela que emana dos vínculos familiares e a outra, que decorre da participação na estrutura do tráfico. As duas hierarquias disputam entre si a supremacia moral, quando está em jogo o destino de algum jovem: de um lado a família, as divisões geracionais e os laços de afeto, responsabilidade e dever; de outro, as diferenças entre as posições de prestígio e poder na organização criminosa. Por vezes, as armas são exibidas como ícones da arrogância que desdenha as tradições e as relações familiares. Nesses casos, os pais se retraem, intimados a aceitar o caminho do filho que se perdeu. Quando a hierarquia tradicional familiar é subvertida, nesse contexto de medo, morte prematura e violência, os principais mecanismos de socialização cultural, que garantem a continuidade da vida coletiva, sofrem forte desestabilização.

7. *Degradam a lealdade comunitária tradicional*, substituindo-a por relações exclusivistas com grupos paramilitares e por um narcisismo consumista extremo. Além das famílias, aliás bastante diferentes do modelo patriarcal, em grande número sob liderança materna, também as tradições comunitárias são subvertidas pelo tráfico. Nas favelas em que o tráfico tem presença marcante, a identidade predominante deixa de ser a da comunidade e passa a ser a do grupo criminoso, que usa o vínculo simbólico com uma das grandes "famílias" do tráfico (Comando Vermelho, Terceiro Comando ou Amigos dos Amigos) para diferenciar-se dos rivais. Esse processo tende a ser mais traumático quan-

do os traficantes são invasores, isto é, não originários da favela que dominam. Num caso ou noutro, os jovens são estimulados a valorizar os objetos de consumo que possuem, os quais, por sua vez, valem de acordo com a grife que ostentam. Até aí, nada demais. Isso é o que ocorre com todos os jovens, de todas as classes sociais. O que torna especial a situação da garotada das favelas dominadas pelo tráfico é a contradição entre a convocação generalizada para o consumo, via meios de comunicação de massa, e a miséria. Os limites são subvertidos pelo roubo e pelas ofertas sedutoras do tráfico. O resultado é uma combinação singular entre o sentimento de poder e auto-realização, que a participação no tráfico oferece de modo perverso, e o sentimento de frustração e ressentimento da maioria, que recusa o envolvimento criminoso mas experimenta o fardo da exclusão social. Nesse contexto, pode-se compreender a importância que assume a propagação da religiosidade evangélica, convertendo o ressentimento em sentimento de auto-realização e cumprimento do dever, e a auto-realização perversa em culpa.

8. *Fortalecem e disseminam o patriarcalismo, a homofobia e a misoginia.* Ao valorizar a valentia, a lealdade faccional e as posturas belicistas, as dinâmicas dos tráficos de drogas e armas reforçam o patriarcalismo e seus corolários, como a submissão das mulheres e a estigmatização dos homossexuais. Em certo sentido, a conjunção dessas dinâmicas criminosas, na forma que tem assumido nos morros do Rio, desfaz o processo civilizatório, jogando as comunidades na contramão do melhor que a história ocidental nos legou.

9. *Estimulam reações que tendem a estigmatizar a pobreza e os pobres*, promovendo imagens negativas das comunidades, favelas e bairros populares, que passam a ser vistos como fontes do mal — como tem demonstrado a professora Alba Zaluar. Essas imagens freqüentemente inspiram e reforçam políticas discriminatórias. Os traficantes transformaram a vida das classes populares num inferno. Além disso, exportaram o inferno: no Rio, a topografia e a distribuição espacial das favelas estenderam o perigo dos tiroteios aos prédios vizinhos aos morros. Por outro lado, tornaram-se fontes de várias modalidades de prática criminosa que atingem as camadas médias e as elites. Portanto, acaba se tornando natural a identificação das favelas com a violência. Pode-se deduzir as implicações políticas dessa identificação. Resultado: os moradores

das favelas sofrem duplamente, primeiro como vítimas da tirania do tráfico, em seguida como vítimas de preconceitos e de medidas arbitrárias, elas mesmas criminosas e promotoras da barbárie, como a premiação faroeste, entre tantas outras formas de acobertamento e estímulo à brutalidade policial. Supondo que o preço do controle da violência seja o extermínio dos criminosos, alguns governos decidiram assumir os custos e autorizar tacitamente o extermínio, que nunca atinge apenas os criminosos, é claro. Transforma-se com freqüência num banho de sangue, flashes de um verdadeiro genocídio. Tantas vidas se perderam, entre bandidos, residentes inocentes e policiais, para nada. Os traficantes das favelas não passam de varejistas sem importância. Quando morrem, são imediatamente substituídos e o ciclo se reinicia, cada vez com mais ódio e com contas ainda maiores para acertar, de parte a parte.

10. *Promovem o entrelaçamento entre o chamado "crime de colarinho-branco", praticado por membros das camadas médias e das elites, e a criminalidade que prospera nas favelas e nos bairros populares*, atuando no varejo dos tráficos de armas e drogas. Apesar de as polícias continuarem a focalizar o varejo, que é mais visível e produz efeitos mais vistosos, não haveria tráfico sem lavagem de dinheiro, negociações internacionais, mediadores poliglotas, experts em contabilidade e administração financeira etc. Sabe-se que esses personagens não moram em favelas. Duvido que tenha havido, no Brasil, oportunidade comparável para o estabelecimento dessa cumplicidade interclassista, que se apóia numa divisão do trabalho bastante conveniente para os criminosos que vivem longe das favelas. A disposição bélica da tropa que atua no varejo dos morros se beneficia da competência financeira e administrativa dos cúmplices com escolaridade superior. Por sua vez, esses evitam sujar as mãos com sangue e com a pequena propina cotidiana. Delegam boa parte dos problemas operacionais e não se preocupam com os riscos inevitáveis da distribuição. Fornecem os meios para uma perversa distribuição de renda, que se manifesta pelo viés perverso da democratização do medo.

11. *Atuam como fonte de muitas outras atividades criminosas.* Os criminosos são, de um modo geral, agentes racionais que calculam riscos e benefícios como qualquer ator econômico, considerando todas as variáveis pertinentes, da demanda pelos produtos nos respectivos mercados consumidores à eficiên-

cia do desempenho policial, o que envolve o grau de vulnerabilidade das corporações à corrupção. Nesse caso, as dinâmicas são muito diferentes, porque a demanda pelas armas é restrita e intimamente dependente da elasticidade momentânea do tráfico de drogas. O casamento entre ambas as modalidades de tráfico gerou um excedente de armas, homens e tempo. Em outras palavras, gerou suplementos ociosos de fatores econômicos muito valiosos: o tempo de utilização das armas por agentes qualificados nesse uso e disponíveis para fazê-lo. Isso significa, em termos práticos, que as armas servem à proteção dos territórios conquistados pelos traficantes e eventualmente a incursões predatórias, para desalojar concorrentes ou marcar posições, aplicando as regras da *vendetta*. Servem também às invasões e novas conquistas territoriais. Mesmo assim, são subutilizadas, isto é, permanecem bastante tempo ociosas. O mesmo ocorre com os meninos e rapazes que atuam no tráfico de drogas: vendem o produto, protegem os pontos de comércio, fornecem a domicílio, formam a infantaria do grupo local em todas as circunstâncias em que o confronto é necessário, com a polícia ou grupos rivais, de forma defensiva ou ofensiva. Mesmo compartilhando tantas responsabilidades e atuando em tantas frentes distintas, eles passam parte do tempo ociosos.

Essa força de trabalho, treinada no mundo do crime e condenada à vida clandestina, quando combinada à disponibilidade de armas converte-se numa espécie de exército de reserva para todas as demais práticas criminais, exército que se mobiliza sempre que atraído por recompensas valiosas e fáceis, ou quando convocado por empreendedores mais ousados e capazes de exercer liderança. Pode-se facilmente imaginar o que significa a existência de uma legião de bandidos à procura de um crime e, portanto, de uma vítima. Há, no Rio de Janeiro, tropas sempre prontas para agir no varejo da criminalidade, alimentadas por armas que se alugam ou emprestam nos circuitos de reciprocidade e de negócios clandestinos. As incursões aproveitam as oportunidades proporcionadas pelas falhas nas estratégias policiais de patrulhamento da cidade e tiram proveito das vantagens comparativas em cada momento de cada modalidade de delito: se os bancos importam equipamento eficiente de segurança e elevam os custos e os riscos de investidas criminosas, as tropas se voltam para o roubo de cargas; se as empresas incorporam tecnologia de proteção e obtêm apoio adicional da polícia, os alvos alternativos podem vir a ser o roubo e o furto de veículos; se o cerco repressivo aperta, a criminalidade se desloca, por exemplo, para o roubo de residências; caso sejam tomadas medidas especiais de segurança nas residências, o foco seguinte pode ser o seqüestro-relâmpago, para retirada de dinheiro dos caixas eletrônicos, ou o roubo aos motoristas, nas esquinas em que há sinais de trânsito. E assim sucessivamente.

Por força dessas permanentes migrações e na ausência de um trabalho de investigação estrategicamente dirigido, a polícia tende a perder a iniciativa e a substituir suas obrigações preventivas pela subordinação de seu planejamento operacional às orientações ditadas pelos fluxos criminosos, os quais, por sua vez, movimentam-se adaptativamente e procuram manter-se pelo menos um lance à frente, nesse jogo de gato e rato. Compreende-se, portanto, por que os tráficos de armas e drogas, sobretudo quando combinados, são as fontes mais importantes de todo tipo de criminalidade e como se multiplicam, potencializando outros processos. Mesmo os criminosos isolados, sem vínculos com o tráfico, beneficiam-se da facilidade de acesso às armas que a dinâmica desencadeada pelo tráfico proporciona.

12. *Induzem muitos policiais à corrupção.* A observação cuidadosa do cotidiano das favelas e bairros populares no Rio de Janeiro, acompanhada de informações que provêm das comunidades e das corporações policiais, conduz a uma conclusão assombrosa: a despeito da notória ineficiência policial, o tráfico se movimenta com tanta liberdade e de modo tão visível em áreas públicas, que não chega a haver dificuldade na identificação e na prisão dos criminosos. As polícias sabem quem trafica, onde e como. E mais: já prenderam boa parte dos traficantes. Por que, então, o tráfico ostensivo de drogas e armas não é contido e pelo menos obrigado a refluir para a clandestinidade, como ocorre nas grandes capitais do mundo desenvolvido? Afinal, se isso acontecesse, haveria muito mais do que uma simples mudança superficial, uma vez que as conseqüências mais dramáticas do domínio do tráfico devem-se à sua natureza territorial e ostensiva — obrigá-lo a mergulhar na clandestinidade significaria restringir bastante o seu poder. O tráfico, entretanto, não é contido por um motivo muito simples: assim como foram presos, os traficantes são soltos. Policiais participam do processo, dominando uma etapa do ciclo. A sem-cerimônia dos traficantes é menos descuido do que confiança na impunidade, sendo que, nesse caso, impunidade não é equivalente a incompetência policial, mas a corrupção. Essa confiança repousa na certeza de que os acordos serão

cumpridos. A certeza decorre da experiência: os policiais corruptos têm honrado os acordos, ou seja, têm, sistematicamente, traído as instituições a que pertencem. Por outro lado, a transgressão dos acordos é cobrada com violência extrema. Quando vocês, leitores, estranharem a falta de emoção, por parte do Comando Geral, no sepultamento de um soldado PM assassinado por bandidos, saibam que, nesse caso específico, pode haver sérias suspeitas de que o crime tenha sido um ajuste de contas entre parceiros. O pudor corporativo, associado a dúvidas que porventura persistam, explica a apatia. A menos que a imprensa acompanhe obstinadamente o caso ou que alguma vontade política desafinada intervenha, dificilmente a conclusão do inquérito será divulgada. Há também inúmeros crimes em que a situação se inverte: são policiais os que matam para punir o descumprimento do "acerto". Os termos do acordo variam: ora se limitam a celebrar o entendimento em torno da liberdade de comercializar as drogas, ora se estendem ao próprio negócio, definindo cotas de participação nos lucros, estabelecendo responsabilidades pelo transporte da droga em segurança ou envolvendo a venda de armas apreendidas em outros morros. Por isso é que todos sabem onde comprar a droga, com quem e a que preço, menos a polícia...

Forma diversa de corrupção é o achaque no varejo, seja ao consumidor que ousa subir o morro e que se vê obrigado a ceder a droga comprada, o dinheiro que porta, o relógio etc., seja ao traficante preso, a quem se oferece a possibilidade de compra da própria liberdade, cujo preço depende de sua importância relativa no mundo do crime. Segundo denúncias que circulam no meio policial e na imprensa, haveria, inclusive, casas especialmente preparadas e mantidas para esse fim: a prisão se degrada em seqüestro, isto é, em vez de prenderem criminosos, alguns policiais os seqüestram para negociar, com eles e com seus asseclas, o preço da vida e da liberdade. Já houve caso de se convocar a eficiente Delegacia Anti-Seqüestro para resgatar um criminoso das mãos da polícia, o que seria cômico se não fosse trágico. Basta ler os jornais para certificar-se de que não há modalidade de tarefa criminosa que não conte com a participação de policiais: roubo de residências, seqüestros, roubo e furto de veículos, de cargas, roubo a bancos, homicídios dolosos, chacinas, ameaças, chantagens, violência doméstica, roubos seguidos de morte, discriminação racista e homofóbica, tortura, além dos tráficos de armas e drogas. Essa promiscuidade, que tem sido a ruína das polícias do Rio, deve muito ao tráfico: sua forma de inscrição na sociedade carioca provoca o silêncio cúmplice dos consumidores abastados e obtém o silêncio compulsório dos moradores das favelas e das áreas pobres da cidade.

13. *Penetram, pela via das drogas, em toda a sociedade e no Estado, como nenhuma outra modalidade criminosa.* O potencial econômico do tráfico internacional de drogas é sabidamente extraordinário, ainda que ninguém possa precisar a magnitude dos recursos que mobiliza. Por seu intermédio, no Brasil, em particular no Rio, o tráfico de armas torna-se extremamente lucrativo. Em torno do tráfico, giram negócios bilionários. No Brasil, eles são milionários. Suficientemente ricos e poderosos — ainda que fragmentados — para influir em eleições, em governos e em todos os níveis dos poderes constituídos, como alguns casos recentes e rumorosos têm demonstrado. Portanto, as polícias não são exceções, ainda que seu grau de comprometimento seja mais grave.

Essas são as treze principais razões pelas quais os tráficos de armas e drogas, sobretudo depois que se articularam em grande escala, constituem as mais perigosas e destrutivas dinâmicas criminais que o Brasil conhece. Não é demais repetir: nenhuma política de segurança pública, no estado do Rio de Janeiro, seria digna desse nome se não definisse uma abordagem consistente para o problema, capaz de promover avanços concretos e urgentes.

Em janeiro de 1999, com Rubem Cesar Fernandes e Jairo Coutinho, dirigentes do Viva Rio, e Antonio Carlos Carballo Blanco, diretor geral de Assuntos Comunitários da Subsecretaria de Pesquisa e Cidadania, comecei a explorar, na prática, as possibilidades de ocupação social das favelas, lançando o Mutirão pela Paz na comunidade da Vila Pereira da Silva, o Pereirão, em Laranjeiras. O conceito era claro e já vinha sendo discutido detalhadamente na comissão de transição. O Mutirão foi concebido como uma ocupação policial supervisionada por mim e por Antonio Carlos, na qualidade de diretor de Assuntos Comunitários de nossa subsecretaria, e acompanhada do atendimento às principais demandas da sociedade local, através da mobilização das secretarias de Trabalho, Educação, Saúde, Justiça, Meio Ambiente, Ação Social, Esporte e Lazer, da Defensoria Pública, do DETRAN, da FAETEC (Fundação de Amparo às Escolas Técnicas) e dos CCDCs (Centros Comunitários de Defesa da

Cidadania), contando com a contribuição de entidades da sociedade civil. A Igreja Luz do Mundo, a Escola Anne Frank, a Associação de Moradores de Laranjeiras e o Viva Rio foram nossos primeiros parceiros. Sem mencionar a associação da própria comunidade, cujo protagonismo foi decisivo. Garotinho atribuíra à vice-governadora a responsabilidade pela coordenação da área social do governo. Por isso, Benedita da Silva se tornaria personagem central do Mutirão pela Paz. Independentemente dessa atribuição, entretanto, seus vínculos pessoais e políticos com as favelas justificariam, por si mesmos, seu papel no processo.

Visitei o Pereirão pela primeira vez no dia 7 de janeiro de 1999. Subi o morro com o comandante do 2º Batalhão e o comandante do policiamento da capital. Procurei o presidente da associação de moradores, Paulo Roberto Correia, e propus que organizássemos juntos uma reunião para discutir segurança e os principais problemas da comunidade, no domingo seguinte, dia 10. O Viva Rio ajudaria, convocando as associações de moradores vizinhas e representantes da sociedade civil. Eu levaria vários representantes do governo do estado, autoridades policiais e alguns deputados. O clima que percebia, na comunidade e na associação local, era de desconfiança, desconforto e animosidade. As feridas ainda eram muito recentes. A PM ocupara o morro nos últimos dias de 1998, ainda no governo anterior, usando métodos que não eram os nossos. Um rapaz inocente foi morto e a voz oficial da Secretaria de Segurança tratou o caso com frieza e ironia. Havia medo, revolta e, sobretudo, incerteza. Comprometi-me com a realização de uma grande reunião, marco inaugural de um novo processo que logo se expandiria para as favelas de Acari, Maré, Jacarezinho, Formiga e Santa Marta.

O lance era arriscado, pois eu não sabia se teria cacife suficiente para mobilizar todas as agências governamentais necessárias para fazer decolar o Mutirão, tornando-o realmente capaz de responder às principais demandas das comunidades — mesmo daquela pequena favela, o Pereirão, que tinha menos de 5 mil moradores, mas fora palco de muitas tragédias e foco da criminalidade que se irradiava para o bairro de Laranjeiras. Era preciso convencer a vice-governadora, que eu só conhecia formalmente, e conquistar a adesão dos secretários mais sensíveis; os outros viriam pelo efeito da gravidade. Não havia tempo a perder, fosse para obter o apoio de Benedita, fosse para dar realidade e legitimidade ao Mutirão, o que lhe garantiria continuidade e fortalecimento progressivo — se demonstrássemos seu sucesso, o próprio governador poderia reconhecer os méritos do projeto e dispor-se a ajudá-lo. Por isso a decisão de marcar o encontro inaugural logo para o segundo domingo de janeiro. Solicitei uma reunião de emergência com Val Carvalho e Manoel Severino, principais assessores da vice-governadora. Não foi difícil convencê-los. Daí em diante, ambos se tornariam parceiros importantes. Eles persuadiram Bené, que rapidamente se deu conta da relevância do projeto. Passei o sábado no telefone e consegui a adesão de muita gente que viria a desempenhar papéis da maior importância no Mutirão.

No domingo, no auditório da Escola Divina Providência, a reunião foi um sucesso, apesar da atmosfera de desconfiança e até de certa hostilidade que persistia. Mas os sinais da seriedade de nossas atitudes eram eloqüentes — afinal, por que faríamos demagogia eleitoreira nos primeiros dias de governo? Em pouco tempo, a postura da comunidade e de suas lideranças mudaria completamente. Isso começou a ocorrer já ao final do encontro, quando sugeri que os representantes da comunidade permanecessem no auditório para uma reunião de trabalho, que se começasse a colocar em prática as idéias já aprovadas. Discutimos, uma a uma, as dezesseis principais demandas dos moradores da Vila Pereira da Silva, e elaboramos um cronograma de atividades conjuntas.

Em quinze dias, centenas de pessoas já tinham se beneficiado das providências que tomamos no âmbito do Mutirão: garantimos o transporte até a base da favela, reduzimos seu preço, oferecemos carteiras de identidade e de trabalho, atendimento odontológico e jurídico, iniciamos cursos profissionalizantes, atividades culturais e campeonatos esportivos. O Banco de Empregos cadastrou moradores e a mobilização cívica propiciou a iniciativa mais comovente: professores que residiam na rua Pereira da Silva, que desemboca na favela, organizaram voluntariamente, em suas horas de lazer, um curso pré-vestibular gratuito, exclusivamente para os jovens do Pereirão. Desde que o projeto se implantou até o dia em que saí do governo, em 17 de março de 2000, não houve nem um crime sequer na favela que, nos anos anteriores, aterrorizava Laranjeiras. Paulo Roberto e seus companheiros de diretoria tornaram-se parceiros fortemente comprometidos com a afirmação da nova política que o Mutirão simbolizava e prenunciava.

O Mutirão pela Paz foi tão bem-sucedido naquelas primeiras semanas, e foi tão bem-recebido pelas comunidades, pela mídia e pela opinião pública, que o próprio governo foi tomado por intensa vibração: um entusiasmo contagiante que animava nossas reuniões, nossas atividades organizativas e nossas visitas às favelas. O sentimento militante de solidariedade nos encheu de energia e esperança. Parecia que aquele seria um governo diferente; que aquele caminho abriria as portas para a solução do drama das favelas; que nós todos, coletivamente, desde os funcionários mais humildes aos líderes do Mutirão, faríamos história. O mais extraordinário é que a Secretaria de Segurança fosse o coração daquele movimento e que as polícias ocupassem o centro prático e simbólico do processo. O Mutirão associava polícia nas favelas à paz, não à guerra, e ligava a paz a investimentos sociais, não apenas à presença policial. Propiciava também a quebra de um tabu: a Secretaria de Segurança passou a ser freqüentada com gosto por quem jamais imaginara que, um dia, poderia cultivar esse prazer.

Apesar do êxito do Mutirão na Vila Pereira da Silva, o projeto se esgotaria em poucos meses e se reduziria exclusivamente à experiência do Pereirão. Verificamos que era impossível sustentar tantos serviços, tantas iniciativas, sem uma estrutura administrativa permanente, ainda que desburocratizada e leve. E que seria necessário que todas as secretarias envolvidas se integrassem e passassem a tratar o Mutirão pela Paz como prioridade. De outro modo, nossas iniciativas se perderiam ante a magnitude do desafio, como acontece com todo empreendimento voluntarista, por mais louvável que seja. Antonio Carlos, Jairo, Rubem e eu tínhamos consciência dos limites do voluntarismo, mas considerávamos que o melhor que poderíamos fazer era demonstrar ao governo e à sociedade, pelo estabelecimento de um modelo exemplar, que valeria a pena levar adiante o Mutirão, ou seja, valeria a pena reorganizar o desenho funcional do Estado para possibilitar essa continuidade. Eu contava com Bené para isso, com seu reconhecimento das virtudes do projeto. De fato, não me decepcionei. Bené não falhou em seu compromisso, mas sua situação era muito mais frágil do que eu imaginara de início, antes de merecer sua confiança e de ter o privilégio de muitas conversas francas. A vice-governadora só coordenava as secretarias sociais do governo na retórica do governador. Nunca teve, de fato, esse poder. Não havia nenhuma articulação entre essas secretarias, o que só seria esboçado a partir de outubro, com a criação das coordenações setoriais. Portanto, o Mutirão estava destinado a ter vida curta, exceto no caso da Vila Pereira da Silva. Por outro lado, não perderia seu valor como paradigma. Depois do Mutirão passou a ser difícil aceitar as velhas pseudo-soluções bélicas para os morros.

Uma vice-governadora apontada pelo governador, desde o primeiro dia de mandato, como sua candidata à prefeitura da capital, apresentada ao público como a coordenadora da área social do governo — que inclui vários secretários do mesmo partido da vice-governadora —, teria tudo para ser poderosa. Ou não? Por mais que seja surpreendente, Bené quase não tinha poder. As virtudes de enxadrista de Garotinho não devem ser subestimadas. O governador tem uma incrível habilidade de criar situações muito inteligentes, mas nem sempre muito generosas. Senão, vejamos: quando um governador declara apoio a determinado político para um cargo majoritário, como a prefeitura, com dois anos de antecedência, não está apenas dando apoio. Está também praticamente banindo essa ou esse político da mídia, que detesta se sentir instrumentalizada para fins eleitorais e evita focalizar candidatos, a não ser quando veste a camisa de alguém, por razões bem específicas. Além disso, o governador que torna pública tão cedo a sua preferência está se protegendo de abordagens e pressões indesejáveis. Finalmente, está lançando esse ou essa candidata no fogaréu das vaidades, induzindo todos os concorrentes a cerrar fileiras contra a preferida do governador.

Pois bem: condenada a relativo anonimato, a uma invisibilidade discreta e à ira política dos adversários, Bené foi mantida distante dos recursos e jamais recebeu, na prática, a autoridade prometida pelo governador, no discurso. Quando mencionava a carência de instrumentos para operar, ouvia que seu partido tinha diversas secretarias de Estado e podia, portanto, articular seus empreendimentos sociais e políticos. O governador sabia perfeitamente que há divisões no Partido dos Trabalhadores e negociou com os vários segmentos dispostos a participar da aliança, mantendo a pluralidade da representação, em prejuízo da liderança de Benedita. Isso talvez fosse inevitável, mas poderia ser compensado por concessões que facultassem à vice-governadora acesso a decisões, recursos e instrumentos operacionais. Não vieram as prometidas concessões, a não ser sob a forma de um elefante branco, um programa espinhoso, o Vida Nova, interessante porém complicado, de dificílima administração, que pesaria muito mais sobre os ombros de Bené do que a impulsionaria politicamente. Para se ter idéia da gravidade do quadro, observe-se o seguinte: Benedita passou um ano tentando obter a permissão de Garotinho para incorporar uma pessoa à sua equipe, um profissional extremamente competente, mas que só poderia transferir-se de outro estado para o Rio se recebesse o equivalente à gratificação de um subsecretário (2300 reais líquidos). Não conseguiu. A concessão só veio após sérios choques com o PT, mais de um ano depois de formulada a solicitação.

A situação era tão engenhosa, que nem sequer deixava à vice-governadora espaço para trazer a público o problema: se reclamasse, seria tida por fraca, incapaz de alcançar seus objetivos, administrativamente incompetente, politicamente inábil. E ainda correria o risco de perder o apoio eleitoral de Garotinho; apoio, aliás, que ele, no íntimo, jamais pretendera dar ou sempre soubera improvável, conhecendo o ex-governador Leonel Brizola como conhecia. Benedita estava com as mãos amarradas. E Garotinho podia aproximar-se à vontade do PMDB e do governo federal, sem problemas, já que sua candidata à prefeitura seria Benedita da Silva, o que supostamente comprovava seus compromissos com a esquerda e com o PT, ao qual estariam vedadas, portanto, críticas e cobranças. Apoiando verbalmente Benedita, Garotinho também oferecia à sociedade e a seu partido, o PDT, por antecipação, boas razões para resistir à candidatura de Brizola. Se Garotinho aderisse à candidatura de Brizola à prefeitura do Rio, seria deslocado para uma posição incompatível com o centro político. Garotinho costuma considerar que teria de situar-se no centro do espectro político para disputar com chances a presidência da República, em 2002. Por outro lado, ele sempre soube que uma coisa é fazer a política de centro, de dentro de um partido de esquerda; outra é fazer a mesma política num partido fisiológico-conservador. Enquanto a primeira hipótese o credenciaria a ser o estuário dos votos da esquerda, a segunda o desqualificaria. Por isso, seria essencial distanciar-se de Brizola, mas não do PDT. Finalmente, o governador mostrou uma perfeita percepção de *timing* político — se o que desejava era a divisão do Partido dos Trabalhadores e a derrota de Benedita —, ao lançar pela imprensa o mote jocoso contra o PT: "Partido da boquinha". Fez isso na semana que antecedia a convenção do partido, na qual Bené disputava posições voto a voto. A brincadeira ofensiva de Garotinho tinha endereço certo, pois quem pagou o preço da ironia foi sua aliada e vice-governadora, Benedita. Como era previsível, uniram-se todas as forças contrárias à aliança com o PDT e à participação no governo Garotinho, isolando a vice-governadora, cujo prestígio dependia do sucesso da aliança que ela tanto defendera, a ponto de empurrá-la goela abaixo do PT, via intervenção federal, em 1998.*

Como se vê, são tortuosos os caminhos da política. Nesse contexto, o Mutirão pela Paz acabou atropelado pelo projeto Vida Nova, que o governador lançou em abril de 1999, na esteira do sucesso do Mutirão e justamente quando a vice-governadora conquistava as manchetes, subindo favelas, unindo a cidade partida e apresentando-se como a mensageira da paz. O Vida Nova é uma versão desidratada do Mutirão, que não incorpora sua característica mais importante, mais original e que mais lhe garantiu visibilidade: a associação entre segurança e ações sociais.

Meia-volta, volver. Garotinho convocou-nos ao palácio. Na pauta, o Vida Nova. Foram publicadas notícias de que a primeira-dama ou a secretária pessoal do governador ficariam com a direção do novo projeto. Benedita me disse que as notícias não eram falsas. Estava se sentindo agredida e humilhada. Era mais que uma briga política. As relações pessoais estavam em jogo, tal era o sofrimento de Bené. Depois de compreender o que havia por trás da defesa que Garotinho fazia de sua candidatura à prefeitura, custava-lhe acreditar que o Mutirão pela Paz estaria sendo ostensivamente esvaziado. Nós seríamos separados: Benedita seguiria seu caminho e a política de segurança buscaria o próprio rumo. Seriam rompidos os laços originais e surpreendentes, que estavam abrindo as portas da consciência pública para o novo enfoque. O social iria para um lado, a polícia para outro. Benedita voltaria para o gueto das favelas, tratando de sua problemática social. A segurança e seus holofotes seriam monopólio do governador.

As notícias sobre a liderança do Vida Nova teriam vazado do próprio palácio, pelo que soubemos. O que significava que Garotinho queria desviar o foco de nossas atenções do esvaziamento do Mutirão para o controle do Vida Nova, de tal modo que a indicação do nome da vice-governadora para a direção do novo projeto pudesse ser recebida por ela como uma conquista considerável ou uma concessão generosa de Garotinho — uma vitória, enfim. Vitória de Pirro, pois o Vida Nova se revelaria um presente de grego: desviou os

* A aliança com o PDT foi derrotada na convenção estadual do PT em 1998. Para que Garotinho viesse a ser apoiado pelo PT e contasse com a então senadora Benedita da Silva como candidata a vice-governadora em sua chapa, foi preciso que o diretório nacional do PT interviesse, avocando para si a decisão, invalidando o veto e aprovando a aliança.

recursos e as atenções do Mutirão, paralisou-o de vez e não produziu nenhum avanço significativo na área social. De fato, Garotinho deu o Vida Nova de presente para Benedita e o retirou de seu poder no início do ano 2000, dizendo que não estava satisfeito com a administração do projeto. Isso foi feito e dito no início do ano em que a vice-governadora disputaria o mais alto cargo administrativo da capital do estado.

O Mutirão pela Paz só faria sentido com a conjugação de investimentos sociais e policiamento. A separação, determinada pela criação do Vida Nova, que herdou apenas os compromissos sociais — e, mesmo assim, somente parte deles —, foi uma sentença de morte. Suspenso o projeto, concentramo-nos na pergunta: o que fazer para libertar as favelas da tirania do tráfico? Toda reunião da cúpula da Segurança com o governador incluía essa pergunta, que era compartilhada por todos e me deixava, invariavelmente, com um sentimento incômodo, uma espécie de mistura de frustração com reconhecimento de incompetência. Não era possível capitular. Por melhor que fossem nossos projetos e programas, não haveria uma política integrada e completa, sistemática e consistente, racional e eficiente, ou seja, não haveria uma política de segurança propriamente dita enquanto não encontrássemos uma resposta objetiva, simples e realista para aquela pergunta. Era preciso descobrir a solução. Nas conversas privadas, Garotinho voltava ao tema. Eu sabia que o Mutirão era coisa do passado. Um exemplo, sim, mas apenas para inspirar a busca de soluções e não para ser copiado, porque seria irrealista pretender implantá-lo novamente e em larga escala, sem que uma reforma profunda do Estado modificasse radicalmente o funcionamento das secretarias. Teríamos de encontrar uma resposta independente dessa reforma, ou nos condenaríamos a uma espera a que não nos poderíamos permitir. O drama das favelas exigia ações urgentes.

Voltei ao método que sempre fora o nosso na subsecretaria: conversas infindáveis, associações livres, especulações, comparações com outras cidades do Brasil e do exterior, consultas a livros, dados e policiais experientes, muito diálogo com moradores de favelas e líderes comunitários. Esboçadas várias hipóteses, aterrissamos. Pusemos os pés no chão e examinamos a história recente da cidade. Recomeçamos, então, pela pergunta: em matéria de provisão de segurança às favelas e comunidades populares no estado do Rio de Janeiro, particularmente na região metropolitana: o que já se fez? O que não funcionou? Por que não funcionou? O que deu certo? Por que deu certo? Chegamos às seguintes respostas:

Asfixiar economicamente o tráfico, pela repressão aos consumidores que vão comprar drogas nas favelas. Essa modalidade teria boas condições de ser bem-sucedida, não fora a corrupção policial, que tende a minar a barreira, tornando-a um entreposto comercial em que se cobra imposto ao consumo e ao próprio comerciante clandestino da droga. Os resultados costumam ser desastrosos, pois o embate cotidiano, eivado de desrespeito aos moradores nas abordagens para identificação e revista, desgasta as relações entre comunidade e polícia, aprofundando o abismo que as separa, e facilita a aproximação entre o tráfico e a comunidade. Além disso, pelas razões mencionadas, não há redução do consumo, apenas inflação no custo da droga. Trata-se de um método que não atua sobre a segurança interna das comunidades — o problema, afinal, mais dramático e urgente.

Cercar a favela para capturar traficantes, abordando os moradores para identificação. Essa modalidade justifica-se em casos especiais, ainda que dificilmente possa ter êxito, uma vez que não passa de substituição do trabalho investigativo por abordagem para revista e identificação. Também aqui vale a menção ao despreparo de nossos policiais para a revista. Costumam agir com desrespeito, sob influência do preconceito de cor e classe social. O resultado, portanto, tende a ser ineficiência no combate ao crime combinada ao aprofundamento do abismo que separa a polícia da comunidade.

Realizar incursões reativas, em casos de confrontos armados entre grupos de traficantes. É a modalidade mais comum. É necessária, mas insuficiente e, por sua própria natureza, intempestiva. Em vez de prevenir, a polícia reage, buscando controlar os conflitos que já eclodiram, efetivando prisões e apreensões, quando possível.

Realizar incursões para prisões de traficantes, mediante trabalho prévio de investigação ou orientação por denúncias. Trata-se de modalidade eficiente e necessária, em que se aliam funções de polícia judiciária e ostensiva, de uma forma lógica e produtiva. No entanto, tende a ser ainda mais eficiente a ação policial para prisão de suspeitos fora do espaço em que atuam os criminosos, pois, fora de seu hábitat, conhecendo menos o terreno e não contando com reforços, os criminosos tendem a oferecer menor resistência, o que é positivo, pois poupa vidas de policiais, de inocentes e dos próprios marginais.

Realizar incursões preventivas ante a iminência de confrontos, segundo investigação ou denúncias. Modalidade indispensável e superior às intervenções reativas, por motivos óbvios. Todavia, representa esforços concentrados no tempo e no espaço, os quais, por suas características, não poderiam garantir a segurança permanente das comunidades.

Realizar incursões para ocupação, usando o efeito surpresa, que implica confronto. São desnecessárias e inócuas, comparativamente. Para efetivar prisões, melhor seria investigar antes e, quando possível, agir fora da comunidade, pela razão referida. Se o objetivo é a ocupação, qual a vantagem de recorrer ao efeito surpresa? A surpresa determinará resistência armada, quase inapelavelmente, o que porá em risco a vida dos policiais e dos inocentes da comunidade.

Promover incursões anunciadas para ocupação, que geralmente não implicam confrontos. Trata-se da melhor modalidade de realizar-se uma ocupação, tornando-a quase certamente pacífica. Porém, uma incursão para ocupação só pode ter significado se a ocupação for necessária e puder ser sustentada de modo adequado. Pode-se argumentar que o anúncio prévio favorece a fuga dos criminosos e reduz as chances de que haja prisões. Deve-se ter presente, entretanto, que incursões para ocupação nada têm a ver com ações voltadas para a prisão de criminosos. Essas últimas são tópicas, exigem preparação especial, investigação prolongada e cumprem-se melhor fora das favelas, longe das áreas que os criminosos conhecem melhor, onde encontram apoio armado e onde sua prisão implicará maior probabilidade de resistência e, conseqüentemente, maiores riscos para inocentes.

Quanto a *ocupações*, há basicamente dois tipos: *parciais*, que se tornam permanentes, desdobrando-se na presença de alguns policiais em postos avançados (PPCS — Postos de Policiamento Comunitário, que são comunitários só no nome), e *totais*, permanentes ou não. Quanto às *totais*, podem ser de dois tipos: não-interativas ou interativas e comunitárias. As *totais* também se desdobram em duas espécies, conforme sua natureza: exclusivamente policiais ou policiais e sociais.

Entre todas as ocupações já realizadas no Rio de Janeiro, as mais bem-sucedidas foram as *totais, permanentes, interativas* e *acompanhadas do atendimento a demandas sociais da comunidade.* Os melhores exemplos foram a ocupação de Acari pela Polícia Civil, em 1996, e o Mutirão pela Paz, iniciada em janeiro de 1999 e ainda em curso. Quem achar que ocupações totais e permanentes são autoritárias e negativas, esquece que, nas cidades onde o policiamento funciona e é bem aceito, ele tem aquelas características. No Rio de Janeiro, considerem-se os exemplos dos bairros nobres: Copacabana, Ipanema e Leblon recebem policiamento em todas as suas áreas territoriais (por isso, total), em todas as horas, o dia inteiro (por isso, permanente), e realizado por profissionais que tendem a um padrão respeitoso de comportamento (por isso, em condições de se tornar interativo). Além disso, nesses bairros a polícia não é a única instituição estatal que está presente: há muitas outras, como escolas e hospitais; por outro lado, os benefícios sociais são muitos: saneamento, transportes, energia, comunicações etc. (por isso, com investimentos sociais). Em outras palavras, o que se deseja é expandir para as favelas o modelo de segurança que beneficia os bairros nobres.

A partir dessas considerações preliminares, propusemo-nos a elaborar um plano ambicioso mas viável de *ocupação total, permanente, interativa* e também *socialmente orientada* das principais comunidades ou favelas da região metropolitana do Rio de Janeiro cujas dimensões territoriais ou densidade demográfica justificassem essa medida extrema. Nasceu o programa que denominamos "Batalhões Comunitários". Em janeiro de 2000, o programa foi redigido nos seguintes termos:

RESUMO DO PROGRAMA BATALHÕES COMUNITÁRIOS

Princípio: Política distributiva como política de segurança e política de segurança como política distributiva. Superação da dicotomia ocupação policial/intervenção socioeconômica. Polícia passa a ser sinônimo de ordem pública com cidadania e de criação de oportunidades diretas e indiretas, incorporação ao mercado de trabalho, acesso à educação, abertura de perspectivas, geração de renda, prestação de serviços, integração entre as gerações e engajamento cívico.

Meta: Favelas como territórios livres do despotismo do tráfico de drogas e armas. Comunidades populares sem armas e drogas. Segurança como bem democrático acessível a todos. Difusão do policiamento como distribuição de renda.

Instrumento local de ação: Batalhão comunitário.

Conceito: Unidade policial de novo tipo, para comunidades populares e favelas, com contingente capaz de inibir controle territorial armado, atuando como unidade de serviço e de proteção à cidadania, mantendo a ordem e a paz, com participação e integração na comunidade. Iniciativa capaz de promover emprego e renda nas comunidades, especialmente para jovens.

Realidade atual: Há cerca de seiscentas favelas na Região Metropolitana do Rio de Janeiro, onde vivem aproximadamente 1 milhão e 200 mil pessoas, das quais 30% (360 mil) têm até 25 anos de idade. Os jovens entre quinze e 25 anos constituem o grupo de risco: estão super-representados nas duas pontas da criminalidade violenta, como vítimas e como perpetradores. Segundo a CEPAL, nas grandes cidades brasileiras 22% dos jovens nessa faixa etária de risco não estudam nem trabalham.

Proposta: O governador Anthony Garotinho determinou a contratação de 8 mil policiais, dos quais 2 mil já foram recrutados pela PM. Restam 6 mil vagas, que a PM terá de preencher no ano 2000. Propõe-se que 4800 vagas sejam destinadas aos batalhões comunitários, tornando possível a dedicação exclusiva desses novos policiais às seiscentas comunidades faveladas da região metropolitana, para que haja um policial para cada 250 residentes nessas áreas, conforme recomenda o padrão internacional — evidentemente, o número de policiais poderia e, com o tempo, deveria aumentar, até porque eles não representariam apenas despesa, mas geração de renda direta e indireta, serviços e vários outros benefícios, além da segurança, que é a finalidade precípua.

Seriam criados batalhões comunitários no âmbito do Departamento de Polícia Ostensiva do Instituto de Segurança Pública, seguindo um cauteloso plano modular de implantação que concentraria as novas unidades nas áreas de maior risco. A conseqüência seria a ocupação *total* e *permanente* das favelas e comunidades, sob orientação do *método comunitário de policiamento*, ocupação que viria acompanhada de *investimentos sociais*.

Os batalhões comunitários receberiam os 4800 novos policiais, que seriam recrutados nas próprias comunidades e favelas em que exerceriam sua atividade. Deveriam ter entre dezoito e 25 anos. Não haveria exigência de escolaridade, a qual seria oferecida ou complementada no processo de formação dos novos profissionais, ao longo dos primeiros anos de trabalho, por meio de telecursos e cursos permanentes de qualificação. A preparação profissional incluiria educação cívica, voltada para a explicitação do sentido social libertador de que se revestiria a função policial eficiente e cidadã nas comunidades.

Nas mesmas comunidades, 960 homens e mulheres da terceira idade seriam recrutados para acompanhar, a partir de várias reuniões semanais, os passos profissionais e cívicos dos novos recrutas. Cada tutor se responsabilizaria por cinco jovens policiais.

As atividades-meio dos batalhões comunitários, que hoje ocupam 15% do efetivo dos batalhões convencionais, seriam terceirizadas para moradores das comunidades locais. Portanto, 720 moradores seriam envolvidos nas funções internas dos batalhões. A alimentação dos jovens policiais proviria de cozinhas comunitárias e seus 19 200 uniformes seriam confeccionados por cooperativas formadas nas próprias comunidades. A construção dos batalhões comunitários ficaria a cargo de trabalhadores locais.

Os batalhões comunitários seriam *unidades de serviços*, funcionando como *bancos de empregos*, estações de *acesso popular à internet*, plataformas de *treinamento profissionalizante* e núcleos de *distribuição de documentos de identificação civil e de carteiras de trabalho*. *Atendimentos clínicos, sociais e psicológicos* contra drogadicção poderiam ser viabilizados através de convênios com diferentes instituições. Os batalhões reuniriam *conselhos comunitários de segurança* e *centros de referência* de defesa da mulher, contra a discriminação racial e sexual e de proteção a crianças e adolescentes. Os policiais dos batalhões comunitários identificariam todos os jovens em idade escolar que estivessem fora da rede de ensino, procurariam suas famílias e fariam mediações que proporcionassem o retorno aos estudos.

Os batalhões seriam também *balcões de serviços*: equipes de telemarketing receberiam demandas de serviços e as distribuiriam entre trabalhadores autônomos das próprias comunidades, garantindo a qualidade dos serviços prestados e a idoneidade dos profissionais. Não falta demanda por serviços, o que falta é confiança e informação. Na ponta da oferta, há carência de informações sobre a demanda e de recursos que transmitam confiança à clientela. Os trabalhadores autônomos das favelas seriam cadastrados nos batalhões comunitários; os cadastros seriam atualizados com as avaliações que os clientes fariam sobre a qualidade e a presteza do atendimento recebido.

Os batalhões seriam *centros culturais e poliesportivos* e incorporariam representantes da Defesa Civil, que treinariam jovens da localidade em primeiros socorros e atendimentos sociais diversos. A paz restaurada nas comunidades representaria forte estímulo ao comércio local. Casas de espetáculos populares e ruas de lazer e música, em ambiente seguro, atrairiam turismo para as comunidades.

Os 4800 policiais custariam R$ 2950000,00 mensais ou R$ 35400000,00 anuais (considerando-se os salários praticados em janeiro de 2000). A renda derivada atingiria cerca de R$ 14750000,00 mensais e R$ 177 milhões anuais. O Instituto de Segurança Pública teria flexibilidade bastante para captar recursos junto a agências nacionais e internacionais e à iniciativa privada, facilitando a implantação dos novos batalhões.

Para que o projeto se realize é preciso que haja, antes, uma ocupação policial que pacifique a comunidade em que se construirá cada batalhão comunitário. Quando o batalhão começar a operar, substituirá a ocupação anterior, liberando aqueles policiais para ocupação da próxima comunidade e assim sucessivamente. Daí a sugestão de que se crie o primeiro batalhão comunitário no Complexo da Maré (que estava ocupado, no início de 2000, ocasião em que o projeto foi redigido e apresentado ao governador). O Complexo da Maré tem, aproximadamente, 250 mil habitantes. Portanto, seu batalhão comunitário teria mil policiais entre dezoito e 25 anos, os quais seriam recrutados nas próprias comunidades locais e receberiam educação e treinamento especializado; duzentos residentes da terceira idade que atuariam como tutores dos jovens policiais; 150 residentes que trabalhariam nas atividades-meio. O Batalhão Comunitário da Maré seria a unidade modelo e disponibilizaria todos os serviços assinalados. O patrulhamento do Complexo da Maré seria feito por grupos de policiais em bicicletas, usando rádios e celulares; a manutenção desse equipamento ficaria a cargo de grupos formados nas próprias comunidades.

Aproveitando o impulso reformista, seria oportuno que finalmente fosse eliminada a limitação etária para ingresso no curso de oficiais da PM e que fosse permitido o ingresso de recrutas casados. Desse modo, os jovens pobres que ingressassem na PM para receber educação, treinamento profissional e emprego encontrariam as portas abertas, no futuro, para progredir na carreira.

O policial recrutado em sua própria comunidade tem tudo para ser tão bom profissional quanto qualquer outro, mas saberá, mais do que ninguém, respeitá-la e lutar pela preservação de sua liberdade.

Eu estava tão entusiasmado com a idéia, ela me parecia tão forte, que não temi as reações do secretário de Segurança, apesar de ele ter se colocado contra a iniciativa desde o primeiro momento. Estava convencido de que conquistaria Garotinho e a opinião pública, ainda que não necessariamente nessa ordem, o que me levou a divulgar o programa numa entrevista ao *Jornal do Brasil*, publicada domingo, dia 13 de fevereiro de 2000, com manchete de primeira página, extremamente simpática aos argumentos que apresentei: "PM comunitária nas favelas". Assim como ocorrera na apresentação da delegacia legal, a matéria informava que o projeto seria encaminhado, na semana seguinte, ao governador e ao secretário de Segurança. O coronel Cruz, a despeito de algumas dúvidas, considerava a possibilidade de que essa fosse mesmo a solução, o que o levava a concordar com o início urgente da implantação de um batalhão comunitário piloto, para que avaliássemos os resultados práticos e introduzíssemos as correções necessárias; esse era um método com o qual eu me identificava e que já estava contido no próprio texto de apresentação. Nossos contatos nas favelas também tendiam a concordar, mas, não por acaso, pessoas que sabíamos ligadas ao tráfico repudiaram a idéia com agressividade, pela mídia, assim que os batalhões comunitários se tornaram objeto de polêmica pública em escala mais ampla, envolvendo todos os órgãos de imprensa. As opiniões se dividiram, nas cartas dos leitores e nas breves entrevistas com especialistas publicadas pelos jornais; a maioria tendia a aceitar a novidade, ao menos no sentido experimental, a partir da implantação de uma unidade modelo. Privadamente, Garotinho manifestou-se bastante favorável, mas a posição oficial do governo acabaria sendo cautelosa, comprometendo-se com o batalhão comunitário, de início, apenas para uma experiência piloto. Se o resultado fosse positivo, haveria a implantação do programa em grande escala.

A cautela não faria mal algum nesse caso. Pelo contrário, era conveniente e compatível com minhas expectativas. Mesmo assim, a reunião com o governador e a cúpula da Secretaria de Segurança acabou sendo uma das mais difíceis nos quinze meses em que participei do governo. O resultado cauteloso foi uma grande vitória do projeto, que provocou uma bateria de críticas veementes por mais de uma hora. Garotinho evitou pronunciar-se na abertura do debate, deixando a todos plena liberdade e, portanto, estimulando os críticos, que desconheciam a simpatia dele pelo projeto. Foi uma forma inteligente de desinibir a discussão e checar a resistência da idéia aos embates mais ferozes. Como não deixei pergunta sem resposta e fui incisivo na defesa, os adversários do projeto se retraíram e terminaram por ceder. Garotinho fechou a reunião ainda mais persuadido do que se mostrara antes, nas duas vezes em que havíamos conversado reservadamente.

O ponto mais polêmico era o recrutamento dos jovens favelados para o policiamento de suas respectivas comunidades. Lembrei o exemplo americano, muito bem-sucedido nos recrutamentos dirigidos, tanto na comunidade afro-americana como nas comunidades homossexuais, masculina e feminina. Há campanhas ostensivas para atração das minorias, cujo trabalho se volta para as comunidades de origem. Mencionei a própria experiência da PM fluminense, que tem tido êxito no recrutamento regionalizado: o pessoal das cidades do interior agregado à corporação trabalha (e bem) em suas cidades. Assinalei que a imagem da PM mudaria para melhor e a eficiência se combinaria com o respeito, se educássemos os jovens para o sentido libertador de sua missão, junto às suas comunidades, que eles sabem o quanto têm sofrido nas mãos dos criminosos. Sublinhei a importância do emprego, da renda, dos símbolos de poder e prestígio e até do uso legal da arma, que substituiriam as supostas vantagens oferecidas pelo tráfico.

É ilusão acharmos que a meninada é muito bem paga pelos traficantes. Não é. Assim como é ingênuo de nossa parte supor que eles ignoram os riscos que correm. Ao contrário, sabem que estão condenados a morrer cedo, o que realimenta suas disposições destrutivas e autodestrutivas. Estaríamos criando condições para que o Estado e suas instituições começassem e competir com o tráfico pelo imaginário, pelos sonhos e desejos, pela identidade e pelo bolso dos jovens pobres da periferia e das favelas. Eles querem símbolos de poder, prestígio e virilidade, e querem dinheiro; pois bem: nós lhes daríamos armas, uniformes, salários com carteira assinada e a disciplina ritualizada da PM, que infunde auto-respeito e orgulho coletivo. O salário é baixo, porém é mais alto, constante, seguro e compensador que a média dos ganhos da rapaziada que aluga seu tempo e sua vida ao tráfico. Eles correriam riscos muito grandes, sendo policiais e vivendo nas favelas? Não necessariamente, por dois motivos: 1) um batalhão comunitário somente se implantaria, como já disse, depois que os traficantes da área fossem presos ou desalojados e a favela já estivesse ocupada pela PM; 2) os batalhões seriam grandes, reuniriam de oitocentos a mil jovens (daí a conveniência de começarmos pela Maré, Jacarezinho e Alemão), o que dificultaria ações criminosas na área. O sentido do batalhão é justamente este: disputar com o tráfico, palmo a palmo, o controle territorial.

De todo modo, se os críticos do projeto de todo resistissem (não foi o caso), eu estaria disposto a recuar nesse item, que me parecia importante, mas não indispensável. Poderíamos ter batalhões comunitários compostos por policiais recrutados em outras comunidades. Em último caso, se persistisse a resistência, eu estaria disposto a aceitar que os batalhões fossem compostos por policiais não recrutados em comunidades faveladas, apenas muito bem treinados para as funções de policiamento comunitário em áreas de risco. Com isso, perderíamos algumas das características relevantes do programa, mas não a sua essência, que seria o policiamento de qualidade e em quantidade suficiente, permanente e associado a investimentos sociais (realizados através dos serviços que o batalhão prestaria, conforme assinalava o texto de apresentação).

A única disputa que perdi, na reunião sobre os batalhões comunitários, foi em torno da favela que receberia o projeto piloto, a unidade modelo: como disse, minha escolha seria o Complexo da Maré, mas venceu a sugestão do coronel Cruz — Cidade de Deus — que não me parecia uma boa idéia por implicar dificuldades logísticas. Mesmo assim, sabia que seria ainda possível mudar a decisão do governador, persuadindo o próprio comandante geral a mudar de idéia nas semanas seguintes. Se eu tivesse esse tempo.

Enquanto eu e a equipe nos esforçávamos para conceber um projeto para as favelas, e à medida que o programa dos batalhões comunitários ia ganhando forma, uma idéia começava a se fixar em minha cabeça. Era arriscada. Facilmente, empurraria seu autor para o gueto e o isolamento político. Por isso mesmo, eu tinha certeza de que nenhum político a defenderia. Os políticos de todas as tendências fugiriam dela como o diabo da cruz. Sobretudo na medida em que se aproximava a competição eleitoral do ano 2000. Num país como o nosso, notório pela impunidade, como levar à opinião pública o tema delicadíssimo da anistia sem ser taxado de louco, irresponsável ou conivente? Anistia foi assunto digno quando éramos nós que estávamos presos — nós, da classe média —, durante a ditadura, por razões políticas. Hoje, virou tabu. Quem consideraria, a sério, uma proposta de anistia* para todos os criminosos não condenados que se apresentassem durante determinado período de tempo, sob certas condições?

No entanto, fui me convencendo aos poucos, a partir do início de 1999, ao ouvir as histórias dos meninos que ficavam no tráfico desejando sair. A quantidade parecia grande, muito maior do que se poderia imaginar. Esses jovens sonhavam com mudança de vida, com uma nova chance, mas achavam que não havia mais jeito. Que estavam perdidos. Que não havia mais volta para eles. Que estavam, como eles diziam, "carimbados" pela polícia para morrer. Ou que só lhes restava, fora do mundo do crime, a hipótese de uma cela infecta, em que seriam violentados e condenados a vegetar de forma subumana por muitos anos. De onde sairiam piores do que entraram, com menos alternativas para sobreviver decentemente e ainda mais marcados por estigmas. Eram tantos os relatos, os depoimentos que chegavam a mim por vias indiretas, sobre a vontade de abandonar o tráfico, de deixar o mundo do crime, que me ocorreu a idéia de abrir uma porta de saída. Uma vez só e por um período curto de tempo, para evitar o uso dessa porta como passaporte para a impunidade, como estímulo à prática de crimes em função da garantia antecipada de salvo-conduto.

Não fazia sentido condenar tanta gente a permanecer, contra a vontade, fiel ao exército inimigo. Por que engrossar as fileiras inimigas se poderíamos esvaziá-las? Além disso, havia a questão ética. É verdade que já superamos, há

* Esse nome, *anistia*, não é tecnicamente o mais correto, mas cumpre uma função didática. O termo mais adequado talvez fosse "salvo-conduto", mas lhe faltaria, nesse primeiro momento, força comunicativa.

muito tempo, a idealização dos bandidos. O lema célebre de Helio Oiticica, "seja marginal, seja herói", que fazia sentido quando não havia uma Constituição democrática e todos os que se recusavam a aceitar as imposições da ditadura estávamos, de uma maneira ou de outra, à margem, éramos marginais, esse lema, hoje, quando as condições são inteiramente diferentes, soa absurdo. Aprendemos que o crime tem de ser combatido, se queremos preservar a democracia que nos custou tanto conquistar. Os criminosos são inimigos de todos, sobretudo dos pobres, entregues ao seu arbítrio violento. Por outro lado, quem negaria que há uma parcela de responsabilidade que é nossa, que é de toda a sociedade brasileira, quando um menino de onze, doze anos, se liga a traficantes? Esse menino em breve estará comprometido com a organização criminosa. Em alguns anos, estará praticando outros crimes, além do tráfico. Aos dezoito ou dezenove anos, perceberá que já não há retorno. Seus horizontes estão bloqueados em todos os níveis, da psicologia à economia. A polícia conhece seu nome e seu passado, e mal pode esperar para colocar as mãos nele. Caso isso aconteça, que futuro o aguarda? As chantagens, a morte, a prisão. Nesse último caso, em que condições? Com que perspectivas de recuperação? Temos ou não alguma responsabilidade pelo destino trágico que começa a se esboçar antes da adolescência? Alguém opta por se tornar um bandido aos onze anos? A criança cresce em meio a vínculos e processos sociais que farão dela um homem antes que ela tenha tido a chance de atravessar, com a ajuda dos pais e da comunidade, os anos difíceis da adolescência. Esse homem prematuro que hoje é nosso problema — quanto deve à nossa omissão o seu salto mortal da infância ao inferno? Temos ou não o dever de estender-lhe a mão, uma vez? De lhe dar uma oportunidade? De abrir-lhe uma porta de saída para que se reencontre conosco e recomece sua vida? A sociedade, nós todos também merecemos uma segunda chance. A anistia não é apenas uma segunda chance para os que se perderam; é também uma oportunidade única para que a sociedade seja melhor do que tem sido.

No dia 27 de dezembro de 1999, depois de ter lançado a idéia em entrevistas nas semanas anteriores, escrevi um artigo para *O Globo*, em que sintetizava o plano: "Eis o que proponho e submeto ao debate público: que se abra, por três meses, com o amparo jurídico pertinente, apoiado no amadurecimento das questões técnicas, em todo o país, uma porta de saída para todos os envolvidos no mundo do crime que desejem mudar de vida e que não estejam condenados. O contrato entre o programa nacional de anistia — que funcionaria de modo análogo ao Programa de Proteção à Testemunha — e os candidatos à mudança de vida garantiria nova identidade, emprego e educação, e exigiria monitorização permanente, em escala nacional, para que as trajetórias fossem acompanhadas, passo a passo, prevenindo-se o retorno ao crime. Quem se dispusesse a renunciar ao crime teria de confessar suas ligações e suas práticas passadas, defrontando-se com a verdade e contribuindo para o esclarecimento dos casos nebulosos que se acumulam. Receberia, em troca, o perdão e as condições necessárias para que a reconciliação com a sociedade se consumasse. Simultaneamente, e isso é decisivo para que se compreenda o sentido da proposta, estaremos fechando o cerco em torno dos criminosos, revigorando o trabalho policial de investigação, prevenção e repressão, de modo a deixar claro que não hesitaremos em combater o crime. O público-alvo prioritário são as centenas de jovens pobres, excluídos da cidadania, sem respaldo familiar e sem esperança, que muito cedo se perdem num caminho sem volta, comprometendo-se com o tráfico e se enredando em tramas cruéis, como perpetradores e, pouco depois, como vítimas. Eles logo descobrem que a vida será breve e o fim, trágico".

Por razões práticas e éticas, todos aqueles ainda não condenados que desejassem mudar de vida seriam beneficiados e não apenas os jovens do tráfico. Não faria sentido perdoar um jovem traficante por um crime grave e negar a oportunidade a alguém que tivesse cometido um crime menos grave, por ser um pouco mais velho e não estar ligado ao tráfico.

Os anistiados doariam todos os seus bens ao programa nacional de anistia, que os conduziria a outras cidades, outros estados, e zelaria para que, com a nova identidade, obtivessem emprego, moradia e formação educacional complementar. Os recursos para viabilizar o programa poderiam ser levantados junto à própria sociedade, por iniciativas locais, em todo o país. A moradia, o emprego e a educação custariam muito menos do que a violência, o medo, o esvaziamento econômico, os cuidados médicos aos feridos, as perdas indiretas com a redução do potencial de trabalho dos brasileiros mortos ou incapacitados na guerra urbana, a manutenção dos potenciais anistiados em prisões.

Para chegar à anistia (ou ao salvo-conduto), seria preciso percorrer um longo caminho, desde a conquista da opinião pública até a obtenção de uma resposta positiva no Congresso Nacional, onde teria de ser votada a lei. O mais importante seria convencer a sociedade, porque os deputados adaptam-se à vontade dos eleitores, sobretudo em matéria assim controversa e desgastante. Os políticos só aceitariam pronunciar-se favoravelmente se houvesse um forte movimento de opinião. Por isso, meu primeiro passo foi conversar com advogados eminentes e com as comunidades das favelas. Para minha alegria, o presidente do Instituto dos Advogados Brasileiros, dr. Marcello Cerqueira, aprovou a idéia e se dispôs a submetê-la a seus pares, num seminário especialmente organizado para esse fim. Antes tratei do assunto com Garotinho, que não poderia se comprometer, mas deu o sinal verde para o lançamento do balão de ensaio na mídia. As reações foram boas, e houve questionamentos que permitiram introduzir algumas correções.

Chegamos ao ano 2000, eu e a equipe, preparados para uma jornada árida. Achávamos que valia a pena: mesmo que não conseguíssemos vencer as resistências, contribuiríamos para chamar a atenção para as responsabilidades de todos, Estado e sociedade. Nas favelas, a receptividade foi ótima, até porque não havia qualquer exigência de delação. Aproveitávamos os fins de semana para visitar as comunidades e discutir a idéia. Sabíamos que, se a anistia viesse a ser aprovada, as mães, os pais, os parentes e os amigos dos garotos que haviam sido cooptados pelo tráfico ganhariam um argumento, uma justificação para tocar no assunto perigoso e sugerir a mudança. Todos se lançariam numa campanha incansável para que os meninos se agarrassem à oportunidade. Hoje, não há argumento. O que dizer a esses meninos? Que eles desistam dessa vida e se entreguem? Os moradores das favelas, assim como os traficantes, acham que a rendição pode significar a morte nas mãos da polícia. E todos sabem que as prisões brasileiras não são instituições que representem uma alternativa de reintegração à sociedade. Com a anistia, viria um argumento que daria força ao apelo para que a garotada comprometida com o tráfico mudasse de vida. As favelas se uniriam contra o crime e exerceriam uma pressão amorosa para que seus filhos não deixassem escapar a chance de suas vidas. A emoção com que os moradores das favelas falavam da possibilidade de encontrar uma linha de comunicação com esses meninos era equivalente à sua confiança nos resultados dessa comunicação. Eles tinham certeza de que boa parte dos meninos envolvidos com o tráfico optariam pela anistia. Nós todos apostávamos na salvação. Mas ela não chegou a tempo para muitos. Um dos meninos me mandou um recado: queria sair; queria deixar aquela vida; aguardaria com esperança a anistia. Duas semanas depois foi assassinado numa guerra entre traficantes. Em outra favela, os traficantes reuniram sua tropa e convocaram os líderes da comunidade. Avisaram, solenes, que tinham lido sobre a anistia. Desejavam saber mais a respeito. Os líderes da comunidade expuseram a idéia. Eles tomaram a seguinte decisão: "Se isso acontecer, nós ficamos, porque estamos carimbados, mas a meninada sai, querendo ou não. Se não sair por bem, sai por mal. Mas sai. Não vamos permitir que eles percam essa chance". Relatos assim se multiplicavam, carregando nossas baterias para as visitas de fim de semana.

Não tínhamos ilusões quanto à anistia. Ela não seria uma panacéia. Não era nem mesmo uma política. Era uma intervenção única, que não se repetiria, mas que talvez provocasse a mais numerosa defecção, de uma só vez, nas tropas inimigas, desde o início de nossa guerra urbana. Sem dar um tiro, sem invadir uma favela, e pelo melhor dos motivos: o desejo de reintegração à sociedade, a esperança de uma vida pacífica. Articulada com os batalhões comunitários e o Instituto de Segurança, a proposta de anistia ganhava um sentido mais maduro e conseqüente do que se fosse apresentada como um gesto generoso e respeitável, mas isolado. De todo modo, seria preciso cuidado para evitar que a radicalidade da proposta da anistia contaminasse os demais projetos, que eram, afinal de contas, mais importantes, pois constituiriam peças-chave de uma política de segurança atuante em duas frentes, a polícia e o tráfico nas favelas.

A anistia envolveria muitas variáveis superiores ao nosso controle, ao contrário dos programas para a reforma das polícias e para a libertação das favelas. Era uma idéia verde, que amadureceria no caminho, recebendo as contribuições dos mais diversos setores da sociedade. O desejo que eu compartilhava com minha equipe era visitarmos as universidades para falar de nossa política de segurança, aproveitando a oportunidade para submeter a anistia à discussão. Planejávamos inaugurar os primeiros comitês comunitários pela anistia em março de 2000, quando outros problemas surgiram, em alta velocidade e com uma força devastadora, arrastando o Instituto de Segurança, os batalhões comunitários, a semente da anistia e o conjunto ainda frágil de nossas construções.

9. PM no poder

No final da manhã do dia 6 de abril de 1999, cheguei ao palácio Guanabara cheio de alegria e confiança no futuro. As ambigüidades de Garotinho eram ainda difíceis de entender, mas eu, com prazer, suspendia todas as dúvidas e as colocava na conta de minha ignorância sobre as circunstâncias que cercavam as decisões do governador. Preferia imaginar que um dia ele baixaria a guarda, se abriria comigo, como um amigo, e tudo se explicaria, todos os detalhes se encaixariam com lógica perfeita. Afinal de contas, Garotinho merecia um crédito de confiança. Mais que um. Houve alguns tropeços, algumas hesitações estranhas, mas tudo estava acabando bem. Acabando e começando, porque o coronel Josias, pelo que me fora dado conhecer de sua personalidade, parecia ser a pessoa ideal para conduzir a secretaria.

Esperei um pouco na ante-sala e logo chegaram o coronel Cruz e Carlos Alberto. Mal tivemos tempo para conversar. Fomos chamados ao gabinete do governador. Garotinho, ao lado do coronel Josias, nos aguardava. Solene, preocupado com as repercussões da queda do general, comunicou-nos a troca de comando e nos pediu que, naquele dia, nos abstivéssemos de falar. Solicitou nossa união e nos convidou a acompanhá-lo a uma entrevista coletiva, na qual só ele deveria se pronunciar.

Na coletiva, quase monossilábico, para cumprir a determinação do governador o coronel Josias apenas declarou que implementaria a política de segurança que já estava traçada: "Serei um executor do projeto do governo", disse com humildade, reiterando sua fidelidade à nossa política e reforçando minha confiança em sua lealdade. Mas nem tudo eram flores. Havia também um lado sombrio. A explicação que Garotinho apresentou para a exoneração do general não convenceu ninguém. Disse que não podia admitir conflitos na cúpula da secretaria e que a autoridade seria restaurada sob a liderança do governador. Claro que os repórteres mais espertos questionaram minha permanência, se o problema tinha sido o conflito em si mesmo, independentemente de seu conteúdo ou das razões de cada um; afinal de contas, eu tinha sido protagonista do conflito tanto quanto o general. Garotinho não respondeu. Mal conseguia disfarçar o desconforto. Não entendi por quê, três dias antes, ele me dissera que eu estava certo, que agir com transparência e dizer a verdade era o correto a fazer, e agora se prestava àquele papel, inventando uma justificativa evidentemente incompatível com a decisão tomada, deixando-nos a todos numa situação desagradável. Por isso, aceitei falar ao *JB* no dia seguinte, reiterando a verdade, segundo meu entendimento e o do próprio Garotinho, de acordo com seu telefonema do sábado anterior. Era melhor dizer a verdade do que estimular a especulação da imprensa. Por que mentir, se o conteúdo que estava em jogo era tão claro e nos deixava bem diante da sociedade? Eu permaneceria sem compreender a atitude de Garotinho ainda por muito tempo, até reencontrar o general. Só então as peças começaram a se encaixar, compondo, porém, uma imagem bastante diferente da que eu esperava descobrir naquele final de manhã, quando entrei feliz no gabinete do governador, disposto a lhe dar quantos créditos de confiança fossem necessários.

Quando Garotinho nos apresentou o novo secretário, Carlos Alberto mal pôde conter seu descontentamento. Não era nada pessoal, ele mal conhecia o coronel Josias. Era a urticária do corporativismo: ele via uma farda, começava a se coçar. Todos os policiais civis padeciam daquele mal. Quase todos. Havia também as alergias do outro lado, mas suas manifestações eram mais contidas, pelo menos entre os oficiais. Não duvidava que a patologia fosse a mesma, ainda que os sintomas parecessem mais amenos. O teste só seria feito se um delegado fosse apontado secretário. Naquele dia, o laboratório apenas poderia comprovar a reação do chefe da Polícia Civil: Carlos Alberto ficou visivelmente transtornado. Assim que teve uma oportunidade, puxou-me pelo braço:

— Mas Luiz, eu não tinha lhe dito que um coronel PM seria inaceitável? Que a indicação de um coronel provocaria reações violentas na Polícia Civil? E agora, o que é que eu vou fazer? Como é que vou explicar isso?

— Carlos — eu disse —, em primeiro lugar, o governador não me consultou, apenas comunicou a escolha do coronel Josias. Em segundo lugar, trata-se de uma escolha excelente, o nome é ótimo e, sobretudo, representa a continuidade e a possibilidade de aprofundamento de nossa política. Será que você não está vendo que a troca de comando significa uma tremenda vitória de nossa política, que estava seriamente ameaçada? A vitória é também sua, pessoal, ou você acha que, se eu caísse, o general manteria você na chefia? Em terceiro lugar, essa história de delegados reagirem aos coronéis é uma insanidade, Carlos. Isso é ridículo, é absurdo, não faz nenhum sentido. Se já fez no passado, deixou de fazer. Não há mais espaço para esse tipo de primarismo irracional. Nós estamos às vésperas de mudanças radicais, que terminarão por fundir as duas polícias, e você me vem com essa história de Polícia Civil contra Polícia Militar... Ora, Carlos, pelo amor de Deus. Finalmente, você deve se lembrar que, militar ou civil, o fato é que temos agora um policial no posto máximo da Secretaria de Segurança. Isso é que é importante e deve ser saudado por vocês todos. Essa é a grande novidade.

Meu amigo Carlos não acreditava em mim:

— Vai me dizer que Garotinho não ouviu você antes de indicar o Josias?

Ele estava muito nervoso. Eu falava e ele olhava para o horizonte. Mal me ouvia. Era como se de fato aqueles absurdos que eu nem conseguia entender fizessem sentido para ele. Era como se a oposição à PM fosse parte de sua própria natureza, aquém de sua razão, de seu bom senso e de sua consciência moral. O corporativismo, para Carlos Alberto e, como eu logo descobriria, para a Polícia Civil, era um fenômeno passional.

Depois da entrevista coletiva, eu, Carlos e o coronel Cruz acompanhamos o novo secretário até sua antiga sala, no Gabinete Militar. Temia as conseqüências da indisfarçável revolta de Carlos para ele próprio e, portanto, para nossa política na Polícia Civil. Tentei pôr panos quentes, distensionar o ambiente, agir como mediador, mas Carlos estava irredutível e o novo secretário acusou o golpe. Era nítido o seu desconforto. Depois de algumas escaramuças metafóricas, Carlos confessou ao novo secretário as dificuldades que enfrentaria para fazer com que seus subordinados assimilassem o novo quadro. O coronel Josias devolveu-lhe a batata quente:

— A responsabilidade é sua, Carlos.

Por sugestão de Garotinho, dois subsecretários deveriam ser policiais civis, restabelecendo, ao menos em parte, o equilíbrio na distribuição do poder. Carlos indicaria um deles. Nem assim se conformou.

No dia 7 de abril, quarta-feira, estivemos eu, o coronel Josias, a vice-governadora e Martha Rocha, subchefe da Polícia Civil, em reunião com representantes de comunidades no SESC da Tijuca. Ao final, Martha me levou para um canto do auditório:

— Luiz Eduardo, nunca me senti tão insultada em toda a minha vida. A Polícia Civil está sendo ultrajada.

Disse isso emocionada. Fui pego de surpresa. Estava pasmo. Sobretudo, ouvindo aquilo de uma pessoa que eu admirava e que sempre supus infensa àqueles sentimentos que me pareciam tão infantis. Balbuciei uma ponderação semelhante àquela que compartilhara com Carlos Alberto, no palácio. Enfatizei a vitória de nossa política, que a indicação do coronel Josias representava. Martha não queria saber de nossa política de segurança. Deixou-me ainda mais perplexo quando me interrompeu:

— Mil vezes o general.

Estive próximo de me considerar ofendido ante tal preeminência do tema corporativo, ante tamanho desprezo pelas questões verdadeiramente importantes. Mas antes que tivesse tempo de registrar meu sentimento, fui novamente surpreendido, dessa vez pelo pranto de Martha, que me desnorteou completamente. Ela estava falando sério. O corporativismo era mesmo uma paixão superior a quaisquer argumentos racionais. Aquele momento mudou minha maneira de ver a Polícia Civil e as possibilidades de reformá-la. O caminho, a delegacia legal, estava certo. Porém, seria ingenuidade supor adesão dos policiais a projetos desvinculados de compromissos corporativos. Martha não esgotara ainda a capacidade de me surpreender. Entre lágrimas e alterando a voz, perguntou com raiva:

— Por que você não aceitou? Por quê?

— Não aceitei o quê, Martha? — devolvi a interrogação.

— Ser secretário — ela disse —, ser secretário.

— Mas quem disse que Garotinho me convidou, Martha? Ele nunca me convidou.

— Eu não acredito — ela disse. — Você acha que eu acredito nisso? Só não entendo por que você recusou. Você nos teria poupado toda essa humilhação.

Era inútil insistir.

Para meu constrangimento, o presidente do sindicato dos delegados, Pedro Paulo Pinho, declarou à imprensa que a categoria recebera mal a nomeação de um coronel PM para o primeiro posto da secretaria e que teria preferido que eu tivesse sido indicado. Nos bastidores, corriam notícias contraditórias sobre a intensidade das resistências. Carlos Alberto, insatisfeito mas disposto a colaborar — até porque não lhe restavam alternativas —, me contava que a revolta era grande e que ele estava com dificuldades de controlá-la, mas que tinha confiança em sua própria capacidade de acalmar os ânimos, por meio das reuniões que promovia. O coronel Josias me transmitia impressões diametralmente opostas: delegados de sua confiança lhe diziam que Carlos Alberto é que estaria alimentando a revolta e que seria esse o verdadeiro objetivo das tais reuniões.

Voltei ao Carlos: "Rapaz", eu disse, "veja lá o que você está fazendo. Seja sincero comigo. Eu mereço a verdade. Se você está incitando seu pessoal à insubordinação, saiba que nossa relação estará rompida e que eu serei o primeiro a trabalhar por sua substituição. Nosso dever é apoiar o novo secretário, que tem prometido ser leal à nossa política". Sempre que questionado, Carlos me dava sua palavra de honra: estava dizendo a verdade, todo o seu empenho era no sentido da pacificação. O coronel Josias não parecia convencido, apesar de minha insistência em lhe garantir que o chefe da Polícia Civil estava realmente comprometido com a pacificação. Os relatos desabonadores ou resultavam de mal-entendidos, sempre possíveis em momentos convulsionados, ou não passavam de intrigas destinadas a jogar o secretário contra Carlos Alberto, enfraquecendo-o. Nessas horas, não faltam oportunistas dispostos a gestos de grandeza anticorporativista, com o único intuito de ocupar a posição do chefe, desgastado pelo atrito com o secretário. Eu mesmo recebi telefonemas de alguns corporativistas históricos, que me deixaram com a pulga atrás da orelha.

Enquanto havia dúvidas sobre o comportamento de Carlos Alberto e a atmosfera estava tensa nos primeiros dias da nova gestão, cheguei a dizer ao coronel Josias que, caso se comprovasse a traição de Carlos aos nossos compromissos — na qual eu não acreditava —, eu seria o primeiro a apoiar sua substituição, em nome do fortalecimento da autoridade do secretário. De todo modo, a realidade impôs-se gradualmente, inclinando até mesmo os mais inconformados na direção do bom senso. Contudo, as feridas não cicatrizaram. O coronel Josias jamais perdoaria o pecado original de Carlos Alberto. É verdade que, mesmo tendo se redimido com a habilidade pacificadora que demonstrou — eu creio na palavra de Carlos e, portanto, acredito que as reuniões tenham tido esse propósito positivo, agregador —, Carlos manifestara reações no mínimo indelicadas e impróprias, naquele primeiro encontro no Gabinete Militar, no dia 6 de abril. O tropeço inaugural o condenaria a comer o pão que o diabo amassou, até ser substituído, em dezembro de 1999.

O coronel Josias não propôs a exoneração de Carlos Alberto, mas passou a fazer o possível para esvaziar seu poder. Obteve do governador a publicação de um decreto que atribuía ao secretário autoridade para designar delegados para as delegacias e para destituí-los de suas posições — poder que se subtraía da esfera de responsabilidade do chefe de Polícia Civil. A mesma autoridade lhe fora concedida para indicar comandantes e exonerá-los dos comandos dos batalhões, na Polícia Militar. Esse foi, aliás, o primeiro sinal de que as relações com o comandante geral da PM também seriam muito problemáticas e tensas. Paralelamente, o coronel Josias estimulava o novo subsecretário de Planejamento Operacional, o delegado Marcos Reimão, nome que ele mesmo escolhera, a agir com liberdade no âmbito da Polícia Civil, provocando uma dualidade de poder que concorria para fragilizar ainda mais a precária liderança de Carlos Alberto — contestada desde a posse.

Fui à casa do novo secretário, em Niterói, num domingo à noite, pedir-lhe que interviesse para evitar essa dualidade, em benefício da eficiência e do respeito que devíamos à posição de Carlos Alberto. Disse-lhe que enquanto Carlos Alberto fosse o chefe, seria melhor para todos nós e para o sucesso do governo que sua posição fosse respeitada e fortalecida. O secretário mostrou-se surpreso com as informações que lhe passei e concordou com meus argumentos. Todavia, o que se seguiu foi decepcionante: o dr. Reimão deixou de me cumprimentar e suas investidas prosseguiram, ampliando gradualmente o desgaste da chefia da polícia.

Em 8 de abril, dois dias depois da queda do general, todos os jornais cariocas optaram pela mesma imagem: uma foto em que apareço de pé e curvado, sussurrando algo no ouvido do novo secretário, que está sentado, atento ao que lhe digo. A legenda que *O Dia* escolheu é provocativa, mas traduz o que a mídia pensava: "Manda quem pode; obedece quem tem juízo". A provocação teria seqüência. Na sexta-feira, 9 de abril, *O Dia* publicou a seguinte nota: "O pastor Éber Silva (PDT-RJ) comentava com outros parlamentares que Garotinho só está fortalecendo o subsecretário Luiz Eduardo Soares por conta de uma dívida de campanha e que, mais adiante, liquidará a fatura. Pelo visto, o parlamentar tomará puxão de orelha por estar falando demais de seu padrinho político". No dia seguinte, viria a resposta: "Coronel avisa: 'Quem manda é o secretário'" (*O Dia*, 10 de abril). A contundência com que se declarava o óbvio tendia a cercar de dúvidas aquilo que, de outro modo, deveria ser uma evidência indiscutível. Tanto que a pressão persistiria. Pouco mais de um mês depois, em 18 de maio, *O Dia* anunciou que a Comissão de Segurança Pública da Assembléia Legislativa, presidida pelo deputado José Guilherme Sivuca (PPB), pediria a convocação do secretário. Sivuca pretendia perguntar ao coronel Josias se quem mandava na Secretaria de Segurança era ele ou eu.

Apesar dessa atenção capciosa que a mídia e vários políticos adversários do governo davam à distribuição de poder entre nós, eu e o secretário tínhamos nos entendido perfeitamente a esse respeito. Conversáramos abertamente sobre esse assunto espinhoso, como dois adultos maduros e de boa vontade, comprometidos com a implementação de um projeto em que acreditávamos — o coronel Josias não se cansava de reiterar sua confiança no projeto. Tomei a iniciativa de trazer o tema à baila nos primeiros dias, assim que surgiu uma boa oportunidade. Não era difícil, naquela época, encontrar momentos adequados para uma conversa pessoal, pois passávamos os sábados juntos, às vezes os domingos, eu e minha equipe expondo-lhe os detalhes da política de segurança para que ele fosse se familiarizando com cada aspecto e com a linguagem mais apropriada. Isso era importante tanto para consumo interno quanto para uso externo, porque eram inúmeros os convites para apresentações públicas, debates, reuniões etc. Sem a compreensão exata de todas as dimensões dos programas e projetos, seria inviável comandar a secretaria e comunicar-se com a opinião pública de forma coerente com o que vínhamos fazendo até aquele momento. Preparamos uma exposição sintética em PowerPoint, que teria grande utilidade ao longo de todo o ano. Eu me sentia realmente feliz, compartilhando aqueles momentos de companheirismo. Éramos um time e nos sentíamos parceiros de uma viagem comum. O sucesso da secretaria e do governo dependeria do êxito de cada um de nós, assim como o sucesso da política de segurança, em seu conjunto, dependeria do êxito de cada projeto.

Nesse espírito desarmado, franco, positivo, foi fácil puxar a conversa. Disse ao coronel Josias que estava disposto a me recolher a funções internas, reduzindo minha visibilidade pública para lhe evitar constrangimentos. Sabia quanto esse problema havia sido decisivo para a crise anterior e estava determinado a sair de cena, se o secretário achasse conveniente. Contei-lhe em detalhes como tinha sido minha história durante os primeiros três meses de governo e expus as razões que me levaram a buscar a exposição pública: era a única defesa para mim e para nossa política, quando o contexto interno à secretaria estava inteiramente desfavorável. Mas a conjuntura mudara. Estava pronto, portanto, para mudar com ela, já que nossos projetos não correriam mais risco. Para minha surpresa e sublinhando a boa impressão que me causara, o coronel Josias discordou. Não queria que eu deixasse de falar com a mídia. Foi amável e generoso nas palavras que usou para qualificar o trabalho que eu vinha fazendo, dentro da secretaria e junto à opinião pública. Enfaticamente, me recomendou que permanecesse em cena, conversando com todo mundo, os empresários, as comunidades das favelas, as ONGS, as associações de moradores, os editores, os repórteres, os policiais, e que não parasse de dar entrevistas e de atender a imprensa. Chegou a dizer que achava que eu fazia isso melhor do que ele. E completou com uma observação cativante:

— Eu não tenho vaidades, Eduardo — (era assim que me chamava). — Vou tocar o meu trabalho, vou executar os projetos que você elaborou, nos quais eu acredito e que Garotinho quer ver implantados, e nós teremos sucesso. Pode acreditar. Não se preocupe com essa história de aparecer mais ou menos do que eu. Não sou uma pessoa vaidosa. Isso não quer dizer nada para mim.

Apesar da carta branca, senti-me na obrigação de multiplicar meus cuidados. Ligava para o secretário diariamente e contava o que tinha dito a que jornais e por quê. Quando saía alguma matéria que poderia produzir algum mal-entendido, telefonava para explicar. Ouvi tantas vezes a mesma resposta, que acreditei nela:

— Eduardo, fique tranqüilo. Eu não esquento a cabeça com isso. Não se preocupe em me explicar cada passo. Sei que você está fazendo o que deve ser feito e isso basta.

Finalmente, me rendi à evidência do espírito de desprendimento do coronel Josias e relaxei. Estávamos tão afinados que sequer registrei na conta da má vontade do secretário os resultados negativos de minha visita a Niterói, para pedir-lhe que intercedesse pela autoridade de Carlos Alberto. Em algum momento, nos primeiros meses da gestão Josias, descobri que ele participara do DOI-CODI, mas não quis pensar nisso. Por que é que eu deixaria que o passado pesasse como uma sombra sobre o presente e destruísse o futuro? Sei que mesmo quem não matou nem torturou sabia o que acontecia e, conseqüentemente, era cúmplice. Mas as pessoas mudam. Acredito nisso. Acredito também no perdão. Claro que para haver perdão e mudança é necessário que haja vontade de mudar. Haveria tudo isso, no caso de Josias? Eu estava convencido de que sim. O que o faria ligar-se a um governo apoiado pelos partidos de esquerda? Estávamos chegando ao século XXI, limiar de um novo milênio. Não fazia sentido ficarmos petrificados, olhando para trás. O importante era a intensidade de seu compromisso com nossa política, profundamente comprometida com o respeito aos direitos humanos — essa fidelidade o redimiria, na prática.

Pensando assim, exorcizei o passado do coronel e preferi não levar muito a sério as considerações de outro coronel, Jorge da Silva, intelectual competente, pesquisador sensível e bom conselheiro. O coronel Jorge fora subsecretário quando o cargo de comandante da PM tinha o status de secretário de Estado e era ocupado pelo saudoso coronel Carlos Magno Nazareth Cerqueira. Tinha bastante experiência, portanto, não bastassem seus trinta anos de polícia. O coronel Jorge alertou-me para um fato que, no futuro, me faria repensar muita coisa, retrospectivamente. Disse-me que tomasse cuidado com a comunidade de informações e que não me iludisse, porque quem tivesse participado dela, como agente de qualquer um dos órgãos de repressão da ditadura, manteria sempre com ela suas lealdades prioritárias. A comunidade formaria uma espécie de grande família, da qual fariam parte também os policiais especializados nas funções de inteligência, que atuavam, por exemplo, na PM-2, o serviço reservado da Polícia Militar. Fui negligente. Preferi esquecer o conselho. Estava muito empolgado com as boas relações na secretaria, depois dos meses tão difíceis com o general, e não queria ouvir o que pudesse quebrar o encanto. Até nossas condições de trabalho na Subsecretaria de Pesquisa e Cidadania estavam melhorando.

Mesmo tranqüilizado pela postura aberta do secretário e por seus sinais positivos, nem sempre minhas relações com a mídia foram gratificantes. Houve um caso especialmente desagradável. Poucas semanas depois da posse do coronel Josias, uma rádio importante do Rio de Janeiro informou que eu e uma de minhas filhas sofrêramos um atentado. Amigos e familiares entraram em pânico. Peninha, o secretário de Comunicação, me telefonou. Pediu que eu ligasse para o diretor da rádio e desmentisse a notícia pessoalmente. Ele estava ao lado de Garotinho. Os dois se assustaram bastante. A mim, interessava investigar aquela história. O diretor contou que a informação teria vindo por um telefonema. Quem ligara para a rádio com a notícia? Qualquer um que telefona dizendo qualquer coisa merece crédito, antes de uma confirmação? Claro que não. Quer dizer que a pessoa que telefonou se identificou de algum modo especial — ou a notícia não teria sido veiculada imediatamente. O diretor desconhecia os detalhes. Passei a Carlos Alberto a missão de reconstituí-los. Ele designou um policial para a função, mas eu jamais descobriria qual havia sido a fonte do boato criminoso. Já me acostumara a telefonemas ameaçadores, que praticamente cessaram quando instalei o bina. Havia apenas um ou outro, de tempos em tempos, dados da rua, de telefones públicos. Era a primeira vez que experimentava aquela outra modalidade de agressão, bem mais incômoda.

Os meses de abril, maio e junho foram divididos entre algumas frentes de trabalho. Ainda tentei implantar os Mutirões pela Paz em algumas favelas, organizando, com Antonio Carlos Carballo, uma espécie de força-tarefa que envolvia diversas secretarias. Nossa intenção era institucionalizar o projeto, trocando o voluntarismo pelo planejamento, sem perder a energia militante que fazia o encanto do Mutirão. Mas o sonho durou pouco, pois, como já relatei, em meados de abril Garotinho criou o programa Vida Nova, que separou a ação social nos morros das iniciativas da área da segurança pública, afastando-me de Benedita e lhe retirando a bandeira de pacificadora da cidade partida. O Vida Nova envolvia ações sociais, não ações policiais. Não articulava essas duas dimensões. E era justamente essa combinação que fazia do Mutirão um empreendimento original. Era isso que o tornara fonte de novas esperanças. Os ensaios do Mutirão no Santa Marta, no Jacarezinho, na Formiga, na Maré, em Acari, no Cantagalo, na Pavuna, em Costa Barros, no Guarabu, não tiveram continuidade. O Mutirão estaria condenado a manter-se apenas na Vila Pereira da Silva, como a ilustração isolada e promissora do que seria possível fazer, no futuro, se o novo paradigma fosse aplicado em todas as grandes favelas do Rio.

A delegacia legal era outra frente prioritária. Era preciso acompanhar a primeira fase de funcionamento para testar os softwares, as novas rotinas, a eficiência dos recepcionistas universitários e do administrador. Sobretudo, era preciso checar a atuação dos policiais e verificar as respostas do público. Alguns ajustes certamente seriam necessários, mas, de modo geral, os resultados não poderiam ser mais animadores. Aos poucos, foi ficando claro que a primeira etapa estava vencida: o projeto era excelente e tinha tudo para se tornar irreversível e provocar a maior revolução institucional que a Polícia Civil fluminense já experimentara. Essencial, então, seria a velocidade da expansão do projeto. Por várias razões: quanto mais tempo passasse, melhor o projeto seria compreendido e, conseqüentemente, mais seria temido pelos policiais corruptos e pelos que simplesmente não queriam mudar a velha forma de trabalhar, sem controle, sem padronização, sem avaliação; quanto mais tempo déssemos aos opositores do projeto, melhor se organizariam para sabotá-lo; quanto mais rápidos fôssemos, mais depressa começaríamos a colher os resultados, que só se tornariam perceptíveis quando o novo modelo estivesse operando numa escala ampla o suficiente para alterar a dinâmica das investigações; além disso, quanto mais rapidamente implantássemos as delegacias legais, mais rapidamente daríamos plena visibilidade às virtudes comparativas do projeto, conquistando o apoio da sociedade e da mídia — e dos bons policiais —, condições indispensáveis para impor, democraticamente, o projeto à polícia. Afinal, como eu costumava dizer, democrático não é o que a maioria dos policiais quer; é o que a maioria da população deseja.

Que o tempo era uma variável decisiva, ninguém de bom senso discutia. O problema era tornar real o necessário, isto é, fazer acontecer. A velocidade da expansão do projeto estava em relação direta com suas chances de êxito, mas estava em relação indireta com as condições de funcionamento da máquina burocrática do Estado. Quem já leu Kafka ou já viveu situações absurdas nos labirintos da burocracia, entenderá se eu disser que, na minha experiência, talvez tenha sido tão duro enfrentar os mecanismos paralisantes da burocracia quanto a audácia dos criminosos, dentro e fora das polícias. Para ter idéia da realidade do Estado, pode-se pensar num espelho diante de outro e imaginar uma cadeira entre esses dois espelhos paralelos. Quantas vezes essa cadeira será duplicada, no jogo das remissões recíprocas? Tantas quantas a vista alcance. Digamos que cada imagem corresponda a uma seção ou departamento de alguma unidade, que é parte de alguma secretaria. O Estado funciona assim: para que se retire a cadeira é necessário que cada chefe de seção, senhor de cada imagem refletida, autorize, não sem antes ouvir todos os demais (segundo ordens que variam conforme o tipo de cadeira e de razão evocada para retirá-la) e pronunciar-se, para todos os demais, sobre sua disposição de conceder a autorização solicitada — disposição que deve ser muito bem justificada, de acordo com o Livro Sagrado dos Objetos de Quatro Pés, capítulo "Das inserções e subtrações". A cenografia é macabra. Leva qualquer um ao desespero. É como o pesadelo em que se caminha até a exaustão e não se sai do lugar. A burocracia acaba vencendo pelo cansaço. De início, por ingenuidade, supõe-se que a vontade do governador seja suficiente para mover montanhas. Não é. Em seguida, abrem-se duas possibilidades: a capitulação comodista ou a busca de alternativas à própria burocracia.

A primeira delegacia legal, inaugurada no dia 29 de março de 1999, ficou pronta tão rapidamente porque, sendo um modelo, um protótipo, beneficiava-se de facilidades legais que permitiram muita agilidade. Tê-la inaugurado antes do final do terceiro mês de governo, pagando preços corretos, justos, por todos os itens, foi a melhor demonstração de como tudo poderia ser veloz, honesto e eficiente se nos livrássemos das exigências burocráticas. Para a reforma das outras delegacias a legislação determinava submeter as obras a licitações. Quantas vezes Garotinho não me ligava angustiado, cobrando a inauguração das outras delegacias legais que pretendíamos pôr em funcionamento no primeiro ano de governo. Eu relatava as desventuras do dia e lhe pedia que interviesse, que telefonasse diretamente para o secretário responsável pela área em que o gargalo se localizava no momento. Garotinho era cooperativo, arregaçava as mangas e jamais fugia ao bom combate. Não faltava apoio, portanto. Mas a intervenção do governador não basta, se não vier acompanhada pela política que de fato conta, nesses casos: a conversa ao pé do ouvido do funcionário que carimba o processo naquele dia, naquela seção, e o encaminha a seu próximo porto. Ocorre que essa política miúda e complicadíssima exige talentos especiais, conhecimento personalizado dos meandros do labirinto e dedicação exclusiva. Faltavam-me talento e tempo. Por isso, as 21 atividades envolvidas na implantação de cada delegacia legal quase me esmagaram no primeiro semestre de 1999, por mais que eu as delegasse e procurasse substituir o moto-contínuo de ensaio e erro por um procedimento sistemático, apoiado numa organização estável. Era preciso planejar e colocar em prática a abertura de vagas no sistema penitenciário ou construir casas de custódia, para viabilizar a transferência de presos, permitindo a desativação das carceragens nas delegacias. Era também necessário firmar convênios com universidades e com o Tribunal de Justiça; treinar os policiais não só em informática, mas em todo o conjunto de novas funções; decidir a seqüência das reformas; organizar a elaboração das novas plantas, obedecendo à nova sistemática e ao novo design; preparar os editais para as obras de reforma; monitorar os resultados para propor as correções pertinentes; organizar a manutenção das novas delegacias, o que envolvia criar um fundo, definir procedimentos e distribuir responsabilidades. Quantas especialidades estão aí presentes? Há aspectos legais, administrativos, financeiros, policiais, de engenharia, de informática etc. Por isso, recusando-me a capitular e antes de ousar propor uma alternativa global, tentei a solução de bom senso: montei um grupo intersetorial e multidisciplinar, em que todas as secretarias estivessem representadas. Não funcionou. Aprendi, errando, que uma secretaria só se representa por seu secretário. Mesmo assim, apenas na medida em que certas constelações políticas forem favoráveis. Por mais que os secretários tivessem liberdade para indicar nomes, os indicados jamais decidiam pelos superiores. Nosso fórum de execução do Projeto Delegacia Legal tropeçava nas próprias pernas.

Outra frente estratégica era a reforma da polícia técnica. Carlos Alberto, o delegado Claudio Ferraz e eu vínhamos fazendo alguns contatos internacionais. Já havia muitas idéias boas circulando, até mesmo em função de um ótimo projeto concebido, mas não implantado, no governo anterior. Nossa intenção era visitar alguns países e aproveitar o que fosse adaptável à nossa realidade. Garotinho sugeriu que eu viajasse com alguns policiais. Começou a insistir na idéia depois dos episódios da Mangueira e da Coroa, o que me levou a suspeitar que talvez lhe parecesse conveniente minha temporária saída de cena. O roteiro era interessante porém longo e o governador se esmerava em alongá-lo sempre um pouco mais, com novas sugestões de países e cidades. Como não gosto dos diálogos cifrados, expus com franqueza minhas dúvidas. Garotinho negou que houvesse qualquer segunda intenção em sua proposta. Achava mesmo que era importante a viagem de visitas, consultas e estudos, para que tivéssemos, na área da polícia técnica, um projeto do nível da delegacia legal. Acreditei em sua sinceridade, até porque, de fato, de que valeria a delegacia legal sem um trabalho competente de coleta de vestígios, na cena do crime, e sem o tratamento apropriado dos materiais recolhidos? Eu sempre defendera um investimento pesado nessa área. Como investigar sem uma perícia de qualidade, técnicas sofisticadas, equipamentos de última geração? Se não investíssemos em inteligência, tecnologia e capacitação profissional, como poderíamos fazer face aos criminosos organizados, sobretudo aqueles que operam no atacado, vestem colarinhos brancos, falam línguas sem ajuda do Espírito Santo e atuam no mercado globalizado dos negócios ilegais? Ou faríamos a revolução da inteligência e começaríamos, afinal, a olhar para cima, a investigar o "andar de cima", como diria Elio Gaspari, ou nos condenaríamos a enxugar gelo, prendendo meninos analfabetos no varejo do tráfico. Garotinho estava mais que certo. Era urgente viajar, concluir os estudos para a reforma da polícia técnica e passar à implantação do projeto, no início do segundo ano de governo.

Enquanto o treinamento para o policiamento comunitário estava em curso na PM, e já nos permitia inaugurar a nova metodologia em Copacabana, no Leme e em Laranjeiras, a ouvidoria não parava de receber denúncias contra policiais. Isso tinha dois significados contraditórios, um positivo, outro negativo: mostrava a confiança que a seriedade e a independência de Julita Lemgruber inspiravam na população, ao mesmo tempo em que revelava quanta brutalidade e corrupção havia nas polícias. Ainda era cedo para julgar a capacidade de resposta das corregedorias policiais, sob a pressão do novo governo, de uma opinião pública vigilante, da mídia atenta e crítica, dos novos chefes comprometidos com novos princípios e de uma ouvidoria atuante e rigorosa. Nossa primeira impressão era a pior possível. Parecia que nada tinha mudado. Parecia que o costumeiro corporativismo, associado à inércia burocrática e a legislações inadequadas, continuava dando as cartas. Mas seria prematuro julgar, antes que o primeiro semestre se completasse.

Os centros de referência ganhavam ritmo e corpo, visibilidade e adesões crescentes, prometendo fazer diferença, no futuro próximo. A política de defesa das mulheres e de combate à violência doméstica ia se costurando com a delicadeza, a habilidade e a inteligência de sua formuladora.

Finalmente, havia um desafio fundamental, nos meses que restavam do primeiro semestre de 1999: redesenhar e implantar as áreas integradas de segurança, com seus respectivos conselhos comunitários, e remodelar a sistemática de captação, processamento e difusão dos dados criminais. Trabalhamos nisso, contando, para o desenho das AISPS, com a ajuda generosa e fundamental de Leonarda Musumeci e Galeno Ferraz Filho, professores da Escola de Economia da UFRJ.

No primeiro semestre de 1999, tive a alegria de ajudar a restituir um mínimo de justiça à família e aos amigos de Jorge Antonio Careli. As coisas boas, mesmo tristes, que acontecem em meio à correria do trabalho e à rotina de tragédias, são gratificantes e nos estimulam. Mas são também raras. Em 10 de agosto de 1993, aproximadamente às oito da noite, Careli conversava com a namorada por um telefone público da avenida Leopoldo Bulhões, próximo do número 952, na favela da Varginha, em Manguinhos, perto da Fundação Oswaldo Cruz e da comunidade onde morava. Careli era funcionário público, zelador, lotado na presidência da Fiocruz desde 21 de fevereiro de 1984. Naquele dia de agosto, estava falando com sua namorada quando policiais da Divisão Anti-Seqüestro (DAS), que haviam ingressado na favela em um furgão do tipo Kombi, interromperam-no, tomaram o telefone, falaram com a namorada, depois o espancaram e levaram para local ignorado. O corpo nunca foi achado. Por isso, a ação pública só pôde ser executada cinco anos depois do assassinato, em 1998. Após terem falado com a namorada no telefone público, dois policiais da equipe da DAS ligaram, de seus telefones celulares, para a casa da moça. Essas ligações foram rastreadas no julgamento criminal, em que eram suspeitos os 23 membros da equipe da DAS, então chefiada pelo delegado Hélio Vigio — e que contava com policiais sabidamente violentos. Os 23 policiais foram absolvidos por falta de provas — o corpo nunca foi achado —, ainda que, na sentença, o juiz tenha indicado que não havia dúvidas de que Careli fora assassinado nessa operação desastrada da DAS. Supõe-se que tenha sido confundido com um seqüestrador ou que tenha sido vítima de outras confusões possíveis nesse tipo de operação, com esse tipo de policiais.

Através da Associação dos Funcionários da Fiocruz (ASFOC), com o apoio da presidência da Fiocruz, a família moveu uma ação ordinária de reparação de danos morais e materiais, responsabilizando o Estado. Representantes da ASFOC e da Fiocruz me procuraram com a proposta de que o Estado reconhecesse a culpa por meio de um ato do governador e concedesse a pensão aos pais de Careli, já em idade avançada, moradores de uma favela da comunidade de Manguinhos. Graças à sensibilidade de Garotinho e do procurador-geral do Estado, Francesco Conti, que não hesitaram em aceitar a defesa que apresentei da proposta dos colegas de Careli, chegamos, em algumas semanas, a um acordo: 150 mil reais — 45 mil por danos morais, pagos imediatamente, e 105 mil por danos materiais, a serem pagos ao longo de cinco anos. O ato foi assinado em solenidade realizada na Fiocruz. Tão importante quanto o dinheiro — muito significativo, pois era Careli quem sustentava os pais — foi o reconhecimento público, por parte do Estado, de suas responsabilidades, depois de tantos anos de negligência e cinismo. Talvez minha maior frustração, nos quinze meses de governo, foi não ter podido estar presente à cerimônia na Fiocruz. Poucos casos, no Rio de Janeiro, se tornaram tão exemplares das arbitrariedades policiais criminosas quanto a história dramática desse rapaz, querido por todos que o conheceram. Careli não mereceu nem um túmulo, mas sua memória foi homenageada com a afirmação oficial da verdade. Eu pensava que, se não conseguisse realizar o que pretendia no governo, pelo menos teria feito minha parte para reparar, ainda que em escala infinitesimal, o que Careli sofrera.

Em meio às atividades ligadas às várias frentes de trabalho e às tarefas emergenciais, inevitáveis na área de segurança pública, como aquelas exigidas pelas tragédias da Mangueira e da Coroa, mal vi o primeiro semestre passar. O tempo voava e parecia sempre inferior às necessidades. Na terça-feira, 15 de junho, recebi uma convocação para um encontro no palácio Guanabara, à noite, com Garotinho. Não fui informado sobre a agenda, nem se mais alguém participaria. Provavelmente, seria uma conversa privada. Já estava havia alguns minutos na sala de espera quando chegou o coronel Josias. Disse à recepcionista que tinha ordens de entrar imediatamente, pois o governador nos aguardava. Mal tivemos tempo de conversar um pouco. Eu queria saber qual seria o assunto da conversa, mas não houve oportunidade de perguntar. Cruzamos o Salão Verde e nos dirigimos ao gabinete do governador. Garotinho cumprimentou apenas a mim, o que indicava que ele e o secretário haviam estado reunidos antes, reservadamente. Era estranho, mas nada que merecesse maior atenção. Sentamo-nos. Garotinho estava simpático e gentil como sempre, mas nitidamente preocupado. Pediu ao coronel Josias que falasse. Em suma, o secretário disse que estava chegando ao limite; que o peso estava insuportável; que não agüentava mais as ironias da imprensa e dos deputados, e as brincadeiras desagradáveis que estariam circulando entre policiais; que todos os seus aliados lhe cobravam um posicionamento firme; que não era mais possível que todos pensassem que o secretário de Segurança fosse, na verdade, eu. Em seguida, se disse chocado com o fato de eu tê-lo criticado numa audiência pública na Assembléia Legislativa, convocada pelo deputado Chico Alencar, que fazia oposição ao governo, apesar de ser do PT.

A audiência ocorrera na véspera e eu defendera o secretário, criticado pelo deputado petista por não ter comparecido e não ter se justificado, ao menos por uma questão de gentileza, pois aceitara o convite. Até que reagi com alguma habilidade: disse, em meu pronunciamento, que eu fora encarregado pelo secretário de apresentar suas desculpas pela falta e representá-lo. Mencionei a agenda carregada do secretário e suas enormes responsabilidades, muitas delas determinando atenção a circunstâncias imprevisíveis. Contei isso ao coronel Josias diante de Garotinho, em resposta às suas reclamações. Garotinho tem uma peculiaridade: às vezes, não consegue disfarçar o que está pensando — ou não quer disfarçar. Seus olhares e expressões faciais acabam revelando o que lhe passa pela cabeça. Percebi que ele dizia com os olhos para o secretário algo como: "Não disse? Viu? Era tudo intriga". Seu rosto foi se descontraindo e ficou ainda mais leve quando eu completei: "Quanto à sua preocupação relativa às nossas respectivas imagens públicas, coronel, acho que o senhor tem toda a razão. Está coberto de razão. Acho que eu sentiria o mesmo em seu lugar. Qualquer um sentiria. O senhor é o secretário e eu sou o subsecretário, e não deve haver dúvidas quanto a isso na opinião pública, até mesmo em benefício de nossa política de segurança, porque sua fragilidade implicaria a debilidade de nossa política. Estou disposto a mudar de atitude e mergulhar nos bastidores, desaparecer por um tempo, me mantendo *low profile* até que o senhor se firme plenamente e que não restem mais dúvidas sobre sua posição. Só gostaria de registrar dois pontos, para que nosso jogo seja sempre limpo, com todas as cartas sobre a mesa: se tenho falado à mídia continuamente, é porque nos pusemos de acordo sobre isso, logo nos primeiros dias depois de sua posse, coronel. Ou estou mentindo? Portanto, quando me disponho, agora, a reduzir minha exposição na mídia, apenas retomo a intenção que o senhor mesmo evitou que se realizasse. Não fui eu que o atropelei ou traí, por vaidade ou ambição pessoal. Foi nossa estratégia, estabelecida em comum acordo, que não está funcionando e precisa ser mudada. Vamos fazer a mudança, então. Não há nenhum problema. Vou me esforçar ao máximo para deixar ao senhor todo o espaço. Pode confiar em mim. Eu estou com o senhor. E, por favor, tome cuidado com intrigas. Só lamento que o senhor não tenha conversado comigo abertamente. Bastaria uma conversa franca entre nós para que tudo se esclarecesse e para que nosso pacto fosse mudado. Por que o senhor envolveu Garotinho?".

O governador não cabia em si de alegria, e tudo o que me pareceu transpirar em seus olhos, ele explicitou:

— Não disse, coronel? Era tudo intriga. Está tudo bem.

Garotinho fez o possível para reverter o caráter pessoal, quase psicológico daquele diálogo e daquele acordo. Afinal, homens públicos deveriam agir orientados por análises mais impessoais — foi o que pareceu sugerir, nas entrelinhas do que disse. Compartilhou conosco uma análise crítica da área de segurança do governo. Disse que o conteúdo do trabalho era muito bom, que os resultados eram bons, sobretudo considerando-se todas as transformações que estávamos realizando. Disse também que as pesquisas de opinião pública não estavam más. No entanto, reconhecia que a sensação de insegurança persistia, por responsabilidade da mídia, que vinha focalizando excessivamente questões ligadas à segurança. Isso seria natural, completou, dado que os profissionais da comunicação agem como predadores, alimentam-se de tragédias — ele gostava de dizer isso num tom quase confessional, sublinhando que ele mesmo havia sido um deles e que falava com conhecimento de causa. Mas não nos cabia pôr lenha naquela fogueira. Na medida em que chamávamos muita atenção para nossos projetos e realizações, acabávamos contribuindo para a focalização dos problemas, o que não nos interessava. Deu o exemplo da campanha pelo desarmamento, que estaria concorrendo para piorar as coisas, ao chamar a atenção para a violência. O melhor a fazer seria nos retirarmos todos de cena. Ele mesmo estaria muito exposto. Teria de se recolher um pouco. A orientação dali para a frente seria: vamos fazer com que o tema perca importância e visibilidade, alterando nossa postura. Em vez de tomarmos a iniciativa, de falar muito e de responder sempre, deveríamos abdicar da iniciativa e apenas responder quando fosse inevitável, mesmo assim através do terceiro ou quarto escalões, através de delegados e coronéis, para não dar tanta importância aos episódios criminais.

Quase sempre eu concordava com o modo como Garotinho compreendia as relações com a mídia, mas, naquela noite, não poderia discordar mais radicalmente. Respondi com a franqueza que nossa relação autorizava: "Garotinho, isso me parece um erro gravíssimo. Que eu saia de cena para que o secretário afirme sua autoridade, acho perfeito. Mas que a secretaria se cale e que você deixe de falar sobre segurança, acho um tremendo equívoco. É uma ilusão supor que o tema desaparecerá porque deixaremos de falar dele ou porque evitaremos responder pelo que ocorre no dia-a-dia. Nossa originalidade tem sido enfrentar de peito aberto o tema e os problemas do cotidiano, correndo todos os riscos, inclusive de desgaste político. Se recuarmos, vamos ficar a reboque dos acontecimentos e das pautas da imprensa. Vamos correr atrás do leite derramado e piorar ainda mais o quadro, delegando a terceiros a tarefa estratégica da comunicação. Nossa linguagem é nova. Nós não fugimos, não varremos o lixo para debaixo do tapete, não negamos nossos erros, evitamos as hipocrisias convencionais. Está aí a nossa força, no reconhecimento honesto de nossas fraquezas, combinado à vitalidade de nossas iniciativas reformistas. Nós é que temos de impor nossa agenda. Nós é que temos de pautar o imaginário coletivo e a mídia. E isso não se faz pelo silêncio e pela omissão, mas pela apresentação do trabalho realizado e das perspectivas que a implantação de novos projetos abre. Nossa política é afirmativa, propositiva, envolve planejamento e criatividade, e isso nos distingue das secretarias de segurança e das políticas de segurança do passado, que oscilavam, de um modo geral, entre a reatividade e o silêncio. A reatividade tende a ser defensiva. Daí a péssima imagem do que é oficial, do que é chapa branca. Todo mundo associa discurso oficial à autopromoção e às explicações defensivas. Nós temos surpreendido muita gente, fazendo diferente, ousando fazer diferente. A campanha pelo desarmamento é um sucesso, não é um erro. E ainda vai tornar o Rio o centro de um movimento nacional. Você sempre me disse, com justificável orgulho, que se recusava a aceitar os conselhos de políticos mais velhos, que repetiam: 'Garotinho, afaste-se da segurança pública. Isso não tem jeito, não tem conserto. Quem chamar para si essa problemática vai morrer afogado com ela. No Rio de Janeiro, ela é a sepultura das ambições políticas'. Você sempre se orgulhou de recusar essa tese. Você quer enfrentar e vencer o problema, e não se desviar dele. Essa é a sua originalidade, esse é o seu cacife. É preciso segurar o tranco e enfrentar os momentos difíceis, que serão inevitáveis. Vamos passar pelo inferno astral antes de começar a colher os resultados das reformas. Um dia, o reconhecimento virá. Vamos atravessar o inferno astral de peito aberto. É o único jeito de chegarmos ao outro lado de cabeça erguida".

Não houve jeito, Garotinho estava irredutível. No dia seguinte, quarta-feira, voltei a insistir nesses argumentos, aproveitando um telefonema sobre outro assunto. Inútil. Ele estava decidido. Percebi que, finalmente, Peninha o convencera. Estava aberta a temporada de teste da política do camarada Peninha. O futuro diria quem estava com a razão. Confesso que tenho dúvidas sobre muitas de minhas idéias. Mas, naquele caso, não tinha nem a mais remota sombra de dúvida de que eu é que estava certo.

Quando a reunião no palácio terminou, saí com o coronel Josias. Pousei a mão direita em seu ombro direito, caminhando ao seu lado, e lhe disse: "Coronel, não foi muito diferente do que o senhor esperava? Por que o senhor não falou comigo, se sempre nos entendemos tão bem? Como é que o senhor pôde acreditar no que lhe contaram sobre a audiência pública?". O que o secretário disse valeu por mil palavras e eu me senti completamente recompensado:

— É, Eduardo, às vezes a gente dá ouvidos a quem não devia dar. Tem muita gente falando no meu ouvido. Daqui para frente, nós dois precisamos conversar mais.

Troquei idéias com Jairo e Antonio Carlos sobre o novo quadro. Discutíamos diariamente a conjuntura e procurávamos prever os próximos lances, na medida do possível. Mas a resposta que dei ao coronel Josias não poderia ficar sujeita a nenhuma outra consideração. Eu a compreendia como um dever moral meu. Assim como, no primeiro momento, combinara com o secretário a continuidade de minha presença na mídia, achava que era um direito dele pedir que eu me retirasse temporariamente, e que me cabia contribuir para fortalecê-lo e fazê-lo sentir-se melhor, mais à vontade, já que ele estava tão incomodado. Imaginara-o menos vulnerável às pressões da mídia e da Assembléia. Bem, talvez o problema fosse outro. Talvez a fonte das pressões que o tinham levado àquele extremo fossem alguns de seus interlocutores cotidianos na cúpula da secretaria. Se fosse assim, a situação mereceria toda a atenção, todo o cuidado, pois eu podia estar às vésperas de reviver o cenário de crise que conhecia tão bem. Seria terrível voltar ao pesadelo de que acabara de me livrar. Aí, sim, eu estaria num filme de terror, do tipo *O bebê de Rosemary*. É verdade, a melhora que começáramos a experimentar, na subsecretaria, quando o coronel Josias assumiu, estacionara e já dava mostras de estranho recuo. Voltara a ficar difícil conseguir qualquer tipo de apoio material. Parecia haver um gargalo administrativo mais uma vez bloqueando o trabalho de minha equipe. Provavelmente, seriam apenas coincidências: dificuldades burocráticas normais que eu não devia misturar com as palavras do coronel Josias ao sairmos do gabinete do governador. De todo modo, a pergunta era pertinente: quais seriam as tais pessoas interessadas em nos dividir, em afastar o secretário de mim, sussurrando-lhe intrigas no ouvido? Havia algumas pessoas jogando esse jogo sujo. O próprio coronel Josias admitira. E pessoas próximas, porque só alguém com intimidade pode sussurrar no ouvido.

Era tempo de pôr em prática a nova estratégia: desaparecer. Tratei de suspender compromissos públicos, cancelar entrevistas, adiar reuniões que pudessem atrair a imprensa. A quarta-feira, 16 de junho, foi difícil. Não caberia anunciar que eu sairia de cena. Nem era o caso de sair completamente. Bastaria reduzir minha exposição. Bastaria calibrar a visibilidade. Ocorre que ninguém, unilateralmente, tem o poder de impor o grau desejável de exposição. Essa calibragem só é possível sob ditadura. Pode-se supor que se alcança o grau adequado falando pouco sobre poucos assuntos, mas a realidade logo revela o absurdo dessa pretensão onipotente: as poucas palavras transformam-se em manchetes, liquidando as intenções de recolhimento. Tinha consciência das dificuldades e não me iludia. Porém, só me restava tentar. Fracassei. Não respondi aos telefonemas dos repórteres, mandei dizer que viajara para o interior do estado, mas não houve jeito. Tinha de sair à rua, tinha de voltar para casa. Acabei descoberto e confrontado com perguntas. Claro que eu não repetiria a famigerada sentença que notabilizara o ministro Armando Falcão: "Nada a declarar". Sendo assim, declarava alguma coisa, por mais breve que fosse. Era o suficiente.

Na quinta-feira, dia 17, me dei conta de que seria impossível cumprir o acordo. Os jornais me citavam várias vezes e destacavam declarações minhas, apesar de meu esforço em contrário. Percebi que seria necessária uma medida mais radical para tentar interromper a dinâmica instalada e redirecionar o foco para o secretário. Decidi viajar para o exterior, sozinho, por tempo indeterminado, até que o coronel Josias tivesse ocupado todos os espaços e dominasse a cena política na área da segurança. Afinal, havia mesmo aquele plano de visitar algumas instituições policiais em outros países, para recolher os dados necessários à elaboração do projeto de reforma da polícia técnica. O próprio Garotinho já mencionara a viagem em entrevistas. Portanto, minha saída não levantaria suspeitas de que algum problema pudesse estar ocorrendo. Não era necessário nem conveniente trazer a público aquele problema, pois a emenda poderia ficar pior que o soneto, contribuindo para enfraquecer o secretário quando nossa vontade era valorizá-lo. Seria natural, viajar. E seria preciso sair imediatamente, antes que o coronel Josias interpretasse minha presença na mídia como ruptura do compromisso.

À tarde, ainda no dia 17 de junho, meu colega Newton de Oliveira comentou a repercussão da... "nota". O andar em que funcionava o gabinete do secretário estava em polvorosa. Só se falava da... "nota". Não entendi. A que nota Newton se referia? Ele se surpreendeu. Como é que eu não ficara sabendo? Então eu não lera a coluna do Boechat, no *Globo*? Não, eu não tinha lido. Era uma nota maldosa e parcialmente falsa. Não por culpa do jornalista, mas por responsabilidade de quem lhe passara a informação. A nota dizia: "Ordem na casa: pivô de várias crises na Secretaria de Segurança do Rio, o subsecretário Luis Edmundo Soares [*sic*] foi chamado às falas pelo governador Garotinho, anteontem. Recebeu ordem para sumir da mídia. E para prestar cega obediência ao secretário, Josias Quintal". Era desagradável, mas não dei maior importância. Pelo menos, até atender o telefonema de Garotinho. Ele estava em alguma cidade pequena do interior e me ligava com dificuldade. A ligação caiu algumas vezes. Ele voltava a ligar. Queria me dizer, com muita ênfase, que estava revoltado com a nota. Que descobriria o responsável pelo vazamento da notícia daquela forma agressiva e humilhante. Insistiu com tanta veemência que estava solidário comigo, que comecei a me preocupar. Por que ele estaria tão indignado? Ou a indignação era apenas preocupação com minha reação? Enquanto Garotinho se indignava por mim, eu não precisava me indignar. Bem, na verdade a questão parecia ser: indignar-me com quem? Se Boechat publicara a nota naquele tom, era porque alguém lhe passara já naquele tom. Por que é que o jornalista modificaria o sentido? Portanto, quem passou a notícia tinha a intenção de transmitir ao público a idéia de que o secretário estava prestigiado e o subsecretário, desprestigiado, quase desqualificado. As coisas se complicam quando se considera o fato de que só havia, na reunião, duas pessoas além de mim: Garotinho e o coronel Josias. Se fosse o coronel Josias, nossas relações seriam fortemente abaladas, porque ele perderia minha confiança. Será que o secretário teria coragem de tomar uma iniciativa desse tipo, sabendo que não haveria como ocultar seu ato de Garotinho e, portanto, correndo o risco de perder também a confiança do governador? Não acredito, hoje, e não acreditava em junho de 1999. Nesse caso, sobra o próprio governador. Ele faria isso? Em junho de 1999 eu não acreditava.

Como a ligação estava péssima, adiei a menção à idéia da viagem. No dia seguinte, sexta-feira, telefonei. Falei da viagem, Garotinho se assustou. Quis conversar pessoalmente. Estava angustiado. Voltou à nota. Falara com o coronel Josias, que jurara só ter comentado o assunto com a esposa; não contara a mais ninguém o que se passara na reunião do dia 15; dera sua palavra de honra. Bem, de minha parte, preocupava-me a preocupação de Garotinho. Ele devia estar fazendo tempestade em copo d'água. A menos que se sentisse culpado. Será que governador tem inconsciente e vive as mesmas emoções que consomem o comum dos mortais? Acho que sim, certamente, e numa magnitude demasiadamente humana, parece. Pensei na culpa, mas logo suspendi a reflexão. Eu tinha mais o que fazer. Não é fácil preparar uma viagem longa do dia para a noite. Decidi que iria para Nova York, onde tinha mais contatos. Além disso, conhecia bem a cidade, acompanhava as inovações introduzidas na segurança pública durante a gestão do prefeito Giulliani e admirava o CompStat — Computorized Statistics, método de gerenciamento por avaliação setorial. Poucos anos antes eu havia entrevistado dirigentes policiais. Pretendia retomar os contatos e tentar obter autorização para assistir às famosas reuniões de avaliação e planejamento, já que tencionávamos aplicar um modelo análogo, as áreas integradas de segurança. De todo modo, no telefonema do dia 18, Garotinho pediu que o encontrasse reservadamente na manhã de segunda-feira, dia 21. Disse que gostaria de conversar logo, mas teria de viajar no fim de semana.

Sábado, dia 19, Peninha telefonou. Queria que eu soubesse que ele jamais faria uma coisa dessas. Que eu era um companheiro valioso, por quem ele tinha grande apreço e não merecia, de modo algum, esse tipo de coisa. Recordo-me bem de minhas palavras: "Peninha, acredito em você, porque se não acreditasse teria de sair do governo. Meu raciocínio é o seguinte: se tivesse sido você, você só teria vazado porque Garotinho lhe teria contado o que aconteceu. Garotinho saberia que, se houvesse vazamento da notícia, seria você o responsável. Você teria consciência disso e jamais ousaria vazar sem autorização expressa do Garotinho. Portanto, Peninha, do meu ponto de vista, não há a menor hipótese de que você tivesse vazado sem a cumplicidade ativa de Garotinho. Acreditar que você vazou seria acreditar que Garotinho vazou, quer dizer, plantou a notícia. Mas isso seria tão baixo, tão traiçoeiro contra um companheiro de primeira hora, que me recuso a sequer considerar essa hipótese. Até porque, como lhe disse, se acreditasse nisso teria de mudar inteiramente a imagem que tenho de Garotinho. E pediria demissão imediata do governo. O que mais me restaria fazer? Fique tranqüilo, Peninha".

De fato, era estranho. Disse tudo isso ao Peninha de um jato, como se tivesse pensado muito a respeito da nota. Não pensei. O argumento que me veio à cabeça parecia-me realmente persuasivo. Eu mesmo me dei conta de que estava dizendo algo muito grave. E que talvez estivesse diante de uma descoberta assustadora. Mas logo atinei para outras possibilidades: o coronel Josias poderia ter comentado com mais alguém além da esposa, sem más intenções, e depois se envergonhara de tê-lo feito e preferira negar; ou Peninha teria passado a informação a algum assistente, que a passara deformada ao Boechat. Ou o jornalista interpretara a seu modo o que ouvira. Não fazia muito sentido, mas era melhor pensar assim.

Na segunda-feira, visitei Garotinho no palácio Guanabara. Ele continuava obcecado pela história da nota. Eu falava da viagem e ele retornava à nota. Percebi que, ao mudar de assunto e passar-lhe, tacitamente, a mensagem de que o tema não me interessava, ele ficava desconcertado, como se eu lhe estivesse dizendo, de forma oblíqua: "Não acredito em você; não adianta perder tempo". Quanto mais eu desprezava o assunto, mais ele o valorizava. Refez várias vezes o percurso mental, como se estivesse em meu lugar:

— Quem poderia ter vazado? Só estávamos nós três. Josias jura que não foi. Como poderia ter havido o vazamento, então?

Garotinho repetia as perguntas, para as quais não tinha resposta, como se repeti-las exorcizasse o peso que havia nelas. E enxotasse o mistério. Repetindo-as, tomava meu lugar, punha-se em minha posição, identificava-se comigo e não permitia que eu o visse de fora, como a alguém que pudesse estar do outro lado, mentindo e montando uma pequena farsa. Em certo momento, interrompeu o círculo de suas próprias interrogações e me disse:

— É melhor abrir o coração. Se você está pensando alguma coisa, se está sentindo alguma coisa, é melhor falar, colocar para fora. Eu aprendi que a gente não deve guardar nada. Faz mal guardar.

Eu não estava sentindo nada em especial. Queria falar da viagem e acertar detalhes com ele. Inclusive sobre o pagamento. Como é que eu iria pagar a viagem, os custos todos, o hotel etc.? Garotinho parecia temer que a viagem fosse o prenúncio de um afastamento definitivo. Parecia interpretar minha iniciativa como reação ao vazamento. Na verdade, a idéia surgira antes e eu não via motivo para tanta preocupação com uma simples nota. Insisti com ele: "Quero sair do país e logo, porque acho que vai ser o único jeito de cumprir o acordo com o coronel Josias. É impossível ficar aqui e desaparecer, depois de tantos meses em contato diário com a mídia. E já que é preciso viajar, vou aproveitar para trabalhar no projeto da reforma da polícia técnica, vou tentar acompanhar as reuniões do CompStat e aprender o que puder. Não se preocupe, vou deixar os projetos todos entregues a colegas confiáveis e competentes e vou ficar em contato estreito".

Viajei para Nova York no dia seguinte.

10. O triunfo da retórica defensiva

Eu já sabia que isso acontecia. Já tinha passado por isso. Mesmo assim, não pude evitar. É o tipo de coisa que acontece quando não se tem tempo para planejar uma visita a Nova York. Os vôos do Brasil chegam de manhã bem cedo, mas os hotéis só liberam as reservas às duas ou três da tarde. Resultado: depois de enfrentar a fila comprida no lobby do hotel, o turista se vê forçado a antecipar seu passeio pela cidade, meio sonado, louco por um banho. Não é a recepção mais agradável do mundo, mas, afinal de contas, tudo se debita na conta da aventura: férias são assim mesmo. Por isso, imaginava que não seria fácil para meus colegas de vôo decifrarem meu desânimo, sentado na rara poltrona do lobby, olhos estatelados. O segredo é que eu não era turista, ainda que fosse difícil saber o que é que eu era, afinal. Viajara sem agenda, sem planos definidos, sem contatos previamente arranjados, sem prazo para voltar, sem disposição para passear, sem dinheiro para gastar, com mil e uma tarefas no Rio esperando por mim, preocupado com o que estaria acontecendo. O hotel era péssimo e caro. Tudo por causa da inevitável precipitação. O calor em Nova York batia recordes históricos e me deixava ainda mais angustiado. No Rio, como diz um amigo, temos duas estações: o verão e o inferno. Nova York estava um caldeirão irrespirável. Era a temporada no inferno, em meio ao verão. Junho e julho de 1999 figurariam no *Guinness*. A opção reclusa era triste, o ambiente do hotel era opressivo. Mas, que fazer? Era preciso agüentar firme e me preparar para um afastamento tão longo quanto fosse necessário. Eu pretendia ir discutindo com Garotinho a melhor oportunidade da volta. Teria de ser depois que a imagem do secretário estivesse suficientemente firmada como a autoridade superior da segurança pública. Acabei permanecendo nos Estados Unidos até o dia 16 de julho. Foram três semanas, portanto.

Quando meu amigo Fernando Peregrino entrou em meu quarto, duas semanas depois que eu chegara a Nova York, numa rápida visita, aproveitando a oportunidade de uma conferência em Washington, ficou pasmo com o cenário:

— Meu amigo — ele disse —, isso aqui parece quarto de jornalista no exílio. Livros empilhados, papéis, um laptop, num cubículo sombrio. Só falta cinza de cigarro nos cinzeiros.

Ele tinha razão. Aquilo era uma tristeza. Quase um exílio. Eu não tinha cabeça para mais nada. Só pensava no Rio, nos nossos projetos, e temia que minha ausência desacelerasse alguns processos. Acompanhando o dia-a-dia pela internet, a impressão que eu tinha era ruim. Parecia que as coisas não iam bem. Tinha a sensação de que Garotinho e o coronel Josias estavam batendo cabeça, atirando para todo lado, criando uma força-tarefa por dia, um novo batalhão por semana, respondendo meio aleatoriamente às pressões da mídia e aos acontecimentos cotidianos. Parecia, a distância, que eles estavam sendo vítimas exatamente da dinâmica que eu previra: trocaram a iniciativa pela discrição e, com isso, em vez de retirar o foco da violência, tornaram-se reféns de uma agenda que deixaram de controlar; haviam passado a adotar uma retórica defensiva e uma postura prática reativa. Criar alguma coisa para atender às cobranças da véspera não é propriamente assumir a iniciativa. Quando aquilo que é criado não se relaciona, de forma coerente e compreensível, com um conjunto de projetos e programas planejados com antecedência e conhecidos pelo público, a impressão que transmite é de improviso, voluntarismo, inconseqüência — e é claro que o problema não se reduz à impressão, isto é, aos efeitos na opinião pública; o pior são as conseqüências desorganizadoras da improvisação voluntarista. Portanto, todo cuidado é pouco quando se abre alguma frente de trabalho ou se lança um novo projeto. Muitas vezes, a inovação é necessária. Afinal, uma política não nasce pronta e acabada. Ela se corrige na prática e deve permanecer aberta às adaptações e à criatividade. A questão é: como abrir novas frentes ou introduzir correções de rota sem desestruturar o processo de implantação de um conjunto articulado de projetos e programas? É preciso saber fazer isso com muita delicadeza e sensibilidade, ou a inventividade e a vitalidade do ator político podem se converter num bumerangue, voltando-se contra o próprio governo, tanto na prática como no nível da imagem pública.

Nesse sentido, a elogiável vitalidade de Garotinho representava também, e paradoxalmente, um grande risco para ele mesmo, para seu governo e para a imagem de seriedade e consistência que nossa política de segurança começava a conquistar. Cada vez que lia os jornais pela internet e deparava com os efeitos da volúpia de Garotinho por fazer mais e mais e mais, e já, rápido, com estardalhaço, temia a derrocada precoce da imensa e refinada construção que estávamos edificando, com ousadia, mas também com rigor e cautela. Temia que alguém caricaturasse todo o nosso esforço e desqualificasse o governo com uma *boutade* ou uma frase mortal do tipo: "Bravatas, flashes e desconversa". Má vontade não faltava, em determinadas esferas da opinião pública. Já caminhávamos sobre o fio da navalha, ameaçados pela dubiedade da imagem de Garotinho, a qual oscilava entre o retrato do executivo moderno, inteligente, aberto e eficiente, e a estampa do radialista ambicioso. A imagem do PDT nesses mesmos setores não ajudava. Pelo contrário, acrescentava adjetivos como "populista" e "demagógico" à figura do governador. Os primeiros meses de governo estavam desfazendo esses estigmas e abrindo perspectivas formidáveis. A aprovação popular era extraordinária. Quantas vezes não ouvíamos inconfidências: "Não votei em Garotinho, mas, se a eleição fosse hoje, mudaria meu voto". Contudo, o espectro do carreirista inconsistente assombrava o governador e todo o seu governo. Por isso, discordei intimamente quando Garotinho, em reunião do secretariado para discussão de metas e marcas, concluiu que a melhor marca seria seu próprio nome: Garotinho. As opções eram lemas tais como: "Um governo mais humano", "Desenvolvimento com sensibilidade social", "Progresso com justiça" etc. Minha resistência não se devia a qualquer consideração crítica do "culto à personalidade", mas ao simples fato de que a imagem "Garotinho" seria o resultado de um processo que nós desejávamos bem-sucedido; não poderia ser fiadora do processo. Ainda não tinha suficiente densidade para isso.

Infelizmente, o risco de desorganização do trabalho em curso na segurança pública e de fissuras na imagem de Garotinho me parecia mais próximo do que nunca, desde que ele decidira reverter o método de condução da política de comunicação, sem levar a mudança de rumo até o fim, o que seu temperamento não permitia. A nova postura me parecia errada, qualquer que fosse seu modo de implantação, mas suas conseqüências seriam menos nefastas se o governador fosse menos vital, menos ativo, mais capaz de dar tempo ao tempo e de aceitar um ritmo de maturação mais lento, mesmo que isso implicasse períodos de silêncio sob a crítica da mídia. Sendo Garotinho um político tão jovem e cheio de energia, a nova postura, que exigia recuo para os bastidores, silêncio, delegação da responsabilidade de responder pelo governo, na área de segurança, aos delegados e comandantes de batalhões, jamais se cumpria fielmente. Em outras palavras, Garotinho não conseguia calar-se e retirar-se de cena quando seu governo era alvo de cobranças e críticas — o que, insisto, é uma virtude, porém incompatível com a nova postura adotada. O resultado era o pior dos mundos: perdia-se a iniciativa, cujo ônus seria a focalização por vezes excessiva da segurança pública, e perdia-se o efeito benéfico do recuo e do silêncio, que seria a redução do foco sobre a segurança. Abdicando da iniciativa, mas permanecendo em cena, o que se tinha era o governador respondendo, diariamente, aos problemas que constituem a triste rotina da segurança pública. Ou seja, o tema não saiu de foco e o governo tornou-se defensivo, na medida em que passou a agir reativamente. Era um desastre, do meu ponto de vista.

Pior do que o retrocesso na comunicação com a sociedade era a desorganização na própria condução da política: em vez de passos rumo à consolidação das reformas, de acordo com o tríptico modernização/moralização/participação, que era a nossa bandeira, o que se via — o que eu lia pela internet — eram passos trôpegos em direções diversas, "dois pra lá, dois pra cá", reencenando o lamentável balé convencional da velha secretaria que dança conforme a música — nesse caso, a música dos crimes no varejo.

Claro, eu não era ingênuo e sabia perfeitamente que parte da defesa que Garotinho fizera das mudanças na postura do governo dizia muito mais respeito à sua generosidade do que à sua verdadeira disposição de mudar. Ele provavelmente se preocupava comigo, não queria que eu me sentisse descartado, isolado, marginalizado. Por isso, insistia em definir o pedido do coronel Josias como perfeitamente compatível com o novo momento, que exigiria nova estratégia. Dessa forma, eu não me sentiria censurado e não viveria aquela mudança como simples adaptação a um capricho do secretário. Afinal, não se tratava de um capricho pessoal, mas de uma redefinição política, cujo objetivo era reduzir o foco sobre a violência. Não obstante a preocupação fraterna comigo, Garotinho parecia realmente disposto a aplicar a estratégia que Peninha defendia desde a posse, em janeiro. Eu estava convencido de que parte da defesa que Garotinho fizera das mudanças, na reunião do dia 15 de junho, era para valer. Uma parte suficientemente grande para produzir conseqüências desastrosas. Era o que eu estava vendo se comprovar durante o mês de julho, lendo, de longe, as notícias diárias sobre o que alguns repórteres começaram a chamar "crise da segurança", supostamente causada pelo aumento do número de carros roubados e furtados.

Um exemplo marcante da nova postura foi a decisão de Garotinho de se reunir regularmente com o coronel Josias no gabinete do secretário, definindo essas visitas como sinal de que estaria tomando nas mãos o comando da segurança pública, chamando a si a resolução dos problemas. Não podia dar certo e não deu. Por um motivo muito simples: qualquer problema na área da segurança pública é complexo, multidimensional e requer intervenções múltiplas e reiteradas, ao longo de considerável período de tempo, a menos que se trate de operações espetaculares. Mas estas, por definição, servem apenas para encher os olhos dos que se deixam ludibriar pelos grandes gestos teatrais ou, nesse caso, cinematográficos. As grandes produções raramente servem à efetiva solução de problemas. Sendo assim, a presença do governador só faria sentido se fosse apresentada como uma contribuição a um processo longo e complicado. Entretanto, que sentido faria reunir-se na secretaria, dobrar as mangas, entrar em campo, dispor-se a agir, se a participação não passasse de uma colaboração com um processo mais amplo e necessariamente lento? Claro que a presença em si mesma do governador na secretaria era notícia, remetia à idéia de crise, reforçando-a, e gerava a expectativa de grandes decisões. Só restavam duas hipóteses: frustar as expectativas ou atender a elas artificialmente, improvisando iniciativas. Acontece que tais iniciativas, tomadas nesse contexto, respondendo a pressões sob o signo da crise, por estarem desvinculadas da estrutura dos projetos que davam identidade à nossa política, só poderiam transmitir a impressão de caos, de improviso, de dispersão, de imatura inconseqüência, de falácia midiática, de bravata encenada para os flashes dos telejornais, à qual se seguiria a inexorável desconversa. Impressão, repito, e realidade, pois o voluntarismo, de fato, desorganiza.

O coronel Josias parecia correr de um lado para outro batendo cabeça com sua equipe, criando e enviando forças-tarefa para todos os lados, uma para cada tipo de crime que a imprensa destacava. O expediente faz sentido em situações excepcionais. Trivializadas e desligadas dos eixos da política, essas unidades se tornaram a moda da estação, perdendo substância. O ciclo se cumpriu: a mídia pautava a Secretaria de Segurança e Garotinho corria atrás do leite derramado. Querendo afastar a segurança da mídia, o governo acabou obcecado pelas questões de segurança, dirigido pela dinâmica midiática e dominado por uma agenda que não era a sua.

Outro exemplo da postura reativa e defensiva que caracterizava a nova política de comunicação, cujos efeitos afetavam seriamente a própria substância da política de segurança, foi a resposta de Garotinho à divulgação de números negativos para o governo. No domingo, 4 de julho de 1999, o *Jornal do Brasil* publicou uma longa matéria, extremamente crítica, apontando o aumento de alguns tipos de crime, em especial os roubos a residências. O título geral resumia seu espírito: "A violência no Rio aumentou". Era a primeira matéria de peso criticando a política de segurança do governo, em seu conjunto. Sintomaticamente, ninguém falava pela secretaria, na reportagem. Não havia um posicionamento do governo, nem defensivo, nem audaciosamente transparente, como eu preferiria, que reconhecesse a piora onde ela existisse, mas a vinculasse a possibilidades futuras de enfrentamento eficaz, no quadro das reformas em andamento. Nada. Silêncio. Apesar de esforçar-se por obter declarações das autoridades superiores da segurança pública, o repórter Marcelo Moreira só conseguiu extrair algumas palavras do subsecretário de Comunicação. Garotinho, o coronel Josias e Peninha recusaram-se a fazer qualquer comentário. Um box no centro da página trazia o título "Tapando o sol com a peneira" e descrevia o insucesso do repórter em colher impressões oficiais. Teria sido melhor que a matéria tivesse provocado um posicionamento tranqüilo do governador, transparente, realista, humilde e prospectivamente orientado, que circunscrevesse os aspectos negativos, reconhecendo os erros e as falhas, mas também mostrasse, com objetividade, como era falsa aquela generalização que o repórter fazia. Em vez disso, a matéria precipitou uma reação desequilibrada de Garotinho, que se sentiu encurralado e, do fundo de sua angústia, acusou o governo anterior de haver manipulado os dados referentes a 1998. Para comprovar suas alegações, instalou uma comissão que jamais chegou a qualquer conclusão. A denúncia foi esquecida. Se a população tivesse boa memória ou a mídia fosse mais atenta, o destempero e a comissão poderiam ter custado muito caro ao governador. Afinal, se a comissão, depois de um ano de trabalho, não foi capaz de demonstrar a veracidade da acusação, comprovou, indiretamente, a impropriedade da denúncia. Ou seja, ante a evidência do problema, Garotinho se defendeu, negando-o e o transformando em acusação grave ao governo anterior. Claro, sempre soubemos que a sistemática de captação, tratamento e difusão de dados criminais era absurdamente precária e repleta de incoerências e brechas para todo tipo de manipulação. Mas essa era uma realidade permanente, de forma alguma exclusiva do ano anterior ou do governo anterior. A denúncia era leviana por duas razões: não tínhamos como prová-la e só a formulávamos seletivamente, pois nós mesmos usáramos os números do ano anterior, sem questioná-los, enquanto eles foram convenientes e indicaram resultados comparativamente positivos para nós.

Mais um exemplo da reatividade defensiva foi a criação de outra comissão, esta muito interessante e bem pensada, para discutir e propor ao governo indicadores de criminalidade violenta. Garotinho convidou professores de alta qualificação, de diversas universidades, para a tarefa. A idéia da comissão era excelente; infeliz foi a oportunidade. Garotinho a constituiu no mesmo momento em que negou o aumento dos números. Ou seja, associou o trabalho da comissão às questões políticas que diziam respeito à comparação entre dois governos. Isso fez com que a imprensa passasse a acompanhar com ceticismo o esforço dos professores. A impressão que se tinha é que Garotinho encomendara um método vantajoso para seu governo. Ele chegou a declarar que os números pareciam ruins porque haviam sido calculados de forma equivocada. Ou seja, além da suposta manipulação, haveria também equívocos no cálculo. Isso era absolutamente verdadeiro. O problema, novamente, era a confusão entre a necessidade verdadeira de reformulação e a negação seletiva de números referentes a 1998, confusão que gerava suspeita sobre a parcialidade política do novo método que seria elaborado.

Um exemplo dos equívocos em cascata provocados por uma postura geral defensiva, alimentada por avaliações precipitadas e improvisadas, foi estampado no *Globo* de 5 de julho, que transcreve a seguinte declaração de Garotinho, destacada sob sua foto: "Morte por latrocínio não entrava na estatística de homicídios". O título geral da matéria era: "Os polêmicos números da segurança; Garotinho contesta estatísticas atuais e diz que administração passada errou na metodologia". Latrocínio ou roubo seguido de morte, no Código Penal brasileiro, tem classificação própria, diferente de homicídio. Se está correto ou não, é outra questão, mas isso é o que diz o código. O estado que não respeitar essa classificação vai se desviar do padrão nacional. Sempre defendi uma reclassificação dos crimes, em benefício da transparência. Acho que os latrocínios devem ser reclassificados como crimes letais, assim como os autos de resistência seguidos de morte (mortes provocadas por policiais, em confrontos), desde que reorganizemos todo o nosso sistema de dados. Criar uma categoria mais ampla como crimes letais, que inclua tanto os homicídios como os latrocínios, e outros crimes que provoquem a morte da vítima, me parece o procedimento correto. Foi o que fizemos, aliás, no segundo semestre de 1999. Dizer que houve manipulação porque "latrocínio não entrava na estatística de homicídio" é um erro que fragilizava tudo o que havia de justo na crítica ao modelo convencional. Era preciso também cuidado para não confundir opções metodológicas criticáveis com manipulações. Até para não desmoralizar a acusação mais grave. Se tudo é denominado manipulação, ela se trivializa e a própria acusação perde força. Uma frase como aquela de Garotinho, confundindo latrocínios e homicídios, desmoralizaria os assessores do governador, se ele não se apresentasse como expert na matéria. Nesse caso, o ônus do equívoco era dele mesmo. Mas é claro que os efeitos negativos contaminaram a seriedade de nossa política.

Na seqüência de erros desencadeados pela postura defensiva, veio uma decisão do secretário, assim descrita pela imprensa: "Coronel impõe lei do silêncio; documento assinado pelo secretário de Segurança Pública, Josias Quintal, proíbe policiais de falar com a imprensa" (*JB*, 6 de julho, 1999). A matéria, de página inteira, sublinha a foto do secretário caminhando atrás do governador, com a seguinte legenda: "Quintal, por ordem de Garotinho, alega que entrevistas podem gerar sensação de insegurança". O texto de Marcelo Leite era impiedoso: "O primeiro dia do mês de julho marcou uma nova etapa na política de Segurança Pública no estado do Rio. A partir daquela data, um comunicado interno, publicado no Boletim Reservado da PM, assinado pelo coronel Josias Quintal, impôs às forças policiais uma lei de silêncio [...].

O objetivo da mordaça é proteger os números que indicam o aumento da violência. Por ter desrespeitado essa ordem, o delegado Mario Azevedo, titular da Metropol III [...], perdeu o cargo após ter divulgado que os índices de roubos e furtos de carros em sua área haviam crescido [...]. Ainda segundo a determinação do secretário de Segurança Pública, os policiais só poderão dar informações do interesse institucional das duas polícias. Assim mesmo, sob severa vigilância da Secretaria Estadual de Comunicação Social [...]" (*JB*, 6 de julho). Aparentemente, portanto, estava revogada a decisão de delegar responsabilidades de comunicação aos escalões mais baixos, ainda que não estivesse revogada — pelo contrário — a adoção da postura reativa. No dia seguinte, 7 de julho, *O Globo* publicou a seguinte manchete: "Garotinho nega ter proibido cúpula de fornecer números da violência". Tarde demais. Os estragos estavam feitos. Credibilidade não se remenda. Pelo menos, não no curto prazo. De qualquer modo, melhor o recuo do que a persistência no erro.

O aperto que eu sentia no coração era proporcional ao tamanho da trapalhada. Claro que era necessário organizar a divulgação dos dados, mas isso teria de ser feito prospectivamente, não reativa e repressivamente, num contexto que em tudo e por tudo sugeria vontade de ocultar e mentir. Poucos meses depois, a difusão dos dados relativos a cada mês passou a ser feita no dia 10 do mês subseqüente, no *Diário Oficial*, com transparência e uma metodologia aperfeiçoada. As atitudes do secretário lembravam os secretários anteriores. O discurso soava parecido com ecos da ditadura. Mergulhávamos no inferno astral. O meu, privado, era o caldeirão americano que me prendia longe dos acontecimentos, aumentando a ansiedade provocada pela vontade de interferir combinada à impotência.

Outra ilustração do equívoco da postura defensiva que Garotinho passara a adotar, secundado pelo coronel Josias, foi sua reação à série de reportagens que o jornal *Extra* publicou, ao longo de julho de 1999, sobre os crimes ocultos na famigerada premiação faroeste. Sempre soubemos que pelo menos 15% das premiações por bravura escondiam homicídios perpetrados por policiais. Esse percentual era referido nos bastidores da secretaria e das polícias. Contudo, como não sabíamos o modo justo de separar o joio do trigo, preferimos não penalizar os policiais inocentes e valorosos para punir a minoria criminosa. Várias vezes Garotinho indagara nossa opinião, em reuniões da cúpula da segurança. O custo da gratificação salarial era considerável para o

Estado. Invariavelmente, o coronel Josias manifestava-se favorável ao corte e eu, enfaticamente, contrário. O coronel Cruz e Carlos Alberto me apoiavam. Garotinho acabava se convencendo e recuando. Meu argumento era simples: nas atuais condições salariais, vergonhosamente baixas (já no livro de campanha mostráramos que os policiais fluminenses eram dos mais mal pagos do país), seria absurdo retirar qualquer vantagem, prejudicando os bons profissionais. Eu certamente era favorável à supressão do pagamento das gratificações conferidas como prêmios por bravura (ela havia sido suspensa pela Assembléia em fins de 1998 e nós jamais voltamos a adotá-la; entretanto, continuamos a pagar as gratificações já concedidas). Na campanha, Garotinho defendeu a supressão. Antes disso, eu já me manifestara publicamente nesse sentido, diversas vezes. O livro escrito para a campanha propunha a supressão. No entanto, só poderíamos cortar os pagamentos dos que haviam recebido a gratificação imerecidamente se sacrificássemos os policiais honestos e dedicados (e não havia, repito, como reconstituir, em tempo hábil e com justiça, a lista dos policiais corretos). Quando fosse viável um aumento salarial digno, a gratificação poderia ser retirada. Enquanto ela substituísse o salário, como cortá-la sem atingir os bons, degradando ainda mais suas condições precárias de vida? Éramos muito críticos dos policiais. Precisávamos, em contrapartida, demonstrar o mínimo de respeito e deferência, ao menos em consideração aos que arriscavam a vida diariamente, recebendo, em troca, os quatrocentos e poucos reais que o Estado lhes pagava. Pois bem, em julho, diante da série de reportagens do *Extra*, Garotinho anunciou a constituição de uma comissão para rever todos os atos que haviam distribuído gratificações "por bravura". Sem consultá-la previamente, comunicou à imprensa que Barbara presidiria a comissão.

Mais uma vez, a imprensa pautava o governo, Garotinho se deixava levar pelo primeiro impulso e transformava sua precipitação em política. Nesse caso, como em tantos outros, o erro acabou produzindo frustração, no rastro de expectativas artificialmente estimuladas pelo próprio governador. O resultado acabou sendo o esquecimento. Não houve comissão, nem as prometidas revisões. Depois que saí do governo, a gratificação foi suprimida para todos. O corte foi linear e provocou grande insatisfação. A comissão de revisão foi muito discutida desde que Garotinho a anunciara. Gerou conflitos. Barbara achava que o trabalho na comissão seria tão absorvente, delicado e difícil, que praticamente a impediria de continuar conduzindo a política de defesa da mulher da Subsecretaria de Pesquisa e Cidadania. Seria humanamente impossível conciliar, e ela considerava um desastre, ver-se obrigada a abandonar essas funções que exercia como subsecretária adjunta. Eu e nossos colegas concordávamos inteiramente. Mesmo assim, Barbara aceitou a presidência da comissão de revisão. Entendíamos a tarefa como um compromisso ao mesmo tempo honroso e destrutivo, pois demonstrava, simultaneamente, a confiança que o governador depositava em seu desempenho e a desatenção que manifestava por suas funções na subsecretaria. Além disso, todos considerávamos um erro político lançar a subsecretaria na liderança de uma comissão que os policiais veriam com ódio e temor, quando já eram tamanhas as resistências ao trabalho que realizávamos, traduzidas nas ameaças que pipocavam aqui e ali. O conflito se aprofundaria, em prejuízo de nossos projetos e das possibilidades de sua aceitação nos meios policiais. Mesmo crítica da forma como a comissão fora pensada e anunciada, Barbara queria fazê-la funcionar a sério. Se era para fazer, dizia, que se fizesse a sério. Não aceitaria participar de uma farsa.

A disposição de Barbara encontrou barreiras internas à secretaria, o que produziu uma situação ilustrativa das ambigüidades do processo: foram remetidas à Casa Civil duas propostas do decreto de criação da comissão de revisão, uma redigida por Barbara, com o auxílio de Julita Lemgruber, e outra enviada pelo secretário, redigida por seus auxiliares diretos. A versão endossada pelo secretário subtraía autoridade de Barbara e a tornava peça decorativa, mero instrumento de legitimação. A duplicidade gerou uma interminável queda-de-braço, até que decidi, no final do ano, conversar com Garotinho. Disse-lhe que considerava a comissão, naquele momento, daquela forma, um erro, e que Barbara não se furtaria a se sacrificar para colaborar com ele, mas só o faria se acreditasse que a comissão cumpriria mesmo o papel que lhe fora conferido pelo governador, publicamente, em julho. Garotinho me disse estar convencido de que se equivocara e que seria melhor esquecermos tudo. Tudo foi, então, devidamente arquivado.

Eu pensava, e continuo pensando, que o problema dos maus policiais premiados pelos crimes que cometeram não poderia ser resolvido isoladamente, por uma comissão qualquer, que trabalhasse nas margens do sistema. O problema exigia uma nova política de organização institucional para as polícias, uma reforma profunda, que identificasse os bons policiais, examinando não apenas as premiações faroeste, mas o histórico de todos os servidores das polícias, para que fosse possível excluir completamente os maus profissionais, se possível prendê-los, e não apenas retirar-lhes uma gratificação. Isso deveria vir acompanhado da valorização dos bons policiais e da mudança da própria estrutura funcional das polícias. Era o que pretendíamos fazer com a implantação do Instituto de Segurança Pública. Uma comissão para rever prêmios, nesse contexto, seria como resistir ao naufrágio do *Titanic* com esparadrapo. Que comissão teria força política para ser autêntica? Essas tarefas (de faxina, dizia Garotinho; eu preferia falar em resseleção com exclusões criteriosas) teriam de ser assumidas pelo próprio secretário, com o apoio do governador. Teriam de ser assumidas como política de governo. Até ousaria dizer: de Estado.

Outra ilustração das conseqüências deletérias da postura defensiva, que começou como tática política e logo se converteu em estado de espírito, foi o episódio dos dez estudantes holandeses, voluntários do programa World Servants, que foram pegos de surpresa por um tiroteio entre policiais e traficantes no morro da Providência, no centro do Rio, no dia 15 de julho. Eles se chocaram com o comportamento dos policiais, que, segundo declararam, "já chegaram ao morro atirando em todas as direções e não contra os bandidos" (*JB*, 17 de julho, 1999). O título da matéria, que teve bastante destaque no *Jornal do Brasil*, era "Criminosos traçam limites da cidade — Ao comentar tiroteio na Providência, secretário de Segurança afirma que há locais do Rio que devem ser evitados". O coronel Josias disse o seguinte: "Se alguém, seja holandês, seja brasileiro, seja alemão, seja o que for, freqüenta lugares onde pode haver a presença de tráfico e de grupos armados, eles estão, naturalmente, sujeitos a isso". Culpar, mesmo indiretamente, as vítimas ou vítimas potenciais era um chavão típico dos secretários de Segurança. A infelicidade foi dupla, pois, além da culpabilização dos holandeses (garotada irresponsável que vai aonde não deve... é o que se subentende no discurso do coronel Josias), o secretário ainda declarou a falência do poder público, reconhecendo que certas áreas não são seguras, isto é, não são propícias para o exercício da liberdade e a vigência do estado de direito. Áreas em que reside muita gente que trabalha, paga imposto e tem o mesmo direito à segurança, à liberdade e aos benefícios do estado de direito que todos os demais cidadãos.

O subtítulo, "Chefe de polícia diverge", sublinhava a diferença de posições na cúpula da segurança, destacando as declarações de Carlos Alberto: "Cabe à polícia trabalhar para que a população não tenha de ficar evitando este ou aquele lugar". Era o óbvio, o bom senso. No entanto, naquele contexto, desafiava o secretário e dividia a secretaria. Mais prudente era o pensamento do comandante do 6º BPM, coronel Duarte Souza, que renunciou à prudência ao explicitá-lo: "Não posso contradizer a opinião do secretário". A babel se desnudava. Carlos Alberto pediu desculpas aos holandeses: "Os três policiais envolvidos no caso já foram afastados e estão sendo investigados pela corregedoria de polícia". Com razão, o presidente da associação de moradores cobrou a mesma atenção: "Pedi ao delegado uma nova visita à Providência. Não basta apenas conversar com os holandeses". Se havia desculpas a pedir, elas se deviam também e sobretudo aos moradores. Entrar numa favela atirando a esmo era uma prática absurda, ineficaz e criminosa, que colocava em risco toda a comunidade. Eu não cansava de chamar a atenção para esse despautério e sempre contei com o apoio do comandante geral da PM, coronel Cruz. Infelizmente, a prática perdurava como um atavismo — apesar de ter sofrido uma redução significativa, segundo depoimentos que colhi nas próprias favelas. Uma cadeia de equívocos, portanto, desde o episódio até a forma de tratá-lo e de enfrentar seus efeitos. A matriz que orientava o tratamento do problema estava errada. Era, convencionalmente, defensiva.

Não havia o que fazer. Acompanhar de longe o que se passa causa uma sensação desagradável de impotência. É como assistir ao jogo da beira do gramado, vendo as jogadas, antecipando os lances sem poder intervir. Eu torcia para que Garotinho percebesse o que estava acontecendo desde que adotara a postura defensiva e reativa, sob a justificativa de retirar a violência do foco. Ela nunca estivera em tamanha evidência. E, agora, de forma quase exclusivamente negativa. Pior: a mídia pautava a política de segurança e alterava o desenvolvimento de nossos projetos, que necessitavam de tempo para amadurecer. O que eu havia procurado demonstrar a Garotinho, sem sucesso, era, em essência, o seguinte: seria possível investir nos projetos de médio prazo, indispensáveis para que houvesse um verdadeiro salto de qualidade nos serviços de segurança pública, sem que o governo por isso se colocasse numa posição especialmente vulnerável às cobranças incessantes da mídia e da opinião pública. Bastaria saber se posicionar, evitar a postura defensiva e afirmar uma agenda positiva, alimentada pela implantação consistente dos projetos. Não fui capaz de persuadir o governador. Houve a insatisfação do secretário com minha presença na mídia. Só me restou sair de cena. Foi o que fiz. Durante as semanas de junho e julho em que estive fora, já que não podia interferir no que estava acontecendo no Rio, dediquei-me a trabalhar no detalhamento de alguns dos nossos projetos. Enquanto prolongava a estada em Nova York, para que o coronel Josias consolidasse sua liderança, trabalhei no projeto de reforma da polícia técnica e estudei em mais detalhes o sistema de segurança da cidade.

A visita de Fernando Peregrino, aproveitando a passagem por Washington, serviu para matar saudades do amigo, saber as novidades do Brasil e conversar bastante sobre o governo. Tínhamos a mesma opinião, que também era compartilhada por Tito Ryff, secretário de Desenvolvimento Econômico. Tito se uniu a nós, em Nova York, depois de participar da mesma conferência em que Fernando estivera. Havia trocado idéias com Garotinho pouco antes da viagem. O governador lhe perguntara sua opinião sobre os seis primeiros meses. Eu e Fernando concordávamos inteiramente com a resposta de Tito:

— O governador vai muito bem; o governo vai mal. A imagem pública não poderia ser melhor, mas a administração ainda não conseguiu se organizar.

Tito não poderia ter sido mais feliz. Restava saber o que sugerir para ajudar Garotinho e a nós mesmos. Fernando ia muito bem à frente da FAPERJ, mas era freqüentemente obstado por problemas administrativos superiores. Tito realizava um bom trabalho, mas vivia dificuldades para gerir sua área. Eu fazia das tripas coração, mas não tinha força para fazer decolar o Projeto Delegacia Legal, em sua segunda fase. Cada um de nós contava histórias do labirinto burocrático e das armadilhas da administração pública. Estávamos conscientes de que havia riscos de o governo atolar, amarrando as próprias pernas. O diagnóstico que eu fazia sobre a área de segurança, meus colegas reconheciam como uma avaliação válida também para suas áreas. Parecia que não era só a segurança que carecia de uma revolução gerencial, mas todo o governo. Ou, pelo menos, boa parte dele. Como dizer isso a Garotinho, com a ênfase correspondente à urgência do problema, sem fazer terrorismo para assustá-lo inutilmente e sem lhe transmitir a impressão de que nós teríamos interesses pessoais ocultos nas mudanças que proporíamos? E que mudanças seriam essas?

Almoçamos, jantamos e caminhamos muito pela cidade durante os três dias em que estivemos juntos em Nova York, trocando idéias sobre essas questões, até que chegamos a algumas conclusões. Combinamos que eu ia redigi-las e enviá-las imediatamente ao governador. Escrevi-lhe uma carta longa, sintetizando nossos pontos de vista e introduzindo minha própria perspectiva. Em suma, disse-lhe o seguinte: o Estado está organizado como um espelho da divisão social do trabalho. Há, na vida social, a educação, a saúde, os transportes, a segurança, a ciência, a cultura, a economia, o turismo, a ação social etc. O Estado reflete essas especialidades em suas secretarias de Educação, Saúde etc. Acontece que um governo tem metas e é isso que o diferencia e lhe dá uma personalidade política própria. As metas, para serem cumpridas, freqüentemente exigem iniciativas interdisciplinares e a participação de várias secretarias ao mesmo tempo. Por isso, e enquanto não for possível repensar a própria estrutura de secretarias, talvez valesse a pena estudar a criação de grupos executivos, para usar a expressão do jurista e sociólogo Vitor Nunes Leal, que Juscelino celebrizou. Esses grupos seriam interdisciplinares, reuniriam profissionais lotados em diferentes secretarias, receberiam dotações orçamentárias próprias através de uma fundação, disporiam de autonomia em relação aos entraves burocráticos usuais e seriam destinados à implantação de determinados projetos prioritários, visando o cumprimento de certas metas. Seriam avaliados sistematicamente e deveriam demonstrar agilidade equivalente à sua liberdade. Um bom exemplo de sucesso desse tipo de configuração foram os CIEPS, no primeiro governo Brizola. Darcy Ribeiro, vice-governador, coordenou a implantação do projeto. Para isso, contava com autonomia de gestão e verba própria depositada num fundo, gerido por uma fundação especificamente devotada ao cumprimento das metas educacionais e sociais do governo e passíveis de avaliações permanentes, internas e externas. Darcy jamais construiria centenas de CIEPS se dependesse da estrutura burocrática do Estado e da máquina administrativa das secretarias. O ideal, claro, seria reformar o Estado. Provisoriamente, grupos executivos poderiam ser uma solução razoável, com o mérito adicional de demonstrar as vantagens comparativas do novo método de gestão e da nova estrutura. Em certo sentido, os grupos executivos estariam antecipando o futuro.

Concluía a carta propondo que Garotinho experimentasse o novo formato criando um grupo executivo para as delegacias legais. Para minha alegria, quando voltei ao Brasil, Garotinho me disse que estava estudando as propostas, que lhe pareciam muito interessantes, e que aceitava colocar em prática, imediatamente, a sugestão do grupo executivo para implantação do Projeto Delegacia Legal. Pediu-me sugestão de nome para a coordenação. Não hesitei em indicar-lhe Cesar Campos. Alguns meses depois, Garotinho criaria as cinco coordenações setoriais de seu governo, unidades administrativas que se situavam a meio caminho entre o *status quo* e a proposta que redigi em julho.

No dia 19 de julho, *O Globo* publicou um editorial muito equilibrado sobre a delegacia legal, intitulado "Risco de atropelo". Era coisa séria. Para se levar em conta. Exigia resposta imediata e de alto nível: clara, objetiva, mantendo o mesmo tom de respeito que marcava a crítica. Os editoriais do *Globo* foram sempre, nos quinze meses em que estive no governo, tão abertos às novas idéias e ponderados nas críticas, que o seu conteúdo ganhava um peso enorme quando era negativo. Era o caso, naquela segunda-feira. O texto elogiava muito a delegacia legal, mas concluía: "[...] as evidentes virtudes do projeto não autorizam, de modo algum, a gastar o dinheiro público de forma atabalhoada. Na realidade, exigem até mais cautela dos administradores, para que uma boa idéia não se perca na fumaça das querelas partidárias e das discussões burocráticas". O argumento era correto, mas não se aplicava à delegacia legal.

Entretanto, desde a semana anterior, a imprensa começara a expressar dúvidas sobre os preços dos computadores e da obra, e sobre a ausência de licitação para construirmos a delegacia legal modelo, inaugurada em 29 de março. As suspeitas da imprensa acenderam o rastro de pólvora e, rapidamente, incendiaram a Assembléia. Dúvidas se transformaram em certezas, por motivos políticos, e estas alimentaram acusações de superfaturamento. *O Globo*, no dia 8 de julho, publicou matéria com o seguinte título: "ALERJ aponta irregularidade em obra pública". Um título secundário remetia à defesa dos procedimentos adotados: "COPPE da UFRJ nega ter havido superfaturamento". Eu soube do que iria acontecer com alguns dias de antecedência. O coronel Cruz se encontrara, na semana anterior, com o subsecretário administrativo da Secretaria de Segurança, um coronel PM conduzido ao cargo pelo coronel Josias, e ouvira uma observação preocupante: a imprensa estaria prestes a explodir a delegacia legal, que o subsecretário designava com adjetivações nada simpáticas. O comandante geral passou a informação ao major Antonio Carlos Carballo, diretor geral de Assuntos Comunitários da Subsecretaria de Pesquisa e Cidadania, que a compartilhou com Barbara. Ela procurou Fernando Peregrino, sempre evitando os telefones. Fernando acompanhara de perto a concepção da delegacia legal, a criação intelectual do modelo, sua conversão prática em projetos de engenharia e de reengenharia institucional, e fora, desde o início, um parceiro decisivo. Era professor licenciado da COPPE, conhecia bem os colegas que haviam desenhado o plano tecnológico e liderado a implantação física do projeto. Comunicou-se com eles e os deixou de sobreaviso: alguma armadilha estava sendo armada contra o projeto. Poucos dias depois, os jornais se agitavam com acusações contra a lisura dos procedimentos do governo e da Fundação COPPETEC, responsável legal pelo empreendimento. Procurado, por telefone, pelos jornalistas que cobriam a matéria, eu lhes indagava como é que haviam se deixado levar pelo oportunismo predatório dos políticos, cujo único interesse era encontrar uma brecha qualquer para atacar o governo, mesmo que fosse injusto e ameaçasse destruir o que havia de melhor em nossa política de segurança. Os repórteres me responderam, em síntese, o seguinte: Conhecemos você e o pessoal da COPPE o suficiente para saber que vocês não são corruptos e sabemos como é que a política funciona. No entanto, não há como deixar de dar importância a acusações que vieram da própria Secretaria de Segurança. Se partiram de lá e não dos inimigos do governo, você deve admitir que são graves. Eu tinha de admitir que eles estavam certos: a fonte dos ataques os tornava graves.

O relato do coronel Cruz foi comprovado na prática. Como seria possível que os ataques tivessem vindo da própria secretaria? Era chocante, mas não havia dúvida. Um fato se ligava a outros cinco, todos muito preocupantes: minha subsecretaria havia algum tempo deixara de receber qualquer apoio administrativo e material — voltara a ser difícil conseguir um lápis —; algumas pessoas ligadas à subsecretaria administrativa e à assessoria jurídica da Secretaria de Segurança foram ouvidas se referindo à delegacia legal com expressões contundentes e depreciativas; o coronel Josias suspendera o pagamento das parcelas que o Estado devia à COPPETEC, comprometendo o trabalho ainda em curso (pois havia muitas tarefas bem mais longas que a construção física); e criara, enquanto eu estava fora e sem sequer me comunicar, uma comissão de avaliação do contrato, presidida pelo subsecretário administrativo. Esses quatro fatos pareciam coerentes com um episódio muito breve, simples, mas significativo: assim que viajei, Antonio Carlos travou um bate-boca, na ante-sala do gabinete do secretário, com um coronel PM que se referiu a mim de forma grosseira, diante de várias pessoas. O oficial que não disfarçava seus sentimentos negativos por mim acabara de ser nomeado, pelo secretário, seu assessor especial. Era quase inacreditável que as peças estivessem voltando a formar um quebra-cabeça assustador. Eu estava exausto do próprio jogo. Vivenciar tudo isso é desagradável. A distância, é muito pior.

Recusava-me a acreditar que o coronel Josias pudesse não ser um aliado e que se permitisse jogar aquele tipo de jogo. Mesmo sabendo que ele estivera insatisfeito a ponto de provocar a reunião comigo e com Garotinho, para lavar a roupa suja, imaginava que minha reação positiva e minha viagem tivessem sido mais que suficientes para recompor nossas relações. Recordava-me daquele momento em que havíamos saído juntos do gabinete de Garotinho, minha mão em seu ombro, o coronel Josias reconhecendo o erro de avaliação a meu respeito, atribuindo-o às intrigas dos que lhe enchiam os ouvidos justamente para abalar nossa unidade. Como montar o quebra-cabeça, encaixando as boas intenções do secretário com as decisões que vinha tomando e com os critérios de escolha do pessoal que o cercava?

O fato é que tínhamos um problema sério. Nosso principal projeto estava sob fogo cruzado. Era preciso demonstrar que nosso caso se adequava perfeitamente às leis que autorizavam dispensa de licitação. Não foi difícil fazê-lo. Além disso, logo descobrimos que as informações que vazaram para a imprensa eram falsas, qualquer que tivesse sido a fonte e independentemente de nosso juízo sobre os propósitos desse vazamento. Eram falsas porque apresentaram os preços que constavam do contrato como preços praticados na compra do equipamento de informática. Os preços praticados eram muito menores do que os referidos no contrato, pois o orçamento havia sido calculado em janeiro de 1999, logo após a desvalorização cambial, e as máquinas são cotadas em dólar, ainda que pagas em reais. Portanto, acompanhando a expectativa geral e o salto do dólar, o orçamento acabou ficando bem acima do necessário, uma vez que o real se reequilibrou e o dólar caiu a um patamar inferior ao previsto pelos analistas econômicos. O importante é que os preços realmente praticados foram os corretos, conforme demonstravam fartamente as notas fiscais. Apesar de o contrato estar datado das vésperas da desvalorização, o orçamento entrou como anexo, cuja data é posterior à desvalorização. Outro item era o custo da obra. De acordo com as referências do sindicato da construção civil para o metro quadrado, a construção da delegacia legal foi mais barata que a média, para seu padrão de qualidade. O preço cobrado pela COPPETEC pela criação dos softwares estava, na verdade, um pouco abaixo da média dos valores praticados pelo mercado. E nós já começávamos a receber propostas de compra, por parte de empresas privadas e de governos de outros estados. Os direitos são de propriedade do estado do Rio de Janeiro.

No dia 10 de julho, sábado, recebi à noite um recado do Brasil. Garotinho queria falar comigo. Liguei imediatamente para o palácio Laranjeiras. Garotinho me pediu que voltasse. Seria preciso responder aos ataques dirigidos à delegacia legal e eu devia estar na linha de frente. Prometi voltar na sexta-feira, pois tinha visita ao FBI na semana seguinte, em Washington, agendada com muita antecedência. Sacrifiquei duas viagens importantes, a Boston e San Diego, e marquei a passagem para o dia 16 de julho.

De volta ao Brasil, ao Rio de Janeiro, encontrei os colegas da COPPE e conversei longamente com o diretor, professor Sergen Estefen, cuja boa vontade e paciência para lidar com os aborrecimentos que a política provocava eram maiores do que parecia humanamente razoável. Visitamos juntos o escritório do eminente advogado dr. Siqueira Castro, que nos tranqüilizou com seu conhecimento e sua experiência. Como era natural, e a despeito da paciência zen de seu diretor, os colegas da COPPE estavam indignados com as insinuações da mídia e as acusações de alguns deputados. Eu e os professores Marcos Cavalcanti e Luiz Felipe Magalhães visitamos as redações do *Jornal do Brasil* e do *Globo*; depois conversamos com editores do jornal *O Dia*. Fizemos apresentações detalhadas, mostramos por que aquela não era apenas nem principalmente uma obra de construção civil, mas um projeto multidimensional. Demonstramos que o Estado estava pagando por um novo modelo integrado de delegacia, que envolvia mudanças nas rotinas do trabalho, nas funções policiais, nos instrumentos e métodos de operação, de análise das dinâmicas criminais e de investigação. Um novo modelo que padronizaria serviços e viabilizaria um gerenciamento moderno, em condições de avaliar, sistematicamente, o desempenho dos policiais, um a um, e de se orientar por um planejamento racional, como acontece em qualquer empresa moderna. Apresentamos os quadros de despesas, comparamos com os valores do mercado os preços de equipamentos, softwares, material de construção e obras, e colocamos todas as notas fiscais e os documentos originais à disposição de todos os jornalistas. Os equipamentos de informática eram os mais sujeitos a mal-entendidos, pois as máquinas necessárias para certas funções atendem a especificações que as distinguem dos computadores com os quais estamos acostumados a lidar e cujos preços são totalmente diferentes. Induzidos sabe-se lá por quem, alguns repórteres chegaram a comparar preços de impressoras e PCs domésticos com as máquinas especialmente compostas para cumprir tarefas milhares de vezes mais exigentes. A exposição técnica do professor Luiz Felipe era muito esclarecedora e esvaziava as especulações críticas. Fizemos a mesma apresentação para os deputados da base de sustentação do governo. Não tínhamos hora para terminar os encontros nas redações e com os parlamentares, nem havia qualquer limite ao acesso a documentos. Nossa transparência e, sobretudo, a força dos dados, evidenciaram o equívoco das acusações — e o assunto morreu. Pelo menos durante alguns meses, até o final do ano, quando a *Folha de S.Paulo* o ressuscitou, provocando alguns efeitos interessantes.

O que não morreu foi o desconforto de saber que havia, mais uma vez, na secretaria, uma fonte de oposição ao Projeto Delegacia Legal e a mim. E que uma comissão preparava um dossiê contra o contrato com a COPPE, a parceira que garantia a competência tecnológica do empreendimento. Eu achava que o fundamental era acertar as relações pessoais e políticas com o coronel Josias. Houve algum mal-entendido, eu pensava, alguma nova intriga, algum problema de ordem pessoal, algum fato novo, ou ele teria me ligado, me chamado de volta ou pelo menos me ouvido antes de criar a tal comissão e enveredar pelo caminho do confronto comigo e com a COPPE. Pedi a Julita que intermediasse um jantar. Seria conveniente conversarmos longe da secretaria. O coronel Josias considerou o apartamento de Julita muito distante e sugeriu um restaurante. O jantar foi cordial e nada esclarecedor. Disse-lhe com franqueza o que pensava. Disse-lhe que tínhamos o projeto mais interessante que já se desenvolvera no estado para a segurança pública. O modelo delegacia legal era inovador e eficaz para a reforma da Polícia Civil, desde sua estrutura gerencial até os mecanismos que propunha para assegurar a qualidade das investigações e do atendimento. Além disso, nos permitiria reduzir drasticamente a corrupção, ao padronizar as funções e tornar todas as atividades transparentes e controláveis. Todo o trabalho, da concepção à implantação, tinha sido feito com seriedade. Ao convidar a COPPE, procurara o que havia de melhor e mais respeitável nas áreas de competência envolvidas na execução do projeto. Eu tinha certeza de que o coronel Josias não duvidava de mim, nem da honestidade dos professores da COPPE. Além disso, nós dois, eu lhe disse também, tínhamos tudo para nos entender e para manter a unidade da secretaria, que seria condição do êxito de nossa política. Por isso, não compreendia o que estava acontecendo. Ele duvidava de mim? Da minha honestidade? Da honestidade dos professores da COPPE? O coronel Josias foi muito enfático na resposta. Afirmou que nunca duvidara de mim ou da seriedade do projeto. Não havia, ele disse, importância alguma naquela comissão que ele criara. Tratava-se de uma medida de rotina, apenas para que se esclarecessem alguns detalhes, em benefício de nós todos e do próprio projeto. Ninguém estava mal-intencionado, fosse contra mim, fosse contra o projeto, nem ele acreditava que tivesse havido qualquer vazamento para a imprensa. Que eu ficasse tranqüilo.

Aquele foi o primeiro encontro com o coronel Josias em que o senti um pouco afastado, como se não estivesse inteiramente presente, como se não falasse com a sinceridade que eu esperava. Senti, no ar, alguma coisa pesada, estranha, angustiante. Tentei me tranqüilizar. Atribuí minhas intuições negativas à tensão daqueles dias. Mas não demorou muito para que elas se confirmassem. Em poucos dias, a tal comissão apresentou seu relatório final. Era peremptório e agressivo. Declarava, sem hesitações, que o superfaturamento estava comprovado e sugeria a suspensão do projeto. Os argumentos e os dados eram os mesmos referidos pela imprensa e exaustivamente rebatidos por mim e pelos colegas da COPPE. Os equívocos eram os mesmos, as confusões eram as mesmas. Nossas explicações não eram consideradas, nem sequer mencionadas. Até porque, não tínhamos sido ouvidos. O coronel Josias permanecia distante e indiferente quando lhe exibíamos argumentos e dados. Era como se preferisse lavar as mãos e entregar nossa sorte a seus auxiliares, os quais haviam decidido dedicar-se à luta contra o projeto e contra mim. Seria possível que não houvesse a intenção de me afastar do governo e de liquidar o Projeto Delegacia Legal, sob aquela estranha iniciativa de constituir uma comissão entregando-a a um desafeto meu? Confesso que ainda acreditava que a resposta pudesse ser positiva. Não achava de todo impossível que o secretário estivesse mesmo bem-intencionado e que a constituição da comissão daquele modo, me atropelando, talvez se devesse à sua falta de jeito, combinada a alguma dose de ingenuidade. Talvez ele tivesse se deixado levar pela equipe que o cercava e que me detestava, provavelmente por corporativismo, isto é, pelo simples fato de eu não ser da polícia — não imaginava nem imagino, hoje, outro motivo, já que nenhum deles me conhecia, como pessoa e como profissional. Nem eu os conhecia. Não poderia dizer nada que ferisse a reputação deles. Para mim, o único fato objetivo é que, bem ou mal-intencionados, estavam completamente enganados e haviam escrito um relatório equivocado. Tornaram-se meus inimigos à medida que passaram a me tratar como inimigo, nos pequenos gestos cotidianos e nos movimentos mais amplos da política. Como inimigos foram muito competentes. Jamais me deram trégua e mostraram-se coerentes até o final. Lutaram com todas as armas políticas e burocráticas, em todas as oportunidades e em todas as instâncias.

Era muito difícil transmitir, a qualquer um que não estivesse vivendo o cotidiano da secretaria, a enorme complexidade daquela situação. Os conflitos surgiam entre indivíduos e se manifestavam pelas emoções comuns a todos nós: afeto, ódio, vaidade, disputa pela admiração dos outros. Mas é claro que as contradições eram muito mais profundas. Não estávamos no teatro dos egos que se enfrentam, alimentados por ambições pessoais e pelo narcisismo. Se fosse assim, os desentendimentos, as suspeitas, as parcerias e as traições não teriam nenhum interesse que justificasse sua rememoração. Seria melhor que fossem esquecidos. Havia, no entanto, um confronto surdo muito mais importante e muito mais forte do que nossas vontades individuais e nossas pequenas emoções. Tratava-se de um choque político de concepções e de interesses. Quisessem ou não, a delegacia legal significava a decretação do fim de uma era caracterizada pela corrupção ilimitada, pela adoção de métodos desumanos de investigação, pelo império de rotinas irracionais e pela independência dispersiva e desorganizadora das unidades policiais. Era todo um modo de ser, um estilo de vida, uma cultura institucional que estava se eclipsando. Quem ocupava posições superiores nas delegacias, perderia muito poder com a padronização do trabalho. Além disso, teria de fazer um grande esforço de requalificação para atualizar-se e manter-se no cargo. Conscientemente ou inconscientemente, nós, os indivíduos em cena, por mais que fôssemos pessoas autônomas e bem-intencionadas, éramos sobretudo porta-vozes e representantes da mudança ou da resistência à mudança. O embate não seria leve. A delegacia legal ainda seria alvo de muitas tentativas de boicote e desmoralização. Havia interesses pesados em jogo.

Garotinho ficou revoltado com a montagem daquele quadro. Ele conhecia bem todos os detalhes, pelo menos o suficiente para saber que as acusações contra a delegacia legal eram falsas e para compreender o que se estava armando, com ou sem a anuência e a participação deliberada do secretário. Ele não parecia ter dúvida. E foi justamente ouvindo o que ele disse ao coronel Josias, numa de nossas reuniões sobre o tema, que me convenci, afinal:

— Não há a hipótese de que seus auxiliares de confiança façam uma coisa dessas, visando ostensivamente atingir e derrubar o Luiz Eduardo, sem que o senhor tenha deixado que houvesse no mínimo brechas para esse comportamento.

O secretário ainda hesitou, esboçou uma reação, começou a dizer que não, que não provocara a situação, que não havia essa brecha, e logo foi interrompido pelo governador, que insistiu, irritado, quanto à evidência de sua conclusão. O coronel Josias se calou, constrangido, olhando fixamente para as próprias mãos sobre a mesa do salão principal do palácio Laranjeiras. Estávamos apenas os três e Garotinho determinou, mais uma vez, a exoneração dos responsáveis pelo relatório. Pediu nossa união e me deixou muito feliz, mencionando ao secretário um fato íntimo e estritamente verdadeiro, de que me orgulhava e que eu não teria como, de outro modo, comunicar ao coronel Josias. Garotinho lhe contou que, em todas as nossas conversas privadas até aquela data, eu só me referira ao secretário de forma elogiosa. Não sei até que ponto o coronel se deixou sensibilizar pela prova de lealdade. De qualquer modo, o posicionamento de Garotinho impôs um limite ao jogo que o secretário jogava. Estava claro para mim, àquela altura, qual era a natureza do jogo. Por outro lado, Garotinho hesitava; prometia intervir com firmeza, mas, na última hora, descobria uma razão qualquer para postergar a demissão que ele próprio julgara urgente.

O coronel Josias movia-se no mesmo compasso. Ora reconhecia a urgência da exoneração, ora a empurrava mais para a frente. Sim, o próprio secretário chegou a reconhecer essa urgência. Nessa ocasião, confessou-se decepcionado com os auxiliares, nos quais depositara irrestrita confiança, e disse que não havia mais vínculo algum que os ligasse. Mesmo os laços pessoais teriam se esgarçado, à medida que a amizade se tornara um estorvo. Fernando Peregrino estava comigo quando o coronel Josias definiu o quadro com tamanha frieza e precisão. Saímos do encontro certos de que a prometida exoneração finalmente se cumpriria, desobstruindo os caminhos. Já bastavam os adversários políticos, a ferocidade dos criminosos e os entraves burocráticos.

Estávamos errados. A resolução do impasse nos custaria todo o segundo semestre de 1999, com conseqüências negativas para o Projeto Delegacia Legal e para o trabalho de minha equipe. As razões alegadas para a protelação variavam de acordo com as circunstâncias. Da primeira vez o secretário lembrou que, se os auxiliares fossem imediatamente exonerados, deixariam o governo atirando, divulgando na mídia a íntegra do relatório e se fazendo passar por vítimas. Venderiam a imagem de que o governo os demitira para se proteger das acusações e por ser intolerante com os servidores honestos, que dizem a verdade doa a quem doer. Seria um escândalo e haveria desgaste, pois os políticos oportunistas de plantão se lançariam ávidos sobre a carniça. Garotinho concordou e aceitou a proposta de adiamento. Da segunda vez, foi Garotinho quem justificou outra postergação, prometendo para setembro a reforma da estrutura administrativa do governo, que afinal só aconteceria em outubro. A reforma ofereceria uma excelente oportunidade para as exonerações, cujo significado se dissiparia em meio às mudanças bem mais amplas que estariam em curso. Da terceira vez, o motivo alegado foi a conveniência de transformações estruturais na secretaria, com abolição de cargos e fusão de papéis, como eu mesmo vinha propondo desde o início do ano. Sendo assim, que se procedessem às exonerações em meio às alterações mais profundas, para que se diluíssem. Da quarta e última vez, ante o adiamento *sine die* das tais transformações estruturais na secretaria, o motivo apresentado foi a troca generalizada de subsecretários administrativos e de assessores jurídicos, que parecia se impor, dadas as necessidades de infundir novo ritmo e novo espírito à burocracia do Estado. Por que isolar os casos da Secretaria de Segurança, se haveria a oportunidade de incluir as exonerações no pacote de mudanças?

As trocas não ocorreram e, por muitos meses, só nos restou, a mim e à equipe da Subsecretaria de Pesquisa e Cidadania, aceitar a convivência cotidiana com a tropa inimiga. Havia muito aprendêramos a trabalhar no deserto. Mais um período a pão e (pouca) água não seria fatal. O importante é que vencêramos a batalha decisiva. A delegacia legal estava salva. Por duas razões: em primeiro lugar, porque o relatório foi contraditado por outro, que a Procuradoria-Geral do Estado considerou correto, anulando os efeitos deletérios do primeiro; em segundo lugar porque, graças à criação do grupo executivo, a expansão do projeto alcançou relativa independência da secretaria. O segundo relatório foi elaborado por uma comissão que constituí recorrendo à prerrogativa prevista no contrato. O novo relatório, ao ser aprovado pela Procuradoria, substituiu o primeiro e exorcizou os fantasmas.

Eu me perguntava se não haveria outras razões para tantos adiamentos. Os colegas de minha equipe formulavam hipóteses plausíveis e preocupantes. O fato é que talvez fosse cômodo manter-me cercado, tão acuado quanto possível, e esvaziar minha equipe. Cômodo para quem quisesse esfriar o ânimo reformista de nossa política de segurança. Passei a acreditar que havia algo mais naquela história toda. Não era propriamente comigo. Afinal, quem era eu? Um subsecretário, depois um coordenador, e isso não era muito. O alvo, eu me convenci, era o próprio Garotinho, seu ânimo reformista, sua disposição de mexer no vespeiro das polícias, de implantar projetos que transformariam radicalmente as instituições. Eu só era relevante na medida em que influenciava o governador. Mas e Garotinho? Por que hesitava? Por que continuava apostando nas ambigüidades? Isso era tão flagrante que dava lugar a previsões certeiras. Eu costumava brincar com os amigos antecipando movimentos do governador: Ele agora vai adernar para o lado de cá; agora, vai adernar para o outro lado. Funcionava como um relógio. O segredo era o seguinte: quando um dos lados se fortalecia, Garotinho prestigiava o outro, e assim sucessivamente. Seus instrumentos eram convites para descer com ele a escadaria do palácio Guanabara nas cerimônias sob as vistas do público; citações em suas entrevistas e discursos; menções especiais nas reuniões do secretariado; apoio a projetos que carregam marcas mais pessoais; deslocamentos de recursos materiais e políticos etc. Provavelmente, tinha em mente o equilíbrio. Talvez não percebesse que estava provocando a paralisia, acirrando conflitos e gerando um contexto de insuperável ambigüidade.

É claro que Cesar Campos, coordenador do Grupo Executivo Delegacia Legal, apesar da relativa autonomia comia o pão que o diabo amassou quando os processos atravessavam os gabinetes da secretaria. Cesar conheceu na própria pele as conseqüências da ambigüidade que acompanhava o governo como uma sombra: Garotinho lhe cobrava velocidade na implantação do projeto, queria ver novas delegacias legais inauguradas, queria a expansão do projeto para todo o estado; entretanto, nos bastidores, os pés de Cesar afundavam na areia movediça, formada pela mistura diabólica entre burocratismo e má vontade. Até o início do ano 2000, inauguramos três novas delegacias. Em vez das dezenas que desejávamos, tínhamos quatro delegacias legais no estado do Rio. Era muito pouco. Longe, ainda, do ponto em que se conquistaria a irreversibilidade do projeto e em que se começariam a colher os efeitos de escala. Em janeiro de 2000, Garotinho prometeu oitenta até o final do ano. Depois, mais realista, reduziu as ambições para quarenta. Considerando-se as resistências policiais, a ambivalência política e os resquícios de burocratismo que Cesar continuará a enfrentar, é possível que o cálculo tenha de ser refeito.

Voltei ao Rio na metade do mês de julho de 1999, no meio de um novo capítulo. O contexto havia se alterado completamente, em três semanas. Viajara, em junho, achando que o secretário precisava de espaço para afirmar sua autoridade. Era justo. Em Nova York, acompanhei as mudanças de postura do governador e do secretário, que provocaram uma inflexão no sentido de nossa política, com prejuízos cuja extensão ainda era difícil avaliar. Na volta, encontrei a autoridade do coronel Josias recomposta. Ele ocupara os espaços e eu me eclipsara, exatamente como combináramos. Só havia uma novidade inquietante. A autoridade recomposta do secretário se tornara uma arma pronta a disparar. Eu era o alvo.

11. O exemplo de Nova York

Voltei ao Brasil convencido de que estávamos na direção certa. A revolução gerencial, a introdução do planejamento e da avaliação, que eu valorizava como os pontos fundamentais de nossa política de segurança, eram também o núcleo das mudanças que fizeram história em Nova York. Mais que isso, a experiência recente da cidade é uma demonstração da importância que uma boa política de segurança pode ter para a recuperação da auto-estima, do bem-estar e do desenvolvimento econômico. É verdade que muitos especialistas atribuem o declínio da criminalidade aos benefícios do crescimento econômico, que marcaram com o signo da afluência os dois mandatos do presidente Bill Clinton, depois dos doze anos da política draconiana dos republicanos Ronald Reagan e George Bush: a queda do desemprego, a ampliação das oportunidades de integração social oferecidas à juventude, o aumento dos níveis de escolaridade, a melhoria das condições de vida dos pobres. Alguns pesquisadores preferem destacar a importância do decréscimo do número de jovens na população. A composição demográfica de uma sociedade costuma determinar as chances de expansão ou retração da criminalidade. Em todo o mundo os crimes violentos tendem a ser praticados por jovens do sexo masculino entre os quinze e os trinta anos, mais especificamente entre os dezessete e os 25 anos. São também eles as vítimas predominantes. Portanto, havendo menos jovens, tende a haver menos crimes. Segundo esses estudiosos, seria essa a melhor explicação para a queda generalizada do número de crimes verificada, sobretudo a partir de 1995, nos Estados Unidos e, em particular, em Nova York.

Tudo isso é verdade. A economia e a demografia são fatores da maior relevância e com certeza contribuíram para o declínio da criminalidade norte-americana. Mas nunca tive dúvida de que a política de segurança também cumpriu um papel muito significativo. E não sou nem um pouco original quando digo isso. Muitos especialistas pensam da mesma maneira. Venho acompanhando o caso de Nova York com alguma atenção desde o início da década de 90, visitando a polícia, entrevistando os profissionais que atuam nas ruas, e sobretudo conversando com as autoridades diretamente envolvidas na grande transformação que começou a abalar o Departamento de Polícia, em 1994. A reforma não se resume a uma ou duas medidas. Foram muitas e combinadas, formando um conjunto coerente. Não se muda a polícia e a segurança pública com um par de iniciativas isoladas.

Foram contratadas doze equipes de consultores que levantaram informações detalhadas durante um ano e formularam mais de seiscentas recomendações sobre os mais diferentes aspectos, das armas às formas de organização, do recrutamento aos uniformes, do treinamento à comunicação com o grande público, do ambiente de trabalho à comunicação interna. No mesmo período, a corregedoria sofreu uma verdadeira revolução. Para que ela passasse a funcionar com rigor, vencendo as resistências corporativistas e combatendo com sucesso a corrupção, os gestores da nova política tomaram três decisões.

Em primeiro lugar, modificaram as regras de recrutamento para postos na corregedoria. Todos os policiais com pretensões a ascender na carreira teriam de passar dois anos naquele departamento. A rotatividade eliminou o estigma que antes manchava a reputação dos policiais que aceitavam participar da vigilância e da punição de colegas. Além disso, obrigou os melhores profissionais a se comprometer com as responsabilidades de correição, melhorando a qualidade do trabalho realizado. Em segundo lugar, contratou-se uma empresa de consultoria para formular critérios práticos de seleção de denúncias contra policiais, viabilizando a solução de um conhecido impasse: não é possível investigar todas as denúncias e, no entanto, se não houver mecanismos de hierarquização, não se sabe quais deveriam ser privilegiadas. Em terceiro lugar, os policiais envolvidos em práticas ilícitas e porventura identificados passaram a ser confrontados com a seguinte escolha: a expulsão da polícia, o processo, eventualmente a prisão, a desmoralização pública, ou a colaboração sigilosa com a corregedoria. Essa colaboração implicava o compromisso de denunciar os colegas que viessem a cometer qualquer ilegalidade. Aqueles que se dispusessem a trocar a própria punição pelas delações futuras eram avisados de que estariam sendo secretamente observados por outros colaboradores, que algumas vezes forjariam cenas de corrupção para testar a lealdade do novo membro.

Outra medida sempre destacada pelos comandantes da reforma foi a fusão, em 1995, dos departamentos de trânsito e de policiamento nas áreas de moradia popular, e sua integração ao Departamento de Polícia. Essa iniciativa unificou as agências de segurança, colocando em prática um projeto que ficara engavetado durante 25 anos.

Mas foi a reforma gerencial, a meu ver, a mais importante de todas, até porque definiu e dirigiu as demais. Antes de 1994, mesmo quando havia êxitos, estes eram localizados, pouco valorizados e de difícil disseminação para o conjunto do departamento. As práticas do Departamento de Polícia de Nova York costumavam ser reativas. Não havia ênfase no trabalho preventivo, nem se planejavam as providências operacionais com base na avaliação dos resultados obtidos. Os únicos dados considerados para efeito de avaliação eram aqueles relativos às prisões efetuadas. Ou seja, o privilégio das operações reativas se verificava até mesmo no momento da avaliação. Sem planejamento e avaliação sistemática do impacto da performance policial sobre os níveis de criminalidade, não eram possíveis correções rápidas, nem eram viáveis experimentações sistemáticas de novas táticas e de novos métodos de trabalho. Além disso, os agentes policiais que atuavam nas delegacias e nas ruas não tinham oportunidade de se encontrar, trocar experiências, nem de discutir com seus superiores os diferentes aspectos do trabalho e os problemas enfrentados. Não lhes cabia muita autoridade, nem havia um fórum no qual pudessem pleitear recursos. Tampouco eram cobrados com rigor e freqüência. Com a reforma, transferiu-se poder e também responsabilidade para a ponta, e de tal forma que as cobranças se tornaram duras e constantes, mas as reivindicações de recursos também se fizeram legítimas e correntes, graças à criação de um fórum permanente. Paralelamente, instituíram-se mecanismos de monitoramento rigoroso da performance policial. Passaram a ser possíveis e constantes as correções de rota recomendadas pelas avaliações. O planejamento passou a ser a linguagem elementar do departamento, invertendo a dinâmica do trabalho policial, que se tornou preponderantemente preventivo.

A introdução da cultura do planejamento, da avaliação corretiva e da troca sistemática de experiências, alimentada pela análise diária das dinâmicas criminais, veio acoplada à modernização tecnológica, através da adoção da metodologia conhecida como CompStat (Computorized Statistics): a combinação entre a aplicação de um software georreferenciado — que representa visualmente as ocorrências criminais (consideram-se apenas sete tipos de delito), dispondo-as no mapa da cidade e acrescentando as informações pertinentes — e a realização de duas reuniões semanais, entre os responsáveis pelas 76 delegacias e a cúpula da polícia, em regime de rodízio semi-aleatório, ante uma platéia vasta composta por representantes de todas as unidades policiais da cidade.

Nessas reuniões, discutem-se os resultados descritos pelo mapa digitalizado e também se ouvem os pedidos de recursos. As boas soluções são propagadas e as informações sobre falhas são compartilhadas, para evitar que se repitam. Nas reuniões do CompStat, enquanto os responsáveis pelas delegacias explicam o que fizeram, o mapa de seu distrito é projetado sobre uma grande tela, ao fundo da sala. Sobre o mapa, projetam-se os números relativos aos crimes ocorridos na última semana e no último mês, além dos resultados acumulados ao longo do ano em curso. Outras informações importantes para a avaliação dizem respeito a aspectos administrativos da delegacia e às reclamações sobre abusos policiais, formuladas pelos conselhos comunitários, que fazem as vezes de ouvidorias locais.

Os encontros não servem apenas para o monitoramento: são também ocasiões em que se apresentam análises sobre padrões de ação criminal e se trocam sugestões práticas. Cobranças sucessivas sem resultados podem levar à substituição dos comandos locais, o que torna o ambiente tenso e estimulante. Não há regras burocráticas rígidas. Quem for chamado na terça-feira a prestar contas pode ser convocado novamente na reunião seguinte, na sexta-feira. Os encontros ocorrem sempre das sete às dez da manhã. Na hipótese extrema, uma delegacia terá de esperar cinco semanas para voltar a exibir seus progressos ou amargar críticas pelas falhas. Toda delegacia será examinada pelo menos nove vezes em um ano.

Outro ponto importante, em Nova York, foi a aplicação de uma nova concepção estratégica que focaliza os "crimes da qualidade de vida", tradicionalmente desprezados, por seu menor potencial ofensivo. Essa concepção ficou conhecida como "tolerância zero" e se fundamentou nas conclusões do estudo de George Kelling e Catherine M. Colles, publicado sob o título *Fixing broken windows* [Consertando janelas quebradas],* que chama atenção para o potencial multiplicador dos pequenos delitos e dos cenários sujos, abandonados, que a população associa à desordem, à impureza e ao perigo. O controle dos espaços pelo Estado e sua integração à ordem urbana exercem efeitos até mesmo sobre a percepção social do risco e a sensação coletiva de insegurança. Um exemplo do poder simbólico e emocional de contágio — positivo e negativo — dos cenários urbanos, foi a receptividade popular aos resultados alcançados pela nova política no primeiro ano. A quantidade dos principais crimes, no metrô de Nova York, por exemplo, já havia caído drasticamente, sem que a população reconhecesse a redução e perdesse o medo do metrô. Somente quando os trens foram pintados e as estações reformadas é que a população começou a aceitar a realidade dos novos números da violência e a viajar de metrô sem medo.

O novo modelo de organização e ação policial orientava-se por quatro princípios: inteligência acurada; tática flexível e adequada; deslocamentos rápidos de recursos e pessoal; acompanhamento, avaliações e monitoramento incansáveis. Esses princípios foram colocados em prática servindo aos seguintes objetivos prioritários: retirar as armas das ruas; controlar e evitar a violência nas escolas; prender os condenados foragidos; retirar os traficantes de drogas das ruas e dos imóveis em que atuam; reduzir os roubos e furtos de automóveis; romper o ciclo da violência doméstica; recuperar espaços públicos da cidade; resolver os nós que estrangulam o trânsito e lhe subtraem condições de civilidade; enfrentar a corrupção policial; agir sempre com cortesia, profissionalismo e respeito. Uma providência complementar foi a valorização do trabalho cooperativo com a segurança privada, o que ajudou a potencializar, mutuamente, os respectivos êxitos.**

* Publicado pela Free Press. Última reedição em 1998.

** Desenvolvi esta análise num texto redigido para o site www.no.com.br, sob o título "O enigma de Nova York".

Essas inovações, entre as quais se destaca a revolução gerencial, pedra de toque do conjunto articulado das reformas, não foi suficiente para evitar a brutalidade policial e o desrespeito aos direitos humanos, que se têm manifestado em inúmeros episódios, alguns com grande impacto na opinião pública. Para compreender esse fenômeno, é preciso recordar as origens ideológicas do prefeito republicano, Rudolph Giulliani, defensor de posturas duras, e o caráter explosivo que pode ter assumido a combinação entre tais posturas e a tese de Kelling e Colles, aplicada numa cidade cuja história traz até hoje cicatrizes de conflitos sociais e étnicos, por uma polícia que foi submetida a transformações profundas, mas talvez não suficientemente reeducada para o respeito à cidadania em todas as áreas da cidade. O privilégio unilateral conferido à eficiência no combate ao crime produziu um resíduo, um efeito perverso que os mais pobres sentem na pele com especial crueza.

Um estudo muito interessante, intitulado "Policiamento eficiente e respeitoso: dois exemplos no South Bronx", foi divulgado, em março de 1999, pelos pesquisadores Robert Davis e Pedro Mateu-Gelabert, do Vera Institute of Justice, de Nova York. O texto discute o caso dos Distritos Policiais 42 e 44, situados em áreas pobres da cidade, que têm sido exemplares no combate à brutalidade da polícia e têm merecido apoio popular, sem que tenham deixado de reduzir as taxas de criminalidade. O estudo, saudado por segmentos da mídia como um alento bem fundamentado de otimismo e esperança, mostra que é viável compatibilizar respeito com direitos humanos e eficiência policial. A chave do êxito, nesses casos, foram as decisões políticas das lideranças policiais desses distritos de se abrir à interlocução com a comunidade e de focalizar o tema da violência policial com ênfase suficiente para mudar a disposição média de seus profissionais e suas atitudes.

Aproveitei a temporada em Nova York para visitar os autores, um dos quais viria ao Rio, a meu convite, para a conferência de lançamento do Instituto de Segurança Pública, em novembro de 1999. Da leitura e da conversa, restou-me a convicção de que a experiência de Nova York, por seus êxitos notáveis — os crimes baixaram aos patamares de 1969 —, nos ensina que a reforma da polícia tem de começar por ser uma revolução gerencial, sendo também uma transformação nas estruturas institucionais, na capacidade tecnológica e nas metodologias que governam o trabalho propriamente operacional; por outro lado, por seus limites e até mesmo seus fracassos, nos ensina que a requalificação profissional do agente que atua na ponta, nas ruas, deve ser tão radical quanto as mudanças gerenciais e tecnológicas, para que a moralização avance além do controle da corrupção e se converta em respeito pleno aos direitos humanos. Os lemas pintados nos automóveis e repetidos à exaustão pelos executivos do departamento — cortesia, profissionalismo e respeito — têm de ser mais que retórica e jogo de cena para consumo da opinião pública. A vantagem de Nova York está no fato de que a revolução gerencial, na medida em que supõe o acompanhamento crítico e o controle sobre as ações na ponta, facilita a introdução de mudanças, através da redefinição de prioridades e critérios de avaliação. Creio que o reforço dos investimentos na qualificação dos profissionais, o ajuste na hierarquia de prioridades e no processo de avaliação e a ampliação da participação comunitária podem trazer resultados expressivos com mais rapidez do que em contextos nos quais não haja planejamento e controle sobre as ações policiais, em graus comparáveis aos observados em Nova York, e nos quais a corrupção ainda seja uma praga perigosamente disseminada.

Nós, brasileiros, certamente temos muito a aprender com esses erros e acertos. E não devemos nos envergonhar de copiar o que merece ser copiado, como costumava dizer aos meus parceiros do governo. Claro que isso só faz sentido se procedermos às readaptações criativas exigidas pelo nosso contexto socioeconômico e cultural. Por outro lado, a humildade de quem sabe aprender com a experiência alheia não deve nos colonizar e cegar para as deficiências alheias e para a especificidade de nossos próprios desafios. Em suma, o aproveitamento deve ser seletivo e crítico. Para nós, pelo menos no Rio de Janeiro, está longe, por exemplo, a possibilidade de tratar como prioridade os chamados crimes da qualidade de vida. Para isso, teríamos de ter um Estado muito mais presente e, sobretudo, uma organização urbana de que ainda estamos distantes. No entanto, há muitas lições de Nova York que podemos e devemos aprender. A principal delas, vale insistir, é aquela que se refere à importância crucial do gerenciamento. Esse é o ponto que decidirá se teremos ou não uma nova polícia e uma nova segurança pública.

Quando as convicções se reforçam, o ânimo também se revigora. Por isso, apesar dos pesares, das novas dificuldades — que, aliás, de novas tinham muito pouco —, dos embaraços no relacionamento com o secretário, das minas plantadas na retaguarda de minha subsecretaria, voltei de viagem com muita disposição. As prioridades seriam a implantação de nosso CompStat tupiniquim, as áreas integradas de segurança, e a elaboração do projeto de reforma da polícia técnica. Quando assisti, em Nova York, à reunião do CompStat, percebi que havia ali alguma coisa que nós não tínhamos e dificilmente teríamos tão cedo, mesmo com a implantação das áreas: a internalização do processo, o sentimento de que a avaliação é parte do planejamento e que sem planejamento não há eficácia possível. Para nós, por mais bem-sucedida que fosse a nossa política, a avaliação provavelmente ainda continuaria a ser, por muito tempo, apenas o prenúncio do castigo ou da premiação.

Havia também algo mais no ar. Talvez fosse o peso da tradição protestante, que faz de cada indivíduo o responsável solitário pela própria salvação. Nosso espírito, no Brasil, nas polícias, parece ser excessivamente católico. Facilmente terceirizamos a responsabilidade, atribuindo a alguma instância externa a nós a culpa pelos problemas que nos atormentam. No Brasil, há sempre um vago e obscuro "eles", uma espécie de sujeito coletivo e oculto que se corporifica nos políticos, nos governos, nas elites, e cuja função simbólica talvez seja carregar o peso das culpas que cada um de nós, individualmente, gostaria de exorcizar. Claro que é muito mais difícil mudar essa mentalidade quando a realidade externa dá razão à perspectiva crítica e confere verossimilhança à lamúria. Melhor, então, deixar que a cultura produza sua própria química e rearranje os nossos fantasmas e as nossas personalidades, no ritmo que nossa história autorizar. A tarefa de modificar mentalidades é muito superior à força das políticas públicas. A mim, cabia simplesmente intervir para alterar comportamentos e procedimentos institucionais. Era o que eu tinha de fazer. Passei à ação, sem ilusões, mas com a certeza de que a implantação das áreas revolucionaria nosso quadro de insegurança pública e de caos organizacional.

Quando Garotinho assumiu o governo do estado do Rio, em janeiro de 1999, as jurisdições das delegacias distritais não coincidiam com as circunscrições territoriais dos batalhões da Polícia Militar. Pior: as jurisdições, na capital, entrecortavam os bairros, aleatoriamente. O cidadão, morando na rua X, não teria como deduzir em que jurisdição residia. As ruas de um mesmo bairro podiam pertencer à esfera de responsabilidade de diferentes delegacias, sem que houvesse nenhuma justificativa técnica, geográfica, urbanística, sociológica, demográfica, econômica, criminológica ou tática para essa separação.

Para se ter idéia do absurdo daquela organização, o espelho d'água da lagoa Rodrigo de Freitas se situava em uma jurisdição, ao passo que a orla da mesma lagoa pertencia ao âmbito de autoridade de outra delegacia. Os recortes que dividiam em regiões policiais o estado do Rio, particularmente a região metropolitana da capital, não acompanharam a evolução urbanística e a organização administrativa dos municípios.

Por outro lado, o IBGE organiza suas pesquisas com base nos setores censitários, que são divisões das regiões administrativas das cidades. Portanto, se quisermos saber qual é a população de determinada região administrativa, teremos como descobrir, compulsando os dados do IBGE. Se precisarmos saber quais as peculiaridades dessa população, a renda média, o nível de escolaridade, quantos jovens possui, teremos como obter essas informações. Entretanto, se fizéssemos as mesmas perguntas sobre a população das jurisdições policiais, não teríamos como descobrir as respostas, pois o recorte jurisdicional não correspondia a nenhum conjunto de setores censitários. Isso talvez não pareça muito importante, mas é. Nem mesmo o número dos crimes mais elementares poderia ser calculado de forma comparável, pois exigiria a ponderação do número absoluto pela população. Um exemplo: se eu disser que no decorrer de um ano houve dois homicídios numa cidade de 100 mil habitantes, isso terá o mesmo significado, do ponto de vista da segurança pública, de vinte homicídios em uma cidade de 1 milhão de habitantes ou de um homicídio em uma cidade de 50 mil. O número tem de ser considerado sempre de acordo com o tamanho da população — o que já é insuficiente, quando há muita gente em trânsito, formando o que se denomina "população flutuante". Uma cidade de 100 mil habitantes com dez homicídios por ano é duas vezes mais perigosa do que uma cidade de 1 milhão de habitantes com cinqüenta homicídios por ano. Isso é elementar. Por isso, o padrão internacional para divulgação de dados criminais determina que o número absoluto seja ponderado e apresentado como número relativo a 100 mil habitantes. Por que 100 mil? Trata-se de uma convenção. Poderia ser qualquer outro número. O importante é que haja a ponderação pela população. Se houver, pode-se sempre calcular o número por 100 mil, para atender à linguagem comparativa mundial.

Pois bem, nossa situação no Rio era tão surrealista, tão caótica, que nem isso podíamos fazer, por delegacia. Como é que nossos antecessores no governo comparavam entre si os dados criminais sob responsabilidade de cada delegacia e avaliavam o desempenho de cada uma delas? Não o faziam. Mesmo que desejassem fazê-lo, não seria possível. Um fato é evidente até mesmo para um leigo no assunto: a desordem que se verificava na divisão territorial impedia tanto o planejamento como a avaliação. Isso deve ser entendido de duas maneiras diferentes e complementares. Por um lado, inviabilizava um combate ao crime de tipo preventivo; por outro lado, bloqueava o controle do trabalho policial, fosse em termos de conhecimento do que se fazia e da eficácia comparativa do que era feito, fosse em termos práticos. Em outras palavras, o quadro que herdamos se caracterizava pela irracionalidade, tanto estratégica como administrativa. A incongruência entre os âmbitos de responsabilidade territorial das polícias impossibilitava a integração permanente das ações contra o crime e dificultava até mesmo os esforços cooperativos eventuais.

Se há muita gente qualificada e inteligente atuando nas polícias, e eu não duvido de que isso seja verdade tanto hoje como no passado, por que uma situação absurda como essa pôde perdurar até 1999? Não creio que tenha faltado visão crítica a todos os profissionais que atuaram na área. Acredito que tenha havido, isso sim, carência de apoio político para a reforma necessária — a chamada vontade política. E por que seria preciso esse apoio para uma mudança gerencial-administrativa? Aí está o ponto-chave e também o mais delicado. O problema é que essa irracionalidade servia a interesses corporativistas bastante fortes, em ambas as polícias.

A Polícia Militar, sobretudo seus quadros superiores, não vê com bons olhos mudanças que a aproximem da Polícia Civil, porque acha que o futuro imporá a desmilitarização e que, por conseqüência, o convívio acabaria se revertendo, a médio prazo, em absorção da PM pela Polícia Civil. Os oficiais que temem a dissolução da PM não levam em conta, nesse raciocínio, as vantagens de sua instituição, cuja estrutura organizacional é incomparavelmente superior. Os policiais civis, por sua vez, resistem e resistiam ao controle porque temem e temiam o fim da autonomia de seus baronatos feudais: cada delegacia, salvo as exceções de praxe, tem suas regras, seu regime de trabalho, seus arranjos, seus jeitinhos, suas informações, seus presos, seus informantes (os famigerados X-9), suas práticas informais, seus negócios.

Sob o manto protetor da invisibilidade, que resulta do isolamento de cada unidade, escondem-se ilícitos de todo tipo, da corrupção à chantagem, da tortura ao crime letal, do acordo com traficantes à venda da liberdade. Nesse contexto, a inadimplência, a incompetência e a ineficiência passam despercebidas, misturadas às cumplicidades. É difícil saber, por exemplo, quanto dos 98,2% de ineficiência na identificação de homicidas se deve a incompetência e quanto se deve a promiscuidade com o mundo do crime. Os numerosos policiais civis competentes e honestos vivem oprimidos por essa força centrífuga, que fragmenta a instituição numa espécie de arquipélago. Na Polícia Civil, o corporativismo se mescla à corrupção de um modo muito peculiar, o que não significa que todos os corporativistas sejam corruptos, ainda que o inverso seja verdadeiro. A melhor ilustração era Carlos Alberto D'Oliveira, o chefe que não ocultava seus sentimentos e valores corporativistas, pelo contrário, até se orgulhava deles, mas de cuja honestidade e competência ninguém jamais duvidou.

Pode-se imaginar, portanto, o tamanho do estrago que as áreas integradas de segurança, combinadas à implantação das delegacias legais, ameaçavam fazer na blindagem da Polícia Civil, em sua impermeabilidade aos controles internos e externos.

As 34 áreas integradas que implantamos no estado do Rio são unidades territoriais nas quais se superpõem os âmbitos de autoridade de ambas as instituições policiais e que coincidem com os limites administrativos: municípios, bairros, regiões administrativas. Desse modo, podemos saber a população de cada uma e suas características, os equipamentos públicos e sua localização espacial e tudo o mais que é necessário para uma distribuição racional dos recursos relevantes para a segurança. Em cada área há um batalhão da Polícia Militar e algumas delegacias distritais, que compartilham a responsabilidade pelo território. Se fosse só isso, já seria significativo, na medida em que o projeto estaria promovendo uma racionalização formal. Mas seria insuficiente. O pulo do gato é o uso que se pode fazer da reorganização espacial. Cada área deve ser pensada não apenas como espaço estático de autoridade comum das duas polícias, mas como unidade dinâmica de planejamento, supervisão, avaliação e monitoramento das ações policiais. Isso significa que os delegados e comandantes de batalhão devem, em primeiro lugar, ter mais autonomia e, simultaneamente, mais responsabilidade; em segundo lugar, reunir-se com assiduidade para analisar as informações disponíveis e acertar iniciativas cooperativas; em terceiro lugar, prestar contas e submeter-se à supervisão sistemática das respectivas chefias e da secretaria. As avaliações regulares permitem o diagnóstico dos problemas e o monitoramento do processo de trabalho policial, isto é, o planejamento inteligente, que é aquele orientado pelos dados colhidos no acompanhamento crítico da performance, e que se habilita, exatamente por essa razão, a corrigir os erros, acumulando conhecimento e o difundindo, com vistas a seu aproveitamento prático nas demais áreas.

A intenção que tínhamos, eu e minha equipe, era realizar as reuniões com os representantes policiais das áreas com a regularidade possível, idealmente duas vezes por semana, mesmo antes de contarmos com a expansão do programa georreferenciado para todo o estado. Afinal, como me disse o atual subsecretário de Justiça Criminal do estado de Nova York, Michael Farrell, um dos principais líderes das inovações no Departamento de Polícia da cidade de Nova York, o fundamental são as reuniões de avaliação, análise e planejamento. E isso pode ser feito com os dados redigidos em papel de pão. A informática não é mais que um facilitador. Claro que os dados têm de ser colhidos e trabalhados com honestidade e precisão. Além disso, concebemos as áreas também como unidades de participação. Por isso, cada uma deveria ter pelo menos um Conselho Comunitário de Segurança, aberto a toda a sociedade local, como um canal permanente de comunicação e fórum de encontros regulares para o debate público dos problemas.

A idéia embrionária de criar as áreas havia sido discutida no período em que escrevemos o livro para a campanha, em 1998. Não dispúnhamos de dados que nos permitissem incluir o tema no livro, mas a preocupação já existia. Garotinho se mostrara muito sensível à questão, até porque sempre identificara na desarticulação entre as agências da segurança uma das deficiências mais graves. Tanto que fora sua a idéia de constituir um Conselho Estadual de Segurança, que reuniria todas as instituições atuantes no campo da segurança pública no estado do Rio. No período da transição, já eleito, Garotinho mostrava grande interesse pelo projeto das áreas integradas. Depois da posse, passou a tarefa ao secretário, general Siqueira, que a repassou ao seu subsecretário de Planejamento Operacional, coronel Cutrim. O governador tinha consciência da importância estratégica das áreas e não cessava de cobrar sua implantação. Mesmo assim, o substituto do general tomou posse, em 6 de abril de 1999, sem que o mapa das novas jurisdições tivesse sido elaborado.

E o mapa seria apenas o primeiro passo. Uma das primeiras medidas do coronel Josias como secretário de Segurança foi transferir para minha subsecretaria a responsabilidade pela implantação das áreas. Com o auxílio de policiais civis e militares,* Jacqueline Muniz e Antonio Carlos Carballo desenharam um primeiro esboço, que foi encaminhado e retrabalhado por Leonarda Musumeci e Galeno Ferraz Filho, da Universidade Federal do Rio de Janeiro, aos quais devemos o recorte definitivo das áreas. Ainda em abril, tínhamos o decreto das áreas integradas pronto para o governador assinar. Pouca gente ficou sabendo que um passo tão importante para a racionalização da segurança pública havia sido dado graças ao esforço solidário dos colegas da universidade, que compreenderam a importância daquela iniciativa e viraram dias e noites, sem ganhar um centavo, para concluir o novo mapa. Esses pequenos gestos quase anônimos de heroísmo cívico passaram despercebidos do grande público, mas eram comoventes e nos enchiam de esperança.

A imprensa cobriu a introdução das áreas integradas, mas tinha dificuldade em transmitir, em notícias breves e de leitura fácil, a multiplicidade de mudanças que ocorreriam, simultaneamente, em vários níveis diferentes. Por isso, apesar de minha insistência em me referir ao projeto como uma nova metodologia, divulgavam-se apenas as novidades do trabalho cooperativo entre as corporações, dos conselhos comunitários e das avaliações. Claro que esses eram aspectos muito importantes, mas eu gostaria que tivesse sido possível transmitir à sociedade tudo o que a implantação das áreas envolveria, nos mais diversos planos. Teria sido um modo de contribuir para que o projeto se tornasse irreversível e para que não viesse a ser deturpado. A primeira apresentação para a mídia, eu a fiz a pedido de Garotinho e com sua presença, durante a primeira reunião do Conselho Estadual de Segurança, em janeiro de 1999. O conselho, aliás, que era uma das grandes esperanças de Garotinho, acabou se revelando uma experiência decepcionante. Voltou a se reunir mais umas três ou quatro vezes, até maio de 1999, e nunca mais foi convocado.

Mesmo tendo sido definidas as áreas em abril, a implantação, na prática, começou a se realizar em agosto, quando convoquei os comandantes, subcomandantes, delegados e chefes do Setor de Investigações, de todas as 34 áreas integradas, para reuniões com um grupo que constituí graças à autorização expressa do governador, que me atribuiu a tarefa de pôr em marcha o proje-

* Participaram Carlos Alberto D'Oliveira, Walter Barros e Claudio Ferraz, pela Polícia Civil, coronel José Aureliano de Andrade e tenente-coronel Leonardo Passos Moreira, pela Polícia Militar.

to.* Agosto foi consumido na maratona de reuniões e na análise das informações que elas produziram. Uma noite, esgotado com a seqüência infindável de encontros, cheguei a fazer as contas: foram aproximadamente 102 horas de reuniões, visto que cada uma se estendia, em média, por três horas. Valeu a pena. Não só porque eram mesmo indispensáveis para que o projeto começasse a funcionar, como também porque eu e os companheiros do grupo de implantação fizemos um verdadeiro curso intensivo em segurança pública tal como realmente praticada no estado do Rio.

Eu abria os encontros apresentando o projeto das áreas, no contexto de nossa política de segurança. Descrevia detalhes ainda pouco conhecidos da delegacia legal e falava sobre a reforma da polícia técnica, em cujo projeto estava trabalhando, naqueles meses. Contudo, a maior parte do tempo era dedicada aos policiais. Eles e elas deveriam expor seus problemas, apresentar sugestões, formular suas reivindicações e comentar minhas propostas. Aprendi muito sobre a realidade das polícias e compreendi melhor o que e como pensavam os policiais. Fui anotando o que ouvia até me dar conta de que quase tudo era repetido, reunião após reunião, com monotonia. As dificuldades eram basicamente as mesmas no interior do estado. Na capital e na região metropolitana, as variações eram enormes.

Ao invés de desanimar, sentia-me cada vez mais entusiasmado, pois a redundância indicava a possibilidade bastante realista de melhorarmos consideravelmente as condições de operação das polícias — particularmente da Polícia Civil, enquanto as delegacias legais não eram implantadas — com um punhado de decisões simples e baratas. Por exemplo: repassando dinheiro para um fundo de emergência de cada delegacia, para que os pequenos gastos na manutenção dos equipamentos não exigissem longos e penosos processos, que os delegados freqüentemente abreviavam, pagando o conserto do encanamento ou a troca de lâmpadas do próprio bolso. Outro exemplo: ouvindo os policiais sobre o tipo de carro conveniente para suas respectivas regiões — carros que circulam em Ipanema não são necessariamente os melhores para percorrer as

* Participavam do grupo de implantação do projeto das áreas integradas, sob minha coordenação, os colegas Jacqueline Muniz e Antonio Carlos Carballo, da Subsecretaria de Pesquisa e Cidadania; o delegado Zaqueu Teixeira, o coronel José Aureliano de Andrade, então subchefe do Estado-Maior da Polícia Militar, e o major Mouzinho.

estradas de terra do interior. Mais um exemplo: distribuindo com um mínimo de racionalidade os pontos de provisão de combustível ou firmando acordos com postos comerciais para evitar que os policiais tivessem de viajar cinqüenta quilômetros para reabastecer — o que é de um absurdo quase inacreditável. Ou ainda: suprimindo a fixação da central de flagrantes em uma única delegacia, o que obrigava os policiais militares a transportar, por exemplo, um garoto com um cigarro de maconha para uma cidade a cem quilômetros de distância. Por mais que os policiais se dedicassem ao trabalho com seriedade, sua produtividade caía a um flagrante por dia, se essa prisão implicasse duas horas de viagem de ida, duas de volta, além de muitas horas para que a ocorrência fosse registrada, o que era comum, nesses casos, já que a droga teria de ser conduzida a outra cidade ainda mais distante, para o exame técnico. Além de condenados à improdutividade, os policiais, para atender a um único caso, eram obrigados a desguarnecer a retaguarda, deixando sem policiamento as áreas que patrulhavam.

Por que a concentração dos flagrantes em uma única delegacia? Muito simples: há um decreto em vigência, editado em governos anteriores, que divide as delegacias em duas categorias. O mesmo decreto dispõe que os delegados de primeira classe somente podem ser alocados em delegacias de primeira classe. Como há poucos delegados de segunda e de terceira classes e os de primeira estão impossibilitados de atuar em várias das delegacias do interior, há diversas delegacias sem um titular graduado, apto a endossar o registro de uma prisão em flagrante. A reserva cartorial de mercado de que se beneficiam os delegados de primeira, aos quais competem as delegacias consideradas mais bem localizadas, impede a distribuição dos profissionais de acordo com as necessidades da segurança pública e produz carências artificiais que poderiam ser facilmente supridas. Imagino que os leitores ficarão perplexos como eu fiquei, quando me deparei com essa realidade difícil de qualificar: abusiva? elitista? irracional? Todos esses adjetivos caberiam. A situação me parecia simplesmente vergonhosa. Quando comentava minha perplexidade com alguns beneficiários, eles se desculpavam, deslocando o problema para o Judiciário, que teria dado o exemplo. A Polícia Civil, inocente, não fizera mais que copiar. Em fins de setembro, ao encaminhar ao governador os resultados dos trabalhos de implantação das áreas, propus a ele a edição de um novo decreto, suspendendo os efeitos daquela pérola do corporativismo. Antes que a Casa Civil do governo elaborasse o texto apropriado, houve mudanças políticas na cúpula da Polícia Civil que bloquearam o cancelamento dos privilégios.

Cada encontro tinha seu sabor próprio, sua personalidade, sua atmosfera, deixando impressões diferentes, apesar da monotonia temática. De um modo geral, os representantes da PM pareciam muito mais animados e dispostos a se engajar na construção das áreas do que os policiais civis, cujo ceticismo era contagioso. Havia exceções, claro, mas a regra era essa. Eu media meu sucesso pela capacidade de sensibilizar os interlocutores mais incrédulos e pessimistas, que mais reclamavam, mais lamentavam a sorte, mais focalizavam as deficiências e menos se revelavam disponíveis para novos conceitos e práticas inovadoras. Ao final, a avaliação que fizemos foi favorável. Os encontros, além de representarem um fórum profissional de troca de informações e de transmissão de novas determinações, funcionaram também como rompimento de barreiras, redução de preconceitos, momentos de diálogo genuíno e verdadeiras injeções de ânimo.

Mas é claro que seria necessário manter a regularidade das reuniões, para que o entendimento mútuo se aprofundasse e o monitoramento da performance policial efetivamente se cumprisse. A próxima fase de encontros envolveria avaliações, o que adicionaria uma dose inevitável de tensão. A seqüência dependeria da participação do secretário ou ele perderia a liderança que, à época, já se afirmara de modo indiscutível. Com sua presença nos encontros, eu teria de recuar para uma posição subalterna e não mais poderia conduzi-los. O que significava dizer que as reuniões só existiriam se o secretário se convencesse de sua importância e soubesse como conduzi-las, com que propósitos, com que métodos etc. Por mais que eu conversasse com o coronel Josias sobre a centralidade do projeto das áreas integradas para nossa política, por mais que lhe tivesse escrito documentos, explicitando, passo a passo, a metodologia que me parecia adequada, não conseguia sensibilizá-lo. É compreensível. Ninguém passa trinta anos numa instituição impunemente.

O fato é que a cultura do planejamento, da avaliação, do monitoramento amparado em análises de dados, não fazia parte da tradição da PM. Os valores prezados pelos oficiais antigos da corporação eram diferentes, atribuíam prioridades a outros procedimentos e consideravam o combate ao crime um processo quase natural de reação mecânica, rápida e precisa. É como se houvesse um abismo separando a cultura empresarial — que invadiu com sucesso as organizações policiais em outros países, e que eu procurava infundir em nossas agências de segurança — e a cultura organizacional da PM, estabelecida há muitas gerações, segundo a qual os instrumentos institucionais da segurança pública seriam como braços e mãos da sociedade. Os criminosos equivaleriam a insetos. Mãos e braços ágeis e bem treinados reagem com velocidade e evitam que os insetos atinjam o corpo. A PM seria um análogo do reflexo condicionado do corpo social. Por mais que o defensor do monitoramento procure persuadir o cultor dos valores reativos sobre as vantagens da antecipação e da orientação estratégica, este último manterá os olhos fixos na demonstração que o interlocutor lhe dirige, mas seus braços permanecerão agitados, caçando os insetos, sem que ele nem sequer perceba. As práticas e os valores estão introjetados de forma muito profunda. Passaram a constituir uma espécie de segunda natureza do homem que agita os braços. Era assim que eu interpretava a resistência do coronel Josias ao novo método. De que outro modo explicar sua recusa a pelo menos experimentar a prática do monitoramento, aplicando nosso CompStat tropical, a despeito de toda a minha insistência e da pressão do governador?

Nos encontros de agosto de 1999, definimos uma série de procedimentos: o comandante do batalhão de cada área manteria um diálogo constante com os delegados locais; ações que mobilizassem policiais de ambas as corporações teriam prioridade; eles mesmos deveriam se acostumar a ler os dados e avaliar, coletivamente, os resultados de suas estratégias; e os conselhos comunitários teriam de se reunir com periodicidade pelo menos mensal. A composição dos conselhos seria objeto de deliberação da própria sociedade interessada em participar, mas não poderia ser excludente de nenhum segmento da comunidade. Os conselhos foram criados. Participei de várias reuniões. A experiência me dizia que estava certo em evitar legislar sobre a composição e burocratizar a participação. Assim que se iniciassem os encontros de avaliação na secretaria, que contariam com representantes de todas as áreas integradas, a supervisão do processo deixaria de ser minha e a direção ficaria a cargo do secretário. Os encontros de monitoramento, principal razão de ser das áreas, jamais ocorreram enquanto estive no governo.

A avaliação do desempenho policial talvez seja uma das funções mais desafiadoras e complexas de todas as que existem na segurança pública. Pode parecer que estou exagerando. Não estou. Basta examinar um exemplo banal para que se compreenda meu argumento. Digamos que haja uma queda no número de crimes cometidos, que é aquilo que se deseja e que sintetiza a finalidade do trabalho da polícia. Não seria um indicador claro do êxito policial? Não necessariamente. A queda pode ter sido o resultado de um declínio pronunciado na qualidade dos serviços policiais em alguma região vizinha, que ofereça os mesmos atrativos aos criminosos e que, em função da decadência da performance da polícia, seriam levados a optar por agir nesse outro bairro ou nessa cidade vizinha, onde correriam menos riscos de serem presos. Assim, curiosamente, o efeito indireto da deterioração do desempenho policial numa área pode ser a melhora da segurança, em outra. Isso acontece porque os criminosos calculam custos e benefícios e tomam as suas decisões como qualquer ator racional. Por isso, migram, deslocam-se, procuram os locais em que haja boa oferta de benefícios e reduzida taxa de risco.

Outra razão possível para a diminuição do número de crimes seria aquilo que os especialistas chamam "efeito da sazonalidade", quer dizer, o impacto das mudanças de comportamento induzidas pela passagem das estações do ano. Em todo o mundo, há mais crimes no verão do que no inverno. Isso não tem nada a ver com determinismos climáticos. As pessoas não ficam mais violentas porque sentem calor. O que acontece é que, no verão, os hábitos mudam: as pessoas saem muito mais de suas casas, passam mais tempo nas ruas, fazem mais programas noturnos e bebem mais em locais públicos. As oportunidades para os crimes crescem. Esse tipo de efeito se verifica também ao longo de uma semana. Os homicídios se concentram nas noites e madrugadas de sexta-feira para sábado e de sábado para domingo pelos mesmos motivos que tornam o verão mais perigoso: o tempo de lazer tira as pessoas de casa e multiplica as chances dos encontros criminosos e violentos — o que não significa que a casa seja um templo sagrado em que estamos sempre protegidos; infelizmente, isso está muito longe da verdade. Outra razão possível do decréscimo da criminalidade seriam mudanças importantes nas condições sociais, econômicas e culturais, que favorecem ou até mesmo estimulam a prática de crimes. Portanto, a segurança pública pode melhorar, os riscos podem ser reduzidos, sem que tenha havido qualquer variação positiva ou negativa no desempenho da polícia que atua na área.

O oposto também pode acontecer. Um governo pode ser bem melhor que o antecessor em matéria de segurança pública, pode introduzir mudanças que aperfeiçoem as instituições policiais, pode racionalizar procedimentos e modernizar os equipamentos, pode preparar melhor os profissionais e, mesmo assim, pode vir a enfrentar um aumento da criminalidade, caso o desemprego dispare, o desespero se dissemine, as estruturas comunitárias se deteriorem, a cultura não alimente a imaginação com valores que favoreçam a sociabilidade pacífica ou caso o número relativo de jovens na população cresça significativamente. Outra razão possível para o aumento do número de crimes é a melhoria dos serviços policiais. Se as delegacias atendem melhor e a confiança da sociedade na polícia aumenta, os cidadãos tendem a denunciar mais os crimes de que foram vítimas, o que provoca crescimento do número de registros dos crimes, ainda que a quantidade de crimes permaneça inalterada ou até decresça. O que muda é a fidelidade dos registros à realidade. Por tudo isso, é muito complicado avaliar o desempenho da polícia ou de determinada política de segurança.

Por outro lado, a segurança é uma das áreas mais sensíveis à intervenção de políticas públicas porque é um dos campos do comportamento humano e das relações sociais mais previsíveis. Mas isso não quer dizer que haja determinantes mecânicos ou que seja fácil explicar o crime. Sabemos, entretanto, prever quando e onde tenderá a ocorrer, com boa dose de certeza, desde que tenhamos informações sobre o que aconteceu na semana passada, no último mês e no ano anterior. Todavia, não é qualquer intervenção que funciona. Ela tem de expressar uma política, ou seja, uma decisão sobre objetivos a serem alcançados, com a mobilização de certo conjunto de recursos em determinada faixa de tempo, com base no conhecimento sobre o padrão de funcionamento das dinâmicas em que se pretende intervir. Isso é muito diferente de agitar os braços, por reflexos condicionados, para reagir à aproximação do inseto e impedir que ele mergulhe seu ferrão em nossa pele.

A enorme dificuldade em avaliar a contribuição da polícia ou de certa política de segurança para a diminuição ou o aumento do número de crimes não nos impediu de formular um critério razoável para fazê-lo. Contudo, foi uma das missões mais difíceis. Desde a época da campanha eleitoral, Garotinho insistia na idéia de inverter a premiação faroeste: em vez de gratificar a bravura, o candidato prometia premiar os policiais que conseguissem reduzir o número de crimes. O compromisso era muito bom, pois substituiria o estímulo à brutalidade policial pelo incentivo à eficiência. O princípio era correto, o foco era justo, mas Garotinho não imaginava o tamanho do problema. De todo modo, sempre apoiei sua vontade de gratificar o bom trabalho policial e trabalhei a proposta desde o governo de transição. Durante muitos meses, não superei os embaraços mais elementares. Por exemplo: se criássemos um índice de criminalidade, teríamos de estabelecer a proporção aceitável entre os crimes que provocassem a morte e os demais. Digamos que o homicídio recebesse um determinado valor numérico. A pergunta seria: quais os pesos relativos dos vários tipos de roubos e furtos, ou das ameaças e agressões, ou dos seqüestros e estupros, ou das tentativas de homicídio? Quantas tentativas de homicídio equivaleriam a um homicídio? Quantos roubos de carro valeriam uma vida? Cheguei à conclusão de que seria absurdo aceitar essa comparação. Nada poderia ser comparável à perda de uma vida. Por isso, parti da suposição de que seria conveniente, em primeiro lugar, destacar os crimes que envolvessem violência e, em segundo lugar, separar os índices referentes aos crimes letais, aos crimes violentos contra a pessoa e aos crimes violentos contra o patrimônio, considerando-os incomensuráveis.

Outro grande desafio seria criar um mecanismo que garantisse a confiabilidade dos dados criminais, num contexto em que os profissionais responsáveis por produzi-los seriam os mesmos a serem avaliados de acordo com o que os dados revelassem. Quer dizer, como evitar que os policiais ocultassem os dados ou deixassem de computá-los, uma vez que o aperfeiçoamento de suas atividades na captação de dados seria contraditório com seu interesse em serem avaliados positivamente e receber prêmios? Se já tínhamos um imenso problema com os dados, que eram inconsistentes e pouco confiáveis, teríamos um problema ainda maior, quando os dados passassem a ser usados como base para a premiação. O que impediria um policial de rasgar o registro de uma ocorrência que dificilmente chegaria ao conhecimento das autoridades ou de simplesmente se recusar a registrá-la? Como controlar esse processo para coibir a manipulação dos dados? O prêmio seria um estímulo à eficiência policial mas também poderia se tornar um incentivo à desonestidade. O que fazer? Meus colegas das universidades que foram convidados por Garotinho para elaborar índices de criminalidade se posicionaram firmemente contra esse tipo de premiação.* Consideravam o processo condenado à manipulação. Participei da comissão, como seu coordenador, desde que retornei dos Estados Unidos, ainda que não tenha assinado o relatório final, para preservar a independência do grupo. Durante os três meses em que nos encontramos semanalmente, tentei explicar aos colegas que aquela premiação implicaria muitos riscos, mas seria o mal menor, dada a impossibilidade, no momento, de qualquer aumento salarial para os policiais. Premiar, mensalmente, um contingente de aproximadamente 3 mil policiais, pagando a todos eles uma gratificação de 500 reais, quaisquer que fossem as patentes, era algo bastante significativo, sobretudo para os estratos mais pobres das polícias. De todo modo, sempre sustentei para os colegas, para os próprios policiais e para os companheiros do governo, que a premiação por redução de número de crimes deveria ser uma prática temporária, a ser substituída, no futuro próximo, por uma política justa de cargos e salários.

Enquanto os colegas das universidades elaboravam indicadores de criminalidade violenta, cuja função seria qualificar as análises e os diagnósticos, meu grupo de implantação do projeto das áreas integradas, apoiado pelo estatístico Doriam Borges de Melo, dedicava-se a definir critérios para a premiação, o que também envolvia a criação de alguns indicadores. Com a contribuição decisiva de Jacqueline Muniz, chegamos, em outubro de 1999, ao seguinte modelo, que foi adotado pelo governo: agrupamos todos os crimes letais, por um lado, e os crimes violentos contra o patrimônio (incluindo também o furto de carros, dada sua importância estratégica), por outro, e estabelecemos que, para ser premiada — o que implicaria que as unidades policiais nela sediadas recebessem a gratificação —, a área integrada não poderia apresentar um acréscimo na soma de cada um desses dois grupos de delitos, separadamente e comparativamente ao mês anterior. Além disso, teria de haver a queda em pelo menos um dos dois grupos de crimes. Claro que a comparação

* Participaram da comissão os professores Carlos Henrique Klein, Domício Proença Jr., Eduardo de Azeredo Costa, Galeno Tinoco Ferraz Filho, Ignacio Cano, José Augusto Rodrigues, Paulo Cesar Pinto de Carvalho, Roberto Kant de Lima, Yolanda Catão, além dos membros da Secretaria de Segurança e de seus assessores: Luiz Eduardo Soares, Jacqueline Muniz, Antonio Carlos Carballo, Maria Tereza Serrano, Doriam Luis Borges de Melo e Isnard Martins, que foi o primeiro coordenador da comissão.

adequada seria em relação ao mesmo período do ano anterior, para evitar a interferência dos efeitos da sazonalidade. Mas isso só seria possível em agosto de 2001, quando a nova modalidade de coleta e processamento dos dados, desagregados pelas áreas, completasse o primeiro ano de funcionamento. Durante o período de transição, a única comparação possível, mesmo imprópria, seria com o mês anterior.

Estávamos insatisfeitos com o modelo, fosse porque não oferecia proteção contra eventuais manipulações no momento da coleta dos dados, fosse porque não incluía os crimes violentos não-letais contra a pessoa. Decidimos excluí-los provisoriamente, para reduzir os perigos da manipulação, que seriam especialmente fáceis e graves nesses casos, pelo menos enquanto não dispuséssemos de acesso ágil a informações sobre investigações policiais. A idéia era descontar um crime sempre que outro, do mesmo tipo, fosse investigado com sucesso pela Polícia Civil. Que outra maneira haveria para incluir o trabalho dos policiais civis na avaliação? Tal como o colocamos em prática, o modelo contemplava, prioritariamente, a eficiência da PM — e mesmo assim com todas as dificuldades já mencionadas.

Finalmente, era preciso evitar a ilusão estatística, que acontece quando os números são pequenos. Digamos que numa pequena cidade o número de crimes letais tenha diminuído de dois para apenas um. Trata-se de uma redução de 50%. Uma outra cidade, no mesmo período, poderia ter tido a mesma redução proporcional, de 50%, mas os números absolutos seriam bem diferentes: os crimes letais teriam caído de cem para cinqüenta. Os dois casos seriam muito significativos, mas por razões diferentes. O primeiro, pela pequena quantidade; o segundo, pela grande mudança. Para a segurança pública, a melhor situação é a primeira, por motivos óbvios: menos gente sofre. Do ponto de vista da avaliação do desempenho policial, a segunda é a mais relevante e, provavelmente, a mais meritória. Por isso, o modelo que criamos considera tanto o número absoluto como a magnitude da redução. Por sugestão de Garotinho, dividimos o estado em três seções: a capital, a região metropolitana com exceção da capital (Baixada, Niterói e São Gonçalo) e o interior. Em cada seção territorial, a cada mês, uma área seria premiada. As unidades policiais não-territorializadas, como aquelas responsáveis por escolas, hospitais ou por policiamento especial — que atuam em qualquer área integrada, de acordo com as necessidades —, exigiriam escolhas *ad hoc*, por critérios especiais. Seria impossível padronizar critérios de avaliação que dessem conta de realidades tão diferentes. Todo mês, premiaríamos algumas dessas unidades.

O modelo de avaliação foi discutido com os representantes das 34 áreas de segurança, nas reuniões que promovi com o grupo de implantação do projeto. Nenhuma sugestão alternativa surgiu. Todos concordaram que aquele era o menos mau dos modelos possíveis, considerando-se as circunstâncias, os obstáculos e as limitações. Também aceitaram sua provisoriedade e seu sentido experimental, que era como eu e o grupo o entendíamos. Haveria correções e ajustes, conforme fôssemos identificando as deficiências. A médio prazo, desejávamos incluir nos critérios de premiação o cômputo de um terceiro grupo de crimes violentos, os não-letais contra a pessoa. Tencionávamos também incorporar a produtividade das investigações. Finalmente, pretendíamos introduzir um mecanismo de fiscalização do registro dos dados por escolha aleatória.

Os dados são a base de toda a construção na segurança pública. Sem dados qualificados não há diagnósticos, sem os quais não há planejamento, que constitui, por sua vez, a condição para a existência da avaliação, sem cuja prática não aprendemos com os erros e não os corrigimos. Sem dados consistentes não há sistema inteligente e não há política de segurança. Nossos dados são de péssima qualidade. O dr. Nilo Batista fez um grande esforço para aperfeiçoá-los. Introduziu uma distinção da maior importância, entre vítimas e registros de homicídios. Até 1991, só havia números de registros. Um registro pode referir-se a diversas vítimas, todas mortas em uma única ocorrência. Segundo meus cálculos, há 5% menos registros que vítimas, em média. Por isso, é inviável traçar com precisão uma linha evolutiva do número de vítimas de homicídios dolosos incluindo os anos anteriores a 1991. O vice-governador Nilo Batista chegou a elaborar um novo modelo de registro de ocorrência, bastante refinado, com a ajuda da dra. Yolanda Catão, pesquisadora do IBGE. Infelizmente, não teve tempo para aplicar as modificações.

Desde o início da gestão do coronel Josias, quando a responsabilidade sobre a matéria foi transferida para minha subsecretaria, trabalhamos na reformulação do modelo de registro, na forma de preenchimento e no processamento dos dados. A delegacia legal informatiza todo o processo, tornando-o mais simples e preciso na captação e muitíssimo mais confiável e veloz no processamento. O banco de dados, quando for alimentado por um número expressivo de delegacias legais, permitirá cruzamentos e análises que antes nunca haviam sido possíveis. Portanto, a médio prazo, a expansão do projeto das novas delegacias resolverá o problema dos dados e garantirá sua fidedignidade, graças aos controles eletrônicos, automaticamente inscritos no sistema. Contudo, era preciso criar um mecanismo razoável para o período de transição, enquanto o projeto se implantava. Até abril de 1999, os dados demoravam 45 dias, no mínimo, para sair da mesa do balcão das velhas delegacias e chegar à mesa do secretário de Segurança, fazendo uma primeira baldeação nas Metropols — centrais regionais da Polícia Civil — e uma segunda na ASPLAN, Assessoria de Planejamento da Polícia Civil, na qual eram agrupados em três grandes categorias — Capital, Baixada e Interior — e totalizados. O trabalho só deixava de ser manual na ASPLAN. Mesmo assim, o programa para digitação dos dados era formalmente muito precário e nulo em possibilidades analíticas. Não passava de uma listagem pobre. A Polícia Civil era e é a fonte oficial dos dados, uma vez que representa o estuário legal das ocorrências criminais.

O registro na delegacia é que confere existência legal aos acontecimentos; é uma espécie de carteira de identidade das ocorrências criminais. O ideal seria que os dados colhidos nas ruas pela PM, mais ricos porém mais confusos — muitos dos quais nem sequer chegam a se converter em ocorrência criminal —, pudessem ser aproveitados para análise mais ampla dos problemas de ordem pública, que não se reduzem aos crimes. Mais de 70% dos chamados a que a PM atende correspondem a essa última classificação. No final de 1999, começamos a trabalhar para municiar a PM de um sistema equivalente, em qualidade, à informatização das delegacias legais. Havia, também até a posse do coronel Josias e o início das reformas que inauguramos, o hábito de trabalhar com os dados sobre óbitos do IML. Tinham a vantagem de ser mais recentes e a desvantagem de ser menos precisos do que os dados policiais. Nas fases mais desorganizadas da secretaria, operava-se tanto com os números da PM, a despeito de sua desorganização classificatória e de sua inconsistência, quanto com os do IML, reservando-se os lentíssimos números oficiais para os relatórios de fim de ano. Um retrato desse caos foi a trapalhada do Carnaval de 1999, quando Garotinho se precipitou em divulgar números não apenas parciais como originários de fontes mutuamente contraditórias.

Jacqueline, com a ajuda que eu e Barbara lhe dávamos, desenhou um novo registro. Os policiais que atuam na ASPLAN participaram de todo o processo. São profissionais dedicados e competentes, e de uma seriedade que contrasta com a precariedade das condições em que trabalham. Minha sugestão era antiga. Eu a formulara na época em que pesquisava nos arquivos policiais. Nós a colocamos em prática, com muito orgulho, tanto nos critérios de avaliação como no novo modelo de registro: unificamos as categorias ambíguas que se referiam a crimes letais. Parece simples, mas esse foi o principal golpe já aplicado na prática da manipulação.

As categorias serviam como gavetas para as quais eram empurrados os números indesejáveis de cadáveres. Refiro-me às seguintes categorias: mortes suspeitas, encontros de cadáveres e encontros de ossadas. Nós os incluímos numa nova categoria que designei "mortes a apurar" e passamos a tratar esses casos como crimes letais, o que significava que os colocávamos na conta das unidades policiais das áreas de segurança em que ocorriam, como se fossem homicídios dolosos. De modo que seria inútil desviar os homicídios e inflacionar artificialmente as categorias ambíguas. O resultado agregado para os policiais seria o mesmo. Entre os crimes letais incluímos também os autos de resistência seguidos de morte. "Auto de resistência" é o título que designa a vitimização de algum suspeito em decorrência de confronto armado com policiais. Muitas vezes, esse nome identifica um ato legal de legítima defesa. Algumas vezes, entretanto, e não são poucas, mascara violência policial excessiva, desnecessária e ilegal. Assim como a morte provocada por um cidadão comum, agindo em legítima defesa, é inicialmente classificada como homicídio doloso, uma vez que a codificação independe do juízo sobre a responsabilidade penal do autor, consideramos que o mesmo princípio deveria ser adotado para efeitos de registro das mortes causadas pela ação de policiais. Essa decisão não os culpabiliza arbitrariamente, apenas uniformiza o modo de classificação das mortes provocadas por ação externa deliberada. O efeito dessa aparente sutileza é notável. Nossa decisão representou mais um fator de inibição da violência policial desnecessária, pois os policiais sabiam que as mortes que provocassem seriam somadas ao conjunto dos crimes letais, elevando seu número.

Quanto às categorias ambíguas, não poderíamos simplesmente eliminá-las. Era necessário manter pelo menos uma categoria ambígua ou prospectiva, pois há casos em que, de fato, não se pode antecipar uma classificação: morte súbita? Morte sem assistência? Acidente? Suicídio? Se uma ossada é encontrada, como proceder à classificação? Algum espaço classificatório teria de ser mantido para esses casos confusos. O fato mais extraordinário sobre as categorias ambíguas era sua estabilidade. Se em janeiro de um ano qualquer havia trezentos homicídios e sessenta casos ambíguos, descritos como encontros de cadáveres etc. (casos, portanto, que exigiriam posteriores esclarecimentos para uma classificação definitiva, alguns dos quais se somariam aos números de homicídios), seria de esperar que ao final do ano essa reclassificação se fizesse, ou que isso viesse a ocorrer, mais cedo ou mais tarde. Não, isso jamais ocorria. Os tais números de janeiro do tal ano seriam os mesmos nos relatórios policiais de cinco anos depois, dez anos depois. Isso mostrava que não havia investigação ou que não havia o menor cuidado em manter os números razoavelmente próximos da realidade. Qualquer que fosse a explicação certa, essas categorias seriam o esconderijo perfeito para os assassinatos excessivos que alguma autoridade inescrupulosa quisesse apagar de seu currículo político. Nós eliminamos o cemitério clandestino dos dados criminais. Um governador mal-intencionado afirmaria, por exemplo: reduzi os homicídios em 20%. Não revelaria que, em seu governo, as categorias ambíguas apresentaram um aumento de 20%. Se passamos a falar em crimes letais, deixa de importar o que se faça com a classificação de cada caso. Isso inibe as manobras desonestas, pois as torna inúteis. A melhor forma de combater a desonestidade não é mudando o espírito dos profissionais, tarefa irrealizável, mas alterando os procedimentos e os mecanismos de seu trabalho cotidiano.

No dia 6 de outubro, a comissão especial concluiu seu relatório, que imediatamente entreguei ao governador e ao secretário. Tratava-se de uma contribuição original e da maior importância, oferecida gratuitamente por profissionais que acreditaram na seriedade de propósitos do governo. Havia muita coincidência com os critérios que adotei para classificar os crimes e descrever sua dinâmica, e amplo consenso, entre nós, quanto à necessidade de *surveys* de vitimização, por sua acuidade insubstituível, e de pesquisas qualitativas que nos dessem um retrato da segurança pública em sua dimensão subjetiva.

A única discordância que perdurava dizia respeito à possibilidade de usar ou não os indicadores de criminalidade para avaliar o desempenho policial. Jamais neguei que meus colegas tivessem razão. Para mim também estava claro o risco de manipulação na base do sistema. Escrevi alguns documentos ao governador e ao secretário especificamente sobre esse risco e as dificuldades de controlá-lo. Mas acreditava que seria melhor oferecer aos policiais uma chance, melhorando rotativamente seus salários, do que não fazê-lo para não correr risco, mantendo os policiais em condições salariais indignas e lhes cobrando mais dedicação e competência. De todo modo, aquela situação seria provisória. Eu estava convencido de que em pouco tempo poderíamos trocar as gratificações por aumentos salariais significativos. Por outro lado, assim que a nova coleta de dados desagregada por áreas de segurança completasse um ano, pretendia começar a aplicar os indicadores sugeridos no relatório da comissão especial, divulgando-os pela internet. Eu não chegaria a ter tempo suficiente para fazer com que meus colegas sentissem seu esforço recompensado pelo reconhecimento prático do valor de sua contribuição.

Ainda em outubro, começamos a premiação das unidades policiais, agrupadas segundo as áreas integradas de segurança, identificando, mensalmente, os melhores resultados no esforço comum de reduzir a criminalidade. Em outubro, trabalhamos com a primeira comparação possível, entre os resultados obtidos nos dois primeiros meses em que a nova sistemática desagregada de coleta esteve em vigor: agosto e setembro. Caminhávamos sobre o fio da navalha, pois a comparação mês a mês é imprópria e pode produzir grandes distorções. De todo modo, o foco se deslocava para o alvo correto, a redução da criminalidade. Mais importante que tudo isso, as áreas integradas se firmavam na consciência dos policiais. Faltava plantá-las na consciência das autoridades da secretaria, para que, rapidamente, trocássemos as festividades das premiações solenes pela serenidade discreta mas rigorosa das reuniões de avaliação e planejamento.

12. 13 de dezembro, outra vez

Na noite do dia 14 de setembro de 1999, num quarto de hotel na Alemanha, recebi um telefonema de Barbara. Ela queria dizer alguma coisa, mas não encontrava as palavras. Há certas coisas que é preciso dizer e ouvir, por mais dolorosas que sejam.

Na manhã seguinte, sentei-me ao lado do ministro José Gregori, então secretário nacional de Direitos Humanos, na sala ampla em que tomávamos café. Tínhamos uma notícia terrível para trocar: o assassinato do coronel Carlos Magno Nazareth Cerqueira, mestre e inspirador de todos nós que nos ocupamos desse ofício espinhoso: fazer segurança pública com decência. O coronel Nazareth Cerqueira era o modelo de pai, irmão mais velho e comandante com que todo mundo sonha: doce e seguro, sábio e humilde, rigoroso e afável, discreto e disponível. E, sobretudo, de uma seriedade raríssima. Foi ele quem introduziu o policiamento comunitário no Brasil e deu início à renovação da cultura institucional da Polícia Militar, em 1983. Infelizmente, as orientações se revezaram, o apoio da sociedade por vezes lhe faltou e as contradições se multiplicaram. Ele tinha consciência de que a corporação que idealizava, em seus projetos pioneiros, ainda estava muito longe de se tornar realidade.

O coronel Nazareth Cerqueira foi morto a tiros no saguão do prédio em que trabalhava com seus amigos inseparáveis, Nilo Batista e Vera Malagutti.

Um crime à luz do dia, no centro da cidade, cometido por um terceiro-sargento, supostamente um desequilibrado mental, que, entretanto, era mantido nas funções ativas da polícia e andava armado. Garotinho determinou o afastamento do comandante do 12º Batalhão, no qual o assassino estava lotado. Segundo depoimentos de colegas do sargento, ele odiava o coronel porque, em sua fantasia paranóica, lhe atribuía a culpa pelas dificuldades que enfrentara na carreira policial. O secretário de Segurança prometeu esclarecimento do crime em 24 horas. Cumpriu a promessa, mas sua explicação de que o sargento se suicidara depois de praticar o homicídio não se sustentou por muito tempo. O coronel Josias se precipitara, antecipando-se aos laudos periciais. O sargento foi morto, depois de matar. Como tantos outros crimes e apesar das condições tão favoráveis à investigação, o episódio aos poucos sairia das manchetes, vagarosamente se deslocaria para as páginas internas dos jornais e terminaria esquecido, soterrado pelas milhares de tragédias que se empilham sob nossos olhos ao longo do ano. É uma vergonha pela qual tive minha cota de responsabilidade, na medida em que era uma autoridade da área de segurança por ocasião do assassinato.

A notícia da tragédia nos pegou de surpresa no meio de uma semana de visitas a instituições policiais alemãs, a convite da Fundação Adenauer. Antes de viajar à Alemanha, eu havia estado em Buenos Aires, participando de um encontro promovido pela ONU. Ficaria afastado do Rio cerca de duas semanas. Por isso, me apressei a entregar ao governador e ao secretário, ainda no dia 2 de setembro, o projeto de reforma da polícia técnica, que redigi com Claudio Ferraz. A idéia básica do projeto — a extinção dos atuais Instituto Médico-Legais, Instituto Carlos Éboli, de criminalística, e Instituto Félix Pacheco, de identificação civil, e sua reconstrução como departamentos de uma única agência, regida pelo princípio da descentralização com integração sistêmica — transformou as dezoito páginas do documento numa bomba mais explosiva do que eu supunha. Os postos descentralizados e os convênios com universidades eram bem aceitos, ainda que as relações com a academia gerassem alguma tensão entre os funcionários mais antigos. Mas a nova política de pessoal e a revolução administrativa provocavam muita incerteza. Eu atribuía as resistências mais à incerteza do que à discordância. Pedi que Claudio realizasse reuniões com os servidores, garantindo-lhes que seus direitos seriam respeitados e que eles não seriam marginalizados. Todos teriam a chance de dar um salto profissional, se aceitassem participar do processo de requalificação. Aos poucos, percebi que entre os funcionários havia um grande desejo de mudança, a despeito do medo natural, numa transição como a que vivíamos. A resistência era menor do que alguns diretores corporativistas gostariam. Contra a manipulação interesseira da incerteza e do medo, nossas principais armas seriam a informação, a transparência e o diálogo.

Setembro, para mim, era o mês da polícia técnica, uma vez que o Projeto Delegacia Legal agora tinha seu grupo executivo, as áreas integradas já estavam implantadas e o Instituto de Segurança estava entregue ao procurador-geral do Estado, para as definições formais, última etapa antes do encaminhamento à Assembléia. Claro que seria necessário estar presente, acompanhar, mas o foco deveria ser o CUPTEC, o Centro Unificado de Polícia Técnica. As viagens serviriam para conhecer um pouco das experiências argentina e alemã, além de identificar potenciais parceiros para intercâmbios futuros. A morte do coronel Nazareth Cerqueira jogou água fria em meu ânimo, que até então permanecera firme, apesar dos problemas internos à secretaria.

De volta ao Rio, tive uma boa notícia: Garotinho aprovara o projeto de criação do CUPTEC. Começava, então, uma nova e longa fase: o detalhamento para preparar a licitação, o que exigiria muito trabalho de uma equipe multidisciplinar. Tínhamos consciência de que só terminaríamos a tarefa no início do ano 2000. Outra boa notícia estava em todos os jornais, provocando reações positivas na imprensa, e negativas nos partidos aliados: o governador decidira realizar uma profunda reforma administrativa, extinguindo treze secretarias e criando cinco gerências ou coordenadorias setoriais, vinculadas a um gerente geral, uma espécie de vice-governador administrativo. Resumindo seus planos, Garotinho declarou o seguinte ao *Jornal do Brasil*: "Todos [os secretários] poderão ser aproveitados em grupos executivos para programas especiais do governo. A idéia é governar por missão, que dá mais responsabilidade e objetividade à administração" (17 de setembro, 1999). Os coordenadores seriam os supervisores dos grupos executivos, zelando pelo cumprimento das metas definidas pelas políticas setoriais do governo.

No documento que lhe enviara de Nova York, em 3 de julho, eu propusera algo muito parecido, a partir das conversas com Fernando e Tito: a criação de grupos executivos, orientados para metas específicas. Um governo de programas e missões com finalidades claras e avaliações sistemáticas. Escrevi:

"Para que se privilegie o produto final e a meta final, para que se atribua sempre total prioridade ao interesse maior do governo e da população (a meta, afinal, de um governo realmente democrático, é sempre o interesse público), seria preciso que o governo — sem prejuízo de seus departamentos e secretarias, que também respondem a certas necessidades — se organizasse em estruturas ágeis, transversais aos departamentos e às secretarias, segundo as lógicas ditadas por seus principais projetos, isto é, de acordo com as necessidades determinadas pelos fluxos prioritários, pelas iniciativas prioritárias". Em seguida, o documento sugeria a formação de grupos executivos, a começar por aquele que seria responsável pela implantação do Projeto Delegacia Legal. Em agosto, Garotinho avisou que faria a reforma. Próximo ao final do mês, me telefonou para uma consulta: o que eu acharia se ele nomeasse Cesar Campos, que pilotava o Grupo Executivo Delegacia Legal, para coordenar a área de Segurança, Justiça, Cidadania e Defesa Civil? Vibrei com a hipótese e não escondi meu entusiasmo. Afinal, Cesar era pessoa de minha confiança, que eu indicara para o grupo executivo e que se afinaria perfeitamente com minha equipe na nova função. O governador quis saber a profissão de Cesar. Administrador, eu disse. Garotinho ponderou: mas será que, sem ser advogado, ele poderia cuidar também da Justiça? Minha resposta foi rápida: claro, é até melhor assim. Já pensou como seria complicado se houvesse dois advogados, um coordenador e o outro secretário de Justiça? Iriam viver em conflito para demarcar territórios e estabelecer hierarquias. Com o Cesar, haverá uma complementaridade natural, graças, exatamente, à diferença de formação profissional. Garotinho concordou. Despediu-se, dando a entender que estava tudo certo.

Naquela noite, eu e alguns colegas da subsecretaria fizemos uma surpresa para Cesar. Convocado para uma reunião de trabalho, ele custou a compreender os abraços com que celebramos aquela vitória, da maior importância para o futuro de nossa política. Não se convenceu. Supunha que muita água ainda correria por baixo da ponte. Ele achava que, ao fim e ao cabo, seria eu o coordenador. Expliquei-lhe por que não acreditava que meu nome fosse viável: os choques com o coronel Josias seriam inevitáveis e a ambigüidade, que persistia, apesar de minha viagem aos Estados Unidos e de meu retraimento diante da mídia, assumiria proporções insustentáveis. A menos que a política de Garotinho fosse essa mesma, consciente e deliberada: a ambigüidade. Será que ele levaria a oscilação a esse ponto? Será que a intenção era agradar a gregos e troianos, dar uma no cravo e outra na ferradura, manter vínculos com todos os setores da opinião pública, mostrar uma face conservadora e uma face progressista, de acordo com as conveniências e as oportunidades? Eu acreditava que não, que Garotinho não iria tão longe. Estava persuadido de que Cesar era mesmo o nome. Brindamos: a Cesar o que lhe compete.

Garotinho emitia sinais de que levava a sério minhas propostas. Os exemplos se sucediam e me transmitiam uma sensação positiva de conforto pelos reveses que vinha sofrendo desde junho. Aceitou criar o Grupo Executivo Delegacia Legal; não hesitou em nomear a pessoa que sugeri para coordená-lo; aceitou pagar uma bolsa a todos os policiais que fossem selecionados para trabalhar nas delegacias legais, dobrando, na prática, os salários e valorizando o processo de qualificação profissional permanente; concordou em fazer uma auditoria externa no setor administrativo das polícias, a começar pela Civil, antiga proposta minha e de Carlos Alberto; aprovou a criação do CUPTEC; aproveitou minhas idéias para a reforma da estrutura do governo, ainda que, depois, viesse a aplicá-las de modo bastante diferente; foi solidário quando sofri o golpe da própria Secretaria de Segurança, no episódio das acusações de superfaturamento; tornou a idéia da Fundação da Polícia (que o dr. Conti transformou em Instituto) e da Nova Polícia uma realidade; determinou que eu liderasse a implantação das áreas integradas; e, finalmente, pretendia nomear uma pessoa ligada a mim para a coordenação setorial. O apoio do governador era decisivo para atravessar as resistências. Quando vivia o sentimento gratificante do apoio, perdia de vista, temporariamente, o fato de que esse apoio poderia ser apenas a etapa positiva de um ciclo vicioso: o ciclo da ambigüidade. Afinal, a fonte dos ataques a mim, à COPPE e ao Projeto Delegacia Legal, continuava intacta e operando. O privilégio, o apoio, o fortalecimento poderiam ser a ante-sala do esvaziamento e da frustração. De todo modo, os sinais, em setembro, eram de indiscutível solidariedade por parte do governador.

Poucas noites depois de ter recebido a notícia trágica do assassinato do coronel Nazareth Cerqueira, atendi outro telefonema de Barbara, em outra cidade alemã, em outro quarto de hotel. Dessa vez ela estava alegre. Tinha boas notícias. Garotinho acabara de lhe telefonar. Tiveram uma conversa ótima. Ele queria que eu o procurasse assim que chegasse ao Rio, pois gostaria de me convidar para a Coordenação de Segurança, Justiça, Cidadania e Defesa Civil.

Mas a gangorra não era apenas uma possibilidade das artes políticas de

Garotinho e um risco político para seus auxiliares. Era também um movimento da mórbida política clandestina dos bandidos travestidos de policiais, que alternavam ameaças com períodos de aparente trégua. Só que, nesse campo, as artes eram outras e os riscos eram bem mais drásticos. Na véspera de meu retorno ao Brasil, Barbara foi acordada por um telefonema. Passava de meia-noite. Uma voz feminina se apresentava como representante de uma organização cujo nome evocava o vocabulário religioso afro-brasileiro. Dizia que a grande festa para mim estava pronta, à minha espera. Perguntava se eu já estava preparado. Se não estava, que me preparasse. Barbara não conseguiu compreender o sentido daquilo. Preparado para o quê? Que grande festa? Sobressaltada pelo inusitado da hora e da mensagem, voltou a deitar mas não dormiu, preocupada com as palavras estranhas que não lhe saíam da cabeça. No dia seguinte, amigos lhe explicaram que a "grande festa", em certas tradições afro-brasileiras, era o nome do rito funerário. Foi dessa época também o recado que ficou gravado algum tempo na secretária eletrônica de um de nossos telefones: "Vai morrer...", dizia a voz masculina, desfiando alguns palavrões. O identificador de chamadas não ajudava; quando a ligação é feita de um telefone público, a menos que a abordagem seja imediata, não há como descobrir o autor da ameaça.

Nós já estávamos acostumados às provocações e não prestávamos muita atenção a elas. Mas houve um caso bastante especial, que tornava a história da grande festa um pouco mais inquietante. Uma noite, em agosto, o governador me telefonou:

— Luiz Eduardo, tudo bem? Quem fala é Garotinho. Olha, é muito desagradável falar sobre isso, mas é meu dever. Iria me sentir culpado se não falasse e acontecesse alguma coisa. Então, é melhor falar. Recebi uma carta de uma senhora evangélica, esposa de um policial, que gosta muito de mim e que ficou muito assustada. A denúncia parece que procede. Ela disse que ouviu uma conversa de um detetive de um tal grupo Astra... Você sabe o que é isso?

Respondi que sim, sabia, e expliquei, em poucas palavras, que se tratava de um grupo de detetives e inspetores conhecidos pela eficiência e pelos métodos, digamos, heterodoxos. Grupo em que residia o foco mais forte da resistência à nossa política de segurança.

— Pois bem — continuou Garotinho —, um detetive desse grupo andou dizendo que uma turma da polícia vai promover um banho de sangue e que vai começar por você, depois por mim. Já providenciei um reforço da segurança para minha família. Você deveria fazer o mesmo. Pode não ser verdade, mas... nunca se sabe. Parece que, nesse caso, a denúncia é séria.

Agradeci e tomei as providências cabíveis. Barbara e eu reunimos nossas duas filhas, à época com dezoito e vinte anos, e lhes contamos o que estava acontecendo. Era preciso que se conscientizassem da necessidade de sacrificar um pouco da liberdade e aceitar a companhia permanente de seguranças. Não era fácil para elas, mas era preciso.

Um fato veio juntar-se ao quebra-cabeça, por uma coincidência que tornava a denúncia mais verossímil. Antonio Carlos me comunicou, dias depois do telefonema de Garotinho, que a esposa do coronel Cruz tinha sido procurada por uma amiga, mulher de um empresário atuante no campo da segurança privada, a qual lhe teria relatado, a pedido do marido, que um policial civil, mais precisamente um detetive, estaria conspirando para atentar contra a minha vida e a de minha família. Fossem fundadas ou não as denúncias, minha obrigação era levá-las a sério. Procurei o coronel Cruz e lhe pedi, além de apoio suplementar, o esforço possível na investigação da denúncia, através da PM-2, o serviço reservado da PM, já que a Polícia Civil parecia menos sensível a uma mobilização dessa natureza, naquele caso, por motivos óbvios. Conversei também com Carlos Alberto e lhe pedi que conduzisse as investigações pertinentes, acionando policiais de sua confiança pessoal. Além de falar com os chefes das polícias, também procurei o coronel Josias.

Jamais recebi um relatório conclusivo a respeito das denúncias. A morosidade das investigações me desagradava. As justificativas eram várias, mas, de resto, não diferiam daquelas prestadas à sociedade, na maioria dos crimes que nunca se esclarecem e que vão se acumulando, ampliando nosso recorde de impunidade. Uma semana depois, a secretária particular do governador, Ana Paula Costa, comentou a carta comigo, chocada com as referências às minhas filhas, às suas escolas e aos seus trajetos cotidianos. Eu me assustei, pois Garotinho não entrara em tais detalhes comigo, provavelmente para me poupar. Ana Paula me perguntou se eu já tinha lido a carta. Eu disse que não, mas que gostaria de ler, até para avaliar melhor a gravidade da ameaça. Ela me prometeu uma cópia, assim que possível. O original estava com o Gabinete Militar. Jamais recebi cópia da carta e o episódio jamais foi esclarecido. Meses depois, ouvi de delegados que não deveria me preocupar:

— Esse pessoal age assim mesmo — eles me disseram —, mas é só da boca para fora, é só conversa fiada, para se mostrar aos companheiros e criar um clima de medo que reforça a fama de perigo e violência que a turma cultiva.

De qualquer modo, a segurança de toda a família permaneceu reforçada. Muito tempo depois, alguns ecos desses episódios chegaram aos três principais jornais cariocas. O *JB* deu maior destaque, nas edições de 16 e 17 de novembro. No dia 16, a matéria tinha chamada de primeira página: "Segurança de Garotinho é reforçada: o governador e as autoridades de segurança do Rio estão sob ameaça. O Serviço de Inteligência da PM identificou alguns policiais civis como os responsáveis por ameaças de morte ao coordenador de Segurança, Luiz Eduardo Soares. O secretário de Segurança, Josias Quintal, também já foi ameaçado. A segurança do governador Anthony Garotinho está reforçada". O título interno era: "Reação contra faxina na polícia". A fonte da notícia era, provavelmente, o próprio palácio. Garotinho havia feito referência às ameaças em seu programa de rádio. O editorial do *Jornal do Brasil* do dia 17, "Ação e reação", referia-se às ameaças e apoiava o esforço do governo de reformar as polícias e excluir os maus policiais.

O sinal mais claro e significativo que Garotinho me enviou, de solidariedade, reconhecimento e apoio, nos meses de agosto, setembro e outubro, que já vinham sendo pródigos em manifestações positivas, foi minha nomeação como coordenador, em outubro. Em novembro, ainda houve demonstrações de ótima sintonia, como a entrevista que o governador deu a Maurício Dias, editor do *Jornal do Brasil*, publicada no dia 14 sob o título "Vou fazer uma limpeza na polícia". Havia declarações excelentes, que sintetizavam algumas de nossas principais convicções, como: "Qualquer sistema de segurança só funciona quando há confiança. Para retomá-la, só uma nova polícia". A partir desse gancho, Garotinho falava do instituto, cujo projeto de lei já estava na Assembléia. As declarações reiteravam o que ele dissera, antes, ao próprio *JB*: "O governador diz que sabe que está 'mexendo numa área muito perigosa, mas a sociedade precisa entender o seguinte: ou temos a coragem de mudar a polícia ou nunca teremos a segurança que esperamos'" (27 de setembro, 1999). Autorizado pelo governador, eu voltara a visitar editorialistas e a manter diálogo permanente com jornalistas. A idéia era expor em detalhes nossa política, não para evitar críticas, mas para levar a todos o conhecimento de nossos projetos e de suas razões de ser. As delegacias legais, as áreas integradas e o Instituto de Segurança já haviam se incorporado ao vocabulário corrente das redações. Achávamos que as cobranças passariam a ser mais construtivas se houvesse entendimento do que estávamos tentando fazer. A divulgação dos projetos, não como sonhos distantes ou divagações intelectuais, mas passos concretos rumo a mudanças objetivas, voltou a equilibrar nossa comunicação com a sociedade: além dos impulsos defensivos que não consegui interromper, passamos a incluir, no noticiário cotidiano, informações sobre o que estávamos fazendo para chegar ao que todos desejávamos, isto é, a uma nova polícia. Minha nomeação como coordenador correspondia a um salvo-conduto para que eu voltasse a me movimentar com liberdade e a falar com a mídia sem constrangimento.

Acho que o trabalho foi bem-feito. Não por conta de minha capacidade de persuasão, mas porque os projetos eram bons. *O Dia*, *O Globo* e o *Jornal do Brasil* nos ajudaram a afirmar um novo paradigma na segurança pública. Tornaram-se defensores da delegacia legal, das áreas integradas e do Instituto de Segurança, assim como vestiram a camisa da campanha pelo desarmamento. Na maioria das vezes em que nos criticavam, faziam-no em nome dos projetos, da necessidade urgente de sua implantação. Rubem Cesar e o Viva Rio foram parceiros fundamentais, liderando a luta pelo desarmamento e ajudando a abrir portas, baixar resistências e demonstrar que, pela primeira vez, havia uma política de segurança digna desse nome, ainda que embrionária. Não eram balas de festim nem factóides; os projetos eram reais, a política era séria, as idéias eram consistentes e a execução era responsável. Eu insistia com todos os interlocutores: o que estamos fazendo é trivial, não é nada extraordinário; não estamos inventando a roda; estamos fazendo o que, no mundo privado, é elementar, é primário, e o que deu certo em outros países, respeitando nossas características e adaptando, com alguma criatividade, o que a experiência internacional nos ensina.

A situação do Rio era tão grave, o impacto sobre a economia era tão profundo e a cultura cívica, nos setores mais informados, amadurecera tanto, que já havia uma disposição enorme de superar preconceitos, ideologias, partidos e competições menores, em benefício da construção comum de uma saída civilizada, racional e eficiente — menos entre os políticos profissionais da oposição, a maioria dos quais permanecia inteiramente insensível ao interesse público, sempre que houvesse possibilidade de prejuízos eleitoreiros.

Garotinho andava feliz com os resultados que colhia junto à opinião pública, e não se cansava de sonhar com a presidência. Em 3 de outubro, o *Jornal do Brasil* publicou pesquisa do Instituto GPP (Grupo de Planejamento e Pesquisa), realizada em setembro com eleitores do Rio. O título da matéria, assinada por Maurício Dias, resumia as conclusões da pesquisa: "Garotinho é 'bom', governo é 'regular'". Os números pareciam um espelho perfeito da avaliação que Tito Ryff fizera em julho: 18,6% consideravam Garotinho ótimo governador; 39,9% achavam que ele era bom, e 28,5% diziam que ele era regular. O resultado era excelente. Mas o desempenho do governo nas áreas de saúde, educação e segurança, segundo o juízo da sociedade, não passava de regular. A avaliação da segurança nos surpreendeu positivamente, considerando-se a dificuldade do setor e a carga que os adversários políticos faziam: 11,4% consideravam ótima; 19%, boa; 36,9%, regular. Somando-se os itens ótimo e bom, tínhamos 30,4%. Considerando-se também o item regular, chegávamos a 67,3% de aprovação.

A ambição presidencial de Garotinho era legítima. Pilotando 87% de aprovação popular, governando um dos principais estados da Federação e um dos mais problemáticos, tendo renegociado com grande habilidade a dívida do estado, praticamente sem oposição pela esquerda, graças à aliança com o PT, sentia-se, justificadamente, autorizado a sonhar. Estabilizada a coalizão com as esquerdas, só lhe restava um caminho para chegar vitorioso a Brasília, em 2002: avançar rumo ao centro. Trocando idéias com Jairo e Antonio Carlos, meus interlocutores cotidianos, chegamos à conclusão de que as ambigüidades remanescentes e suas manifestações cíclicas poderiam ser muito mais que uma idiossincrasia de Garotinho. Não nos parecia implausível que as oscilações fossem muito bem pesadas pelo governador, como parte de sua estratégia de ampliar os apoios ao centro, sem se descolar das esquerdas. Nós não éramos sectários. Pelo contrário, víamos com simpatia a flexibilidade política de Garotinho, sua recusa aos estereótipos ideológicos e a alguns bordões desgastados da esquerda. Compreendíamos a necessidade histórica de uma aliança das esquerdas com o centro, em torno de um projeto de transformação pacífica do Brasil. Garotinho poderia vir a se tornar um personagem importante desse processo histórico.

O que não aceitávamos era a subordinação da segurança pública a esse jogo político. Na segurança, as alianças amplas terminam por se degradar em cumplicidade. As tarefas exigem alguma dose de radicalismo. Sem ruptura, não haveria as mudanças esperadas. Conciliações excessivas paralisariam nossos projetos. O grande risco seria que, em nome de sua estratégia eleitoral, Garotinho bloqueasse seu ímpeto reformador na segurança, considerando-se satisfeito com a implantação embrionária dos projetos e com o anúncio de mudanças futuras que eles representavam. Esse aborto parcial dos projetos reduziria os riscos do desgaste provocado pela resistência das corporações e por seus eventuais boicotes. Por outro lado, implantação embrionária e promessa de mudança comporiam uma fórmula capaz de conquistar o imaginário popular, ávido por reformas. O número de delegacias legais e a velocidade de implantação do instituto seriam os melhores indicadores para sabermos, no futuro, se nossa especulação pessimista fazia sentido ou não. Se Garotinho persistisse na cobrança de novas inaugurações mas não desembaraçasse os obstáculos que continuavam — a despeito das facilidades proporcionadas pela criação do grupo executivo — a atravancar a implantação do projeto, ele chegaria ao final do governo apenas com um terço das delegacias reformadas. Esse ritmo preservaria a hegemonia dos policiais resistentes ao projeto e os manteria calmos, confortáveis e saciados. O mesmo se verificaria na instalação do instituto.

Se o governo seguisse o conselho do coronel Josias, as velhas polícias não seriam incomodadas e a nova polícia não passaria de efeito cosmético, para eleitor ver. O conselho, transmitido ao governador numa reunião fechada, em setembro, no palácio Laranjeiras, era o seguinte: as propostas do instituto — resseleção dos policiais e integração das duas polícias — deveriam ser implantadas em apenas uma área de segurança, até o fim do mandato de Garotinho. Se a posição do coronel Josias vingasse e o instituto deixasse de ser uma realidade próxima para se tornar um mero slogan, eu e a equipe passaríamos a cumprir um papel diferente. Nós nos reduziríamos a instrumentos de legitimação ou a divulgadores de uma política que não mais controlaríamos. Essa era uma hipótese, certamente, mas como saber se ela estava ou não em vigor?

A velocidade de implantação dos projetos, assim como sua consistência e profundidade, são difíceis de identificar durante o próprio processo de implantação. Os atrasos, os obstáculos, as idas e vindas dos pequenos boicotes cotidianos só se dimensionam *a posteriori*. No cotidiano da implantação, o que se via era o estímulo de Garotinho, até mesmo sua cobrança. Nem sempre era fácil saber se o estímulo era verdadeiro, se a cobrança era sincera. Afinal, os motivos pelos quais a implantação vacilava e derrapava eram conhecidos do governador, tinham nome e sobrenome, e, mesmo assim, eram mantidos em franca atividade. Por quê?

As intenções de Garotinho eram difíceis de decifrar. O melhor que eu tinha a fazer era confiar e seguir adiante, trabalhando para que a previsão mais otimista se confirmasse. Minha maior esperança residia na pressão da própria sociedade. Na medida em que a opinião pública desse mostras de que valorizava nossos projetos, eu tinha certeza de que Garotinho se agarraria a eles e faria deles a sua bandeira.

Havia momentos em que minha confiança em Garotinho era abalada. Não se tratava de nenhuma dúvida sobre a honestidade do governador, mas sobre seu senso de realidade. Se Garotinho apoiasse as opiniões em sua inteligência, em seu poder de observação, em sua sensibilidade política, eu teria menos dúvidas quanto à sua solidariedade e a seu compromisso com nossa política de segurança. Mas ele às vezes parecia ancorar suas avaliações em juízos pouco sintonizados com a realidade, talvez porque seja mesmo difícil para um governador pensar criticamente, sobretudo autocriticamente, quando está cercado por aduladores e um punhado de interlocutores provincianos. Acreditar, por exemplo, que só lhe restava "tocar a bola", pois o jogo eleitoral de 2002 estava praticamente ganho, conforme me disse no final de 1999, não fazia justiça à sua inteligência e a seu senso de realidade. Era um sintoma da onipotência que lhe embaçava a visão. Afirmar, por exemplo, que a presidência seria conquistada com a maioria dos votos fluminenses, mais os 17 milhões de votos evangélicos, somados à votação que as entrevistas diárias nas rádios paulistas lhe renderiam, era um erro de cálculo evidente. Os evangélicos não votam como rebanho, constituem um universo muito diferenciado. Dizer que se eleger presidente seria fácil, complicado seria governar o Brasil, como também me disse, não valia nem como brincadeira espirituosa.

Às vezes, Garotinho explicava suas vantagens considerando que, se chegasse ao segundo turno, receberia os votos da esquerda, caso o oponente fosse da direita, e receberia os votos da direita, caso o oponente fosse da esquerda. Ou seja, tinha em mente compor um perfil político centrista, até 2002. Por isso seria tão importante assumir o controle do PDT. Aliar-se ao centro seria completamente diferente de *estar* no centro, ou seja, no PMDB. A esquerda não votaria num candidato centrista, mas talvez votasse num candidato aliado ao centro e com perfil centrista, sujeito a colorações adaptativas, conforme as necessidades. Nesses momentos em que explicava suas chances, poderia demonstrar um senso de realidade agudo, se não partisse da suposição de que seria fácil chegar ao segundo turno. Entretanto, era um senso de realidade que não me agradava nem um pouco. Expressava uma disposição quase ilimitada para as adaptações oportunistas. Essa falta de uma identidade político-ideológica mais marcada me provocava insônia. Parecia que as posições estavam a serviço da eleição, ao invés de a eleição estar a serviço da possibilidade de realização das posições. Não quero parecer ingênuo. Sei que esse é o comportamento típico do político profissional, que planeja seus movimentos como quem prepara os passos de uma carreira solo. Mas me custou muito tempo constatar e aceitar que o governador era um profissional, não um militante partidário ou um ator ideológico.

Os meses de harmonia, portanto, também foram tensos, atravessados por dúvidas. Sinais de apoio aos projetos e a mim, pessoalmente, não eliminaram algumas diferenças de postura importantes. Quando as diferenças opõem um governador a um simples auxiliar, é evidente que a posição do auxiliar tem de ser corrigida para se adequar às determinações do superior. Entretanto, nesse caso eu não poderia ajustar minha posição, sob pena de jogar por terra tudo o que estava construindo. A divergência me custou a primeira repreensão de Garotinho.

No dia 29 de outubro, *O Globo* publicou matéria de Florência Costa, com o título: "Números para paulista ver; Garotinho diz a empresários de São Paulo que Nova York é mais violenta que a zona sul". O texto adverte: "Se a comparação tivesse sido feita com todo o município do Rio, porém, o resultado seria outro". O Rio de Janeiro tem cinco vezes mais homicídios do que Nova York. Era o tipo de postura defensiva que produz o efeito contrário ao que se deseja. Nesse caso, aproximando-nos perigosamente do ridículo. Acho que não houve má intenção, isto é, não creio que Garotinho estivesse mentindo com o propósito de iludir a audiência, pois os números eram públicos e não faria sentido pintar um quadro irreal. No entanto, as conseqüências foram desastrosas, pois a imagem do governo, na área da segurança, subitamente passou a oscilar entre o amadorismo tolo e a evidência dos resultados ainda ruins, destacados pelo vexame da comparação verdadeira com a situação de Nova York. Pior que a vontade de parecer melhor do que era, desguarnecendo a retaguarda e nos fazendo parecer piores do que éramos, foi a frase que Garotinho cometeu, definindo "seu lema": "Escreveu, não leu, o pau comeu".

A vulgaridade, sugerindo uma firmeza falsa, imprópria e pueril, associada à miscelânea dos números, era desanimadora. Acho que ele mesmo percebeu o tamanho do erro, pelo que me disse num telefonema que não parecia ter outra finalidade senão justificar-se. Mas não chegou a admitir que tivesse errado. Oito dias antes, os jornais haviam destacado o "endurecimento do discurso" de Garotinho, na cobertura que fizeram da solenidade de premiação dos policiais. Um mês antes, em 21 de setembro, *O Dia* publicara uma dessas declarações que Garotinho dava de tempos em tempos e que me deixavam preocupado: o Código Penal "dá muito direito aos bandidos". Parecia que, de vez em quando, Garotinho ensaiava um outro personagem.

Na contramão da onipotência, dei uma declaração ao *JB* que me custou caro. Na terça-feira, dia 2 de novembro, a principal manchete do jornal, estampada em letras garrafais, era: "GOVERNO ADMITE FALHA EM INFORMAÇÃO SOBRE TRÁFICO". Em letras menores: "Polícia do Rio não tem dados para ajudar CPI: O coordenador estadual de Segurança, Justiça e Cidadania do Rio, Luiz Eduardo Soares, admitiu que foi 'fraquíssimo' e 'sem qualidade' o relatório policial enviado à CPI do narcotráfico, cujos representantes chegam amanhã ao Rio. 'Sei que o que vou falar é grave, mas a polícia não tem como fornecer, no momento, um levantamento detalhado do narcotráfico'". Eu tinha lido o relatório que havia sido enviado à CPI: era ridículo. Estava certo o representante da CPI que reclamara da qualidade do documento. Fraquíssimo e sem qualidade eram eufemismos.

Garotinho ficou muito aborrecido com minha declaração. Considerou um equívoco grave. Avaliou que fez muito mal ao governo. Sua discordância não era quanto à qualidade do tal relatório, mas à conveniência de dar publicidade ao juízo crítico. Na primeira oportunidade, me desautorizou indiretamente, desdizendo o que eu dissera. Encomendou ao CISP e à PM a maior quantidade de textos que pudessem reunir sobre o tráfico e os morros. Reuniu o calhamaço e fez pose para as fotos, entregando o papelório aos membros da CPI. Além da repreensão, fui provisoriamente rebaixado. Garotinho apresentou-me aos representantes da CPI, na reunião que tivemos no palácio Guanabara, como subsecretário. Acho que ele pensou que o peso de minhas palavras sofreria uma deflação se quem as tivesse proferido fosse o subsecretário e não o coordenador.

O fato é que a papelada tinha mais informação do que o relatório enviado anteriormente, mas nada que valesse como uma investigação de qualidade. A menos que se confunda o tráfico com o varejo dos morros. Os nomes dos "donos dos morros" e as características superficiais do varejo são informações que os próprios moradores das favelas têm e que a cidade compartilha. Não havia nem uma linha sequer originária de uma investigação para valer, que olhasse para cima, analisasse as fortunas ilegais, a lavagem de dinheiro, as trajetórias internacionais do capital que financia o atacado, os aeroportos clandestinos que ligam os balneários fluminenses ao interior paulista e ao Centro-Oeste, ou o fluxo das armas, que saem das indústrias brasileiras, fazem baldeação nas lojas paraguaias das cidades da fronteira e retornam, ilegais, ao Brasil. Mas impressionava. Era muito papel.

Pelo tamanho do novo relatório improvisado, parecia que as polícias estavam prestes a acabar com o tráfico no Rio. Parecia também que eu havia sido leviano, se não mentiroso, em minha declaração ao *JB*. Não fui, ainda que meu gesto possa, realmente, ser considerado um grande equívoco, do ponto de vista político. Talvez Garotinho tivesse razão. Nesse caso eu talvez tenha exagerado na sinceridade, num contexto em que os jogadores eram profissionais e, como diriam os cariocas, o mais ingênuo dava nó em pingo d'água no escuro. Talvez. Mas não me arrependo e prefiro esse tipo de erro ao equívoco ufanista e defensivo. Acho que a transparência acaba compensando, pois reverte a expectativa de que as autoridades sempre mentem e se defendem. A médio prazo, talvez produza uma nova relação entre o governo e a sociedade, talvez aumente a credibilidade das instituições públicas.

A postura defensiva, aliás, continuava imperando, para meu desgosto. Pouco antes do fiasco da comparação com Nova York, Garotinho comentou o assalto à casa do comediante Renato Aragão, fato que alcançara as primeiras páginas do *Globo*, com um chavão cujo efeito é sempre o inverso do esperado: trata-se de um caso isolado, pontificou. Ora, todo mundo sabia que não era verdade. Desde a reportagem publicada em julho pelo *Jornal do Brasil*, o aumento do roubo a residências estava em pauta. Mesmo que fosse um caso isolado, essa seria a última coisa a ser dita, diante do impacto de um assalto. A impressão que tal comentário causa é a de que a autoridade despreza o fato — o mesmo fato que, com boas razões, comove a opinião pública. Essa postura governamental típica carrega uma indisfarçável pitada de arrogância. No dia 18 de outubro, era o coronel Josias que ironizava, no *Globo*, a justa revolta do ator e sua disposição, impensada mas compreensível, de procurar os criminosos: "Quem caça bandido é polícia".

Meu "rebaixamento" a subsecretário não ocorreu somente no encontro com a CPI. Aconteceu outras vezes. Sempre que Garotinho desejava valorizar o secretário de Segurança ou reduzir meu espaço. Dependendo do contexto, ele me apresentava e me tratava como coordenador ou como subsecretário. Talvez nada tenha sido tão exemplar da ambigüidade do estilo Garotinho de governar como esse jogo das cadeiras. Para torná-lo possível, ele não me demitiu da função anterior, à frente da Subsecretaria de Pesquisa e Cidadania, quando me nomeou coordenador. Apesar de continuar a receber o mesmo salário, passei a cumprir duas funções: em uma delas, eu era subordinado ao coronel Josias; na outra, era subordinado apenas ao secretário executivo do gabinete do governador, Luiz Rogério Magalhães, coordenador geral do governo — e, é claro, ao próprio governador. Como coordenador setorial de Segurança, eu era superior ao coronel Josias. "Era" sugere um estado permanente. Não é verdade. Seria mais correto dizer que "fui" superior, várias vezes, sempre que Garotinho considerou oportuna essa reviravolta hierárquica. Como explicar à mídia e à opinião pública? Como explicar aos nossos superiores-inferiores? Como entender? Como saber em que momento nós, os cinco coordenadores setoriais, seríamos inferiores ou superiores aos secretários? E quando Garotinho não estava presente para indicar a ordem hierárquica do dia, como agir? Como organizar as mesas de reunião? Quem se sentaria ao lado de quem, em que ordem? Claro que isso gerou uma confusão infernal e acirrou as disputas, elevando a temperatura dos conflitos a um grau insuportável.

A dubiedade classificatória era o próprio retrato do darwinismo que Garotinho se habituara a estimular, sabe-se lá para quê. Talvez o propósito fosse alcançar a flexibilidade que lhe permitia marcar a face do governo que lhe conviesse, de acordo com as circunstâncias e as audiências. Ou talvez a finalidade fosse promover a disputa para extrair o máximo dos auxiliares e preservar os mais fortes, formando um governo vigoroso de sobreviventes, os mutantes do "novo trabalhismo"... Se a tática não gerasse enormes desgastes para o governo e não provocasse uma tremenda perda de tempo, um imenso desperdício de energias, talvez fizesse até algum sentido, ainda que me pareça, pessoalmente, abominável.

Os coordenadores foram nomeados no dia 15 de outubro e apresentados oficialmente aos secretários num almoço no palácio Guanabara, no domingo, dia 17. No dia 18, o *Jornal do Brasil* noticiou a nomeação da seguinte forma: "O governador Anthony Garotinho nomeou os novos coordenadores setoriais do governo [...]. Na nova estrutura, os cinco coordenadores vão centralizar os assuntos das secretarias de Estado e ficarão diretamente subordinados ao secretário executivo do gabinete do governador, Luiz Rogério Magalhães. Garotinho não despachará mais com os secretários, que deverão discutir seus projetos, reivindicações e problemas com os coordenadores, que encaminharão os temas ao governador. A idéia é reduzir a carga de trabalho de Garotinho".

Era verdade. O governador planejava, a partir de abril do ano 2000, visitar as oitenta principais cidades brasileiras, participando das campanhas municipais e começando a montar as bases de sua candidatura presidencial. Precisava deixar o governo em mãos confiáveis. Ele chegou a nos dizer, duas semanas antes da nomeação, em reunião no palácio Laranjeiras:

— Vocês vão ter uma oportunidade única na vida. Afinal, fui eu que me elegi, não vocês, mas vocês vão ter a chance de participar diretamente do governo do estado.

O que não estava claro era como poderíamos assumir tamanha responsabilidade se, volta e meia, éramos destituídos da posição superior durante algumas horas, até sermos reentronizados horas depois ou no dia seguinte. O pior é que não havia, no horizonte, perspectiva de que a babel se organizasse e de que a nova ordem, qualquer que fosse, finalmente se estabilizasse. No almoço de apresentação, predominou a idéia de que os coordenadores seriam superiores aos secretários. Garotinho disse com todas as letras que os coordenadores deveriam ser vistos como representantes diretos do governador, de modo que, quando os secretários se reunissem com eles, estariam se reunindo com o próprio governador. Com isso, dispensava-se de atender aos secretários, salvo mensalmente, alguns, e quinzenalmente, outros. E não haveria mais reunião privada dos secretários com o governador. Os coordenadores estariam sempre presentes. Poucos dias depois, Garotinho tratou de desfazer a idéia que ele mesmo divulgara, negando, em entrevista, que os secretários se subordinariam aos coordenadores. A manchete do *Globo*, no dia 18, era: "A nova cara do governo Garotinho; primeira reunião dos encarregados de administrar o estado teve cobranças do governador". O texto sintetiza o sentido da mudança do seguinte modo: "Com essas medidas, os secretários despacham com seus coordenadores, que falam apenas com o que ficará no topo da pirâmide". No topo estaria o novo "homem forte" do governo, Luiz Rogério, além, é claro, do próprio governador. "Um outro assessor informou que o governador agora pretende se dedicar mais a fazer política." A reportagem de Patrícia Faria tangencia o tema da ambigüidade: "Apesar de garantir que quem ficar no governo não perderá poder nem status, pelo menos uma nova coordenadoria criada — a de Segurança, Justiça, Defesa Civil e Cidadania — causou estranheza. Não pela junção das secretarias, mas, sim, pela atribuição do homem que ficará no topo do organograma. Não foi surpresa para ninguém a confirmação de Luiz Eduardo Soares para o cargo. No entanto, a dúvida de colaboradores era se Soares fica no topo do poder na sua área de trabalho, tendo o secretário de Segurança, o coronel Josias Quintal, como subordinado". A matéria incluía a reprodução do novo organograma, com fotos e nomes: sob o governador aparecem Luiz Rogério e a vice-governadora, lado a lado, e, logo abaixo, estamos nós, os cinco coordenadores setoriais. A nova estrutura já nascia ambígua. Ostensivamente ambígua.

O Dia era mais explícito quanto ao significado das mudanças. "A hora da articulação; com a posse de seu novo gabinete, Garotinho se dedicará mais à política", foi a manchete. A reportagem de Elaine Gaglianone ia direto ao ponto: "O governador Anthony Garotinho não quer perder tempo. A partir desta semana, ele começa a se afastar das atividades administrativas para se dedicar mais à política nacional e à articulação de uma possível candidatura à vaga do presidente Fernando Henrique Cardoso, daqui a três anos. Ontem, ele reuniu os secretários para avisar que, daqui para frente, a administração do governo será descentralizada e tocada, em grande parte, pelo gerente geral, Luiz Rogério Magalhães, e cinco coordenadores". O texto continua: "Os coordenadores vão supervisionar e acompanhar os principais projetos das secretarias de sua área. Esse grupo é que despachará com o gerente geral e com o governador, quando ele estiver no Rio. 'Os coordenadores e o gerente vão filtrar os assuntos que devem ser tratados pessoalmente por ele'" (*O Dia*, 18 de outubro, 1999).

É verdade que a ambigüidade não traduzia apenas o estilo político de Garotinho. Havia outras razões. O PT reagiu contra a perda de poder de seus secretários e viu na reforma da estrutura do governo uma manobra política, visando esvaziar sua participação. Os demais partidos da coalizão tampouco se sentiram confortáveis e endossaram a pressão do PT. Contudo, o fato de que o resultado final tenha sido a ambigüidade me parece ter mais a ver com o estilo político de Garotinho e com sua estratégia do que com as resistências à mudança.

O que caracterizava o governo era exatamente a transformação das pressões em respostas conciliadoras, porém tensionantes porque ambíguas. Do meu ponto de vista, o quadro de ambigüidades não foi o produto possível de negociações difíceis, uma espécie de retrato provisório e incompleto que Garotinho tivesse de aceitar, por falta de alternativas, e que desejasse superar assim que fosse viável. Pelo contrário, acho que foi um resultado deliberado que só poderia ser alcançado com a resistência do PT, a qual, por isso mesmo, foi intencionalmente provocada. Ou alguém acha crível que Garotinho pensasse que poderia anunciar a perda de poder dos secretários sem que os partidos se insurgissem contra a medida? Meu caso era muito especial, pois não envolvia partidos. Por isso, posso afirmar que, no setor da segurança, prevaleceu o estilo e a estratégia de Garotinho. Pelo menos na segurança, tudo indicava que a ambigüidade era mesmo o seu projeto.

A ambigüidade não era apenas a realidade que eu e os colegas coordenadores vivíamos nos bastidores. Era também um traço externo e visível do governo, que atraía críticas. Alguns editoriais lamentaram que o governador tivesse anunciado uma reforma no início de setembro, chegando a pedir que todos os secretários se demitissem para facilitar as mudanças, e que mantivesse a administração em *suspense* por 45 dias, paralisando o Estado e precipitando uma crise política. As hesitações de Garotinho ganharam as manchetes. No dia 18 de setembro, por exemplo, o *JB* anunciou: "Garotinho recua e suspende reforma". A reforma acabou saindo, porém menor e mais superficial do que se esperava. O enxugamento prometido não aconteceu.

Assim como agosto de 1999 foi o mês da implantação das áreas integradas de segurança e setembro foi o mês da reforma da polícia técnica, outubro foi o mês do desarmamento, dos Jogos da Paz, do GETAM, da psicologia nos batalhões e do Programa de Proteção às Testemunhas.

Graças ao esforço pessoal de Tânia Damer, Jorge Luiz Almeida, José Carlos Fragoso e de um grupo de pessoas devotadas ao projeto, no dia 27 de setembro foi assinado o convênio entre o governo fluminense e a Secretaria Nacional de Direitos Humanos, que tornava possível a proteção às testemunhas no estado do Rio. Desde o período da transição, em 1998, tentávamos viabilizar o convênio para inaugurar o programa, inspirado no excelente modelo concebido pela ONG pernambucana GAJOP. Visitei algumas vezes o dr. Gregori, em Brasília. Ele foi o maior responsável pela nacionalização do programa, que nasceu regional. Em outubro, finalmente, o Provita, entidade criada especialmente para gerir o programa no Rio, pôde começar a atender a demanda por proteção.

Os Jogos da Paz atingiram as etapas finais, com muito sucesso. Graças ao Viva Rio, ao secretário de Ação Social, Esporte e Lazer, Antonio Pitanga, e à Polícia Militar, 40 mil jovens entre catorze e dezessete anos, da região metropolitana do Rio de Janeiro, formaram 2509 equipes e disputaram campeonatos durante alguns meses, em várias modalidades esportivas. Não houve um único incidente. Garotos da periferia, das favelas e das zonas mais ricas da capital se encontraram nos jogos, pacificamente, aprendendo o valor da igualdade diante das regras, como diria meu mestre Roberto DaMatta. A PM ajudou a organizar a competição e ofereceu juízes, quadras e campos, abrindo seus batalhões à comunidade e proporcionando uma aproximação inusitada com os jovens. A comunicação experimentada nos Jogos da Paz prometia contribuir para a derrubada dos estigmas, de lado a lado.

O GETAM, Grupamento Especial Tático-Móvel, foi uma idéia do coronel Cruz que fez grande sucesso. Tornou-se popular rapidamente, e agradou tanto ao governador que ele determinou a multiplicação das novas unidades. Sua característica era a combinação de policiais bem treinados, equipados com armas adequadas e dispositivos de comunicação, trabalhando em equipes pequenas, ágeis, deslocando-se em veículos de médio porte, novos e vistosos. Eram mini-BOPES, formados para patrulhamento motorizado. Estavam permanentemente em circulação e, por isso, eram muito visíveis.

Também em outubro, encontros de avaliação com policiais demonstraram o sucesso do trabalho de apoio psicológico e sensibilização reflexiva que colegas da Fiocruz, da UFRJ e do grupo Noos, liderado por Fernando Acosta, realizaram junto ao 9º Batalhão. Em geral, pensamos a corrupção e a violência dos policiais como um problema exclusivamente moral, legal e político-administrativo. E nos esquecemos da dimensão psíquica, que talvez seja de uma importância muito maior do que temos sido capazes de reconhecer. O sofrimento dos profissionais de polícia tem as mais diversas raízes, mas freqüentemente se expressa em alcoolismo, dependência de drogas, autodepreciação e uma insegurança profunda, o que se traduz em ódio, ressentimento e atitudes brutais. Com a imagem pública de suas instituições degradada, recebendo salários miseráveis, morando em áreas dominadas por bandidos que os humilham, impondo-lhes o ocultamento de suas verdadeiras identidades profissionais, eles vivem uma clandestinidade sem aura, sem heroísmo, sem utopia e sem esperança. Estão condenados a uma espécie de exílio na cidade em que trabalham. Quando espancam negros e pobres, agridem suas próprias imagens, refletidas no espelho da pobreza.

Não era preciso excluir nenhuma orientação teórica ou clínica. Toda abordagem seria bem-vinda. A carência de atenção psicológica e reflexiva era tamanha que todo trabalho nesse campo seria proveitoso. Eu achava, no início do governo, que o mais difícil seria persuadir os próprios policiais dos benefícios de algum tipo de atendimento ou apoio. Estava errado, felizmente. Graças à competência e à habilidade dos profissionais que participaram da experiência piloto no 9º Batalhão, ou, quem sabe, graças à sensibilidade dos policiais que tomaram parte no experimento, qualquer que tenha sido o motivo, o fato é que os próprios policiais se tornaram os melhores e mais entusiasmados divulgadores do projeto de sensibilização e reflexão coletiva, cujo título era "Polícia Cidadã". Tivemos também a sorte de contar com a percepção aguda do major Nepomuceno, que se tornou, mais que aliado, um parceiro. Pretendíamos estender o projeto para outros batalhões, no ano 2000, e, em seguida, para os policiais civis.

A campanha pelo desarmamento consolidou o amplo apoio popular que vinha conquistando desde seu lançamento, em 23 de março. Em outubro, já haviam sido colhidas 1 milhão e 350 mil assinaturas a favor da lei que proíbe a venda de armas no Brasil. Na verdade, a campanha mobilizou apoios muito além das fronteiras do estado do Rio. Em 12 de novembro, entregamos o abaixo-assinado ao presidente da República, que se comprometeu a pressionar o Congresso para aprovar a lei. Tínhamos um grande aliado no governo federal: o ministro da Justiça, José Carlos Dias, que vinha fazendo um excelente trabalho. Na véspera da viagem a Brasília, ocorreu-me a idéia de convidar o coronel Cruz. Tive a intuição de que o uniforme da PM faria sucesso e seria notícia, tanto quanto as assinaturas. A imagem do coronel Cruz valeria por mil palavras a favor da lei antiarmas e a favor da nossa política de segurança. Eu estava certo. Na noite do dia 12, o *Jornal Nacional*, da Rede Globo, exibiu uma entrevista com o comandante geral da Polícia Militar fluminense. Talvez tenha sido a primeira vez que um oficial uniformizado falava, no *Jornal Nacional*, em defesa de uma proposta que nascera na sociedade civil e que se vinculava a concepções opostas aos estereótipos que estigmatizavam a PM.

A lei era apenas um dos objetivos da campanha. No Rio, nós nos esforçávamos para que ela se tornasse política de Estado, cujas manifestações deveriam incluir a definição do tráfico de armas como o principal foco das ações da segurança pública, sobretudo das investigações, assim como o treinamento dos policiais no uso e, em especial, na parcimônia no uso das armas. Nosso lema era: "A polícia desarma os criminosos, e a consciência desarma os cidadãos". A frase foi criada pela empresa do publicitário Lula Vieira, que fazia parte do comitê pelo desarmamento, com Gláucia Oliveira Silva, Rubem Cesar Fernandes, Antonio Negrão, Oscar Valporto e eu. Procuramos demonstrar, com a divulgação de pesquisas nacionais e internacionais, que erra quem pensa que se protege portando ou guardando em casa uma arma. Por outro lado, na esfera criminal, essa redefinição de foco corresponderia a uma transformação profunda, com importantes implicações táticas e estratégicas.

Foi o casamento de drogas e armas que produziu a situação calamitosa que vivemos. As drogas têm sua dinâmica própria, alimentada pelo consumo que é crescente e dificilmente controlável, conforme demonstra a experiência internacional, particularmente a política norte-americana de guerra às drogas, cujos resultados têm sido frustrantes. O combate às armas pode ser vantajoso por várias razões, a começar pelo tamanho do seu mercado ilegal, que é muito menor e mais facilmente controlável. Sem renunciar à luta contra o tráfico de drogas, nos parecia promissor focalizar as armas, inclusive para chegar, a partir delas, às drogas.

Se tivéssemos drogas sem armas, teríamos um grande problema, sem dúvida, mas cerca de 3 mil vidas seriam poupadas por ano no Rio, pois os homicídios ligados direta ou indiretamente ao tráfico armado de drogas correspondem a algo entre 60% e 65% do total.* Teríamos, em suma, um enorme problema de saúde pública, com suas conseqüências letais, mas certamente não teríamos uma guerra civil. Na cidade do Rio de Janeiro, em 1999, dos jovens entre quinze e dezenove anos que morreram, 87,2% foram vítimas de causas externas, e 457, ou 59%, foram assassinados com armas de fogo. No mesmo período, morreram 966 jovens, entre vinte e 29 anos. No total, 2332 pessoas foram mortas com armas de fogo. Ponderando-se pela população, houve, na capital do estado, 93,3 assassinatos por 100 mil jovens entre quinze e dezenove anos, e 104,3 assassinatos por 100 mil jovens entre vinte e 29 anos. Se observamos as idades geralmente protegidas da violência armada, o quadro também é surpreendente: entre crianças de zero a quatro anos houve três mortes por arma de fogo; quatro mortes de crianças entre cinco e nove anos; 36 mortes, na faixa etária de dez a catorze, e cinco mortes de pessoas acima de oitenta anos.**

Certamente, algumas das contribuições mais relevantes que eu e minha equipe prestamos, graças à parceria com o ISER e o Viva Rio, foram a mudança do foco em direção às armas e a derrubada de alguns mitos que a repetição tornara consensuais. Entre eles se destacavam os seguintes: a maior parte das mortes violentas, no Rio, é provocada por armas pesadas de origem estrangeira. Errado. Ignacio Cano e Rubem Cesar descobriram que 80% das armas apreendidas em contextos criminosos são armas leves — revólveres, 65%, e pistolas, 15%. E que 74,1% das armas ilegais são nacionais.*** Identificamos a trajetória que parece ser a mais comum: as armas saem do Brasil, cruzam a fronteira paraguaia, são vendidas sem nenhum controle a brasileiros e retornam ao Brasil, onde mergulham no submundo da ilegalidade. São informações elementares, convenhamos, mas não as tínhamos antes que a montanha de registros começasse a ser debastada por digitadores e organizada num banco de dados. Esse é mais um exemplo do quanto se pode fazer para melhorar a segurança pública, no Rio de Janeiro, tomando medidas muito simples.

* Esses dados estão no livro *Violência e política no Rio de Janeiro*, cit.

** Esses dados estão apresentados num estudo de Ignacio Cano, "Perfil das armas vendidas a brasileiros no Paraguai", realizado no ISER e concluído em julho de 2000.

*** Os números estão expostos no relatório "Perfil de armas apreendidas pela Polícia no Rio de Janeiro", elaborado pela equipe de pesquisadores do ISER (julho, 2000).

O grande mérito não só dessas descobertas, mas também da idéia do abaixo-assinado e da própria campanha pelo desarmamento, é de Rubem Cesar Fernandes. Foi o Viva Rio que liderou a campanha junto à sociedade civil e que patrocinou o trabalho de organização dos dados sobre as armas, conduzido pelo ISER, sob a coordenação de Ignacio Cano, autor das principais análises que nos guiaram nessa matéria. A Divisão Estadual de Fiscalização de Armas e Explosivos (DEFAE) é uma unidade da Polícia Civil que reúne todos as armas e explosivos apreendidos por ambas as polícias, além de registrar as armas que são vendidas legalmente no estado e emitir as licenças pertinentes. Até abril de 1999, apenas 19 mil armas confiscadas haviam sido registradas numa base de dados informatizada.

O programa era muito precário e a digitação se arrastava a passo de cágado. A partir da parceria que articulamos com o Viva Rio, em meados de agosto de 1999 o banco de dados do DEFAE já registrava 75 932 armas apreendidas, o que representava o total das armas confiscadas desde janeiro de 1990, além de 3 mil das apreendidas em 1989. Mas não foi fácil. Rubem e Ignacio sentiram, de perto, como funciona a resistência dos setores policiais contrários à nossa política. Os próprios policiais lotados no DEFAE sofreram pressões para impedir e, não sendo possível, pelo menos dificultar o trabalho. A resistência se manifestava de muitas maneiras, inclusive plantando notícias capciosas na imprensa e promovendo intrigas com o coronel Josias, para que ele rompesse o acordo com o Viva Rio. Em uma ocasião, eu e Rubem tivemos de garantir que nosso acordo datava do período anterior à gestão Josias, para bloquear a disposição de suspender o trabalho em curso.

O mês de novembro elevou a temperatura da frigideira em que ardia o chefe de Polícia Civil, Carlos Alberto, ao limite do suportável. O que não era de surpreender, quando aplicávamos a lei da gangorra: como eu havia sido agraciado com a coordenadoria, além de receber tantas outras manifestações de apoio por parte de Garotinho, era tempo de pagar o meu preço, perder um pouco de poder e dar lugar à ascensão do coronel Josias. Os meses de bonança estavam chegando ao fim. Os ventos começavam a mudar. Eu pressentia nos mínimos detalhes: não havia uma reunião de cúpula do setor de segurança com o governador em que o secretário não estocasse Carlos Alberto. Garotinho aproveitava a oportunidade das críticas para redobrar as cobranças.

O problema é que as deficiências da polícia eram reais e todas as críticas eram legítimas. Injusto me parecia crucificar Carlos Alberto pelas mazelas institucionais. Em conversas privadas, Garotinho me dizia que talvez fosse conveniente substituir o chefe de polícia, pois as prisões não aconteciam, as investigações não avançavam e a penetração de nossa política, expressa na aceitação do Projeto Delegacia Legal, ainda era diminuta na corporação, o que denotaria falta de liderança. Os sinais eram tão eloqüentes que, se eu fosse um político e jogasse o jogo dos cargos, entregaria Carlos Alberto às feras e tentaria fazer seu sucessor, liderando o processo de substituição. Seria um modo de me fortalecer com a crise, já que parecia quase impossível preservar Carlos em sua posição. Mas me considerava amigo do chefe de polícia, a quem devia lealdade. Afinal, ele aceitara aquela função por insistência minha e jamais deixara de cumprir seus compromissos, sobretudo no que era decisivo, isto é, na implantação da delegacia legal.

Com Jairo e Antonio Carlos, tentei traçar uma estratégia de salvação, ampliando nossas bases na polícia. Trabalhamos duro, ao lado de Carlos e de alguns delegados aliados, mas não houve jeito. Ainda em novembro, Garotinho me confidenciou que a troca seria inevitável. Pedi-lhe que não entregasse a chefia ao delegado que, segundo se dizia nos bastidores, contava com a simpatia dos setores tradicionais da polícia e do próprio secretário, o que o credenciava como forte candidato: Raffik Louzada. Disse-lhe que Raffik era um policial experiente e competente, mas aberta, reconhecida e assumidamente ligado a inspetores que lideravam o grupo Astra, sobre o qual ele mesmo, Garotinho, me pedira informações, por ocasião das ameaças. Seria o cúmulo, entregar a Polícia Civil ao grupo que concentrava a mais forte resistência à nossa política e que se celebrizara por práticas incompatíveis com o modelo de trabalho policial que valorizávamos. E seria uma tremenda ironia, entregar a polícia a um grupo sobre o qual recaíam suspeitas, no episódio das ameaças. Ameaças dirigidas exatamente contra nós. Garotinho disse que conversaríamos a respeito da substituição de Carlos Alberto oportunamente. Eu mantinha Carlos informado e procurava dar seqüência ao plano de seu fortalecimento, mesmo sem muitas esperanças.

Na tarde do dia 27 de outubro, quarta-feira, o superintendente da Polícia Federal no Rio, dr. Pedro Berwanger, que estivera comigo em Washington visitando o FBI e com quem eu mantinha um bom diálogo, telefonou para informar que precisava me enviar uma informação com urgência. Pouco depois, recebi o documento que listava denúncias gravíssimas contra vários policiais civis. As acusações envolviam um dos líderes do grupo Astra. Esse inspetor, homem íntimo e de estreita confiança de um delegado lotado na cúpula da secretaria, teria recebido 300 mil reais e um apartamento do traficante Fernandinho Beira-Mar. Telefonei imediatamente ao coronel Josias e pedi uma audiência reservada, dentro de trinta minutos. Liguei para Carlos Alberto e pedi a ele que suspendesse sua agenda e seguisse para o gabinete do secretário. Depois de lermos juntos o documento, o coronel Josias disse que estava de viagem marcada para os Estados Unidos, naquela noite ou na noite seguinte, e nos pediu que cuidássemos do caso. Carlos chamou o corregedor e ambos se dirigiram à sede da Polícia Federal.

Tive certeza, naquele momento, de que a articulação pró-Raffik estava morta. Não porque pensasse que havia qualquer comprometimento pessoal de Raffik ou do delegado lotado na secretaria, forte aliado de Raffik, mas por conta das ligações pessoais que ambos mantinham com o grupo Astra, o qual se contaminara de vez, ante aquela denúncia tão grave. Politicamente, a posição daquela rede de policiais se tornara insustentável, em se tratando de cargos de confiança, por mais honestos que os delegados em questão fossem no plano pessoal, e por mais competentes que fossem no plano profissional.

Carlos Alberto decidiu afastar de suas funções um delegado que sempre tivemos e continuamos a ter por sério e honesto, Claudio Góes. Ele era coordenador das delegacias especializadas. Custou muito ao Carlos aquela decisão, que afetava um amigo leal, mas ele sabia que era necessário afastá-lo de uma posição de comando e confiança, pelo menos provisoriamente, até mesmo para preservá-lo e para que não pairassem suspeitas sobre a investigação que se faria. O fato é que toda uma equipe de detetives que Góes comandava era nomeada nas denúncias da Polícia Federal. O coronel Josias não fez o mesmo com seu auxiliar direto, o subsecretário que comandava o inspetor acusado. Preservou-o no cargo de confiança.

O secretário não só se recusou a seguir o exemplo de Carlos Alberto, como viu em seu gesto uma tentativa de golpeá-lo. Não porque ele gostasse do delegado afastado por Carlos. Pelo contrário, criticava-o com freqüência. Mas porque achou que Carlos Alberto, sob minha inspiração, aproveitara-se de sua ausência do país para fazer valer sua própria escolha do substituto de

Claudio Góes, desafiando sua autoridade. O coronel Josias pensava desse modo, apesar de ter solicitado, ao Carlos e a mim, que cuidássemos do caso e tomássemos as providências cabíveis, já que ele não teria como adiar a viagem. Pensava assim, a despeito de saber que a CPI visitara o Rio na semana seguinte à sua partida para os Estados Unidos, e que a manutenção de Góes poderia ter criado uma situação extremamente constrangedora e negativa, para o próprio delegado e para o governo. Depois da reunião com a CPI, aliás, acabou ocorrendo o pior: Garotinho acusou Góes de estar comprometido, confundindo-se com os nomes que lera no documento da Polícia Federal. Teve de recuar e convocar os jornalistas para se corrigir. Não adiantou. No dia seguinte, o nome de Góes estava maculado.

No dia 9 de dezembro de 1999, quinta-feira, Garotinho me telefonou. Queria marcar um encontro para conversar sobre a chefia da polícia. Disse-lhe que viajaria à noite para Salvador, onde participaria de um encontro na Câmara Municipal no dia seguinte, e que estaria disponível a partir do final da manhã de sábado. Mas se houvesse alguma urgência, eu poderia suspender a viagem. Ele disse que não havia urgência. Que poderíamos fazer a reunião no sábado, sem problema. Eu estava no carro, retornando do aeroporto, no sábado, quando Garotinho voltou a me ligar. Foi muito gentil, perguntou se eu estava muito cansado ou se concordaria em me reunir naquela mesma tarde. Agradeci pela atenção e lhe garanti que estaria a postos, onde e quando ele determinasse. Poucas horas depois, ligou-me novamente. O coronel Josias viajara para o interior do estado. Seria melhor, então, adiarmos a reunião para segunda-feira à noite, no palácio Laranjeiras. Conversaríamos sobre a substituição do chefe da polícia às 21 horas. Mesmo assim, gostaria que eu me antecipasse e conversasse com Carlos Alberto ainda no fim de semana. Deveria comunicar-lhe que o governador já decidira substituí-lo, mas que ele seria sempre reconhecido como um parceiro valoroso, que merecia nosso respeito e nossas homenagens. Garotinho sugeriu que eu o convidasse a trabalhar comigo, na coordenadoria.

A decisão, mesmo esperada, me entristecia. Minhas esperanças haviam sido renovadas no dia 23 de novembro, quando Carlos fez sua palestra no seminário internacional que coordenei, para divulgar e discutir o Instituto de Segurança e as perspectivas da Nova Polícia. Saiu-se tão bem e foi tão aplaudido pelas dezenas de delegados presentes, que cheguei a admitir que ele conseguira pelo menos adiar a queda. Mas isso já estava enterrado pela nova realidade. Era preciso comunicar-lhe a demissão. Pedi a Carlos que viesse conversar, como fazíamos com freqüência nos fins de semana. Respirei fundo e dei a notícia, que ele recebeu, para meu espanto, como se sentisse mais alívio que decepção. Antes assim. Eu sabia quanto as pressões incessantes o estavam desgastando, pessoalmente. Era fácil compreender seus sentimentos.

Segunda-feira, 13 de dezembro, era o dia D. A coincidência com os 31 anos da promulgação do AI-5 era sombria. Mas isso não me ocorreu naquela manhã. Já estava conformado com a queda de Carlos e me preparava para a guerra dos nomes. Procurava reunir informações sobre os candidatos possíveis à chefia. O ideal seria alguém que agradasse ao secretário mas fosse inatacável, independente e simpático à nossa política. Eram poucos os nomes e eu temia que a proximidade comigo os queimasse. Afinal, o coronel Josias desejava ampliar sua influência, indicando o novo chefe.

Comecei a ser procurado pelos jornalistas ainda pela manhã. Os jornais destacavam a queda de Carlos Alberto e informavam que Raffik era o mais cotado para substituí-lo. Eu considerava natural a especulação, dados os rumores das últimas semanas, mas achava que a notícia tinha sido plantada pelos defensores daquela candidatura e já não tinha fundamento. Sabia que nada estaria decidido antes da reunião das 21 horas. Por isso, conversei tranqüilo com os jornalistas, garantindo que ainda não havia uma decisão do governo. Eles deveriam se preparar para fechar bem tarde a edição da terça-feira, pois nossa reunião, no palácio, provavelmente seria longa. *O Globo* publicou, domingo e segunda-feira, matérias duras, criticando, com razão, o fato de a 10ª DP, recém-inaugurada como delegacia legal, estar fechada. A inauguração parecia ter sido uma farsa. Era compreensível que os repórteres pensassem em farsa. Como fazê-los acreditar que havia todas as condições para o funcionamento e que isso não estava acontecendo por um equívoco?

Acontecera o seguinte: Garotinho garantira, dois meses antes da inauguração, que assinaria a nomeação de vários detetives e delegados, concursados havia quatro anos, que nos pressionavam, desesperados, clamando por um mínimo de respeito. Apoiado na garantia do governador, Carlos os treinou para a rotina da delegacia legal, em que ficariam lotados. A delegacia foi inaugurada, os policiais estavam preparados para assumir suas funções, entusiasmados com a nomeação ardentemente sonhada, mas a assinatura de Garotinho não veio, apesar de meus telefonemas diários. Só depois eu soube que o processo fora requisitado pelo coronel Josias, que preferiu esperar pela substituição de Carlos, por evidentes motivos políticos. Isso causou o prolongamento da agonia dos policiais e provocou o fechamento provisório da delegacia inaugurada, sem que faltassem equipamentos ou pessoal treinado. Faltava a assinatura do governador, adiada pela manobra do secretário. Garotinho ficou furioso com a trapalhada e estava coberto de razão. Assumi a responsabilidade diante dele e publicamente. Não creio que ele jamais tenha sabido exatamente o que aconteceu.

O Globo estava certo, portanto, em cobrar e criticar, pois o efeito era aquele mesmo: falta de atendimento ao público e uma inauguração ilusória. Contudo, também era verdade que a bílis do jornal, tão inusual nas relações com nossos projetos no campo da segurança, havia sido provocada por um tropeço primário dos assessores de comunicação do governador. Eles permitiram que Garotinho passasse à *Folha de S.Paulo*, com exclusividade, na sexta-feira, dia 29 de outubro, a notícia da demissão dos subsecretários de Administração e de Assuntos Especiais da Secretaria de Segurança. O primeiro estava condenado desde o ataque à delegacia legal e o segundo sairia porque fora indicado por Carlos Alberto. No sábado, a *Folha* deu a notícia exclusiva, enfurecendo seus competidores cariocas.

As matérias ásperas do *Globo*, no domingo e na segunda, vieram como uma retaliação. Pelo menos foi assim que interpretaram alguns assessores de comunicação do palácio. O privilégio concedido à *Folha* tinha seus motivos. O jornal paulista vinha fazendo uma série de matérias contra Garotinho, brandindo a acusação de superfaturamento da delegacia legal para desgastar o governo. Quando a *Folha* trouxe à tona o cenário surrealista, em que um subsecretário acusava outro, que se tornara coordenador, sem que nenhuma providência fosse tomada durante vários meses, é claro que Garotinho se deu conta do estrago que sua longa hesitação tinha feito e resolveu agir. A emenda saiu pior que o soneto, pois a leitura que a *Folha* fazia, justificadamente, era que o governador só demitira o subsecretário administrativo porque suas reportagens tocaram na ferida. Ou seja, para evitar enfrentar os riscos de sua iniciativa, Garotinho rendera-se, mais uma vez, à dinâmica externa, e tomara uma decisão reativa, defensiva. Teria sido muito melhor que tivesse agido em agosto.

Na segunda-feira, a 10ª DP abriu as portas e a novidade da troca de comando na Polícia Civil empurrou tudo o mais para o segundo plano. Repórteres ligavam com insistência, pois a informação que eu lhes passara, garantindo que o novo chefe só seria escolhido à noite, na reunião com Garotinho, não estava sendo confirmada por outras fontes. Alguma coisa parecia estar fora de ordem. Por volta das três da tarde, Ana Cristina Miguez, do jornal *O Dia*, me ligou:

— Você garantiu que a decisão seria tomada hoje à noite — ela disse —, mas Josias está dando uma entrevista coletiva, agora, sentado ao lado do novo chefe, que está sendo apresentado à imprensa.

O novo chefe da Polícia Civil era Raffik Louzada. Eu não sabia o que dizer. Admiti, com franqueza, que estava surpreso. Convoquei todos os colegas da Subsecretaria de Pesquisa e Cidadania e os dois ou três que me auxiliavam na coordenadoria. Não sabia se deveria pedir demissão imediatamente ou aguardar a conversa com Garotinho. Como poderia aceitar o conteúdo e a forma daquela decisão? Por outro lado, se eu saísse, quem quisesse me desmoralizar poderia sugerir que havia alguma ligação entre minha saída do governo e as acusações de superfaturamento. Caso eu explicitasse a verdadeira razão, o próprio governo poderia endossar a calúnia para destruir minha credibilidade e esvaziar o peso do que eu eventualmente dissesse sobre a nova composição política na polícia.

Cerca de quinze minutos antes do telefonema de Ana, Garotinho me ligara. Não entendi a conversa. Era estranha. Confirmou o encontro da noite e puxou assuntos que nada tinham a ver com a substituição de Carlos Alberto. Num tom muito simpático, insistia em saber se estava mesmo tudo bem comigo. Depois que a notícia da entrevista coletiva despencou sobre minha cabeça, tudo fez sentido, claro. Garotinho, preocupado com minha reação, queria me sondar, sem mencionar diretamente o assunto. Policiais amigos meus contribuíram para esclarecer o que estava acontecendo. Vieram me contar que delegados e políticos visitaram Garotinho, pedindo minha exoneração e a troca de Carlos Alberto por Raffik. A conversa teria sido pesada e a pressão muito forte. Garotinho confirmaria o episódio naquela noite. Ele disse:

— Sacrifiquei Carlos Alberto para preservar você. A turma que me visitou era representativa e queria a sua cabeça.

Consultei Jairo, que viajara para Brasília. Ele também achava que não era o momento para eu me demitir. Estávamos todos de acordo. Entretanto, mesmo não sendo o momento mais apropriado, eu me dispunha a pagar o preço, dependendo da conversa com Garotinho. De todo modo, sabia que minha sorte no governo estava selada. Dali em diante, seria uma questão de tempo, a menos que Garotinho recuasse e retomasse o rumo da reforma da polícia, dos nossos projetos, da nossa política, enfim. Liguei para Luiz Rogério Magalhães, meu superior hierárquico, a única autoridade que se situava entre o coordenador setorial e o governador. Disse-lhe o seguinte:

— Rogério, estou entendendo que Garotinho quer que eu peça demissão, certo? Não vejo outra interpretação possível. Ele escolheu exatamente a pessoa que eu tinha pedido que não escolhesse, pelos motivos que nós todos conhecemos, e me fez saber de sua decisão pela imprensa, mesmo tendo conversado comigo diversas vezes, todos esses dias, inclusive hoje, e depois de ter marcado uma reunião comigo para essa noite, justamente para discutir a substituição do Carlos. Só posso entender essas atitudes como um recado para eu sair do governo.

Luiz Rogério respondeu:

— Não, Luiz, eu posso lhe garantir que não é isso. Garotinho não quer de jeito nenhum que você saia do governo. Vamos conversar pessoalmente.

Em seguida, me pediu que fosse encontrá-lo no palácio Guanabara. Rogério é uma dessas figuras raras na política: ótimo administrador, inteligente, sensível e de inabalável elegância pessoal. Era o grande talento do governo, disfarçado por sua discrição pessoal. Compreendia perfeitamente o que estava acontecendo e me confessou que estava preocupadíssimo com o nível que tinha alcançado a hostilidade do coronel Josias contra mim. Contou-me alguns episódios e pediu que eu não me precipitasse. Telefonou para Garotinho e lhe pediu que nós fôssemos recebidos antes da reunião das 21 horas. Pelos monossílabos de Rogério, percebi que Garotinho também estava preocupado. A sugestão de Rogério era uma conversa franca, aberta, desarmada, com Garotinho e o coronel Josias, como nunca havíamos tido. Ele apostava na possibilidade de regeneração das relações abaladas, desde que houvesse sinceridade. Antes, porém, seria preciso transmitir ao governador as razões que justificariam aquele tipo de conversa.

Chegamos ao palácio Laranjeiras e nos apressamos a resumir o essencial, antes que o secretário chegasse. Rogério expôs seu ponto de vista e suas preocupações, e eu não poderia ter sido mais claro e direto. Garotinho não respondeu às minhas observações sobre o grupo Astra, as ameaças, as denúncias da Polícia Federal, a rede de relações perigosas de que nos aproximávamos e minha perplexidade pelo modo como eu fora tratado naquela segunda-feira. Reagiu contra-atacando. Cobrando o fato de que sua denúncia contra uma pessoa situada no centro do esquema de poder de Carlos Alberto jamais o levara a tomar qualquer atitude. Ele sabia que Carlos era honesto, mas não podia admitir que mantivesse por tanto tempo, num cargo de confiança, uma pessoa supostamente corrompida por bicheiros. Reiterou as denúncias que fizera nos primeiros meses de governo, citando as fontes. Respondi lhe dizendo que Carlos investigara e não encontrara nenhum indício de que a denúncia tivesse fundamento. Como ele, Garotinho, nunca mais voltara ao assunto, Carlos e eu pensamos que ele tivesse aceitado o resultado da investigação. Se não era assim, por que não voltara a tocar no assunto e não determinara a destituição da pessoa? Curiosamente, essa pessoa continuaria ocupando postos relevantes no esquema de poder que se afirmou, depois de minha saída do governo.

Era óbvio o movimento de Garotinho. Ele desviou o assunto e reverteu contra mim e contra Carlos a cobrança que eu lhe dirigia. Voltou a admitir que não duvidava da integridade de Carlos mas calou-se quando abri o jogo e lhe disse que nós não chegaríamos a lugar algum, se ele tentasse confundir um quadro que era claro. Sublinhei minha posição: a nova aliança política na Secretaria de Segurança significava uma traição aos nossos princípios e tenderia a inviabilizar a reforma que pretendíamos fazer na Polícia Civil, por meio da implantação das delegacias legais. Garotinho afirmou que nunca permitiria que nossa política de segurança fosse interrompida ou boicotada. Nesse momento, o coronel Josias chegou e todos deixamos a sala de jantar. A reunião se realizaria na ante-sala do gabinete do governador. Como bom pastor, Garotinho abriu o encontro pedindo que todos fôssemos absolutamente francos, para que fosse possível a reconstituição sincera de nossa unidade. O coronel Josias dispôs-se a falar primeiro.

Advertindo que seria duro e não me pouparia, declarou, em tom veemente, que tinha três críticas muito sérias a fazer. A primeira era a seguinte: eu teria recebido freqüentes visitas do delegado Vinicius George, principal assessor do deputado petista Hélio Luz, o que denotaria ligações espúrias com um inimigo do governo. A segunda era que eu teria induzido Carlos Alberto, quando ainda chefe da polícia, a indicar o delegado Zaqueu Teixeira para a coordenação das delegacias especializadas, aproveitando-me da ausência dele, Josias, que viajara aos Estados Unidos. A terceira era ainda mais grave: eu convidara o capitão Rodrigo Pimentel a trabalhar comigo, depois que ele fora afastado do BOPE, premiando-o quando ele deveria ser severamente punido pelas declarações que prestara ao *JB*, reiterando o que havia dito ao documentarista João Moreira Salles, em *Notícias de uma guerra particular*. No documentário, Pimentel criticara, por inócua, a velha prática da PM de invadir as favelas, levando a uma simples reposição das peças descartáveis no varejo do tráfico.

Considerando o aviso ameaçador de que abriria a bateria contra mim, eram pífias as acusações do secretário. Se as fontes de suas divergências eram aquelas, eu não teria nenhuma dificuldade em jogá-las por terra, em alguns minutos e com toda a tranqüilidade. Foi o que disse e passei a comentar cada item. Em primeiro lugar, jamais fora sequer apresentado ao dr. Vinicius, que, portanto, jamais me visitara. Apesar de não conhecê-lo pessoalmente, ouvira falar muito dele e, aliás, sempre muito bem. Quanto ao deputado Hélio Luz, com este sim, eu me encontrara para um almoço extremamente agradável e produtivo. A iniciativa do encontro fora de amigos comuns, o jornalista Arnaldo Cesar e o deputado Carlos Minc. Justamente, para evitar mal-entendidos e especulações paranóicas, consultei o governador quanto à conveniência do encontro. Garotinho reagira muito positivamente:

— Claro, Luiz Eduardo — ele disse. — A palavra-chave do nosso governo é reconciliação.

O coronel Josias ficou desconcertado e garantiu que tinha informações confiáveis de que eu recebia Vinicius com assiduidade. Eu insisti: Não o conheço, coronel. Aliás, infelizmente. Gostaria de conhecê-lo.

Em segundo lugar, a indicação do dr. Zaqueu para dirigir as especializadas coincidira com a viagem do secretário porque as denúncias da Polícia Federal contra a equipe do antigo coordenador das delegacias especializadas também haviam coincidido com a viagem. A substituição era importante até mesmo para preservar o antigo coordenador, que eu considerava, por todas as informações de que dispunha, um homem honesto e sério, que merecia nosso respeito. Como mantê-lo, particularmente naquela semana em que receberíamos a visita da CPI do narcotráfico? Lembrei, então, ao secretário, nosso encontro na véspera de sua viagem, quando ele transferira a Carlos Alberto a responsabilidade pelo acompanhamento daquelas denúncias e pelas medidas cabíveis. Além disso, sublinhei dois fatos: o caráter emergencial da decisão e a presença, no Rio, do subsecretário de Assuntos Especiais, o substituto legal do secretário, Carlos Alberto Nunes Pinto, que fora consultado e endossara a decisão. Se ele não consultara o secretário por telefone, não era problema meu. Por que eu deveria ser responsabilizado?

Finalmente, o caso do capitão Pimentel. Não disse isso na reunião, mas a situação era mais engraçada que constrangedora, pois, poucos dias antes, quando entrava para uma reunião, também no palácio Laranjeiras, Garotinho dirigiu-se a mim, indignado:

— Que história é essa de a PM punir aquele capitão que deu a entrevista ao *JB*? Que absurdo é esse?

Procurei tranqüilizá-lo, contando o que tinha feito. Ele me disse que já sabia e estava de pleno acordo comigo. Mesmo assim, indignava-se com a punição. Voltei a tranqüilizá-lo: falara com o coronel Cruz, que me garantira que não haveria punição além do afastamento do BOPE. O afastamento, entretanto, só poderia ser revertido no futuro, para que não houvesse uma desautorização humilhante do comandante do BOPE. O que eu não disse foi que já sabia, naquele dia, que quem estava fazendo carga junto ao comando da PM para que houvesse uma punição, e bastante dura, era exatamente o secretário.

Portanto, quando comecei a responder à terceira acusação, tive de me esforçar para conter o riso. A situação era patética. O secretário, que jamais ousara discordar do governador, que concordava até quando Garotinho parecia desconfortável com o excesso de identificação, corria, desavisadamente, na contramão. Achei que seria indelicado mencionar a conversa com o governador. O desconforto do secretário seria tamanho que terminaria por nos contagiar a todos. Preferi simplesmente defender minha atitude. Relatei os fatos e expus meus argumentos.

Eis o que disse: lendo, no *JB*, que Pimentel fora afastado do BOPE por conta da ótima entrevista que dera à repórter Paula Máiran, publicada no domingo, dia 28 de novembro, entrevista que havia sido autorizada pela PM, fiquei indignado e telefonei imediatamente ao coronel Cruz, que considerava razoáveis os termos em que o capitão formulara suas críticas. Na verdade, assim como eu, concordava com elas e estava, também como eu, empenhado em mudar aquele tipo de atuação da PM nos morros. Eu lhe disse que não só concordava, como considerava que Pimentel prestara um grande serviço à corporação, transmitindo à sociedade a imagem de um policial correto, sincero, inteligente, capaz de refletir com independência e espírito crítico, preocupado com a cidade e com a segurança pública, e não apenas com seu salário. Além disso, ele fora autorizado por seus superiores e não disse nada que já não tivesse dito no documentário, do qual participara também com autorização institucional. Indaguei, então, ao comandante geral da PM: O que o senhor acha de eu convidá-lo a trabalhar comigo? O senhor sabia, perguntei ao coronel Cruz, que na Segunda Guerra um soldado americano foi premiado, no mesmo momento, com a condecoração mais honrosa do Exército e punido com vários dias de prisão, pois salvara com heroísmo vários companheiros da morte, mas, para fazê-lo, desobedecera a ordens? Guardadas as devidas proporções, a situação paradoxal do capitão Pimentel teria precedentes respeitáveis, caso eu o convidasse. O coronel Cruz não viu nenhum problema naquele encaminhamento e me deu os telefones de Pimentel. Portanto, eu não me precipitara ou insultara a PM ao convidar o capitão. Pelo contrário, contribuíra para reduzir mais um desgaste de sua imagem, diante da opinião pública, que só poderia se revoltar com a punição. Chega de hipocrisia, eu disse ao coronel Josias. Nós punimos quem fala a verdade e toleramos os que desrespeitam os cidadãos, extorquem, roubam, torturam e matam?

Essas foram as críticas do secretário e minhas respostas. Agora, chegara minha vez. Minhas críticas foram menos veementes, porém mais pesadas na substância. Cobrei a ambivalência do secretário, focalizando sobretudo dois episódios: sua carga contra a delegacia legal, durante minha viagem aos Estados Unidos, e suas atitudes visando desestabilizar Carlos Alberto. Quanto à delegacia legal, cheguei a mencionar a seguinte ironia do destino: num de meus encontros com o general Siqueira, quando já não era secretário, ele me preveniu quanto às articulações entre pessoas que haviam sido ligadas ao CISP, e que me odiavam, e meus inimigos na secretaria. Segundo fontes próximas ao general, encontros estariam ocorrendo nos fins de semana, nas casa de praia dos principais autores do relatório acusador. De fato, a comunidade de informações age como uma tribo clandestina e tentacular, eu disse, lembrando o sábio alerta do coronel Jorge da Silva — por cautela, não fiz referência a ele.

Mencionei também outras atitudes ambíguas do coronel Josias diante de várias iniciativas nossas, para as quais o governador pedia empenho e que ele mesmo dizia apoiar e considerar de grande relevância: a reforma da polícia técnica era um exemplo. Outro eram as áreas integradas de segurança, que só sobreviveriam se o secretário passasse a tratá-las como a base cotidiana de planejamento operacional e avaliação, convocando seus responsáveis para reuniões freqüentes e regulares.

Finalmente, voltei a criticar a escolha do novo chefe de polícia, dirigindo-me também a Garotinho, que me pediu um crédito de confiança e me autorizou a indicar o nome do subchefe. Dias depois, deixaria a meu critério também a indicação do novo subsecretário de Assuntos Especiais. Além disso, insistiu no caráter secundário das desavenças entre mim e o secretário, diante da importância histórica do nosso programa de segurança, cuja implementação exigia nossa unidade. Eu me convenci de que, sendo extremamente vorazes e habituados à impunidade, os maus policiais logo deixariam rastros e fariam com que o governador se persuadisse do equívoco da nova aliança. Além disso, com a subchefia e uma nova subsecretaria, talvez fosse viável um acompanhamento rigoroso dos procedimentos da nova chefia.

13. Topless, salto alto e as sandálias da humildade

A Polícia Civil passou a ter duas orientações antagônicas a partir do dia 13 de dezembro de 1999: a de seu novo chefe e a do Projeto Delegacia Legal, entregue ao grupo executivo coordenado por Cesar Campos. As resistências que Cesar enfrentava na Secretaria de Segurança tenderiam a diminuir com a demissão de seus principais articuladores. Em contrapartida, o apoio da cúpula da polícia estava irremediavelmente perdido. As resistências tenderiam a se deslocar e a girar em torno de outro eixo. Os conflitos e os obstáculos mudariam de qualidade.

As notícias de meus aliados na Polícia Civil eram as piores possíveis. Minha previsão sobre a voracidade se confirmara. Já corriam boatos sobre os preços pelos quais as titularidades das delegacias estariam sendo negociadas. Jornalistas me ligavam, querendo saber se eu ficaria assistindo de camarote, cruzaria os braços e lavaria as mãos. As decisões sobre a distribuição de delegados teriam sido repassadas para inspetores e detetives. A família Astra se reagrupava, rapidamente, e dava as cartas. O novo subchefe, que eu indicara, Bismark Santana, estava estarrecido com o que via e ouvia. Apesar do cargo, foi alijado do círculo do poder. Seu gabinete foi transferido para outro andar, distante do centro de operações políticas. Vinha conversar comigo, desconsolado, perdido e isolado. Tê-lo indicado e ter conseguido manter alguns delegados em posições periféricas mas expressivas, como a ASPLAN e a Academia, eram conquistas insuficientes. Mesmo a nomeação de meu colega Newton de Oliveira para a Subsecretaria de Assuntos Especiais, que nós celebramos, estava longe de ser suficiente para compensar o deslocamento de poder que se verificava na Polícia Civil.

Seguindo o ensinamento de Maquiavel, segundo o qual o mal deve ser feito todo de uma vez e o bem, aos poucos, o coronel Josias partiu para o ataque, aproveitando-se de seu momento de força para desgastar o coronel Cruz e obter do governador sua substituição pelo coronel Wilton Ribeiro. Se também perdesse os aliados no Comando da PM, nossa política estaria definitivamente liquidada. Para evitar o desastre, inverti momentaneamente as prioridades. Eu me colocara à disposição das lideranças de comunidades das favelas, para alguma emergência; não era incomum ser chamado de madrugada, sobretudo nos fins de semana, quando havia algum caso de extorsão, violência, prisão ilegal ou qualquer outra forma de abuso policial. Fazia questão de deixar, em meu cotidiano, espaço para esse tipo de atendimento, mesmo que eu só interviesse na crise e transferisse o acompanhamento para a ouvidoria. Mas no mês de dezembro suspendi esse procedimento e pedi a Antonio Carlos que o assumisse. Afinal, ele já tinha muita experiência, pois, na prática, dividia essas responsabilidades comigo desde o início do governo.

Passei a dedicar à PM o tempo suplementar à agenda obrigatória. Fiz o que pude, com Jairo, Antonio e Newton, para ajudar o coronel Cruz a superar aqueles momentos difíceis. Como havia suspeita de boicotes, que se manifestariam pela lentidão de vários batalhões em acatar a ordem de ir para as ruas, montamos um sistema duplo de supervisão e fiscalização que produziu bons resultados. Garotinho falava com freqüência na possibilidade da substituição do coronel Cruz. Procurei dissuadi-lo da idéia, semanas a fio, mas não me furtei, no início de 2000, a lhe apresentar um quadro dos coronéis que estariam mais comprometidos com nossa política, para que ele não ficasse condenado a seguir a indicação do coronel Josias, caso decidisse mesmo pela troca de comando. Eu não tinha absolutamente nada contra a conduta pessoal e a honestidade do coronel Wilton. Mas achava que ele não estava minimamente sintonizado com nossa política. A não ser que voltássemos a adotar uma política de guerra. Aí, sim, não haveria melhor nome. O coronel Wilton era um guerreiro. Só que, nessa hipótese, eu estaria fora. Aos poucos, o ímpeto de

Garotinho arrefeceu e o coronel Josias pareceu conformar-se. O coronel Cruz já não parecia correr risco.

Não era nada simples defender o comandante geral da PM, quando minha amiga e colaboradora Julita Lemgruber, ouvidora, o tratava como inimigo e era por ele tratada com a mesma hostilidade. No dia 22 de dezembro, a *Folha de S.Paulo* publicou uma reportagem que explicava os motivos do conflito. A manchete sintetizava o sentido da matéria: "Policiais denunciados no Rio à Ouvidoria continuam impunes". O texto dava detalhes: "De 15 de março [de 1999] — quando a ouvidoria começou a funcionar — a 15 de dezembro, foram registradas 1586 denúncias, que resultaram em punições contra 117 policiais (112 da Polícia Militar e 5 da Polícia Civil), mas nenhum deles foi desligado do serviço até hoje. 'Isso é uma vergonha', disse a ouvidora de Polícia, a socióloga Julita Lemgruber, lembrando que entre os policiais punidos, mas que continuam em atividade, há casos de acusações que vão de tortura e espancamento a homicídio. O caso mais grave citado por ela é o de um rapaz de 16 anos que foi levado de casa por um grupo de policiais militares fardados e colocado em um veículo da corporação. No dia seguinte, a família da vítima localizou o corpo do rapaz, sem cabeça, no IML. Dos policiais civis denunciados à ouvidoria, todos os cinco já punidos foram presos em flagrante sob acusação de concussão (crime de extorsão cometido por funcionário público). 'Trata-se de um crime inafiançável, mas todos os policiais já estão de novo na rua por força de decisões judiciais, beneficiados por habeas corpus ou relaxamento de prisão', disse a ouvidora". O que Julita ainda não sabia é que esses policiais civis tinham voltado a seus postos nas delegacias. Os jornais do Rio deram o mesmo destaque à notícia. No dia 22 de dezembro, a impunidade virou manchete.

Em 3 de janeiro, *O Dia* trazia a seguinte manchete: "Garotinho puniu menos policiais em 99". Em 1999, apenas 101 policiais militares e quinze policiais civis foram demitidos por conduta irregular. Nenhum desses estava entre os 1586 denunciados pela ouvidoria. Em 1998, último ano do governo anterior e antes, portanto, da criação da ouvidoria, foram demitidos 196 policiais militares e 25 policiais civis. O argumento do coronel Cruz — isso talvez indicasse a melhora de qualidade dos policiais — não se sustentava.

Julita é uma pessoa rara. Jamais encontrei em alguém, homem ou mulher, aquela mistura de serenidade e severidade, firmeza e flexibilidade. Diante daqueles resultados, Julita estava uma fera, mas isso não bloqueava sua disposição de ouvir. Eu tinha de admitir que ela estava coberta de razão. Era, de fato, uma vergonha. Havia casos "como o de um PM envolvido em torturas e extorsões, que, após receber como punição o afastamento das funções por 30 dias, voltou a trabalhar"(*O Dia*, 3 de janeiro, 2000). E quando Julita está uma fera, ela realmente luta contra o que acredita estar errado. O coronel Cruz se considerava profundamente injustiçado e achava que a ouvidora se excedia. Assim que Julita se deu conta da falta de resultados, passou a remeter cópias das denúncias ao Ministério Público, o que azedou de vez as relações com o comandante geral.

Eu procurava me colocar na posição do coronel Cruz para compreender por que ele não agia com a celeridade e o rigor necessários. A lerdeza da corregedoria refletia o tempo quase inercial das burocracias. A corregedoria comportava-se como apenas mais uma unidade burocrática, sem equipamentos e pessoal na quantidade e talvez na qualidade desejáveis. Sendo o coronel Cruz um homem tão inteligente e perspicaz, a insistência em manter na corregedoria o velho padrão de funcionamento tinha de ter alguma finalidade deliberada. Eu, positivamente, não acreditava em cumplicidade.

Só restava a hipótese de que o comandante geral estivesse fazendo uma avaliação política e tivesse optado por não elevar a pressão nas cobranças legais, já que havia tantas mudanças em curso. Por mais que conversasse com meu aliado, não conseguia extrair nenhuma palavra sua sobre a estratégia que aplicava na corregedoria. De qualquer forma, ela não me agradava. Eu estava de acordo com a percepção crítica de Julita e compreendia que ela identificasse no coronel Cruz um obstáculo às punições. Objetivamente, era essa a verdade. No entanto, minha intenção era persuadir o comandante geral a mudar sua orientação. Não era confrontá-lo. Se o fizesse, estaria colaborando com os adversários de nossa política. Sem o coronel Cruz no comando da PM, nós teríamos problemas não apenas na corregedoria. Por outro lado, minha consciência sobre a importância do papel do coronel Cruz e minha disposição de lutar para mantê-lo à frente da corporação não poderiam significar adesão à sua postura tímida na fiscalização e punição dos maus policiais. Nem poderia me levar a afastar-me de Julita ou a pressioná-la para que reduzisse o tom das críticas. Afinal, ela estava certa, estava sendo fiel a nossas metas e valores, e arriscava a própria vida porque confiava em mim, em nossa equipe e em nossa política.

Convenhamos, não era fácil encontrar algum equilíbrio nesse contexto. E eu me recusava a aprender com o governador suas lições de ambigüidade. De modo que, depois de um prolongado esforço contemporizador, buscando persuadir o coronel Cruz a adotar uma posição mais dura contra os desvios de conduta e restaurar em Julita a confiança no comandante geral, desisti e transmiti ao coronel Cruz, com crueza, a gravidade da situação. Era imperioso que ele recuasse e alterasse a postura. Em dezembro, ele passara para a reserva compulsória o coronel Martins, que trabalhava na ouvidoria e era o braço direito de Julita. Todo ano um conselho da PM escolhe alguns coronéis para a "expulsória", abrindo espaço à ascensão dos oficiais mais jovens. A dimensão política daquela escolha era evidente. O ano 2000 prometia muita tensão.

Em março, o relatório anual da ouvidoria não traria novidades. As denúncias continuavam torrenciais, acumulando um total de 1988, desde 16 de março de 1999. O número expressivo era a prova indiscutível da credibilidade que o trabalho de Julita emprestara à ouvidoria. Mais da metade, 59%, referia-se à PM e 41% à Polícia Civil, o que era desproporcional e acentuadamente desfavorável à Civil, já que a PM tinha quase 30 mil policiais e a Polícia Civil não contava com mais de 9600. Se ambas as polícias fossem iguais, a distribuição esperada quanto ao comportamento e às acusações seria algo próximo de 75% de denúncias contra a PM e 25% contra a Polícia Civil. Outra desproporção notável se verificava nas denúncias contra os profissionais superiores e na alocação das penalidades. Oficiais da PM e delegados da Polícia Civil estavam sobre-representados no universo das denúncias, na medida em que constituíam, respectivamente, 7% e 5% do efetivo das duas forças e respondiam por 12,3% e 12,6% do total das acusações que chegaram à ouvidoria. Além disso, na PM, apenas 8,7% das punições aplicadas penalizaram oficiais. Na Polícia Civil, nenhum delegado foi punido. Ao todo, 155 policiais foram punidos em conseqüência de denúncias recebidas pela ouvidoria: 150 policiais militares e cinco policiais civis, quatro dos quais foram presos em flagrante.

Nenhum policial denunciado pela ouvidoria foi excluído dos quadros das polícias. Era lamentável, sobretudo se considerarmos que muitos desses casos eram gravíssimos, envolvendo concussão, tortura e homicídio. Portanto, não estou sendo ingênuo, supondo que todas as denúncias sejam verdadeiras. Sei que muitas delas são falsas e têm o propósito de atingir moral e profissionalmente o denunciado. Por isso, referi-me aos casos comprovadamente verdadeiros e graves. Detetives presos em flagrante, na própria delegacia, que retornaram a seus postos para atender o público, na mesma cena do crime, constituíam um retrato patético, infelizmente realista, do grau de degradação de nossas polícias.

Na noite do dia 22 de dezembro, Garotinho me ligou. Nossas conversas, que já tinham sido diárias, escassearam depois do dia 13 de dezembro, quando Carlos Alberto foi substituído na chefia da Polícia Civil.

— Como vai, Garotinho, tudo bem?

— Tudo mal, Luiz Eduardo, tudo péssimo — ele respondeu. — Você leu a matéria da *Folha* hoje?

Não tinha lido. Ele resumiu para mim. Estava muito aborrecido com as declarações atribuídas a Jacqueline Muniz, que teria admitido aumento da criminalidade no Rio, e com Julita, pelas críticas públicas à impunidade nas polícias. Ponderei que Jacqueline não teria dito o que não fosse verdade, e que Julita estava coberta de razão. O que ela dizia era absolutamente correto.

— Não é isso, professor, você não está entendendo. Eu não estou dizendo que Julita está errada. Ela não pode é falar disso em público antes de conversar comigo. Se há problemas, nós resolvemos.

Eu insisti:

— Garotinho, ela não fez outra coisa esse ano senão nos alertar para a gravidade dos casos, a insensibilidade das corregedorias, o tamanho da impunidade. Você recebeu os relatórios parciais da ouvidoria. Você leu. Nós conversamos a respeito. Mas o fato é que as coisas continuam de mal a pior.

— Está bem. Depois vamos conversar sobre isso. Feliz Natal, Luiz Eduardo.

Garotinho estava abalado e não perdoaria a divulgação dos dados da ouvidoria, nem os comentários de Jacqueline, que apenas reconheceu o aumento de alguns tipos de crime, o que acontecia paralelamente à queda de outros. Se o jornal omitia a boa notícia e focalizava a má, a culpa era da orientação do editor, não de Jacqueline. Mas Garotinho tinha razão em um aspecto: teria sido mais correto apresentar a ele o novo relatório da ouvidoria, antes de divulgá-lo. Ponderei esse ponto de vista com Julita e concordamos com a mudança de procedimento. De todo modo, havíamos chegado ao limite. Era necessário intervir duramente nas corregedorias. Eu estava disposto a enfrentar o problema mesmo que isso abalasse minhas relações com o coronel Cruz e ainda que esse estremecimento implicasse grandes riscos políticos para ele e para nossa política. Era preciso correr riscos ou, paradoxalmente, nossa política se desmoralizaria.

A favor do comandante geral, havia, entretanto, dois dados fundamentais: a apreensão recorde de 9502 armas de fogo e a redução de 35,52% dos autos de resistência seguidos de morte, isto é, das mortes provocadas por policiais em situações supostamente de confronto. O segundo dado, em especial, justificava minha cautela ao pressionar o coronel Cruz. Tratava-se de um êxito impressionante, em apenas um ano. Sobretudo se considerarmos que, em 1999, tivemos menos crimes letais que em 1998. Foram 58,98 por 100 mil habitantes, em 1998, e 58,21 em 1999. Claro que a queda foi irrisória. Mesmo assim, era significativa por dois motivos: em primeiro lugar, em 1998, com fraude ou não, a taxa tinha sido a mais baixa dos últimos anos; em segundo lugar, porque esse resultado se dava em meio à maior mudança institucional de que se tinha notícia, na segurança pública do estado. Desdobrando os números embutidos na categoria crimes letais, verificamos que melhoraram os índices de homicídios dolosos (se não excluirmos os cometidos por policiais, como ocorria antes): os 47,26 por 100 mil habitantes no estado, em 1998, caíram para 46,39, em 1999. Os latrocínios baixaram de 130 para 122, em números absolutos. Os seqüestros foram mantidos sob controle: houve dezessete casos em 1998, e dezoito em 1999. Foram significativamente reduzidos os roubos a instituições financeiras: de 351 em 1998, para 274 em 1999. Os roubos e furtos de veículos cresceram na comparação ano a ano, mas a tendência foi revertida a partir de agosto de 1999, quando começaram a cair — e louve-se, nessa reversão, a competência do dr. Raffik, que assumiu a delegacia especializada nessa época. Os roubos em coletivos também aumentaram na comparação anual, mas os números estavam em queda desde maio, com a exceção do mês de setembro. Os roubos a transeuntes e a residências tornaram-se nossos maiores problemas, no varejo da criminalidade. Os estupros aumentaram 5,2%, mas esse dado poderia estar expressando aumento da confiança das mulheres e, portanto, das denúncias. Era impossível saber ao certo, na ausência de uma pesquisa de vitimização.

A solução que encontrei seria provisória, pois sabíamos que somente a implantação do Instituto de Segurança resolveria nosso problema, com seu processo rigoroso de seleção e com sua corregedoria unificada e supracorporativa. Com a anuência de Julita e do coronel Cruz, sugeri a criação de um conselho consultivo das corregedorias, envolvendo representantes da ouvidoria, da coordenação de Segurança, das secretarias de Segurança e de Administração, e das corregedorias. O propósito do conselho seria discutir os casos, sobretudo as denúncias que chegavam através da ouvidoria, e identificar procedimentos legais que permitissem ações administrativas rápidas, com base na legislação da administração pública e dos direitos e deveres dos servidores. Desse modo, sem arbitrariedades, evitaríamos transferir a responsabilidade pela punição exclusivamente à Justiça, o que nos condenava ao ritmo paquidérmico dos julgamentos.

Há inúmeras situações em que o Estado pode, sem ferir as leis, afastar um servidor, independentemente do fato de ele vir a ser considerado, no futuro, culpado ou inocente por alguma transgressão do Código Penal. Não é preciso que um professor mate alguém, roube ou cometa uma extorsão para que uma universidade pública tenha razões para afastá-lo. Basta que ele não cumpra suas obrigações com um mínimo de proficiência. Estaria aí a chave para o nosso dilema: assumir as responsabilidades pelo afastamento, justificando-o administrativamente, e escapar do ritmo da Justiça, sem cometer arbitrariedades contra os servidores. Aliás, o pouco que a PM fazia só era possível porque adotava essa orientação. Era preciso reiterá-la, radicalizá-la e expandi-la.

Convoquei uma reunião com os chefes das polícias, os corregedores, Julita e o coronel Josias, no dia 5 de janeiro. Todos aceitaram a proposta, que se materializaria assim que o secretário publicasse a resolução pertinente no *Diário Oficial*. A imprensa noticiou a decisão, de forma positiva. A manchete de *O Dia* traduzia bem a receptividade favorável: "Punição mais rápida; Corregedorias não vão mais esperar decisão da Justiça para agir contra maus policiais" (4 de janeiro). Três semanas depois, em 29 de janeiro, enviei uma carta ao coronel Josias, pedindo-lhe que publicasse a resolução, pois a perda de tempo era injustificável e teria conseqüências graves. As tensões voltaram a crescer, depois de um certo apaziguamento que a expectativa de mudanças proporcionara. A carta era uma etapa posterior aos inúmeros telefonemas, que não produziram efeito. Julita e eu ainda insistimos ao longo de todo o mês de fevereiro, em vão. Nas conversas, o coronel Josias sempre prometia o fim da novela para o dia seguinte. Dizia que realmente concordara com a idéia, que não havia nenhum problema. Mas a resolução não vinha e o novo fórum continuava adiado. Em nossa retaguarda, o incêndio de denúncias se propagava.

Na terça-feira, 11 de janeiro, ocorreu, no auditório da Secretaria de Segurança, um encontro histórico. Apresentamos à imprensa todos os dados relativos à criminalidade no estado do Rio, ao longo dos últimos dez anos, mostrando com toda a transparência o que de bom e de ruim estava acontecendo. Como pesquisadores, eu, Jacqueline, Barbara, Silvia e Claudia estávamos realizando um sonho. Como participantes do governo, estávamos cumprindo uma obrigação. Expusemos em minúcia as tabelas e os gráficos, e nos dispusemos a responder a qualquer pergunta da imprensa. Isso explica a diversidade de abordagens e de focos que caracterizou as reportagens publicadas no dia 12. Na ausência de um boletim oficial fechado, dirigindo a leitura para conclusões do tipo chapa-branca, várias interpretações tornaram-se possíveis. Como deve acontecer, aliás, porque a pluralidade é compatível com a multiplicidade de sentidos que os números carregam, apesar dos esforços de precisão que eles também refletem.

Nesse encontro, apresentei dois projetos novos. Um deles chamava-se "Circuito da Paz" e era inspirado em iniciativas que conheci em Washington e Nova York. Analisando a distribuição dos homicídios dolosos, verificamos que há forte concentração espacial e temporal. Em dezembro de 1999, 50,4% dos homicídios cometidos no estado do Rio ocorreram nas jurisdições de catorze delegacias, que correspondem a 11,5% do total das delegacias distritais do estado. Quando observamos dias e horários, concluímos que a grande maioria dos homicídios acontecia nas noites de sexta para sábado e de sábado para domingo. Sendo assim, tínhamos uma pista importante para prevenir boa parte dos que viessem a ocorrer, reproduzindo o padrão. Até porque muitos assassinatos se devem aos chamados "motivos fúteis". Em São Paulo, cerca de 60%, segundo a Secretaria de Segurança. No Rio, não sabemos ao certo, mas a quantidade não deve ser pequena. E o motivo fútil é, por definição, o motivo facilmente evitável. O crime de morte só acontece, nesses casos, porque, em geral, há uma arma de fogo disponível, materializando o ódio momentâneo e o eternizando por suas conseqüências irreversíveis. Portanto, se ocupássemos as áreas mais perigosas dessas jurisdições nas noites de sexta e sábado, atraindo a juventude local com shows e competições esportivas, teríamos alguma chance de reduzir o número de mortes violentas. A sociedade civil estaria disposta a participar, mobilizando recursos. A mídia também. Inclusive a TV. As consultas que fiz foram muito animadoras. Nossa colega Jalusa Barcellos, da Secretaria de Cultura, assumiu a liderança do Circuito da Paz com muito entusiasmo.

O segundo projeto chamava-se "sistema integrado de segurança" e previa a intensificação dos esforços da PM em treinar porteiros de prédios, a constituição de redes locais de proteção vinculadas aos batalhões, além de pactos operacionais com a segurança privada atuante nas áreas mais problemáticas.

Um terceiro projeto que guardei para anunciar mais adiante, pois ainda exigiria detalhamento técnico, era a instalação de câmeras de vídeo em alguns carros da PM, aos quais passaria a caber, com exclusividade, a responsabilidade pela operação do tipo popularmente conhecido como blitz. Seriam consideradas legais apenas as ações conduzidas no espaço coberto pelo espectro de captação das câmeras. Dessa maneira, protegeríamos os bons policiais de eventuais tentativas de corrupção por parte de motoristas e defenderíamos os cidadãos de bem de possíveis tentativas de extorsão por parte de policiais corruptos. Em vez de deixar que cinegrafistas amadores flagrassem cenas de achaques, a própria polícia assumiria a iniciativa de gravar suas ações. Não havendo nada a temer, não haveria o que esconder. A transparência e a publicização estariam, assim, a serviço do aperfeiçoamento dos serviços policiais. Seria esse o primeiro passo para a implantação de um projeto mais ambicioso, que previa, no futuro, o monitoramento visual de todas as incursões policiais, sobretudo nas favelas, sempre com o propósito de proteger a população e os policiais corretos.

Na madrugada de domingo, 16 de janeiro, para segunda-feira, três homens armados estupraram três mulheres, por quase três horas. Elas estavam dentro da Escola Municipal Mestre Valentim, na Pavuna, zona suburbana da capital. Madrugavam na fila para matricular os filhos. Duas mulheres mais velhas foram obrigadas a assistir à agressão, despidas. Um dos bandidos, encapuzado, manteve quatro homens deitados no chão. Os estupradores ainda fotografaram suas vítimas antes de deixar a cena do crime. Foi um escândalo. Uma tragédia que lançava luz sobre os dramas das vagas escolares e da insegurança. O chefe da Polícia Civil prometeu prender os criminosos imediatamente. Foi muito cobrado por sua promessa, mas não a cumpriu. A brutalidade covarde mobilizou nossos sentimentos de revolta e frustração. Os sentimentos de todos nós, nas polícias, na secretaria, no governo, na sociedade. Não poderia haver pior maneira de começar o ano novo.

Apesar do horror inominável do estupro, aquele episódio não era típico das violências perpetradas contra as mulheres. Por incrível que pareça, na maior parte dos casos, as mulheres são vítimas de maridos, ex-maridos, amantes, namorados, parentes e pessoas conhecidas. Agressões por parte de desconhecidos são muito menos freqüentes. Por mais inacreditável que seja, as mulheres estão mais vulneráveis à violência dentro de suas casas do que na rua, entre estranhos. Tudo isso ainda se torna mais impressionante, se considerarmos que as mulheres aparecem nas estatísticas, como vítimas, em 50% das agressões que produzem lesões corporais. Apesar de estarem sub-representadas no universo dos crimes letais, como vítimas e como perpetradoras, elas dividem com os homens a vitimização não letal. Ou seja, a violência contra as mulheres é enorme. A despeito de sua quantidade e gravidade, essa violência é parcialmente invisível, porque nossa cultura nos ensina que "em briga de marido e mulher, não se mete a colher", quer dizer, a violência contra as mulheres deve ser varrida para debaixo do tapete como matéria de exclusivo interesse privado. O Brasil inovou, criando, em meados dos anos 80, as Delegacias Especializadas de Atendimento à Mulher. No estado do Rio, elas ainda são muito poucas. Não passavam de seis, no início do ano 2000. Mais lamentável que a quantidade diminuta era o abandono a que haviam sido relegadas, ao longo dos anos, depois de um início auspicioso, inspirado pelo movimento feminista.

O fato é que mesmo o senso comum progressista e democrático tende a desvalorizar as DEAMS. O discurso usual é: vamos universalizar o bom atendimento às mulheres; não faz sentido investir em delegacias especializadas. Claro, em seus princípios universalistas e igualitários, o argumento é correto. Infelizmente, é irrealista. Vai custar muito até que o atendimento adequado às mulheres se universalize, tornando dispensável uma agência especializada. Seria um desastre abandonar a experiência das DEAMS e trocar seus êxitos e, sobretudo, seu potencial, por um ideal longínquo. Ficaríamos sem o ideal e perderíamos o pouco que construímos. Certamente, as DEAMS têm frustrado as expectativas do movimento de mulheres, por um grande número de razões. Por outro lado, não faria sentido jogar fora a criança com a água do banho e negligenciar os avanços que as especializadas têm alcançado. Decisivo, para o poder público, seria saber o que fazer para melhorá-las, aproximando-as do que deveriam ser. Mesmo assim, ainda que houvesse progressos nas DEAMS, a complexidade envolvida na violência doméstica e na violência contra as mulheres não poderia ser enfrentada apenas com o aprimoramento e mesmo a multiplicação das DEAMS.

Os avanços não acontecem porque o tema é tão marginalizado quanto as mulheres e não costuma ter lugar entre as prioridades da agenda pública dos governos, das secretarias de segurança e das polícias. Assim como os policiais transferidos para as DEAMS tendem a se considerar diminuídos e depreciados, porque estariam relegados a tratar de briga entre vizinhas e desentendimentos conjugais, como eles mesmos dizem, jocosamente, os chefes de polícia, os secretários e os governadores tendem a achar que estão perdendo tempo, ao focalizar essa problemática que não entendem porque a desvalorizam e que a desvalorizam porque não entendem. E a violência misógina segue sua escalada, negligenciada pelos gestores da segurança pública.

Nossa política de segurança criou uma subsecretaria adjunta especificamente para o diagnóstico dos problemas relativos à violência contra as mulheres e para a definição de políticas tópicas. Barbara conhecia bem esses problemas, porque os estudava havia já muitos anos e lhe dedicara sua tese de doutorado. Nos Estados Unidos, teve a oportunidade de vivenciar a dimensão prática de alguns programas de defesa das mulheres. Atuou como voluntária em abrigos para vítimas femininas de violência. Essa experiência ajudava bastante a desbravar os caminhos. Um instrumento da articulação, em cujo âmbito se somavam diálogo e participação, foi a Comissão de Segurança da Mulher, que ela presidiu. Barbara investiu em várias direções: capacitação dos policiais das DEAMS — todos os policiais lotados nas DEAMS foram requalificados, em 1999, em parceria com a Cepia; sensibilização dos policiais de ambas as corporações; criação de redes de proteção às mulheres, através de parcerias com a sociedade civil, apoiando as organizações já existentes e os trabalhos em curso, em todo o estado; aperfeiçoamento e expansão do atendimento público às mulheres vítimas de violência, através de algumas iniciativas importantes. Entre elas, destacavam-se as casas-abrigo e o DD-Mulher, ligado ao Disque-Denúncia, no qual mulheres especialmente treinadas não só recebiam denúncias pelo telefone como orientavam as vítimas, de acordo com necessidades e circunstâncias. Aliás, o Disque-Denúncia tem se mostrado um serviço de grande importância para a segurança pública do Rio de Janeiro, de um modo geral, e com imenso potencial ainda por explorar. Além do atendimento dirigido do

DD-Mulher, folhetos de instrução e cartazes para mulheres vítimas foram distribuídos em todas as delegacias, também com o propósito de explicitar direitos e orientar as vítimas. Em parceria com o IBGE, foi realizada uma pesquisa de vitimização, para que os diagnósticos se tornassem mais precisos. Graças também a parcerias com entidades nacionais e internacionais, inclusive o Ministério da Justiça e o BID, organizou-se a implantação de um projeto piloto de prevenção à violência intrafamiliar contra a mulher, em duas comunidades do Complexo da Maré, na cidade do Rio de Janeiro. Outra linha extremamente interessante de trabalho foi desenvolvida com juizados especiais, estimulando os juízes a aplicar penas alternativas aos homens agressores e as convertendo em oportunidades de recuperação efetiva. Havia também todo um esforço de conscientização, que visava retirar da sombra a vitimização das mulheres, fustigando nossa hipocrisia.

As casas-abrigo para mulheres vítimas de violência eram um projeto muito especial, que avançou bastante. Foi obtido o financiamento do BID para a construção de uma unidade na Baixada Fluminense, foram identificados os terrenos na Baixada e em São Gonçalo, elaboradas as plantas, definido o modelo de funcionamento e treinadas as equipes.

A difícil tessitura dessa política não conquistara a visibilidade merecida, de modo que, quando houve os estupros na Escola Mestre Valentim, as cobranças pareciam dirigir-se a um governo como qualquer outro, insensível para a especificidade dos dramas femininos. Nada mais injusto. Ainda que fosse necessário e legítimo cobrar a prisão dos criminosos.

Mas as mulheres estiveram sob o foco, em janeiro, não só por conta da tragédia da Pavuna. Houve na mesma época outro episódio, que repetiu, como farsa, a tragédia misógina. Na sexta-feira, dia 14, recebi um telefonema da BBC de Londres. Queriam me entrevistar sobre a repressão ao nudismo nas praias do Rio. Que repressão? Que nudismo? Eu não tinha a menor idéia do que a jornalista estava falando. Marcamos a entrevista telefônica para domingo. Como ela mencionou a Barra da Tijuca, procurei saber o que tinha acontecido, ligando para o comandante da 7ª Companhia Independente da PM, responsável pela região. Ele disse que tinha havido denúncias contra banhistas que tomavam sol com os seios desnudos e que ele determinara algumas diligências. Eu lhe pedi que, por favor, não confundisse seios desnudos com atos obscenos. O dinossáurico artigo 233 do Código Penal refere-se a ato obsceno.

Como é que nós poderíamos aplicar essa classificação para o banho de sol das moças, na praia, no Rio de Janeiro do ano 2000? Cheguei a contar ao tenente-coronel que a prática do topless havia sido inaugurada pelas meninas de minha geração, em 1979. Fazia 21 anos, portanto. Não havia o menor sentido em considerá-lo um ato chocante e público de lascívia. Chocante seria recriminá-lo. Os seios nus estavam incorporados à nossa cultura. Bastaria passear pelas bancas de revistas, abrir até mesmo os jornais mais respeitáveis. Eles costumam saudar o verão com fotos coloridas de corpos femininos seminus e topless. Desligamos, com cumprimentos simpáticos.

Fiquei tranqüilo. Se algo tivesse havido, a partir daquele dia não voltaria a ocorrer. Provavelmente, o jovem comandante se sentira pressionado por alguma reclamação puritana e, inexperiente, talvez provinciano, cedera à pressão. Por medida de precaução, telefonei ao coronel Cruz e relatei minha conversa com seu subordinado. Ele compreendeu perfeitamente. No domingo, dei a entrevista em tom positivo à BBC, convidando os ouvintes ingleses a visitar o Rio e suas praias. Aproveitei para lhes falar de nossa política de defesa das mulheres e de nossos centros de referência contra a homofobia e o racismo, de defesa das crianças e adolescentes, e de proteção do meio ambiente. Eu não sabia que, exatamente naquele momento, um grupo de policiais militares fortemente armados retirava à força, da praia da reserva biológica do Recreio dos Bandeirantes, Rosimari Moura Costa, de 35 anos, porque ela se negara a cobrir os seios quando tomava banho de sol ao lado do marido, Antônio Saraiva, que também foi preso, porque insurgiu-se contra a prisão da esposa. Não sabia, mas ficaria sabendo à noite, quando o *Fantástico*, da Rede Globo, mostrou a todo o Brasil as imagens que correriam mundo. Os pobres rapazes uniformizados provavelmente estavam tão envergonhados do que faziam quanto Rosimari estava indignada com a humilhação a que era submetida. Agarravam a moça pelo braço e sacudiam o marido. Saraiva empurrava os policiais para libertar-se e ajudar a esposa, que se debatia, atraindo uma platéia certamente perplexa com o espetáculo de estupidez e truculência. Poucas vezes a moral foi tão didática e teatralmente desmoralizada, diante de tantos milhões de telespectadores.

A primeira declaração de Garotinho seria reveladora do grau de suas dificuldades. Disse que não determinara que o topless fosse "combatido a bala" e que a atitude dos policiais tinha sido um "exagero"(*O Dia*, 18 de janeiro).

Claro que ele não poderia aplaudir a repressão. Por outro lado, como evangélico, teria de equilibrar-se com cuidado, evitando adotar uma postura excessivamente liberal. Criticar o "exagero" era uma solução de compromisso, pois não o comprometia nem com a truculência arbitrária, nem com o comportamento desinibido da banhista. Mas aquela saída pela tangente foi um erro de cálculo de Garotinho. Ele acabaria perdendo duas vezes, desgastando-se em seu eleitorado evangélico, pela tibieza da condenação à suposta imoralidade da banhista, e, junto ao eleitorado menos conservador, pela tibieza da condenação da postura repressiva da polícia. Se ele agisse rápido, mas afirmando uma posição clara, perderia de um lado só. Naquele contexto, não havia como não perder, já que a opinião pública se dividiria. A questão para quem se preocupasse com cálculos eleitorais era: como perder menos? A maioria ficaria contra a repressão, mas haveria uma minoria puritana que defenderia a proibição. Curiosamente, a voz conservadora não veio do mundo evangélico, mas do arcebispo católico, dom Eugênio Salles.

Não tenho dúvida de que Garotinho estaria colocando em risco sua carreira política nacional se optasse pela posição repressiva. Um radialista evangélico vindo do interior, com apelido infantilizador embutido no nome, estaria para sempre carimbado com o estigma de provinciano se adotasse a posição de seu secretário de Segurança. Acontece que o coronel Josias, sempre tão antenado para as inclinações do governador, leu a saída pela tangente de Garotinho como sinal de que, calibrando a força, a repressão seria bem-vinda. Era uma leitura possível. Inspirado por essa interpretração das palavras do chefe e, provavelmente, por alguma orientação explícita — Garotinho era mestre em usar as posições públicas de seus subordinados como balões de ensaio —, o coronel Josias não se fez de rogado. Afirmou, em entrevista ao *Globo* no dia 18 de janeiro, que "a força foi desnecessária. Bastava um policial ou dois". Contudo, aprovou a repressão. O repórter Paulo Marqueiro perguntou: "Mas a prisão foi correta?". O secretário respondeu: "O policial pediu para ela se recompor e ela se recusou a fazer isso. Nesse sentido, sim. Acho que ela quis ser estrela". Mais adiante, defendeu "a criação de áreas próprias para o topless". Por isso, a manchete da reportagem que ocupava a página inteira foi: "Áreas exclusivas para o topless; secretário propõe demarcar faixas nas praias, mas não suspende repressão". Segundo o coronel Josias, "nossa sociedade ainda não evoluiu a ponto de aceitar o topless. Hoje, a reprovação ainda é maior que a aprovação". Indagado se a polícia também prenderia as mulheres que mostrassem os seios no Carnaval, disse que "qualquer ato obsceno deve ser reprimido. Mas no Carnaval a situação é outra. Depende do entendimento do policial".

As matérias em todos os veículos de comunicação se multiplicaram, o tema ganhou as ruas, mulheres se rebelaram nas praias e desafiaram a nova ordem repressiva, fazendo topless e prometendo uma passeata pela orla na quarta-feira, dia 19. Ainda no dia 18, os principais jornais cariocas criticaram duramente a repressão, em seus editoriais. Em *O Dia*, sob o título "Atos ridículos", a polícia era acusada de faltar onde necessária e agir onde não devia. O contraste entre a repressão ao topless e a ausência de policiamento para proteger as mulheres pobres da Pavuna, que tinham ficado entregues a seus algozes durante três horas, desenhava um quadro absurdo. O editorial do *JB* intitulava-se "Comédia de equívocos". Em *O Globo*, o título era "Visão obscena" e demonstrava que os conceitos evocados pelo artigo 233 são subjetivos e devem ser interpretados à luz dos hábitos e costumes de nosso tempo, no qual seios desnudos trivializaram-se. Assinalava também os riscos, para o turismo, de uma reviravolta na imagem internacional do Rio, que perderia sua aura de liberdade e adicionaria, ao estigma da violência, o epíteto puritano.

Ainda na terça-feira, contrariando a posição do secretário relatada pelo *Globo*, o *Jornal do Brasil* anunciou "Liberdade para o topless nas praias; governo determina que PM não reprima quem quiser deixar seios à mostra na orla". A repórter Mona Bittencourt referia-se a mim, cuja posição foi sempre clara e estava reafirmada na reportagem: "No final do século XX, não faz sentido algum reprimir o topless". Eu dera entrevistas ao rádio e às televisões, na véspera, defendendo essa posição, depois de ter conversado com o coronel Cruz, que me prometeu suspender a repressão. Eu nunca disse que tinha autoridade para reverter uma ordem operacional do secretário. Apenas pedi ao comandante da PM que usasse sua autoridade relativamente autônoma para interromper a repressão, de modo que eu tivesse tempo de convencer o secretário ou o governador. O que fiz foi externar meu ponto de vista, que a repórter entendeu como uma ordem que eu teria dado à Polícia Militar. Como coordenador, eu não tinha autoridade operacional, mas tinha liberdade para defender posições, pois não era subordinado ao secretário de Segurança. Não me calaria naquele episódio, nem que me chocasse com a posição do governador. Há certos valores que estão acima de considerações políticas.

Na tarde da mesma terça-feira, reuni-me com o coronel Josias e esgotei toda a minha bateria de argumentos. Ele balançou, hesitou, vacilou e terminou concordando. Peninha se aproximava, preocupadíssimo, justamente quando o secretário decidira aceitar minha tese. Vibrou com a decisão e ligou imediatamente ao jornalista Ricardo Boechat. Mas eu lhe disse que seria absurdo dar aquela notícia com exclusividade. Era preciso divulgá-la ampla e rapidamente, antes que o governo e a PM se desgastassem mais.

O prefeito Luiz Paulo Conde foi mais rápido. Capitalizou a liberação. No dia seguinte, os jornais davam mais destaque à sua declaração, "este será o verão do topless", do que ao recuo do coronel Josias. Ele mereceu. Ambos mereceram suas respectivas cotas de sucesso e ostracismo. O prefeito assumiu uma posição liberal e cosmopolita, recusando a pretensão onipotente e defensiva de não ficar mal com ninguém. De todas as matérias que ainda ocupariam a mídia por muitos dias, a crítica de Elio Gaspari, "Peito de mulher não é caso de polícia", foi a mais contundente e talvez tenha sido a mais significativa, justamente porque fora dele o artigo mais caloroso de apoio à nova postura que o governador ensaiara, subindo o morro para desculpar-se pelo assassinato de um menino, em 15 de maio de 1999. O texto áspero, publicado no *Globo* e na *Folha de S.Paulo*, parecia assinalar a queda do governo do estado do Rio na vala comum da mediocridade, depois da ascensão promissora ao alto da Mangueira. Elio opunha a exposição do corpo ao ocultamento de dados e propunha a inversão de atitudes: Garotinho deveria deixar de reprimir os seios nus e passar a mostrar com mais transparência as estatísticas criminais, que ocultara ao comparar a zona sul carioca com Nova York, em 28 de outubro de 1999.

Eu me dei conta de que estávamos diante de uma situação exemplar e muito importante. O topless, a repressão, as percepções populares, as emoções mobilizadas, tudo isso revelava a importância simbólica do evento. Os antropólogos usam o conceito *drama social* para descrever casos desse tipo. Garotinho fez pouco do episódio. Achava uma bobagem tudo aquilo e não perdeu um minuto sequer de nossa reunião do dia 19 para comentar o topless. Apesar de *O Dia* ter publicado, em 20 de janeiro, uma matéria muito estranha, sob o título: "Garotinho dá bronca na polícia; governador convoca reunião para dizer que não vai mais tolerar trapalhada, como repressão violenta ao topless". A reportagem diz, a certa altura: "O clima foi de tensão e nem Josias Quintal foi poupado". Não houve bronca, em absoluto. Garotinho só mencionou o episódio *en passant*, ao ridicularizar a atenção da mídia.

A matéria era curiosa não por estar errada, mas pela direção do erro. Quem poderia ter apresentado aquela versão falsa da reunião, se a única pessoa que se beneficiaria de sua publicação seria eu, por motivos óbvios? Se não era eu o culpado, quem restava? Repensando a conjuntura, deduzi que Garotinho também se beneficiaria daquela imagem de um governador que, ao fim e ao cabo, colocava-se ao lado do bom senso e da linha mestra da opinião pública. Procurei meus contatos no jornal e identifiquei a fonte da matéria. Eu estava certo. O próprio palácio vazara o falso relato. Vivendo e aprendendo. Continuava achando que, mesmo se situando tardiamente do lado que me parecia correto, Garotinho não estava compreendendo a complexidade do problema, que ia muito além dos seios nus. O que mais me chocava não era a insensibilidade, mas uma certa arrogância que passara a notar no tom de Garotinho, desde que a presidência da República se tornara uma obsessão plausível.

Acho que a onipotência é o prenúncio de toda derrota e me sentia no dever de alertá-lo sobre seus efeitos destrutivos e a importância negligenciada do episódio do topless. Procurando dirigir-me aos dois temas, com a clareza possível e as cautelas indispensáveis, escrevi um artigo para o *Jornal do Brasil.* O coronel Cruz mandou copiá-lo e distribuí-lo para todos os oficiais. Minha intenção era jogar uma garrafa ao mar, na esperança de que Garotinho tivesse sensibilidade para acolher, com alguma abertura, a mensagem que eu, indiretamente, tentava lhe transmitir. Foi publicado no dia 25 de janeiro. O título era "Topless, salto alto e as sandálias da humildade". O primeiro parágrafo condensava a mensagem: "Vejo a psicanálise e as religiões como difíceis e dolorosas lições de humildade. Quem não aprender a reconhecer a própria finitude, esse signo máximo e derradeiro de igualdade, sequer aproveitará todo o potencial de suas próprias virtudes. O que nos ensina a cartilha mais elementar da psicanálise? Ao invés de reagir à crítica que os outros nos façam, buscando razões que nos defendam e justifiquem, é sempre melhor começar indagando o que é que nós poderíamos estar fazendo, mesmo sem consciência, involuntariamente, para produzir aquele efeito na percepção alheia. Em outras palavras, é melhor procurar aprender com as críticas do que agir defensivamente, nos fechando e enrijecendo, reiterando nossas convicções, tornando-as dogmas. A abertura para a crítica surpreende o interlocutor e oxigena as relações, dotando-nos de maior credibilidade e criando espaços novos de liberdade para relações mais profundas, construtivas, verdadeiras e de confiança mútua. Ao invés de nos enfraquecer e mostrar nossa debilidade, revela nossa força. Só resiste a críticas quem é fraco. A agressividade é, geralmente, sintoma de insegurança. Mas será que esse princípio se aplica à vida pública? Será que tamanha disponibilidade generosa para o discurso crítico é razoável, na vida política, em meio a tanto oportunismo predatório dos que torcem pelo pior e vibram com as tragédias, confundindo crítica com destruição alheia? Sei que o tema é polêmico e que há o risco de terminar condenando a boa vontade a se degradar em ingenuidade suicida, em capitulacionismo político. Mesmo assim, insisto: vale a pena correr riscos, porque a sociedade brasileira está farta de hipocrisia e dos jogos vazios da velha retórica política, em que se revezam, em ciclos intermináveis, agressividade negativista e defensivismo triunfalista. Ninguém mais dá crédito a essas atitudes unilaterais, cansativas, ridículas, que mal escondem, na defesa e no ataque, os interesses personalistas sob os disfarces da defesa demagógica do interesse público"(*JB*, 25 de janeiro, 2000).

Cheguei a pensar que depois daquela tempestade Garotinho restabeleceria a linha direta comigo. Passei alguns dias ansioso para lhe mostrar o que estávamos fazendo. Achava que ele gostaria tanto de nosso trabalho que se animaria a retomar o diálogo. Com a colaboração estreita de Jairo, Antonio Carlos e Newton, com a participação dos colegas da subsecretaria e a ajuda de Hayle Gadelha, estava finalizando o planejamento do primeiro semestre do ano 2000. Procuramos elaborar uma agenda positiva, em que se combinavam realizações de etapas previstas em nossos projetos com intervenções na opinião pública. Todo projeto inclui passos internos à sua própria dinâmica e passos externos, visíveis, que podem e devem merecer a atenção dos meios de comunicação e da opinião pública. Por exemplo, para a expansão das delegacias legais, há um trabalho diário e pesado que não desperta nenhum interesse em quem não está convivendo com o processo de construção em curso: selecionar e treinar policiais, licitar obras, providenciar transferência de presos etc. No entanto, a inauguração de cada delegacia legal é notícia, interessa ao público e afeta a vida do bairro ou do município em que se localiza. Não apenas as inaugurações. São também relevantes para a opinião pública, por exemplo, resultados de pesquisas que avaliem o rendimento das novas delegacias. Enfim, há vários momentos intermediários que podem ser objeto de interesse.

Aproveitar as possibilidades de comunicação social é importante não para fazer propaganda política do governo — ainda que isso faça bem à popularidade do governo, o que não é mau, se há méritos reais —, mas para difundir uma nova consciência da problemática da segurança e disseminar novos conceitos e expectativas. Por isso, em nosso planejamento, detalhamos os passos internos e os externos, sugerindo a focalização de vários eventos a cada semana, durante todo o primeiro semestre do ano 2000. Nenhum deles seria um factóide. Todos seriam realizações concretas de fases significativas de nossos projetos e estariam relacionados entre si, refletindo a unidade de nossa política e reiterando suas metas e seus valores. Desse modo, o governo poderia ser sincero e transparente, abandonando a postura defensiva e a precipitação voluntarista, sem correr o risco de ser pautado pela mídia, porque teria sempre sua própria agenda. O planejamento era também, para nós, a garantia de que o governo não perderia o rumo no campo da segurança pública.

Na prática, a nomeação para a coordenadoria setorial de Segurança, Justiça, Defesa Civil e Cidadania apenas me conferia mais liberdade e legitimava minha autoridade sobre o planejamento global da Secretaria de Segurança. Não cheguei a iniciar trabalhos com as outras duas secretarias a que me vinculava, Justiça e Defesa Civil. A absoluta ausência de política, nessas duas secretarias, afetava sobretudo a área da Justiça, que se limitava a cuidar do sistema penitenciário e de seus satélites. Os únicos projetos destacados da secretaria eram a construção de casas de custódia, uma extensão, portanto, do Projeto Delegacia Legal, e a renovação do Arquivo Público do Estado, concebida e conduzida heroicamente pela historiadora Jesse Jane, sem o mínimo apoio das instâncias superiores. Em fins de fevereiro e início de março, recebi a visita de representantes de entidades de defesa dos direitos humanos e do deputado Chico Alencar, que me trouxeram denúncias de violações gravíssimas. Não me sentia em condições de abrir uma nova frente de conflitos. Meu fôlego pessoal e político mal estava sendo suficiente para enfrentar as dificuldades na Segurança. De todo modo, solicitei à Secretaria de Justiça que enviasse um representante para um próximo encontro, em meu gabinete. Estava disposto a cobrar explicações, diagnósticos e mudanças, enfim, a assumir responsabilidades e começar a agir como coordenador também na área da Justiça. A secretaria não enviou representante e a segunda reunião serviu apenas para que os militantes dos direitos humanos relatassem mais detalhes das torturas e ameaças, e reiterassem a gravidade da situação, nos institutos para crianças e adolescentes e nas penitenciárias do estado. Prometi uma intervenção enérgica. Não houve tempo.

Minha esperança de uma reaproximação com Garotinho parecia minada por minha insistência em lhe falar das mazelas da Polícia Civil. Talvez ele não acreditasse no que eu lhe contava e pensasse que meu propósito fosse fustigar a nova chefia, derrubá-la e retomar a influência sobre a corporação. Eu me tornara incômodo, chato, uma pedra no sapato. Conversei duas vezes com o coronel Josias sobre compra e venda de titularidades, mas ele não estava muito convencido de que aquele tema fosse pertinente.

Assim, o contexto continuava amplamente negativo, quando traficantes de grupos rivais se enfrentaram no Complexo da Maré, em Bonsucesso, zona da Leopoldina, na capital do estado. Na noite de quinta-feira, dia 3 de fevereiro, trinta homens encapuzados, armados de fuzis automáticos, invadiram a favela Nova Holanda e surpreenderam traficantes rivais. Seis pessoas morreram na chacina. O episódio deu lugar a duas declarações explosivas, uma do governador, outra de um delegado. O governador disse, em Santa Catarina, onde descansava, que "não houve chacina. Houve a morte de seis bandidos procurados pela polícia. É diferente quando morre uma pessoa de bem, um trabalhador. Eram seis bandidos procurados pela polícia. Isso é normal". O artigo de Marcelo Beraba, "Bandido morto", citava as palavras de Garotinho e fazia uma excelente crítica de seus pressupostos e implicações (*Folha de S.Paulo* do dia 7 de fevereiro). No dia seguinte, no mesmo jornal, Mário Magalhães perguntava: "Em 1998, num livro sobre segurança pública, Garotinho pregava que 'um governo deve atuar em favor da paz e da civilidade e não da guerra e da barbárie'. O que mudou: o conceito de barbárie ou o governador?". No dia 13, em seu artigo para a *Folha* e *O Globo*, Elio Gaspari escreveu: "Anthony Matador: O governador chacinou o idioma, os fatos e o processo legal. Tornou-se a primeira autoridade pública a defender as prerrogativas dos bandidos chacinarem-se uns aos outros. É o terceirizador da matança. Trucidou o idioma porque chacina significa 'morticínio, mortandade'. A palavra não contêm julgamento de quem morre ou de quem mata. Quando seis pessoas são assassinadas, chacina houve. Se o governador acha 'normal' que seis pessoas sejam assassinadas, o melhor que tem a fazer é ir passar as férias em Santa Catarina, porque o Rio de Janeiro tende a se tornar um estado sem lei. Uma pergunta para o governador Garotinho e todos aqueles que acham razoável dar aos bandidos uma licença para matar: como é que se vai convencer um pistoleiro a se manter dentro do 'normal' matando só os outros bandidos?". Durante muito tempo eu me recusei a acreditar que Garotinho tivesse realmente dado aquela declaração. Como ele não desmentiu, deduzi que não havia engano. Ele, de fato, dissera aquilo.

A segunda declaração explosiva vinha de um delegado não identificado e garantia que os invasores da favela Nova Holanda eram "mercenários angolanos". Dois dias depois da chacina, no sábado, dia 5 de fevereiro, o *Jornal do Brasil* sublinhava a manchete bombástica, inspirada, como viemos a saber, na indiscrição do policial: "Tráfico contrata mercenários; Polícia investiga ação de ex-guerrilheiros angolanos na invasão à Favela Nova Holanda, que durou três horas e matou seis". A reportagem cita o depoimento de um morador, que supostamente comprovaria a tese do delegado: "Eles eram negros e altos, usavam os fuzis AK-47 com muita habilidade" e vestiam "roupas camufladas idênticas às das Forças Armadas". Na mesma edição do jornal, outra matéria se reportava à reação indignada da comunidade acusada: "Eles estão nos usando como bode expiatório". *O Globo* seguia a mesma linha do *JB*: "Bando usa tática de guerrilha em chacina; Polícia investiga a participação de mercenários africanos numa operação para atacar traficantes em favela" (5 de fevereiro).

No dia seguinte, *O Globo* enfatizava a reação: "Acusação revolta colônia angolana"(6 de fevereiro). O *JB*, em 7 de fevereiro, relatava as conseqüências das acusações: "Angolanos têm medo: A comunidade angolana que vive na favela Nova Holanda está assustada: 'Saímos de uma guerra e entramos em outra, mas somos trabalhadores e não temos envolvimento nenhum com o outro pessoal', comentou o ajudante de obras A. M. J., de 22 anos. Ele é refugiado de guerra de Angola e chegou ao Brasil, vindo de Luanda, há quatro anos". O delegado Reimão esvaziou as especulações e forçou o próprio *JB* a assumir uma posição mais cautelosa: "'Fomos à favela e não detectamos isso. Se houver participação [de angolanos], é fato isolado. [...] Antes, outras guerras no local tiveram o mesmo aparato'".

Entretanto, apesar da declaração sensata do dr. Reimão e do recuo da imprensa para uma postura mais equilibrada, os angolanos que viviam numa das comunidades do complexo, a Vila do João, tornaram-se os alvos principais de abordagens e revistas, quando 850 policiais ocuparam a Maré na segunda-feira, 7 de fevereiro. Durante a operação, "todos os angolanos encontrados na favela foram cadastrados pela polícia" (*JB*, terça-feira, 8 de fevereiro). A ocupação era uma resposta à chacina do dia 3 e ao assassinato, no próprio dia 7, do cabo PM Celso Oliveira Lins. *A Folha de S.Paulo* contou que, "segundo a assessoria de imprensa do governo estadual, a ocupação do complexo da Maré foi planejada no fim-de-semana pela Secretaria de Segurança e pela PF, com o objetivo de restabelecer a paz, fechar os pontos de venda de drogas e investigar os angolanos" (8 de fevereiro). *O Globo* acertou o foco, no dia 8: "Muitas suspeitas, nenhuma prova; Polícia ainda não conseguiu confirmar denúncias contra os angolanos". A foto era constrangedora: "Um angolano é fotografado por um policial enquanto os outros esperam para também serem registrados no posto da Vila do João". A manchete maior dizia: "De 84 detidos, só 2 estavam sem documentos; secretária nacional de Justiça teme que angolanos moradores de favelas agora passem a ser estigmatizados".

Ainda na segunda-feira, dia 7, reuni-me com Elizabeth Sussekind, secretária nacional de Justiça. Estávamos bastante preocupados com os efeitos práticos das denúncias generalizadas contra os membros de uma nacionalidade. Mas ainda não sabíamos que o quadro se agravara durante o dia. À noite, reunido com representantes da comunidade angolana, ouvi o relato do que se passara na Vila do João. Todos os angolanos foram obrigados a comparecer ao posto policial, onde se cadastraram e foram fotografados, independentemente dos documentos que portassem.

Ao longo da terça-feira, mantive contato com policiais e membros da comunidade. Os efeitos previsíveis começaram a se realizar. Somado ao racismo e aos preconceitos de classe, o estigma do tráfico contaminou rapidamente a identidade nacional angolana. O teatro policial do cadastramento coletivo, exibido pela mídia, reforçava as acusações irresponsáveis e genéricas, transformando cada angolano da Maré num suspeito, ou melhor, num criminoso potencial. Compartilhei o sentimento de revolta dos angolanos e declarei à imprensa que a polícia estava, involuntariamente, criando uma favela dentro da favela. Disse que o tratamento conferido aos membros daquela comunidade nacional era arbitrário, indigno e responsável pelo processo de estigmatização cujos efeitos já se faziam sentir: alguns perderam o emprego, outros tiveram contratos informais de aluguel suspensos, outros ainda sofreram ameaças. Exemplifiquei: "Imaginem se os dinamarqueses que vivem no país fossem obrigados a comparecer à delegacia para provar que não são guerrilheiros, fossem fotografados e parados na rua" (*O Globo*, 9 de fevereiro). Convoquei para quarta-feira, dia 9, uma reunião de emergência com o comandante do 22º Batalhão, coronel Rozemberg da Silva, um dos melhores oficiais da PM, e o delegado responsável pela área, e convidei a Comissão de Direitos Humanos da Assembléia Legislativa, além de representantes da comunidade atingida. Solicitei também um encontro com o coronel Josias.

Àquela altura, o consulado, a embaixada e o governo de Angola já haviam manifestado indignação com o que ocorria e exigiam uma retratação pública, por meio de um pedido formal de desculpas. O Itamaraty, o Ministério da Justiça e a Secretaria Nacional de Direitos Humanos faziam contatos comigo, solicitando uma solução urgente. Soube que entidades anti-racistas européias e norte-americanas mantinham comunicação com a embaixada e o consulado angolanos, interessados em acompanhar o desdobramento dos fatos.

Eu via o problema assumir contornos graves e se complicar, com o passar do tempo e a reiteração do tratamento policial discricionário. Desde segunda-feira vinha tentando alterar a direção das ações policiais, mas o secretário permanecia inflexível, afirmando que não via nada de errado nas práticas que determinara e que não havia motivo para mudar a orientação. As reuniões que promovi abrandaram as tensões na Vila do João, mas foram impotentes para corrigir a linha adotada. Na segunda-feira, o cônsul tentara o diálogo por telefone com o coronel Josias, mas não houve retorno. Sentindo-se insultado, recusou-se a participar de reuniões. O melhor que consegui, na quarta-feira, foi um encontro com o vice-cônsul de Angola, José Paim, a vice-governadora, que era governadora em exercício, o coronel Josias, os deputados federais Antonio Carlos Biscaia (PT-RJ) e Ben-Hur Ferreira (PT-MS), e representantes da comunidade atingida. Benedita estava angustiada e compreendia perfeitamente a gravidade da situação. Sua atuação evitou a deterioração irremediável do quadro que vivíamos.

No encontro, o coronel Josias disse que não estava interessado em sutilezas diplomáticas e que nada o impediria de cumprir o dever. Os ânimos se exaltaram. O secretário recusou-se a crer na descrição que lhe fazia o vice-cônsul, sobre o que se passava na Maré. Apesar do testemunho ter origem na observação direta e receber o endosso dos membros da comunidade. A despeito das reportagens das TVS e dos jornais, que mostravam as filas, o cadastramento coletivo, as revistas dirigidas e a focalização policial discricionária, que os próprios assessores de comunicação do governo haviam confirmado para a *Folha de S.Paulo*, ao afirmar que um dos objetivos da ocupação era "investigar os angolanos"(*Folha*, 8 de fevereiro). Foi a reunião mais constrangedora de que participei em meus quinhentos dias no governo. De duas, uma: ou o secretário de Segurança não sabia o que faziam seus comandados — o que também significaria que não via televisão, não ouvia rádio e não lia jornais —, ou não queria admitir que eles cumpriam suas ordens. A hostilidade e a insensibilidade atingiram um nível raro, tornando aquele cenário algo a meio caminho entre o bélico e o patético.

Antes do encontro frustrante, tentei, em vão, convencer o governo a endossar uma carta de desculpas que eu esboçara. Fui torpedeado pela assessoria de comunicações de Garotinho. O subsecretário Oscar Valporto, com quem eu mantinha excelente diálogo, telefonou para me dizer que compreendia o sentido do que eu havia declarado à imprensa, mas que a crítica à polícia poderia macular a imagem pública de uma ocupação muito bem-sucedida. Eu me destemperei e respondi que se ele queria me passar algum recado de Peninha ou de Garotinho, que pedisse a eles para falarem comigo diretamente, pois seria uma excelente oportunidade de eu lhes dizer que estávamos arruinando o que tínhamos construído com tanto sacrifício ao longo de 1999: alguma credibilidade.

O que estava acontecendo era grave, estávamos à beira de um incidente internacional por conta do despreparo e do provincianismo, e o mínimo que poderíamos fazer para perder pouco seria agir rápido, pedindo desculpas e reconhecendo os erros. Oscar chocou-se com minha agressividade, que não era usual, e propôs continuarmos a conversa depois. Logo em seguida Luiz Rogério me ligou, querendo saber que carta de desculpas eu estaria escrevendo. Já mais calmo, resumi-lhe a ópera bufa. Não houve avanços. Pelo contrário, Garotinho, com sua habilidade, inventou uma reunião no palácio na manhã seguinte, exatamente no horário em que eu marcara uma visita à Maré. Impôs-me um recuo, portanto. Tive de ir ao palácio. Ele atrasou propositadamente a tal reunião e, quando a realizou, deixou claro seu significado artificial: não havia tema algum para ser tratado. Nem dos angolanos quis falar. Comentou algo sem importância e pediu que os coordenadores nos retirássemos, porque ele teria uma agenda a cumprir. A reunião durou cinco minutos. Mas foi eficaz, porque me prendeu no palácio.

Newton e Antonio Carlos disseram que a visita à Maré foi um momento importante, que culminou num debate do qual participaram o vice-cônsul, membros da comunidade angolana e as direções de todas as associações de moradores das várias favelas que integram o Complexo da Maré. Estiveram presentes parlamentares e líderes de movimentos anti-racistas. Silvia Ramos esteve lá, representando nosso Centro de Referência Coronel Nazareth Cerqueira contra o Racismo.

As manchetes da quinta-feira, 10 de fevereiro, dia da reunião oca no palácio e de minha visita que não houve à Maré, as manchetes dos jornais diziam tudo: "Grito contra a discriminação; Movimento negro reage ao cadastramento de angolanos, considerado ilegal pelo coordenador de Segurança do Rio" (*O Dia*); "Maré vira incidente diplomático; Vice-cônsul exige que Rio peça desculpas a angolanos submetidos a constrangimento em operação policial" (*O Dia*); "Angola exige desculpas; Polícia desiste de investigar angolanos mas vice-cônsul quer retratação pública" (*O Globo*); "Acusações amedrontam os angolanos no Rio; Secretaria de Segurança admite que houve constrangimento na Maré e refugiados denunciam perseguição" (*O Globo*); "Angolanos revistados à revelia; secretário de Segurança nega ter dado ordem para policiais revistarem estrangeiros nas favelas do Complexo da Maré" (*Jornal do Brasil*); "Investigação de angolanos intimida favela; Operação da PM não comprova participação de refugiados no tráfico; policiais estão céticos sobre a suspeita" (*Folha de S.Paulo*); "Refugiado prejudica RJ, diz secretário" (*Folha de S.Paulo*). Esta última manchete remete a uma declaração surpreendente do coronel Josias. Segundo o repórter, o secretário "acusou o governo federal de agravar os problemas do Rio ao acolher refugiados políticos de Angola [...] sem dar a eles condições dignas de vida. [...] 'Se não existe, hoje, o envolvimento comprovado [com o tráfico], com certeza absoluta existirá dentro de algum tempo', disse Quintal". A profecia do secretário lhe valeu um editorial crítico: "É assustador e preocupante que a principal autoridade policial carioca pense assim" (*Folha de S.Paulo*, 12 de fevereiro).

Na sexta-feira, dia 11, *O Globo* anunciava: "Governo federal vai pedir desculpas a Angola". Nem assim Garotinho despertava. Na contramão da escalada de manifestações críticas, o governo do estado do Rio mantinha-se inflexível. *O Dia* publicou uma reportagem com o título: "Rio não vai pedir perdão; Garotinho diz que não houve 'nada de mais' na abordagem a angolanos". As palavras do governador, na íntegra, foram as seguintes: "Não há nada de mais na ação policial. Tem gente querendo tirar casquinha, fazendo política". Depois de ler os jornais, dar alguns telefonemas e confirmar a insensibilidade do governo, redigi uma carta pessoal a Garotinho. Esses são os principais trechos:

Rio de Janeiro, 11 de fevereiro, 2000.

Prezado Garotinho,

Tomo a liberdade de escrever-lhe com tamanha informalidade porque, nesta carta, você ouvirá a voz do companheiro de jornada, não do coordenador. [...] Por que a carta? Por que não procurá-lo para uma conversa? Porque há algum tempo você deixou de ouvir, mal permite que seus interlocutores completem o pensamento. É duro dizer e ler isso, mas é preciso que alguém lhe diga isso. Talvez ainda haja tempo. Creia: só alguém que o admira muito e lhe deseja grande sucesso poderia ter a audácia de provocar sua antipatia, dizendo isso. Pois, acredite, não há, hoje, nada mais importante que qualquer pessoa possa lhe dizer do que isso. Nem os maiores sábios da comunicação, nem os melhores assessores do mundo poderiam lhe dizer algo tão simples e tão absolutamente decisivo, urgente e grave: você deixou de ouvir. [...] Não há erro mais humano e mais drástico, em suas conseqüências, do que a onipotência, cujo sinal externo é a recusa a ouvir. Ouvir pra valer, ouvir mesmo, ouvir o que a gente não quer e não gosta. Ouvir elogios é fácil. Portanto, tomo a liberdade de achar que temos uma relação de confiança e estima mútua suficiente para que eu lhe diga isso: seja surdo apenas para as vozes que desejam seu mal; mas ouça as vozes dos que lhe querem bem. E esses não são os bajuladores de ocasião, os que sempre abaixam a cabeça, os que não querem desagradar por medo das conseqüências. Eu lhe quero bem com sinceridade e isso me autoriza, repito, toda essa liberdade e ousadia. Quem discorda de você e diz que você está errado pode ser muito menos capaz do que você, muito menos competente, mas pode estar situado em uma posição psicológica e informacional ocasionalmente mais favorável do que você, para aquela questão específica. Portanto, longe de mim a pretensão de dar-lhe conselhos como um professor ou alguém que se pensa superior. Posso lhe dar sugestões porque, agora, em função de uma série de circunstâncias, estou situado num ponto que me permite, provisoriamente, ver coisas que você, momentaneamente, não está vendo.

Se você não voltar a ser o Garotinho de sempre, comprometido com os princípios básicos de nosso livro, o barco da segurança vai naufragar, carregando para o fundo nossas esperanças e o imenso, o extraordinário, o pioneiro e paradigmático potencial de nossa política. [...] Há poucas semanas, apesar de eu lhe ter pedido várias vezes que não fosse nessa direção, você entregou a Polícia Civil ao grupo Astra [...] E todo mundo que é minimamente informado, nessa área, sabe exatamente o que está acontecendo, inclusive a imprensa, que tem me cobrado com ironias. Dizem para mim, provocativamente: "Garotinho rasgou o livro e agora mantém você como rainha da Inglaterra, como cortina de fumaça para ocultar o retorno à velha política retrógrada e burra de sempre".

[...] Sua expectativa, Garotinho, através do acordo com o grupo Astra, é a mesma de todos os governadores que o antecederam — e todos se frustraram, todos se iludiram: os tais prometidos resultados são falsos, não levam a lugar algum, são apenas um punhado de prisões de alguns bandidos, imediatamente substituídos por outros. Isso não tem sustentação alguma, não resolve nada e não ilude mais ninguém, ainda que seja, em si mesmo, sempre positivo. O que não é positivo é o lado sombrio disso tudo: cada prisão de bandido equivale à negociação da liberdade de dezenas de criminosos. E essa negociação corrupta sequer produz a paz, porque os bandidos se sentem roubados e procuram vingar-se, aumentando a espiral da violência. [...] Delegacia legal? Nem pensar. Não vai haver. Eles sabotarão de todas as maneiras imagináveis e inimagináveis, ainda que digam o contrário. Poderemos ter prédios reformados e computadores em rede, com atendentes e administradores, sem carceragem, mas o conteúdo do trabalho policial será o mesmo e a competência será aquela de sempre, nossa conhecida (com as louváveis exceções, é claro). As AISPS já viraram conversa fiada e pura formalidade territorial, com respeitáveis exceções, apesar de minha luta e a de minha pequena equipe. O ISP vai ser empurrado com a barriga e esvaziado, sucessivamente, como já está ocorrendo, apesar de meu desesperado esforço. O CUPTEC vai continuar sendo negado, cinicamente, na prática, de várias formas — o bravo trabalho do Claudio Ferraz continua avançando porque eu dou cobertura e brigo com valentia. O belíssimo trabalho que temos feito na requalificação vai para o vinagre. As iniciativas que já viraram ícone internacional, como a política específica para as mulheres e nossos centros de referência contra o racismo, a homofobia, de proteção ao meio ambiente e de defesa das crianças e dos adolescentes, continuarão sendo boicotadas de todas as maneiras. [...] Nossa política é excelente e ainda pode ser salva.

Finalmente, chego ao ponto que me levou a lhe escrever, abrindo o coração — vou deixar de lado o topless e tantos outros tropeços. Estou recebendo telefonemas de Brasília, do Ministério da Justiça e da Secretaria de Direitos Humanos, de várias instituições cariocas e de membros de ONGs de outros estados. Acabo de ser interpelado por um interlocutor de Brasília que me relata um quadro dramático, de extremo constrangimento diplomático. O pessoal dos direitos humanos me respeita, não quer abrir fogo contra mim, mas tem de agir, ante a posição inacreditável que nosso governo, hoje, tornou pública, a respeito do episódio envolvendo a comunidade dos angolanos. A guerra contra nós vai começar e eu tive tudo nas mãos para encerrar o episódio de forma rápida, digna, honrosa, ainda que pagando algum preço, como seria inevitável, em função do absurdo, da estupidez provinciana, da falta completa de maturidade para o cenário transnacional, da mais absoluta insensibilidade para questões-chave, hoje, na política global, reveladas [...] por nossa Secretaria de Segurança. [...] De Brasília, pedem que eu obtenha um recuo de nosso governo ou as conseqüências serão ainda piores. O que eu posso fazer? [...] Redigi um esboço de nota que era uma beleza de afirmação de princípios, sem traumas e humilhações para nós. Mas o provincianismo venceu [...]. Não será com retraimento canhestro e provinciano, ante a mídia, ignorando totalmente o que está realmente em jogo, na questão dos angolanos, nem com espetáculos deprimentes de exibição de presos, como em um zoológico humano, que vamos vencer a batalha da comunicação. [...] Temos de pautar, andar adiante, introduzir novos conceitos e vocabulários, tocar o imaginário coletivo, avançar com políticas consistentes e deixar de repetir os velhos erros de varrer para debaixo do tapete as bobagens que ainda fazemos. [...] Garotinho, o desabafo é importante, no momento, porque ainda creio que seja possível mantermos o barco navegando, desde que ajustemos seu rumo. [...] Gostaria de ter seu posicionamento mais claro e firme. [...] Apenas preciso saber onde você está, ao lado de que concepção, propondo que linha de ação. O posto de coordenador não existe. Você o cercou de tanta ambigüidade, ora esvaziando, ora reforçando, que nos tornamos consultores de luxo, ou menos que isso. Jamais fui consultado ou sequer informado sobre a ocupação da Maré. Jamais compartilharam comigo problemas que aconteceram. Soube de tudo pelas denúncias que vieram de fora do governo e pela mídia. Só depois é que pude entrar. Eu poderia ter evitado todo o desastre, caso houvesse alguma autoridade em meu cargo que impusesse o mínimo de respeito ao secretário.

[...] Lembrando-me de nossos últimos encontros e de sua falta de paciência para ouvir, achei que seria impossível conseguir lhe dizer isso tudo, pessoalmente. Por isso, insisto, optei pela carta. Você será presidente e fará o melhor governo que este Estado já teve. Não esmoreça e não tolere a mediocridade, porque a mesmice nos condenaria ao fracasso.

Um abraço fraternal.

Suspendi meus compromissos, enviei a carta em mãos e me preparei para todas as possibilidades. Esperava que Garotinho a recebesse bem, com espírito positivo. Torcia para que minha franqueza tivesse algum resultado e servisse não apenas para resolver o impasse que estava posto na ordem do dia, como também para aliviar as tensões, reduzir as ambigüidades e restaurar nosso diálogo construtivo e sincero. Mas estava pronto para a exoneração, se fosse inevitável. Seria melhor sair do governo do que continuar suportando o desgaste de uma crise por semana, numa espiral destrutiva que inviabilizaria minhas relações pessoais com o coronel Josias e comprometeria nossa política de segurança.

À noite, Garotinho ligou. Disse que gostou muito da carta, que concordava com minha visão sobre a amizade e que nunca deixara de ouvir, mas que talvez devêssemos conversar mais. Quanto ao episódio dos angolanos, mostrou-se mais flexível e se dispôs a trocar idéias sobre o assunto no dia seguinte.

No sábado, dia 12, *O Globo* advertia: "Itamaraty repudia discriminação". Mauro Ventura publicava, em sua coluna do *JB*, um artigo forte, intitulado "As dores de ser minoria". À tarde, enquanto me reunia com a vice-governadora, que acabara de se encontrar com o cônsul de Angola, recebi um telefonema do governador. Para meu alívio, ele aceitou recuar e desculpar-se com os angolanos. Pediu que eu redigisse a carta de desculpas e me convidou para participar, domingo, do encontro com o cônsul.

Duas notas embutiram a profundidade da crise no domingo de paz. Arnaldo Cesar escreveu a "Crise afro-policial", que ousava a seguinte afirmação: "Soares insistiu para que o governador Garotinho e o secretário Josias fossem coerentes com a política de segurança comprometida com direitos humanos e com a liberdade individual. Não lhe deram ouvidos. A nova confusão era esperada. O governador tenta a difícil alquimia de mesclar óleo com água. A chamada polícia de resultados (também conhecida como 'rouba mas prende') definitivamente não se mistura com a polícia cidadã" (*O Dia*, 13 de fevereiro). Elio Gaspari escreveu: "Nesse caminho, o professor Luiz Eduardo Soares não dura muito tempo na Subsecretaria de Segurança do governo do Rio. Falta-lhe vocação para santo de bordel" (*O Globo* e *Folha de S.Paulo*, 13 de fevereiro).

A *Folha de S.Paulo*, na segunda-feira, dia 14 de fevereiro, publicou o seguinte: "Ontem, Garotinho disse que os policiais responsáveis pela operação 'extrapolaram sua função e agiram de forma discriminatória e racista'". A reportagem informou que o governador prometera punir os policiais e que eu discordara. Era verdade. Mesmo com o risco de parecer conivente com as práticas que criticara durante toda a semana, achei que deveria ser honesto com os policiais. Eles cumpriram ordens. Seria o cúmulo do cinismo puni-los por terem feito aquilo que o secretário e o governador haviam defendido durante toda a semana. Já bastava a mudança de posição súbita e radical de Garotinho. Felizmente, ninguém lhe cobrou coerência e nós pudemos seguir adiante. Melhor a incoerência que a persistência no erro.

Domingo trouxe uma novidade para nossa agenda. Eu apresentava o projeto dos batalhões comunitários, numa entrevista a Marco Antônio Martins, que o *Jornal do Brasil* destacou, em manchete, na primeira página: "PM comunitária nas favelas". Fechávamos a página da discriminação discutindo o futuro. Era um fim de capítulo animador. Respirei mais uma vez, satisfeito, e antecipei dias melhores. Não poderia imaginar que março me faria sentir saudade das crises de janeiro e fevereiro.

14. O fim das ambigüidades

Na carta a Garotinho do dia 11 de fevereiro, fiz referência a algumas denúncias graves, relativas à Polícia Civil. Assim como ele se mostrou aberto ao que lhe disse sobre sua dificuldade de ouvir, sua onipotência e a estigmatização da comunidade angolana, achei que haveria também um movimento de abertura para as críticas à polícia. Apostei que Garotinho seria sensível à gravidade da situação, me daria ouvidos e apoio para uma intervenção enérgica. Por outro lado, o quadro era preocupante. A mídia e os policiais interpretaram os recuos na repressão ao topless e na intimidação dos angolanos como vitórias minhas e derrotas do coronel Josias. Era indisfarçável que o secretário se desgastara e eu me fortalecera.

Em qualquer contexto normal, essas vitórias indicariam a tendência de que minhas opiniões passariam a exercer maior influência no governo. Mas o governo Garotinho não era um contexto normal. Havia o método da gangorra, que transformava vitórias em derrotas e vice-versa, num estalar de dedos. Por isso, cada abraço que recebia, cada cumprimento dos amigos, cada saudação dos companheiros de governo, cada sinal de êxito me gelava a espinha. O ânimo que recuperei no domingo, dia 13 de fevereiro, logo se converteu em intranqüilidade, quando percebi que as iniciativas de Garotinho eram sintomáticas de que a gangorra estava em ação. E o impulso a favor do coronel Josias teria de ser grande, pois a visibilidade de minhas conquistas era considerável. Se a gangorra apenas valorizasse o secretário, não haveria nenhum problema. Infelizmente, era impossível que isso ocorresse sem me causar problemas, por conta da tensão que caracterizava nossas relações e dos conflitos que refletiam entendimentos opostos sobre nossa política. Naquela conjuntura, valorizar o secretário implicaria, entre outras coisas, negligenciar minhas acusações a determinados segmentos da Polícia Civil, uma vez que a coalizão política do secretário os incluía.

Duas semanas depois do domingo em que Garotinho desculpou-se ao cônsul angolano, *O Globo* publicou um conjunto de matérias que provocou outra crise no governo. Ao longo desses catorze dias, Garotinho fez o possível para prestigiar seu secretário de Segurança, como eu previra. Chegou a levá-lo à redação de *O Dia*, de onde partira a crítica mais áspera. No domingo, 27 de fevereiro, o cenário era propício, portanto, à reversão do processo que me devolvera a iniciativa e a liderança política. A história das reportagens que *O Globo* publicou naquele domingo começara bem antes, em dezembro.

Jantava com Barbara num restaurante que costumávamos freqüentar, perto de casa. Eram onze e pouco de uma noite de dezembro. Rubem ligou para meu celular. Precisava conversar comigo. Estava com um amigo. Era urgente. Nesse caso, vou apressar o jantar, eu disse. Encontro vocês à meia-noite, lá em casa. Rubem chegou pontualmente e me apresentou João Moreira Salles. Na verdade, já o conhecia. Estivéramos juntos num debate sobre seu documentário, *Notícias de uma guerra particular*. Eu tinha gostado muito do filme.

Nós nos sentamos, sem maiores cerimônias. João foi direto ao assunto. Em 1998, para fazer o documentário, subiu inúmeras vezes o morro Santa Marta, conheceu bem a comunidade e, claro, os traficantes da área, especialmente o chefe do tráfico local na época das filmagens, Marcio Amaro de Oliveira. Era natural e inevitável, até porque o documentário pretendia incluir o ponto de vista dos rapazes do tráfico. João não se sentia bem em fazer o que muitas vezes se faz, no jornalismo, na antropologia e no documentarismo: ir a campo, apropriar-se de imagens, narrativas, depoimentos, e retirar-se, quase como um predador saciado. Fez questão de retribuir a receptividade dos moradores de alguma maneira prática.

João se dispôs a fazer o que sabe: deu aulas de história da arte, no alto do morro, durante um ano. O tema era a pré-Renascença, a obra de Giotto e a descoberta do valor do ser humano. Um assunto distante do cotidiano. Matéria inútil. Uma oportunidade fantástica para a reflexão. Sem alarde, sem ostentar a generosidade. A fé, em João, comecei a perceber, tem essa forma natural, orgânica, e se manifesta nos atos simples e invisíveis da solidariedade. Marcio aparecia de vez em quando, se ajeitava entre os alunos, curioso, atento, perspicaz. Aos poucos, João conseguiu atravessar a armadura com que o estigma parece cercar o criminoso. Foi ouvido a sério por Marcio e aprendeu a ouvi-lo. Deu-se conta de que aquele moço tinha inteligência e sensibilidade para ser um cidadão estimado, respeitado, culto e influente, se a vida não o tivesse capturado numa dessas armadilhas a que os meninos pobres estão sujeitos, no Brasil, particularmente nos morros do Rio. Passou-lhe alguns livros. Marcio leu Camus e Machado de Assis, e pediu mais. Queria saber por que seria importante aprender francês. E discutiu *A peste* como um leitor maduro. Com o tempo, João conquistou a confiança de Marcio e pôde lhe falar com franqueza: a vida no crime era um equívoco terrível, uma tragédia. As visões triunfalistas e autocomplacentes de Marcio não passavam de racionalizações ingênuas, de fantasias. Com seu talento, sua potencialidade intelectual, Marcio teria ainda tempo de recomeçar, reconstruir a vida, estudar, reintegrar-se à sociedade. Era preciso abandonar o tráfico, imediatamente. João disse tudo isso a Marcio com emoção e serenidade. Marcio ouviu com respeito. Um dia, confessou que sonhava tornar-se escritor e escrever um livro sobre sua própria vida na favela.

O curso sobre a pré-Renascença foi um surpreendente sucesso e chegou ao fim. João deixou de freqüentar o morro. Nunca mais viu Marcio. Muitos meses depois, alguém lhe trouxe um recado. Era um pedido. Marcio precisava de dinheiro para comprar armas, porque a comunidade seria invadida por traficantes sem escrúpulos e sem compromissos com os moradores. A vida no Santa Marta corria o risco de transformar-se num inferno. Para conseguir o dinheiro necessário, pedia que João comprasse o táxi velho de um parente seu. João achou a história toda um absurdo, mas preferiu comunicar pessoalmente sua resposta. Voltou ao morro, encontrou-se com Marcio e lhe disse que estava abismado com aquela proposta maluca. Recusou com veemência a ajuda que estavam lhe pedindo. Depois de declarar com firmeza sua posição, João percebeu a fragilidade do interlocutor, seu flanco aberto, sua hesitação, e avançou: Se, algum dia, você abandonar o tráfico e se dedicar a escrever o seu livro, como você um dia me disse que sonhava fazer, pode contar comigo. Eu lhe pago 1200 reais durante oito meses para você se dedicar ao livro. Qualquer cidadão pode comprar os escritos de qualquer pessoa, assim como você pode receber um pagamento por um trabalho digno. Se algum dia você quiser... Mas nunca volte a me procurar para pedir dinheiro para armas.

Algum tempo depois, Marcio mandou avisar que estava pronto para aceitar a proposta. Abandonara de vez o tráfico e estava disposto a começar vida nova, escrevendo o livro sobre sua vida. João cumpriu a promessa. Marcio estava escrevendo sua história.

Imagine, João me disse, imagine tudo isso propositalmente mal contado, distorcido, editado por alguém mal-intencionado; um policial corrupto, por exemplo. Esse relato manipulado, descontextualizado, poderia se tornar objeto de chantagem. Alguém poderia pensar que essa história talvez pudesse ser negociada por uma fortuna. Eu concordei: Claro, quanto não valeria um escândalo com um sobrenome célebre?

Pois bem, João continuou, há alguns indícios que me levam a suspeitar que meus telefones poderiam estar sendo grampeados pela polícia. Conhecidos de amigos meus me alertaram para essa possibilidade, referindo-se a fontes policiais. Isso pode estar acontecendo. Pode ser que se trate de uma investigação legítima e de uma escuta legalmente autorizada. Afinal, Marcio é um traficante procurado pela polícia. Nada mais natural que tenham chegado a mim através de escutas legais de telefonemas dele. Contudo, mesmo que os grampos sejam legais, a utilização do material eventualmente gravado pode servir a outros propósitos. Não é impossível que uma chantagem esteja sendo montada por policiais desonestos. João insistiu num ponto que lhe parecia ser uma questão de honra: Não lhe peço que me conte o que eu não devo saber, nem que você prejudique qualquer investigação em curso. Só lhe peço que me ajude a evitar que a hipótese da chantagem se concretize.

Eu disse ao João que ele tinha toda a razão, que a hipótese da chantagem não deveria ser descartada e que ele tinha feito muito bem em me procurar. Disse também que teria feito com Marcio o mesmo que ele fez, se tivesse condições econômicas e se não ocupasse a posição que ocupava. Compreendia perfeitamente seu gesto e o admirava. Como coordenador de Segurança, minha obrigação era e continuaria a ser procurar e prender Marcio. Mas isso não me impedia de reconhecer e saudar a generosidade de sua aposta na recuperação do rapaz. Do ponto de vista legal, não me parecia haver nenhum problema. Segundo as leis brasileiras, é lícito comprar um livro, independentemente de quem seja o autor. De todo modo, propus que ouvíssemos alguns advogados, para nos certificarmos de que não havia ilícito. E sugeri ao João uma estratégia que me parecia a única viável. Seria custosa, mas eu não via um antídoto mais eficaz contra a chantagem, caso ela estivesse mesmo sendo gestada. Propus que visitássemos o secretário de Segurança, que João lhe contasse sua história e que, em seguida, João a tornasse pública. Muita gente não compreenderia, jogaria pedras, ele seria muito criticado, alguns o considerariam um ingênuo, mas a hipótese da chantagem iria pelos ares.

João concordou com a consulta a advogados e com a visita ao coronel Josias, mas preferiu não se precipitar em relação à idéia de divulgar sua história. Achou que seria conveniente ouvir o conselho dos amigos e refletir mais. Ficamos de nos reencontrar em breve.

Poucos dias depois, João visitou-me com seu irmão, Walter, Rubem e o advogado José Carlos Fragoso. Eu ouvira a opinião de advogados nos quais confiava. Foram unânimes em garantir que não havia nenhum problema com aquele tipo de pagamento. O dr. Fragoso reiterou o mesmo ponto de vista. Restava, então, marcar a visita ao secretário. Quanto à divulgação, João decidira seguir meu conselho. Estava disposto a contar sua história. Discutiria com amigos da imprensa a melhor forma de fazê-lo. Rubem sugeriu uma reportagem ampla, abordando vários casos semelhantes. Havia muitos, Brasil afora.

No início de janeiro, nos reunimos com o coronel Josias no palácio Guanabara. João deu-lhe uma cópia do documentário de presente e lhe contou exatamente a mesma história que me relatara. A reação do secretário não poderia ter sido mais simpática e positiva. O coronel Josias disse que não via nenhum problema no pagamento que João fizera a Marcio e prometeu ficar atento para evitar uma eventual manipulação desonesta dos fatos. João saiu satisfeito do encontro e com a melhor das impressões de nosso interlocutor.

A reportagem sugerida por Rubem, sobre pessoas, instituições religiosas e organizações que ajudavam jovens a sair do tráfico e mudar de vida foi publicada pelo *Globo*, mas não incluiu o caso de Marcio. João publicou uma carta no jornal, sintetizando sua experiência. Não houve repercussão. Sua história continuava desconhecida. Em meados de janeiro, voltamos a nos ver. João estava praticamente convicto de que valeria a pena expor-se mais, a despeito de ainda temer as conseqüências. Seu temperamento suave e introspectivo, sua timidez, seu modo de vida modesto e discreto destoavam das fantasias dos que associam sobrenomes famosos a exibicionismo, arrogância e ostentação. Para João, seria doloroso tornar-se personagem público, sobretudo provocando uma polêmica que fatalmente dividiria opiniões. Por outro lado, desde nosso primeiro encontro, em dezembro, João insistia num ponto: não temia acusações e processos. Se alguém duvidasse de suas intenções, se houvesse alguma cobrança legal, ele estaria pronto a responder por seus atos. Não buscava esquivar-se da Justiça. Caso seu comportamento merecesse alguma penalidade, que viesse a punição. Sua consciência estava tranqüila, ele queria fazer a coisa certa, achava que tinha feito a coisa certa, seus advogados concordavam, ele não se arrependia do que tinha feito, orgulhava-se do próprio gesto, mas não se furtaria a assumir as conseqüências, caso a Justiça pensasse diferente. Suas únicas preocupações eram a chantagem e a manipulação desonesta dos fatos.

Um mês passou sem que eu tivesse notícias de João e de seus planos. Em fins de fevereiro, almoçamos juntos. Uma entrevista seria gravada, naqueles dias. A divulgação era iminente. Mas ainda havia dúvidas. Alguns amigos desaconselharam-no a se expor. João conversara com o pai, que lhe prestara toda a solidariedade, qualquer que fosse a estratégia adotada e quaisquer que fossem as conseqüências. Dei minha opinião, mais uma vez. João contou sua história a Merval Pereira e Hugo Sukman, do jornal *O Globo*.

A entrevista foi publicada na edição de domingo, dia 27 de fevereiro. A primeira página era quase toda dedicada ao tema, sob a manchete: "Dona Marta, onde a cidade partida se encontra". Acima da foto de João, o título: "Cineasta financia livro de traficante para tirá-lo do crime". No centro, a foto de Marcio, à direita, a foto de dona Nininha, sob a manchete: "Mãe de Marcinho VP é ameaçada por traficantes e policiais". Sob a foto de Marcio, uma de suas frases ingênuas, confusas e perigosas, mas que o distinguiam do traficante típico: "A comunidade precisa de um líder para que haja paz e tranqüilidade. É necessário que essa pessoa exista, mesmo que fora da lei. É uma coisa tribal. O tráfico é o único caminho". A entrevista de João ocupava a primeira e a quarta página do segunda caderno. O título, sob a foto, era: "Um artista na linha de fogo". À esquerda, quatro fotogramas de Marcio, quatro etapas do zoom. No primeiro quadro da fotomontagem de Claudio Duarte, via-se o traficante agachado, olhar desafiador, com pose de Rambo, muito mais forte do que realmente é, apontando uma metralhadora sofisticada. No último quadro da série, tomando quase dois terços da parte inferior da página, via-se apenas o rosto de Marcio, o foco sobre o olhar desafiador.

Em certo sentido, não importava muito o que João dissesse. A edição da capa do jornal e daquela página era muito mais poderosa do que as palavras e transmitia uma mensagem inteiramente diferente do discurso. A edição valorizava a arrogância provocadora e rebelde do criminoso, que bancava o Robin Hood urbano, o herói popular violento e assustador. João passava para o segundo plano. No segundo caderno, as fotos sugeriam uma conexão simbólica problemática. Enquanto Marcio olhava diretamente para a câmera, fitando os olhos de quem o via, João estava de lado, inclinado em direção à fotomontagem, com um olhar atento e admirado, quase devocional. O documentarista era o coadjuvante; Marcio, o protagonista. Moço culto e refinado se encanta por bandido glamourizado — parecia este o sentido da saga. Em bom português: deslumbramento ingênuo do rapaz mimado e rico pelo traficante feroz com discurso social. Uma pena. Perdia-se uma bela oportunidade de colocar em circulação idéias polêmicas porém sérias e relevantes. Para valorizar a humanidade do gesto, a importância das idéias e uma controvérsia madura, teria sido necessário resistir à sedução fácil do sensacionalismo. De todo modo, a força da história e a honestidade do discurso de João foram suficientes para preservar a gravidade humana do enredo e a profundidade das questões envolvidas.

Por uma coincidência, acabei ocupando parte do espaço que *O Globo* destinou ao caso Marcio. Quinta-feira, 24 de fevereiro, por volta das dezoito horas, recebi um telefonema de Paulo Motta, editor da seção Rio do *Globo*. Ele precisava de ajuda para resolver uma emergência: recebera, através da mediação de uma repórter, pedido de socorro da mãe de Marcio. Ela se dizia vítima, com suas duas filhas, de dupla ameaça: de policiais e de traficantes de uma facção rival à de seu filho. Policiais tinham invadido sua casa na favela, surraram dois meninos que encontraram, levaram objetos pessoais e deixaram um rastro de medo. Traficantes mandaram recados provocadores.

Dona Nininha e suas filhas sentiam-se desprotegidas e amedrontadas. Não sabiam a quem recorrer. Eu me dispus a enviar, imediatamente, um grupo de policiais de minha confiança para lhes dar proteção, enquanto pensávamos numa solução mais permanente. Paulo me pôs em contato direto com a repórter Carla Rocha, que acompanhava o caso e sabia onde a família de Marcio morava. Carla me dissuadiu da idéia de enviar homens. Tinha razão. Não faria sentido enviar policiais, por mais confiáveis que fossem, porque a emenda seria pior que o soneto. Dona Nininha estava apavorada e jamais acreditaria que aqueles policiais seriam diferentes. Consultada por Carla, implorou que a polícia não fosse envolvida. Ofereci-me, então, para visitá-la naquela mesma noite, ouvir suas queixas e expor-lhe as alternativas de que dispunha para protegê-la.

Para não desmarcar um compromisso assumido previamente, fui ao encontro de associações de moradores da zona sul da capital, fazendo um esforço enorme para me concentrar nos debates sobre policiamento comunitário. Naquela noite, eu me sentia viajando mentalmente para longe dali, preocupado com o que poderia acontecer àquela família durante a madrugada. Carla não ligava e eu não sabia se estaria ou não confirmada minha visita. Tomei a iniciativa de telefonar. Ela não conseguira contato com a casa de dona Nininha. No dia seguinte, descobrimos o motivo: o telefone fora desligado, depois que uma chamada, recheada de palavrões e ameaças de morte, seguiu-se à ligação em que a repórter do *Globo* prometera ajuda e pedira uma entrevista. "Se você falar com a imprensa, vai morrer", dizia a voz. Isso comprovava o grampo e deixava claro que o autor do telefonema ameaçador era um policial.

Restabelecido o contato entre Carla e a casa da família de Marcio, minha proposta de visita foi apresentada e aceita. Seguimos sem a polícia, a pé, a partir de certa altura da favela. Carla conhecia o caminho. Na sala de visitas de dona Nininha, ouvi toda a história, em detalhes. A família do traficante não poderia ser julgada pelo filho que se perdera, mas parecia ter sido julgada e condenada a uma espécie de linchamento moral e perseguição perpétua, tantos eram os episódios que sofreram de violência, ameaça e discriminação. Mesmo composta por trabalhadoras dignas e honestas, a família acabara pagando uma conta que não lhe pertencia. Eu temia que os dois lados, policiais e bandidos, pretendessem usar a vulnerabilidade da família para atrair Marcio para alguma armadilha. Ardis para prender foragidos da lei são perfeitamente legítimos, desde que não envolvam violências desnecessárias e arbitrariedades contra terceiros.

Mesmo correndo o risco de parecer fraco e tolerante com o crime, era preciso assumir com toda a clareza a defesa da família. Decidimos, depois de longa discussão, que o melhor seria o imediato abandono da casa, pelo menos provisoriamente. Eu me responsabilizaria por encontrar um local apropriado, em poucas horas, onde a família poderia permanecer a partir daquela noite, até conseguir definir seu destino. Verificamos também que uma das irmãs de Marcio estava muito exposta onde se empregara. Prometi procurar uma colocação que lhe desse mais segurança e onde ela não viesse a sofrer discriminações por seus laços de família. Carla queria registrar nosso encontro. Dona Nininha não se opôs. Achei que, mesmo duvidoso para mim, pessoalmente, seria positivo para a segurança da família, pois sinalizaria para os policiais que práticas arbitrárias estavam sob vigilância crítica superior. Para os traficantes, a mensagem seria: quem se meter terá de enfrentar o governo e a secretaria. A matéria foi publicada em página inteira, no domingo, dia 27, na mesma edição que destacava a entrevista com João Moreira Salles. Como o foco de ambas as matérias era o mesmo, o acaso me situou no centro das atenções provocadas pelo caso Marcio.

Claro que os demais órgãos de imprensa tiveram de se render ao furo do rival. No dia seguinte, a notícia ocupava as manchetes de todos os jornais. E como costuma acontecer nesses casos, os competidores procuraram novas abordagens, novos ângulos e posicionamentos editoriais distintos, quando não contrapostos. Como *O Globo* fora simpático, a despeito das ambivalências provavelmente involuntárias dos editores, era natural que *O Dia* e o *Jornal do Brasil* assumissem pontos de vista críticos e privilegiassem as opiniões de quem divergia de João e de sua atitude.

O próprio *Globo* acabou pendendo para uma postura mais eqüidistante. Já na segunda-feira, dia 28, abria a matéria, na primeira página, com a declaração do procurador-geral da Justiça, José Muiños Piñeiro, segundo a qual João poderia ser enquadrado por crime de favorecimento pessoal. "Mas o coordenador de Segurança do Estado", dizia a matéria, "pensa diferente. Ele sustenta que Salles não cometeu nenhum crime e ainda elogiou sua atitude." O jornal citava, então, minhas palavras: "'Ele conseguiu enxergar por trás da máscara da violência um coração sensível à pedagogia da paz', disse o homem que controla as polícias Militar e Civil". *O Globo* ouviu também o criminalista Evandro Lins e Silva, para quem não houve crime. Garotinho aproximou-se do tema com farpas e ironias. O jornal destacou uma de suas declarações: "Não há diferença entre um banqueiro de bicho e um banqueiro de dinheiro no que diz respeito à lei". Em todas as entrevistas que dei aos jornais, às TVs e às rádios, enfatizei que minha avaliação positiva sobre o gesto do João, a qual sempre reiterei, não interferia em minha disposição de cumprir os deveres intrínsecos à minha função. Como autoridade pública, eu tinha obrigação de prender o traficante. E era isso que continuaria tentando fazer. João procurou diferenciar-se da glamourização evocada pela reportagem da véspera: "Não vejo Marcio como a besta-fera de que falam, numa simplificação tão nociva quanto grave seria sua idealização" (*O Globo*, 28 de fevereiro).

As opiniões se dividiam, como prevíamos. O que não previmos foi o posicionamento do secretário de Segurança, em parte talvez motivado pela autoridade que *O Globo* me conferiu. Tampouco antecipamos a agressividade do governador, que atribuiu a Marcio Amaro de Oliveira um elenco de crimes bárbaros, cuja autoria era, na verdade, de um seu homônimo. Há dois Marcinho VP, dois traficantes que têm o mesmo apelido. O outro Marcinho VP estava preso e era, com razão, considerado um dos criminosos mais violentos do país. No início, pensei que o governador se confundira com os currículos dos dois Marcinhos. Depois, deduzi que a confusão era intencional, porque o adverti do equívoco e ele persistiu no erro. Era conveniente pintar Marcio com as cores de uma fera selvagem, de um estuprador brutal, de um traficante rico e poderoso, para caracterizar a desproporção entre a esperança na recuperação do criminoso e a monstruosidade de seus crimes. Marcio Amaro de Oliveira deixou o morro Santa Marta em março de 1999, sem ter onde cair morto. Não mantinha nenhuma articulação com traficantes. Estava sozinho. Sua prisão era uma questão de tempo.

Ainda na segunda-feira, o coronel Josias convocou uma entrevista coletiva para me criticar. As críticas e suas conseqüências ocuparam as capas dos jornais no dia seguinte. *O Dia* citava em letras garrafais a explosão do secretário: "Isso tudo é uma palhaçada" (29 de fevereiro). Referia-se à relação entre João e Marcio. A manchete do *JB* era enfática: "Crise racha cúpula da Segurança; Josias Quintal ataca Luiz Eduardo". A matéria abria com um prognóstico: "Uma crise na cúpula da Segurança do Estado do Rio poderá levar à saída do coordenador de Segurança, Justiça e Cidadania do Estado, Luiz Eduardo Soares, por suas declarações apoiando a ajuda financeira do documentarista João Moreira Salles ao traficante Marcinho VP. As divergências fizeram com que o governador Anthony Garotinho convocasse para ontem à noite uma reunião com os dois: 'Não pode haver divergência no governo', disse Garotinho, que hoje cedo volta a se reunir com os dois assessores" (*JB*, 29 de fevereiro). *O Globo* anunciava: "Caso Marcinho VP abre crise na polícia do Rio". Segundo o texto da primeira página, "o secretário não escondeu sua irritação com o apoio do coordenador ao cineasta [...]. O secretário disse ainda que Luiz Eduardo sabia da ajuda financeira que Salles dava ao bandido: 'Ele deve saber muito mais do que isso'. O coordenador de Segurança reafirmou que tudo o que sabia já tinha sido narrado a Quintal. Para tentar resolver o impasse, o governador Anthony Garotinho convocou os dois para uma reunião [...]" (29 de fevereiro).

Quando repórteres perguntaram ao secretário, na entrevista coletiva da segunda-feira, se ele negava que tivesse conhecimento da ajuda que João dera a Marcio, ele reconheceu que, de fato, se reunira comigo e com João, mas apresentou uma versão peculiar e curiosa do encontro. "Josias garantira que nem o cineasta e muito menos Luiz Eduardo falaram com ele sobre grampo, extorsão ou ajuda financeira ao bandido. 'Não teria sentido procurar o secretário de Segurança e não falar com ele sobre esses assuntos', disse Luiz Eduardo" (*O Globo*, 29 de fevereiro). Eu pensava com meus botões: como é que o coronel Josias tinha coragem de chegar àquele ponto? Por que é que eu e João nos reuniríamos com ele, então? Para discutir o pré-Renascimento e as façanhas de Giotto?

Aos poucos, fui me dando conta da manobra, que acabou frustrada quando revelei que o secretário sabia de tudo, tanto quanto eu, e aprovara, privadamente, o gesto de João. Tanto quanto eu o fizera, publicamente. O plano era criticar-me na coletiva, explicitando e levando a extremos o conflito entre nós, tornando-o irreversível e impondo ao governador uma decisão que restabelecesse a ordem na cúpula da Segurança: minha exoneração. O coronel Josias pareceria o homem da lei, firme, combatente intransigente dos criminosos, e eu oscilaria entre as imagens do ingênuo bem-intencionado, mas irresponsável, e do cúmplice desajeitado.

Havia interpretações, em certos círculos, segundo as quais o palácio teria estado por trás da convocação daquela coletiva. Essas interpretações também sugeriam que Garotinho teria autorizado o secretário a radicalizar o discurso contra mim. Portanto, as coisas pareciam ser mais graves ainda. De fato, fazia sentido. Não era próprio ao estilo do secretário uma manobra tão audaciosa e arriscada. No afã de livrar-se de mim, ele correria o risco de ficar mal com o governador. O coronel Josias jamais faria isso. Infelizmente, era verossímil a especulação de que Garotinho estaria puxando os fios nos bastidores. Se isso fosse verdade, no entanto, eu deveria me perguntar: por que desejaria se livrar de mim, se parecia ter reagido tão bem à minha carta? Qualquer que fosse a resposta, a tomarem-se a sério as especulações, aquele lhe parecia um bom momento, já que a opinião pública se dividira. A peça que faltava no quebra-cabeça, o fato com que não contava era a reunião em que eu e João compartilhamos os fatos e os temores com o secretário. Como justificar minha demissão se o secretário fora consultado e concordara com a opinião que eu viria a defender em público?

Quando fui convocado para o encontro com Garotinho, achei que seria demitido, pois não tinha todas as informações pertinentes, nem estava em condições de examinar a situação com frieza e distância. Câmeras de TV, microfones e repórteres se amontoavam no jardim do palácio Guanabara, na noite do dia 28 de fevereiro. A expectativa, inclusive minha, era que eu cairia.

Os três nos sentamos e pedi licença para falar, antes até mesmo do governador. Disse que havia mil motivos para minha demissão, menos aquele. Sublinhei, com toda a ênfase: Temos muitas divergências, vivemos várias crises e é inegável que há um conflito entre mim e o secretário. Há, portanto, muitas razões para que eu seja exonerado. Menos essa, relacionada ao episódio do João. Nesse caso, seria um absurdo, pois a crise é totalmente artificial. Foi provocada pela entrevista coletiva do coronel Josias. Na substância, o que é que eu tenho dito? Que aprovo o gesto de João, mas que, como coordenador, continuarei investindo na prisão de Marcio. Seria um erro imperdoável se eu quisesse me colocar acima da lei e passasse a defender a liberdade de Marcio. Nesse caso, eu seria cúmplice de um foragido da Justiça. No entanto, jamais deixei de declarar que as polícias continuarão fazendo o possível para prender Marcio e que isso nada tem a ver com minha admiração pessoal pela generosidade de João e por sua aposta na recuperação de um ser humano. Quando se trata de definir o que fazer nesse caso, eu e o coronel Josias não divergimos. Ambos queremos prender o traficante. É verdade que discordamos quanto ao gesto de João, mas, nesse ponto, não posso renunciar às minhas convicções. Se essa discordância for suficiente para provocar minha demissão, muito bem. Então, que eu seja demitido. Eu saio calado, não critico o governo, volto às minhas aulas na universidade. Mas nesse ponto eu não recuo. De todo modo, devo admitir que fiquei surpreso com as declarações do secretário, depois que nos entendemos tão bem a respeito do assunto, em janeiro. Por que o secretário mudou de opinião e não me avisou — e ainda me criticou publicamente?

Antes que o coronel Josias respondesse, Garotinho se levantou, andou de um lado para o outro algumas vezes, suando muito e nos perguntando se não estava muito calor no gabinete. Saiu, bebeu água, voltou, afrouxou a gravata, sentou-se, disse que a divergência era muito negativa para o governo, levantou-se, andou em círculos e saiu. Depois de alguns minutos, que pareceram horas, o coronel Josias e eu mergulhados num silêncio profundo, Garotinho voltou. Pico de pressão, ele disse, preciso me deitar. Vamos transferir a reunião para amanhã de manhã, no palácio Laranjeiras. Os repórteres observaram que o secretário saiu com um sorriso vitorioso. Eu parecia desanimado. As especulações prosseguiam.

Na terça-feira, dia 29, estive no *Bom-Dia Rio*, da TV Globo, que ia ao ar por volta das sete horas da manhã. Repeti o que vinha dizendo, dentro e fora da reunião com o governador. Cheguei cedo ao palácio. O coronel Josias estava atrasado: engarrafamento na ponte Rio—Niterói. Garotinho resolveu ouvir alguns secretários. Aproveitava os telefonemas que recebia a respeito de outros assuntos para pedir a opinião sobre a crise na Segurança. Não avisava que eu estava ali nem procurava esconder de mim o que ouvia. Descobri, em poucos minutos, de que lado estava cada um. Garotinho também aproveitou para me perguntar se eu achava que ainda haveria clima para trabalhar com o coronel Josias. O governador disse que teria de tomar uma decisão, que seria impossível continuar daquele jeito, com um conflito por semana numa área tão sensível. Repeti o discurso da véspera.

Finalmente, o coronel Josias chegou e teve de responder à mesma pergunta. Disse que sim, seria possível continuar trabalhando comigo, se essa fosse a vontade do governador. Mas fez uma ponderação. Achava que o ideal seria meu afastamento do governo, até porque ele tinha informações de que eu estaria prestes a pedir demissão. Além disso, eu não merecia confiança. Disse exatamente isso, com essas palavras, o que me levou a refletir longamente sobre seu significado. Corrupto ele sabia que eu não era, nem ele ousaria fazer essa insinuação. Ocorreu-me, então, especular se a confiança a que ele se referia não diria respeito a laços de outro tipo. Não me pareceu de todo absurdo imaginar que talvez ele quisesse dizer que meu compromisso prioritário não era com a eleição de Garotinho à presidência da República, mas com determinada política de segurança e com certos valores, dos quais me recusaria a abrir mão, mesmo que isso me custasse o cargo ou trouxesse prejuízos ao projeto eleitoral do governador. Se, porventura, foi isso que o coronel quis dizer, ele estava perfeitamente certo.

O coronel Josias completou assim o argumento: se Garotinho decidisse manter-me no governo, haveria um modo hábil de fazê-lo, reduzindo os problemas que eu causava. Afirmou que meu perfil era de secretário e que talvez, caso eu permanecesse no governo, o melhor fosse afastar-nos, o que poderia ser feito sem traumas se o governador me nomeasse secretário de alguma coisa, talvez direitos humanos, assuntos comunitários e de cidadania, algo assim. Garotinho pediu que o coronel Josias desenvolvesse mais a idéia, que lhe parecia muito interessante. O governador acabou aceitando a proposta, mas para um futuro próximo. Considerou excelente a solução, mas disse que, se a anunciasse naquele dia, transmitiria a impressão de que tudo não passava de um arranjo improvisado e artificial. Perguntou se eu aceitaria a eventual nomeação. Respondi que era uma hipótese a ser avaliada cuidadosamente e que não estaria fechado para considerá-la. Claro que eu sabia que seria desastroso para mim, para minha equipe e, possivelmente, para nossa política. Acabaríamos todos num gueto, imobilizados. Mas eu não poderia fechar a única porta que permanecia aberta e que desafogaria as tensões daquela manhã, permitindo que eu retomasse o fôlego e voltasse a tentar firmar minha posição no campo da segurança pública. Se negasse de imediato a hipótese de assumir uma outra secretaria, estaria praticamente obrigando Garotinho a se decidir entre mim e o coronel Josias, num momento que me seria desfavorável.

Como eu estava disposto a fazer o possível para manter o cargo de coordenador da Segurança, com o objetivo de garantir a implantação dos projetos, o mais sensato, naquele instante, seria esquivar-me a dizer não. Ganhando tempo, tentaria fortalecer minha posição para evitar que aquele convite se consumasse. Se, no futuro próximo, não houvesse alternativa e Garotinho confirmasse o convite, eu o recusaria, deixando claro que meu interesse não era estar no poder, não era ter um cargo importante, mas implantar determinada política na área da segurança pública. Nesse caso, só me restaria considerar-me derrotado e sair do governo. Contudo, a meu favor, havia o fato de que cogitações sobre mudanças eram comuns, mas raramente se efetivavam. Sob o impulso do que lhe parecia uma boa idéia, Garotinho muitas vezes mostrava-se determinado a adotar esta ou aquela decisão, mas logo a esquecia, ao repensá-la com mais cuidado. Portanto, aquela idéia de fazer-me secretário de alguma outra secretaria talvez viesse a ser esquecida no futuro. Eu precisava contar com isso. E foi o que aconteceu. Garotinho não voltou ao assunto.

Ainda na reunião no palácio Laranjeiras, discutimos um pouco sobre a atitude de João. Garotinho garantiu que pensava como eu.

— Luiz Eduardo — ele disse —, você acha que quando deito minha cabeça no travesseiro, como um indivíduo, um ser humano, não penso exatamente como você e João? Claro que sim. Você me conhece. Sabe que compartilho seus sentimentos sobre a recuperação das pessoas. Mas como é que eu, como governador, vou admitir uma coisa dessas? Como é que, num caso como esse, posso dizer o que penso? Não sou apenas um indivíduo, sou o representante de toda a sociedade. Tenho que procurar expressar o que a sociedade sente. Tenho que me subordinar a seus valores. Imagine se declaro que você está certo. Vão dizer que sou igual ao Brizola, que eu estava disfarçando, mas, no fundo, sou igualzinho ao Brizola, que passo a mão na cabeça dos bandidos, sou conivente. Aí, meu amigo, estou liquidado. Você quer me jogar nesse fogo? Pode ter certeza de que nessa eu não caio. Ninguém vai me comparar ao Brizola.

Firmamos, então, um pacto. Diríamos que a crise estava superada, que todos desejávamos prender os traficantes, incluindo Marcinho VP, e que divergíamos em relação à legalidade e à correção ética do gesto de João Moreira Salles, mas isso não nos impediria de seguir implantando nossa política e cumprindo nosso dever na segurança pública do estado. A meu pedido, faríamos também uma referência favorável à proteção de dona Nininha e suas filhas. Sentamo-nos no sofá, Garotinho ao centro, e fingimos naturalidade diante do batalhão de fotógrafos, cinegrafistas e repórteres. Nossos sorrisos estariam nas capas dos jornais no dia seguinte, quarta-feira, 1º de março. Houve um momento de grande constrangimento. Perguntaram-me se realmente houvera a tal reunião em que eu e João contamos todo o episódio ao secretário. Depois que confirmei, a bateria de luzes e câmeras apontou para o coronel Josias, que não teve saída a não ser, diante de mim, de Garotinho e da opinião pública, mesmo titubeando, reconhecer que, de fato, guardava uma vaga lembrança de que o episódio lhe havia sido relatado. Para desviar as atenções do lapso do coronel, Garotinho enfatizou que considerava o pagamento de João ao Marcio um crime e que faria o que estivesse a seu alcance para que os banqueiros não ficassem impunes quando cometessem crimes. A criminalização de João era providencial. O governador encontrara uma via oblíqua para atacar o capital financeiro sem mexer uma palha na economia. Ele tinha seu banqueiro de estimação para atacar, por mais que João insistisse em explicar que era documentarista. O importante é que Garotinho poderia posar de herói popular, capaz de enfrentar os tentáculos da plutocracia, agradando, ao mesmo tempo, aos que temiam descobrir, sob a máscara do governador, um coração brizolista. Para exorcizar o espectro de Brizola, ele faria qualquer coisa.

A vida voltava aos eixos, apesar de tudo. Eu achava que talvez Garotinho viesse a se convencer de que era um equívoco criminalizar João por motivos políticos. Um equívoco ético, em primeiro lugar e acima de tudo, mas até mesmo político. Porque, mesmo divididas as opiniões, o público aos poucos descobriria quem era João, acreditaria que não havia nada escondido sob a história que ele contava e tenderia a compreender as sutilezas envolvidas. Isso exigia tempo, mas acabaria acontecendo.

Observando as reações ao gesto de João, percebi que, nos momentos mais difíceis, quando a vida se embaralha num novelo mais complicado, a verdade está nas nuances. Toda a diferença está nas nuances. A originalidade e a radicalidade das posturas, tudo está nos detalhes e nos tons. Na mídia, as modulações terminam anuladas pela arrogância dos juízes de plantão. Alguns críticos me espantavam pela certeza com que apresentavam diagnósticos definitivos, condenando o gesto de João sem enxergar rigorosamente nada que estivesse além da superfície. Quando não há compreensão das nuances, o gesto se perde no oceano de analogias: ele se parece com a multidão de exemplos banais, que se estendem da cumplicidade com o crime à idealização do marginal. Os críticos cheios de convicções jamais perceberam que, se fosse cúmplice, João jamais subiria o morro; se idealizasse o criminoso, jamais se arriscaria para transformá-lo. A menos que se considere idealização a crença no potencial de mudança de alguém; a menos que se considere cumplicidade o laço afetivo que anima um ser humano a lançar-se na direção de outro.

As críticas que mais doem são as que vêm das pessoas que a gente admira. Entre as críticas que recebi, a que mais me tocou foi a do jornalista Fritz

Utzeri. "Luiz Eduardo comove-se quase às lágrimas", ele escreveu em seu artigo "Vale-bandido" (*JB*, 29 de fevereiro), descrevendo minha ingenuidade na defesa que fazia do gesto de João. Chamava-me hamletiano, como se eu andasse atarantado com o fantasma de Marcio e angustiado com o dilema — prender ou não prender? Fritz foi duro comigo e com João. O curioso era que, paradoxalmente, ou, pelo menos, contrariando as aparências, eu era o rigoroso, o intransigente, quando se tratava de cumprir a lei e prender um criminoso. Alguns policiais que se fazem passar por duros, acabam se revelando transigentes, no pior sentido da palavra. Acabam se revelando cúmplices, ao negociar a liberdade de criminosos.

Era justamente sobre esse tipo de transigência a última história que eu ouviria na condição de coordenador. O episódio me levou a tomar decisões que conduziriam ao fim de minha participação no governo. O delegado de um município do interior do estado procurou-me para relatar o seguinte: investigava uma tentativa de homicídio. A vítima não era da cidade. Por precaução, enquanto ela se recuperava no hospital, um policial foi mantido à sua porta, para evitar que o assassino completasse o trabalho. Uma pessoa tentou aproximar-se do convalescente. Como ela descobrira que aquele paciente estava internado naquele hospital? O visitante só poderia ser o responsável pela tentativa de homicídio. Foi preso. Quando o homem baleado se restabeleceu, foi intimado a depor.

O delegado ficou pasmo. O depoimento era impressionante. A vítima traficava drogas e armas. Viajara a Niterói, onde teria participado de um encontro de traficantes. Uma espécie de congresso de criminosos, para discutir preços, qualidade e distribuição de drogas no Carnaval. Policiais teriam dado proteção aos bandidos. A vítima teria sido baleada por conta de uma dívida relacionada a negócios do tráfico. O visitante era mesmo o matador, segundo o depoimento da vítima. A narrativa era tão rica em detalhes e tão importante do ponto de vista policial, que o delegado se considerou incapaz de arcar com as responsabilidades das investigações, em função da carência de recursos e de pessoal. Telefonou para seu superior imediato e, por sugestão deste, para o chefe da Polícia Civil, que reconheceu a gravidade dos fatos e determinou que a Delegacia de Repressão a Entorpecentes assumisse imediatamente o comando. Um helicóptero da polícia foi enviado em seguida, e chegou ao município em que se tomava o depoimento do traficante antes mesmo que ele o concluísse. O homem baleado e seu algoz foram transportados para a sede da DRE, na capital do estado. O primeiro pelo helicóptero, o segundo de automóvel, no dia seguinte. Até aí, nada de mais. O extraordinário é que o delegado que identificou os dois traficantes telefonou para a DRE para saber dos desdobramentos do caso e descobriu, segundo me relatou, que ambos haviam comprado a liberdade. Não tinha certeza se eles ainda estavam presos ou não, mas foi informado por um policial de suas relações que a negociação da liberdade estava concluída.

A denúncia, como todas as denúncias, podia ser verdadeira ou falsa. Vinda de um delegado, minha obrigação era levá-la a sério. Era quinta-feira, 2 de março, antevéspera do Carnaval. Eu tinha pouquíssimo tempo para agir. Na véspera, tivera uma ótima conversa com o secretário executivo de governo e meu superior hierárquico, Luiz Rogério Magalhães, e lhe transmitira as denúncias que recebera sobre extorsões milionárias a bicheiros. Rogério viajaria com Garotinho na quinta-feira e teria oportunidade de passar tudo ao governador. Pedi-lhe que procurasse sensibilizar Garotinho sobre o equívoco de suas alianças com o grupo Astra.

Repeti a Rogério o que dissera várias vezes a Garotinho. Aliás, desde os tempos da campanha eleitoral, quando conversávamos sobre o livro. Há duas maneiras de combater a corrupção policial. Uma delas é o confronto aberto, radical e transparente, que envolve riscos, mas é o único que pode produzir resultados e, finalmente, trazer as mudanças necessárias. Os governadores costumam adotar uma segunda modalidade de enfrentamento: a aliança com os maus policiais, na tentativa de cooptá-los e submetê-los a um direcionamento construtivo. Esse método nunca funcionou. No entanto, é adotado com freqüência, por duas razões: em primeiro lugar, os policiais corruptos chantageiam e ameaçam a ordem pública, acuando as autoridades direta ou indiretamente. Há muitas maneiras de fazer isso. Uma delas é provocar uma onda de seqüestros, por exemplo; outra é promover chacinas. Em segundo lugar, esses criminosos fantasiados de policiais são sedutores, pois oferecem resultados vistosos, prisões importantes, mesmo que inúteis. Ora, diante das ameaças e da atração exercida por resultados fáceis, os governantes acabam cedendo e optando pela estratégia da conciliação com esses grupos. É um erro. As conseqüências são as que estão aí: instituições degradadas e ineficiência. Aliar-se a certos grupos não significa fazer política, mas tornar-se cúmplice do crime organizado.

Na quinta-feira, Luiz Rogério estava longe, começando a aproveitar os feriados. Garotinho também viajara. Eu não tinha a menor condição de tentar um diálogo com o coronel Josias, sobretudo sobre um caso delicado. Não o supunha cúmplice de nenhuma ilegalidade, mas aliado político daqueles que aceitariam relações promíscuas com grupos nos quais eu não confiava. O secretário provavelmente passaria o caso à corregedoria da Polícia Civil ou comunicaria a situação, oficialmente, à chefia. Só me restava procurar o apoio de uma instituição independente, com a qual eu pudesse contar e que tivesse autoridade suficiente para agir, imediatamente, pois, assim que corresse a notícia de que eu sabia da negociata, se ela tivesse mesmo ocorrido, os traficantes correriam risco de vida. Sobretudo no Carnaval. Liguei para o dr. Muiños Piñeiro, procurador-geral de Justiça do Estado, e lhe pedi que me recebesse com urgência. Convidei o deputado Carlos Minc, da Comissão de Direitos Humanos da ALERJ, para participar do encontro, além de dois outros procuradores nos quais também depositava inteira confiança. Relatei o que sabia ao dr. Piñeiro e lhe pedi que interviesse com a presteza possível. Como o delegado que identificou os dois traficantes comunicara, formalmente, o fato ao representante local do Ministério Público, não havia qualquer atropelo de minha parte, uma vez que competiria ao promotor local transmitir o fato ao procurador-geral. Eu apenas simplificara os trâmites. Além disso, muita gente já sabia do episódio, que corria à boca pequena entre policiais e já se espalhava no município onde os suspeitos haviam sido detidos. Era preciso agir rápido.

O dr. Piñeiro prometeu visitar, no dia seguinte, a DRE e a carceragem em que deviam estar os dois traficantes. Na sexta-feira pela manhã, pedi ao então deputado federal Antonio Carlos Biscaia, do PT, membro da CPI do Narcotráfico, que se reunisse comigo, na coordenadoria. Passei-lhe os documentos que o delegado, autor da denúncia, me entregara. Inclusive a cópia do depoimento de um dos traficantes. Apresentei-lhe também um sumário das suspeitas que, àquela altura, se acumulavam. No final da tarde, consegui contatar o procurador-geral. Ele me disse que achara melhor adotar outro procedimento: em vez das visitas, enviara um ofício ao secretário de Segurança. Compreendi sua cautela. As duas estratégias seriam possíveis. A segunda era mais elegante e evitaria eventuais tensões. Infelizmente, não tinha como explicar ao dr. Piñeiro por que teria preferido que ele tivesse feito as visitas pessoalmente. O tempo provou que minhas preocupações se justificavam. Os dias se passaram e não houve sinal da secretaria a respeito do episódio.

No domingo, dia 12 de março, o *Jornal do Brasil* publicou com destaque o episódio dos traficantes desaparecidos. A manchete, no alto da primeira página, dizia: "Delegado de Maricá estranha liberação de 2 presos no Rio; Helicóptero trouxe suspeitos, que confessaram ligações com o tráfico". O jornal também destacava a surpreendente declaração do diretor da DRE: "'A ficha deles no Rio e em Mato Grosso do Sul é limpa'". Eles de fato não estavam presos. Segundo alguns policiais, não tinha havido negociação alguma. Os homens detidos teriam aceitado apoiar as investigações e estariam sendo usados como iscas. Segundo outras fontes, os homens foram libertados porque não havia nada contra eles. De todo modo, logo na segunda-feira, dia 13, o diretor da DRE foi substituído. Mas as prometidas investigações por parte da secretaria e da própria Polícia Civil, aparentemente, pararam por aí. Procurado por repórteres ainda no domingo, dia 12, o coronel Josias declarou que nada sabia sobre o episódio. Entretanto, o procurador-geral disse à imprensa que enviara um ofício ao secretário de Segurança, com aviso de recebimento datado de 3 de março. Era absolutamente extraordinário que um ofício confidencial e urgente do Ministério Público, com aviso de recebimento, repousasse esquecido por dez dias na mesa do secretário.

Ao longo da semana, sobretudo a partir do dia 14, foi ficando clara qual era a tática de meus adversários políticos: deslocar o foco do fato para o tratamento do fato. Por que eu havia procurado o procurador-geral, e não o coronel Josias? Na quarta-feira, dia 15, eu participava de uma homenagem que a ALERJ prestava a Barbara e a outras mulheres, quando Carlos Minc soprou em meu ouvido:

— Se prepara, porque tem um batalhão de repórteres atrás de você. Parece que Garotinho criticou você numa entrevista, e disse que cobraria sua decisão de privilegiar o Ministério Público.

De fato, o governador me telefonara pela manhã, perguntando minhas razões, e eu havia dito a verdade: não confiava na corregedoria da polícia, independentemente da qualidade de quem a chefiasse. Sua estrutura era inercial e corporativista. O único meio de investigar a polícia seria através do Ministério Público. Ele me pediu que lhe enviasse um documento com o sumário das denúncias mais importantes que haviam chegado a mim. Eu sabia que meu futuro dependeria do que dissesse aos repórteres ao final da homenagem da ALERJ. Tinha quinze minutos, mais ou menos, para refletir. Era o tempo que restava para o término da cerimônia. Enquanto estivesse na mesa, estaria protegido dos repórteres e poderia pensar. Tentei um contato com Antonio, Jairo e Newton, pelo celular. Tentei falar com Ronaldo Rangel, que me assessorava na coordenadoria. Meu telefone não estava dando linha. Eu também não tinha como dividir com Barbara minha avaliação, pois ela fazia o discurso principal, no parlatório. Os demais colegas estavam na platéia, inacessíveis a uma consulta imediata. A decisão teria de ser solitária.

Caminhei ao encontro dos repórteres e lhes disse que sim, que eu realmente suspeitava que pudesse haver corrupção e envolvimentos graves em escalões superiores da Polícia Civil, graças à influência do grupo Astra. E que evitara o caminho da secretaria porque o secretário confiava na corregedoria e lhe passaria as denúncias. Eu não confiava. Não tinha nada contra o corregedor, como pessoa e como profissional. Mas não confiava na estrutura burocrática, que me parecia comprometida com o corporativismo e a inércia. Procurei o Ministério Público porque precisávamos da ajuda de uma instituição isenta e independente para investigar e nos ajudar a operar as mudanças que eram indispensáveis e urgentes. Eu não era investigador, nem me cabia o trabalho de investigação. Não sabia se as denúncias que vinha recebendo eram verdadeiras ou falsas. Minha obrigação era repassá-las a quem as pudesse investigar. Não queria prejulgar ninguém, mas não seria omisso. Nós tínhamos uma política de segurança consistente e inovadora, mas ela só se realizaria se as polícias fossem moralizadas.

Na quinta-feira, 16 de março, os jornais estampavam manchetes enormes: "Luiz Eduardo: banda podre está no 'andar de cima' da polícia" (*O Globo*); "Vergonha na polícia" (*O Dia*); "A banda podre é poderosa" (*Extra*); "'Banda podre' integra hierarquia da polícia do Rio, diz subsecretário; Luiz Eduardo afirma que não confia na Corregedoria da Polícia Civil" (*JB*).

Garotinho convocou uma reunião de emergência. Estava inteiramente perturbado. Dizia frases como: você não vai me desmoralizar, ninguém vai me desmoralizar, eu não vou sair daqui desmoralizado, não vou voltar para Campos. E insistia em perguntas do tipo: por que você não me avisou que havia tantos problemas na polícia?, por que não falou comigo?, por que não trouxe a mim as denúncias? Eu lhe respondia, devolvendo a pergunta: como não lhe avisei? Quantas vezes eu lhe avisei, narrei fatos, expus situações? Inúmeras vezes. Até por escrito eu avisei. Essa última denúncia que vem de Maricá é um detalhe. Eu lhe falei de todas, menos da última. Como você não tomou providências em relação às outras, passei essa última ao Ministério Público.

Garotinho voltava a me perguntar por que eu não lhe avisara que a deterioração da polícia chegara a um ponto tão grave. Insistia tanto nas perguntas e falava de uma maneira tão estranha, tão formal, que eu lhe disse: Não estou entendendo, Garotinho. Não estamos só nós aqui? Por que você está falando desse jeito e está dizendo que não aconteceu o que você sabe que aconteceu? Parece que você está falando para um auditório. Parece que está se dirigindo ao futuro. Nossa conversa não fluía, girava em círculos. Ele não sabia o que fazer. Até que decidiu: me daria sessenta dias para provar as denúncias, demitiria o corregedor e iria comigo e com o coronel Josias ao Ministério Público. Entregaríamos juntos as denúncias que eu lhe enviara na véspera, atendendo a seu pedido. Curiosamente, a solução era a mesma que eu adotara: todos ao Ministério Público. Garotinho proporia ao procurador que fosse constituída uma equipe mista de investigação, a "comissão mãos limpas", como ele a chamaria, a qual deveria ter autoridade para quebrar sigilos bancários, fiscais e telefônicos.

A comissão foi, de fato, constituída naquele mesmo dia. Seria presidida pelo secretário de Segurança. Jamais quebrou nenhum sigilo. Não tinha poder para isso. Que investigação a equipe faria, sem esse recurso elementar? A que resultado chegaria? Eu imaginava que não chegaria a resultado algum, nem em sessenta, nem em seiscentos, nem em 6 mil dias. Por mais sérios que fossem os seus componentes.

Na noite dessa mesma quinta-feira, o chefe da polícia visitou o governador no palácio Laranjeiras. Foi a primeira vez que se encontraram a sós.

No dia seguinte, os jornais continuavam a focalizar a corrupção policial: "Extorsão, tortura, extermínio, suborno... Que polícia é essa?" (*JB*, 17 de março); "Polícia sofrerá devassa; Garotinho se irrita com coordenador de Segurança mas manda apurar suas denúncias" (*O Globo*). Reuni-me com a equipe cedo, em minha casa. Julita era favorável a que todos nos demitíssemos. Desde o final de 1999, ela achava que nossa presença só estava servindo para legitimar uma política que já deixáramos de dirigir. Antonio e Jairo defenderam a permanência, enquanto fosse possível. Ainda acreditavam que haveria chances de Garotinho resolver romper suas alianças problemáticas e recompor-se conosco, para levar adiante os projetos e manter nossa política. O grupo acatou essa posição. O trabalho investido tinha sido tão grande, as esperanças eram tantas, a confiança nos projetos era tamanha, que todos víamos a saída como uma derrota. Mas estávamos unidos na convicção de que só deveríamos ficar em condições dignas. A ordem era seguir adiante e ir avaliando, dia a dia. Não podíamos perder de vista que o fundamental, a razão de ser de todos os conflitos, era a implantação dos projetos que configuravam uma política de segurança. Brigávamos por essa política e só faria sentido permanecer no governo enquanto houvesse chances reais de que ela fosse aplicada.

Viajei para São Paulo. Não quis desmarcar um compromisso que me orgulhava muito, uma palestra no Departamento de Antropologia da USP. O avião aterrissou aproximadamente às treze horas. Liguei para Barbara, querendo notícias. Ela ficou em silêncio um instante, e disse: Garotinho acaba de demitir você, no ar, durante uma entrevista ao *RJ-TV*. Fez uma pausa. Eu não disse nada. Uma colega chegava para me levar à universidade. Julita, Newton, Barbara, Silvia, Antonio Carlos, Jacqueline e Claudia demitiram-se naquela tarde. Eu queria dar aos alunos da USP a melhor palestra de minha vida.

Posfácio
Uma passagem para esta noite

No fim da tarde do dia 17 de março, cerca de quatro horas depois de exonerar-me durante uma entrevista ao *RJ-TV*, o governador Garotinho reuniu a imprensa. Explicou que me demitira por conta de meus conflitos constantes com o secretário de Segurança. Para provar que ele e eu mantínhamos relações cordiais e que não havia divergências entre nós que justificassem minhas críticas à sua opção de aliar-se ao grupo Astra, apresentou à imprensa a gravação de nossa última conversa telefônica.

Eu havia desligado o celular. Mesmo assim, Garotinho localizou-me na USP, no meio da tarde, cerca de três horas depois da demissão. Agradeceu minha colaboração e disse que minhas sucessivas divergências com o secretário de Segurança haviam tornado inviável a convivência e a cooperação. De minha parte, agradeci a gentileza do telefonema e, para distensionar o diálogo, brinquei: um dia escreveremos outro livro. Não podia imaginar que nossa conversa estava sendo gravada e que, além disso, seria divulgada. Não sei se o que me chocou mais foi o fato, em si mesmo, ou a naturalidade com que o governador exibiu a fita, como se não tivesse nenhuma consciência de que aquele procedimento feria os mais elementares princípios éticos. Ainda perplexo com a atitude de Garotinho, lembrei-me da reunião da véspera, no palácio Laranjeiras, em que lhe perguntei várias vezes por que ele estava falando como se houvesse um auditório naquela sala ou como se estivesse se dirigindo à posteridade. Só então compreendi que havia, sim, um auditório, ainda que virtual. Convenci-me de que aquele encontro fora gravado. De que maneira esses fatos deveriam me levar a reinterpretar alguns episódios anteriores? Essa foi a pergunta que, desde então, passei a me fazer.

Os dias que se seguiram à demissão foram tensos e tumultuados. A mídia focalizou minha saída do governo e explorou os bastidores da decisão. A invulnerabilidade da chamada "banda podre" da polícia foi criticada. Simultaneamente, as implicações dos novos rumos adotados pelo governo começaram a ser questionadas, sobretudo depois que o chefe da Polícia Civil, dr. Raffik Louzada, declarou à imprensa que minha presença na secretaria de Segurança trazia "'instabilidade [e] dava uma certa preocupação, principalmente para o tira que está lá na rua. Ele tem medo porque o homem [Luiz Eduardo] só fala em direitos humanos'" (*JB*, 18 de março, 2000). O *Jornal do Brasil* publicou essa declaração na capa, ao lado da foto intitulada "Banda Alegre", que mostrava policiais comemorando minha queda, em frente à sede da chefia da polícia.

No sábado, dia 18, recebi a visita do professor Candido Mendes, que se dispôs a abrir as portas da universidade que preside para a criação do centro de estudos de segurança e cidadania, onde toda a equipe que esteve no governo permaneceria unida, desenvolvendo diagnósticos e projetos.

Na manhã de domingo, dia 19, houve um abraço à lagoa Rodrigo de Freitas em repúdio aos vazamentos de esgoto que ameaçavam degradar um dos maiores tesouros naturais do Rio de Janeiro. Milhares de pessoas compareceram. Na manifestação, foi distribuído um panfleto apócrifo que fazia propaganda de uma suposta chapa "Rio Limpo": para deputado estadual, era lançado o nome do biólogo e ambientalista Mário Moscateli, que se demitira do governo por discordar do descaso com que as questões relativas ao meio ambiente vinham sendo tratadas, e para deputado federal, era lançado o meu nome. Não havia menção a partido. E nada explicava por que se estaria fazendo campanha para deputado num ano em que haveria eleição para a Câmara de Vereadores. A provocação era ridícula mas coincidia com a publicação de uma entrevista do coronel Josias, no *JB*, na qual o secretário de Segurança negava que houvesse uma "banda podre" na polícia fluminense e me acusava de estar manipulando a crise com intenções políticas. Em nenhum momento cheguei a pensar que o secretário estivesse por trás disso. Mas era inegável que os autores liam o *JB* e costumavam fazê-lo bem cedo. Só assim teriam tido tempo de bolar o golpe, redigir o texto e imprimir pelo menos algumas centenas de cópias num domingo, antes do meio-dia. Talvez a pressa tenha provocado o esquecimento de que as eleições do ano 2000 seriam municipais. De todo modo, o resultado, mesmo cômico, preocupava.

Domingo à noite, vários deputados, secretários de Estado e dirigentes do PT me fizeram uma visita coletiva. Trouxeram sua solidariedade e garantiram que o partido romperia a aliança com o governo do estado. Compreendi que não se tratava apenas de uma manifestação de apreço pessoal, mas do reconhecimento de que as opções do governador implicavam métodos e valores que o PT teria dificuldade em assimilar.

Na segunda-feira, fui informado por amigos e aliados de que o clima em certos círculos policiais e governamentais estava muito carregado. Não tinha dúvida de que, com armas diferentes e estratégias distintas, as forças atingidas por minhas críticas à corrupção e à brutalidade policiais, e à tibieza do governo em apoiar o projeto de reforma da polícia e da segurança pública, reagiriam com violência, moral ou física. O governo reconhecia a gravidade dos riscos físicos. O secretário autorizou a PM a fortalecer minha segurança pessoal e a de minha família. Passamos a contar com trinta homens para nos proteger. Mas a proteção também significa restrições à liberdade. Nossos passos estavam sendo monitorados, e os telefones, grampeados. Como eu sabia dos telefones? Simples: o próprio Garotinho pedira a Luiz Rogério Magalhães que me alertasse sobre o grampo, quinze dias antes. Ora, se eu era alvo dos grampos quando ainda era membro do governo, por que seria poupado justamente depois da demissão?

A violência moral me preocupava mais. Uma campanha de desmoralização poderia ser encetada contra mim. Os inimigos sabiam que, sem partido, sem dinheiro e sem poder, minha única arma era a credibilidade. Não tinham certeza sobre o quanto eu saberia e o que estaria disposto a revelar. Portanto, tentariam destruir minha reputação, para esvaziar o peso do que, porventura, eu viesse a dizer.

Ponderando com os amigos, a família e os companheiros de trabalho sobre todos os fatores envolvidos, sobretudo ouvindo o conselho de um amigo sábio e experiente, Marcello Cerqueira, cheguei à conclusão de que seria mais prudente sair do país. Eu, imediatamente; Barbara e nossas filhas, assim que possível. Se fosse personagem de um filme de suspense, logo que tivesse decidido viajar iria ao guichê do aeroporto e pediria: "Uma passagem para esta noite". Sendo apenas o narrador de uma história real, só pude viajar no dia seguinte. Virei a noite respondendo mensagens de solidariedade que chegavam por e-mail. Das dezenas passaram às centenas, enquanto a caixa postal eletrônica suportou. De dia, os telefones não davam um minuto de trégua, nenhum deles. As secretárias eletrônicas esgotavam rapidamente sua capacidade. Eu e Barbara ficávamos comovidos com cada uma das mensagens e dos recados, e nos sentíamos desapontados porque era impossível responder a todos.

Na manhã de terça-feira, dia 21 de março, nossa equipe se reuniu pela última vez. Alguns amigos se juntaram a nós. Fingi que não estava acontecendo nada de especial e que nos veríamos em pouco tempo. Todos nós sabíamos que não era verdade mas nos calávamos, ajudando-nos mutuamente a exorcizar a tristeza. Não sabia o que pôr no lugar do que desejava dizer a cada um. Tampouco sabia como dizer. Não havia tempo para pensar no apartamento alugado, nos móveis, nos objetos pessoais, especialmente nos livros, meu maior patrimônio. Abracei meus pais como quem vai passar o fim de semana fora. Antonio Carlos me acompanhou até o aeroporto Santos Dumont. Não levei malas. Saí como quem vai dar um pulo a São Paulo com plano de voltar no mesmo dia. Marquei encontros pelo telefone para o dia seguinte — um velho truque para enganar arapongas que ainda funciona. Os sargentos Jesus e Cristianes, que me acompanharam desde o início, mereciam um abraço forte de despedida, mas não era possível. Bati duas vezes no ombro do Antonio Carlos, abaixei a cabeça e entrei para a sala de embarque.

Dois agentes da Polícia Federal me esperavam na pista do aeroporto de Congonhas, em São Paulo. Eram membros de sua guarda pessoal que o ministro da Justiça, José Carlos Dias, colocara à minha disposição. Levaram-me para o aeroporto internacional de Cumbica, onde encontrei, muitas horas depois, o portador que trouxe minha mala do Rio, aplicando algumas técnicas diversionistas que aprendemos quando militávamos na resistência à ditadura. Viajei para a casa de meu irmão, nos Estados Unidos. Dois dias depois, porta-vozes da polícia fluminense, em off, ainda garantiam à imprensa que eu estava no Rio.

Uma semana depois de ter apresentado à opinião pública a primeira versão sobre as razões de meu afastamento do governo, Garotinho anunciou a segunda: ele me demitira porque, ao procurar o Ministério Público, eu transgredira a hierarquia. Na semana subseqüente, divulgou pelas redes nacionais de rádio e TV uma nota contendo a terceira versão oficial para a minha queda. Gastou centenas de milhares de reais para tentar convencer a população de que o motivo de minha queda havia sido minha solidariedade a João Moreira Salles. A nota era caluniosa porque sugeria que eu e João manteríamos vínculos escusos com traficantes. Para evitar processos, os nomes não eram citados. A nota, lida em tom solene por uma voz masculina, enquanto as palavras desfilavam na tela, referia-se a mim como "um auxiliar do governo". A campanha tinha o intuito de me desmoralizar, de criminalizar o gesto generoso de João e de redefinir o episódio da compra dos escritos de Marcio Amaro de Oliveira como uma trama em que o capital financeiro se aliara ao tráfico, com a bênção do coordenador de Segurança, Justiça, Defesa Civil e Cidadania, mas encontrara pela frente a determinação corajosa de um governador que defende os pobres e oprimidos.

A polícia logo entraria em cena, literalmente. João foi convidado a depor como testemunha no inquérito contra Marcio. O delegado indiciou João, ao vivo, no *Jornal Nacional*, sem que o indiciado ou seu advogado sequer tivessem sido informados de que, subitamente, alterava-se a natureza daquela visita à delegacia e que a testemunha convertia-se, sem explicações, em réu. O delegado que interrompeu o depoimento a tempo de lançar a notícia para milhões de telespectadores, voltou à sala em que o depoente e seu advogado o aguardavam, omitindo de ambos o que o Brasil acabara de saber. No momento cronometricamente exato de sair para entrar ao vivo em rede nacional, pedira licença ao João e ao dr. Fragoso: "Um minutinho só. Vou ao banheiro e já volto". Nenhum delegado age assim, com *timing* tão preciso, com tamanha perícia midiática e com tal astúcia, por conta própria. O fato é que não foi punido pela performance. A instrumentalização do caso prenunciava arbitrariedades ainda mais sérias.

Poucos dias depois de minha viagem, a esposa de um de meus companheiros de equipe percebeu que estava sendo seguida por um carro da Delegacia de Repressão a Entorpecentes, a DRE. Testou sua impressão, mudando algumas vezes de pista e de itinerário. Estava, sim, sendo seguida, e de uma forma surpreendentemente ostensiva. Telefonou ao marido, que lhe sugeriu deixar o carro no estacionamento do trabalho e voltar para casa de táxi. Ela não demorou a constatar que o táxi também estava sendo seguido por outro carro da mesma delegacia. Ligou para o marido pelo celular e foi instruída a ir para um shopping, meter-se num cabeleireiro e aguardar lá a chegada do apoio que seria imediatamente providenciado, junto a nossos amigos na PM. Uma vez no shopping, saltou rápido do táxi e passou a ser seguida a pé por um homem que descera do automóvel da DRE e que não disfarçava seu estilo de policial caricato. Como a espera no cabeleireiro se prolongava por mais de duas horas, resolveu tentar sair sozinha. Talvez já tivessem desistido de intimidá-la. Mas o homem que a seguira a pé estava do outro lado do corredor do shopping, encostado na parede. Minha amiga andou apressadamente em direção ao estacionamento. O homem caminhou ligeiro em sua direção. Ela acelerou os passos. Ele se aproximou veloz, cruzando o corredor. Antes que ela começasse a correr, foi empurrada com violência. Caída no chão, aceitou a ajuda de clientes do shopping, mas preferiu não dizer nada.

O sujeito não estava mais lá. Minha amiga não se machucou muito. Correu de volta ao cabeleireiro. Quando o marido chegou com policiais militares leais à nossa equipe, o homem estava de novo encostado na parede, do outro lado do corredor. Um dos PMs falou com ele. Em vez de prendê-lo, apenas ameaçou fazê-lo, se aquilo voltasse a acontecer. Era um erro, claro, mas compreensível. Afinal, quem estava dando as cartas, na área de segurança? O que poderia ocorrer a um policial que hostilizasse colegas para me defender ou defender meus amigos? O fato é que o homem encostado à parede identificou-se como policial civil e foi embora. Meus amigos voltaram para casa, escoltados pelos policiais militares. Não por acaso, os mesmos que trabalhavam na proteção à minha família e que, por isso, usavam o carro oficial que ainda estava servindo à Barbara e às nossas filhas.

Quando retornavam para minha casa, depois de acompanhar o casal e se certificar de que os dois estavam a salvo, os policiais militares foram seguidos por automóveis da polícia civil, que, em velocidade, passaram à frente, frearam, bloquearam a rua e os obrigaram a parar. Improvisou-se uma blitz exclusivamente para eles. O carro que servia à minha família foi apreendido, apesar de a documentação proveniente da Secretaria de Segurança estar correta. Os PMs não tinham como reagir. Indignados, ligaram para o BOPE, a unidade especial a que pertenciam, solicitando reforço. O comandante do BOPE foi imediatamente encontrar seus subordinados e levou um grupo numeroso de soldados. Os veículos do BOPE vieram em alta velocidade, com as sirenes ligadas. Cercaram os carros da polícia civil e a força falou mais alto. Os policiais militares e o carro que serviam à minha família foram resgatados, em meio a um confronto verbal que quase se converteu num enfrentamento armado.

Esse episódio parecia indicar que as provocações poderiam se repetir e até se agravar, se minha família e eu ficássemos no Rio. Caso houvesse ainda alguma dúvida quanto à conveniência de sair, ela teria desaparecido naquele dia. Mas não foi preciso ouvir o relato daquelas cenas para decidir. Quando elas ocorreram, eu já estava no exterior, esperando Barbara e as meninas, que chegariam poucos dias depois. A necessidade da viagem sempre nos pareceu evidente, apesar das hesitações iniciais provocadas pela vontade de continuar no Rio. Nossa relação com o Brasil é muito forte. Não é fácil recomeçar a vida em outro país. Por mais que tenha sido importante termos saído do Rio para um exílio voluntário — o que só foi possível graças à ajuda de tantos amigos —, hoje, contamos os dias para voltar.

Sobre o autor

Luiz Eduardo Soares nasceu em Nova Friburgo, estado do Rio de Janeiro, em 1954. Antropólogo e cientista político, é professor do IUPERJ (Instituto Universitário de Pesquisa do Rio de Janeiro) e da UERJ (Universidade do Estado do Rio de Janeiro) e pesquisador associado do Centro de Segurança e Cidadania da Universidade Candido Mendes. Foi professor da UNICAMP e um dos criadores do Núcleo de Pesquisa do ISER, cuja área de estudos sobre violência e segurança pública fundou e dirigiu por vários anos, entre as décadas de 80 e 90. Foi *visiting scholar* nas Universidades de Virginia e Pittsburgh, nos Estados Unidos. Atualmente, é *visiting scholar* na Universidade Columbia e no Vera Institute of Justice, em Nova York. É autor de nove livros, entre os quais: *Os dois corpos do presidente* (1993), *O rigor da indisciplina* (1994) e *Violência e política no Rio de Janeiro* (1996), editados pela Relume Dumará; *A invenção do sujeito universal* (1995), editado pela UNICAMP; e o romance *O experimento de Avelar* (1997), também editado pela Relume Dumará. Foi subsecretário de Segurança Pública e coordenador de Segurança, Justiça, Defesa Civil e Cidadania do estado do Rio de Janeiro.

ESTA OBRA FOI COMPOSTA PELO GRUPO DE CRIAÇÃO EM MINION, TEVE SEUS FILMES GERADOS PELO BUREAU 34 E FOI IMPRESSA PELA GEOGRÁFICA EM OFF-SET SOBRE PAPEL PÓLEN SOFT DA COMPANHIA SUZANO PARA A EDITORA SCHWARCZ EM DEZEMBRO DE 2000